A TRANSFERÊNCIA BANCÁRIA

CATARINA MARTINS DA SILVA GENTIL ANASTÁCIO
Assistente da Faculdade de Direito de Lisboa

A TRANSFERÊNCIA BANCÁRIA

ALMEDINA

TÍTULO:	A TRANFERÊNCIA BANCÁRIA
AUTOR:	CATARINA MARTINS DA SILVA GENTIL ANASTÁCIO
EDITOR:	LIVRARIA ALMEDINA – COIMBRA www.almedina.net
LIVRARIAS:	LIVRARIA ALMEDINA ARCO DE ALMEDINA, 15 TELEF. 239851900 FAX 239851901 3004-509 COIMBRA – PORTUGAL livraria@almedina.net LIVRARIA ALMEDINA – PORTO R. DE CEUTA, 79 TELEF. 222059773 FAX 222039497 4050-191 PORTO – PORTUGAL porto@almedina.net EDIÇÕES GLOBO, LDA. R. S. FILIPE NERY, 37-A (AO RATO) TELEF. 213857619 FAX 213844661 1250-225 LISBOA – PORTUGAL globo@almedina.net LIVRARIA ALMEDINA ATRIUM SALDANHA LOJAS 71 A 74 PRAÇA DUQUE DE SALDANHA, 1 TELEF. 213712690 atrium@almedina.net LIVRARIA ALMEDINA – BRAGA CAMPOS DE GUALTAR UNIVERSIDADE DO MINHO 4700-320 BRAGA TELEF. 253678822 braga@almedina.net
EXECUÇÃO GRÁFICA:	G.C. – GRÁFICA DE COIMBRA, LDA. PALHEIRA – ASSAFARGE 3001-453 COIMBRA E-mail: producao@graficadecoimbra.pt FEVEREIRO, 2004
DEPÓSITO LEGAL:	196932/03
	Toda a reprodução desta obra, por fotocópia ou outro qualquer processo, sem prévia autorização escrita do Editor, é ilícita e passível de procedimento judicial contra o infractor.

Aos Meus Pais
Ao Gonçalo

O estudo que agora se publica corresponde, no essencial, à Dissertação de Mestrado em Ciências Jurídicas apresentada em Abril de 1999 na Faculdade de Direito da Universidade de Lisboa e cujas provas públicas se realizaram em Julho do mesmo ano, perante um júri constituído pelos Senhores Professores Doutores António Menezes Cordeiro, presidente do júri e orientador da dissertação, João Calvão da Silva, professor convidado, Luís de Lima Pinheiro e Fernando Araújo, arguentes da prova, e Pedro Romano Martinez.

Optou-se por manter a estrutura original do trabalho, enriquecida apenas com o acolhimento de algumas críticas e sugestões dos membros do júri e com algumas actualizações bibliográficas e legislativa – esta última decorrente da entrada em vigor do Decreto--Lei n.º 41/2000, de 17 de Março, que estabelece o regime jurídico das transferências internas e transfronteiras.

Uma primeira palavra de agradecimento é devida ao Senhor Professor Menezes Cordeiro pela disponibilidade que sempre manifestou na orientação desta dissertação e pelo estímulo que dá e exemplo que constitui para todos os estudiosos do Direito Bancário. Aos restantes membros do júri não posso deixar de agradecer toda a atenção que emprestaram ao estudo da dissertação, a qual, no caso dos arguentes, se traduziu na pertinência das sugestões e críticas formuladas.

À incansável ajuda da D.ª Vivita e do Senhor Carlos Nave, da Biblioteca do Banco de Portugal, preciosos na árdua tarefa da recolha bibliográfica, aqui fica também consignada a minha gratidão.

À Dra. Beatriz Segorbe, minha amiga e colega, devo alguns momentos de profícua discussão. As nossas animadas conversas devolveram-me, em não raras ocasiões, alguma da clarividência que o envolvimento com a matéria em estudo por vezes faz perder.

Não posso esquecer também a ajuda que, na fase de preparação das provas públicas, recebi do Dr. Amadeu Ferreira e da Dra. Sofia Nascimento Rodrigues.

Enfim, ao Gonçalo, que durante os primeiros anos de casamento partilhou com tantos livros o nosso pequeno T1, deverei sempre mais do que aqui e agora é possível exprimir.

Lisboa, Novembro de 2003

SUMÁRIO

ABREVIATURAS E SIGLAS

INTRODUÇÃO

CAPÍTULO I
A TRANSFERÊNCIA BANCÁRIA DE CRÉDITO

1. Razão de ordem
2. Delimitação do objecto
3. Função da transferência bancária de crédito
4. Natureza da transferência bancária de crédito
5. Conclusão e indicação de sequência

CAPÍTULO II
AS RELAÇÕES JURÍDICO-BANCÁRIAS

INTRODUÇÃO
1. A operação económica e a veste jurídica
2. O fracasso das construções unitárias e a nova perspectiva desagregante
3. Independência recíproca da relação subjacente e das relações jurídico--bancárias

Secção I
A Relação entre Ordenante e Banco

1. Génese e natureza da relação entre banco e cliente
2. A relação de provisão
3. A relação de transferência

Secção II
A Relação entre Beneficiário e Banco

1. Pressupostos da execução de uma transferência bancária de crédito
2. A execução da transferência bancária de crédito e os seus efeitos
3. O carácter abstracto do direito de crédito do beneficiário
4. Restrições ao direito de crédito do beneficiário

Secção III
As Relações Interbancárias

1. Razão de ordem
2. A relação de conta
3. A natureza jurídica das relações interbancárias
4. Conclusão

CAPÍTULO III
A RELAÇÃO SUBJACENTE

1. Razão de ordem
2. O problema da eficácia liberatória da transferência bancária de crédito
3. O lugar e o momento do pagamento
4. Conclusão e reflexão sobre a transferência bancária enquanto meio de pagamento *stricto sensu* e do saldo bancário como moeda

CAPÍTULO IV
A TRANSFERÊNCIA BANCÁRIA INTERNACIONAL

1. Razão de ordem
2. Caracterização de uma transferência bancária internacional típica
3. Regulamentação material
4. Lei aplicável às transferências bancárias internacionais
5. Conclusão

CAPÍTULO V
ALGUNS PROBLEMAS DE REGIME

1. Razão de ordem
2. Revogação da ordem de transferência
3. Incidentes
4. Problemas específicos decorrentes da utilização de meios informáticos

CAPÍTULO VI
REFLEXÕES FINAIS

1. A operação de transferência
2. A pretexto da transferência bancária, uma brevíssima reflexão sobre o Direito Bancário

CONCLUSÕES

BIBLIOGRAFIA

ÍNDICE

ABREVIATURAS E SIGLAS

AAFDL	Associação Académica da Faculdade de Direito de Lisboa
Ac.	Acórdão
AcP	Archiv für die civilistische Praxis
ADC	Anuario de Derecho Civil
ADL	Annales de Droit de Louvain
AGB/B	Allgemeinen Geschäftsbedingungen der Banken
al(s).	alínea(s)
art(s).	artigo(s)
ATM	automated teller machines
BACS	Bankers Automated Clearings Services Limited
BBTC	Banca Borsa e Titoli di Credito
BCEc.	Boletim de Ciências Económicas
BD	Banque & Droit
BFD	Boletim da Faculdade de Direito da Universidade de Coimbra
BGB	Bürgerliches Gesetzbuch
BGH	Bundesgerichtshof
BGHZ	Entscheidungen des Bundesgerichtshof in Zivilsachen
BIS	Bank for International Settlements
BM	The Bankers Magazine
BMJ	Boletim do Ministério da Justiça
BNBP	Boletim de Normas do Banco de Portugal
Bq	Banque
BW	Banking World
CadMVM	Cadernos do Mercado de Valores Mobiliários
Cap.	Capítulo
CCiv.	Código Civil
CCom.	Código Comercial
CEDAM	Casa Editrice Dott. Antonio Milani

CEE	Comunidade Económica Europeia
cf.	confrontar
CHAPS	Clearing House Automated Payment System
CHIPS	Clearing House Interbank Payment System
CI	Contratto e impresa
CJ	Colectânea de Jurisprudência
CNUDCI	Comission des Nations-Unies pour le Droit Commercial International (Comissão das Nações Unidas para o Direito Comercial Internacional)
coord.	Coordenação
CTF	Cadernos de Ciência e Técnica Fiscal
dactil.	dactilografado
DBB	Droit Bancaire et de la Bourse
DCDSI	Diritto Comunitario e Degli Scambi Internazionali
DII	Il Diritto dell'Informazione e dell'Informatica
dir.	direcção
D.R.	Diário da República
ed.	edição
ED	Enciclopedia del Diritto
EFT	electronic funds transfer
EFTA	Electronic Funds Transfer Act
EFTPOS	electronic funds transfer at the point of sale
ER	Economic Review
ex(s).	exemplo(s)
Fasc.	Fascículo
FDL	Faculdade de Direito da Universidade de Lisboa
FDUC	Faculdade de Direito da Universidade de Coimbra
FI	Il Foro Italiano
GI	Giurisprudenza Italiana
GVCI	Gazetta Valutaria e del Commercio Internazionale
IBFL	International Banking and Financial Law
JBL	The Journal of Business Law
IBR	International Banking Review – Europe
IME	Instituto Monetário Europeu
J-Cl	Juris-classeur Périodique
JDI	Journal du Droit International
JIBL	Journal of International Banking Law
L.G.D.J.	Librairie Générale de Droit et de Jurisprudence
LRB	La Revue Banque
NGCC	La Nuova Giurisprudenza Civile Commentata

n.	nota
n.º	número
NssDI	Novissimo Digesto Italiano
OCDE	Organização de Cooperação e Desenvolvimento Económico
org.	organização
p(p).	página(s)
PIN	personal identification number
POS	point-of-sale system
P.U.F.	Presses Universitaires de France
QRGCL	Quaderni di ricerca giuridica della Consulenza Legale – Banca D'Italia
RB	Revista da Banca
RB/BF	Revue de la Banque / Bank-en Financiewesen
RC	Recueil des Cours
RCDIP	Revue Critique de Droit International Privé
RCDP	Rivista Critica del Diritto Privato
RDAI / IBLJ	Revue de Droit des Affaires Internationales / International Business Law Journal
RDBB	Revue de Droit Bancaire et de la Bourse
RDCIM	Rivista di Diritto Commerciale Industriale e Marittimo
RDCiv	Rivista di Diritto Civile
RDComm	Rivista del Diritto Commerciale e del Diritto Generale delle Obbligazioni
RdD	Revista de Derecho
RDE	Revista de Direito e Economia
RDES	Revista de Direito e Estudos Sociais
RDIPP	Rivista di Diritto Internazionale Privato e Processuale
RDM	Revista de Derecho Mercantil
RDP	Revista de Derecho Privado
RDULB	Revue de Droit de L'Université Libre de Bruxelles
reimp.	reimpressão
RFDUL	Revista da Faculdade de Direito da Universidade de Lisboa
RFTJ	Revue Française de Théorie Juridique
RGIC	Regime Geral das Instituições de Crédito e Sociedades Financeiras
RIDC	Revue internationale de droit comparé
RLJ	Revista de Legislação e Jurisprudência
RMC	Revue du Marché Commun
ROA	Revista da Ordem dos Advogados

RSI	Revista Scientia Iuridica
RTDCDE	Revue Trimestrielle de Droit Commercial et de Droit Économique
RTDCiv	Revue Trimestrielle de Droit Civil
RTDComm	Revue Trimestrielle de Droit Commercial
RTDE	Revue trimestrielle de droit européen
RTDPC	Rivista Trimestrale di Diritto e Procedura Civile
SAGITTAIRE	Système Automatique de Gestión Intégré par Télétransmission de Transactions avec Imputation de Règlements Étrangers
ss.	seguintes
s.d.	sem data
s.e.	sem editor(a)
Sep.	Separata
SIBS	Sociedade Interbancária de Serviços, S.A.
SICOI	Sistema de Compensação Interbancária
SLOD	Sistema de Liquidação para outros Depositantes
SPGT	Sistema de Pagamentos de Grandes Transacções
Supl.	Suplemento
STJ	Supremo Tribunal de Justiça
SWIFT	Society for Worldwide Interbank Financial Telecommunications
T.	Tomo
TEI	transferências electrónicas interbancárias
UCC	Uniform Commercial Code
UCP	Universidade Católica Portuguesa
UNCITRAL	United Nations Commission on International Trade Law
UTET	Unione Tipografico-Editrice Torinese
Vol.	Volume
vols.	volumes
vd.	*vide*
WB	The World of Banking
ZHR	Zeitschrift für das gesamte Handels- und Wirtschaftsrecht

INTRODUÇÃO

"Le succès va aux idées simples et la simplicité est la grande tentation des théoriciens. Mais les choses sont complexes, et il n'y a de vérité qu'en respectant cette complexité."[1]

I. O sistema global dos meios de pagamento tem vindo a sofrer profundas alterações, fruto da osmose entre, por um lado, o desenvolvimento dos mercados monetários e financeiros detonado por recentes processos de liberalização, desintermediação e globalização e, por outro, a evolução tecnológica, posta ao serviço desse desenvolvimento.

Desde o momento em que, numa resposta aos entraves inerentes ao sistema de troca directa, nasceu a *moeda*, o processo da desmaterialização dos seus suportes e dos instrumentos da sua circulação tem sido imparável. Insuficiente a troca de notas e moedas por meios de pagamento *cashless* pioneiros do movimento de desintermediação monetária, depressa se reclamou a criação de processos em que se eliminasse qualquer tipo de movimentação física e se evitasse o manuseamento de papel.

A técnica de fazer circular dinheiro mediante um duplo jogo de inscrições contabilísticas remonta à Babilónia do segundo milénio anterior à era cristã, mas foi a sua adopção pela banca que fez surgir um novo instrumento de transmissão monetária apto a desbravar caminho no sentido da almejada *paperless society*. Servida actualmente pelas mais modernas técnicas informáticas e de telecomunicações, a *transferência bancária* invade o nosso quotidiano e assume-se de forma irremediável como o meio de pagamento do futuro.

É esse meio de pagamento, revigorado pela democratização e massificação do sector bancário, que nos propomos estudar. Parece-nos inegável a sua extraordinária importância prática. Apesar disso, escassa atenção

---

[1] HAURIOU (*Principes de Droit Public*), *apud* GHESTIN, *Traité de Droit Civil – La Formation du Contrat*, 3.ª ed., L.G.D.J., 1993, prefácio.

18   A Transferência Bancária

tem merecido por parte da ciência jurídica, designadamente entre nós.[2] Noutras paragens, a dogmatização tem sido pálida e, no seu conjunto, tem pecado por algum superficialismo e por uma grande falta de clareza. Realçados alguns aspectos parcelares, faltam sobretudo reflexões sistemáticas.[3]

A tal facto não será alheia a escassa regulamentação sobre a matéria[4] e a complexidade jurídica e técnica que envolve a execução de uma transferência bancária. Recorde-se que se enlaçam aqui dois domínios relativamente aos quais a intervenção legislativa tem sido parca e a dogmatização jurídica incipiente. De facto, se no domínio bancário regem sobretudo os usos e a auto-regulamentação, limitando-se o legislador a esparsas ingerências, o campo da informática e da electrónica tem causado alguma angústia aos juristas, deparados com perplexidades várias fruto da complexidade, diversidade e vertiginosa mutação das novas tecnologias. Indesmentível é que *"les électrons sont plus rapides que les législateurs"*.[5] A combinação da banca e da electrónica[6] em torno de uma figura cuja

---

[2] Honrosas excepções merecem ser mencionadas. Para além de referências mais ou menos breves em manuais de Direito Bancário (cf. MENEZES CORDEIRO, *Manual de Direito Bancário*, 2.ª ed., Almedina, Coimbra, 2001, pp. 494 ss.; SOARES DA VEIGA, *Direito Bancário*, 2.ª ed., Almedina, Coimbra, 1997, pp. 211 ss.; JOSÉ MARIA PIRES, *Direito Bancário*, II Vol. – *As Operações Bancárias*, Rei dos Livros, Lisboa, 1994, pp. 346 ss.; SARAIVA MATIAS, *Direito Bancário,* Coimbra Editora, Coimbra, 1998, pp. 126 ss.) são de destacar alguns artigos e monografias que abordam algumas das questões envolvendo transferências bancárias – PAULO CÂMARA, T*ransferência Bancária Internacional*, relatório de mestrado apresentado na FDL (dactil.), Lisboa, 1993; JOSÉ ANTÓNIO VELOSO, *Electronic Banking: uma Introdução ao EFTS,* Sep. da RSI, T. XXXVI, n.º 208-210, 1987 e *Regulamentação dos Sistemas de Pagamentos: Aspectos Gerais*, in *O Futuro dos Sistemas de Pagamentos,* Associação Portuguesa de Bancos / Banco de Portugal / / SIBS, Lisboa, 1997, pp. 137-172, e ainda JOÃO NABAIS, *Transferências Electrónicas de Fundos: Problemas Jurídicos*, RB, n.º 2, Abril-Junho, 1987, pp. 71-85. Já depois da elaboração do presente trabalho, MARIA RAQUEL GUIMARÃES, *As Transferências Electrónicas de Fundos e os Cartões de Débito*, Almedina, Coimbra, 1999.

[3] Não podemos deixar de salientar um estudo, publicado em Dezembro de 1998, por VÁZQUEZ PENA (*La Transferencia Bancaria de Crédito,* Marcial Pons, Madrid, Barcelona, 1998).

[4] Como únicas excepções, realce-se a legislação norte-americana e a Directiva 97/5/CE, transposta para a ordem jurídica portuguesa através do Decreto-Lei n.º 41/2000, de 17 de Março.

[5] MICHAEL ROWE, *Electrons et Legislation*, Bancatique, nº 12, 1986, p. 46.

[6] Poderíamos dizer, com GILL / SAPTE, *Responsability and Electronic Fund Transfers*, IBFL, Vol. 13, n.º 7, 1994, p. 4, que "there are electronics, and there is banking,

Introdução 19

estrutura é de *per si* bastante peculiar afasta a transferência bancária dos quadros jurídicos tradicionais e faz dela um desafio bastante estimulante para qualquer estudioso do Direito.

Foi aceitando esse desafio que nos propusemos estudar a transferência bancária. Face à indiferença jurídica que tem sido dispensada a esta figura, o principal propósito do nosso labor é delimitar o universo problemático que a rodeia e abrir assim caminho para reflexões mais profundas. Move-nos, sobretudo, o desejo de avivar o interesse pelo seu estudo, para isso traçando algumas linhas aos seus contornos e conferindo algum colorido à sua dogmatização.

II. Uma palavra é devida ao título que escolhemos. Ele é simples, amplo e vago. E, reconhecêmo-lo, é-o por razões diferentes, nascidas em momentos distintos: o antes e o depois do início da investigação. A amplitude do título serviu bem o nosso ponto de partida, marcado pela intuição da complexidade da matéria mas pouco consciente da envolvência técnica e jurídica da transferência bancária. A simplicidade foi então sinal de desconhecimento. Em breve nos foi fácil concluir que a expressão usada para titular o presente trabalho vem sendo utilizada, desde os primeiros estudos feitos sobre a matéria, com sentidos muito diferentes e raramente explicitados. A ela se referem os autores para a denominação do meio de pagamento, da ordem que o impulsiona, do contrato de transferência ou do complexo jurídico global destinado a pôr em marcha o mecanismo técnico. A anarquia terminológica é reinante na doutrina e o esforço de alinhar o desalinho foi tão grande que o seu resultado não poderia deixar de ser um marco importante deste trabalho. Resultado que determinou a opção de deixar incólume o título inicial. Sob esse título, agora deliberadamente ambíguo, escondem-se todas as diferentes realidades que, ao longo da presente exposição, tentaremos destrinçar e clarificar. Só essa clarificação legitimará, a final, a simplicidade e amplitude do título.

A sequência expositiva do presente trabalho é também ela tributária do empenho que emprestámos ao esclarecimento dos diversos sentidos subjacentes a tão vaga locução. Podemos dizer que uma abordagem basilar do fenómeno global que a mesma abarca assenta em três pilares fundamentais, que se impõe analisar separadamente: a transferência bancária enquanto *meio de pagamento*, a *relação jurídica fundamental* que lhe

---

and there is law, and there are some possible combinations of those elements (electronic banking, banking law), but there is no such thing as electronic banking law.".

subjaz e o complexo de *relações jusbancárias* que se desenvolvem para lhe dar execução. Ainda que imbricadas, são realidades diferentes, e só um ponto de partida esclarecedor da natureza independente de cada uma delas evitará o erigir de construções fáceis e simplistas. As mesmas exigirão a nossa atenção nos primeiros três capítulos do presente trabalho.

Como não poderia deixar de ser, começaremos por nos debruçar sobre a transferência bancária enquanto *meio de pagamento* (Cap. I), procurando surpreendê-la no papel que, distante ainda do olhar crítico do Direito, desempenha na vida económico-social. Delimitado o objecto de análise – apenas transferências bancárias de crédito – e abordada a sua variada casuística, tentaremos deixar clara a sua função e a natureza eminentemente económica de que se reveste.

Mecanismo económico-contabilístico com um figurino bastante particular, necessita para sua execução de uma instrumentalização jurídica específica e do desencadear de processos de cooperação buscados necessariamente ao mundo do Direito. Às *relações jurídico-bancárias* imprescindíveis ao funcionamento da operação económica dedicaremos então a nossa atenção (Cap. II), começando por estudar o agregado negocial que constitui a relação entre um ordenante de uma transferência e a sua instituição bancária, analisando de seguida o vínculo contratual entre o beneficiário dessa mesma transferência e o respectivo banco, e culminando com uma reflexão sobre a índole das relações interbancárias eventualmente requeridas.

Porque o desencadear de uma transferência bancária tem necessariamente uma qualquer justificação causal, a neutralidade funcional do meio de pagamento não nos impediu que considerar importante a abordagem da *relação subjacente* (Cap. III). É esse afinal o universo onde primordialmente se movem os sujeitos de cuja vontade depende o impulso do mecanismo.

Completada assim a estrutura básica do nosso trabalho, entendemos dever enriquecê-la com uma chamada de atenção sobre as particularidades das *transferências bancárias internacionais* (Cap. IV). O processo sem retorno de globalização da economia e a comunitária liberdade de circulação de capitais tornam evidente que cada vez mais a transferência bancária, meio de pagamento célere e seguro, servirá de factor de aproximação e dinamização da vida económica mundial. Os problemas peculiares que a dimensão internacional levanta e a produção regulamentar já encetada merecem alguma da nossa atenção.

Porque a análise dogmática deve servir desígnios práticos, não quisemos deixar de abordar alguns dos *problemas* que com mais frequência se

Introdução 21

suscitam no quotidiano das transferências bancárias (Cap. V). Com pouco amparo normativo, a nossa investigação não é isenta de tomadas de posição, mais ou menos firmes e mais ou menos angustiadas, sobre o enquadramento jurídico de algumas questões. Tentaremos testá-las e defendê-las no confronto com o concreto. Muitas vezes, porém, não iremos mais além do que a mera partilha das perplexidades com que fomos deparando e que esperamos sirvam para espicaçar nos juristas a avidez do saber e a vontade de colocar a ciência do Direito ao serviço da vida de todos nós.

Culminaremos a nossa investigação com um esforço de síntese em resultado do qual tentaremos justificar a consagração, que entendemos merecida, de uma figura que, na sua complexa unidade orgânica, se foi assumindo como dotada de autonomia estrutural e funcional – a *operação de transferência* (Cap. VI). Com ela procuraremos alcançar alguma da simplicidade que negámos ao início do nosso labor.

Quase em forma de *post scriptum*, não quisemos deixar fugir a oportunidade de, a pretexto de uma figura que de forma tão paradigmática reflecte algumas das mais marcantes características do *Direito Bancário*, fazer sobre este uma brevíssima reflexão, juntando a nossa voz às de todos os que, testemunhando as particularidades da sua ambiência, propugnam a sua autonomia.

III. Este, em suma, o caminho que nos propomos percorrer. Não será o mesmo linear nem isento de dificuldades. A complexidade técnica e jurídica inerente ao objecto da investigação obriga-nos a efectuar desvios que nos afastam do núcleo problemático fundamental e a traçar ramificações que dificultam a simplicidade expositiva. A verdade é que a transferência bancária só ganha sentido através da compreensão cabal de um todo formado de uma confluência de fenómenos diversos, com origens distintas e produtores de efeitos próprios, horizontal e verticalmente integrados e que não escapam a alguns indispensáveis cruzamentos interdisciplinares.

O nosso objectivo fundamental, voltemos a frisá-lo, é o de clarificar tanto quanto possível a complexidade desse todo, com o desejo de acender o fogo da discussão em redor de uma figura que tão pouca atenção tem merecido. Se o nosso esforço de simplificação, a soma das nossas perplexidades e a polémica em torno das nossas posições conseguir vencer alguma indiferença, tem-se a investigação por justificada e alimentada a vocação do aspirante a jurista.

CAPÍTULO I

A TRANSFERÊNCIA BANCÁRIA DE CRÉDITO

1. RAZÃO DE ORDEM

A transferência bancária de crédito é uma figura eminentemente prática. Cada vez mais presente no quotidiano de cada um de nós, poucos são os que entendem ou aplicam com rigor o conceito, menos ainda os que se apercebem da sua complexidade técnica, e raros os que procuram compreender a sua envolvência jurídica.

O nosso objectivo primeiro não poderia deixar de ser o estabelecimento rigoroso do objecto do presente estudo. Furtado ao quotidiano para análise, cumpre-nos antes de mais identificá-lo e descrevê-lo naquilo que, enquanto acto da vida, empiricamente o distingue dos demais. Em vista desse objectivo, a nossa preocupação inicial será a de delimitar com rigor o conceito. A utilização de uma ou outra locução poderá não ser mais do que o fruto de uma mera opção terminológica, mas a sua precisão é imprescindível para o acompanhamento da dogmatização. Só sabendo "do que falamos quando falamos de" poderemos delimitar o campo de análise e erigir uma explicação técnica rigorosa e uma investigação jurídica capaz.

Definido o objecto e delimitadas as fronteiras da investigação, tentaremos proceder a uma breve explanação dos mecanismos técnicos que envolvem a execução de uma transferência bancária de crédito. Sem esse breve intróito descritivo a análise jurídica, escopo final, arriscar-se-á a operar sobre o vazio.

2. DELIMITAÇÃO DO OBJECTO

2.1. A transferência bancária de fundos

2.1.1. *Conceito e objecto*

A transferência bancária de crédito inscreve-se num fenómeno mais amplo que inclui todas as transferências bancárias de fundos. Entende-se por *transferência bancária de fundos* qualquer processo ou mecanismo através do qual se realiza a transmissão de determinado montante monetário de uma conta bancária para outra através de um duplo jogo de inscrições de conteúdo idêntico mas com sentidos opostos – a débito e a crédito – nessas contas.

O objecto específico deste tipo de transferência é constituído por *fundos*, entendidos como *disponibilidades monetárias* de que um cliente de uma instituição bancária pode dispor, seja qual for a forma ou o suporte em que se encontrem representadas.[7] Estando os fundos objecto de uma transferência necessariamente inscritos numa conta aberta em nome de determinado titular, este pode dispor deles solicitando o seu reembolso ou a sua disponibilização à instituição bancária, de acordo com as condições estipuladas num contrato prévio, apelidado "contrato de provisão".

Tais fundos são, portanto, *reembolsáveis* ou *disponibilizáveis*, uma vez que a instituição bancária está juridicamente vinculada a "entregá-los" a solicitação, e são *fungíveis*, dado que essa instituição não fica obrigada a disponibilizar espécies individualizadas, mas apenas determinadas em género e quantidade (o *tantundem*). Esse reembolso pode ser efectuado

---

[7] CONCEIÇÃO NUNES, *Recepção de depósitos e/ou outros fundos reembolsáveis*, in *Direito Bancário*, Actas do Congresso Comemorativo do 150.º aniversário do Banco de Portugal, Supl. da RFDUL, 1997, p. 61.

pela instituição através da entrega de numerário, do pagamento de um cheque ou, entre outros meios, através da execução de uma transferência bancária.

Consistindo tal contrato de provisão, como é mais habitual, num contrato de depósito bancário, devem entender-se os fundos objecto de uma transferência bancária como *"disponibilidades monetárias cuja recepção origina a constituição de um dever de restituição a cargo da instituição de crédito receptora, expresso pelo saldo credor de uma conta aberta mediante contrato celebrado com o cliente"*.[8]

Restringido o objecto da transferência bancária a disponibilidades monetárias, o mesmo é dizer a uma determinada *soma de dinheiro,* fora dela e também do âmbito do presente trabalho ficam todas as transferências de outros bens, nomeadamente de valores mobiliários.[9]

A transferência de fundos é *bancária* porque realizada entre contas bancárias sediadas em "bancos". Cumpre esclarecer. Fruto do seu pioneirismo e da ingerência cada vez mais profunda dos bancos na vida moderna, as expressões "banco" e "bancário" ganharam uma vocação de universalidade que ultrapassa em muito o significado que a técnica e a legislação financeiras lhes atribuíram.

Em rigor, os bancos são as instituições de crédito que estão autorizadas a realizar todas as operações tipificadas no art. 4.º do Regime Geral das Instituições de Crédito e Sociedades Financeiras (RGIC)[10] e a prestar os serviços de investimento não abrangidos por aquela disposição e constantes do art. 199.º-A do mesmo diploma legal. Tratan-

---

[8] CONCEIÇÃO NUNES, *Recepção de depósitos...*, p. 63.

[9] Sobre a transferência de valores mobiliários escriturais ver, com muito interesse, AMADEU FERREIRA, *Valores Mobiliários Escriturais – Um novo modo de representação e circulação de direitos,* Almedina, Coimbra, 1997, sobretudo pp. 247 ss.. Cf. ainda DANIEL ESPINA, *Las anotaciones en cuenta – Un nuevo medio de representación de los derechos,* Civitas, Madrid, 1995. A este tipo de transferências chama por vezes a doutrina "transferências não bancárias". Não podemos deixar de discordar da utilização da expressão "uso impróprio do termo transferência" que a seu propósito é também empregue por VÁZQUEZ PENA, *La Transferencia Bancaria...*, p. 26, pois também aí, como nas chamadas "transferências bancárias", se processa um modo de transferência de valores, em cada caso adaptado à específica natureza do bem a transferir.

[10] Aprovado pelo Decreto-Lei n.º 298/92, de 31 de Dezembro, com as alterações introduzidas pelos Decretos-Leis n.ºs 246/95, de 14 de Setembro, 232/96, de 5 de Dezembro, 222/99, de 22 de Junho, 250/2000, de 13 de Outubro, 285/2001, de 3 de Novembro e 201/2002, de 26 de Setembro.

do-se de "instituições de créditos", não esgotam o rol destas. Nos termos do art. 3.º do RGIC, são instituições de crédito os bancos, a as caixas económicas, a Caixa Central de Crédito Agrícola Mútuo e as caixas de crédito agrícola mútuo, as instituições financeiras de crédito, as sociedades de investimento, as sociedades de locação financeira, as sociedades de "factoring", as sociedades financeiras para aquisições a crédito, as sociedades de garantia mútua, as instituições de moeda electrónica e outras empresas que, correspondendo à definição do art. 2.º, como tal sejam qualificadas pela lei.[11]

O art. 8.º do referido diploma consagra o chamado *princípio da exclusividade*, segundo o qual só as instituições de crédito podem exercer a actividade de recepção, do público, de depósitos e outros fundos reembolsáveis, para utilização por conta própria. O que proíbe esta disposição legal é o exercício, a título profissional (o que exige uma prática regular, habitual e sistemática), de uma actividade de recepção de depósitos e outros fundos reembolsáveis por entidades que não sejam instituições de crédito, afastando dessa proibição os actos isolados ou ocasionais.[12]

Podendo embora exercer outras actividades legalmente permitidas (as constantes no art. 4.º), a recepção de fundos do público constitui o núcleo típico da actividade das instituições de crédito. O que as caracteriza nuclearmente é precisamente a capacidade para exercer esta actividade a título profissional.[13] Por isso o art. 2.º define instituições de crédito como "as empresas cuja actividade consiste em receber do público depósitos ou outros fundos reembolsáveis, a fim de os aplicarem por conta própria mediante a concessão de crédito".

Só, portanto, as instituições de crédito estão legalmente autorizadas a receber do público depósitos[14] e outros fundos reembolsáveis, pelo que

---

[11] Trata-se de uma tipologia taxativa, no sentido de que as partes não poderão criar instituições de crédito que não estejam previstas nesta disposição legal, apenas o podendo fazer o legislador dentro do limite programático do conceito legal constante do art. 2.º – cf. CONCEIÇÃO NUNES, *As instituições de crédito: conceito e tipologia legais, classificação, actividades legalmente permitidas e exclusivos*, RB, n.º 25, Janeiro-Março, 1993, p. 94.

[12] JOSÉ MARIA PIRES, *Direito Bancário*, I Vol. – *O Sistema Bancário Português*, Rei dos Livros, Lisboa, 1994, pp. 28-29.

[13] CONCEIÇÃO NUNES, *As instituições de crédito...*, p. 86.

[14] O termo "depósitos" deve ser aqui entendido, não como contrato, "dado que não faz sentido falar na recepção de um contrato", mas como fundos reembolsáveis. Cf. CONCEIÇÃO NUNES, *Recepção de depósitos...*, p. 62.

também só elas os poderão restituir, mediante, nomeadamente, a execução de uma ordem de transferência. O mesmo é dizer, *apenas as instituições de crédito estão autorizadas a realizar, a solicitação dos clientes, transferências bancárias de fundos.*

Feita esta precisão, fica claro que, sempre que nos referirmos a "banco" ou a "instituição bancária", fá-lo-emos atribuindo-lhe o significado mais amplo de "instituição de crédito". Não sendo, de acordo com a tipologia legal, o termo correcto, é contudo mais cómodo e de mais imediata apreensão, traduzindo, afinal, a prática instituída de denominar de "bancário" vários aspectos da actividade, não só dos bancos, mas de todas as instituições de crédito em geral. O melhor exemplo disso é a adopção generalizada da locução "transferência bancária de fundos". Em todo o caso, são os bancos (em sentido próprio) que maioritariamente executam transferências bancárias, pelo que tal uso não ficará muito distante da realidade.[15]

São assim reconduzíveis a uma *transferência bancária de fundos* todos os mecanismos pelos quais é operado o "transporte"[16] de fundos, ou seja, de disponibilidades monetárias, de uma para outra conta bancária, entendida esta como conta aberta junto de uma instituição de crédito autorizada a receber do público "depósitos e outros fundos reembolsáveis".

Pressuposto é o concurso de *duas contas bancárias* entre as quais os fundos circularão. Não abrangidos pelo conceito e também não pela nossa investigação estão as situações em que alguém entrega numerário a um banco para que este o deposite na conta bancária de um terceiro ou na sua própria conta, ou em que, pelo contrário, ordena ao seu banco que, por débito na sua conta, entregue determinada quantia em numerário a si próprio ou um terceiro. Em qualquer destes casos o movimento envolve apenas uma conta bancária.

---

[15] "In almost all cases, only banks can carry out transfers, given that these imply accounts for the public..." – EUROPEAN COMISSION, XV/100/99 – Minutes of the Meeting on 27 October 1998 with National Government Experts on the Transition of directives 97/5/EC and 98/26/EC, p. 9.

[16] *Transferir* vem do latim *trans-ferre*, que significa "levar para além; transportar; levar de um lado para o outro" – FRANCISCO TORRINHA, *Dicionário Latino Português*, 2.ª ed., Porto, 1942, p. 844.

2.1.2. Tipos

As transferências bancárias de fundos podem ser de dois tipos – de crédito e de débito. Nas *transferências bancárias de crédito*, a iniciativa da transferência cabe ao devedor[17] – é ele que dirige ao seu banco uma ordem para que este transfira determinado montante em dinheiro da sua conta para a conta de um terceiro. Nas *transferências bancárias de débito*, pelo contrário, a iniciativa cabe ao credor com base em instruções previamente dadas pelo devedor ao respectivo banco. É o caso típico dos cheques – o credor, munido de um título que incorpora uma ordem de pagamento do devedor (sacador do cheque), apresenta-o ao banco daquele (sacado) para que este lhe pague o montante aí determinado, por conta dos fundos disponíveis numa conta de que é titular.

O papel activo nas transferências de crédito e de débito cabe pois, respectivamente, ao devedor e ao credor. Utilizando outro critério, podemos dizer que, nas transferências de crédito, o fluxo de informação e o fluxo de fundos vão na mesma direcção – do devedor para o credor –, enquanto que nas transferências de débito o fluxo de informação vai num sentido e o fluxo de fundos vai no sentido oposto.[18]

2.1.3. Origem histórica[19]

Não obstante rodeada actualmente das mais avançadas técnicas informáticas e de telecomunicações, a transferência, enquanto técnica

---

[17] Referimo-nos a devedor e credor para simplificar a explicação dos mecanismos. Como veremos, as transferências não são sempre – embora o sejam frequentemente – utilizadas para extinguir obrigações, pelo que nem sempre o ordenante é um devedor e o beneficiário um credor.

[18] Bastante ilustrativa é a descrição de GOODE, *Electronic funds transfers as an imediate payment system,* in *Electronic Banking: the Legal Implications* (dir. R. M. Goode), The Institute of Bankers, London, 1985, p. 16: "The direction of the flow of instructions depends on whether the payment takes the form of a credit transfer or a debit collection. A credit transfer is a "push" of funds by the debtor to the creditor. (...) A debit collection is a "pull" of funds by the creditor from the debtor.".

[19] Cf. SCHWINTOWSKI / SCHÄFER, *Bankrecht / Commercial Banking – Investment Banking,*Verlag, Köln, Berlin, Bonn e München, 1997, p. 220; RAYMOND KENT, *Money and Banking,* 4.ª ed., Holt, Rinehart and Windston, New York, 1961, pp. 16 ss.; GRECO, *Le Operazioni di Banca,* CEDAM, Padova, 1931, pp. 94 ss.; MOLLE, *I Contratti Bancari,* in *Trattato di Diritto Civile e Comerciale,* dir. Antonio Cicu e Francesco Messineo, Vol. XXXV, 4.ª ed., Giuffrè Editore, Milão, 1981, pp. 4-5 e 475-476, JUGLART / IPPOLITO,

dirigida à realização de pagamentos por meio de simples inscrições registrais, parece ter origens bastante remotas.

Na *Babilónia*, dois mil anos antes de Cristo, os templos procediam à recepção de depósitos, seja em moeda seja noutros bens, e à interposição nos pagamentos. Não se tratando de uma actividade sistemática, utilizava-se já a técnica do registo, em documentos entregues aos depositantes, dos montantes correspondentes às entregas e aos levantamentos daqueles valores. Os depositantes de moeda nos mesmos templos efectuavam pagamentos entre si mediante a alteração dos respectivos débitos e créditos, sem que chegassem a levantar e a depositar quaisquer bens.[20]

No *Egípto grego*, os "bancos" aparecem a colaborar na cobrança de impostos. Os cereais excedentes, que desempenhavam o papel de moeda, eram armazenados pelo Estado e utilizados como meio de pagamento. Para isso, utilizava-se uma técnica contabilística que obedecia já aos princípios básicos da transferência. No pagamento de impostos ao Estado, os bancos limitavam-se a debitar na conta de cereais do devedor o respectivo montante, inscrevendo-o a crédito na conta de receitas do Estado, sem que chegasse a haver a movimentação física de qualquer grão de cereais. Tal como hoje, pretendia-se então eliminar os riscos e custos inerentes ao transporte da moeda, com grande propriedade se podendo dizer que a razão para tal era então, maioritariamente, uma razão "de peso".

Na *Grécia*, nos Sécs. V-IV a.C., o aumento da circulação de moeda obrigou os cambistas a aceitar depósitos de metais preciosos e a prometer devolvê-los quando solicitados. Os banqueiros gregos (*trapeziti*), que paulatinamente foram substituindo os templos na recepção dos metais preciosos, foram os primeiros a utilizar o sistema de anotação dos montantes depositados pelos seus clientes em livros próprios para o efeito. O que depressa permitiu que estes, ao invés de levantarem os metais preciosos para os entregarem aos seus credores, que por sua vez os depositariam, começassem a efectuar pagamentos por simples alterações nas contas constantes de tais livros, evitando os incómodos e os riscos do transporte

---

Traité de Droit Commercial, T. 7 – *Banques et Bourses*, 3.ª ed. por LUCIEN M. MARTIN, Montchrestien, Paris, 1991, p. 8; GARRIGUES, *Contratos Bancarios*, 2.ª ed., Madrid, 1975, pp. 547 ss. e ALFREDO ROBLES, *Banca*, in *Nueva Enciclopedia Jurídica*, T. 3, Barcelona, 1951, pp. 246 ss..

[20] MOLLE, *Conto corrente bancario*, NssDI, IV, p. 415: "Quando consimili operazioni si svolgevano fra clienti di un stesso magazzeno, gli spostamenti dei prodotti e dei valori depositati venivano di fatto eliminati, perchè tutto si riduceva ad un semplice giro di conto.".

A Transferência Bancária de Crédito   33

de pesados sacos de moedas de ouro. Os depositantes cumpriam as suas obrigações ordenando aos banqueiros que transferissem os seus "depósitos" para as contas dos credores. Não se tratando ainda de uma transferência bancária tal como hoje a conhecemos, era sem dúvida um engenhoso mecanismo de efeito económico equivalente, alcançando-se já um elevado grau de desmaterialização nos pagamentos através de mecanismos contabilísticos.

Em *Roma*, onde os banqueiros (*argentarii*) ocuparam um papel central na circulação da riqueza desde o momento em que os romanos deixaram de ser um povo de agricultores e se começaram a dedicar ao comércio, foi adoptado e aperfeiçoado o sistema contabilístico grego. Nos vários tipos de livros existentes junto dos banqueiros,[21] eram anotados os montantes de moeda e outros bens depositados pelos clientes. Esses livros eram de três tipos: um livro diário (*adversarium*), em que se registavam as operações por ordem cronológica; um *codex accepti et expensi*, correspondente a uma espécie de livro de caixa; e um *liber rationum,* onde se anotavam as contas pessoais, ou seja, as operações realizadas entre o banqueiro e os seus correspondentes ou os particulares, e que em cada momento indicava o estado exacto do seu património. A escassez de moeda cunhada e a existência de diversos tipos de moeda fomentaram o desenvolvimento do sistema de pagamento por simples anotação nos livros de contabilidade a partir de ordens dadas pelos clientes.[22] A inscrição nos livros dos banqueiros, constitutiva da prova da existência de um crédito face a um terceiro, consistia num *nomem arcarium* ou num *nomem transcriptium*. A palavra técnica para indicar os pagamentos através da banca era *prescribere*, significando *prescriptio* a transcrição de uma conta para outra. Tratava-se de pagamentos *in banco, ex mensa argentarii, por mensae scripturam,* por contraposição a pagamentos *in denariis, ex arca* (por caixa). Diz GARRIGUES[23] que o sistema de execução de pagamentos mediante uma dupla inscrição nos livros dos banqueiros foi desenvolvido sob a denominação de *transcriptio a persona en personam*, ainda que nos textos referentes a esta operação se não mencionassem os banqueiros.

A afirmação da transferência como verdadeira operação bancária data da *Idade Média* e coincide com o início da história moderna do

---

[21] ALFREDO ROBLES, *Banca...*, p. 247, considera que estes livros constituíam um dos aspectos mais relevantes do tráfico bancário romano.

[22] Nas palavras de MOLLE, *I Contratti Bancari...*, pp. 5-6, no "caos monetário" da época os banqueiros serviram de árbitro na circulação de moeda.

[23] GARRIGUES, *Contratos Bancarios...*, p. 547.

dinheiro. A actividade bancária começa a manifestar-se com o recrudescimento da vida económica depois das invasões bárbaras, na bacia mediterrânica (com as cruzadas e a ordem dos Templários), nas cidades do Norte de Itália e nas feiras da Flandres e de Champagne. Nos Sécs. XIII e XIV várias famílias de Veneza, Florença e outras cidades de Itália iniciaram carreiras como banqueiros, aceitando depósitos pagáveis a solicitação e transferíveis para terceiros por ordem do depositante. A banca moderna nasceu precisamente com a função de intermediação em operações de pagamento,[24] nomeadamente através de simples anotação nos livros de contabilidade dos banqueiros (*campsores, bancherii*) que conservavam em forma de depósito irregular os fundos dos clientes. É aqui que surge a conta corrente bancária unida à existência de depósitos, cuja principal ou mesmo única finalidade era a de permitir a realização de pagamentos através do serviço de caixa, e equiparando-se o pagamento em metais preciosos ao pagamento através da alteração das anotações contabilísticas.

Nos sécs. XIV, XV e XVI, quando o comércio da banca ganha um novo impulso graças ao desenvolvimento do comércio marítimo e terrestre, é possível encontrar grandes banqueiros privados (Jacques Couer em França, os Médicis em Florença, os Fugger em Augsbourg), ao mesmo tempo que em Itália surgem bancos especialmente dedicados às transferências. Em 1587 é fundado em Veneza o primeiro banco dedicado a este tipo de operações com o nome de *Banco di Rialto,* mais tarde *Banco de Venecia.* Em 1619 criou-se na mesma República o *Banco del Giro,* como instituição dedicada a realizar por meio de transferências o pagamento de todas as dívidas do Estado perante os seus credores. O exemplo de Veneza expandiu-se por toda a Itália, e a partir de finais do Séc. XVI o *Banco de San Ambrosio,* em Milão, e o *Banco de San Jorge,* em Génova, funcionavam como bancos de depósito e de transferência, à semelhança do *Banco di Rialto.* Nesse mesmo século, os Estatutos de muitas cidades italianas contêm já disposições segundo as quais se equipara o pagamento mediante transferência ao pagamento com moeda metálica como meio de extinção de obrigações. Pode assim considerar-se que a origem da

---

[24] SEQUEIRA MARTÍN, *La Transferencia Bancaria de Credito,* in *Estudios de Derecho Bancario y Bursatil, Homenage a Evelio Verdera y Tuellis,* T. I, La Ley, Madrid, 1994, pp. 2542-2543, assinala o facto de, apesar de hoje a intermediação nos pagamentos ser uma função secundária dos bancos, a origem da transferência como operação bancária estar vinculada ao nascimento da actividade bancária.

A Transferência Bancária de Crédito

transferência como operação bancária aparece ligada ao nascimento da própria banca moderna, a qual assumiu um papel fundamental de intermediação nos pagamentos através de simples alterações nos respectivos registos.

A perfeição do sistema das transferências é alcançada em Amsterdão, em 1609, com o *Wechselbank*, e em Hamburgo, em 1619, com o *Girobank*. Seguir-se-lhes-ia o Banco de Estocolmo, em 1688, o Banco de Inglaterra, em 1694 e o Banco de Viena, em 1703. A mecânica da transferência de fundos só viria contudo a dar pleno rendimento mais tarde com a invenção inglesa do cheque, que poderia ser inscrito em conta. Em meados do Séc. XVII, os "goldsmiths" prestavam serviços bancários em Inglaterra, e todas estas instituições eram criadoras de dinheiro bancário no sentido moderno, emitindo títulos certificativos dos depósitos de ouro e prata que passavam de mão em mão como notas de banco modernas e transferindo "depósitos" nos seus livros de acordo com as ordens dos depositantes.

Com a configuração que lhe é conhecida hoje em dia, a transferência tem origens mais recentes. Parece que o sistema de transferências teve a sua origem na Europa há mais de um século. Terá sido introduzido pelo Dr. Georg Koch, director do Austria's Post Office Savings Bank, e posteriormente adoptado em vários países.

2.1.4. *Fontes*

No que diz respeito a *fontes vinculativas*, cumpre dizer desde já que, até há pouco tempo, as legislações nacionais não dispunham de regras específicas aplicáveis às transferências bancárias, com excepção dos Estados Unidos da América, que dispõem de dois tipos de regulamentação

---

[25] Trata-se do Subcapítulo VI do *Consumer Credit Protection Act* e foi implementado pela "Federal Reserve" como *Regulation E* – 12 CFR Section 205. O seu objectivo principal é proteger os consumidores (apenas pessoas singulares) no âmbito de transferências electrónicas de débito e de crédito, regulando quase todos os aspectos da relação entre o consumidor e a instituição financeira prestadora de serviços de transferência electrónica de fundos – cf. ROBERT EFFROS, *Introduction,* in *Payment Systems of the World* (ed. Robert C. Effros), Oceana Publications, New York, London, Rome, 1996, p. xxxi e BALLEN / TEITELBAUM / FALLON, *United States Electronic Payment Systems,* in *Payment Systems of the World* (ed. Robert C. Effros), Oceana Publications, New York, London, Rome, 1996, pp. 51-96.

sobre a matéria: o *Electronic Funds Transfer Act*, de 1978 (EFTA),[25] que regula as transferências electrónicas ordenadas por consumidores, e o *Artigo 4A* do *Uniform Commercial Code* (UCC), aplicável a transferências bancárias nacionais e internacionais e que abarca, residualmente, toda a matéria excluída do EFTA.[26]

A situação alterou-se recentemente, com a transposição para as ordens internas dos países comunitários da *Directiva 97/5/CE, de 27 de Fevereiro de 1997, relativa às transferências transfronteiras*. Em Portugal, tal transposição efectuou-se através do Decreto-Lei n.º 41/2000, de 17 de Março. Este Decreto-Lei veio ampliar o âmbito de aplicação das regras constantes da Directiva, uma vez que é aplicável não só a transferências transfronteiras mas igualmente a transferências internas.

Apesar da escassez de legislação sobre a matéria, não devemos esquecer, enquanto fontes vinculativas, os *contratos* celebrados entre os bancos e os seus clientes, quer revistam a forma de contratos de adesão quer resultem de negociações individuais. Os *usos,* importante fonte de Direito Bancário, assumem no domínio dos meios de pagamento, nomeadamente das transferências bancárias, um papel fundamental.

No que diz respeito aos *sistemas de pagamento em geral*, há que contar com diversos tipos de *fontes associativas,* resultado da auto--regulação de associações financeiras, nacionais e internacionais, sobretudo as que se destinam a transmitir mensagens de pagamento e as que efectuam compensações entre as instituições de crédito, e que contêm regras próprias que regulam as suas relações com as instituições nelas intervenientes.

---

[26] O artigo 4A foi adicionado ao UCC em 1989 para regulamentar as transferências electrónicas de fundos de elevados montantes ("large dollar wire transfers" ou "wholesale wire transfers") usadas em transacções comerciais. O mesmo artigo foi incorporado pelo "Federal Reserve System" como parte da regulamentação sobre o seu sistema de transferências – *Regulation J*. O Artigo 4A, apesar do seu nome, é um conjunto bastante vasto de regras, contendo mais de trinta disposições. Diz-se, sobre ele, que afecta mais dinheiro de uma só vez do que qualquer outra lei alguma vez promulgada. Sobre o Artigo 4A, cf. DONALD RAPSON, *Commercial Law,* in *Fundamentals of American Law* (ed. Alan B. Morrison), Oxford University Press, New York, 1996, pp. 374 ss.; BENJAMIM GEVA, *The Law of Electronic Funds Transfers*, Matthew Bender & Co., Inc., New York, 1992, pp. 2-2 ss. e PATRIKIS / BHALA / FOIS, *An Overview of United States Funds Transfer Law,* in *Payment Systems of the World* (ed. Robert C. Effros), Oceana Publications, New York, London, Rome, 1996, pp. 1-50.

A Transferência Bancária de Crédito

Em Portugal, é o Banco de Portugal que tem a seu cargo a gestão dos sistemas de pagamento, relativamente aos quais aprovou diversos *regulamentos* e *instruções*.

A nível comunitário, há ainda que contar com a *Directiva 98/26/CE, de 19 de Maio de 1998, relativa ao carácter definitivo da liquidação nos sistemas de pagamentos e de liquidação de valores mobiliários*, transposta nos capítulos I e III do Título V do Código dos Valores Mobiliários.

Além disso, vários organismos de carácter internacional têm elaborado princípios ou recomendações de carácter *não-vinculativo* que sirvam de suporte nesta matéria. Referimo-nos aos *Princípios Directores da Câmara de Comércio Internacional*, às *Recomendações Comunitárias* (Recomendação da Comissão que estabelece um Código de Conduta relativo ao Pagamento Electrónico, de 8 de Dezembro de 1987,[27] Recomendação da Comissão relativa aos Sistemas de Pagamento, em especial às Relações entre o Titular e o Emissor de Cartões, de 17 de Novembro de 1988[28] e Recomendação da Comissão relativa à Transparência das Condições Bancárias aplicáveis às Transacções Financeiras Transfronteiras, de 14 de Fevereiro de 1990[29]) e à *Lei-tipo da CNUDCI sobre Transferências Bancárias Internacionais*.

2.2. A transferência bancária de crédito

2.2.1. *Conceito*

O nosso trabalho incidirá apenas sobre a transferência bancária de crédito,[30] que daqui em diante denominaremos também, tão somente,

---

[27] 87/598/CEE, JO n.º L365 de 24.12.87.

[28] 88/590/CEE, JO n.º L317 de 24.11.88.

[29] 90/109/CEE, JO n.º L67 de 15.3.90.

[30] *"Virement"* em França, *"giroconto bancario"* ou *"bancogiro"* em Itália, *"transferencia bancaria de credito"* em Espanha, *"Giroüberweisung"* na Alemanha, *"credit transfer"* em Inglaterra. A palavra "giro" deriva da palavra grega para "círculo" ou "circulação" – *"gyrus"* – e revela a operação circular envolvida na transferência de um montante de uma conta para outra – cf. ELLINGER / LOMNICKA, *Modern Banking Law*, 2.ª ed., Clarence Press, Oxford, 1994, p. 421 e SCHWINTOWSKI / SCHÄFER, *Bankrecht...*, p. 220.

38   *A Transferência Bancária*

transferência bancária. Trata-se, já o sabemos, de uma transferência bancária de fundos na qual a informação (contida na ordem) e os fundos fluem numa só direcção, por ser ao "devedor" que cabe a iniciativa do seu impulso.

De uma forma simplificada, uma transferência bancária de crédito típica processa-se da seguinte forma: o titular de uma conta num banco dá uma ordem a esse banco para que coloque à disposição de um terceiro beneficiário determinado montante monetário; o banco debita esse montante da sua conta e, ou credita ele próprio o mesmo montante na conta do beneficiário, ou dirige uma ordem ao banco deste para que credite aquela conta. Segue-se, neste último caso, a liquidação interbancária.

Como elementos básicos do mecanismo encontramos as *ordens de transferência,* ou seja, as instruções dadas pelo ordenante ao seu banco e, se for caso disso, deste ao banco do beneficiário; as *inscrições nas contas*, a débito na conta do ordenante e a crédito na conta do beneficiário; e, por fim, estando as contas sediadas em bancos diferentes, o *pagamento interbancário,* quer mediante a inscrição do montante transferido em ambas as contas em sentidos inversos, quer através de mecanismos bilaterais ou multilaterais de compensação.

A transferência das disponibilidades monetárias realiza-se por virtude de um duplo jogo de inscrições, a débito e a crédito, nas contas bancárias dos intervenientes, sem que haja qualquer movimentação física de numerário. Em lugar de transferências corpóreas de dinheiro, ocorrem meras alterações nos saldos bancários de duas contas operadas por força de inscrições contabilísticas. Pode dizer-se que o dinheiro é transferido de um *"modo virtual"*.[31]

2.2.2. Meios técnicos de execução

Parece pouco prudente avançar no caminho da dogmatização jurídica sem deixar umas breves palavras de explicação sobre os meios técnicos

---

[31] CAMPOBASSO, *Il Bancogiro. Profili Strutturali,* in *Le Operazione Bancarie* (org. G. Portale), Milano, 1978, p. 635, define de um modo assaz sugestivo o *giroconto bancario*: "Se è in presenza di giroconto bancario ogni qual volta su iniziativa di un correntista (ordinante) la "disponibilità" di una somma di denaro è trasferita da un conto corrente bancario ad altro *in modo virtuale*, cioè senza che alla variazione di disponibilità (si senso opposto) dei due conti corrisponda un effectivo prelevamento di moneta legale dal conto addebitato, un effetivo versamento nel conto accreditato.".

A Transferência Bancária de Crédito   39

utilizáveis para execução de uma transferência bancária.[32] Afinal, é a esse material "bruto", buscado directamente à realidade, que procuraremos dar enquadramento jurídico.

2.2.2.1. *Contornos técnicos da ordem de transferência*

O ordenante de uma transferência bancária pode dirigir uma ordem ao seu banco mediante o preenchimento de um impresso próprio disponível ao balcão, através de uma carta, telegrama ou *fax*, ou por qualquer outro meio de correspondência.

As ordens podem também, sob determinadas condições, ser dadas oralmente. Cada vez mais utilizado é o chamado "*banco directo*", serviço telefónico colocado è disposição dos clientes a ele aderentes. O contacto é estabelecido com a identificação do cliente mediante a indicação de um código pessoal previamente atribuído, podendo aquele solicitar a realização das mais variadas operações, incluindo transferências bancárias.[33]

Já implantada entre nós para utilização por empresas, o "*home banking*" ou "banco ao domicílio" é um meio em crescimento para, entre outras operações, ordenar transferências de fundos. O objectivo é simples: trata-se de substituir os balcões dos bancos, ou mesmo já as caixas automáticas, por computadores pessoais instalados em casa ou em empresas, os quais, através de comunicação directa com a central informática do banco, permitem a realização das mais diversas operações bancárias.[34] A utilização da *Internet* para emitir ordens de transferência é também já uma realidade.[35]

---

[32] Sobre os vários meios de pagamento, entre os quais as diversas modalidades de transferência bancária, cf., entre outros, JOSÉ ANTÓNIO VELOSO, *Electronic Banking...*; MILES HOLDEN, *The Law and Practice of Banking,* Vol. I – *Banker and Customer,* 5.ª ed., Pitman, London, 1991, pp. 345 ss. e MARC HOLLANDERS, *The Use and Exchange of Payment Instruments*, RB/BF, Ano 59, 10/1995, pp. 562-573.

[33] DENIS CHABANEIX, *La banque directe en Europe,* Banque, n.º 586, Novembro 1997, pp. 22-24: "elle s'apparente à une banque sans guichet offrant au client un éventail complet de services et de produits financiers identiques à reseau traditionnelle".

[34] Cf. ALBERT BRESSAND, *Banque et financiers à l'ère du réseau de réseaux électroniques,* Bancatique, n.º 78, Janeiro, 1992, p. 28; HORST WITT, *Technology and banking in the years to come,* WB, Março-Abril, 1985, pp. 12-16 e SUSAN INGRAM, *Recent developments in electronic banking,* BM, Julho-Agosto, 1985, pp. 50-59.

[35] Cf. a este propósito, COSTA LIMA, *Pagamentos e Comércio Electrónico (Internet),* in *O Futuro dos Sistemas de Pagamentos,* Associação Portuguesa de Bancos / Banco

A ordem de transferência pode igualmente ser emitida – e é-o cada vez mais – através da utilização de terminais autorizados de uma rede informática interbancária. Trata-se de, através das chamadas *"caixas automáticas"* (ATM – *"automated teller machines"*)[36] e com utilização de um cartão magnético, ordenar a um banco a transferência de uma soma em dinheiro, da conta afecta a esse cartão para outra conta, do mesmo ou de diferente titular.[37] Este tipo de transferências é cada vez mais utilizado para efectuar o pagamento de contas de gás, electricidade, luz, telefone, e mesmo impostos.

Não se deve confundir a realização de transferências bancárias através da utilização de caixas automáticas com o mero levantamento de numerário. Neste caso não há a movimentação de duas contas bancárias, mas uma mera alteração do saldo bancário do utente por contrapartida à entrega de numerário.[38]

O cliente de um banco pode ainda dirigir-lhe ordens de pagamento através de um *sistema de ponto de venda*, também chamado *terminal de pagamento automático* (POS – *"point-of-sale system"*). Consiste este sistema na utilização de um dispositivo electrónico existente em estabelecimentos comerciais ou de serviços, o qual permite efectuar pagamentos através da transferência do montante em causa da conta do cliente para a conta do comerciante.[39] [40]

---

de Portugal / SIBS, Lisboa, 1997, pp. 129-131 e MAGUY MERCIER, *Vers des systèmes d'information orientés clients,* Banque, n.º 586, Novembro 1997, p. 26 ("Dans la droite ligne des évolutions technologiques, Internet vient apporter un fabuleux canal de distribution que permet une relation client très personnalisée... (...) Le *world wibe web* doit être bien plus qu'une "vitrine", démontrant la capacité d'innovation et le dynamisme de la banque.").

[36] Em Portugal existe apenas um rede interbancária de caixas automáticas – a rede MULTIBANCO da SIBS (Sociedade Interbancária de Serviços, S.A.). Sobre a rede MULTIBANCO, cf. SOBRAL TORRES, *Organização Interbancária e Meios de Pagamento – O Caso Português,* in *O Futuro dos Sistemas de Pagamentos,* Associação Portuguesa de Bancos / Banco de Portugal / SIBS, Lisboa, 1997, pp. 71-82.

[37] Cf. DAVID JONES, *Electronic banking and the law,* BW, Janeiro, 1987, p. 27 e ETTORE GIANNANTONIO, *Trasferimenti elettronici dei fondi e autonomia privata,* Giuffrè, Milano, 1986, p. 4. Para maiores desenvolvimentos, ANU ARORA, *Electronic Money and the Law,* 3.ª ed., IBC Business Publishing, Liverpool, 1997, pp. 53 ss..

[38] Cf. LUÍS MIGUEL MONTEIRO, *A operação de levantamento automático de numerário,* ROA, Ano 52 (1992), Abril, pp. 123-167.

[39] Para mais desenvolvimentos sobre este sistema (no seu conjunto denominado "EFTPOS – *Electronic funds transfer at the point of sale*"), cf. DAVID ROBINSON, *The structure and characteristics of the principal electronic banking systems,* in *Electronic*

A Transferência Bancária de Crédito

Em qualquer destes dois casos a realização da transferência pressupõe a utilização de um *cartão* dotado de uma banda magnética que, em conjugação com a introdução de um código pessoal de identificação, o chamado "código pessoal secreto" (ou PIN – "*personal identification number*"), permite o reconhecimento e a execução da ordem pelo titular da conta a que esse cartão se refere.[41] Trata-se de um *cartão de débito*,[42] não confundível com o cartão de crédito.[43]

A execução de uma transferência bancária não coincide com todo o âmbito de aplicação deste tipo de cartões.[44] A transferência bancária é apenas uma das operações a que o cliente tem acesso através da utilização do seu cartão. Esse acesso é concedido através da celebração de um contrato de utilização de cartão de débito, acordo pelo qual o banco autoriza

---

Banking: the Legal Implications (dir. R. M. Goode), The Institute of Bankers, London, 1985, pp. 10-12 e ANU ARORA, *Electronic Money...*, pp. 39 ss..

[40] O facto de implicar a intervenção do beneficiário coloca problemas quanto à sua qualificação como transferência de crédito (cuja iniciativa é, como vimos, do devedor) ou de débito (em que a iniciativa pertence, em última instância, ao beneficiário). Sobre este problema, cf. VASSEUR, *Les Transferts Internationaux de Fonds*, RC, 1993, I, T. 239, 1994, pp. 357 ss.. Parece-nos contudo que, apesar de ser o credor a facultar a utilização do equipamento técnico necessário ao processamento da transferência, a ordem é dada pelo devedor, o que leva a qualificar a transferência como de crédito.

[41] Na banda magnética destes cartões são introduzidos alguns dados (nome do titular, número da conta, etc.) que, em conjugação com um algoritmo secreto, permitem ao computador identificar o cliente e realizar a operação desejada – cf. ETTORE GIANNANTONIO, *Trasferimenti elettronici dei fondi e autonomia privata*, Giuffrè, Milano, 1986, p. 4.

[42] A Instrução n.º 47/96 do Banco de Portugal, publicada no BNBP N.º 1, de 17.06.96, define "*cartão de débito*" como "qualquer instrumento de pagamento, para uso electrónico, que possibilite ao seu detentor (...titular) a utilização do saldo de uma conta de depósito junto da instituição de crédito que emite o cartão (...emitente), quer para efeitos de levantamento de numerário em máquinas automáticas quer para a aquisição de bens ou serviços em estabelecimentos comerciais.". Refere ainda a mesma Instrução que só podem emitir cartões de débito os bancos, a Caixa Geral de Depósitos, as caixas económicas, a Caixa Central de Crédito Agrícola Mútuo e as caixas de crédito agrícola mútuo.

[43] O *cartão de débito* permite a realização de pagamentos mediante a utilização de fundos depositados numa conta; com o *cartão de crédito*, o respectivo utilizador dispõe do crédito que para esse efeito, e de acordo com condições estipuladas, lhe é concedido pelo banco. Sobre os dois tipos de cartões enquanto meios de pagamento, cf. MARÍA GETE-ALONSO, *Las Tarjetas de Crédito*, Marcial Pons, Madrid, 1997.

[44] PAULO CÂMARA, *Transferência Bancária Internacional...*, p. 22.

um seu cliente a proceder à movimentação da sua conta e a uma série de operações conexas através da utilização de uma rede informática.[45]

Outro sistema utilizado é o das *transferências pré-autorizadas*, em que o devedor autoriza o seu banco a debitar periodicamente a sua conta a favor de determinado beneficiário. Há duas modalidades possíveis. Na primeira, o devedor autoriza o banco a debitar periodicamente na sua conta determinada quantia em dinheiro e a creditá-la na conta de um ou mais credores, indicando ele próprio ao banco o respectivo montante e a periodicidade da sua transmissão. Trata-se das denominadas *transferências pré-autorizadas de crédito*, utilizadas para o pagamento de salários, pensões, mesadas e afins, o pagamento de prestações fixas correspondentes a empréstimos contraídos, etc.. Na segunda, o cliente dá autorização ao seu banco para que um credor por ele indicado levante periodicamente fundos da sua conta, num montante por este determinado. São as chamadas *transferências pré-autorizadas de débito,* a que com cada vez maior frequência se recorre para o pagamento de contas de electricidade, gás, luz, etc., ou mesmo de prestações correspondentes a empréstimos indexados. Só no primeiro caso, como o próprio nome indica e de acordo com a distinção por nós já feita, estamos perante uma transferência de crédito, uma vez que só aí a iniciativa da transferência cabe exclusivamente ao "devedor".

2.2.2.2. *Transmissão de mensagens e compensação inter-bancária*

Havendo coincidência entre o banco do ordenante e o banco do beneficiário, a transferência realiza-se, sem mais, mediante o registo, por aquele, dos movimentos a débito e crédito nas duas contas aí sediadas. Se são diferentes, porém, o banco do ordenante e o banco do beneficiário, torna-se necessário o processamento, entre os dois, do pagamento do montante constante da ordem de transferência.

Os pagamentos interbancários são executados em duas fases: numa primeira, os bancos trocam entre si os dados relativos à transferência; depois, procedem ao pagamento do montante a transferir através da inscrição a débito e a crédito nas respectivas contas.

Quer os sistemas de transmissão de mensagens quer de compensação,[46] extremamente complexos, escapam naturalmente ao âmbito da

---

[45] Cf. MARÍA GETE-ALONSO, *Las Tarjetas de Crédito...*, pp. 67 ss..

[46] Tendo como protótipo as feiras medievais (a primeira feira em que se operaram compensações por banqueiros terá sido a feira de Lyon, com Séc. XVI), as câmaras de

A Transferência Bancária de Crédito   43

nossa investigação. Não obstante, julgamos útil, para uma mais envolvente compreensão da forma como é processada uma transferência bancária de crédito, dizer algumas palavras sobre o modo de funcionamento desses sistemas e sobre os organismos que os colocam em funcionamento.

Em Portugal, os fluxos de pagamentos interbancários realizam-se através do sistema da abertura de contas recíprocas (contas "nostro/ /vostro") e, em maior escala, através de contas abertas no Banco de Portugal, que gere e é o agente de liquidação dos *sistemas de pagamento*.[47] Para troca de informações, os bancos utilizam o sistema de transferências electrónicas interbancárias (TEI) ou os processos clássicos – telex, telefax chavado, rede Swift, etc..[48]

As transferências interbancárias, as transferências interbancárias por conta de clientes e as transferências de e para o Tesouro, com valor unitário igual ou superior a 100 milhões de Escudos e cuja data-valor não exceda dois dias úteis relativamente à sua introdução no sistema, são obrigatoriamente encaminhadas através do "SPGT – Sistema de Pagamentos de Grandes Transacções", sistema de liquidação *por grosso* (isto é, operação a operação) em *tempo real*.[49]

O processo de *compensação* das movimentações das contas entre as

---

compensação propriamente ditas nasceram nos fins do Séc. XIX (tendo sido pioneira a câmara de compensação de Londres), com o objectivo de operar a compensação dos créditos recíprocos de todos dos bancos – cf. GASTONE COTTINO, *Diritto Commerciale*, Vol. II, CEDAM, Padova, 1978, p. 125 e RIVES-LANGE / CONTAMINE-RAYNAUD, *Droit Bancaire*, 6.ª ed.., Dalloz, Paris, 1995, p. 175, n. 1.

[47] Devendo entender-se por *sistemas de pagamento* o "conjunto de arranjos contratuais entre instituições que detêm contas e infra-estruturas operacionais utilizadas para transferir valores" – ABEL MATEUS, *O Futuro dos Sistemas de Pagamento em Portugal no contexto da União Económica e Monetária,* in *O Futuro dos Sistemas de Pagamentos,* Associação Portuguesa de Bancos / Banco de Portugal / SIBS, Lisboa, 1997, p. 27.

[48] Sobre tudo isto, cf. BANCO DE PORTUGAL, *Sistemas de Pagamento em Portugal,* Outubro de 1998, in www.bportugal.pt., pp. 18 ss..

[49] Têm acesso ao sistema, desde que disponham dos meios técnicos necessários, tenham assinado o contrato de adesão e pago a respectiva taxa, os bancos, a Caixa Central de Crédito Agrícola Mútuo, as instituições que participam directamente no SICOI, o Tesouro e outras entidades públicas da Administração Central. As restantes instituições não elegíveis para participar no SPGT, e que têm conta aberta junto do banco central, são integradas num sistema específico de liquidação pelos valores brutos – o "SLOD – Sistema de Liquidação para Outros Depositantes", que tem regras mais restritivas.

instituições efectua-se através do "SICOI – Sistema de Compensação Interbancária", sistema de liquidação pelos *valores líquidos*.[50]

Este Sistema compreende quatro subsistemas de Telecompensação:[51] de cheques, de efeitos, de transferências electrónicas interbancárias[52] e das operações processadas através do Multibanco.[53]

A participação em cada subsistema do SICOI depende de autorização do Banco de Portugal e pode ser directa ou indirecta. Os participantes indirectos fazem-se representar por um participante directo, o qual assume os direitos e obrigações dos seus representados. É condição necessária para a participação directa no SICOI a adesão e efectiva participação no SPGT.

Nos termos do Regulamento do SICOI,[54] todos os participantes devem transmitir os valores a compensar ao Banco de Portugal através de um dos suportes definidos e dentro de um horário determinado, sendo da exclusiva responsabilidade da instituição apresentante a coerência entre aquela informação e os valores reais dos documentos ou operações a que se refere (podendo eventuais diferenças verificadas ser regularizadas pelos participantes pela forma que entenderem mais adequada). Com base no conjunto da informação recebida, o Banco de Portugal faz o apuramento diário dos saldos correspondentes à posição de cada participante e procede à sua liquidação.

Actualmente, é a SIBS que, por delegação do Banco de Portugal, realiza a telecompensação. Esta compensação baseia-se num sistema de

---

[50] A liquidação individual das transacções – realizada através do SPGT – assegura o carácter imediato e definitivo de cada pagamento, pelo que é mais fiável e seguro. A compensação multilateral – a mais utilizada e realizada entre nós através do SICOI – implica que o *risco sistémico* esteja sempre presente, pois, recebendo cada participante o seu crédito apenas após a conclusão com sucesso do ciclo do sistema e verificada a capacidade de todos os outros participantes para liquidarem os seus saldos devedores, basta a falta de um deles para produzir o colapso de todo o sistema. Cf. ABEL MATEUS, *O Futuro dos Sistemas de Pagamento...*, p. 30.

[51] A Telecompensação é um circuito interbancário automático que permite a canalização de informação entre instituições através de um *interface* central (SIBS), que selecciona e encaminha essa informação para as várias entidades.

[52] Onde se compreendem todas as ordens de transferência interbancárias desmaterializadas, expressas em escudos, pagáveis no país por qualquer participante neste subsistema.

[53] O que inclui levantamentos, *transferências, pagamentos* e depósitos realizados nos terminais da rede multibanco ou em sistema homólogo, por utilização de cartões válidos na rede.

[54] Instrução do Banco de Portugal n.º 125/96, publicada no BNBP de 15/10/96, alterada pela Instrução n.º 11/98, publicada no BNBP de 15/06/98.

teleprocessamento *"on line"* que funciona 24 horas por dia. A SIBS apura os saldos nos fechos das sessões em sistema multilateral de compensação pelos valores líquidos e comunica-os ao Banco de Portugal. Este procede aos respectivos lançamentos, a débito e a crédito, nas contas dos vários participantes, efectuando assim a liquidação financeira das operações.

Ainda no que respeita aos sistemas de pagamento, recorde-se a já mencionada *Directiva 98/26/CE, de 19 de Maio de 1998, relativa ao carácter definitivo da liquidação nos sistemas de pagamentos e de liquidação de valores mobiliários*, já transposta, e com a qual se visou conferir maior segurança aos sistemas de pagamento e à liquidação de operações sobre valores mobiliários, nomeadamente quando envolvam operações transfronteiras intracomunitárias e seja aberto um processo de falência[55] de uma das instituições participantes no sistema.[56] A principal preocupação da Directiva é a de reduzir o *risco sistémico*[57] no âmbito daqueles sistemas, tanto os que funcionam por montantes brutos e em tempo real como os que funcionam com base em sistemas de compensação multilateral.[58] Tendo em vista minorar os riscos associados à participação nos sistemas e reforçar a eficácia do funcionamento dos mesmos, as disposições materiais da Directiva dizem essencialmente respeito à eficácia e oponibilidade a terceiros da compensação e das ordens de transferência, à irrevogabilidade destas[59] e à preservação dos direitos dos titulares de garantias.

No âmbito de *transferências internacionais*, para a *transmissão das mensagens* referentes a cada uma das ordens de pagamento emitidas existem vários sistemas, dos quais o de mais ampla utilização é o sistema ou

---

[55] A não harmonização das regras relativas à falência existentes nos vários Estados-membros constitui um obstáculo importante à segurança dos sistemas de pagamento. Os dois grandes sistemas aplicáveis em caso de falência transnacional são regidos, respectivamente, pelo princípio da unidade da falência, em geral conjugado com o princípio da universalidade, e pelo princípio da pluralidade ou da territorialidade das falências.

[56] Cf., com muitas indicações sobre os objectivos e as disposições da Directiva, AMADEU FERREIRA, *Sistemas de Pagamentos e Falência – Notas sobre uma Directiva comunitária*, CadMVM, N.º 2, Primeiro Semestre de 1998, pp. 40-63.

[57] Existe *risco sistémico* "quando a possível falência de uma contraparte leva a que a parte não faltosa fique em situação de não poder cumprir face às suas contrapartes, sendo esse incumprimento motivado pelo primeiro" – AMADEU FERREIRA, *Sistemas de Pagamentos e Falência...*, p. 43.

[58] A preocupação com o risco sistémico no âmbito dos sistemas de pagamento foi manifestado com vigor no chamado "relatório Lamfalussy" de 1990, e está bem patente nos vários considerandos da Directiva.

[59] Quando as transferências são feitas por montantes brutos.

rede Swift, criado e gerido pela *Society for Worldwide Interbank Financial Telecommunications,* sociedade não lucrativa com sede em Bruxelas.[60] Originariamente criado para transmitir mensagens de pagamento, o seu âmbito foi sendo progressivamente alargado, sendo actualmente utilizado para a realização de uma larga gama de comunicações em vários sectores da área financeira, nomeadamente no domínio das transacções sobre valores mobiliários.

A relação entre a sociedade e os bancos associados encontra enquadramento jurídico nos *"general terms and conditions",* criados pela própria Swift e que regulamentam aspectos como a entrada no sistema, a remuneração das operações realizadas, a responsabilidade por erros e a lei aplicável (direito belga). As relações entre os bancos e os utentes das transferências não merecem contudo qualquer atenção nesta sede.[61]

Outros sistemas ou redes interbancárias, estas de âmbito nacional, são o Chaps (*Clearing House Automated Payment System*), sistema britânico automático de pagamentos,[62] os sistemas norte-americanos Chips (*Clearing House Interbank Payment System*),[63] Fedwire,[64] Cash-

---

[60] A sociedade foi criada em 1973 por 293 bancos europeus e norte-americanos, tendo o sistema sido posto em funcionamento em 1977. Foi em 1982 que aderiram os primeiros bancos portugueses. Neste momento são mais de 3000 os bancos participantes, pertencentes a cerca de 73 países. O sistema utiliza três centros operativos situados na Bélgica, Holanda e Culpepper, nos Estados Unidos, e uma rede de computadores em cada país membro. A ligação com os computadores locais é feita através de um sistema nacional de transmissão de dados, sendo a conexão entre os computadores e a central assegurada por uma linha internacional.

[61] Para mais desenvolvimentos sobre o sistema Swift, cf. José António Veloso, *Electronic Banking: uma Introdução ao EFTS,* Sep. da RSI, T. XXXVI, n.º 208-210, 1987, pp. 51 ss.; Banque de France (Service de l'Information), *S.W.I.F.T. – Réseau de télétransmission interbancaire international,* Note d'information n.º 61, Março 1984; Peter Ellinger, *Electronic funds transfer as a deferred settlement system,* in *Electronic Banking: the Legal Implications* (dir. R. M. Goode), The Institute of Bankers, London, 1985, pp. 32-34; Benjamim Geva, *The Law of Electronic Funds Transfers...,* pp. 4-1 ss.; Samuel Newman, – *Society for Worldwide Interbank Financial Telecommunication (Swift),* in *Payment Systems of the World* (ed. Robert C. Effros), Oceana Publications, New York, London, Rome, 1996, pp. 371-405 e Anu Arora, *Electronic Money and the Law,* 3.ª ed., IBC Business Publishing, Liverpool, 1997, pp. 129 ss..

[62] É um sistema de transmissão de mensagens que também opera compensações no próprio dia. Para maiores desenvolvimentos, cf. Peter Ellinger, *Electronic funds transfer...,* pp. 31-32 e Anu Arora, *Electronic Money...,* pp. 33 ss..

[63] Trata-se de uma rede privada que reúne os 12 maiores bancos de Nova Iorque e é gerido pela "New York Clearing Association". Para mais informações, cf. Benjamim

MIRE e BANKWIRE,[65] e o francês SAGITTAIRE (*Système Automatique de Géstion Intégrée par Télétransmission de Transactions avec Imputation de Règlements Étrangers*).[66] Alguns destes sistemas, para além de assegurarem a transmissão de dados referentes a transferências, desempenham também uma função de *compensação* (é o caso do CHAPS, do CHIPS e do FEDWIRE). Outra importante câmara de compensação é a BACS (*Bankers Automated Clearings Services Limited*), que agrega o Royal Bank of Scotland e os quatro maiores bancos ingleses.[67]

2.2.3. Tipos

2.2.3.1. De acordo com o número de intervenientes

O número de intervenientes numa transferência bancária varia de acordo com três ordens de factores: a situação das contas bancárias numa só ou em duas instituições; a titularidade das contas em uma ou duas pessoas; e a necessidade ou não da intervenção de bancos intermediários.

GEVA, *CHIPS Transfer of Funds*, JIBL, Vol. 2, n.º 4, 1987, pp. 208-221; ANDREW HOOK, *The Clearing House Interbank Payments System (CHIPS)*, in *Payment Systems of the World* (ed. Robert C. Effros), Oceana Publications, New York, London, Rome, 1996, pp. 97-125 e JOSÉ ANTÓNIO VELOSO, *Electronic Banking...*, pp. 51 ss..

[64] Rede de telecomunicações utilizado pelo *Federal Reserve System* para efectuar transferências entre os bancos membros, ou seja, entre doze "Federal Reserve Banks", e cujas regras estão contidas na subparte B do "Federal Reserve's Regulation J" – cf. JOSÉ ANTÓNIO VELOSO, *Electronic Banking...*, pp. 51 ss. e ROBERT EFFROS, *A Primer on Electronic Fund Transfers*, in *The Law of International Trade Finance* (dir. Norbert Horn), Kluwer, Deventer, Boston, 1989, pp. 164 ss..

[65] Ambos são geridos pela PAC ("Payment and Administrative Communications Corporation"), uma associação de cerca de 200 bancos comerciais.

[66] Sobre este sistema, cf. BANQUE DE FRANCE (Service de l'Information), *S.A.G.I.T.T.A.I.R.E. – Système interbancaire de règlement en francs par télétransmission*, Note d'information n.º 63, Novembro, 1984.

[67] Cf. JOSÉ ANTÓNIO VELOSO, *Electronic Banking...*, pp. 48-49; ETTORE GIANNANTONIO, *Trasferimenti elettronici dei fondi...*, pp. 5-6; DAVID ROBINSON, *The structure and characteristics of the principal electronic banking systems...*, pp. 8-9 e ANU ARORA, *Electronic Money and the Law...*, pp. 29 ss..

A transferência bancária pode ser *interna* ou *externa* (ou, se preferirmos, *intrabancária* ou *interbancária*), consoante se efectue entre contas abertas no mesmo banco ou em bancos diferentes, ou seja, consoante haja ou não coincidência entre o banco do ordenante e o banco do beneficiário. Qualquer uma destas modalidades de transferência pode ser realizada entre contas do mesmo titular ou de titulares diferentes.

Temos assim quatro combinações possíveis de transferências: entre contas do mesmo titular situadas num só banco; entre contas de titulares diferentes situadas no mesmo banco; entre contas do mesmo titular situadas em bancos diferentes; e entre contas de titulares diferentes situadas em bancos diferentes.

As transferências externas realizam-se entre bancos diferentes. Quando entre o banco do ordenante e o banco do beneficiário existe uma "relação de conta", ou seja, quando têm contas correntes recíprocas (contas "nostro/vostro"), a transferência realiza-se directamente entre eles. Temos então uma transferência *externa directa*. Quando isso não acontece, pode ser necessário o recurso a um ou mais bancos intermediários, que estejam em "relação de conta" com ambos, caso em que a transferência se realiza através desse(s) banco(s), ou seja, indirectamente. Trata-se de uma transferência *externa indirecta*.

Quanto ao número de intervenientes, podemos concluir que uma transferência implicará, pelo menos, a intervenção de dois sujeitos – o titular da conta num banco e esse banco, no caso de uma *transferência interna* realizada entre contas no *mesmo titular*. Se os *titulares* forem *diferentes*, o número de intervenientes será de três. Nestes casos, o banco assume duas qualidades – banco do ordenante e banco do beneficiário, relativamente a contas distintas. Uma *transferência externa directa* implicará a intervenção de quatro sujeitos – o ordenante, o beneficiário e os respectivos bancos. É esse o caso típico. Tratando-se de uma *transferência externa indirecta*, o número mínimo de intervenientes será cinco, podendo ser maior no caso da intervenção de mais do que um banco intermediário.

2.2.3.2. *De acordo com a técnica utilizada*

Tendo em conta os meios técnicos utilizados para a execução de uma transferência bancária de crédito, é comum distinguir entre *transferências-papel e transferências electrónicas*, as primeiras de utilização cada vez mais rara.

Há vários critérios para definir transferências *electrónicas,* dependendo a escolha de cada um, nomeadamente, do objectivo prosseguido.[68] Uma das opções a fazer é considerar ou não essencial que ambas as principais fases da transferência – a transmissão da ordem de transferência e o movimento a débito e a crédito nas contas, respectivamente, do devedor e do credor – sejam realizadas, na totalidade, com utilização de meios informáticos.

No EFTA, cujo objectivo é regular as relações entre os bancos e os seus clientes, só se tem em consideração a emissão da ordem de pagamento por estes, não se atendendo às relações interbancárias, e sendo o critério adoptado o do desaparecimento do papel. A transferência electrónica de fundos é definida como "qualquer transferência de fundos, para além das que são iniciadas por cheque, "draft" ou instrumentos de papel semelhantes". Não é considerado suficiente que os meios electrónicos sejam utilizados em uma qualquer fase do processamento de uma transferência de fundos, exigindo-se que essa utilização ocorra já na operação que inicia o processo de transferência, o que exclui as transferências de fundos em que intervenham em alguma fase técnicas electrónicas de comunicação e de processamento de dados, mas cuja operação inicial seja ainda *paper-based*.

Pelo contrário, há quem, debruçando-se essencialmente sobre as relações interbancárias, considere suficiente, para que sejam consideradas como electrónicas, que as transferências sejam executadas pelos bancos através da utilização de meios electrónicos (nomeadamente as inscrições a débito e a crédito nas contas), independentemente da forma como o ordenante transmite a ordem de pagamento ao seu banco.[69]

Há ainda quem considere suficiente a utilização de meios electrónicos, independentemente da fase em que isso ocorra, sendo essencial o facto de uma transferência electrónica de fundos ter como efeito, por um lado, a eliminação total ou parcial do uso de documentos em papel e, por outro, a substituição desses documentos por impulsos electrónicos processados directamente por computador.[70] [71]

---

[68] Thunis / Schauss, *Aspects Juridiques des Transferts Électroniques de Fonds*, in *Electronic Funds Transfer and Consumer Protection / Transfert Électronique de Fonds et Protection du Consommateur*, Story Scientia, Bruxelles (ed. Bourgoignie, Th. / Goyens, M.), 1990, p. 10.

[69] Anu Arora, *Electronic Money and the Law...*, p. 1; Ettore Giannantonio, *Trasferimenti elettronici dei fondi...*, p. 55; João Nabais, *Transferências Electrónicas de Fundos: Problemas Jurídicos*, RB, n.º 2, Abril-Junho, 1987, p. 73.

[70] Thunis, *Recent Trends Affecting the Banks' Liability during Electronic Fund Transfer Operations*, JIBL, Vol. 6, n.º 8, 1991, p. 298; Kredietbank, *Aspects juridiques*

Para outros, é essencial que todas as fases da transferências sejam realizadas através de processos electrónicos.[72]

Há ainda os que colocam o acento tónico no fenómeno da desmaterialização que uma transferência electrónica de fundos provoca, salientando o facto de que não ocorre, na execução daquela, uma troca de fundos propriamente dita, mas simples variações nos débitos e créditos das contas envolvidas.[73]

Parece muito difícil definir compartimentos estanques entre o que deve e não deve ser considerado uma transferência electrónica. Para além da grande variedade de critérios possíveis, a técnica utilizada é por vezes mista, sendo nesses casos a transferência semi electrónica.[74]

---

du mouvement électronique de fonds, Bulletin hebdomadaire, Ano 37 (1982), n.º 37, Outubro, p. 2; VASSEUR, *Les Transfers...,* p. 132; SEQUEIRA MARTÍN, *La Transferencia Bancaria...,* p. 2549. Também ANTÓNIO JOSÉ VELOSO, *Electronic Banking...,* pp. 7 ss., numa definição que o próprio reconhece ser demasiado ampla, considera que o que define uma transferência electrónica é a utilização, para o registo, transmissão e processamento de informações relativas a pagamentos e outras operações financeiras, de meios electrónicos, em vez dos *media* clássicos – sobretudo o papel – e dos processos manuais de tratamento de dados.

[71] Os autores italianos distinguem e tratam separadamente o *"giroconto bancario"* tradicional e os *"trasferimenti elettronici di fondi",* que qualificam como operações em que as inscrições a débito e a crédito não são realizadas de modo tradicional, mas em forma electrónica (mediante registo na memória dos computador), salientando a substituição do papel por *impulsos electrónicos.* Cf., entre outros, ETTORE GIANNANTONIO, *Trasferimenti elettronici dei fondi...,* p. 55; SPINELLI / GENTILE, *Diritto Bancario,* 2.ª ed., CEDAM, Padova, 1991, p. 411 e GALGANO, *Dizionario Enciclopedico del Diritto* (dir.), 1.º Vol., CEDAM, Milano, 1996, p. 606.

[72] MARINO PERASSI, *I Trasferimenti Elettronici di Fondi,* Quaderni di ricerca giuridica della Consulenza Legale – Banca D'Italia, n.º 29, 1993, p. 174.

[73] Como MARTINE DELIERNEUX, *Les Instruments du Paiement International,* RDAI / IBLJ, n.º 8, 1993, p. 994, que considera que o que define uma transferência electrónica é o facto de as trocas de mensagens entre as diferentes partes serem automáticas, resultando em entradas que alteram os balanços de débito e crédito das respectivas contas.

[74] É o caso da chamada *"truncação de cheque"* (*"check truncation"*), em que o cheque – documento escrito e assinado pelo devedor – não é transmitido fisicamente, limitando-se os bancos intervenientes a comunicar entre si os respectivos dados. Note-se porém que se trata aqui de uma transferência de débito e não de crédito. Sobre a truncação de cheque, cf. MASSIMO DONADI, *Problemi giuridici del trasferimento elettronico dei fondi,* Contratto e impresa, 2, 1988, pp. 564 ss. e ANU ARORA, *Truncation of Cheques and Other Instruments through EFT,* IBFL, Vol. 13, n.º 5, 1994, pp. 48-51.

2.2.3.3. *De acordo com o âmbito espacial*

De acordo com o seu âmbito de aplicação no espaço, as transferências bancárias de crédito podem ser *internas* ou *internacionais*.

Nem sempre é fácil determinar o carácter internacional de uma transferência bancária. Quando não se baseia na nacionalidade dos intervenientes numa determinada situação, a internacionalidade depende, em geral, da transposição de uma fronteira,[75] o que pode levantar alguns problemas ao nível das transferências bancárias. E isto porque, na realidade, a moeda não circula fisicamente, ocorrendo uma simples transmissão de informações acrescida de operações escriturais e processos de compensação interbancária. Uma das consequências desta desmaterialização ao nível dos meios de pagamento é, precisamente, a dificuldade no estabelecimento de critérios de internacionalidade.[76]

Um dos critérios possíveis é a localização do ordenante e do beneficiário em países diferentes. Essa diferente localização parece contudo ter pouca importância, podendo acontecer que as respectivas contas se encontrem no mesmo banco ou em bancos situados no mesmo Estado, caso em que seria forçado atribuir à transferência carácter internacional.

Outro critério proposto é o da localização dos bancos do ordenante e do beneficiário em Estados diferentes. No entanto, segundo este critério ficariam de fora todas aquelas transferências em que, não obstante aqueles bancos se situarem no mesmo Estado, tenha sido necessária a utilização, como intermediários, de bancos situados em países terceiros.

Por fim, atentas as objecções aos critérios referidos,[77] aquele que parece levantar menos problemas, apesar de não estar isento deles, é o que considera necessária e suficiente a intervenção, dentro de uma cadeia de transferência, de um banco receptor e um banco emissor situados em Estados diferentes.

---

[75] Cf. Vasseur, *Les Transferts...*, p. 192.

[76] Cf. Michel Pelichet, *Note on the problem of the law applicable to international credit transfers,* Hague Conference on private international law, General affaires, Preliminary Document N.º 1, 1 de Novembro de 1991, pp. 7-8, considera mesmo que, em rigor, não existem transferências de fundos internacionais, sendo virtualmente impossível traçar uma distinção entre uma transferência "nacional" e "internacional".

[77] Defendendo ainda como critério possível a utilização de moeda estrangeira, cf. Martine Delierneux, *Les Instruments...*, pp. 988 ss., e também Samuel Maduegbuna, *The Effects of Electronic Banking Techniques on the Use of Paper-based Payment Mechanisms in International Trade,* JBL, Julho, 1994, p. 351.

3. FUNÇÃO DA TRANSFERÊNCIA BANCÁRIA DE CRÉDITO

Imprescindível para determinar a natureza da transferência bancária de crédito e para buscar as melhores soluções para os problemas que na prática ela levanta é averiguar qual a função que na realidade económica e social a mesma desempenha. Qual a utilidade que da transferência bancária os sujeitos retiram.

Da descrição dos elementos estruturantes e do funcionamento da transferência é possível concluir que quem a utiliza visa transmitir de uma forma célere e segura disponibilidades monetárias entre duas contas bancárias através de um duplo jogo de inscrições contabilísticas, obtendo efeitos equivalentes aos de uma entrega física de numerário mas evitando os inconvenientes que a mesma acarreta – incomodidade, risco, custo, desperdício de tempo.[78] A função que lhe cabe na vida económico-social é realizar, de um modo "virtual", uma circulaçãp de riqueza entre dois patrimónios ou, melhor dizendo, efectivar uma *atribuição patrimonial*.[79]

É importante manter clara a distinção fundamental entre a *função* económico-social da transferência – permitir a movimentação de uma soma em dinheiro entre duas contas bancárias e assim operar uma atribuição patrimonial – e a sua *causa,* o motivo pelo qual pretende o ordenante realizar tal atribuição, e que deve ser buscada à relação fundamental. Esta é a *causa remota* da transferência, sendo a sua *causa próxima* a respectiva função económico-social.[80]

---

[78] Cf. SEQUEIRA MARTÍN, *La Transferencia Bancaria...*, p. 253.

[79] Cf. PEDRO PAIS DE VASCONCELOS, *Direito Comercial – Títulos de Crédito –* Lições professadas ao 4.º ano jurídico no ano lectivo de 1988/89 (reimp.), AAFDL, Lisboa, 1997, p. 33. Trata-se de uma forma de "spostamenti patrimoniali" – CONCETTO COSTA, *Bancogiro "internazionale" e diritto italiano,* BBTC, Ano LV (1992), p. 346.

[80] VÁZQUEZ PENA, *La Transferencia Bancaria...*, p. 132, chama à causa remota, decorrente da relação subjacente, a "causa criadora ou originária da transferência" e, à sua função económico-social, "causa da realização ou execução da transferência".

54 A Transferência Bancária

Dificilmente fugindo de uma caracterização funcional, a transferência bancária surge-nos como um *meio de pagamento* que permite satisfazer as necessidades específicas dos seus utilizadores e as exigências gerais do mercado na circulação célere e segura da riqueza.[81]

A afirmação da transferência bancária de crédito como *meio de pagamento* deve ser entendida em termos hábeis. Entendimento que partirá necessariamente da distinção entre aquilo a que chamaremos meios de pagamento em *sentido amplo* e meios de pagamento em *sentido estrito*. Meios de pagamento *stricto sensu* são aqueles que se destinam exclusivamente à extinção de obrigações pecuniárias. *Lato sensu*, constitui um meio de pagamento todo e qualquer instrumento de transferência de fundos, não só *solvendi*, mas também *credendi* ou *donandi causa*.[82]

É com este sentido amplo que se pode afirmar, sem reservas, que a transferência bancária é um *meio de pagamento*,[83] por ser, indubitavel-

---

[81] Cf. LOJENDIO OSBORNE, *Spain*, in *Payment Systems of the World* (ed. Robert C. Effros), Oceana Publications, New York, London, Rome, 1996, pp. 290-291; ZUNZUNEGUI, *Derecho del Mercado Financiero*, Marcial Pons, Madrid, 1997, pp. 373 e 383; ALFARO ÁGUILA-REAL, *Transferencia Bancaria...*, p. 6620 e CAMPOBASSO, *Il Bancogiro...* p. 645.

[82] O art. 4. da Lei Francesa de 24 de Janeiro de 1984 sobre estabelecimentos de crédito define como meios de pagamento "todos os *instrumentos* que, qualquer que seja o suporte ou o procedimento técnico utilizado, permitem a qualquer pessoa transferir fundos". Daqui resulta que os meios de pagamento são meios de transferência de fundos. Cf., a este propósito, THIERRY BONNEAU, *Droit bancaire,* 2.ª ed., Montchrestien, Paris, 1996, p. 43.

[83] A Comissão Europeia, numa Comunicação (COM (94) 436 final, de 18.11.94) intitulada *"Transferências de Fundos na União Europeia: Transparência, Eficácia e Estabilidade"*, diz expressamente que as transferências bancárias são meios de pagamento, incluindo na definição de pagamento as transferências de fundos entre contas de um mesmo indivíduo (p. 21). A transferência bancária de crédito é apresentada como um *meio de pagamento* por muitos autores. Cf., entre outros, GAVALDA / STOUFFLET, *Droit bancaire – Institutions – Comptes – Opérations – Services*, 3.ª ed., Litec, Paris, 1997, p. 19; ZUNZUNEGUI, *Derecho del Mercado Financiero...*, p. 383; MICHEL CABRILLAC, *Le chèque et le virement,* 5ª ed., Litec, Paris, 1980, p. 199; DESCHANEL, *Droit Bancaire – L'activité bancaire,* Dalloz, Paris, 1997, pp. 56 ss.; BURGARD, *La Banque en France,* Presse de la Fondation Nationale des Sciences Politiques & Dalloz, Paris, 1989, p. 266; VAN OMMESLAGHE, *Le Paiment: Rapport Introdutif*, RDULB, Vol. 8, 1993, pp. 25 ss.; VAN RYN / HEENEN, *Principles de Droit Commercial,* T. 4, 2.ª ed., Bruxelles, 1988, p. 336; MARINO PERASSI, *I Trasferimenti Elettronici di Fondi,* Quaderni di ricerca giuridica della Consulenza Legale – Banca D'Italia, n.º 29, 1993, p. 175; VASSEUR, *Droit et Économie Bancaires – Les Opérations de Banque,* Fascículo IV – *Opérations de règlement. Services d'attraction de la clientèle. Activités de marché. L'Europe financière*, Les Cours de Droit, Paris, 1988-1989, p. 1531 e ALFARO ÁGUILA-REAL, *Transferencia Bancaria...*, p. 6619.

mente, um mecanismo de transmissão de fundos, de atribuição patrimonial.

Como é fácil de ver, a transferência, enquanto meio de pagamento, apresenta inúmeras *vantagens*, quer para os seus utilizadores quer para o sistema financeiro, e mesmo para a economia em geral.[84]

Por um lado, evita os inconvenientes da movimentação física de numerário, afirmando-se como um meio de pagamento *cómodo* – porque impulsionado com a simples emissão de uma ordem de transferência –, *seguro* – evitando os riscos inerentes à custódia e à movimentação física de notas e moedas, – *rápido* – muitas vezes operado em tempo real – e tendencialmente *pouco custoso*, sobretudo quando comparado com um transporte envolvendo porventura onerosas medidas de segurança. Facilidades que adquirem um significado muito especial na movimentação de elevados montantes de dinheiro e sobretudo quando o âmbito é internacional.

A redução ou mesmo eliminação do risco financeiro e cambial permitida pela extinção de obrigações em espaços de tempo muito curtos é outra das vantagens de que procuram usufruir os utentes das transferências bancárias.

O facto de evitar o uso de moeda liberta fundos para o sistema financeiro, evitando a dispersão de capital resultante da sua circulação pelas mãos dos particulares e potenciando a sua utilização pelos bancos em operações de financiamento. Gera-se um fenómeno de "criação de moeda", a que voltaremos a aludir, e que fortemente contribui para uma vigorosa dinamização das relações económicas e para a possibilidade de realização de importantes investimentos através do recurso à função de intermediação creditícia desempenhada pelos bancos.[85]

Além disso, dizem os economistas que constitui um meio de luta contra a inflação monetária.[86]

---

[84] Cf. Zunzunegui, *Derecho del Mercado Financiero...*, pp. 383-384; Sequeira Martín, *La Transferencia Bancaria...*, p. 2533; Vázquez Pena, *La Transferencia Bancaria...*, pp. 49 ss.; Marino Perassi, *I Trasferimenti Elettronici...*, p. 175 e Mottura / / Pavarani / Pontiggia / Preda / Ruozi / Rutigliano, *Le Operazioni Bancarie*, 3.ª ed., EGEA, Milano, 1991, p. 53.

[85] Garrigues, *Contratos Bancarios...*, pp. 555 ss. e *Curso de Derecho Mercantil*, Vol. II, 7.ª ed. revista com a colaboração de Sanchez Calero, Aguirre, Madrid, 1979, p. 550: "se evita la atomización improductiva del capital en las cajas de los comerciantes, permitiendo, por el contrario, la acumulación de capital en los Bancos, que puede ser destinado a empresas económicas beneficiosas para el interés general".

[86] Juglart / Ippolito, *Traité de Droit Commercial...*, p. 554. Cf., para uma abordagem macroeconómica, Marimon / Nicolini / Teles, *Electronic Money: The End of*

56   *A Transferência Bancária*

Por tudo isto, a transferência bancária é um meio de pagamento cada vez mais frequente, sendo em muitos países incentivada a sua utilização, nomeadamente através de benefícios fiscais e da sua obrigatoriedade na realização de determinados pagamentos ao Estado.[87]

Inflation?, Institute for Empirical Macroeconomics, Discussion Paper 122, Agosto de 1997.

[87] Em *França*, por exemplo, o legislador favorece a sua utilização exonerando de imposto de selo as facturas pagas por transferência e tornando obrigatório, num grande número de regulamentos, o emprego das transferências ou dos cheques visados. Cf. VASSEUR, *Droit et Économie Bancaires – Les Opérations de Banque*, Fascículo IV..., pp. 1527-1528; JUGLART / IPPOLITO, *Traité de Droit Commercial...*, 1991, pp. 554-555. Na *Bélgica* a situação é semelhante – cf. VAN RYN / HEENEN, *Principles de Droit Commercial...*, 1988, p. 324. Também em *Espanha* a Administração tem fomentado o uso das transferências bancárias como meio de pagamento, nomeadamente a nível de pagamentos e devoluções de natureza tributária – cf. ZUNZUNEGUI, *Derecho del Mercado Financiero...*, p. 383.

4. NATUREZA DA TRANSFERÊNCIA BANCÁRIA DE CRÉDITO

Durante algum tempo, o entendimento do que era a transferência bancária dividiu juristas e economistas[88] – para os primeiros, tratava-se de um contrato; para os segundos, de uma operação económica.

4.1. A transferência como contrato

A transferência bancária de crédito nasceu na prática bancária para satisfazer as necessidades dos agentes económicos e foi-se sedimentando no sistema financeiro distante do olhar crítico do Direito. Aqueles que primeiro viram o seu interesse jurídico despertado por esta figura reduziram o saldo de uma conta à sua condição de crédito e não hesitaram em enquadrar a transferência na fenomenologia da transmissão de créditos.

A transferência bancária consistiria num contrato de estrutura triangular, envolvendo o ordenante, o beneficiário e o banco, subsumível, para uns, ao tipo legal da cessão de créditos, configurável, para outros, como um contrato a favor de terceiros, enquadrável, por fim, na figura da delegação. Todas as variantes procuravam oferecer uma construção da figura capaz de explicar unitariamente a posição de cada um dos intervenientes, reconduzindo a transferência a um instituto jurídico unitário.

Sem mais aprofundamentos, é possível desde logo constatar que estas teorias manifestam uma insuficiência patente – não se mostram capazes de explicar o funcionamento de uma transferência externa, muito menos se esta for indirecta. E também não de uma transferência entre contas do mesmo titular.

---

[88] VASSEUR, *Droit et Économie Bancaires – Les Opérations de Banque*, Fascículo IV…, p. 1528.

58 *A Transferência Bancária*

4.1.1. *Contrato de cessão de créditos*

Segundo esta concepção, a transferência pode ser reconduzida a uma cessão de créditos, uma vez que o que ocorre através dela é uma circulação de créditos entre dois titulares de contas bancárias.

A cessão de créditos, prevista no art. 577.º CCiv., é o contrato pelo qual uma das partes (*cedente*) transmite à outra (*cessionário*) um direito de crédito de que é titular face a um terceiro (*devedor cedido*).[89] O credor transmite a um terceiro o seu crédito, operando-se uma novação subjectiva no lado activo.

No âmbito de uma transferência bancária, isso significaria que o respectivo ordenante, titular de uma conta num banco, estaria a ceder o crédito que tem para com esse banco a um terceiro – o beneficiário. Teríamos uma relação triangular, composta pelo ordenante no papel de cedente, o beneficiário no papel de cessionário e o banco como terceiro cedido. Produzindo, a cessão, efeitos desde a sua notificação ao devedor (art. 583.º n.º 1 CCiv.), a ordem de transferência dada ao banco teria em relação a ele essa função notificativa.

Uma análise atenta da transferência tal como consagrada na prática bancária e uma interpretação bastante da vontade das partes, mormente do ordenante, permitem desde logo inferir que a figura da cessão de créditos não é para ela enquadramento capaz.

Desde logo, não existe nenhum acordo de cessão entre ordenante e beneficiário, elemento indispensável para a existência de um contrato de cessão de créditos[90] e, no que diz respeito ao banco, não lhe cabe manifestamente, na transferência, o papel passivo que é atribuído a um devedor cedido. A ordem de transferência não lhe é notificada: é-lhe dada para que a execute.

Além disso, a qualificação da transferência como uma cessão de créditos permitiria ao banco opor ao beneficiário as excepções de que dispusesse face ao ordenante, uma vez que o crédito adquirido por aquele seria exactamente o mesmo que o ordenante tinha em relação àquela instituição bancária. Na transferência, em caso algum os bancos intervenientes se tornam parte na relação fundamental entre o ordenante e o beneficiário,

---

[89] Cf., por todos, ALMEIDA COSTA, *Direito das Obrigações,* 7.ª ed., Almedina, Coimbra, 1998, p. 721.

[90] MENEZES CORDEIRO, *Direito das Obrigações,* 2.º Vol., AAFDL, Lisboa, 1994 (reimpressão), p. 90.

A Transferência Bancária de Crédito

sendo um princípio básico do Direito Bancário a não ingerência dos bancos nas relações externas dos seus clientes.[91]

Por fim, enquanto que a cessão de créditos produz a substituição de um credor por outro na titularidade do mesmo crédito, na transferência bancária o beneficiário não adquire o crédito de que o ordenante dispunha face ao seu banco, nem mesmo quando este é, também, o banco do beneficiário. Não há a transmissão de um crédito mas o nascimento de um crédito novo, decorrente da relação prévia que une o beneficiário à instituição bancária onde tem conta.[92] A disponibilidade monetária que o saldo da conta do beneficiário representa tem uma origem, uma existência e um fundamento jurídico autónomos relativamente à disponibilidade de que o ordenante é titular, ancoradas ambas nas distintas relações jurídicas que cada um mantém com a respectiva instituição de crédito, ainda que esta seja comum.

4.1.2. *Contrato a favor de terceiro*

O contrato a favor de terceiro, previsto no art. 443.º CCiv., é o contrato por virtude do qual um dos contraentes (*promitente*) se obriga perante o outro (*promissário*) a realizar uma prestação a favor de um terceiro estranho a esse negócio (*destinatário* ou *beneficiário*).[93]

Adaptado o contrato a favor de terceiro à transferência bancária, surge uma vez mais esta como uma relação triangular, em que os intervenientes são o ordenante como promissário, o banco enquanto promitente – as partes no contrato – e o beneficiário no papel de terceiro a favor do qual foi feita a promessa de realizar a prestação, e que adquire direito a ela.

A existência de um contrato a favor de terceiro exigiria a celebração de um acordo entre o ordenante e o banco segundo o qual este se obrigaria perante o beneficiário. Ora, em caso algum o banco executante de uma transferência assume uma obrigação perante o beneficiário em virtude exclusivamente da execução da ordem de transferência emitida pelo ordenante. Ainda que o beneficiário da transferência seja, também, cliente do banco do ordenante (nas outras hipóteses, nunca o contrato a favor de

---

[91] Por todos, RIVES-LANGE / CONTAMINE-RAYNAUD, *Droit Bancaire...*, p. 279.

[92] Cf. VÁZQUEZ PENA, *La Transferencia Bancaria...*, p. 151.

[93] Cf., por todos, LEITE DE CAMPOS, *Contrato a Favor de Terceiro*, 2.ª ed., Almedina, Coimbra, 1991 e ALMEIDA COSTA, *Noções de Direito Civil*, Almedina, Coimbra, 1980, pp. 44-45.

terceiro poderia oferecer uma explicação, dada a estrutura jurídica triangular que pressupõe), a relação que o une àquele é totalmente independente, na origem, existência e efeitos, da relação com o ordenante. O banco nunca intervém nessa relação fundamental, causa da transferência, servindo apenas como intermediário numa atribuição patrimonial abstracta. Tal intromissão imposta pelo regime do contrato a favor de terceiro impediria a transferência de cumprir a sua função enquanto meio de pagamento abstracto, célere e seguro.[94]

Um particular aspecto de regime merece ser salientado. Nos termos do art. 448.º CCiv., a promessa é revogável enquanto o terceiro não manifestar a sua adesão à cessão. Ora, sendo a função da transferência a realização de uma atribuição patrimonial, o ordenante de uma transferência deixa de poder revogar a ordem a partir do momento em que, no *iter* transmissivo, perde a disponibilidade dos fundos. Seja qual for esse momento, mas em todo o caso independentemente de qualquer manifestação de vontade do beneficiário.

4.1.3. *Contrato de delegação*

A delegação consiste na convenção através da qual uma pessoa (*delegante*) incumbe outra (*delegado*) de realizar uma prestação a favor de um terceiro (*delegatário*), de forma a que a prestação se entenda feita por conta do delegante, ficando este liberado.

Também esta figura possui uma estrutura articulada em três relações: a que intercede entre o delegante e o delegado, na qual aquele dirige a este uma ordem ou autorização (*iussum*) para que se obrigue face ao delegatário (chamada "relação de provisão" ou de "cobertura"); a que une o delegante ao delegatário que receberá a prestação ordenada por aquele ("relação de valuta"); e, finalmente, a que se desenvolverá entre o delegado e o delegatário destinatário da prestação.[95] Sendo o delegante credor do delegado e devedor do delegatário, com uma só prestação – do delegado ao delegatário – extinguem-se duas relações obrigacionais.[96] [97]

---

[94] Cf. VÁZQUEZ PENA, *La Transferencia Bancaria...*, p. 157.

[95] Cf. BETTI, *Teoria Generale delle Obligazioni*, Vol. III, Giuffrè, 1954, pp. 84 ss..

[96] Cf. VÁZQUEZ PENA, *La Transferencia Bancaria...*, p. 158.

[97] Não estando a delegação positivamente consagrado no ordenamento jurídico português, ela cabe contudo no âmbito da autonomia contratual dos sujeitos, os quais

No caso da transferência bancária, o ordenante assumiria o papel de delegante ao dirigir uma ordem de transferência ao seu banco, que seria o delegado, para que este efectue um pagamento a favor do beneficiário/ /delegatário.

De entre todas as construções unitárias, é esta a que reúne maior consenso, apesar das dúvidas suscitadas sobre a modalidade de delegação em presença na transferência. Apesar de há muito abandonada em França, é uma posição com bastantes defensores em Espanha e ainda dominante em Itália, onde a delegação encontra consagração legal nos arts. 1268 ss. do *Codice Civile*.

A principal dúvida consiste em saber se estamos perante uma *delegatio promittendi* (ou obrigacional) ou uma *delegatio solvendi* (ou de pagamento).[98] Na primeira, o delegado assume como própria uma obrigação face ao delegatário, apresentando-se este como o novo credor em substituição do credor originário, o que dá origem a uma novação subjectiva. No caso da transferência, o cliente, credor de determinada soma depositada num banco, ordenaria a este que se obrigasse perante o beneficiário, novo credor, a pagar-lhe o montante objecto da transferência. Na segunda, o delegante não ordena ao delegado que se obrigue perante o

---

podem, além do mais, aproveitar os "rastos patentes" deixados na figura da assunção de dívida – cf. MENEZES CORDEIRO, *Direito das Obrigações*, 2.º Vol...., p. 111.

[98] Em *Itália*, consideram constituir a transferência uma *delegatio solvendi*, entre outros, FOLCO, *Il Sistema del Diritto della Banca*, Giuffrè, Milano, 1959, p. 505; GRECO, *Le Operazioni di Banca*, CEDAM, Padova, 1931, p. 510 e, com alguma cautela, FERRI, *Bancogiro*, ED, V, p. 34. Defendendo, pelo contrário, tratar-se de uma *delegatio promittendi*, MOLLE, *I Contratti Bancari...*, pp. 536 ss.; MOLLE / DESIDERIO, *Manuale di Diritto Bancario e dell'Intermediazione Finanziaria*, 5.ª ed., Giuffrè, Milano, 1997, p. 180; COTTINO, *Diritto Commerciale...*, p. 84; SPINELLI / GENTILE, *Diritto Bancario*, 2.ª ed., CEDAM, Padova, 1991, pp. 309 ss. e SANTINI, *Giroconto*, NssDI, Vol. VII, p. 863. Em *Espanha*, GARRIGUES, *Contratos Bancarios...*, pp. 555 ss. e *Curso de Derecho Mercanti...*, pp. 192-193 e MOTOS GUIRAO, *Sobre si el Ingresso en la Cuenta Corriente Bancaria del Acreedor Libera al Deudor*, RDM, Vol. XXV (1958), n.º 68, Abril-Junho, pp. 262 ss., defendem tratar-se de uma *delegação com novação extintiva*. A doutrina mais recente, representada, entre outros, por BROSETA PONT, *Manual de Derecho Mercantil*, 6.ª ed., Tecnos, Madrid, 1986, p. 480; BOIX SERRANO, *Curso de Derecho Bancario*, Editorial Revista de Derecho Privado, Madrid, 1986, pp. 189 ss. e MAIRATA LAVIÑA / GUZMÁN COSP, *Operaciones Bancarias y su Tratamiento Legal*, Hispano Europea, Barcelona, 1989, pp. 355 ss., *nega a existência de novação*. ALFARO ÁGUILA-REAL, *Transferencia Bancaria...*, p. 6620, entende que nas transferências internas estamos perante uma *delegatio promittendi* e nas externas perante uma *delegatio solvendi*.

delegatário, mas que realize uma prestação a seu favor. A ordem de transferência dada ao banco seria assim um *iussum solvendi*, ou seja, uma ordem para que aquele pague a quantia determinada ao beneficiário, sem assumir perante este qualquer obrigação.

Em ambos os casos o delegado, salvo estipulação em contrário, não pode opor ao delegatário as excepções que poderia ter oposto ao delegante,[99] o que constitui uma diferença significativa relativamente às teorias anteriores.

Aos defensores da tese da *delegatio promittendi* é fácil apontar o mesmo erro cometido pelas teorias da cessão de créditos e do contrato a favor de terceiro – na transferência bancária o banco não assume nenhuma obrigação para com o beneficiário decorrente da relação que ele – banco – mantém com o ordenante.

No caso das transferências internas (o único cenário considerado por estas teorias), há efectivamente uma relação do banco com o beneficiário em virtude da qual ele é obrigado a entregar-lhe, a solicitação, o montante da transferência. No entanto, essa obrigação decorre da relação que existe entre eles e não da relação que o mesmo banco mantém com o ordenante, não tendo aquela instituição qualquer intervenção nessa relação.[100]

Não há uma vontade das partes em provocar uma novação (não há *animus novandi*), mas simplesmente a de efectuar um pagamento. O banco não pretende ficar obrigado por um crédito que nasceu à margem da sua actividade, nem o beneficiário vê na transferência uma substituição de devedores, e menos ainda de créditos. Com a transferência bancária apenas se produz, como consequência da inscrição a crédito, uma modificação no saldo da conta do beneficiário. O crédito que este tem contra o seu banco continua a ter justificação no negócio que já vinculava ambos antes da realização da transferência, mantendo-se o respectivo título constitutivo.[101]

Quanto à *delegatio solvendi*, por ela o ordenante solicita ao seu banco que efectue um pagamento a favor de um terceiro. Esta teoria tem a vantagem de, ao contrário das outras, interpretar correctamente a vontade do ordenante e a valoração social da operação, compreendendo já que a inscrição a crédito produz os efeitos de verdadeiro e próprio pagamento.[102]

---

[99] Cf. art. 1271. do CCiv. Italiano.

[100] CAMPOBASSO, *Il Bancogiro...*, p. 648, admite a abstracção delegatória mas nega os efeitos que a delegação *promittenti* tem sobre a relação subjacente.

[101] Cf. SEQUEIRA MARTÍN, *La Transferencia Bancaria...*, p. 2540.

[102] Cf. CAMPOBASSO, *Il Bancogiro...*, pp. 649-650.

A Transferência Bancária de Crédito 63

No entanto, não consegue explicar o complexo de relações jurídico--bancárias que necessariamente existem e se complementam para que tal objectivo final seja atingido, para que tal função de pagamento seja cumprida. Justificando a relação do ordenante com o seu banco, não clarifica, contudo, a razão pela qual o pagamento se conclui com o acto de inscrição em conta e não com a entrega de numerário (sendo certo que a ordem de transferência é cumprida mediante a assunção de um crédito do banco para com o seu cliente, e não mediante *traditio*).[103] O que esta teoria, em suma, não consegue explicar é o *modus* próprio de uma transferência bancária, o que não se mostra capaz de fundamentar é o efeito de pagamento produzido por um duplo jogo de inscrições contabilísticas. Dando algum contributo para a compreensão do acto inicial de uma transferência – a ordem –, não é suficiente para explicar a transferência no seu conjunto.

Pode assim concluir-se que, se a tese da *delegatio promittendi* peca por excesso, ao pretender englobar sob uma figura jurídica unitária todas as relações jurídicas que intercedem entre o ordenante e o seu banco, por um lado, entre o beneficiário e o seu banco, por outro, e entre o ordenante e o beneficiário, por fim, violentando a função económica que as partes atribuem à transferência e a prática bancária da não interferência dos bancos nas relações dos seus clientes com terceiros, a tese da *delegatio solvendi* peca por defeito, por só se mostrar capaz de explicar a natureza de uma dessas relações, sem demonstrar como é que um jogo de inscrições contabilísticas desempenha uma função de pagamento, produzindo efeitos na relação fundamental mas sendo executada através de relações jusbancárias daquela alheias.

Por fim, resta salientar que, à semelhança das duas teorias estudadas anteriormente, também a tese da delegação, seja qual for a modalidade por que se opte, não permite explicar, nem as transferências entre contas do mesmo titular, nem as transferências exteriores, dada a estrutura tripartida sobre que assenta.

4.1.4. *Apreciação crítica*

As teorias referidas denunciaram desde cedo uma incapacidade tremenda para delinearem os contornos de uma figura já fortemente

---

[103] Cf. CAMPOBASSO, *Il Bancogiro...*, pp. 649-650; MARTUCCELLI, *Obbligazioni Pecuniarie e Pagamento Virtuale*, Giuffrè, Milano, 1998, p. 124 e SEQUEIRA MARTÍN, *La Transferencia Bancaria...*, p. 2541.

cimentada na prática bancária. Distantes da função económico-social que os sujeitos lhe atribuíram e da configuração técnica desta operação, falharam ao inverter o processo metodológico.[104] Não aderindo à realidade, o Direito não serve os seus desígnios e fica condenado ao fracasso,[105] e isto é sobretudo verdade no reino da autonomia privada, onde impera quase sem par a vontade das partes. E mais ainda em domínios, como o bancário, em que o Direito vive paredes-meias com a economia, a contabilidade, a técnica.[106]

Essa distância da realidade manifestou-se de várias formas. Por um lado, estas teorias espartilharam nos quadros clássicos do Direito Civil mecanismos de cariz eminentemente técnico-contabilístico que se lhes esquivam. Por outro, não compreenderam a função que na vida económica e social é reclamada à transferência bancária. O mesmo é dizer, atribuíram-lhe uma "armadura jurídica"[107] rígida incapaz de se moldar à vontade de quem dela se serve.

Sendo inegável que o saldo de uma conta à ordem constitui um crédito do cliente para com o seu banco, o que não se pode defender é que o ordenante, ao emitir uma ordem de transferência, tenha pretendido de alguma forma transmitir esse crédito a um terceiro. A pretensão ao saldo bancário do ordenante face ao seu banco, o crédito, não se transmite para o beneficiário.[108]

---

[104] "...o conceito traduz, por definição, uma redução simplificativa da realidade sobre a qual ele foi confeccionado; pretender passar do conceito para a realidade, sempre mais rica, além de traduzir uma inversão metodológica, implicaria, de modo necessário, o complemento do conceito com elementos estranhos às proposições conceptualizadas e, como tal, estranhos à fundamentação e à demonstração" – MENEZES CORDEIRO, *Introdução à edição portuguesa de "Pensamento Sistemático e Conceito de Sistema na Ciência do Direito"* de CANARIS, Fundação Calouste Gulbenkian, Lisboa, 1989, p. CIII.

[105] FERRI, *Manuale di Diritto Commerciale*, 5.ª ed., UTET, Torino, 1983, p. 11: "La regolamentazione giuridica non può dimenticare la realtà economica e sociale".

[106] VICENTE SANTOS, *El Contrato Bancario – Concepto Funcional,* Instituto de Estudios Bancarios y Bursatiles, Bilbao, 1972, p. 16: "En cualquier planteamiento metodológico de Derecho bancario hay una exigencia obvia: la necesidad de contar con la realidad práctica y técnica. (...) Se da por sentado que una investigación de Derecho bancario no puede hacerse de espaldas a la realidad práctica...".

[107] Nas palavras, em outra sede, de CALVÃO DA SILVA, *Cumprimento e Sanção Pecuniária Compulsória,* Sep. do Vol. XXX do Supl. ao BFD, 2.ª ed. (2.ª reimp.), Coimbra, 1997, p. 53.

[108] Cf. KÜMPEL, *Bank- und Kapitalmarktrecht,* Verlag, Köln, 1995, p. 227.

A Transferência Bancária de Crédito 65

De um ponto de vista meramente técnico-contabilístico, o que ocorre é a alteração, no mesmo montante mas em sentidos diversos, dos saldos de duas contas bancárias, por virtude de um duplo jogo registral, simbolizando, cada um desses saldos, um crédito diferente do anterior.

De um ponto de vista jurídico, o crédito subjacente a cada saldo respeita exclusivamente à relação que cada cliente mantém com o respectivo banco. As alterações resultantes das inscrições contabilísticas reflectem-se apenas nessas relações bancárias independentes, sendo pela sua articulação que, no caso concreto, se opera a atribuição patrimonial entre os sujeitos. Sem que para isso se assista a qualquer tipo de novação objectiva ou subjectiva, e sem que cada banco interfira na relação que, entre o ordenante e o beneficiário, deu causa à transferência.

Ora, as referidas teses (com excepção, como vimos, da teoria da delegação de pagamento) defendiam que, ao executar uma transferência bancária, o banco do ordenante passaria, de uma ou outra forma, a obrigar-se perante o beneficiário, assim interferindo na relação fundamental. Nada menos realista e respeitador da vontade dos vários intervenientes. E nada mais contrário à função da transferência bancária – efectuar, com segurança e celeridade, uma transferência de disponibilidades monetárias entre dois patrimónios através da simples alteração de dois saldos em duas contas bancárias. A própria segurança do tráfego requer o alheamento absoluto dos bancos relativamente aos motivos dos seus clientes e às específicas relações jurídicas que a montante da actividade bancária aqueles desenvolvem.

4.2. A Transferência como operação

4.2.1. *Mecanismo de transmissão de moeda escritural*

Repitamo-lo: o crédito de um banco face a um cliente não se transmite a terceiros.[109] Quando uma entidade bancária se dispõe a custodiar

---

[109] Por esta razão, a expressão "transferência bancária *de crédito*" não é a mais adequada – na realidade, não se transmitem créditos. Por isso mesmo, JOSÉ ANTÓNIO VELOSO, *A desinstitucionalização dos pagamentos cashless nas redes electrónicas: questões legislativas do presente e do futuro imediato* (dactil.), resumo da intervenção no colóquio "Direito Bancário Europeu" organizado pelo Instituto de Direito Bancário, com o patrocínio do Banco de Portugal, Lisboa, 15 de Outubro de 1998, p. 2, n. 3, manifesta a sua preferência pela expressão "transferência bancária *a crédito*" que tem sido adoptada pelo

66   *A Transferência Bancária*

determinada quantidade em dinheiro e a devolvê-la a solicitação, não é sua vontade mais do que, mantendo-se em relação exclusiva com o seu cliente, disponibilizá-la quando assim aquele o deseje. Sem que com isso pretenda, em momento algum, imiscuir-se nas relações externas do cliente. Por outro lado, o que pretende o emitente de uma ordem de transferência é a transmissão, para um terceiro, dos fundos mantidos junto de um banco, alimentando o património daquele às custas do seu. O que ele quer é transmitir bens, não créditos. De uma forma célere e segura.

A pedra de toque está no objecto da transferência bancária – não se transmitem com ela créditos, transmitem-se fundos, isto é, disponibilidades monetárias. O que mais nada é dizer, transmite-se *moeda*.

Face ao patente fracasso das teorias que analisam na transferência uma particular forma de transmissão de créditos, os juristas que estudam o fenómeno foram progressiva e cautelosamente assumindo aquela que sempre fora a visão dos economistas. Para estes, o saldo bancário de uma conta à ordem é uma especial forma de moeda,[110] e a transferência bancária um veículo para a sua transmissão.

Aos olhos dos juristas desejosos de aderir à realidade económica e de entender e respeitar a vontade dos sujeitos aí actuantes, o saldo, que para eles não fora mais do que um crédito, sofre uma "mutação" para se adaptar ao papel de moeda.[111]

Banco de Portugal. Concordando com o Autor, optámos por continuar a usar aquela expressão dada a sua vulgarizada utilização, que de certa forma se autonomizou já do significado que em rigor lhe deveria ser atribuído.

[110] INZITARI, *La Moneta*, in *Trattato di Diritto Commerciale e di Diritto Pubblico dell'Economia*, Vol. VI – *Moneta e Valuta*, CEDAM, Padova, 1983, p. 51: "gli economisti sono ormai da tempo unanimi nel considerare monetario il carattere dei depositi bancari"; CARBONETTI, *Moneta*, Quaderni di ricerca giuridica della Consulenza Legale della Banca d'Italia, n.º 2, Dezembro, 1985, p. 19: "La dottrina economica non ha quindi dubbi sulla natura monetaria dei depositi bancari."; CHRISTINE LASSALAS, *L'inscription en compte des valeurs: la notion de propriété scripturale*, L.G.D.J., Paris, 1997, p. 24: "Les économistes se sont penchés sur le rôle dévolu à la monnaie et en ont déduit l'éxistence d'une véritable monnaie scripturale. Ils ont conclu que les soldes des comptes bancaires constituent de la monnaie, car ils fonctionnent comme de la monnaie.".

[111] RIVES-LANGE / CONTAMINE-RAYNAUD, *Droit Bancaire...*, p. 302: "La créance, pour jouer son rôle de monnaie, s'est incorporée dans le signe, le symbole qui la représente et en révèle l'existence: l'écriture en compte."; FRANÇOIS GRUA, *Sur les ordres de paiment en général*, Recueil Dalloz Sirey, 20.º Caderno (Chronique), 1996, p. 175: "On est donc porté a se demander si le droit du virement n'aurait pas pu être fixé plus tôt et si l'on n'aurait pas pu faire l'économie de la belle théorie de la monnaie scripturale.".

A captação das especificidades dessa moeda indica-nos o caminho para o entendimento da verdadeira natureza da transferência e guia-nos na compreensão de como, por uma simples alteração de dois saldos bancários, se obtém um efeito equivalente a uma entrega física de numerário.

A primeira conclusão que tira quem se debruça sobre a *"moeda"* é a de que não é fácil defini-la.[112] Importante conquista da civilização e omnipresente na vida quotidiana, a moeda impõe-se por si, alheada das querelas doutrinais e, sobretudo, escapando habilmente ao conceptualismo jurídico.[113]

Na doutrina económica, a moeda é quase sempre definida, não por aquilo que é, mas por aquilo para que serve – "money is what it *does*, not what it *is*".[114] O conceito é quase exclusivamente expresso em termos funcionais.

A história do aparecimento da moeda ajuda a compreender as funções que lhe são atribuídas.[115] Ainda não era conhecido o conceito de dinheiro quando o comércio de mercadorias se desenvolvia mediante a *troca directa*, assente em alguma especialização do trabalho e na existên-

---

[112] INZITARI, *La Moneta…*, p. 3: "È quasi una consuetudine di ogni ricerca sul tema del danaro iniziare la trattazione, sottolineando le difficoltà a fornire una definizione che sia realmente adeguata a descrivire i caratteri di un fenomeno cosí composito e complesso."; GUITTON / BRAMOULLÉ, *La Monnaie*, 6.ª ed., Dalloz, Paris, 1987, pp. 4 e 7: "A propos de la monnaie, qui est comme une pierre d'angle, comme une question angoissante posée aux hommes, les esprits se divisent. (…) Il est très difficile de définir la monnaie.".

[113] CARBONETTI, *Moneta*, Quaderni di ricerca giuridica della Consulenza Legale della Banca d'Italia, n.º 2, Dezembro, 1985, p. 9: "Prima che al mondo del diritto, la moneta appartiene a quello della realtà…".

[114] LUCKETT, *Money and Banking,* 3.ª ed., McGraw-Hill, várias cidades, 1984, p. 239. Diz a este propósito WALTER MARQUES, *Moeda*, in *Pólis, Enciclopédia Verbo da Sociedade e do Estado,* Vol. 1, Verbo, Lisboa, São Paulo, 1983, p. 380: "O que melhor caracteriza a moeda é o conjunto dos seus atributos funcionais.".

[115] Sobre o nascimento da moeda e a sua evolução, cf. MENEZES CORDEIRO, *Manual de Direito Bancário…*, pp. 59 ss.; WALTER MARQUES, *Moeda e Instituições Financeiras,* Publicações Dom Quixote / Instituto Superior de Gestão, Lisboa, 1991, pp. 13 ss.; INZITARI, *La Moneta…,* pp. 7 ss.; GOISIS, *Lezioni di Economia Politica*, Vol. II – *Macroeconomia,* CEDAM, Padova, 1990, pp. 44-45; GOLDFELD / CHANDLER, *The Economics of Money and Banking,* 9.ª ed., várias cidades, 1986, pp. 6 ss.; LEROY MILLER / VANHOOSE, *Modern Money and Banking,* 3.ª ed., McGraw-Hill, várias cidades, 1993, pp. 10 ss.; MEIR KOHN, *Money, Banking and Financial Markets,* The Dryen Press, várias cidades, 1993, pp. 62 ss.; RAYMOND KENT, *Money and Banking…,* pp. 13 ss. e GUITTON / BRAMOULLÉ, *La Monnaie…,* pp. 35 ss..

cia de excedentes. Como parece óbvio nos dias de hoje, tratava-se de uma prática repleta de inconvenientes. Por um lado, dificultava a aquisição de bens, pois não era fácil conseguir o encontro de interesses necessário para que a troca fosse possível.[116] Só muito dificilmente alguém encontraria quem lhe pudesse fornecer exactamente o bem de que necessitaria em troca do bem que possuía em excesso. A procura do perfeito parceiro de troca traduzia-se num enorme desperdício de tempo e energia e num entrave à especialização. Essa dificuldade era agravada pelo facto de as mercadorias em troca serem com grande frequência perecíveis, não permitindo armazenamentos duradouros. Além disso, grande parte dos bens não era divisível, o que dificultava a sua troca. Outro importante obstáculo levantado por este sistema consistia na dificuldade em determinar qual a medida de troca a utilizar em cada caso concreto, uma vez que não existia uma unidade comum por comparação com a qual todos os bens pudessem ser avaliados. A falta de uma unidade de valor dificultava extraordinariamente o estabelecimento de prestações futuras, tais como salários, rendas ou juros. Por fim, o sistema de troca directa não permitia a utilização de qualquer reserva de valor.

Tendo-se verificado que havia determinados bens pelos quais uma grande maioria das pessoas estava disposta a trocar a sua própria mercadoria, quer pelas suas características intrínsecas quer pela facilidade em posteriormente virem a ser trocados de novo, depressa se concluiu que tais bens poderiam servir com vantagem, não só como *instrumento de troca,* mas também como *medida de valor*.[117] Assim nascia a *moeda,* destinada a alterar para sempre a história do Homem.[118] Com as funções, principais, de instrumento geral de troca (*tertium permutationis*) e unidade de conta

---

[116] Trata-se daquilo a que os economistas anglófonos chamam "a double coincidence of wants" e os italianos "correlativa coincidenza di desideri".

[117] Uma vez que, "estando permanentemente disponível para trocas, ele tinha, implícito, o poder de determinar, perante cada bem, o *quantum* necessário para a operação." – MENEZES CORDEIRO, *Manual de Direito Bancário...*, p. 60.

[118] A análise da evolução que levou ao aparecimento da moeda e da sua importância levou RAYMOND KENT, *Money and Banking,* 4.ª ed., Holt, Rinehart and Windston, New York, 1961, p. 3, a afirmar: "Money deserves to be ranked among the outstanding inventions of the entire history of mankind.". Também ARNAUNÉ, *La Monnaie, le Crédit et le Change*, 2.ª ed., Félix Alcan, Paris, 1902, p. 63, realça a sua importância: "L'invention de la monnaie, complétée par l'affectation des métaux précieux à la fonction d'intermédiaire des échanges, a constitué un progrès immense. Elle a doté la circulation au comptant d'un instrument parfait.".

A *Transferência Bancária de Crédito* 69

ou medida de valor económico (*tertium comparationis*) e, derivadas, de reserva de valor e de medida de pagamentos diferidos.[119]

É sobretudo a sua função de servir como instrumento geral de troca que distingue a moeda de outros bens.[120] Alertados para isso, os economistas que conseguem fugir a uma descrição funcional definem moeda como "tudo o que é aceite generalizadamente como um meio de troca ou meio de pagamento"[121]

Juridicamente, tende a afirmar-se que a moeda é um *meio de pagamento*.[122] A afirmação é tautológica e não operativa – o conceito de pagamento pressupõe o de débito pecuniário e este reenvia para o de moeda, que se tentava definir. O dinheiro só pode ser meio de pagamento de obrigações pecuniárias e estas têm como objecto exclusivo esse mesmo dinheiro. A definição da moeda como meio de pagamento é circular.[123]

---

[119] Sobre as funções da moeda, cf. AVELÃS NUNES, *Economia* – Apontamentos segundo as aulas dadas ao 5.º Ano da FDUC, no ano lectivo de 1993/1994, Coimbra, 1993, p. 17; WALTER MARQUES, *Moeda...*, p. 17; SAMMUELSON / NORDHAUS, *Economia*, 14.ª ed., McGraw-Hill, Lisboa, 1993, pp. 578-579; CARBONETTI, *Moneta...*, p. 10; INZITARI, *La Moneta...*, pp. 4-5; STAMMATI, *Moneta*, ED, XXVI, pp. 747-748; CHRISTINE LASSALAS, *L'inscription en compte...*, p. 26; GOLDFELD / CHANDLER, *The Economics of Money...*, p. 8; LEROY MILLER / VANHOOSE, *Modern Money and Banking...*, p. 5; MEIR KOHN, *Money, Banking...*, pp. 64-65; LUCKETT, *Money and Banking*, 3.ª ed., McGraw-Hill, várias cidades, 1984, pp. 238 ss. e RAYMOND KENT, *Money and Banking...*, pp. 5 ss..

[120] FREDERIC MISHKIN, *The Economics of Money, Banking and Financial Markets*, 3.ª ed., HarperCollins, New York, 1992, p. 21: "Whether money is shells or rocks or gold or paper, in any economy it has three primary functions. It is a medium of exchange, a unit of account, and a store of value. Of the three functions, its function as a medium of exchange is what distinguishes money from other assets such as stocks, bonds, or houses.".

[121] SAMMUELSON / NORDHAUS, *Economia...*, p. 572; LEROY MILLER / VANHOOSE, *Modern Money...*, p. 5; RITTER / SILBER, *Principles of Money, Banking and Financial Markets*, 7.ª ed., BasicBooks, New York, 1991, p. 9.

[122] CARBONNIER, *Droit Civil*, 3 – *Les Biens. Monnaie, immeubles, meubles*, 10.ª ed., PUF, Paris, 1980, p. 30: "la monnanie est *moyen de paiment*"; BLANCHE SOUSI-ROUBI, *Banque et bourse*, 4.ª ed., Dalloz, Paris, 1997, p. 155: "*Monnaie*: instrument de paiment qui d'une façon générale est reconnu et admis comme tel."; GUITTON / BRAMOULLÉ, *La Monnaie...*, p. 9: "La monaie est un instrument de libération des dettes. C'est un instrument de paiment."; RICCI, *La Banca Moderna- Aspetti Gestionali e Tratti Evolutivi*, UTET, Torino, 1988, p. 92: "moneta bancaria, come mezzo di pagamento".

[123] Nesse sentido, ASCARELLI, *La Moneta – Considerazioni di Diritto Privato*, CEDAM, Padova, 1928, p. 43, p. 17 e LIBCHABER, *Recherches sur la Monnaie en Droit*

70 A Transferência Bancária

Com MENEZES CORDEIRO[124] podemos definir moeda como "um bem divisível ao qual determinada sociedade atribua a qualidade de *instrumento geral de troca*, isto é: de bem que possa ser trocado por quaisquer outros e de bem no qual quaisquer outros possam ser permutados". Tal definição evita a tentação tautológica e fornece-nos uma sólida base de apoio no prosseguimento da nossa análise. Por ser essencial à compreensão do objecto do nosso estudo, procuraremos ir um pouco mais longe no desnudar das diferenças entre esse bem-moeda aceite generalizadamente como meio de troca, os suportes em que se materializa e os instrumentos da sua circulação.

Um importante contributo para esta clarificação é-nos dado por LIBCHABER. Criticando a funcionalização da moeda por entender que a mesma impossibilitou a elaboração de uma teoria jurídica capaz de àquela conferir natureza própria, o Autor ensaia essa elaboração começando por distinguir entre os meios de pagamento e a própria moeda. Numa perspectiva estática, desdobra conceptualmente a *moeda*, ou unidade monetária, em unidade de pagamento e unidade de valor, e distingue-a dos *meios de pagamento*. Para que se processe um pagamento, fenómeno que o Autor encara como exterior à própria moeda, é indispensável que as unidades de pagamento se materializem num património para daí serem transferidas para um património diferente. Tendo em vista este esquema, o Autor distingue entre *suporte monetário* (o título que materializa as unidades monetárias) e *instrumento monetário* (aquele que permite a sua circulação). "*L'opération de paiment réside toujours dans la mise en oevre d'un instrument pour faire transiter des unités contenues dans un support.*".[125]

CHRISTINE LASSALAS[126] parece seguir a mesma opinião, denunciando igualmente a confusão feita por alguns autores entre a moeda e os instrumentos da sua circulação. Também segundo ela a moeda, conceito abstracto repousando sobre uma unidade ideal, se desdobra em unidade de valor e unidade de pagamento. A cada unidade de pagamento está associado um suporte. A Autora distingue então os *instrumentos de paga-*

Privé, L.G.D.J., Paris, 1992, pp. 16-17. Discordando, CARBONETTI, *Moneta*, Quaderni di ricerca giuridica della Consulenza Legale della Banca d'Italia, n.º 2, Dezembro, 1985, p. 14.

[124] MENEZES CORDEIRO, *Manual de Direito Bancário...*, p. 59.

[125] LIBCHABER, *Recherches sur la Monnaie...*, p. 73.

[126] CHRISTINE LASSALAS, *L'inscription en compte...*, p. 38.

A Transferência Bancária de Crédito 71

mento, representação material daquela unidade ideal,[127] dos *meios de pagamento*.[128]

Também CARBONNIER,[129] conceptualizando a moeda, distingue a *unidade monetária*, enquanto equivalente, fracção ou múltiplo de uma unidade ideal, e os *instrumentos monetários* incorporantes de tal unidade ideal.

A distinção entre o *moeda*, enquanto unidade ideal, os seus *suportes* e os instrumentos que permitem a sua circulação – os *meios de pagamento* – torna-se basilar para a compreensão da transferência enquanto veículo de transmissão de moeda. Essa moeda pode ser metálica, fiduciária[130] ou escritural, cuja sequência corresponde à sua própria evolução. Se seguirmos o pensamento daqueles autores, o que isto significa é que uma unidade monetária, enquanto unidade ideal ou abstracta, pode estar incorporada em diferentes suportes ("suportes monetários", segundo LIBCHABER, "instrumentos de pagamento", na terminologia de LASSALAS).

Ao longo dos tempos, vários foram os bens que desempenharam o papel de moeda – desde cereais, arroz, chá, tabaco, sal e outros géneros alimentícios, a variadíssimas espécies animais e partes de animais (peles, dentes, conchas), passando por escravos, barcos, porcelanas, até todo o tipo de metais e outros materiais.[131] Desde cedo, porém, os metais preciosos ganharam primazia, por razões óbvias: para além do valor

---

[127] CHRISTINE LASSALAS, *L'inscription en compte...*, p. 35.

[128] CHRISTINE LASSALAS, *L'inscription en compte...*, pp. 29-30: "Le compte en banque sert de réservoir à la monnaie scripturale et pour accomplir le paiment, il suffit d'un jeu d'écritures. Mais pour provoquer ce jeu d'écritures, il faut utilizer "quelque chose": ce sont les instruments tels que le chèque, le virement ou la carte bancaire. Aussi, le débat gagnerait en clarté si pour designer les différents mécanismes permettent le transfert des unités monétaires, on utilisait l'expression "d'instruments de paiment" et si on parlait de "moyens de paiment" pour viser les éléments qui incorporent les unités monétaires.".

[129] CARBONNIER, *Droit Civil, 3...*, pp. 23 ss..

[130] Há autores que agrupam estas duas categorias naquilo que consideram ser a *moeda stricto sensu*, contrapondo-a à *moeda escritural*. Cf., por ex., CHAPUT, *Les techniques modernes des transactions financières et leur répercussions sur la monnaie*, RIDC, Ano 46 (1994), n.º 2, Abril-Junho, pp. 389-403, p. 390.

[131] GOLDFELD / CHANDLER, *The Economics of Money...*, p. 12, n. 2, dão alguns exemplos curiosos de como a utilização de vários objectos como moeda ficou reflectida em termos utilizados actualmente: *pecuniário* vem da palavra latina *pecus*, que significa gado, *salário* vem de *salarium*, a palavra latina para sal, e a expressão inglesa *"to shell out"*, que significa pagar, reflecte a utilização da concha ("shell") como moeda.

72 A Transferência Bancária

intrínseco decorrente da sua relativa escassez, são bens duradouros, manuseáveis e divisíveis.[132] Da sua utilização como meio de troca surge a *moeda metálica*,[133] posta a circular por tradição, isto é, por transmissão da posse.[134]

A moeda enquanto unidade ideal está ainda profundamente ligada a um substrato físico – a uma *res* que circula por *traditio* –, ligação umbilical que a história se encarregaria de lentamente ir rompendo. O primeiro golpe ocorreu com a atribuição de um valor à moeda, aquando da sua cunhagem, que não coincidia com a quantidade de metal incorporado – diferencia-se o valor nominal do valor intrínseco, dissocia-se, ainda que de uma forma "materializada", a unidade ideal da moeda-coisa. Na época medieval surge a chamada "moeda imaginária" ou "moeda de conta",[135] traduzida numa unidade monetária abstracta que pouco tem já a ver com a sua *bonus intrinseca*.

Mas o processo continuou. Assegurada a representação metálica de tais "unidades ideais", em breve foi fácil concluir que a concretização das trocas dispensava com vantagem a circulação material da moeda metálica. Generalizada a prática do depósito dos metais em lugares seguros, bastava que, "armazenada" a moeda num local de confiança geral, o respectivo proprietário entregasse aos seus credores, como pagamento, um documento que representasse determinada quantidade dessa moeda e que lhes permitisse o seu levantamento quando assim o desejassem. Criam-se desta forma certificados representativos da moeda metálica armazenada. A generalização e circulabilidade de tais documentos ou títulos representativos de moeda metálica esteve na origem, desde finais do Séc. XVII, da

---

[132] Sobre as qualidades dos metais, sobretudo dos metais preciosos, que permitiram que ganhassem a preferência generalizada para o desempenho do papel de moeda, cf., por todos, ARNAUNÉ, *La Monnaie...*, p. 7.

[133] Entre os Sécs. VIII e VII a.C., segundo ZUNZUNEGUI, *Derecho del Mercado Financiero...*, p. 395. Num primeiro período os metais preciosos são adoptados como moeda *in masse informi*, que se trocava a peso: *aes rude, metallum infectum*. Depois são *numerati*, reduzidas a massa regular com igual peso, primeiro por particulares e depois pelo Estado, que controla o peso e grau de fineza dos metais e procede à cunhagem mediante a impressão de signos em discos metálicos – Cf. PAPI, *Moneta*, NssDI, X, p. 855.

[134] Com verdadeira tradição material, por contraposição à tradição simbólica – cf. MENEZES CORDEIRO, *A Posse: Perspectivas Dogmáticas Actuais*, Almedina, Coimbra, 1997, pp. 107-108.

[135] CARBONETTI, *Moneta...*, p. 11; DI MAJO, *Obbligazioni pecuniarie*, ED, XXIX, p. 551.

emissão centralizada, por autoridades estaduais, da chamada *moeda fiduciária*, correspondente às actuais notas de banco. Este tipo de moeda, mais cómodo e de mais fácil circulação, assenta na confiança geral, não só de que todos a aceitam como meio de troca, mas sobretudo de que a qualquer momento poderão ser trocadas pela moeda metálica depositada.[136]

Com a criação da moeda fiduciária, uma importante transformação foi operada. Assentando a sua aceitação generalizada na confiança de que as notas de banco poderiam sem dificuldade ser trocadas pelo equivalente valor em metal, já não lhe seria inerente um valor real, apresentando-se antes como um título incorporante de um crédito em moeda.

Não tarda a desaparecer a relação limitativa entre a quantidade de papel emitido e a quantidade de metais preciosos efectivamente depositados, que aquele tendencialmente representava.[137] A passagem ao curso forçoso da moeda, ou seja, à sua inconvertibilidade em peças de metal dotadas de determinado valor intrínseco, transformou definitivamente a moeda-*res* numa unidade abstracta de valor.

A moeda assume uma conotação ideal. Fala-se em *unidade ideal* enquanto bem abstracto já não tangível e apropriável, em *soma de dinheiro* como representação numérico-quantitativa daquela unidade ideal,[138] em *disponibilidade monetária* para significar a soma disponível e devida.

No entanto, a "desmaterialização" da moeda – enquanto destaque da unidade monetária do seu suporte físico –, a coincidir neste estádio de evolução com a sua "desmetalização", não é acompanhada ainda da desmaterialização dos instrumentos de transmissão. Alterado o suporte – já não metal mas papel –, furtados os seus atributos físico-corpóreos, a sua circulação continuou a depender de entrega física.

Vários inconvenientes – sobretudo a incomodidade e o risco – estavam ligados à transmissão da moeda-papel, mormente quando representativa de montantes elevados. Existindo instituições especializadas na custódia de moeda, em breve se dispensaram os contínuos levantamentos e depósitos de notas, que progressivamente foram sendo substituídas por outras formas de representação, cada vez mais desmaterializadas.

---

[136] Cf. AVELÃS NUNES, *Economia...*, p. 43 e MENEZES CORDEIRO, *Manual de Direito Bancário...*, p. 61.

[137] WALTER MARQUES, *Moeda...*, p. 382.

[138] NUSSBAUM, *apud* MARTUCCELLI, *Obbligazioni Pecuniarie...*, p. 33, n. 22 ("what is owed must be a "sum" of representatives of a given "ideal unit"); INZITARI, *La Moneta...*, p. 25.

74 *A Transferência Bancária*

Surgem os *títulos de crédito*. Títulos que, desmaterializando cada vez mais as unidades monetárias, rematerializam direitos de crédito (depois da desmaterialização operada pela inconvertibilidade das notas de banco), não prescindindo de alguma corporização. Umas das suas características essenciais é, precisamente, a "incorporação".[139] De uma circulação real de dinheiro passa-se a uma circulação real de crédito.[140] O que, se retira os títulos de crédito do direito das obrigações,[141] furtando-os aos complicados esquemas da transmissão de créditos para os subordinar ao direito das coisas, não prescinde para sua circulação de procedimentos físicos.

O crescente dinamismo da vida económica e o movimento de globalização vêm exigir a emancipação da moeda de qualquer atributo corpóreo. Pretende-se que a transmissão de disponibilidades monetárias dispense qualquer movimentação física, o que requer, não só uma nova desmaterialização dos suportes, mas a emergência de novas formas de circulação de riqueza.

Esse suporte, pressuposto de uma total descorporalização dos instrumentos de transmissão de disponibilidades monetárias, é a *conta bancária*, na qual se registam os débitos e os créditos de um cliente que, fundidos, dão lugar a um *saldo* representativo de uma determinada soma de dinheiro. O saldo é o signo, o símbolo das disponibilidades monetárias inscritas em conta.

Culminando um processo de crescente desmaterialização monetária[142] nasce, sob a forma de saldo bancário, a *moeda escritural*. Escritural porque as unidades monetárias já não se materializam num suporte-metal ou num suporte-papel, encontrando a sua existência des-

---

[139] Por todos, OLIVEIRA ASCENSÃO, *Direito Comercial,* Vol. III – *Títulos de Crédito,* Lisboa, 1992, p. 25.

[140] Cf. MARTUCCELLI, *Obbligazioni Pecuniarie...,* p. 42.

[141] Cf. AMADEU FERREIRA, *Valores Mobiliários Escriturais...,* p. 63.

[142] WALTER MARQUES, *Moeda e Instituições Financeiras...,* p. 20: "A evolução histórica da moeda, tendo em vista desenvolver a sua eficácia, gerou inovação permanente nas formas assumidas pela mesma. Esta não se limitou a passar da moeda mercadoria a moeda metálica. Entrou nos domínios do total simbolismo e abstracção da forma física e posteriormente inovou mesmo formas não consubstanciadas em suporte físico, mas antes formas contabilísticas, abstractas e desprovidas de apresentação material."; INZITARI, *La Moneta...,* p. 31: "Piú di recente, si è sviluppata un'altra ancora piú astratta forma di circolazione, nella quale anche quella residua "realità-cosalità", tipica del titolo di credito, è stata definitivamente superata con la creazione di un sistema di circolazione, affidato a strumenti unicamente obbligatori.".

materializada, como único testemunho, a inscrição em contas bancárias,[143] exteriorizada sob a forma de saldo.[144]

À moeda escritural também se chama *moeda bancária*,[145] por ter o suporte em contas abertas junto de bancos.[146] Também ela assenta na

---

[143] Em português o termo não é tão sugestivo. Em francês, por ex., facilmente se identifica o termo "monnaie *scripturale*" com "*jeu d'écritures*" ou com "*écriture en compte*".

[144] SOARES MARTINEZ, *Economia Política,* 7.ª ed., Almedina, Coimbra, 1996, p. 548, explica: "No caso dos *depósitos à ordem,* os depositantes podem a todo o momento levantar os respectivos saldos. Ora a *moeda escritural* é constituída por esses saldos, ou por uma percentagem deles.". WALTER MARQUES, *Moeda e Instituições Financeiras...*, p. 23, denomina indiscriminadamente a moeda desmaterializada como "*moeda conta bancária*", "*moeda-depósito*" e "*moeda escritural*". CONCEIÇÃO NUNES, *Recepção de depósitos...*, p. 55, salienta o facto de "a recepção de fundos reembolsáveis, quando exercida através da constituição de depósitos, dar origem ao surgimento de uma nova forma de moeda – a *moeda escritural*", que diz ser "constituída por *saldos* credores de contas de depósito à ordem utilizados nos pagamentos mediante simples movimentos de escrita (electrónicos ou não) dotados de eficácia liberatória convencional". PITTA E CUNHA, *Banco,* in *Pólis, Enciclopédia Verbo da Sociedade e do Estado,* Vol. 1, Verbo, Lisboa, São Paulo, 1983, p. 522, salienta: "...os depósitos junto dos bancos, na medida em que servem de meios imediatos de pagamento, constituem a "moeda escritural". Cf. ainda FRANÇOISE DEKEUWER-DÉFOSSEZ, *Droit Bancaire,* 5.ª ed., Dalloz, Paris, 1995, p. 45; THIERRY BONNEAU, *Droit bancaire,* 2.ª ed., Montchrestien, Paris, 1996, p. 260; RIPERT / ROBLOT, *Traité de Droit Commercial,* T 2, 15.ª ed., L.G.D.J., Paris, 1996, pp. 391 e 410-411; JUGLART / IPPOLITO, *Traité de Droit Commercial...*, pp. 553-554 e, chamando-lhe "*dinero contable*", ALFARO ÁGUILA-REAL, *Contrato Bancario,* in *Enciclopedia Jurídica Básica,* Vol. I, Editorial Civitas, p. 1561.

[145] Cf. SOARES MARTINEZ, *Economia Política...*, p. 548; AVELÃS NUNES, *Economia...*, p. 44, que explica: "A *moeda bancária* consiste na circulação dos depósitos dos clientes dos bancos comerciais (ou porque neles depositaram dinheiro ou porque os bancos lhes concederam crédito através da abertura de uma conta), efectuada por meio de cheque ou de ordem de transferência, de tal modo que os pagamentos se efectuam por simples jogo de escrita." e SAMMUELSON / NORDHAUS, *Economia...*, p. 858, que definem *moeda bancária* como "moeda criada pelos bancos, especificamente os depósitos à ordem, que são criados pela expansão multiplicativa das reservas bancárias". Na *Alemanha* fala--se em "*buchgeld*" – cf. CANARIS, *Bankvertragsrecht,* 3.ª ed., Walter de Gruyter, Berlin, New York, 1988, p. 202 e KÜMPEL, *Bank- und Kapitalmarktrecht,* Verlag, Köln, 1995, p. 191 (este último autor explica a denominação "buch" – livro/registo – através do facto de a existência deste dinheiro "incorpóreo" apenas estar documentada nos livros/registos dos bancos). Em *Itália,* em "*moneta bancaria*" – cf. MOTTURA / PAVARANI / PONTIGGIA / / PREDA / RUOZI / RUTIGLIANO, *Le Operazioni Bancarie,* 3ª ed., EGEA, Milão, 1991, p. 18; CAMPOBASSO, *Il Bancogiro...*, p. 640; CARBONETTI, *Moneta...*, p. 18; RINO RICCI, *La Banca*

76   *A Transferência Bancária*

confiança de que o registo em conta dá em qualquer momento direito à efectiva disponibilização da moeda.

O carácter de moeda atribuído ao saldo bancário deriva da confiança gerada em torno da sua validade como instrumento de troca, confiança ancorada na sua exigibilidade à vista, que permite ao titular da conta dispor dela a qualquer momento.[147] As disponibilidades monetárias depositadas num banco e exteriorizadas sob a forma de saldo desempenham todas as funções que os economistas atribuem à moeda[148] e constituem um

---

Moderna..., p. 88 ; CAPRARA, *La Banca – Principi di Economia delle Aziende di Credito,* Giuffrè, Milano, 1982, p. 113 e GOISIS, *Lezioni di Economia Politica...*, p. 46. Em *Espanha,* em *"dinero bancario"* — cf. BOIX SERRANO, *Curso de Derecho Bancario...*, p. 189, SEQUEIRA MARTÍN, *La Transferencia Bancaria de Credito...*, pp. 2533 e VAZQUES IRUZUBIETA, *Operaciones Bancarias,* Editorial Revista de Derecho Privado, Madrid, 1985, p. 41. Em França, em *"monnaie de banque"* – cf. BLANCHE SOUSI-ROUBI, *Banque et bourse,* 4.ª ed., Dalloz, Paris, 1997, p. 156. Referindo-se a ela mas considerando que o termo "monnaie de banque" é de certa forma equívoco, GAËTAN PIROU, *Traité d'Économie Politique,* T. II – *Le Mécanisme de la Vie Économique – La Monnaie,* Recueil Sirey, Paris, 1945, p. 13. Em Inglaterra, fala-se em *"bank money"* – cf. MEIR KOHN, *Money, Banking...,* p. 72; RAYMOND KENT, *Money and Banking...,* pp. 16-17 e MANN, *The Legal Aspect of Money,* 5ª ed., Clarendon Press, Oxford, 1992, p. 5.

[146] Note-se que, quando se fala em "suporte em conta" e em "depósito", isso não significa que subjacente à moeda escritural esteja necessariamente um contrato de depósito bancário. A disponibilidade da moeda pode decorrer de uma concessão de crédito, seja qual for a sua modalidade. Podemos então distinguir entre moeda escritural *representativa* e *fiduciária,* sendo a primeira a que é precedida de um contrato de depósito e a segunda aquela que resulta da concessão de crédito pelo banco no momento da emissão de uma ordem de pagamento – cf. GUITTON / BRAMOULLÉ, *La Monnaie...,* pp. 71 ss..

[147] Somente os saldos que possam ser imediatamente utilizados para efectuar pagamentos devem ser considerados como moeda, o que apenas ocorre nos saldos bancários disponíveis, ou seja, relativos a depósitos à ordem ou à vista e não a prazo – cf. CARBONETTI, *Moneta...,* p. 21. Chamando aos saldos de contas bancárias a prazo *"quase--moeda",* cf. WALTER MARQUES, *Moeda e Instituições Financeiras...,* p. 23. Também AVELÃS NUNES, *Economia...,* p. 46, se refere à quase-moeda como "instrumentos que funcionam como meios de pagamento apesar de serem activos não monetários, por não gozarem de liquidez imediata." Cf ainda RAYMOND BARRE / FRÉDÉRIC TEULON, *Économie politique,* T. 2, 11.ª ed., P.U.F., Paris, 1997, p. 258; LUCKETT, *Money and Banking...,* p. 247 e RAYMOND KENT, *Money and Banking...,* p. 128 ("near money").

[148] LUCKETT, *Money and Banking...,* p. 245: "To see that transactions accounts are, in fact, money, run through the checklist of the functions of money: (1) Are transactions accounts a medium of exchange? Clearly they are. We are paid by check and we make most of our payments by check, that is, by transferring deposits from one person to another. (2) Are transactions accounts a store of value? Of course. People and corporations

meio de troca generalizadamente aceite. São nomeadamente aptas para o cumprimento de dívidas pecuniárias

Com a emergência das formas escriturais da moeda, a disponibilidade do dinheiro deixou de se identificar primordialmente com a detenção material de peças monetárias[149] para se apresentar abstracta e simbolizada. O que levou alguns autores a negar que a chamada "moeda escritural" tenha efectivo carácter de moeda.[150] A opinião que prevaleceu foi, contudo, a de que a desmaterialização da moeda não lhe retirou o carácter monetário,[151] significando apenas que a sua disponibilidade deixou de depender da sua detenção para passar a coincidir com a inscrição em conta. A diferença entre a moeda-metal, a moeda-papel e a moeda-conta não é mais do que uma diferença de suporte e de meio de circulação, por ordem crescente, uns e outros, de desmaterialização. De resto, a moeda bancária é sempre moeda, não havendo verdadeiras diferenças substanciais a separá-la dos restantes tipos.[152]

A moeda escritural não é mais do que uma moeda *"intellectuellement subtilisée"*,[153] *"subtile et presqu'immatérielle, chiffrée et non frappé, qui passe de compte à compte au lieu de circuler de la main à la main"*.[154]

Estiveram profundamente imbricados na sua origem os processo de desmaterialização da moeda e de desmaterialização da sua trans-

---

hold wealth in the form of deposits. (3) Are transactions accounts a standard of deferred payment? Again, the answer is yes. People pay off their debts on automobiles, homes, appliances and so on, by writing monthly checks to their creditors.".

[149] MARTUCCELLI, *Obbligazioni Pecuniarie...*, p. 60: "La "ricchezza" non si identifica più con la detenzione materiale di contante bensì con il potere di "disporre" di somme depositate presso banche che fungono da intermediarie nei pagamenti.".

[150] Cf., por ex., GAËTAN PIROU, *Traité d'Économie Politique...*, p. 137.

[151] MENEZES CORDEIRO, *Manual de Direito Bancário...*, p. 62: "A moeda bancária é moeda, ainda que desmaterializada.". Cf. ainda INZITARI, *La Moneta...*, p. 52 e RAYMOND KENT, *Money and Banking...*, p. 5.

[152] Cf. CANARIS, *Bankvertragsrecht...*, pp. 202-203; MICHEL CABRILLAC, *Le chèque et le virement...*, p. 214; CAMPOBASSO, *Il Bancogiro...*, p. 645 e FRANÇOIS GRUA, *Sur les ordres de paiment en général...*, p. 175 ("La pratique a besoin que les soldes disponibles, c'est-à-dire la monnaie à l'état scriptural, rendent des services équivalent à ceux de la monnaie tout court, des espèces.").

[153] RENÉ SAVATIER / JEAN SAVATIER / LELOUP, *Droit des Affaires*, 6.ª ed., Éditions Sirey, Paris, 1980, p. 312.

[154] É esta a definição apresentada por M. ANSIAUX, economista belga a quem se atribui a primeira utilização da expressão "moeda escritural" – *apud* CHRISTINE LASSALAS, *L'inscription en compte...*, p. 24.

78   *A Transferência Bancária*

missão. A consideração abstracta da moeda serviu e simultaneamente fomentou a crescente abstracção das formas da sua circulação.[155] A inscrição das unidades monetárias em suportes contabilísticos permitiu a sua instrumentalização na obtenção de formas rápidas, cómodas e seguras de atribuição patrimonial. Mediante simples operações escriturais.

A referência a "desmaterialização" pretende salientar, por um lado, o destaque da moeda de qualquer suporte corpóreo e, por outro, a eliminação de qualquer forma de transporte físico de numerário, sem que tal signifique o desaparecimento total da "matéria", da "forma". Quase paradoxalmente, os actos materiais assumem, em todo o processo de transmissão de disponibilidades monetárias, uma importância fundamental. É nas inscrições em conta, actos materiais, que reside a chave do mecanismo. O registo é o reduto de formalismo sem o qual tudo seria puro consenso. A verdade é que, com o dinheiro e os valores desmaterializados, surge uma nova forma de materialização: a conta. A abstracção absoluta, a intelectualização extrema do dinheiro, são impensáveis. A desmaterialização pára onde começa a incerteza.

É importante pois não confundir a moeda escritural com a sua forma de circulação.[156] Face ao conceito de moeda explicitado, torna-se possível concluir: o saldo bancário é a *moeda*, a conta o seu *suporte*, e a transferência bancária o mecanismo destinado à sua transmissão ou, se preferirmos, o *instrumento* – desmaterializado – dessa *transmissão*.[157] [158]

---

[155] Cf. INZITARI, *La Moneta...*, pp. 49 ss..

[156] ANNE-MARIE MOULIN, *Le Droit Monétaire et les Paiments en Écus,* Banque de France – Bulletin Trimestriel, Dezembro, 1992, p. 91: "Il convient donc de ne pas confondre la monnaie scripturale, qui est la monnaie inscrite en compte, et les simples instruments de transfert de cette monnaie que sont chèques, virements...". Há que fazer a distinção "...entre la cargaison et le véhicule, entre la monnaie elle même et ses modes de transfert. Les nouveux produits ne sont que des modes de transfert d'une monnaie qui ne perd pas pour autant sa nature de monnaie scripturale." – CABRILLAC, *Monétique et droit de paiment,* in *Aspects du Droit Privé en Fin du 20 Siecle – Etudes réunies en l'honneur de Michel de Juglart,* Montchrestien, Paris, 1986, p. 87.

[157] Diz LIBCHABER *Recherches sur la Monnaie...*, p. 76, que, no caso da transferência, a conta bancária é o suporte monetário que contém as unidades de pagamento, sendo a transferência o instrumento monetário. É nesta perspectiva que, em vez de moeda metálica, moeda fiduciária, moeda escritural e, eventualmente, moeda electrónica, o Autor defende dever falar-se em suporte metálico, suporte-papel, suporte bancário e suporte electrónico. Assim, no que respeita à vulgarmente designada "moeda escritural", o correcto seria dizer que o seu suporte é a conta bancária, sendo a materialização das unidades de

Com o advento das transferências electrónicas de fundos, fala-se já em *moeda electrónica* ou *informática*.[159] No entanto, atentarmos na distinção moeda / suporte / meio de circulação leva-nos a relativizar esta noção. O que na realidade mudou foi a forma pela qual é dada a ordem de transferência e/ou a forma pela qual se procede à inscrição em conta das unidades de pagamento. Não mudou o suporte – escritural ainda – mas o modo de transmissão das mensagens de pagamentos e a forma de registo. Daí que muitos autores considerem impróprio o uso desta expressão, não significando a mesma mais do que uma particular espécie de moeda escritural, mais precisamente "moeda escritural gerida electronicamente".[160]

---

pagamento feita através da sua inscrição em conta, e a sua transmissão realizada através do instrumento monetário que é o cheque ou a transferência.

[158] Uma nota de precisão deve ser introduzida. Afirmar que o saldo bancário é moeda escritural e que a transferência bancária é o seu modo de circulação não significa que é o saldo, em si mesmo, que se transfere. O que se transfere é a disponibilidade monetária, a soma de dinheiro que esse saldo simboliza.

[159] Cf. Franco Belli, *I servizi bancari*, in *I Contratti delle Banche*, UTET, Turino, 1988, pp. 157 e 215 ("moneta elettronica" ou – termo que o Autor critica – "monetica") e Guitton / Bramoullé, *La Monnaie...*, p. 70 ("monnaie informatique ou électronique"). Gautras, *apud* Michel Cabrillac, *Monétique et droit de paiment...*, p. 86, qualifica a moeda electrónica como "moeda da quarta geração", depois da moeda metálica, da moeda fiduciária e da moeda escritural; Rino Ricci, *La Banca Moderna...*, p. 94, diz que se espera uma verdadeira "revolução monetária" baseada no abandono gradual dos instrumentos--papel e no advento da "moeda informática", e sugestivamente refere que "il nuovo *tertium permutationis* parlerà il linguaggio dell'informatica".

[160] Cf. Salvatore Maccarone, *Le Operazioni della Banca tra Norme e Prassi*, Studi di Diritto e Legislazione Bancaria, 7, Dott. A. Giuffrè Editore, Milano, 1988, p. 361. Vasseur, *Les aspects juridiques des nouveaux moyens de paiment*, RB/BF, 5/1982 (Ano 46), p. 581 e *Le paiment électronique. Aspects juridiques*, Juris-Classeur Périodique, La Semaine Juridique – Doctrine, Ano 1985, 3206, 6, considera "abusiva" a denominação "moeda electrónica", uma vez que não estamos perante uma nova forma de moeda, mas apenas face a moeda escritural gerida electronicamente, e considera que a mesma é "à la fois séduisante et fausse juridiquement". Pierre Simon, *Du billet de banque à la monnaie électronique*, Banque, n.º 577, Janeiro 1997, pp. 62-63, defende que a moeda electrónica não é mais, do ponto de vista jurídico, que moeda escritural. Também Cabrillac, *Monétique et droit de paiment...*, p. 87, contesta a necessidade de se apelar para a figura da "moeda electrónica", embora esta seja teoricamente concebível, considerando suficiente a qualificação de "moeda escritural". Thierry Bonneau, *Droit bancaire...*, p. 260, critica o termo "moeda electrónica", defendendo que não se pode qualificar um suporte por recurso a uma palavra traduzindo somente uma técnica levada a cabo com a ajuda desse suporte

80   A Transferência Bancária

Para além de todas as vantagens já assinaladas à circulação de moeda por transferência bancária, estamos agora em condições de melhor apreender uma outra – a utilização, pelo conjunto do sistema financeiro, de formas desmaterializadas de pagamento, ao permitir uma "multiplicação" da massa monetária em circulação, potencia uma verdadeira "criação de moeda".[161] Os bancos, pressupondo que os depositantes não solicitarão

---

– sob este termo, não se designa uma nova categoria de moeda, mas um novo instrumento que permite transferir a moeda escritural. No mesmo sentido, diz ANNE-MARIE MOULIN, *Le Droit Monétaire...*, p. 93, que não há moeda electrónica, apenas moeda escritural. CHRISTINE LASSALAS, *L'inscription en compte...*, pp. 30 ss., não só contesta a autonomização de uma moeda electrónica como a sua qualificação como uma moeda escritural gerida electronicamente, uma vez que a mesma implica a consideração das transferências electrónicas de fundos como moeda, o que não é exacto. O que acontece, segundo esta Autora, é que o saldo disponível de uma conta à ordem constitui a moeda e os instrumentos electrónicos, tais como os cartões e as transferências, fazem-na circular. Confundindo precisamente a moeda com a transferência, seu veículo de transmissão, diz BLANCHE SOUSI--ROUBI, *Banque et bourse...*, p. 155: "*Monnaie électronique*: terme qui est employé aujour--d'hui pour désigner tous les moyens de paiments par support informatique. Cependant, on notera qu'en ce domaine, le terme de monnaie est impropre: il y a, plus exactement, ordre de virement d'un compte à un autre, exprimé par un système informatique.".

[161] CONCEIÇÃO NUNES, *Recepção de depósitos...*, p. 550: "A *moeda escritural* corresponde a um *acrescentamento* da massa monetária em circulação."); FERREIRA DE ALMEIDA, *Desmaterialização dos títulos de crédito: valores mobiliários escriturais,* RB, n.º 26, Abril-Junho, 1993, p. 39: "No passado recente, a conjugação da concessão de crédito com o depósito irregular de dinheiro retirou efectivamente ao Estado o monopólio da emissão de moeda, conferindo aos bancos o poder paralelo de criação de moeda escritural.". Chamando-lhe também *criação de depósitos,* e explicando todo o fenómeno, cf. AVELÃS NUNES, *Economia...*, pp. 105 ss.. SAMMUELSON / NORDHAUS, *Economia...*, p. 585, descrevem assim o fenómeno da criação de depósitos: "O banco central (...) determina a quantidade de reservas do sistema bancário. (...) Usando estas reservas como um *input,* o sistema bancário transforma-os num montante muito maior de moeda escritural. O numerário mais esta moeda escritural é a oferta de moeda. Este processo é designado a *expansão múltipla dos depósitos bancários.*". INZITARI, *La Moneta...*, pp. 43 ss., fala em *"ampliamento della base monetaria".* MOLLE, *I Contratti Bancari...*, p. 9, refere: "Si è anche parlato di un'attività di produzione e di trasformazione economica della banca, come creatice del credito, in quanto essa, con la c.d. moneta bancaria, moltiplicherebbe I mezzi a sua disposizione"). Cf. também MENEZES CORDEIRO, *Manual de Direito Bancário...*, p. 62: "O banqueiro que receba um depósito pode emprestar o correspondente dinheiro a um terceiro. Isso não o obriga a entregar materialmente o dinheiro: bastar-lhe-á inscrever o seu devedor como credor da inerente importância. Este pode emitir ordens de pagamento sobre o seu crédito, que irão circular e, porventura, ser levados, em conta, ao activo de outro interveniente. Em suma: é criada moeda bancária. Esta decorre, não

A Transferência Bancária de Crédito

simultaneamente o dinheiro depositado, emprestam parte dele, que por sua vez poderá ser de novo depositado num banco que, provavelmente, o irá utilizar na concessão de crédito. A moeda bancária multiplica-se e circula, originando o fenómeno da chamada *multiplicação de crédito*. O que permite que seja atribuída à banca, ao lado da sua função creditícia, uma *função monetária*, traduzida na capacidade dos bancos transformarem depósitos em moeda, apta a circular e a servir como meio de troca.[162] [163]

Estamos chegados ao momento de concluir: com a transferência bancária de crédito, não é o crédito mas o dinheiro que circula; não é o crédito mas as *disponibilidades monetárias* – significando uma determinada quantidade de unidades ideais numericamente representadas sob a forma de somas de dinheiro disponíveis e simbolizadas num saldo – que se transmite.

---

de qualquer metal amoedado nem de títulos, fiduciários ou de papel-moeda, mas do simples jogo financeiro da inscrição de activos e dos pagamentos em contas. Assenta, também, na confiança.". Sobre a *criação de moeda escritural* pelos bancos, cf. ainda CARBONETTI, *Moneta...*, p. 19; STAMMATI, *Moneta...*, p. 754; GAVALDA / STOUFFLET, *Droit bancaire...*, p. 1; DEVÈZE / PÉTEL, *Droit Commercial – Instruments de Paiment et de Crédit*, Montchrestien, Paris, 1992, p. 238; ZUNZUNEGUI, *Derecho del Mercado Financiero...*, p. 383; SEQUEIRA MARTÍN, *La Transferencia Bancaria...*, pp. 2543-2544; KÜMPEL, *Bank- und Kapitalmarktrecht...*, p. 191 ; GARRIGUES, *Curso de Derecho Mercantil...*, p. 192 e *Contratos Bancarios...*, pp. 550-551; DIDIER BRUNEEL, *La Monnaie*, La Revue Banque Editeur, Paris, s.d., pp. 42 ss.; FRIEDRICH LUTZ, *La création de monnaie par les banques*, Banque, n.º 292, Janeiro, 1971, pp. 143-151 e OLIVIER HAERTIG, *Le système bancaire est-il créateur de monnaie?*, Banque, Maio, 1983, n.º 428, pp. 561-568.

162 Cf. LUCIO CERENZA, *Italy, in Payment Systems of the World* (ed. Robert C. Effros), Oceana Publications, New York, London, Rome, 1996, p. 178 ("The banks play an important monetary function not only by being obliged to return deposits to those who demand them, but also by increasing credit and deposits."); MOTTURA / PAVARANI / PONTIGGIA / PREDA / RUOZI / RUTIGLIANO, *Le Operazioni Bancarie...*, pp. 15 ss.; GASTONE COTTINO, *Diritto Commerciale...*, p. 68; RINO RICCI, *La Banca Moderna...*, pp. 85 ss.; FRANCO BELLI, *I servizi bancari...*, pp. 157 e NICOLETTA MARZONA, *Funzione Monetaria*, CEDAM, Milano, 1993.

163 Essa "criação" tem constituído motivo de preocupação para os bancos centrais, dados os riscos que comporta para o sistema financeiro (e a diminuição dos direitos de senhoriagem que provoca!) – cf. BANK FOR INTERNATIONAL SETTLEMENTS, *Implications for Central Banks of the Development of Electronic Money*, Payment Systems Worldwide, Inverno de 1996-97, pp. 30-36; e VAN DEN BERGH, / OKAWA, *Monnaie électronique: implications pour les autorités*, Banque, N.º 589, Fevereiro, 1998, pp. 60-63.

A transferência bancária mais não é do que um novo *instrumento* – de cariz estritamente *bancário*, de execução *contabilística*, de efeitos primordialmente *económicos* – de transmissão de moeda escritural, moeda que consiste em saldos bancários, e transmissão que se realiza mediante um duplo jogo escritural de crédito e débito. É, em suma, um *mecanismo sui generis de transmissão de moeda escritural.*[164] Um *meio de pagamento* que escapa, habilmente, aos quadros clássicos do Direito Civil.[165]

4.2.2. *Operação*

É fácil agora compreender que as teorias enunciadas, reconduzindo a transferência bancária a um contrato, falharam por não terem conseguido

---

[164] Nesse sentido, JUGLART / IPPOLITO, *Traité de Droit Commercial...*, p. 557 ("Le virement est une technique née naturellement de l'acceptation du principe même de la monnaie scriptural..."); DEVÈZE / PÉTEL, *Droit Commercial...*, p. 240; MICHEL CABRILLAC, *Le chèque et le virement...*, p. 206; GAVALDA / STOUFFLET, *Droit bancaire...*, p. 113 ("Le virement est le véhicle idéal de la monnaie scripturale"); FERNANDO ZUNZUNEGUI, *Derecho del Mercado Financiero*, Marcial Pons, Madrid, 1997, p. 384; VASSEUR, *Droit et Économie Bancaires – Les Opérations de Banque*, Vol. IV – *Opérations de règlement. Services d'attraction de la clientèle. Activités de la clientèle. L'Europe financière.*, Les Courts de Droit, Paris, 1989, p. 1530; CANARIS, *Bankvertragsrecht...*, p. 202; SCHWINTOWSKI / SCHÄFER, *Bankrecht...*, p. 246; MOTTURA / PAVARANI / PONTIGGIA / PREDA / / RUOZI / RUTIGLIANO, *Le Operazioni Bancarie...*, p. 18; MICHEL JEANTIN, *Droit commercial – Instruments de paiment et de crédit. Entreprises en difficulté*, 4.ª ed., Dalloz, Paris, 1995, pp. 94-95 e 100 e FRANCO BELLI, *I servizi bancari...*, pp. 139-218.

[165] Cf. RIVES-LANGE / MONIQUE CONTAMINE-RAYNAUD, *Droit Bancaire...*, p. 273: "...le virement est un procedé scriptural qui échappe aux règles traditionnelles du transfert des créances..."; FRANÇOISE DEKEUWER-DÉFOSSEZ, *Droit Bancaire...*, p. 57: "Il n'est pas possible d'utilizer les mécanismes du droit civil pour expliquer le virement bancaire."; RIPERT / ROBLOT, *Traité de Droit Commercial...*, p. 411: "Il est particulièrement vain de chercher dans ce cas l'analyse de l'opération dans les règles du droit civil."; JUGLART / / IPPOLITO, *Traité de Droit Commercial...*, p. 558: "C'est donc un procédé entièrement original, qu'il serait artificiel de vouloir faire entrer dans le moule d'un contrat classique du Code Civil."; VASSEUR, *Droit et Économie Bancaires...*, p. 1530: "Une monnaie doit circuler aisément. La remise de billets est un procedé simple et net. Au contraire, les procedés civils de transmission de créances sont compliqués. Le virement est un procedé scriptural qui échappe aux règles du transfert des créances..." e VASSEUR, *Droit et Économie Bancaires...*, p. 1530. MARINO PERASSI, *I Trasferimenti Elettronici di Fondi...*, p. 176, inclui a transferência entre os "nuovi istituti giuridici che si presentano nel diritto commerciale vanno studiati come fenomeni originali ed autonomi rispetto alle classiche figure civilistiche".

surpreendê-la no seu papel de mecanismo da prática bancária dotado de características muito particulares. E por não terem captado as funções que especificamente os agentes económicos dela reclamam.

Existe na execução de uma transferência bancária um *fenómeno puramente contabilístico*: uma dupla inscrição contabilística a fazer variar, no mesmo montante mas em sentidos opostos, dois saldos bancários.

Existe ainda um *fenómeno puramente económico*: como resultado de tal jogo duplo de inscrições escriturais, ficou alterado, no montante exactamente igual a tais inscrições, o património de cada um dos dois sujeitos.

Existe um *fenómeno de técnica bancária*: instituições cometidas de funções específicas na dinâmica da vida económico-social e dotadas de meios técnicos próprios para a prossecução das mesmas, surgem os bancos, imprescindíveis, a assumir o papel de mediadores num processo de pagamento. Meros intermediários, a transferência bancária é para eles patrimonialmente neutra, nunca chegando o montante transferido a engrossar o seu património.[166]

Por tudo isto, tem a doutrina vindo a reconhecer que a transferência não é redutível a qualquer tipo de contrato, assumido-a, antes, como uma *operação original,* nascida na *prática bancária,* e aí encontrando a sua essência.

Subjacente às várias formas através das quais a transferência tem sido descrita – "operação",[167] "operação bancária",[168] "operação original, de técnica bancária",[169] "operação material",[170] "operação contabilística",[171]

---

[166] Cf. KÜMPEL, *Bank- und Kapitalmarktrecht...*, p. 227.

[167] Cf. MICHEL CABRILLAC, *Le chèque et le virement...*, p. 197 ss.; THIERRY BONNEAU, *Droit bancaire...*, p. 266; FERRONIÉRE / CHILLAZ, *Les opérations de banque,* 6.ª ed., Dalloz, Paris, 1980, p. 141; RENÉ SAVATIER / JEAN SAVATIER / LELOUP, *Droit des Affaires...*, p. 320; VASSEUR, *Droit et Économie Bancaires...*, p. 1527; VAN RYN / HEENEN, *Principles de Droit Commercial...*, p. 321; DEVÈZE / PÉTEL, *Droit Commercial...*, p. 238; ALFRED JAUFFRET, *Droit Commercial,* 22.ª ed. (por Jacques Mestre), L.G.D.J., Paris, 1995, p. 632; BLANCHE SOUSI-ROUBI, *Banque et bourse...*, p. 236 e JEAN-JACQUES BURGARD, *La Banque en France...*, p. 2266.

[168] Cf. BOIX SERRANO, *Curso de Derecho Bancario...*, p. 189; RIPERT / ROBLOT, *Traité de Droit Commercial...*, p. 406; JEAN-JACQUES BURGARD, *La Banque en France...*, p. 266 e GALGANO, *Dizionario Enciclopedico del Diritto...*, p. 202.

[169] JUGLART / IPPOLITO, *Traité de Droit Commercial...*, p. 557.

[170] FRANÇOIS GRUA, *Sur les ordres de paiment...*, p. 172.

[171] GARRIGUES, *Contratos Bancarios...*, pp. 552 ss.. e *Curso de Derecho Mer-*

"conjunto de operações",[172] "procedimento escritural",[173] "procedimento financeiro",[174] "técnica financeira",[175] "operação económica",[176] "mecanismo técnico-bancário",[177] ou "mecanismo *sui generis*"[178] –, parece emergir a ideia de uma figura nova, original, nascida da prática bancária e que nesse ambiente ganhou os seus contornos próprios, marcados pela natureza de "moeda" do bem a transferir, pela especificidade da sua função e pelas particularidades decorrentes dos respectivos intermediários.

A transferência bancária de crédito é, em suma, uma *operação*. O conceito de operação é um conceito polissémico, apresentando a vantagem de se prestar a variadíssimas utilizações mas trazendo frequentemente consigo, sobretudo no mundo do Direito, uma forte carga de ambiguidade não raro geradora de incerteza.

Bastante utilizada do domínio bancário, não o é univocamente. E não o será, também, ao longo do presente trabalho. A consciência de que só poderá ser aproveitada com vantagem a riqueza deste conceito se com ele não aumentarem as perplexidades exige-nos que clarifiquemos, em cada momento, a significação que lhe é atribuída.

Em *sentido comum*, a *operação* é "um conjunto de meios combinados para a consecução de um resultado".[179] É um *processo*, enquanto "*sequência* de actos, logicamente articulados entre si, com vista a determinado *fim*",[180] "sequência de *fenómenos* (actos humanos ou factos naturais) dirigida a um resultado".[181] É um *mecanismo,* entendido como "todo o processo no qual se pode determinar, pela análise, uma série de fases subordinadas e dependentes uma da outra", como "combinação de meios".[182]

---

cantil..., p. 192; José Maria Pires, *Direito Bancário,* 2º Vol...., p. 346 e Campobasso, *Il Bancogiro...*, p. 633.

[172] Menezes Cordeiro, *Manual de Direito Bancário...*, p. 540.

[173] Rives-Lange / Monique Contamine-Raynaud, *Droit Bancaire...*, p. 273.

[174] Zunzunegui, *Derecho del Mercado Financiero...*, p. 384.

[175] Gavalda / Stoufflet, *Droit bancaire...*, p. 113.

[176] Sequeira Martín, *La Transferencia Bancaria...*, pp. 2531 e 2542.

[177] Motos Guirao, *Sobre si el Ingresso en la Cuenta...*, p. 266.

[178] Françoise Dekeuwer-Défossez, *Droit Bancaire...*, p. 57.

[179] Almeida Costa / Sampaio e Melo, *Dicionário da Língua Portuguesa, 7.ª ed.,* Porto Editora, Porto, 1994, p. 1301.

[180] Antunes Varela / Miguel Bezerra / Sampaio e Nora, *Manual de Processo Civil,* 2.ª ed., Coimbra Editora, 1985.

[181] Lebre de Freitas, *Introdução ao Processo Civil – Conceito e Princípios Gerais à Luz do Código Revisto,* Coimbra Editora, Coimbra, 1996, p. 11.

[182] Almeida Costa / Sampaio e Melo, *Dicionário da Língua Portuguesa...*, p. 1175.

A Transferência Bancária de Crédito   85

Neste sentido, a transferência bancária de crédito é sem dúvida uma operação, ao traduzir-se num *conjunto de actos materiais de cariz contabilístico* – inscrições a débito e a crédito, determinação de saldos – *logicamente combinados com vista a um fim* – a transmissão de riqueza através de uma atribuição patrimonial.

Mas também um *sentido jurídico-civilístico* lhe pode ser atribuído. O Direito tem sempre uma função instrumental relativamente a uma realidade que lhe é exterior, relativamente a uma "situação de facto em bruto".[183] [184] Diz ENZO ROPPO[185] que "… os conceitos jurídicos (…) reflectem sempre uma realidade exterior a si próprios, uma realidade de interesses, de relações, de situações económico-sociais, relativamente aos quais cumprem, de diversas maneiras, uma função instrumental. Daí que, para conhecer verdadeiramente o conceito do qual nos ocupamos, se torne necessário tomar em atenta consideração a *realidade económico-social* que lhe subjaz e da qual ele representa a tradução científico-jurídica: todas aquelas situações, aqueles interesses reais que estão em jogo…". E conclui que as "situações, as relações, os interesses que constituem a substância real de qualquer contrato podem ser resumidas na ideia de *operação económica.*" Trata-se da "materialidade, fora de toda a formalização legal, de toda a medição operada pelo direito ou pela ciência jurídica". A operação é a matéria, o substrato real sobre o qual vai o Direito dirigir o seu olhar e ao qual vai atribuir um significado e efeitos próprios.

A transferência bancária é, neste sentido também, uma operação, enquanto materialidade fora ou antes do Direito, enquanto acto da vida económica nascida e sedimentada longe do olhar da ciência jurídica. Mais precisamente, enquanto *conjunto de actos materiais encadeados em vista de um fim que em si mesmo é anterior a qualquer projecção jurídica.*[186]

---

[183] LARENZ, *Metodologia da Ciência do Direito,* 2.ª ed., tradução portuguesa da 5.ª ed. alemã por José Lamego, Fundação Calouste Gulbenkian, Lisboa, 1989, p. 334.

[184] Em "bruto" porque ainda não mediada pelo Direito, ainda que não em "bruto" no sentido de totalmente desprovida de pré-compreensões – BAPTISTA MACHADO, *Introdução ao Direito e ao Discurso Legitimador* (6.ª reimp.), Almedina, Coimbra, 1993, pp. 311-312.

[185] ENZO ROPPO, *O Contrato,* tradução portuguesa de Ana Coimbra e M. Januário C. Gomes, Almedina, Coimbra, 1988, pp. 7-8.

[186] OLIVEIRA ASCENSÃO, *Teoria Geral do Direito Civil,* Vol. III – *Acções e Factos Jurídicos,* Lisboa, 1992, pp. 7 ss., define *operações* como "comportamentos exteriores a que a lei liga consequências jurídicas", incluindo-as entre os actos jurídicos em sentido estrito, ou seja, aqueles que são imputáveis à vontade dos sujeitos mas cuja finalidade

No *domínio jusbancário*, a expressão "operação" tem merecido um significado próprio, impregnado do especial ambiente em que se desenvolve esse ramo de Direito. E também ele merece a nossa atenção. É comum, neste sector, encontrar a consideração dos conceitos "contrato" e "operação" praticamente como equivalentes.[187] Não é difícil surpreender autores para quem será indiferente o uso da expressão *"contrato bancário"* ou *"operação bancária"*.[188] Ou quem os considere "praticamente" equivalentes, apesar do pendor sobretudo técnico da operação, a contrastar com a natureza puramente jurídica do contrato.[189] Há ainda quem atribua à expressão "operação bancária" um conteúdo tão amplo que se mostra capaz de abarcar também a noção de contrato.[190]

Sabemos, contudo, que não é possível confundir a *operação económica,* a materialidade subjacente ao Direito, com a armadura que a ciência jurídica lhe dá. O contrato é a formalização jurídica da operação em qualquer domínio do Direito, é a "veste jurídico-formal de operações económicas".[191]

No Direito Bancário, há que distinguir com clareza a "operação bancária" do "contrato bancário".

A expressão *"operação bancária"* é uma expressão muito rica, capaz de assimilar os significados que até aqui atribuímos ao conceito "ope-

---

é irrelevante. Cf. ainda João Lobo, *O Contrato no Direito Civil Português: seu Sentido e Evolução,* Barbosa e Xavier Limitada, Braga, 1991, p. 9, para quem a ideia de operação económica traduz o conjunto das situações, relações e interesses que constituem a substância real de qualquer contrato, sendo este a veste legal ou formalização jurídica dos actos materiais de transferência de riqueza.

[187] Assim como no âmbito do Direito Comercial – cf. Lobo Xavier, *Direito Comercial,* Sumários das lições ao 3.º ano jurídico, Coimbra, 1977-78, p. 31, que chama a atenção para o frequente emprego da expressão "operação", que atribui à tendência de objectivação do direito comercial dos códigos do Séc. XIX, e que reconduz à noção de contrato.

[188] Cf., entre outros, Pinto Coelho, *Operações de banco,* I – *Depósito Bancário,* Sep. da RLJ, Ano 81.º (1949), N.ºs 2875-2892; Paula Ponces Camanho, *Do Contrato de Depósito Bancário,* Almedina, Coimbra, 1998, p. 44; Carlo Folco, *Il Sistema del Diritto della Banca...,* p. 342; Broseta Pont, *Manual de Derecho Mercantil...,* pp. 456 ss.; Messineo, *Caratteri giuridici comuni, concetto e classificazione dei contratti bancari,* BBTC, Ano XXIII (1960), Parte I, p. 323 (note-se, contudo, que este Autor acaba por admitir que nem sempre as operações se reconduzem ao esquema contratual, preferindo a utilização daquela expressão a propósito da prestação de serviços pelos bancos – p. 338).

[189] Vicente Santos, *El Contrato Bancario ...,* pp. 26-27.

[190] Saraiva Matias, *Direito Bancário...,* pp. 9-10.

[191] Enzo Roppo, *O Contrato...,* p. 11.

ração" e de lhe acrescentar uma significação específica retirada ao ambiente próprio deste ramo de Direito. Assim, uma "operação bancária" é normalmente um conjunto de actos materiais logicamente encadeados em vista de um fim específico. Daí ser uma *operação*. Operação que é *bancária* porque esses actos são actos próprios da técnica bancária – são actos materiais de feição eminentemente contabilística, financeira e económica, articulados por forma a cumprir a função da banca e a servir os interesses económicos dos seus clientes. Aplicada ao domínio bancário, a locução serve para qualificar o complexo dos actos praticados pela banca para a prossecução dos seus escopos económicos, especialmente predispostos para a actuação dos fins da empresa bancária.[192] Como qualquer *operação económica*, ela é o substrato real, a matéria buscada à pulsão diária sobre a qual a ciência jurídica irá fazer recair o seu olhar, conferindo-lhe um significado e efeitos particulares.

O contrato bancário é a formalização jurídica dessa matéria técnica, contabilística, económica, financeira. É a veste conferida pelo Direito a esse complexo de actos materiais funcionalmente interligados. Veste que adquire contornos particulares injectados pela dinâmica própria do sector bancário.

Impõe-se pois "distinguir entre o aspecto jurídico – que é o da relação (contrato) estabelecida entre duas ou mais pessoas – e o aspecto contabilístico, técnico-económico ou técnico-bancário – que é o da expressão numérica da operação".[193] Distinguir a operação do contrato. Porque faz tal distinção, diz GARRIGUES que "o contrato bancário é o esquema jurídico da operação bancária", é a "vestidura jurídica da operação bancária".[194] [195]

---

[192] Cf. PRATIS, *Banca (Operazioni bancarie)*, NssDI, II, pp. 238-239.

[193] SIMÕES PATRÍCIO, *A Operação Bancária de Depósito*, ELCLA Editora, Porto, 1994, pp. 34-35:

[194] GARRIGUES, *La operación bancaria y el contrato bancario*, RDM, Vol. XXIV, n.º 65, Julho-Setembro, 1957, p. 254.

[195] Por também fazer essa distinção, JOSÉ MARIA PIRES, *Direito Bancário*, 2.º Vol. – *As Operações Bancárias*, Rei dos Livros, Lisboa, 1994, pp. 41 e 49, define operações bancárias como "*as que consistem nos diversos actos de natureza económica, realizados por entidades legalmente habilitadas, mediante os quais se processa a intermediação financeira (...), bem como a prestação de diversos serviços, entre os quais se destacam os serviços de pagamento...*" e considera que os contratos bancários "formam a estrutura jurídica das operações".

88 A Transferência Bancária

Tudo isto dito, parece podermos concluir que a transferência bancária é uma *operação*. É-o, desde logo, em sentido comum, enquanto conjunto de meios encadeados para a prossecução de um determinado fim. É-o, depois, enquanto *operação económica* necessariamente subjacente a qualquer análise jurídica. É-o, enfim, enquanto *conjunto de actos materiais de feição eminentemente contabilística praticados através do uso de técnicas especificamente bancárias em vista de um fim económico pretendido pelos clientes de um ou mais bancos, e anterior, na sua essência, a qualquer projecção jurídica.*

4.2.3. *Operação abstracta*

Tendo a transferência bancária como função económico-social a realização de uma atribuição patrimonial, pode a sua causa ser da mais variada índole, servindo, essa atribuição, para a concretização de uma venda, a efectivação de uma doação,[196] a realização de uma troca ou a concessão de um crédito.

Como meio de pagamento (em sentido lato), a transferência é *abstracta*, isto é, é neutra em relação àquela causa. É uma operação que não contém, em si mesma, qualquer justificação causal, residente, esta, na relação subjacente entre ordenante e beneficiário. O "porquê" é um elemento alheio à operação e, nesse sentido, pode afirmar-se a sua neutralidade funcional.[197]

---

[196] Sobre as liberalidades efectuadas por meio de transferências bancárias, cf. LOUIS KORNPROBST, *Les libéralités par virement en banque,* Banque, n.ºs 31, 32 e 33 (pp. 13-15, 71-77, 133-138).

[197] Os autores são unânimes na consideração da neutralidade da transferência bancária de fundos – cf. LOJENDIO OSBORNE, *Spain, in Payment Systems of the World...,* pp. 290; SEQUEIRA MARTÍN, *La Transferencia Bancaria...,* p. 2531; ZUNZUNEGUI, *Derecho del Mercado Financiero...,* p. 385 ("La orden de transferencia surte efectos al margen de la relación causal que la haya originado. En este sentido, la abstracción es absoluta."); SPINELLI / GENTILE, *Diritto Bancario...,* pp. 415-416; GIANNANTONIO, *Trasferimenti elettronici dei fondi...,* p. 56; MOLLE, *I Contratti Bancari...,* p. 535 ("Nel rapporto fra ordinante e beneficiario il giro può avere le causali più diverse (...) ma a tali causali la banca è del tutto estranea..."); MARINO PERASSI, *I Trasferimenti Elettronici di Fondi...,* p. 175; RAYMOND FARHAT, *Le Droit Bancaire – Reglementation – Instruments,* Beyrouth, 1995, p. 251; MARTIN HESS, *Switzerland, in Payment Systems of the World* (ed. Robert C. Effros), Oceana Publications, New York, London, Rome, 1996, p. 311; JUGLART / IPPOLITO, *Traité de Droit Commercial...,* p. 554; DEVÈZE / PÉTEL, *Droit Commercial...,* p. 241 ("l'analyse

Como consequência desta neutralidade, a causa da atribuição patrimonial não influi na execução da transferência, permanecendo esta imune a todas as vicissitudes ocorridas no âmbito da relação fundamental. Não invalida a transferência a falta ou irregularidade da causa no negócio subjacente, devendo a resolução dessa questão ser remetida para o âmbito daquele negócio.[198] A inoponibilidade aos bancos das excepções decorrentes das relações externas é, aliás, uma constante de toda a actividade bancária.[199] Não necessitando de se preocupar com a regularidade da relação subjacente, o banco não tem o direito de nela se imiscuir, sobre ele impendendo um verdadeiro dever de não ingerência,[200] também ele uma marca do operar bancário.[201]

Esta abstracção da transferência relativamente à relação fundamental afigura-se um imperativo no desempenho do seu papel de meio de pagamento e no cumprimento da sua função de dinamização dos circuitos gerais de pagamento. Só através do reconhecimento da sua neutralidade funcional se torna possível a execução de uma simples, célere e eficaz

---

du virement en une remise de monnaie scripturale confère à cette opération un caractère *abstrait*"); MICHEL CABRILLAC, *Le chèque et le virement...*, p. 215; RIPERT / ROBLOT, *Traité de Droit Commercial...*, p. 409 ("L'opération juridique est une *opération abstraite*. L'ordre de virement a une *cause* (...) le banquier ne connaît pas cette cause et la validité du virement ne dépend pas de la validité de l'opération juridique réalisée par ce procédé."); GAVALDA / STOUFFLET, *Droit bancaire...*, p. 114 ("Le virement est une technique abstraite permettant de réaliser des transferts de fonds à des fins juridiques multiples."); FRANÇOISE DEKEUWER-DÉFOSSEZ, *Droit Bancaire...*, p. 57 e FERRONIÉRE / CHILLAZ, *Les opérations de banque...*, p. 142.

[198] KÜMPEL, *Bank- und Kapitalmarktrecht...*, p. 207; MENEZES CORDEIRO, *Manual de Direito Bancário...*, p. 544; MICHEL CABRILLAC, *Le chèque et le virement...*, p. 215; DEVÈZE / PÉTEL, *Droit Commercial...*, p. 241; VASSEUR, *Droit et Économie Bancaires...*, p. 1532; VAN RYN / HEENEN, *Principles de Droit Commercial...*, p. 313; MOTOS GUIRAO, *Sobre si el Ingresso en la Cuenta...*, p. 272; ZUNZUNEGUI, *Derecho del Mercado Financiero...*, p. 385; LAIDLAW / ROBERTS, *Law Relating to Banking Services...*, p. 177 e ARORA, *Electronic Money and the Law...*, p. 92 ("The bank is not concerned with the validity of the underlying transaction.").

[199] Cf. FRANÇOIS GRUA, *Contrats Bancaires...*, p. 3.

[200] Cf. FOLCO, *Les paiments par l'intermédiaire des banques,* RTDComm, T. VII, 1954, p. 499.

[201] Cf. RIVES-LANGE / CONTAMINE-RAYNAUD, *Droit Bancaire...*, p. 279; THIERRY BONNEAU, *Droit bancaire...*, pp. 242 ss.; FRANÇOIS GRUA, *Contrats Bancaires...*, pp. 3-4 e 42 ss. e GAVALDA / STOUFFLET, *Droit bancaire...*, pp. 89 ss.. Especificamente em relação à não ingerência dos bancos aquando das inscrições em conta, RIPERT / ROBLOT, *Traité de Droit Commercial...*, p. 400.

90 A Transferência Bancária

atribuição patrimonial, e só assim se consegue imprimir a necessária fluidez à circulação monetária.[202]

O paralelismo com os títulos de créditos surge-nos, neste ponto, como imediato. Sobretudo com o cheque.[203] O cheque é um título de crédito que incorpora uma ordem dada por uma pessoa (sacador) a um banco (sacado) para que este, por conta dos fundos disponíveis numa conta, pague determinada soma de dinheiro a um terceiro. Também no cheque temos uma ordem de pagamento dirigida a um banco. Também o cheque é um meio de pagamento que dispensa o recurso a numerário,[204] apresentando-se a final como um mecanismo de transmissão de moeda escritural.[205] E também ele pressupõe uma relação subjacente em relação à qual é abstracto, no sentido de que o efeito cartular não depende da existência e regularidade dessa relação.[206] Abstracção que se assume como um elemento omnipresente de todos os títulos de crédito.[207] As diferenças entre estes dois meios de pagamento são sobretudo duas: no cheque, a ordem de pagamento está incorporada num título, o que lhe confere uma característica que falta de todo à transferência – a "incorpo-

---

[202] Cf. DANIEL GUGGENHEIM, *Les Contrats de la Pratique Bancaire Suisse*, 2.ª ed., Georg, Genebra, 1985, p. 261; SEQUEIRA MARTÍN, *La Transferencia Bancaria...*, p. 2543: *"Esta finalidad de servir de medio de pago es la que socialmente se le sigue reclamando y de ella se demanda, por lo tanto, que ofrezca al beneficiario la misma abstracción, con respecto a la relación entre el ordenante y el banco que efectúa la operación y a la existente entre el ordenante y el beneficiario, que si de una entrega en dinero se tratase."*

[203] HUECK / CANARIS, *Derecho de los Títulos-Valor* (tradução espanhola), Ariel, Barcelona, 1988, p. 238, dizem que o cheque é um dos instrumentos mais importantes no âmbito dos pagamentos sem numerário, o que faz com que se encontre funcionalmente muito próximo da transferência bancária.

[204] Cf. SOFIA DE SEQUEIRA GALVÃO, *Contrato de Cheque*, Lex, Lisboa, 1992, p. 21; HUECK / CANARIS, *Derecho de los Títulos-Valor...*, p. 238 e OLIVEIRA ASCENSÃO, *Direito Comercial*, Vol. III..., p. 251.

[205] Cf. MICHEL CABRILLAC, *Le chèque et le virement...*, p. 4.

[206] Apresentando o cheque como um *título abstracto*, OLIVEIRA ASCENSÃO, *Direito Comercial*, Vol. III..., p. 248; referindo-se-lhe enquanto *situação jurídica abstracta*, SOFIA DE SEQUEIRA GALVÃO, *Contrato de Cheque...*, pp. 19 ss..

[207] Cf. FERRER CORREIA, *Lições de Direito Comercial* (reimp.), Lex, Lisboa, 1994, pp. 436 ss.; OLIVEIRA ASCENSÃO, *Direito Comercial*, Vol. III..., 1992, pp. 32 ss.; PEDRO PAIS DE VASCONCELOS, *Direito Comercial – Títulos de Crédito...*, 1997, p. 35 e PEREIRA DE ALMEIDA, *Direito Comercial*, 3.º Vol. – *Títulos de Crédito*, AAFDL, Lisboa, 1988, pp. 26 ss..

ração"; no cheque, a iniciativa do impulso do fluxo monetário cabe ao credor, o que faz deste tipo de transferência, como vimos, uma transferência de débito.

4.2.4. Concepções acerca da estrutura

Enquanto operação económica, a transferência bancária de crédito pode ser encarada de maneiras diferentes. Nos Estados Unidos, país que tem legislado com alguma profundidade sobre as transferências electrónicas de fundos, adopta-se uma concepção segmentarizante da transferência bancária – aquela a que VASSEUR[208] chama, com propriedade, a concepção "americana". Significa isso que a transferência é analisada como uma série de operações independentes. É esta concepção que transparece no Artigo 4A do UCC,[209] o qual, tendo influenciado fortemente a elaboração da Lei-tipo da CNUDCI, para aí exportou aquela análise.

Na Europa, pelo contrário, a transferência, enquanto operação económica, é encarada como uma operação unitária, ainda que lógica e juridicamente desdobrável em vários segmentos. É uma concepção globalizante, a que VASSEUR chama concepção "europeia", e que ficou consagrada na Directiva 97/5/CE.

Apesar da diferença assinalada entre a transferência como operação económica e a sua veste jurídica, a concepção que sobre aquela se adopta não é isenta de repercussões ao nível das relações jurídico-bancárias desenvolvidas para accionar o mecanismo, e ao nível, também, da determinação da lei aplicável.

Ao contrário do que é doutrina no ordenamento jurídico norte-americano, entendemos constituir, a transferência bancária, uma *operação unitária*, seja ela reduzida à sua expressão mais simples ou implicando antes a intervenção de vários intermediários. Enquanto meio de pagamento, é *uma* operação de transferência, e não uma sucessão de operações multiplicadas pelo número de intervenientes institucionais.

---

[208] VASSEUR distingue entre as chamadas concepções "americana" e "europeia" sobre a transferência bancária (cf. *Les Principaux Articles de la Loi-Type de la CNUDCI sur les Virements Internationaux et leur Influence sur les Travaux de la Commission de Bruxelles Concernant les Paiments Transfrontaliers*, RDAI / IBLJ, n.º 2, 1993, pp. 155--210 e *La Loi-Type de la CNUDCI sur les Virements Internationaux*, BD, n.º 26, Novembro-Dezembro, 1992, pp. 191-198).

[209] UCC § 4A-104 (a) – "Funds transfer" means the series of transactions...".

5. CONCLUSÃO E INDICAÇÃO DE SEQUÊNCIA

A transferência bancária, na sua totalidade, não é um contrato. É uma operação económica de técnica bancária. Com uma função muito específica: a de, através de um duplo jogo escritural e consequente alteração de dois saldos bancários, provocar a transmissão de disponibilidades monetárias entre duas contas e, com isso, operar uma atribuição patrimonial. Seja qual for a sua causa, e como se de uma mera movimentação física de numerário se tratasse.[210]

Dessa transferência, enquanto operação económica, torna-se necessário distinguir as várias relações jurídicas dela pressupostas e nela envolvidas. Operação eminentemente económica e especificamente bancária, a transferência é movida por força da vontade de sujeitos de Direito, envolve a utilização de mecanismos jurídicos e produz consequências também jurídicas, a que deveremos estar atentos. A compreensão da fenomenologia global da transferência bancária exige a distinção entre o económico e o jurídico. Mas, também, uma análise cabal deste. Torna-se imprescindível apreender a função da transferência, buscada à relação fundamental, por um lado, e a panóplia de instrumentos e mecanismos de cooperação jusbancária para sua execução, por outro. O mesmo é dizer, impõe-se distinguir, para depois articular, a operação económica das relações jurídicas que estão na sua base. As que constituem a sua causa e as que permitem a sua realização.

Torna-se necessário, em suma, para uma compreensão clara do complexo universo da transferência bancária de crédito, distinguir três

---

[210] FERRI, *Bancogiro...*, p. 34: "In definitiva nel bancogiro vi è soltanto uno spostamento della disponibilità da un conto corrente all'altro, che si attua materialmente attraverso una operazione contabile, ma che sostanzialmente equivale a un prelevamento di somme da un conto e ad un versamento nell'altro conto. Si tratta cioè di un pagamento a mezzo banca che si attua attraverso l'accreditamento nel conto del beneficiario.".

submundos: a transferência bancária enquanto *operação económica*, por um lado; a *relação fundamental* na qual encontra justificação causal, por outro; as *relações jurídico-bancárias* pressupostas e necessárias à sua execução, por fim. Não obstante a sua íntima ligação, são realidades profundamente distintas que cumpre analisar separadamente. Já o fizemos quanto à transferência-operação. Fá-lo-emos, agora, relativamente às relações jurídicas.

CAPÍTULO II

AS RELAÇÕES JURÍDICO-BANCÁRIAS

INTRODUÇÃO

1. A OPERAÇÃO ECONÓMICA E A VESTE JURÍDICA

O estudo que empreendemos permitiu-nos concluir que a transferência bancária não é um contrato, mas um mecanismo bancário original com a função de realizar pagamentos mediante a transmissão de moeda escritural. Para que essa transmissão se realize é necessária, porém, a realização de actos e a celebração de negócios jurídicos que, no seu conjunto, façam desencadear um mecanismo de colaboração tendente a produzir os efeitos pretendidos. Sendo a transferência um procedimento original de técnica bancária, não abdica, para sua execução, de uma base jurídica que lhe sirva de suporte, constituída pelos laços que ligam os vários intervenientes e pelos instrumentos por estes manejados. Operação económica e veste jurídica são fenómenos diferentes, ainda que profundamente imbricados.

Torna-se por vezes difícil fazer a distinção, tal é a identificação entre o *substractum* material e a cobertura jurídica. O que leva a que para muitos autores se lhes afigure indiferente a utilização das expressões *"contrato bancário"* e *"operação bancária"*. No entanto, sucede frequentemente que a armadura construída pelo Direito à volta de determinada operação técnica não é constituída por um simples contrato, mas por um complexo jurídico composto por vários actos e contratos funcionalmente enlaçados.

Se a identificação imediata entre a materialidade e a juridicidade de uma situação poderia servir de abrigo, a pretexto de uma pretensa simplificação ou adequação à linguagem usual, à utilização indiscriminada das locuções "operação bancária" e "contrato bancário", a complexidade de determinadas situações jurídicas dificulta a aceitabilidade de um uso já por alguém apelidado de "promíscuo".[211] [212]

---

[211] MARIA AMBROSIO, *Le Operazioni Bancarie...*, p. 40.

[212] É possível encontrar contudo autores que, reconhecendo essa possível complexidade jurídica, não deixam de identificar o material com o jurídico. É o caso SANDOVAL

É o que sucede com a transferência bancária – operação económica unitária que no seu conjunto consubstancia um verdadeiro meio de pagamento equiparável, nos seus efeitos, à entrega física de numerário ou a um cheque, ela tem como suporte, não uma relação jurídica, mas um conjunto funcionalmente articulado de actos e negócios jurídicos.

Lopez, *Nuevas Operaciones Bancarias...*, p. 192: "Las operaciones bancarias están constituidas por un negocio que puede comprender uno o varios actos o contratos...".

2. O FRACASSO DAS CONSTRUÇÕES UNITÁRIAS E A NOVA PERSPECTIVA DESAGREGANTE

Vimos demonstrado o fracasso das teorias unitaristas em explicar o mecanismo da transferência. E se a primeira razão desse fracasso foi a sua incapacidade para a análise da transferência enquanto mecanismo abstracto que, pelos seus efeitos, se reconduz a um meio de pagamento, o que poderia ter sido uma tentativa de estudar apenas as relações jurídicas também teria falhado, pois estas não estão ligadas entre si por uma figura jurídica unitária que aglutine num mesmo universo negocial o ordenante, o beneficiário e os respectivos bancos.

É indispensável, em primeiro lugar, relegar para os lugares que lhes competem a relação fundamental entre credor e devedor e as relações que cada um por si, já na qualidade de ordenante e beneficiário de uma transferência, estabelecem com os seus bancos. Torna-se necessário, por outro, admitir que não existe, nos quadros jurídicos tradicionais, qualquer instituto capaz de explicar, por si, todo o complexo negocial posto ao serviço da execução daquele especial mecanismo.

Deve entender-se assim a transferência como uma operação económica que não se pode envolver sob uma única construção jurídica, mas que requer que o seu estudo se realize através da diversificação das relações que nela se desenvolvem.[213] Não obstante podermos vir a questionar da possibilidade da adopção de uma certa perspectiva globalizante, teremos que partir de uma base desagregadora e analisar, um a um, esses laços. Para isso, debruçar-nos-emos separadamente sobre as relações que intercedem entre o ordenante e o seu banco, por um lado, o beneficiário e a respectiva instituição bancária, por outro, e as relações interbancárias que eventualmente se revelem necessárias, por fim.

---

[213] É esta a posição assumida, em Espanha, por SEQUEIRA MARTÍN, *La Transferencia Bancaria...*, p. 2542 e VÁZQUEZ PENA, *La Transferencia Bancaria...*, pp. 172-174, e em Itália por CAMPOBASSO, *Il Bancogiro...*, pp. 639 ss.. Em França, ela ganha a adesão da esmagadora maioria da doutrina, que já há muito abandonou as construções unitárias.

3. INDEPENDÊNCIA RECÍPROCA DA RELAÇÃO SUBJACENTE E DAS RELAÇÕES JURÍDICO-BANCÁRIAS

Concluímos que, enquanto meio de pagamento posto ao serviço das exigências de segurança e celeridade dos agentes económicos e da necessidade de uma eficaz fluidez dos circuitos de pagamento em geral, a transferência jurídica é uma operação abstracta. Encontrando a sua justificação causal na relação subjacente entre ordenante e beneficiário, a transferência é neutra em relação a ela, não sendo afectada na sua execução pelas vicissitudes que a esse nível possam ocorrer.

Isso significa, a nível da sua veste jurídica, que os vários laços que se estabelecem para permitir dar execução à transferência mantêm a sua independência relativamente à relação subjacente que lhes dá causa. Num duplo sentido: se a falta ou irregularidade da causa, projectada na relação subjacente, não invalida os actos jurídico-bancários praticados para executar a transferência, também as excepções que possam ocorrer no âmbito das relações bancárias não podem ser opostos aos sujeitos da relação subjacente.[214] Tudo isto com um limite óbvio – o da boa fé.[215]

É com a consciência da unidade da transferência enquanto meio de pagamento, por um lado, da existência de uma relação subjacente onde reside a causa última daquela, por outro, e da necessidade, para que uma

---

[214] Cf. MICHEL CABRILLAC, *Le chèque et le virement...*, p. 216.

[215] DANIEL GUGGENHEIM, *Les Contrats de la Pratique Bancaire Suisse...*, pp. 32-33, opera a este propósito a distinção entre a relação externa – entre o banco e o cliente – e a relação interna – dos clientes entre eles ou com terceiros. Em princípio, apenas a relação externa, e não a relação interna, é oponível ao banco. Nalguns casos, como nas transferências bancárias, aplica-se a teoria dos actos jurídicos abstractos, por oposição a actos jurídicos causais, uma vez que a execução ou inexecução do contrato base não terá influência sobre a obrigação do banco. Esta característica de abstracção pode ser mais ou menos absoluta de acordo com o tipo de contrato. A verdade é que não existem actos totalmente abstractos, e que as partes não podem abstrair do princípio da boa fé – em algumas circunstâncias, o banco não pode abstrair totalmente da relação fundamental.

se execute e a outra se cumpra, da utilização de uma panóplia específica de instrumentos jurídico-bancários, por fim, que analisaremos, um a um, numa perspectiva inicial desagregante, os vínculos jurídicos tidos para tal por necessários. É assim que nos debruçaremos, desde logo, sobre a relação entre um cliente e o seu banco quando aquele, em concreto, assume o papel de ordenante de uma transferência bancária. Para depois retermos a nossa atenção sobre a relação entre o banco e o beneficiário dessa transferência. E para, por fim, nos centrarmos na (eventual) relação interbancária existente.

SECÇÃO I
A Relação entre Ordenante e Banco

1. Génese e natureza da relação entre banco e cliente

Por definição, a transferência bancária, enquanto técnica que permite a movimentação de montantes monetários de uma conta para outra mediante um duplo jogo de escrituração a débito e a crédito, pressupõe o concurso de duas *contas*.[216] Daí que não se possa conceber a realização de uma transferência sem uma conta no banco do ordenante em nome deste, por um lado, e de uma conta no banco do beneficiário em seu nome, por outro. Pressupondo a transferência bancária a existência de uma conta, não poderá deixar de ser esse também o nosso ponto de partida na análise das relações entre o ordenante e o seu banco.

A definição de "conta" deve ser buscada antes de mais à contabilidade. Na sua expressão mais simples e numa perspectiva estática, a conta é "um conjunto de elementos patrimoniais expresso em unidades de valor". Numa perspectiva dinâmica ou evolutiva, a conta surge como o conjunto dos registos das variações operadas naqueles elementos. Assim, "a conta representa uma classe de valores ou elementos patrimoniais, mas a sua disposição é tal que permite registar todas as variações sofridas por esses elementos." Graficamente, a conta é representada por um T, a um dos lados correspondendo o "débito" ou o "deve", ao outro o "crédito" ou o "haver". Debitar uma conta significa inscrever uma certa quantia no lado do débito; creditá-la significa inscrever uma quantia no lado do crédito. A diferença entre o débito e o crédito de uma conta, num dado momento, corresponde ao seu *saldo*.[217]

---

[216] Diz CLAUSSEN, *Bank- und Börsenrecht / Handbuch für Lehre und Praxis,* C. H. Beck, München, 1996, p. 59, que sem uma conta não é possível imaginar o dinheiro bancário – precisamente o objecto da transferência.

[217] Sobre todas estas noções, cf. ANTÓNIO BORGES / AZEVEDO RODRIGUES / ROGÉRIO

104 A Transferência Bancária

Fazendo a transposição para o mundo do Direito, este documento contabilístico reflecte um conjunto de situações jurídicas da mais variada índole e origem, mas que apresentam em comum o facto de encontrarem o seu testemunho num registo de carácter sintetizador de todas elas.

Em Direito Bancário, a *conta*, não dispensando embora o mecanismo contabilístico básico, assume uma dimensão que ultrapassa largamente o mero registo de situações jurídicas. Fala-se vulgarmente em "ter uma conta num banco" ou "abrir uma conta". A "bancarização" da sociedade moderna transformou esta numa situação elementar e omnipresente na vida de cada um de nós. Indagar sobre o seu significado e os seus efeitos transforma contudo esta simples realidade num dos fenómenos mais complexos do universo jurídico-bancário. A percepção de alguns aspectos dessa complexidade ajudar-nos-á a desbravar caminho no sentido da clarificação dos meandros da transferência bancária.

1.1. Conta de passagem e abertura de conta

A conta de que é titular o ordenante pode ter um mero carácter transitório, com o único objectivo de permitir dar execução a uma transferência e cessando com a conclusão desta. Não é difícil imaginar situações que exijam um procedimento deste tipo – alguém que se encontra no estrangeiro, onde não mantém relações bancárias, necessita por qualquer razão de enviar para casa uma determinada quantia em dinheiro. Dirige-se a um banco, entrega-lhe essa quantia em numerário e solicita que este proceda à sua transferência.[218] Para que tal movimento de dinheiro (que entrará na caixa do banco para de imediato voltar a sair) fique registado, e para que a transferência seja possível, cria-se uma conta transitória, também chamada *conta de passagem*,[219] destinada a dar-lhe execução e que será fechada depois do objectivo cumprido. A abertura deste tipo de conta

---

RODRIGUES, *Elementos de Contabilidade Geral,* 14.ª ed., Rei dos Livros, Lisboa, 1995, pp. 46 ss..

[218] Cf. PENNINGTON / HUDSON / MANN, *Commercial Banking Law,* MacDonald and Evans, Plymouth, 1978, p. 275.

[219] Referindo-se às *"comptes de passage"*, CHRISTIAN GAVALDA / JEAN STOUFFLET, *Droit bancaire...*, p. 99; JUGLART / IPPOLITO, *Traité de Droit Commercial...*, p. 160; RIPERT / ROBLOT, *Traité de Droit Commercial...*, p. 392 e FRANÇOISE DEKEUWER-DÉFOSSEZ – *Droit Bancaire...*, p. 34. E a *"conto di passagio"*, CAMPOBASSO, *Il Bancogiro...*, p. 635, n. 5. Também SIMÕES PATRÍCIO, *A Operação Bancária de Depósito...*, p. 36, se refere a este tipo de contas transitórias, chamando-lhe *"contas de ordem"*.

As Relações Jurídico-Bancárias 105

dificilmente chega a consubstanciar um contrato autónomo entre o ordenante e o banco, tratando-se de um mero acto unilateral deste que não
comporta qualquer tipo de obrigações para o cliente, e cuja única função é
permitir o registo do crédito correspondente ao montante que irá ser transferido e subsequente débito, decorrente da realização da transferência.[220]
O normal, porém, é que a conta aberta junto de um banco assuma
uma vocação de permanência, servindo de base, não só à execução de
transferências, mas a toda uma série de situações jurídico-bancárias que a
partir daí se vão formar.[221] Efectivamente, a relação entre os bancos e os
seus clientes reveste, na esmagadora maioria dos casos, um carácter
duradouro, sendo a criação de uma conta o primeiro elemento de um complexo negocial com propensão para permanecer e, ramificando-se, se for-
tificar. É com essa vocação matricial que assume primordial relevo, na
relação entre o banco e o cliente, a *abertura de conta*. Acompanhada da
criação do correspondente documento contabilístico mas assumindo em
pleno o papel que, enquanto verdadeira convenção, o Direito Bancário lhe
atribuiu.[222]
A abertura de uma conta é marcada por uma extrema simplicidade,
decorrente desde logo da sua natureza formulária:[223] o contrato é concluído com a simples entrega ao banco, pelo futuro cliente, de impressos onde,
para além da indicação dos seus dados pessoais, este se limita a aderir às
cláusulas predispostas por aquele mediante a aposição da assinatura.[224]

---

[220] Tratar-se-á então não mais do que um simples "tableau synoptique des créances
et de dettes réciproques" – RIVES-LANGE / MONIQUE CONTAMINE-RAYNAUD, *Droit Bancaire...*, p. 172. Acentuando o carácter unilateral destas contas transitórias, cf. FRANÇOIS
GRUA, *Contrats Bancaires...*, p. 53.

[221] VAZQUES IRUZUBIETA, *Operaciones Bancarias...*, p. 129: "La apertura de una
cuenta corriente da a entender que entre una persona física o jurídica y un Banco se va a
establecer una relación, en princípio permanente, de tráfico dinerario...".

[222] JUGLART / IPPOLITO, *Traité de Droit Commercial...*, p. 160: "Ce compte est, *du
point de vue matériel, un tableu des créances et des dettes réciproques* de deux personnes,
appelées "correspondants", et qui relève de la technique comptable ; il est, également, *du
point de vue juridique, une convention...*".

[223] MENEZES CORDEIRO, *Direito Bancário Privado*, in *Direito Bancário*, Actas do
Congresso Comemorativo do 150.º aniversário do Banco de Portugal, Suplem. da RFDUL,
1997, p. 28.

[224] Como bem refere MENEZES CORDEIRO, *Manual de Direito Bancário...*, p. 418, a
assinatura é um elemento-chave do processamento bancário, permitindo identificar o
cliente e, se necessário, responsabilizá-lo. Normalmente, aquando da abertura da conta,
procede-se ao chamado "depósito da assinatura" (cf. MOLLE / DESIDERIO, *Manuale di*

106 A Transferência Bancária

Muitas vezes a celebração é meramente tácita, inferida do registo de uma primeira operação, nomeadamente do depósito de uma quantia em dinheiro.[225]

Uma conta pode ter um único ou vários titulares. No primeiro caso, a conta será *individual*, no segundo *colectiva*. A titularidade de uma conta não coincide necessariamente, contudo, com o poder de disposição dos fundos depositados ao abrigo dela.

À abertura de conta aplicam-se as regras gerais dos negócios jurídicos, nomeadamente no que respeita à capacidade. Assim, nos termos dos arts. 123.º ss. CCiv., os menores, interditos e inabilitados apenas podem ter acesso à banca no que respeita a actos situados dentro do âmbito da sua capacidade de exercício, devendo estar devidamente representados quando tal não suceda.[226]

1.2. Abertura de conta e conta corrente bancária

A maioria dos autores analisa na abertura de conta, não um contrato autónomo, mas simplesmente a fase de conclusão do *contrato de conta corrente bancária*.[227]

Outros entendem tratar-se, o contrato de abertura de conta e o contrato de conta corrente bancária, de convenções autónomas dotadas de núcleos diferenciáveis. É o caso de MENEZES CORDEIRO, que considera que a abertura de conta, enquanto negócio jurídico complexo, integra vários elementos, uns necessários outros eventuais, que contribuem para a con-

---

Diritto Bancario..., p. 132), destinado a, por comparação, validar futuras ordens ou pedidos do cliente. Trata-se de uma medida de autenticação que assume bastante importância nas transferências em papel.

[225] Cf. FERRONIÉRE / CHILLAZ, *Les opérations de banque...*, p. 17.

[226] Cf. MENEZES CORDEIRO, *Manual de Direito Bancário...*, p. 328.

[227] Neste sentido, SIMÕES PATRÍCIO, *A Operação Bancária de Depósito...*, p. 37; BAPTISTA BRANCO, *Conta Corrente Bancária – da sua estrutura, natureza e regime jurídico*, RB, n.º 39, Julho-Setembro, 1996, pp. 35-85; RIVES-LANGE / MONIQUE CONTAMINE-RAYNAUD, *Droit Bancaire...*, p. 185 ("Le compte courant et le compte de dépôt sont des conventions. L'ouverture du compte est la conclusion de cette convention..."); GAVALDA / STOUFFLET, *Droit bancaire...*, p. 134; FRANÇOISE DEKEUWER-DÉFOSSEZ – *Droit Bancaire...*, pp. 35 ss.; THIERRY BONNEAU, *Droit bancaire...*, p. 200; VAZQUES IRUZUBIETA, *Operaciones Bancarias...*, pp. 129 ss.; ZUNZUNEGUI, *Derecho del Mercado Financiero...*, p. 364 e FERNÁNDEZ-ARMESTO / CARLOS BERTRÁN, *El Derecho del Mercado Financiero*, Madrid, Civitas, 1992, p. 253.

As Relações Jurídico-Bancárias

formação do seu conteúdo e lhe atribuem "características irredutíveis e uma função autónoma".[228]

A conta corrente bancária é uma espécie, a mais usual ou a "mais clássica",[229] do *contrato de conta corrente comum*[230], previsto no art. 344.º CCom., mediante o qual "duas pessoas, tendo de entregar valores uma à outra, se obrigam a transformar os seus créditos em artigos de "deve" e "há-de haver", de sorte que só o saldo final resultante da sua liquidação seja exigível".[231] Isto significa que as diversas operações realizadas serão registadas na conta sob a forma de débitos e créditos, levando à formação de um saldo resultante da "fusão" desses créditos mútuos. Apenas existe contrato de conta corrente quando tenha sido estipulada, expressa ou tacitamente, a forma específica de regular créditos recíprocos que consiste em, a final, apenas o saldo ser exigível, não bastando para tanto a sua mera expressão contabilística em termos de "deve" e "haver".[232] Esse o elemento fulcral, esse o traço de distinção entre o puramente material e o jurídico.[233]

A conta corrente tem várias funções:[234] uma função de simplificação e de unificação (uma vez que se condensam sob a forma de um saldo as diversas operações a crédito e a débito, limitando-se ao mínimo possível

---

[228] MENEZES CORDEIRO, *Manual de Direito Bancário...*, pp. 497 e 510. Também parece conferir autonomia à convenção de conta, relativamente ao contrato de conta corrente, THIERRY BONNEAU, *Droit bancaire...*, pp. 188 ss. e 200 ss..

[229] RENÉ SAVATIER / JEAN SAVATIER / JEAN-MARIE LELOUP, *Droit des Affaires...*, p. 318.

[230] No sentido, contrário a alguns sectores da doutrina italiana, de considerar a conta corrente bancária com uma sub-espécie da conta corrente comum, cf., por todos, VITTORIO SALANDRA, *Conti correnti bancari e contratto di conto corrente,* RDComm, Vol. XXXIX (1931), Parte I, p. 737.

[231] Sobre o contrato de conta corrente, cf. CUNHA GONÇALVES, *Comentário ao Código Comercial Português,* Vol. II, Lisboa, 1916, pp. 334 ss. e FIORENTINO, *Il Conto Corrente,* Editrice Torinese, Torino, 1957.

[232] Ac. STJ de 26/11/1954, BMJ, 46.º – 481; Ac. STJ de 19/03/1965, BMJ, 145.º – 366; Ac. STJ de 12/06/1986, BMJ, 358.º – 558.

[233] CUNHA GONÇALVES, *Comentário ao Código Comercial...*, p. 335: "A expressão *"conta-corrente"* tem um sentido puramente material e um sentido estrictamente jurídico.".

[234] Cf. MENEZES CORDEIRO, *Manual de Direito Bancário...*, p. 492; SCHWINTOWSKI / SCHÄFER, *Bankrecht...*, p. 233; MOLLE, *I Contratti Bancari...*, p. 470; RIVES-LANGE / / CONTAMINE-RAYNAUD, *Droit Bancaire...*, p. 219 e JUGLART / IPPOLITO, *Traité de Droit Commercial...*, p. 182.

a necessidade de movimentação de dinheiro), uma função de segurança (dado que determinados valores ficam consignados à satisfação de certos débitos),[235] e uma função de crédito (uma vez que, até ao encerramento da conta, cada uma das partes poderá, consoante o sentido do saldo, ficar na situação de credor).

O facto de ser celebrada entre um banco e o seu cliente confere à conta corrente bancária algumas particularidades.[236] Desde logo, ela apenas diz respeito a movimentos em dinheiro – afinal o específico objecto dos contratos bancários. Tais movimentos processam-se continuamente, dando origem a saldos provisórios porque flutuantes ao sabor da realização sucessiva de diferentes operações. Significando isto que a compensação entre os créditos recíprocos se dá automaticamente e não apenas no momento do encerramento da conta. Por outro lado, o saldo, ou seja, a soma algébrica de débitos e créditos num determinado momento, deverá ser sempre credor para o cliente[237] e está permanentemente ao seu dispor.

O *saldo* é um elemento nevrálgico, não apenas no contrato de conta corrente, mas em variadíssimos outros domínios da relação entre banco e cliente e especificamente na transferência bancária.[238] Este saldo em cada momento renovado e permanentemente disponível resulta do contrato de conta corrente bancária e não propriamente da abertura de conta. Conceptualmente, parece-nos possível autonomizar os dois contratos. Pelo con-

---

[235] VAZQUES IRUZUBIETA, *Operaciones Bancarias...*, p. 67: "Lo que el Banco hace (...) es vincular jurídicamente todas las operaciones de un mismo cliente y, por diversas que fueren, afectúa a placer compensaciones continuadas y permanentes sin la nacesidad de arriesgarse en la aventura de un pleito si se produce un incumplimento contratual.".

[236] Cf. MENEZES CORDEIRO, *Manual de Direito Bancário...*, pp. 498-499; SIMÕES PATRÍCIO, *A Operação Bancária de Depósito...*, p. 41; EMBID IRUJO, *Cuenta corriente bancaria. El servicio de caja. La información. La responsabilidad.*, in *Derecho del Mercado Financiero*, II – *Operaciones Bancarias de Activo y Pasivo*, Vol. 1, (dir. Alberto Alonso Ureba / J. Martínez-Simancas y Sánchez), Madrid, 1994, p. 196; ZUNZUNEGUI, *Derecho del Mercado Financiero...*, pp. 361 ss.; MARIO PORZIO, *Il conto corrente bancario, il deposito e la concessione di credito*, in *I Contratti delle Banche*, UTET, Turino, 1988, pp. 69 ss.; MOLLE, *Conto corrente bancario...*, p. 417.

[237] Admitindo a possibilidade de também o banco surgir como credor, VAZQUES IRUZUBIETA, *Operaciones Bancarias...*, pp. 149-150.

[238] MENEZES CORDEIRO, *Manual de Direito Bancário...*, p. 499: "Como elemento particularmente vital (...) emerge o saldo. Este constitui uma posição jurídica de relevo, particularmente autónoma em relação aos créditos que o antecedem. Só o saldo é disponível; só o saldo é penhorável; só o saldo representa, por fim, o valor social e económico de certa conta.".

trato de abertura de conta, o banco obriga-se a registar os movimentos de crédito e débito na conta do cliente, em termos de "deve" e "haver", a emitir extractos de conta e a prestar ao cliente todas as informações que este solicite relativas aos movimentos efectuados. Sem que isso implique, porém, a sua fusão num saldo exigível em permanência.

Se de um ponto de vista teórico é possível isolar os elementos essenciais do contrato de abertura de conta daqueles que formam o núcleo do contrato de conta corrente, na prática a diferença parece ser pouca. Mesmo os defensores de tal autonomia conceptual reconhecem a sua intrínseca e mesmo genética ligação, apresentando a conta corrente como um elemento necessário do contrato de abertura de conta.[239] Parece de afastar a hipótese de este contrato, quando assuma uma vocação de permanência, surgir sem a associação da conta corrente. E a verdade é que o desenvolvimento dos negócios bancários não se compadeceria com o estaticismo de uma conta bancária de tal teor. É necessária, de facto, a dinâmica conferida pela conta corrente. Em todo o caso, se não é difícil imaginar algumas razões que poderiam levar um cliente de um banco a não pretender a compensação automática dos seus créditos recíprocos – nomeadamente para obstar à cobertura, com o dinheiro entrado na conta, de um eventual saldo devedor – é irrealista pensar que um banco o aceitaria.

Na prática, portanto, a um contrato de abertura de conta anda sempre associado um contrato de conta corrente. A essa conta ou, se preferirmos, à conta corrente bancária, está inerente um *serviço de caixa mínimo* destinado a permitir ao cliente movimentar os fundos que tem depositados no banco[240] e cuja extensão não está claramente definida na doutrina.

1.3. A conta como matriz da relação bancária

Apesar da divergência assinalada no que respeita à sua autonomização face ao contrato de conta corrente bancária, todos os autores parecem concordar que a abertura de uma conta marca o início de uma "*relação bancária complexa e duradoura*"[241] que se desenvolverá entre o banco e o seu cliente.[242]

---

[239] MENEZES CORDEIRO, *Manual de Direito Bancário...*, p. 497.

[240] Cf. MENEZES CORDEIRO, *Manual de Direito Bancário...*, p. 499; SIMÕES PATRÍCIO, *A Operação Bancária de Depósito...*, p. 32.

[241] MENEZES CORDEIRO, *Manual de Direito Bancário...*, p. 489.

[242] Cf. CLAUSSEN, *Bank- und Börsenrecht...*, pp. 59-60; FRANÇOIS GRUA, *Contrats Bancaires...*, p. 53; RIVES-LANGE / MONIQUE CONTAMINE-RAYNAUD, *Droit Bancaire...*,

110 A Transferência Bancária

Para os que conferem autonomia ao contrato de abertura de conta, este, para além do conteúdo que lhe é próprio e que lhe confere sentido enquanto figura contratual autónoma, dando lugar a direitos e deveres específicos para as partes, apresenta uma faceta que de certa forma transcende o seu próprio núcleo contratual: ela serve de matriz a partir da qual serão praticados e celebrados os diversos actos e contratos bancários subsequentes que cimentarão a relação do banco com o seu cliente. Para além de se constituir como contrato autónomo gerador de efeitos próprios, a abertura de conta assume pois o papel de "contrato nuclear do Direito bancário", de "tronco comum dos diversos actos bancários subsequentes",[243] a partir do qual muitos outros serão celebrados.

Para os autores que não autonomizam o contrato de abertura de conta do contrato de conta corrente, é este que assume esse papel matriciário: *"Il dinamismo, l'incessante fruttuoso intreccio di rapporti che la banca conta di avere col cliente giorno per giorno, si tocca con mano nella forma consueta: il mare magno del conto corrente...".*[244] [245]

---

p. 171 ("Ensuite et surtout, les opérations sont faites "par compte" lorsqu'elles sont amenées à se multiplier, se répéter, et impliquent une permanence des relations entre la banque et son client."); EMBID IRUJO, *La Cuenta Corriente Bancaria...*, p. 72 ("... la relación del cliente con la entidad de crédito, que suele ser de carácter duradero y se basa en la confianza recíproca, se manifesta externamente en la apertura de una cuenta...") e VAN RYN / HEENEN, *Principles de Droit Commercial...*, p. 307 ("Dès qu'un banquier et son client "travaillent" ensemble d'une façon suivie toutes leurs opérations s'effectuent dans le cadre juridique d'un compte.").

[243] MENEZES CORDEIRO, *Manual de Direito Bancário...*, pp. 497 e 489.

[244] LUIGI LORDI, *Classificazione delle operazioni di banca,* BBTC, Ano X (1943), Parte I, p. 6.

[245] Cf. a também muito sugestiva definição de SALVATORE MACCARONE, *Osservazione in Tema di Conto Corrente Bancario,* in *Le Operazione Bancarie* (org. G. Portale), Milano, 1978, p. 608: "Il conto corrente (...) costituisce un grosso polmone di assorbimento delle operazioni più varie (...); in una parola pressoché l'intero movimento negoziale operativo fra banca e cliente finisce col confluire in questa grossa matrice che è il conto corrente bancario.". Cf. ainda, sobre o papel matriciário do contrato de conta corrente, MARIO PORZIO, *Il conto corrente bancario...*, p. 57; MOLLE, *Conto corrente bancario...*, p. 414 ("Il conto corrente bancario (...) è al centro dell'attività bancaria...") e *I Contratti Bancari,* in *Trattato di Diritto Civile e Comerciale,* dir. Antonio Cicu e Francesco Messineo, Vol. XXXV, 4ª ed., Giuffrè Editore, Milão, 1981, p. 475; GARCÍA--PITA Y LASTRES, *Contrato de descuento y cuenta corriente bancaria,* in *Comentarios a Jurisprudencia de Derecho Bancario y Cambiari,* (coord. Fernando Sánchez Calero / Juan Sánchez-Calero Guilarte), Vol. I, Centro de Documentación Bancaria y Bursátil, Madrid, 1993, p. 319 e ZUNZUNEGUI, *Derecho del Mercado Financiero...*, p. 358.

As Relações Jurídico-Bancárias

1.4. A natureza da relação entre o banco e o cliente

É unânime a consideração de que a abertura de conta marca o início de uma relação duradoura e complexa entre o banco e o seu cliente, assente numa confiança reforçada e destinada a fortificar-se com o despontar de novos actos e contratos bancários. A natureza desta específica relação assim nascida com a abertura de conta está longe de se apresentar límpida, e dificilmente encontra reflexo nos institutos jurídicos tradicionais. É sobretudo controversa a forma de enquadrar nessa relação bancária os serviços a prestar pelo banco ao seu cliente.

A incipiência da dogmatização neste domínio dificulta o nosso estudo. As referências da doutrina vão pouco além da constatação de uma especial relação de confiança com carácter duradouro entre o banco e o seu cliente. Pouco ou nada daí é retirado quanto à fonte de que brotam os posteriores contactos negociais que entre aqueles se desenvolverão, sendo os vários serviços prestados reconduzidos muitas vezes a um geral "serviço de caixa" cujos contornos são pouco definidos.

As excepções encontramo-las nalguns sectores da doutrina francesa e alemã e, entre nós, nos pioneiros estudos de MENEZES CORDEIRO. A elas dedicaremos portanto a nossa atenção.

1.4.1. França – *o "contrato-quadro de serviços bancários"*

Em França, a análise é praticamente limitada à prestação de serviços, e é sobretudo sob a égide da figura do contrato-quadro (*"contrat-cadre"*) que se procura dar enquadramento à específica relação entre o contrato de abertura de conta e os vários serviços prestados pelo banco.

A abertura de conta coincide com a celebração de um contrato--quadro no qual se virá a inserir um conjunto de operações afectuadas pelo cliente, algumas das quais dão lugar a contratos particulares.[246]

Alguns autores distinguem entre a convenção de conta e a convenção relativa à prestação de serviços bancários ("contrato-quadro de serviços bancários"), convenções essas que, apesar de independentes porque geradores de efeitos distintos, formam um todo – o denominado "contrato de banco". O contrato que serve de quadro às relações entre o banco e o seu cliente tem um duplo objecto: por um lado, precisa quais são os serviços

---

[246] Cf. GAVALDA / STOUFFLET, *Droit bancaire*..., p. 101.

inerentes ao tipo de conta aberta; por outro, implica o reconhecimento pelo banqueiro do poder do cliente requerer estes serviços através da emissão de ordens. No entanto, esse contrato-quadro de serviços bancários não é analisado como uma promessa de concluir os correspondentes contratos de aplicação, não consistindo em mais do que uma simples oferta de serviços que o banco pode, caso a caso, recusar, desde que se encontrem para além de um "serviço de caixa mínimo" a que está por lei obrigado mas cuja extensão não é clarificada.[247]

Outros autores consideram que é o próprio contrato de abertura de conta que se configura como contrato-quadro de prestação de serviços. A sua finalidade é estabelecer uma relação entre um banco e o seu cliente que se traduzirá na prestação a este de uma série de serviços, os quais constituem, no fundo, a causa da convenção de conta.[248] BONNEAU considera que a colocação à disposição do cliente de serviços de pagamento, nomeadamente de transmissão de moeda escritural, está na dependência da abertura de uma conta, apresentada como um contrato-quadro de serviços bancários. Estes serviços não surgem contudo como obrigatórios, sob reserva de um serviço de caixa mínimo cuja extensão não especifica, devendo como tal ser objecto de contratos distintos da convenção de conta, muitas vezes tacitamente celebrados.

Em qualquer caso, porém, o contrato-quadro apenas cria um "quadro geral" no qual se podem inscrever muitos outros negócios, não sendo retirada do seu conteúdo uma obrigação para o banco de celebrar quaisquer contratos, nomeadamente contratos de prestação de serviços de pagamento que vão para além do tal serviço mínimo de caixa.[249] Ele é qualificado como um contrato-quadro "sem obrigação de contratar".[250]

Nem sempre a configuração da abertura de conta como um verdadeiro contrato-quadro, surge, porém, como certa (ainda que formalizada num contrato de adesão), considerando-se por vezes que, em vez disso, ela se limita a criar, pela sua simples celebração, "um contexto muito favo-

---

[247] Cf. FRANÇOIS GRUA, *Contrats Bancaires...*, pp. 54 ss..

[248] Cf. RIVES-LANGE / CONTAMINE-RAYNAUD, *Droit Bancaire...*, pp. 172-173. É esta também a opinião de JOSÉ MARIA PIRES, *Direito Bancário...*, p. 145, que trata a conta como verdadeiro contrato-quadro a partir do qual vários contratos de execução serão celebrados.

[249] Um serviço mínimo, consistente em operações de caixa, é obrigatório por lei (art. 58 da Lei de 24 de Janeiro de 1984).

[250] JEAN GATSI, *Le Contrat-Cadre*, L.G.D.J., Paris, 1996, p. 18.

As Relações Jurídico-Bancárias   113

rável ao desenvolvimento de uma multitude de relações de negócios a longo termo entre o banco e o seu cliente".[251]

1.4.2. Alemanha – do "contrato bancário geral" à "relação bancária complexa"

Na Alemanha, a relação entre o banco e o seu cliente começou por ser baseada na teoria do *"contrato bancário geral"* (*"Allgemeiner Bankvertrag"*).[252] Trata-se tal "contrato bancário geral" de um contrato unitário surgido com a aceitação pelo cliente das cláusulas contratuais gerais bancárias e que, para além de organizar o modo geral de funcionamento da relação banco/cliente, juridificando as obrigações de lealdade, protecção e confidencialidade a cargo do primeiro, "teria a virtualidade de provocar o aparecimento de novos contratos".[253]

A relação entre aquele contrato geral e os contratos particulares nunca ficou bem esclarecida. Para alguns, estes não consistiam em verdadeiros contratos, mas em meras instruções dadas pelo cliente ao banco. Para outros, o contrato bancário geral assumir-se-ia como um contrato-quadro (*"Rahmenvertrag"*), ao abrigo do qual vários contratos singulares seriam celebrados. Tais contratos singulares não eram, salvo em situações particulares de abuso de direito, de celebração obrigatória para o banco.[254] Este, no entanto, por estar colocado numa situação de especial disponibi-

---

[251] ALAIN SAYAG (dir.), *Le Contrat-Cadre, 1 – Exploration comparative*, Litec, Paris, 1994, p. 39.

[252] Sobre esta doutrina, cf. MENEZES CORDEIRO, *Manual de Direito Bancário...*, pp. 371 ss. e *Concessão de crédito e responsabilidade bancária*, in *Banca, Bolsa e Crédito – Estudos de Direito Comercial e de Direito da Economia*, I Vol., Almedina, Coimbra, 1990, pp. 47 ss.; CANARIS, *Bankvertragsrecht...*, pp. 3 ss.; KÜMPEL, *Bank- und Kapitalmarktrecht...*, pp. 50-51; SCHWINTOWSKI / SCHÄFER, *Bankrecht...*, pp. 45 ss.; DANIEL GUGGENHEIM, *Les Contrats...*, p. 31; ALAIN SAYAG (dir.), *Le Contrat-Cadre...*, pp. 172-173 e GINO KOENIG, *Banker's Liability: Risks and Remedies in Switzerland*, in *Banker's Liability: Risks and Remedies* (ed. Dennis Campbell / Rudolf Meroni), Kluwer, Deventer, Boston, 1993, pp. 331 ss..

[253] MENEZES CORDEIRO, *Manual de Direito Bancário...*, p. 372.

[254] Cf., porém, GINO KOENIG, *Banker's Liability...*, pp. 331-332, que, referindo-se à teoria do contrato bancário geral, considera que este inclui, para além de deveres de lealdade e de protecção dos interesses do cliente e para além do conteúdo das condições gerais bancárias, o *dever* do banco de *celebrar*, de futuro, *contratos neutros*, isto é, que não envolvam fundos dos bancos.

114 *A Transferência Bancária*

lidade para contratar, deveria tomar em atenção especial todas as ordens ou propostas apresentadas pelo cliente.

Esta teoria foi fortemente criticada por uma parte da doutrina,[255] que a considerou inútil e artificial. Tal contrato, a existir (o que era improvável dada a inexistência de um acordo das partes com a amplitude que lhe era atribuído[256]), teria sempre um conteúdo indeterminado, sendo dos vários contratos singulares celebrados que decorreriam os mencionados deveres do banqueiro. Contratos que, além dos mais, não seriam de celebração obrigatória.

Da negação do conteúdo contratual da relação entre o banco e o cliente nasce a teoria da *"Geschäftsverbindung"*[257] – traduzida como *"ligação corrente de negócios"*,[258] *"relação corrente de negócios"*,[259] *"relação permanente de negócios"*[260] e, especialmente para o domínio bancário, *"relação de negócios bancária"*[261] ou *"relação bancária complexa"*.[262]

---

[255] Não só na Alemanha – cf. PRUNBAUER, *Banker's Liability...*, pp. 58-59.

[256] ROLAND HOFFMAN, *Banker's Liability under German Law*, in *Banker's Liability: Risks and Remedies* (ed. Dennis Campbell / Rudolf Meroni), Kluwer, Deventer, Boston, 1993, pp. 221-223.

[257] CANARIS, *Bankvertragsrecht...*, pp. 7 ss..

[258] SINDE MONTEIRO, *Responsabilidade por Conselhos, Recomendações ou Informações*, Almedina, Coimbra, 1989, p. 514.

[259] PAULO MOTA PINTO, *Declaração Tácita e Comportamento Concludente no Negócio Jurídico*, Almedina, Coimbra, 1995, pp. 661-662, e MENEZES LEITÃO, *Direito das Obrigações*, Vol. I – *Introdução. Da Constituição das Obrigações*, Almedina, Coimbra, 2000, pp. 320 e 321. Este último Autor define-a como a "situação que se verifica sempre que as partes estão de tal forma habitualmente ligadas por vínculos contratuais, que qualquer prestação realizada por uma delas à outra, mesmo que não corresponda a qualquer dos contratos celebrados, toma por referência uma vinculação específica entre as partes". O Autor considera que esta vinculação específica é fundamento para o surgimento de deveres de protecção, informação e lealdade, cuja violação pode dar origem ao dever de indemnizar, e dá como exemplo a relação que liga os bancos aos seus clientes.

[260] CARNEIRO DA FRADA, *Contrato e Deveres de Protecção*, Sep. do Vol. XXXVIII do Supl. ao BFD, Coimbra, 1994, p. 107.

[261] ALMENO DE SÁ, *Responsabilidade Bancária*, Coimbra Editora, Coimbra, 1998, p. 65, que a define como "o encadeamento de actos e negócios jurídicos que normalmente caracteriza a ligação entre banqueiro e cliente, evidenciando conexões de sentido, razões funcionais e sequências de causa e efeito no quadro da pluralidade indeterminada e sucessiva de eventos negociais que corporizam aquela ligação" (n. 40).

[262] MENEZES CORDEIRO, *Concessão de crédito e responsabilidade bancária...*, p. 48.

As Relações Jurídico-Bancárias

Esta específica relação de negócios constitui um exemplo de *relação obrigacional legal sem deveres de prestação primária*. Trata-se de uma figura nascida no Direito das Obrigações pretendendo significar que, numa situação de especial proximidade negocial, as partes, para além de prestações primárias, têm a seu cargo, por força do clima de confiança propiciado pelo carácter duradouro da sua relação, especiais deveres de cuidado e protecção perante a outra.[263] Estes deveres, sintetizados num dever legal de não causar prejuízos na esfera jurídica da contraparte, valeriam na pendência do contrato mas também nas fases pré e pós-negocial. Traduzir-se-iam, nomeadamente, numa especial disponibilidade para a celebração futura de novos negócios. Mas nunca na obrigação de contratar.

A tendência actual parece ser a de "recontratualizar" esta relação por um novo apelo à ideia de "contrato bancário geral", o que é facilitado pela existência, na Alemanha, de cláusulas contratuais gerais bancárias uniformes.[264] CLAUSSEN[265] recupera a figura do "contrato bancário geral" sobre a base de uma vontade contratual comum ao banco e ao cliente e manifestada com a abertura de conta de efectuarem, de futuro, tantos negócios jurídicos quantos os desejados e possíveis. Este contrato bancário geral regulará a relação jurídica duradoura entre as partes na sua estrutura básica. Ao abrigo dela, o titular da conta adquire o direito a obter por parte do banco informação, aconselhamento, confidencialidade, e uma especial

---

[263] "O termo "legal" exprime uma contraposição a uma figura negocial e visa exprimir a origem dos deveres de protecção em valorações directamente colhidas do ordenamento jurídico.". Por outro lado, "só poderemos falar neste contexto de uma relação obrigacional se utilizarmos a expressão num sentido *alargado e amplo* que a identifica com uma *relação de deveres especiais entre sujeitos determinados*" – CARNEIRO DA FRADA, *Contrato e Deveres de Protecção...*, pp. 101-102, n. 196.

[264] As cláusulas contratuais gerais bancárias uniformes ("*Allgemeinen Geschäftsbedingungen der Banken* – AGB/B") constituem o "corpo jurídico" da relação entre o banco e o cliente, tendo sido instituídas para regulamentar desde o início dessa relação todos os negócios jurídicos individuais. As AGB/B são incluídas no contrato entre o banco e o cliente, delas devendo a este ser dado conhecimento – SCHWINTOWSKI / SCHÄFER, *Bankrecht / Commercial Banking – Investment Banking*,Verlag, Köln, Berlin, Bonn, München, 1997, pp. 10 ss.. Sobre o papel que as cláusulas contratuais gerais desempenham na ordem jurídica alemã, cf. WITZ, *Droit Privé Allemand, 1. Actes juridiques, droits subjectifs*, Litec, Paris, 1992, pp. 169 ss. e FRÉDÉRIQUE FERRAND, *Droit Privé Allemand*, Dalloz, Paris, 1997, pp. 161 ss..

[265] CLAUSSEN, *Bank- und Börsenrecht...*, pp. 59 ss..

116 A Transferência Bancária

disponibilidade para a celebração dos mais variados contratos singulares (de cheque, de transferência, de crédito...).

1.4.3. A transposição para o Direito português

A problemática da natureza jurídica da relação entre banco e cliente foi estudada entre nós por MENEZES CORDEIRO. Na sua análise começou o Autor por defender que a *"relação bancária complexa"*, propugnada sobretudo por CANARIS,[266] não deveria ser transposta para o espaço jurídico português,[267] dado que a ideia de deveres legais de cuidado e de protecção tem por fim preencher as lacunas do regime alemão da responsabilidade civil, no qual inexiste um preceito geral responsabilizador equivalente ao art. 483.º do CCiv. português.[268] Considerando não ter cabimento no Direito português a "relação bancária complexa", remeteu-a para a condição de mero "expediente linguístico que visa exprimir sequências de actos e negócios jurídicos celebrados entre o banqueiro e o seu cliente, mas que não dispensa o estudo analítico, caso a caso, do seu conteúdo".[269]

A actual posição do Autor, mantendo embora como certa a liberdade de contratar, não é inteiramente coincidente com a referida.[270] Considerando que desde a abertura de conta se estabelece, entre o banco e o seu cliente, uma relação marcada pela existência de deveres de conduta e por uma clara tendência para a continuidade, apela para a ideia de *"relação bancária geral"*. Tal relação geral e duradoura, assim gerada no contexto do contrato de abertura de conta e com uma unidade económica e social evidente, tem uma clara origem contratual e um conteúdo muito rico decorrente das cláusulas contratuais gerais e dos usos, e implica uma

---

[266] CANARIS, *Bankvertragsrecht...*, pp. 8 ss..

[267] MENEZES CORDEIRO, *Concessão de crédito e responsabilidade bancária...*, pp. 49 ss..

[268] Esta posição, na sua amplitude, já fora defendida por MENEZES CORDEIRO in *Da Pós-eficácia das Obrigações*, in *Estudos de Direito Civil,* Vol. I, Almedina, Coimbra, 1994, pp. 188 ss. e *Da Boa Fé no Direito Civil,* Almedina, Coimbra, 1997 (reimp.), pp. 636 ss..

[269] MENEZES CORDEIRO, *Concessão de crédito e responsabilidade bancária...*, p. 50.

[270] MENEZES CORDEIRO, *Manual de Direito Bancário...*, pp. 377 ss..

As Relações Jurídico-Bancárias 117

"vocação para a multiplicação subsequente dos actos jurídicos". Apesar da evidente vontade de ambas as partes para desenvolver a relação através da celebração de outros negócios, não há contudo para qualquer delas, dentro dos limites contratuais e da boa fé, um dever de contratar – por um lado, porque qualquer uma pode sempre pôr termo à relação, por outro porque os novos contratos propostos podem ser rejeitados, dentro dos referidos limites. Concluído o contrato duradouro entre o banco e o cliente, a relação entre eles desenvolver-se-á amparada no expresso pelas partes, nas cláusulas contratuais e nos usos, e acompanhada de deveres acessórios, cominados pela boa fé, e de uma especial disponibilidade para negociar, mas não, com os limites aludidos, de uma obrigação de contratar.[271]

1.4.4. *Posição adoptada*

É possível descortinar, nas várias posições que de forma geral anali-sámos, alguns denominadores comuns. Em primeiro lugar, todos os autores parecem concordar no estabelecimento, entre o banco e o cliente e desde a abertura de conta, de uma relação bancária com propensão para se prolongar e ao abrigo da qual especiais deveres de informação, confidencialidade, lealdade, protecção e confiança passam a impender sobre as partes, com especial incidência sobre o banco.[272] Sobre este recairá, nomeadamente, o dever de analisar cuidadosamente todas as solicitações do cliente e procurar dar-lhes resposta, sem que nessa "propensão para negociar" seja visto qualquer dever de contratar. Este mínimo denominador comum[273] não é afinal tão mínimo assim –

---

[271] Também ALMENO DE SÁ, *Responsabilidade Bancária...*, p. 113, considera que "As relações entre banqueiro e cliente regem-se basicamente pelo princípio da autonomia privada e não pela obediência a uma lógica publicística, capaz de impor, sem mais, obrigações de contratar.".

[272] Constatando isso mesmo embora sem conferir a tal especial relação qualquer denominação, PRUNBAUER, *Banker's Liability...*, pp. 47 e 61.

[273] Também no Direito Bancário anglo-saxónico se reconhece a existência de uma especial relação entre o banco e o seu cliente, implícita e buscada à prática, que faz impender sobre as partes, sobretudo sobre o banco, determinados deveres. Normalmente esta relação não é "teorizada", mas simplesmente constatada e reconhecida. Cf. por ex., ANU ARORA, *Electronic Money and the Law...*, pp. 78 e 84 e FOWLER / BUTLER, *Banker's Liability in England and Wales,* in *Banker's Liability: Risks and Remedies* (ed. Dennis Campbell / Rudolf Meroni), Kluwer, Deventer, Boston, 1993, pp. 161-162.

118   *A Transferência Bancária*

ele traduz o âmago da relação entre banco e cliente, capta-o na sua essência, no seu conteúdo nuclear. A sua existência, a sua essência e, normalmente, as suas consequências reúnem consenso.[274] As diferenças começam quando se procura qualificar esse núcleo essencial. A principal questão que se coloca é a de saber se estamos perante um contrato ou uma mera relação negocial desprovida de conteúdo contratual. A considerar-se celebrado um verdadeiro contrato, as dúvidas retêm-se na sua qualificação.

Parece-nos inegável a constatação de que, desde a abertura de uma conta, se estabelece, entre o banco e o seu cliente, uma relação especial que não encontra paralelo em qualquer outro domínio do Direito. A conclusão é mais intuitiva e prática do que puramente especulativa. Todos nós sentimos que, desde esse primeiro contacto, se estabelece, entre nós e o nosso banco, uma relação que perdurará e ao abrigo da qual teremos acesso a uma variada gama de serviços que não esperamos que nos seja recusada. "Sabemos" que poderemos dispor de cheques e cartões para efectuar pagamentos, que poderemos pagar as nossas contas e receber o ordenado por transferência bancária, pensamos em solicitar crédito para comprar uma casa ou um novo automóvel. Em suma, "contamos com" o banco para facilitar a nossa vida e promover o nosso bem-estar. Raramente, na nossa consciência, "contratualizamos" essa relação. Em momento algum, com excepção porventura dos envoltos num maior formalismo, pensamos em propostas e aceitações, em direitos e deveres, pois tudo parece surgir naturalmente. E a verdade é que essa "naturalidade" é um dos traços fundamentais que marcam a relação bancária.

Essa relação entre o banco e o cliente é contudo, sem dúvida, uma relação jurídica, produto da sua vontade e em cada momento alimentada por ela. Não é uma ficção ou um mero "expediente linguístico". É algo que as partes quiseram – o banco, porque é esse o objecto da sua actividade, o cliente, porque daquele espera a resposta às suas necessidades diárias e às suas constantes solicitações. Parece-nos claro, portanto, que a abertura de conta marca o início de uma relação que, por sua natureza, e porque é essa a vontade das partes, tende a continuar e a florescer. Parece-nos claro

---

[274] O que leva a que se possa defender que as várias teorias sobre a qualificação a dar a esta relação têm poucas consequências práticas – cf. ROLAND HOFFMAN, *Banker's Liability under German Law...*, p. 223.

também que a mesma assenta sobre uma especial base de confiança e é marcada por conotações próprias de boa fé.

Fruto da vontade das partes, temos para nós que a relação estabelecida entre um banco e o seu cliente tem um conteúdo verdadeiramente contratual. Tem, desde logo, um conteúdo contratual mínimo composto por uma panóplia de deveres especiais, decorrência da boa fé reguladora de todas as relações contratuais e especialmente qualificados pela natureza dos intervenientes institucionais e pelo carácter duradouro que desde logo as partes quiseram imprimir à relação. A vontade de ambas as partes, manifestada com a abertura de conta, de estabelecerem uma relação duradoura regida por deveres basilares e destinada a perdurar faz impender sobre o banco uma especial disponibilidade para responder às solicitações do seu cliente.

A partir dessa base geral conformadora da relação bancária, o conteúdo contratual desta tenderá a fortificar-se com a celebração de vários contratos singulares que, ainda que de não obrigatória celebração, representam a concretização da vontade inicialmente manifestada por ambas as partes de fortalecerem a sua relação. Cada contrato celebrado ao abrigo daquele base geral preenche o conteúdo contratual da relação bancária. Esse conteúdo contratual não está predeterminado nem é "standardizado", mas vai-se formando e enriquecendo à medida em que se vão celebrando os vários contratos singulares. A relação bancária é uma relação de contornos elásticos e dotada de uma especial força centrípeta, que tende a atrair para si novos actos e contratos que, à medida que vão sendo celebrados ao abrigo dessa sua vocação de continuidade, engrossam o seu conteúdo contratual e são impregnados da sua especial coloração.

O conteúdo contratual da relação bancária é desde início composto por todos os contratos que as partes, no contexto da abertura de conta, celebraram, quer expressamente – por negociação individual ou por adesão – quer implicitamente, por remissão para os usos bancários. A *praxis* bancária, referida a um determinado momento e a um espaço económico--social mais ou menos circunscrito, encarrega-se, "naturalmente", de moldar a relação inicial entre o banco e o seu cliente. Vimos que à abertura de conta se junta, inelutavelmente, a conta corrente. E o depósito bancário. Este talvez o conteúdo contratual inicial mais "usual". Não se trata, este "bloco", de um contrato bancário único composto por diversas cláusulas. Trata-se, sim, de uma coligação de contratos geneticamente imbricados, de um universo global composto de muitas constelações unidas entre si por uma força atractiva nascida daquele contrato bancário matricial. E que tenderá, como vimos, a chamar outras constelações contratuais que, não se dissolvendo na unidade, ganham contudo um sentido próprio conferido pelas linhas que unem o conjunto.

Não é possível, na falta de legislação e de cláusulas contratuais gerais uniformes, estabelecer em abstracto qual esse conteúdo contratual inicial. Tal está implícito na vontade das partes, e esta é moldada pelos usos bancários vigentes em determinado lugar e referidos a um certo momento, em constante mutação ao sabor da pressão concorrencial. Como referimos, parece-nos que a ele deverão ser reconduzidos, desde logo, e para além da matriciária abertura de conta, os contratos de conta corrente e de depósito bancário. Mas também a prestação de determinados serviços de pagamento. Estes devem contudo, em nosso entender, ser encarados como verdadeiros contratos, expressa ou implicitamente celebrados, e não como meras decorrências da conta corrente – tal é o caso da convenção de cheque e da convenção de transferência.

A relação bancária tem pois um conteúdo contratual nuclear – composto por um conjunto de deveres de disponibilidade e boa fé – e é dotada de uma força de atracção, para o seu seio, de contratos singulares que continuamente fazem alargar os seus elásticos contornos. A celebração destes não é obrigatória, podendo contudo a sua recusa fundamentar uma responsabilidade do banco quando para isso aponte a acção conjunta dos usos e da boa fé. No momento da celebração do contrato base, alguns contratos singulares são desde logo estabelecidos, "bebendo" daquele o seu âmago, e a estes outros se seguirão, com estes comungando daquela base comum.

Temos, assim, uma relação bancária composta, desde logo, por uma base formada por um conjunto de deveres basilares e genéricos, uma espécie de "património comum" que conformará o conteúdo de todos os posteriores (e/ou contemporâneos) contratos individuais. Diríamos que, às linhas que normalmente tecem um determinado contrato isoladamente considerado, se juntam as linhas e as matizes próprias da "relação geral", conferindo-lhe um sentido novo e um halo especial. Esses contratos individuais, iniciais ou posteriores, expressa ou implícitamente celebrados, preencherão, por sua vez, o conteúdo contratual da relação bancária, não uma relação igual para todos os clientes, mas para cada um gradualmente formada a personalizada. Neste sentido, parece-nos possível falarmos em um "contrato bancário geral", cujo conteúdo vai sendo definido ao sabor da vontade das partes. Será tal contrato bancário geral o conteúdo con-

As Relações Jurídico-Bancárias 121

tratual da relação especial que todos reconhecem existir entre um banco e cada um dos seus clientes, resultado da vontade de ambos, assente numa base de confiança e disponibilidade e concretizado através dos usos, das cláusulas contratuais gerais e do individual e expressamente contratado. É, juridicamente, o que na prática se designa por "relação bancária".[275]

---

[275] CLAUSSEN, *Bank- und Börsenrecht...*, p. 61.

2. A RELAÇÃO DE PROVISÃO

Pressuposto da execução de uma ordem de transferência é a existência de provisão. O mesmo é dizer, é a possibilidade de o cliente dispor dos fundos que pretende transferir. Essa provisão pode ter origens diversas e não implica necessariamente a existência de um saldo de depósito de montante igual ou superior à quantia a transferir. Basta que o banco disponibilize ao seu cliente os fundos para tal necessários. Essa disponibilização pode derivar de um contrato previamente celebrado – nomeadamente um depósito bancário ou uma abertura de crédito – ou resultar de um acto de mera tolerância do banco tendente a dar cobertura a uma ordem de transferência face a uma insuficiência de saldo.

A esta relação entre o banco e o seu cliente, prévia à relação de transferência e autónoma dela, que permite que o cliente disponha dos fundos que deseja transferir, chama-se *relação de provisão* ou *relação de cobertura*.

A existência de "provisão" num determinado momento, isto é, a existência de fundos disponíveis, não é porém condição de licitude ou validade da ordem – a sua falta não implica qualquer sanção penal para o ordenante, e a ordem dada sem provisão não é nula, apenas conferindo ao banco legitimidade para a recusar.[276]

Indispensável é que o banco, face a uma ordem de transferência em concreto, lhe dê a necessária cobertura. Ainda que não suficiente para que o cliente possa dispor dos fundos por meio de transferência (sendo para isso necessário um novo acordo), a relação de provisão é sem dúvida imprescindível. Como tal, e porque nela se encontra o gérmen da transferência bancária, dela nos ocuparemos brevemente, procurando traçar algumas linhas das suas manifestações mais usuais.

---

[276] Cf. MICHEL CABRILLAC, *Le chèque et le virement...*, p. 206; Cf., a propósito do cheque, HUECK / CANARIS, *Derecho de los Títulos-Valor...*, p. 248.

2.1. O contrato de depósito bancário

Ao contrato de abertura de conta e à conta corrente bancária surge quase sempre associado um contrato de depósito bancário. Embora autónomo e não necessário, ele emerge como um "elemento normal" daquele. A sua imbricação[277] é normalmente inata, sendo por vezes difícil determinar se é o contrato de abertura de conta que gera a celebração implícita de um contrato de depósito bancário ou se é da concretização deste, mediante um primeiro "depósito", que se tem por celebrado aquele.

A sua autonomia estrutural e funcional admite contudo a existência de contas sem qualquer depósito, funcionando com base em concessões de crédito ou de cobranças feitas a terceiros. E viabiliza depósitos que não são "levados a conta", emitindo em vez disso o banco um título negociável – é o caso dos certificados de depósito e dos "bons de caisse".[278] Tendo em atenção o objectivo que nos move – a sua articulação com a transferência bancária –, a coexistência entre a conta e o depósito é contudo o nosso único cenário.

O *contrato de depósito bancário* é o contrato pelo qual alguém entrega a um banco uma soma de dinheiro – *depósito de disponibilidades monetárias* – ou bens móveis – *depósito de valores em cofre-forte* ou *depósito de títulos,* conforme a natureza dos bens –, para que este os guarde e os restitua quando o depositante o solicitar e de acordo com as condições estabelecidas.

Apenas tem relevo para a matéria de que nos ocupamos o *depósito de disponibilidades monetárias*, aliás o mais comum e aquele a que correntemente se atribui a denominação de contrato de depósito bancário. Dentro deste, apenas nos importa o *depósito à ordem*, ou seja, aquele em que o depositante pode solicitar a entrega das disponibilidades monetárias depositadas em qualquer momento e independentemente de aviso prévio.[279]

---

[277] CARLOS VAZQUES IRUZUBIETA, *Operaciones Bancarias...*, p. 134: "...el contrato de cuenta corriente es autónomo por razón de su contenido, pero generalmente enlazado al de depósito irregular de dinero...".

[278] Cf. GAVALDA / STOUFFLET, *Droit bancaire...*, p. 112 e FRANÇOISE DEKEUWER--DÉFOSSEZ – *Droit Bancaire...*, p. 29.

[279] E que se distingue do *depósito a prazo*, no qual é estipulado um prazo de reembolso, antes do decurso do qual não pode o depositante levantar o dinheiro depositado sem o consentimento do banco depositário (salvo tratando-se de um *depósito a prazo não mobilizável antecipadamente*), e do *depósito com pré-aviso*, que não tem prazo estipulado mas em que as disponibilidades monetárias só podem ser levantadas mediante pré-

As Relações Jurídico-Bancárias   125

A situação mais vulgar é precisamente aquela na qual, em anexo à convenção de abertura de conta, surge um contrato de depósito (de disponibilidades monetárias) à ordem, mediante o qual o banco se obriga a receber e a levar à conta diversas quantias em dinheiro que fazem aumentar o saldo inicial, e a restituí-las quando o cliente o solicite, o que diminui aquele. As operações realizadas em execução do contrato de depósito bancário são registadas em conta e, como decorrência da conta corrente, o crédito daí resultante "funde-se", dando origem a um saldo diferente do anterior.

Dada a fungibilidade do dinheiro,[280] o banco não restitui exactamente o que lhe foi entregue, mas o equivalente em género e quantidade – o *tantundem*. Adquirindo a titularidade das quantias em dinheiro que lhe são entregues, a instituição bancária pode naturalmente usá-las. O cliente, com a inscrição a crédito na sua conta do montante depositado, torna-se simples credor das mesmas. Apesar disso, e tratando-se de um depósito à ordem, o saldo está permanentemente ao seu dispor.[281] Pode assim falar--se numa "dupla disponibilidade das quantias entregues ao banco"[282] – por um lado, este adquire a propriedade dos fundos depositados, podendo deles livremente dispor; por outro, o depositante conserva a disponibilidade desses fundos, o que significa que pode, a todo o momento no caso de depósitos à ordem, exigir a sua restituição ou dispor livremente deles a favor de terceiros. Dadas estas especificidades, a qualificação do depósito bancário não é consensual, tendo vindo a ser considerado pela doutrina como um depósito irregular,[283] um verdadeiro mútuo, ou mesmo como um contrato *sui generis*.[284]

-aviso. Sobre todas estas modalidades de depósito, cf. o art. 1.º do Decreto-Lei n.º 430/91, de 2 de Novembro.

[280] Como bem refere SIMÕES PATRÍCIO, *A Operação Bancária de Depósito...*, p. 18, o dinheiro é a mais fungível de todas as coisas.

[281] "A pedra de toque está na disponibilidade permanente do saldo." – MENEZES CORDEIRO, *Manual de Direito Bancário...*, p. 479.

[282] Cf. PAULA PONCES CAMANHO, *Do Contrato de Depósito Bancário...*, pp. 104--107. Cf. também GASTONE COTTINO, *Diritto Commerciale...*, p. 70: "il contratto è sì *di disponibilità* ma per *entrambe* le parti, il cliente e la banca".

[283] No Direito Romano o depósito de *res* fungíveis já era referido como *depositum irregulare* ou bancário, o qual era considerado pela doutrina clássica como mútuo e por Justiniano como um verdadeiro depósito – SANTOS JUSTO, *As Acções do Pretor (actiones praetoriae)*, Coimbra, 1994, pp. 27-28.

[284] Sobre a natureza jurídica do contrato de depósito bancário, cf., por todos, PAULA PONCES CAMANHO, *Do Contrato de Depósito Bancário...*, pp. 144 ss..

126 A Transferência Bancária

Não se deve confundir o contrato de depósito bancário com os "depósitos" subsequentes que se fazem ao abrigo daquele contrato para alimentar a conta. "Depósito" significa aí "entrega de fundos".[285] O sentido desta "entrega" deve, como vimos, ser habilmente entendido, uma vez que, quando resultado de uma transferência bancária, nada mais consubstancia do que uma alteração escritural que aumenta o saldo de uma conta. Aqueles fundos, por sua vez, são também eles ditos "depósitos", devendo ser interpretados, nesse sentido, como disponibilidades monetárias reembolsáveis. Enquanto "depósitos-fundos". Aqueles representam o acto, estes a matéria-prima.

O facto de serem celebrados simultaneamente faz com que por vezes se confundam os efeitos decorrentes da conta corrente daqueles que são próprios do depósito bancário.[286] Trata-se contudo de contratos autónomos, com uma natureza própria e efeitos distintos, ainda que naturalmente coligados. Por virtude do *contrato de abertura de conta,* o banco regista sob a forma de "deve" e "haver" os movimentos a crédito e a débito efectuados na conta por efeito de recebimentos e pagamentos por conta do cliente, obrigando-se desde logo a emitir extractos de conta e a prestar os serviços mínimos necessários à efectivação daqueles movimentos; por força do *contrato de conta corrente,* os créditos e débitos perdem individualidade, fundindo-se, no próprio momento do seu nascimento, num saldo, sendo que apenas esse saldo é exigível, penhorável e dotado de valor patrimonial; pelo *contrato de depósito bancário,* o banco obriga-se a receber disponibilidades monetárias das quais se torna proprietário, e a restituir, a solicitação do cliente, outras do mesmo género e quantidade.[287]

O que parece certo é que não pode existir conta corrente sem a abertura de uma conta, e que o depósito bancário de disponibilidades

---

[285] Termo utilizado por PINTO COELHO, *Operações de banco...,* pp. 6 e 36. Os termos francês *versement* e italiano *versamenti* ajudam a estabelecer a destrinça entre o contrato de depósito e os "depósitos" sucessivos. A este propósito, cf. PAULA PONCES CAMANHO, *Do Contrato de Depósito Bancário...,* pp. 96-97, n. 238.

[286] CONCEIÇÃO NUNES, *Recepção de depósitos...,* p. 64, n. 58: "Apesar da sua autonomia face ao simples depósito bancário de dinheiro, o certo é que este tipo contratual, largamente difundido entre nós, continua a ser designado como se de um mero depósito à ordem se tratasse. É verdade que através dele se recolhem depósitos-fundos, provenientes, nomeadamente, de recebimentos efectuados por conta do cliente, mas a sua natureza jurídica não é a do puro depósito bancário de dinheiro...".

[287] CONCEIÇÃO NUNES, *Recepção de depósitos...,* p. 64, n. 56.

As Relações Jurídico-Bancárias 127

monetárias anda quase sempre associado a uma conta bancária e a uma conta corrente.[288] Trata-se de elementos funcionalmente diversos mas negocialmente coligados.[289]

2.2. O contrato de abertura de crédito

O contrato de abertura de crédito é aquele pelo qual o banco se obriga a ter uma determinada soma de dinheiro à disposição do cliente. Mantendo-se no património do banco os fundos disponibilizados, apenas haverá lugar ao pagamento de juros à medida da sua utilização, se ela ocorrer,[290] o que constitui uma vantagem em relação ao contrato de mútuo.[291]

A abertura de crédito pode ser *simples,* se o banco concede um crédito de montante determinado destinado a ser utilizado uma única vez, ainda que, uma vez colocado à disposição do cliente, o seja através de levantamentos parciais (trata-se aqui muitas vezes da concessão dos chamados "empréstimos pessoais", com destino livre[292]), ou *em conta corrente,*[293]

---

[288] EMBID IRUJO, *Cuenta corriente bancaria...,* p. 197, reconhece a conta corrente como uma figura contratual autónoma, mas não deixa de fazer notar que na realidade bancária a conta corrente aparece conectada, em numerosas ocasiões, com outros contratos bancários, determinando tal vínculo problemas jurídicos de não fácil solução.

[289] Nem sempre, porém, os autores estabelecem uma destrinça clara entre estes vários contratos, o seu conteúdo e os seus efeitos, não raramente se detectando a afirmação de que o depósito bancário comporta um serviço de caixa – RODRIGO URÍA, *Derecho Mercantil,* 24.ª ed., Marcial Pons, Madrid, 1997, p. 876 – ou de que a conta corrente é um tipo de depósito – GIORGIO MINGUZZI, *I contratti commerciali – Corso di diritto commerciali,* Maggioli Editore, Rimini, 1990, p. 150.

[290] FERNANDO ZUNZUNEGUI, *Derecho del Mercado Financiero...,* pp. 409-410: "El efecto primordial e ineludible del contrato es la puesta a disposición del cliente de los recursos económicos que éste necesite, dentro del límite pactado. El efecto secundario, y eventual, consiste en la utilización del crédito por el cliente.".

[291] Cf. AMESTI MENDIZÁBAL, *El concepto de contrato de abertura de crédito y su diferenciación respecto al contrato de préstamo,* in *Comentarios a Jurisprudencia de Derecho Bancario y Cambiari,* (coord. Fernando Sánchez Calero / Juan Sánchez-Calero Guilarte), Vol. II, Centro de Documentación Bancaria y Bursátil, Madrid, 1993, p. 12.

[292] Cf. MOTTURA / PAVARANI / PONTIGGIA / PREDA / RUOZI / RUTIGLIANO, *Le Operazioni Bancarie...,* p. 83.

[293] Cf., em especial, MARIA SÁNCHEZ MIGUEL, *Apertura de crédito en cuenta corriente bancaria,* in *Comentarios a Jurisprudencia de Derecho Bancario y Cambiari,* (coord. Fernando Sánchez Calero / Juan Sánchez-Calero Guilarte), Vol. I, Centro de Documentación Bancaria y Bursátil, Madrid, 1993, pp. 529-541.

128   *A Transferência Bancária*

podendo neste caso o cliente dispor permanentemente de um determinado montante até um certo limite, procedendo a reposições em conta que aumentam novamente a sua disponibilidade e lhe permitem novas utilizações.[294] No fundo, o que isso significa é que o cliente pode agir a descoberto até certo limite.[295]

O chamado *descoberto* resulta do facto de o banco permitir ao cliente a utilização de montantes que excedem o saldo da conta. Pode ter várias origens.[296] Pode, desde logo, resultar de um mero acto de tolerância do banco que num dado momento admite a existência de um saldo negativo para o cliente.[297] Também é, neste caso, denominado descoberto *por elasticidade de caixa*[298] ou *por facilidade de caixa*, uma vez que "na sua forma mais típica, o descoberto é tolerado pelo banqueiro, por curto período, como modo de facilitar, momentaneamente, a tesouraria de certos clientes".[299] Distingue-se da abertura de crédito por não ter uma forma contratual definida e referir-se a montantes pequenos e a períodos de tempo curtos, destinando-se a suprir momentâneas insuficiências de caixa e não crises de liquidez. Sem acordo prévio, o banco antecipa fundos ao cliente para cobrir necessidades de momento.[300] Trata-se neste caso da concessão de crédito inferida de um comportamento concludente. O descoberto também pode resultar contudo de

---

[294] Sobre estas duas modalidades, cf. MENEZES CORDEIRO, *Manual de Direito Bancário...*, pp. 337 ss.; GALGANO, *Diritto Civile e Commerciale*, II Vol. – *Le Obbligazioni e I Contratti*, T. II – *I singoli contratti. Gli atti unilaterali e I titoli di credito. I fatti illeciti e gli altri fatti fonte di obligazione. La tutela del credito*, CEDAM, Padova, 1990, p. 134; AULETTA / SALANITRO, *Diritto Commerciale*, 9.ª ed., Giuffrè, Milano, 1994, p. 479; GASTONE COTTINO, *Diritto Commerciale...*, p. 88; GIUSEPPE FERRI, *Manuale di Diritto Commerciale...*, p. 872; CECCHERINI / GENGHINI, *I Contratti Bancari nel Codice Civile...*, pp. 312-313; JUGLART / IPPOLITO, *Traité de Droit Commercial...*, pp. 269 ss.; URÍA, *Derecho Mercantil...*, p. 861, AMESTI MENDIZÁBAL, *El concepto de contrato de abertura de crédito...*, pp. 34-35.

[295] Cf. MARIO PORZIO, *L'apertura di credito...*, p. 508, que lhe chama "*fido in conto corrente*".

[296] Cf. CONCEIÇÃO NUNES, *Recepção de depósitos...*, p. 64, n. 57.

[297] CANO RICO, *Manual Practico de Contratacion Mercantil*, T. II – *Contratos Bancarios y sobre Titulos-Valores*, 2.ª ed., Tecnos, 1987, p. 43.

[298] MOTTURA / PAVARANI / PONTIGGIA / PREDA / RUOZI / RUTIGLIANO, *Le Operazioni Bancarie...*, p. 85; SPINELLI / GENTILE, *Diritto Bancario...*, p. 236.

[299] MENEZES CORDEIRO, *Manual de Direito Bancário...*, p. 541.

[300] SPINELLI / GENTILE, *Diritto Bancario...*, p. 236.

As Relações Jurídico-Bancárias   129

verdadeiros contratos de crédito, caso em que se assume como um *descoberto contratado.*

Em qualquer destes casos, o facto de o montante depositado não ser suficiente para cobrir uma ordem de transferência não obsta à sua execução se o banco disponibilizar ao seu cliente os fundos para tal necessários – ou porque a isso previamente se obrigou ou porque tal assim, no momento, decidiu.[301]

2.3. União de contratos

Em forte enlaçamento com o contrato de abertura de conta surgem então, desde o próprio momento da sua celebração, outros contratos que, autonomizados do seu núcleo essencial, se apresentam contudo como necessários ou conaturais àquele. Vimos ser possível autonomizar conceptualmente o contrato de abertura de conta do contrato de conta corrente. Mas também que, na prática, a sua união é inevitável, de tal forma que se torna possível equiparar, quase sem dano, conta e conta corrente.

Essa conta corrente surge contudo – e aqui as distinções são imperativas para evitar a sua descaracterização – como um verdadeiro contrato,[302] sendo de afastar com vigor todas aquelas concepções que vêm

---

[301] CANARIS, *Bankvertragsrecht...*, pp. 206-207.

[302] Nesse sentido, BAPTISTA BRANCO, *Conta Corrente Bancária...*, p. 36; RIVES--LANGE / CONTAMINE-RAYNAUD, *Droit Bancaire...*, p. 221; FERRONIÉRE / CHILLAZ, *Les opérations de banque...*, p. 41; JUGLART / IPPOLITO, *Traité de Droit Commercial...*, pp. 182-183 ("Le compte courant est donc à la fois une technique comptable et un contrat. (...) Le compte courant est loin de n'être qu'une techique comptable. *Il constitue un contrat* né de l'usage et consacré par la jurisprudence."); JACQUES HEENEN, *Les comptes de depôt à vue et les comptes courants. Une comparaison juridique,* in *Le Droit Économique et Financier en 1985 – Hommage a Robert Henrion,* Bruylant, Bruxelles, 1985, pp. 407--416; VAN RYN / HEENEN, *Principles de Droit Commercial...*, p. 352 ("Le caractère contractuel du compte courant permet de le distinguer du simple tableau de comptabilité..."); BRUNO VISENTINI, *Note sul conto corrente bancario,* BBTC, Ano XIII (1950), Parte I, p. 386; GARCÍA-PITA Y LASTRES, *Contrato de descuento y cuenta corriente bancaria...*, p. 331; JUAN SÁNCHEZ-CALERO GUILARTE, *Consideraciones en torno a algunos aspectos de la cuenta corriente bancaria,* in *Comentarios a Jurisprudencia de Derecho Bancario y Cambiari,* (coord. Fernando Sánchez Calero / Juan Sánchez-Calero Guilarte), Vol. II, Centro de Documentación Bancaria y Bursátil, Madrid, 1993, p. 84; BROSETA PONT, *Manual de Derecho Mercantil...*, p. 462; CANO RICO, *Manual Practico de Contratacion Mercantil...*,

130 A Transferência Bancária

nela o mero suporte contabilístico de outros contratos, nomeadamente do depósito bancário e da abertura de crédito.[303]

Em Itália, onde, ao contrário de muitos outros, o contrato de conta de corrente não se encontra regulado no *Codice Civile*, referindo-se este apenas (art. 1857) a "operações reguladas em conta corrente", parte da doutrina vê naquele um contrato atípico de conteúdo misto, com elementos próprios dos contratos de mandato, de delegação, de depósito e de outros contratos típicos identificáveis por referência às diversas operações praticadas pela banca. Haveria assim uma simples coligação funcional de diversas prestações conexas numa única espécie negocial mista, e não a coexistência autónoma de vários negócios.[304] A outra parte da doutrina considera tratar-se de uma coligação de vários negócios em função de um resultado prático querido pelas partes.[305]

Parece-nos que não se deve ver, na vulgarizada expressão "operações em conta corrente" ("depósito em conta corrente", "abertura em conta corrente"), mais do que o reflexo da união negocial que normalmente ocorre entre o contrato de conta corrente e outros contratos. O que acontece é que as operações decorrentes do desenvolvimento destes são, por virtude da celebração prévia de um contrato de conta corrente, inscritas "em conta corrente", o que tem como efeito a modificação, por fusão, do saldo disponível.[306]

---

p. 42; BOIX SERRANO, *Curso de Derecho Bancario...*, p. 113 e ZUNZUNEGUI, *Derecho del Mercado Financiero...*, p. 358.

[303] Cf. MOTOS GUIRAO, *Sobre si el Ingresso en la Cuenta Corriente Bancaria...*, pp. 254--255. Parece ser essa também a opinião de PINTO COELHO, *Operações de banco...*, pp. 6 e 36.

[304] É essa a opinião, entre outros, de MOLLE, *Considerazioni sul conto corrente bancario*, BBTC, Ano XIII (1950), Parte I, pp. 97-117 e *Conto corrente bancario...*, p. 419, e de SALVATORE MACCARONE, *Osservazione in Tema di Conto Corrente Bancario...*, pp. 609-610.

[305] É o caso de GIUSEPPE FERRI, *Manuale di Diritto Commerciale...*, p. 900 e de GINO MAGRI, *Natura giuridica del conto corrente bancario*, RDCIM, Vol. III (1905), Parte I, pp. 89-94, entre outros.

[306] SPINELLI / GENTILE, *Diritto Bancario...*, p. 288, distinguem entre a técnica bancária de conta corrente enquanto sistema contabilístico, o contrato (não bancário) de conta corrente, as operações bancárias em conta corrente e o contrato de conta corrente bancário. Cf. também GALGANO, *Diritto Civile e Commerciale...*, pp. 132-133; GASTONE COTTINO, *Diritto Commerciale...*, pp. 75-76; GIUSEPPE FERRI, *Manuale di Diritto Commerciale...*, p. 899; CAMPOBASSO, *Diritto Commerciale, 3 – Contratti, Titoli di Credito, Procedura Concursuali*, UTET, Torino, 1992,, p. 120, CECCHERINI / GENGHINI, *I Contratti Bancari nel Codice Civile...*, pp. 504-505.

As Relações Jurídico-Bancárias

Em vez de um contrato misto, emerge uma *união* ou *coligação de contratos* – não um único negócio cujos elementos essenciais, agremiados em torno de uma função social única, dizem respeito e recolhem a regulamentação de tipos contratuais diferentes, mas uma pluralidade de contratos que, sem perderem a sua individualidade, cumulando-se sem se fundirem, se encontram conexos entre si por um ou mais vínculos juridicamente relevantes.[307]

Tomando de empréstimo a classificação utilizada por MENEZES CORDEIRO,[308] será esta uma união *não-processual* (uma vez que os contratos unidos ou coligados não visam a obtenção do mesmo fim), *heterogénea* (pois os contratos correspondem a tipos diferentes) e *horizontal ou em cascata* (dada a celebração simultânea dos vários contratos, ou sem que entre eles se estabeleçam espaços de tempo relevantes).

O regime próprio das uniões de contratos, relevante a vários níveis no momento da aplicação e da interpretação, sofre uma qualificação decorrente do facto de as suas várias constelações se encontrarem unidas por algo que de certa forma ultrapassa o próprio significado de coligação. Esse algo é a relação bancária geral construída sobre a trave-mestra da abertura de conta. As matizes dessa relação conferem àquela união contratual uma força própria e uma riqueza muito peculiar.

---

[307] Sobre a união ou coligação de contratos em geral e a sua distinção dos contratos mistos, cf. VAZ SERRA, *União de contratos. Contratos mistos*, BMJ, n.º 91, Dezembro, 1959, pp. 11-144; FERNANDO GALVÃO TELES, *União de Contratos e Contratos Para-sociais*, ROA, Ano 11 (1951), n.ºs 1 e 2, pp. 37-103; INOCÊNCIO GALVÃO TELLES, *Manual dos Contratos em Geral*, 3.ª ed. (reimp.), Lex, Lisboa, 1995, pp. 386 ss.; MENEZES CORDEIRO, *Direito das Obrigações*, 1.º Vol., AAFDL, Lisboa, 1994 (reimp.), pp. 429 ss.; ANTUNES VARELA, *Das Obrigações em Geral*, Vol. I, 7.ª ed., Almedina, Coimbra, 1991, pp. 283 ss., ALMEIDA COSTA, *Direito das Obrigações...*, pp. 318 ss.e MENEZES LEITÃO, *Direito das Obrigações...*, pp. 188-189. Na doutrina estrangeira, cf. ANA LÓPEZ FRIAS, *Los Contratos Conexos*, Bosch, Barcelona, 1994; JUAN BAUTISTA JORDANO, *Contratos mixtos y unión de contratos*, ADC, Janeiro-Março, 1951, pp. 321-339; MESSINEO, *Contratto collegato*, ED, X, pp. 48-54; RENATO SCOGNAMIGLIO, *Collegamento negoziale*, ED, VII, pp. 375-381; GIUSEPPE GANDOLFI, *Sui negozi collegati*, RDComm, Ano LX (1962), Parte I, pp. 342-352, NICOLA GASPERONI, *Collegamento e Connessione tra Negozio*, RDComm, Ano LIII (1955), Parte I, pp. 357-387; FRANCO DI SABATO, *Unità e Pluralità di Negozi (Contributi alla Dottrina del Collegamento Negoziale)*, RDCiv, Ano V (1959), Parte I, pp. 412-438 e CARLO DI NANNI, *Collegamento negoziale e funzione complessa*, RDComm, Ano LXXV (1977), Parte I, pp. 279-343.

[308] MENEZES CORDEIRO, *Manual de Direito Bancário...*, pp. 412 ss..

3. A RELAÇÃO DE TRANSFERÊNCIA

Analisados os pressupostos da realização de uma transferência bancária de crédito – a conta e a provisão –, estamos chegados ao ponto principal do nosso itinerário no que diz respeito à relação entre o ordenante e o seu banco: a relação de transferência, aquela que permite accionar os mecanismos necessários para que a sua execução seja possível, o motor que realiza o ímpeto final. Para além da existência da conta que servirá de ponto de partida dos fundos a transferir, e para além da possibilidade conferida ao ordenante de dispor desses fundos, será necessário que ele obtenha a colaboração do banco para que os fundos sejam colocados à disposição do beneficiário. É necessário, em suma, que entre eles se estabeleça uma relação especialmente dirigida à obtenção de tal resultado.

3.1. Origem e conteúdo

As origens de tal relação de colaboração e os contornos – mais ou menos definidos – que a mesma apresenta não são encontrados e definidos pela doutrina de forma unânime, sendo possível descortinar a existência de duas tendências diferentes: por um lado, aquela para a qual a transferência bancária é um dos serviços bancários a que o banco se obriga desde a celebração do contrato de conta corrente, ao abrigo do mencionado "serviço de caixa"; por outro, a que confere autonomia a um verdadeiro contrato especificamente dirigido à execução de transferências bancárias, em regra implicitamente celebrado aquando da abertura de conta.

3.1.1. *O serviço de caixa*

Para um sector da doutrina – sobretudo dos países latinos – a figura do "serviço de caixa" assume um papel central quando se trata de

134 *A Transferência Bancária*

explicar a origem da obrigação do banco de executar as ordens de transferência que lhe são dirigidas pelos seus clientes. O banco obriga-se, ao abrigo desse serviço de caixa, a efectuar e a receber pagamentos por conta do cliente, pagamentos que retratará na conta mediante as correspondentes inscrições a débito e a crédito.[309] À relação entre o banco e o cliente é aplicado o regime do mandato sem representação,[310] dado estar em causa a prática pelo banco de actos jurídicos por conta do cliente mas em nome próprio.

Os *autores espanhóis* incluem no serviço de caixa, inerente ao contrato de conta corrente e ao qual o banco se obriga desde a sua celebração, a prestação de diversos serviços de pagamento.[311] A amplitude que atribuem a esse serviço de caixa, verdadeira "causa" do contrato de conta corrente,[312] retira autonomia contratual a todos os serviços que o banco presta ao seu cliente, meras manifestações daquele serviço geral. É isso que sucede com a transferência bancária,[313] vinculada ao serviço de caixa que inere ao contrato de conta corrente, por muitos qualificada como uma "operação em conta corrente" e não assumindo verdadeira autonomia contratual.[314] Existindo fundos, o banco encontra-se vinculado à execução das

---

[309] Cf. BROSETA PONT, *Manual de Derecho Mercantil...*, p. 462.

[310] CAMPOBASSO, *Il Bancogiro...*, p. 667; MICHEL CABRILLAC, *Le chèque et le virement...*, p. 219; FOLCO, *Les paiments...*, p. 54; VÁZQUEZ PENA, *La Transferencia Bancaria de Crédito...*, p. 256; SEQUEIRA MARTÍN, *La Transferencia Bancaria...*, p. 2552.

[311] Cf., por ex., ZUNZUNEGUI, *Derecho del Mercado Financiero...*, p. 368 e SÁNCHEZ-CALERO GUILARTE, *Consideraciones en torno a algunos aspectos de la cuenta corriente...*, p. 74.

[312] Cf. EMBID IRUJO, *Cuenta corriente bancaria...*, p. 197, que refere precisamente que a conta corrente encontra a sua singularidade – a sua causa – no chamado "serviço de caixa", elemento característico da actividade do banco.

[313] Ilustrativa desse entendimento é a noção de transferência bancária apresentada por BROSETA *apud* CANO RICO, *Manual Practico de Contratacion Mercantil...*, p. 44: "aquela operação que faz parte do serviço de caixa que o banco oferece à sua clientela...". No mesmo sentido, na doutrina portuguesa, BAPTISTA BRANCO, *Conta Corrente Bancária...*, pp. 49 e 61.

[314] BOIX SERRANO, *Curso de Derecho Bancario...*, p. 189, faz questão de frisar que a transferência não é realmente um contrato, mas uma operação bancária e contabilística realizada com base nas obrigações que o banco assume aquando da celebração de um contrato de conta corrente. Também FERNÁNDEZ-ARMESTO / BERTRÁN, *El Derecho del Mercado Financiero...*, p. 259, referem que a transferência não é um contrato autónomo,

As Relações Jurídico-Bancárias

ordens de transferência que lhe são dirigidas,[315] não porque tenha celebrado um contrato a isso especificamente dirigido, mas porque a tal se obrigou com a celebração do contrato de conta corrente.

Também em *Itália* os vários serviços de pagamento, incluindo a transferência bancária, são incluídos no serviço de caixa inerente à conta corrente bancária, não lhes sendo concedida, àqueles em geral e a esta em especial, autonomia contratual.[316] A prestação deste serviço assume uma tal relevância no âmbito das relações banco/cliente que grande parte dos autores faz coincidir o serviço de caixa com a totalidade ou a quase totalidade do conteúdo do contrato de conta corrente.[317] Com a celebração deste, o banco assume um mandato geral cujo objecto é individualizado na execução de pagamentos e na sua recepção por conta do cliente, sendo a ordem de transferência um mero acto de especificação de tal mandato.[318] Raramente qualquer serviço de pagamento é regulado por um

---

mas uma simples instrução que emana do mandato geral implícito em toda a conta corrente.

[315] FERNÁNDEZ-ARMESTO / CARLOS BERTRÁN, *El Derecho del Mercado Financiero...*, p. 255.

[316] Cf., nomeadamente, GIACOMO MOLLE, *I Contratti Bancari...*, pp. 496-497; GALGANO, *Diritto Civile e Commerciale*, Vol. II..., p. 141; MOTTURA / PAVARANI / PONTIGGIA / PREDA / RUOZI / RUTIGLIANO, *Le Operazioni Bancarie...*, pp. 51 ss. e FERRI, *Bancogiro...*, p. 32.

[317] MOTTURA / PAVARANI / PONTIGGIA / PREDA / RUOZI / RUTIGLIANO, *Le Operazioni Bancarie...*, p. 51, definem a conta corrente bancária ("*conto corrente di corrispondenza*") como um contrato mediante o qual o banco se obriga a levar a cabo todos os encargos e operações que, dentro dos limites contratuais e dos usos, lhe forem confiados pelo cliente. GIACOMO MOLLE, *I Contratti Bancari...*, p. 473, afirma que o conteúdo da conta corrente bancária é o serviço de caixa. GALGANO, *Diritto Civile e Commerciale*, Vol. II..., p. 141, define também o contrato de conta corrente como aquele que tem por objecto a execução pelo banco dos serviços solicitados pelos clientes, compreendidos no serviço de caixa. Cf. também, no mesmo sentido, CECCHERINI / GENGHINI, *I Contratti Bancari nel Codice Civile...*, p. 506 e GINO MAGRI, *Natura giuridica del conto corrente bancario...*, p. 89. O mesmo entendimento manifestam outros autores não italianos, como é o caso de FERNÁNDEZ-ARMESTO / BERTRÁN, *El Derecho del Mercado Financiero...*, p. 250, que afirma que a essência do contrato de conta corrente se centra na prestação pelo banco ao cliente de um serviço de caixa, e de BAPTISTA BRANCO, *Conta Corrente Bancária...*, p. 53, que define conta corrente bancária como "o contrato em virtude do qual o banco se obriga perante o seu cliente a, nos limites da sua organização, proceder a operações de pagamento e recebimento por conta deste".

[318] CAMPOBASSO, *Il Bancogiro...*, p. 652.

contrato autónomo.[319] Dentro do limite dos fundos disponíveis, o banco é considerado obrigado a executar as ordens de transferência que lhe são dirigidas pelo titular da conta.[320]

Em *França* não é igualmente possível encontrar a autonomização de um contrato de transferência. A tendência da doutrina é a de colocar o acento tónico da sua análise na distinção entre a operação puramente técnica ou económica de transferência, por um lado, e a ordem de transferência, por outro, sem a mediação de uma relação contratual especificamente dirigida a executar transferências bancárias. Cada ordem é analisada como um mandato especificador da obrigação geral de prestar serviços que o banco assumiu, aquando da abertura de conta (para muitos, como vimos, um verdadeiro "contrato-quadro de prestação de serviços).[321] O banco, salvo em casos especiais (falta de provisão, incapacidade do ordenante, penhora da conta do beneficiário, insuficiência das instruções) está obrigado a executar as ordens que o cliente lhe dirige, incorrendo em responsabilidade se a isso se recusar.[322]

A ideia generalizada é pois a de que o banco se encontra obrigado desde a abertura de conta a prestar serviços de pagamento ao seu cliente, entre os quais as transferências bancárias, raramente sendo esses serviços e estas transferências regulamentados por um contrato *ad hoc*.[323] A extensão de tal serviço de caixa, ao abrigo do qual o banco se encontra obrigado a realizar e a receber pagamentos por conta do cliente, não está determi-

---

[319] FOLCO, *Il Sistema del Diritto della Banca...*, p. 499.

[320] Cf. MOTTURA / PAVARANI / PONTIGGIA / PREDA / RUOZI / RUTIGLIANO, *Le Operazioni Bancarie...*, p. 56; FERRI, *Bancogiro...*, p. 32; SANTINI, *Giroconto...*, pp. 862; GIACOMO MOLLE, *I Contratti Bancari...*, p. 497; BRUNO VISENTINI, *Note sul conto corrente bancario...*, p. 389 e VITTORIO VITALE, *Giro in conto bancario*, FI, Vol. LXII (1937), Parte I, pp. 679-685.

[321] GAVALDA / STOUFFLET, *Droit bancaire...*, pp. 101 e 111, entendem que a abertura de uma conta coincide com a conclusão de uma convenção-quadro na qual se inserirão um conjunto variado de operações efectuadas para o cliente, ainda que algumas delas dêem lugar a contratos particulares; de entre as "operações susceptíveis de ser inscritas em conta" encontra-se a transferência bancária. FRANÇOIS GRUA, *Sur les ordres de paiment en général...*, p. 172, refere que o serviço de caixa oferecido pelos bancos aos seus clientes comporta a execução das ordens de pagamento que estes emitem em benefício de terceiros, entre as quais ordens de transferência.

[322] MICHEL CABRILLAC, *Le chèque et le virement...*, p. 217.

[323] FOLCO, *Les paiments par l'intermédiaire des banques...*, p. 53.

As Relações Jurídico-Bancárias

137

nada na doutrina, o que constitui a introdução de um elemento de incerteza que, ínsito embora à própria natureza das relações bancárias, não deixa de tornar difusas as fronteiras entre a vinculação e a liberdade do banco e pouco definidos os direitos dos clientes. Tem-se entendido que o banco só está obrigado a prestar aqueles serviços que se podem considerar "normais" ao funcionamento da actividade bancária,[324] os mais "simples" e mais "usuais",[325] determinados pelos "usos bancários"[326] e que sejam compatíveis com a sua "organização,[327] dentro de "limites genéricos e elásticos".[328] Fórmulas vagas e imprecisas que dificultam a dogmatização de certos institutos – como a transferência – porque, se por um lado não os distingue dos demais, por outro não lhes define fronteiras internas. A colocação de limites, embora não definidos, à extensão desse serviço de caixa obrigatório pode, contudo, permitir abrir as portas à autonomização de verdadeiros contratos dirigidos à execução de transferências bancárias, em certos casos que, no entanto, não são especificados pela doutrina.

3.1.2. O contrato de "giro"

A *doutrina alemã* consagra o *"Girovertrag"*, contrato autónomo em virtude do qual o banco se obriga, em regra implicitamente e desde a abertura da conta,[329] a executar, contra remuneração, as ordens de pagamento que lhe são dirigidas pelos seus clientes, de acordo com as suas instruções. Esse contrato estabelece uma "obrigação de contratação permanente" (*"Dauerschuldverhältnis"*),[330] implicando como tal uma relação de colaboração duradoura[331] entre o banco e o cliente, concretizada nas várias

---

[324] SEQUEIRA MARTÍN, *La Transferencia Bancaria...*, p. 2544 e VÁZQUEZ PENA, *La Transferencia Bancaria de Crédito...*, p. 105.

[325] FRANÇOIS GRUA, *Contrats Bancaires...*, p. 59.

[326] MOTTURA / PAVARANI / PONTIGGIA / PREDA / RUOZI / RUTIGLIANO, *Le Operazioni Bancarie...*, p. 51.

[327] MOLLE, *Conto corrente bancario...*, p. 415.

[328] CAMPOBASSO, *Il Bancogiro...*, p. 668.

[329] KÜMPEL, *Bank- und Kapitalmarktrecht...*, p. 207; SCHWINTOWSKI / SCHÄFER, *Bankrecht...*, p. 224.

[330] CANARIS, *Bankvertragsrecht...*, p. 206.

[331] ALAIN SAYAG (dir.), *Le Contrat-Cadre, 1 – Exploration comparative*, Litec, Paris, 1994, p. 178.

138 A Transferência Bancária

ordens de transferência que este emite e que o banco deve cumprir. É por isso por alguns qualificado como um contrato-quadro ("*Rahmenvertrag*").[332]

Aplicam-se-lhe as regras do mandato remunerado, e cada ordem de transferência é configurada como uma "instrução" no sentido do direito do mandato,[333] constituindo um acto jurídico unilateral que preenche o conteúdo daquele contrato-quadro.[334]

A existência de uma obrigação de contratação permanente não faz contudo parte da essência ou do conteúdo deste tipo contratual, podendo existir contratos de transferência independentes da ligação à abertura de uma conta.[335]

A doutrina acerca da transferência parece ser semelhante na *Suíça*.[336] Considera-se que quando um cliente abre uma conta num banco e aí deposita dinheiro, normalmente pretende também que aquele lhe preste serviços de pagamento, para o que necessita de uma conta corrente. Ao abrir a conta corrente, ele conclui tacitamente com o banco um contrato pelo qual este se obriga a efectuar pagamentos por inscrição em conta. Este contrato, autónomo em relação ao contrato de conta corrente e quase sempre tacitamente celebrado, é o contrato de "giro" ("*contrat de giro bancaire*"). Trata-se de um contrato de longa duração, pelo qual o banco se obriga a aceitar e executar as instruções do cliente, dentro dos limites da lei, dos usos bancários, das cláusulas contratuais gerais e de acordos especiais celebrados entre ambos. Cada ordem é uma instrução visando dar execução ao contrato de "giro". Ou, dito de outra forma, visando preencher o quadro que aquele constitui.

Também na *Holanda* se parece autonomizar um contrato dirigido à execução de transferências bancárias, ainda que não lhe seja atribuída nenhuma denominação.[337] No entanto, também se considera que quando

---

[332] KÜMPEL, *Bank- und Kapitalmarktrecht...*, p. 207; SCHWINTOWSKI / SCHÄFER, *Bankrecht...*, p. 246.

[333] Cf. CANARIS, *Bankvertragsrecht...*, pp. 205-206.; KÜMPEL, *Bank- und Kapitalmarktrecht...*, pp. 206-207; CLAUSSEN, *Bank- und Börsenrecht...*, p. 125 e SCHWINTOWSKI / SCHÄFER, *Bankrecht...*, pp. 224-225 e 247.

[334] Cf. KÜMPEL, *Bank- und Kapitalmarktrecht...*, p. 207.

[335] CANARIS, *Bankvertragsrecht...*, p. 206.

[336] Cf. DANIEL GUGGENHEIM, *Les Contrats de la Pratique Bancaire Suisse...*, pp. 256 ss. e MARTIN HESS, *Switzerland...*, p. 312.

[337] Cf. BERKVENS / VAN ESCH, *Netherlands...*, pp. 247-248.

As Relações Jurídico-Bancárias

um banco abre uma conta a um cliente se compromete implicitamente a executar as ordens de pagamento emitidas por este.

3.1.3. *Posição adoptada*

Analisámos a relação que se desenvolve entre banco e cliente desde a abertura de conta e concluímos que a mesma, não constituindo em si um contrato único composto de várias cláusulas, é dotada de um conteúdo contratual elástico e em permanente crescimento que alberga um núcleo mínimo inicial, em regra implicitamente celebrado, e ao qual se juntam tendencialmente novos contratos, de celebração não obrigatória mas nascidos à sombra de uma especial disponibilidade para negociar. Considerámos tais contratos, iniciais e posteriores, verdadeiramente autónomos ainda que unidos por uma força e uma coloração nascidas daquela especial relação.

Salientámos que não se torna possível traçar com rigor as fronteiras entre o que é implícita e originariamente celebrado e o que posteriormente se lhe haveria de juntar. Nesse núcleo essencial incluímos sem margem para dúvida, e para além da própria abertura de conta, os contratos de conta corrente e de depósito bancário, cada um dotado de uma função e produtor de efeitos próprios[338].

---

[338] Já depois da eleboração deste trabalho foi publicado o Decreto-Lei n.º 27--C/2000, de 10 de Março, que institui o sistema de acesso, pelas pessoas singulares, aos "serviços mínimos bancários", pelos quais se entende, nos termos da al. a) do n.º 2 do art. 1.º, "os serviços relativos à constituição, manutenção e gestão de conta de depósito à ordem e ainda cartão de débito que permita a movimentação da referida conta mediante transferência ou recuperação electrónica dos fundos nela depositados, instrumentos, manuais ou mecanográficos, de depósito, levantamento e transferência interbancária desses fundos e emissão de extractos semestrais discriminativos dos movimentos da conta nesse período ou disponibilização de caderneta para o mesmo efeito". O objectivo deste diploma é o de permitir o acesso dos particulares aos referidos serviços mínimos bancários, mediante a celebração de um protocolo com a instituição aderente, o qual tem como matriz a "base de protocolo" anexo. O facto de esses "serviços mínimos bancários" surgirem como um "pacote" a que os particulares terão direito mediante a celebração do referido protocolo não retira autonomia dogmática aos vários segmentos contratuais que o integram, e que têm como matriz a abertura de uma conta de depósito à ordem. A celebração deste protocolo permite afastar as dúvidas sobre o conteúdo da relação contratual entre o cliente e o banco no caso concreto, nomeadamente sobre a obrigação deste executar transferências bancárias. Estas estão incluídas nos tais "serviços bancários mínimos".

Quando as partes celebram um contrato de abertura de conta e a ele anexam a conta corrente e o depósito têm em vista, parece evidente, movimentar o dinheiro depositado nessa conta e pretendem fazê-lo de formas diversas e mais cómodas do que a simples movimentação física de numerário. Entre essas formas encontra-se naturalmente, a par da utilização de cheques, a transmissão de somas em dinheiro por meio de transferência bancária.

A transferência bancária é um meio de pagamento que, em torno de uma função comum – a de efectuar a transmissão de disponibilidades monetárias entre duas contas bancárias – é passível de apresentar características muito diversificadas. Não se pode falar com propriedade de *uma* transferência bancária. O que há são muitas modalidades de um mesmo meio de pagamento. Apercebêmo-nos disso quando analisámos os tipos de transferência quanto aos intervenientes, à técnica utilizada e ao âmbito espacial. A casuística das transferências bancárias de crédito é muito diversificada, e a verdade é que a diferença é grande entre a mais simples e a mais complexa. Cada uma delas comporta para sua execução feixes distintos de direitos e obrigações e cada uma exige do banco graus de esforço e de responsabilidade diferentes.

A mais simples das transferências bancárias é aquela que, dentro do mesmo banco, permite a transmissão de uma determinada soma em dinheiro entre duas contas do mesmo titular. Esta transferência não exige mais do banco do que uma mera operação contabilística que, quanto a nós, não consubstancia um verdadeiro contrato. Na realidade, parece tratar-se de um mero serviço de caixa interno devidamente adaptado à desmaterialização da moeda.

Temos, depois, as transferências realizadas dentro do mesmo banco entre contas de diferentes titulares – as chamadas transferências *internas*. E, num crescendo de complexidade, as transferências bancárias entre contas, do mesmo ou de titulares diferentes, situadas em distintas instituições bancárias relacionadas entre si, mantendo contas recíprocas ou participando directamente numa mesma câmara de compensação – são as transferências *externas directas*. Por fim, transferências há que se realizam entre contas situadas em bancos que, por não manterem uma relação daquele tipo, recorrem a um banco intermediário – e temos uma transferência *externa indirecta*, tipicamente internacional.[339]

---

[339] Sem nos querermos adiantar no desnudar dos diferentes envolvimentos jurídicos de cada uma destas modalidades – e inegável é que a dificuldade expositiva é por vezes

As Relações Jurídico-Bancárias

A transferência pode ser ordenada para uma única transmissão de moeda ou visar várias transmissões operadas periodicamente.

Quanto ao meio utilizado para a emissão da ordem, a transferência pode ser bastante simples ou extremamente complexa, envolvendo o recurso a sofisticadíssimas técnicas informáticas e de telecomunicações. Especial destaque merecem as transferências ordenadas, com a utilização de cartões, a partir de caixas automáticas e de sistemas de ponto de venda, que representam, sem dúvida, o grosso das transferências bancárias executadas hoje em dia. Este tipo de transferências é objecto de contratos especiais expressamente (ainda que por adesão) celebrados.[340]

Cada uma destas várias modalidades de transferência implica, para o cliente e o banco, direitos e deveres específicos. No entanto, é impossível negar uma forte base comum – há um feixe nuclear de direitos e obrigações cuja concretização permite a realização da função de todas e cada uma dessas transferências. Esse universo comum de direitos e deveres constitui um núcleo contratual autónomo distinto, quer da abertura de conta, quer do contrato de conta corrente, quer ainda de todos os serviços de outra natureza prestados pelo banco (tal como sucede, aliás, com a convenção de cheque[341]). A esse núcleo chamaríamos *contrato de trans-*

---

grande face ao entrosamento das matérias – adiantaríamos que, no nosso entender, apenas as duas primeiras – as transferências bancárias *internas* e as *externas directas* constituem com pouca margem para dúvidas o objecto do contrato de transferência implicitamente celebrado aquando da abertura de conta e como tal constitutivo do conteúdo contratual inicial da relação bancária geral. Por razões que ficarão mais claras a seu tempo, o risco que pode estar envolvido na execução de transferências bancárias externas indirectas, nomeadamente de âmbito *internacional* e sobretudo quando estão envolvidos *grandes montantes*, podem colocar essa execução fora do âmbito do contrato de transferência implicitamente celebrado, requerendo antes uma contratação individual que expressamente acautele questões como a dos prazos de execução, das comissões a cobrar e do regime de responsabilidade. O critério é geral, abstracto e meramente tendencial. Sabemos já que o implicitamente celebrado decorre dos usos, porque é ao abrigo destes que o cliente, ao abrir uma conta, espera ou não desde logo que certos serviços lhe sejam prestados e ao banco é exigível que o faça, e que esses usos sofrem uma mutação constante impulsionada pela pressão concorrencial.

[340] A doutrina fala já em "contratos de transferência electrónica de fundos" – cf. AMORY / THUNIS, *Authentification de l'Origine et du Contenu des Transactions sans Papier et Questions de Responsabilité en Droit Continental*, BBTC, Ano L (1987), Parte I, pp. 684-720, p. 708.

[341] Diz, a este propósito, SOFIA DE SEQUEIRA GALVÃO, *Contrato de Cheque...*, p. 35: "quando se celebra um *Contrato de Cheque*, tal implica um universo totalmente novo de direitos e deveres recíprocos que a *relação de provisão* nunca poderia, por si, explicar".

ferência ou *convenção de transferência*, pela qual *o banco se obriga a executar as ordens de transferência que são emitidas pelo cliente*, por um lado, *a receber as que em nome deste lhe são dirigidas*, por outro.[342] Ao abrigo deste contrato surgem direitos e deveres específicos para as partes, que, por um lado, não encontram justificação na abertura de conta ou na conta corrente e, por outro, são uma decorrência da configuração especial que assume a transferência bancária de crédito enquanto meio de pagamento e que permitem a sua distinção da movimentação física de numerário, do cheque, e mesmo das transferências bancárias de débito.

Sem nos preocuparmos, já, em destacar com pormenor as especificidades de cada uma das diversas modalidades de convenção de transferência, procuraremos identificar o denominador comum a todas elas, e com isso abrangendo, quer as situadas fora do âmbito de uma relação bancária específica, quer as que cabem dentro dela e, aqui, quer as que resultam de estipulação expressa (geral ou individual) quer as implicitamente celebradas.

Salientámos já as dificuldades expositivas suscitadas pela particular estrutura da transferência e pela envolvência especial de cada uma das relações jurídicas que se articulam para sua execução. Por vezes torna-se necessário desmembrar essas relações em segmentos lógicos, tendo em conta uma especial situação concreta. É isso que neste momento nos sentimos obrigados a fazer. O que significa que, estando nós a analisar a relação entre o banco e um cliente que, num momento específico da relação entre ambos, se apresenta como o ordenante de uma transferência bancária, é essencialmente sob esse ângulo que analisaremos a convenção de transferência. Existindo entre ambos uma relação bancária duradoura, o papel de ordenante, hoje, pode ser o de beneficiário, amanhã, o que confere ao conteúdo geral da convenção de transferência uma dimensão mais ampla. Na medida em que, neste preciso momento da nossa exposição, nos

---

[342] Entre nós, também confere autonomia ao contrato de transferência MENEZES CORDEIRO, *Manual de Direito Bancário...*, pp. 540 ss., que o denomina "contrato de giro bancário" e o configura como um contrato-moldura ou contrato-quadro. Segundo o Autor, as operações de transferência e recepção de fundos, por via escritural, ligadas embora à abertura de conta e à conta corrente bancária, não são contudo nenhuma decorrência automática dessas duas realidades ou de qualquer uma delas, resultando de uma convenção de giro espressa ou tácita. Referem-se expressamente ao "contrato de transferência" PAULO CÂMARA, *Transferência Bancária Internacional...*, pp. 26 ss. e AMADEU FERREIRA, *Sistemas de Pagamentos e Falência...*, p. 50. Também SOFIA DE SEQUEIRA GALVÃO, *Contrato de Cheque...*, pp. 38-39, se lhe refere.

interessa apenas analisar a relação ordenante/banco, o que inclui as situações nas quais não existe aquela prévia relação bancária, é esse lado "activo" da convenção que sobretudo realçaremos. Sem nunca esquecermos, porém, que o contrato tem um dimensão maior, que adiante completaremos.

3.2. O contrato de transferência

3.2.1. *Função*

Analisámos a função que na vida económico-social à transferência bancária, enquanto operação económica, é conferida – a realização de uma atribuição patrimonial sem movimentação física de numerário. Fenómeno necessariamente funcionalizado, a transferência bancária é utilizada pelos agentes económicos como meio de pagamento. Meio de pagamento esse que, como tal – e neste aspecto o paralelismo com a *traditio* de numerário é total – é neutro em relação à sua "causa", a qual reside na relação fundamental que liga, a montante da transferência, ordenante e beneficiário.

Cumpre-nos averiguar agora da *função económico-social* do contrato de transferência enquanto negócio jurídico. Todos os contratos têm uma função económico-social que se encontra na base do regulamento contratual, esteja este legalmente definido ou resulte tão somente de uma consagração prática. É em vista dessa função económica e socialmente relevante que se define o conteúdo de qualquer negócio jurídico.[343]

A noção de "função" e, sobretudo, de "causa" é das mais polissémicas, polémicas e evolutivas do Direito.[344] Para que não nos embrenhemos em caminhos obscuros, devemos salientar claramente que nos pretendemos referir, aqui, à *causa-função* do negócio jurídico, ao seu *para quê*,[345] ao seu *fim imediato* ou *motivo típico*.[346] Trata-se da função

---

[343] CARVALHO FERNANDES, *Teoria Geral do Direito Civil...*, p. 288: "Esta função económico-social, a que o Direito atribui a sua tutela, e, por isso mesmo é juridicamente relevante, dá a feição própria de cada negócio e preside ao seu regime. Quem quiser beneficiar dessa tutela, para obter determinados efeitos, deve celebrar o negócio jurídico correspondente a essa função.".

[344] Ela é um "estaleiro em fecundo movimento" – MICHELE GIORGIANNI, *Causa (dir. priv.)* ED, VI, p. 547.

[345] OLIVEIRA ASCENSÃO, *Teoria Geral do Direito Civil*, Vol. III..., pp. 330 ss.. Cf. ainda CARLO BEDUSCHI, *A proposito di tipicità e atipicità dei contratti*, RDCiv,

económico-social comum a todos os contratos do mesmo tipo.[347] Essa causa, assim entendida, não pode faltar, sob pena de o negócio ser nulo – para o Direito português, todos os contratos são causais.[348]

Do *para quê* do negócio deve distinguir-se o seu *porquê*. Este constitui o seu *fim mediato,* o seu *motivo atípico* ou *individual.* Simplificando, podemos distinguir entre a *causa* (função) e o *motivo*. A primeira identifica-se com "a *operação jurídico-económica* realizada tipicamente por cada contrato, com o *conjunto dos resultados e dos efeitos essenciais* que, tipicamente, dele derivem, com a sua *função económico-social*", o segundo com os *interesses particulares* que as partes visam satisfazer com cada contrato.[349]

Pois bem, a função económico-social do contrato de transferência não pode ser encontrada senão na realização da própria transferência bancária, enquanto operação económica. É o desencadear do mecanismo tendente a efectuar uma atribuição patrimonial que com o contrato de transferência se pretende. Trata-se, por parte do cliente, de conseguir, por contrapartida a uma remuneração, a colaboração do banco e dos meios técnicos de que este dispõe para a realização da transmissão de uma determinada soma de dinheiro.

A função do contrato de transferência é pois a de permitir o funcionamento de um instrumento de pagamento especialmente vocacionado para de uma forma célere e segura realizar a transmissão de disponibilidades monetárias entre duas contas bancárias, o que, em última análise, se traduzirá numa função de dinamização geral dos fluxos monetários e de desenvolvimento eficaz dos circuitos de pagamento.[350]

Ano XXXII (1986), Parte I, p. 375: "l'idea di causa rinvia alla ragione, o giustificazione, di qualcosa".

[346] INOCÊNCIO GALVÃO TELLES, *Manual dos Contratos em Geral...*, pp. 69 e 253 ss..

[347] BETTI, *Teoria Geral do Negócio Jurídico,* tradução portuguesa de Fernando de Miranda, T. I, 2.ª ed., Coimbra Editora, Coimbra, 1969, pp. 350-351: " é fácil concluir que a causa ou razão do negócio se identifica com a *função económico-social* de todo o negócio, considerado despojado da tutela jurídica, na *síntese* dos seus elementos essenciais (…). A causa é, em resumo, a função de interesse social da autonomia privada.".

[348] MENEZES CORDEIRO, *Teoria Geral do Direito Civil,* 1.º Vol., p. 528; INOCÊNCIO GALVÃO TELLES, *Manual dos Contratos em Geral...*, p. 260.

[349] ENZO ROPPO, *O Contrato...*, pp. 197 ss..

[350] Aqui o "interesse social objectivo e socialmente controlável" – BETTI, *Causa del negozio giuridico,* NssDI, III, p. 33.

As Relações Jurídico-Bancárias

Este o seu *para quê*. Que não se confunde, frisámo-lo já, com o seu *porquê*. Com o *motivo,* composto pelos interesses individuais ("subjectivos, múltiplos, contingentes e heterogéneos"[351]) que com uma transferência bancária em concreto se pretende acautelar, e que deverá ser achado na relação fundamental entre ordenante e beneficiário. Este motivo coincide tendencialmente com a *causa* da *atribuição patrimonial*[352] realizada através da transferência bancária. Essa causa, em relação à qual a transferência é neutra e cuja falta ou irregularidade não tem repercussões no contrato de transferência, já é contudo necessária na relação subjacente, podendo a sua falta dar lugar a um enriquecimento sem causa.

3.2.2. Fisionomia

3.2.2.1. Forma e formação

Em matéria de forma, o princípio vigente no Direito Bancário, corolário do princípio fundamental da autonomia privada, é o da consensualidade – as partes podem utilizar livremente a forma que lhes aprouver.[353] A verdade é que o dinamismo da banca não se acomoda com facilidade a formalismos rígidos geradores de imobilização.

A falta de forma é por vezes absoluta, sendo alguns contratos dados como tacitamente celebrados, num reenvio para os usos bancárias e para a vontade presumida das partes.[354] É isso que acontece com, pelo menos, as mais simples modalidades de transferência – para sua execução as partes celebram um contrato de transferência sem que, na maioria dos casos, disso reste qualquer testemunho formal.

Como reverso da necessidade de simplicidade e celeridade no desenvolvimentos dos negócios, sucede em determinadas situações que,

---

[351] INOCÊNCIO GALVÃO TELLES, *Manual dos Contratos em Geral...*, p. 69.

[352] INOCÊNCIO GALVÃO TELLES, *Manual dos Contratos em Geral...*, p. 254; CARVALHO FERNANDES, *Teoria Geral do Direito Civil...*, p. 287.

[353] MENEZES CORDEIRO, *Manual de Direito Bancário...*, p. 417; FRANÇOISE DEKEUWER-DÉFOSSEZ, *Droit Bancaire...*, p. 21; JUGLART / IPPOLITO, *Traité de Droit Commercial...*, p. 32; ZUNZUNEGUI, *Derecho del Mercado Financiero...*, p. 334.

[354] Estamos num domínio onde se pode facilmente constatar que *"l'équilibre contractuel est présent à l'esprit des parties sans qu'elles aient besoin de communiquer"* – PIERRE GODÉ, *Volonté et manifestations tacites,* Paris, 1977, p. 31.

146 *A Transferência Bancária*

na falta de uma personalização que alimente a *fiducia,* se afigura exigível uma formalização mínima que facilite a prova dos actos. O equilíbrio entre a necessidade de algum formalismo e as exigências de simplificação e rapidez na conclusão dos negócios é conseguido fundamentalmente através do recurso generalizado a *cláusulas contratuais gerais.*[355]

O contrato de transferência é também, muitas vezes, um contrato de adesão.[356] Nalguns casos, a adesão faz-se individualmente, para a celebração de um único contrato de transferência. As cláusulas são muito poucas e não significam mais do que um aditamento ao regime legal ou usual. É o caso das transferências que não se devam considerar incluídas no contrato de transferência implicitamente celebrado aquando da abertura de conta. É o caso também das transferência periódicas. Noutras situações, as especificidades técnicas envolvidas exigem um clausulado mais minucioso, sobretudo quando destinado a regular uma relação duradoura. É o que sucede, nomeadamente, quando o contrato de transferência surge associado a um contrato de emissão de cartão de débito ou englobado num processo mais amplo de "home-banking". Quando a transferência é ordenada através da utilização de um cartão de débito, as relações entre o cliente e o banco são obrigatoriamente reduzidas a escrito, podendo sê-lo sob a forma de contratos de adesão. Desse contrato devem constar obrigatoriamente determinadas cláusulas, tendentes a evitar a criação de um regime excessivamente oneroso para o cliente dos bancos. Constituindo, as transferências ordenadas com a utilização de um cartão a partir de caixas automáticas e de sistemas de ponto de venda, a esmagadora maioria das que actualmente são executadas, as cláusulas contratuais a elas referentes assumem um papel fundamental.

---

[355] Fala-se já de um "neoformalismo negocial" ou de um "retorno à forma", manifestado nomeadamente na crescente utilização de cláusulas contratuais gerais – cf. RAFFAELE LENER, *Dalla formazione alla forma dei contratti su valori mobiliari (prime note sul "neoformalismo" negoziale),* BBTC, Ano LIII (1990), Parte I, pp. 777--804.

[356] Com a designação *contrato de adesão,* atende-se mais ao especial processo de formação do contrato – a adesão de uma das partes ao predisposto pela outra; com a expressão *cláusulas contratuais gerais,* salienta-se o modo pelo qual é preenchido o conteúdo de cada um dos múltiplos contratos a celebrar (através da integração naquele de cláusulas contratuais unilateral e previamente definidas) – cf. CARLOS DA MOTA PINTO, *Contratos de adesão – Uma manifestação jurídica da moderna vida económica,* RDES, n.ºs 2-3-4, Abril-Dezembro, 1973, pp. 124-125.

As Relações Jurídico-Bancárias

Nada impede, contudo, que num determinado caso seja expressa e individualmente celebrado um contrato de transferência de conteúdo mais minucioso, sobretudo quando as circunstâncias do caso exijam que cláusulas relativas ao prazo de execução, à remuneração do banco ou ao regime de responsabilidade fiquem especialmente consagradas.

3.2.2.2. Conteúdo

Passo essencial na análise de qualquer contrato é a determinação do seu conteúdo, isto é, a delimitação do regulamento contratual.

Salientámos já inequívoca e repetidamente que às operações realizadas na vida económica e social atribui o Direito uma veste jurídica. Determinar o regulamento contratual significa "fixar e traduzir em compromissos jurídicos, os termos da operação económica prosseguida com o contrato, definir as variáveis que no seu conjunto reflectem a "conveniência económica" do próprio contrato".[357]

O conteúdo do contrato é o seu âmago, é o complexo formado pelo conjunto de comandos legais e contratuais que regulamentam os interesses das partes, compreendendo os direitos e obrigações que para elas derivam.[358]

GALVÃO TELLES[359] destaca, dentro do conteúdo do contrato, os elementos essenciais (*essentialia negotii*), que formam o seu núcleo fundamental e constituem a sua essência, e que são constituídos pelas *cláusulas voluntárias* e por *cláusulas legais* de natureza imperativa. Não fixando as partes, em regra, todo o conteúdo do contrato,[360] as suas omissões são supridas sobretudo pelas chamadas *normas dispositivas supleti-*

---

[357] ENZO ROPPO, *O Contrato...*, p. 127.

[358] INOCÊNCIO GALVÃO TELLES, *Manual dos Contratos em Geral...*, p. 211; MENEZES CORDEIRO, *Direito das Obrigações*, 1.º Vol...., p. 529; FRANCO CARRESI, *Il contenuto del contratto*, RDCiv, Ano IX (1963), Parte I, p. 365; BETTI, *Teoria Geral do Negócio Jurídico...*, pp. 300 ss. ("na verdade, o que o indivíduo declara ou faz com o negócio, é sempre uma regulamentação dos próprios interesses nas relações com outros sujeitos").

[359] INOCÊNCIO GALVÃO TELLES, *Manual dos Contratos em Geral...*, pp. 211 ss..

[360] Cf. MARIA HELENA BRITO, *O Contrato de Concessão Comercial*, Almedina, Coimbra, 1990, p. 216; ALPA / BESSONE / ROPPO, *Rischio contrattuale e autonomia privata*, Jovene Editore, Napoli, 1982, p. 83 e HANS-JOACHIM MUSIELAK, *A Inserção de Terceiros no Domínio de Protecção Contratual*, in *Contratos: Actualidade e Evolução*, UCP, Porto, 1997, p. 285.

vas, os elementos naturais do contrato (*naturalia negotii*), conformes com a natureza do negócio mas não indispensáveis à sua existência material e validade jurídica. Por fim, o conteúdo é composto por elementos acidentais (*accidentalia negotii*) – as *cláusulas acessórias* –, que a lei não exige nem introduz por meio de normas imperativas ou dispositivas.

MENEZES CORDEIRO[361] afasta-se desta distinção tradicional e refere a existência de elementos *normativos,* por um lado, e *voluntários,* por outro. Os elementos *normativos* podem ser *injuntivos* ou *supletivos* e, no conjunto, formam a *regulamentação normativa do contrato,* isto é, o seu *tipo legal.* Os elementos *voluntários,* por seu turno, podem ser *necessários,* de existência injuntiva mas essencialmente dependentes de estipulação, ou *eventuais,* que surgem sempre que as normas supletivas sejam afastadas pelas partes.

Em Direito Bancário, raramente as partes estabelecem um regulamento contratual completo. Poucas vezes vão além da estipulação expressa de cláusulas tendentes a regulamentar especificamente determinados aspectos mais sensíveis da relação contratual, nalguns casos para afastar normas legais dispositivas. Frequentemente, não chegam a expressar qualquer vontade determinativa do regulamento dos seus interesses. Diz CABRAL DE MONCADA[362] que o conteúdo de um contrato é "tudo aquilo que, além da forma, se acha *dentro* da própria vontade que o anima como conteúdo desta mesma vontade, por ela fixado e delimitado. A forma é a casca; o conteúdo, o recheio". Pois bem, no domínio das relações jurídico-bancárias falta, muitas vezes, a casca na qual acomodar o recheio. O conteúdo do contrato pode tornar-se, nesses casos, muito difícil de determinar. Sobretudo porque, para além da ausência de vontade expressa, falta também lei. Nem cláusulas voluntárias nem legais. Nem elementos voluntários nem normativos. A missão do intérprete e do aplicador é, neste específico ramo de Direito, extremamente penosa.

---

[361] MENEZES CORDEIRO, *Direito das Obrigações,* 1.º Vol...., p. 529 e *Tratado de Direito Civil Português*, I Parte Geral, T. I, Almedina, Coimbra, 1999, pp. 413 ss.. O Autor recorre a uma ideia ampla de conteúdo, correspondendo à regulação por ele desencadeada, ou seja, ao "conjunto de regras que, por ter sido celebrado um negócio, tenha aplicação ao espaço sobre o qual as partes entenderam dispor".

[362] CABRAL DE MONCADA, *Lições de Direito Civil,* 4.ª ed., Almedina, Coimbra, 1995, p. 659.

As Relações Jurídico-Bancárias   149

Torna-se necessário recorrer a elementos específicos. É assim que, no Direito Bancário,[363] é possível surpreender, de entre os elementos *normativos,* subelementos *legais, regulamentares* e *usuais.* O uso a afirmar-se como instrumento crucial na interpretação e aplicação. E encontrar, ao lado dos elementos *voluntários específicos,* resultantes de acordos expressa e individualmente concluídos, elementos *voluntários gerais* provindos de cláusulas contratuais gerais. O conjunto composto pelos elementos normativos e pelos elementos voluntários necessários constitui o *tipo bancário.*

Definidos os elementos constitutivos do conteúdo de qualquer contrato bancário, feitos os alertas para as especiais dificuldades de delimitação do regulamento contratual neste domínio juscientífico, partamos então para a determinação do conteúdo do contrato de transferência.

Não existindo uma lei que expressamente se destine a regular o contrato de transferência, é possível contudo recolher alguns elementos, para a nossa análise, do Decreto-Lei n.º 41/2000, de 17 de Março, que estabelece o regime jurídico relativo às transferências internas e internacionais.

No que respeita a fontes contratuais, e perante a ausência quase absoluta de acordos específicos das partes, será fundamentalmente com base nas *cláusulas contratuais gerais* e nos *usos* que por determinaremos os elementos essenciais do contrato de transferência bancária.[364] Resultado, umas e outros, da expressão da vontade dos sujeitos jurídicos, "a principal das fontes de determinação do regulamento contratual".[365] Estruturante do Direito Bancário, o princípio da autonomia privada encontra aqui um domínio privilegiado de aplicação. A falta de lei estimula-a e, não fora a limitação decorrente da utilização de cláusulas contratuais gerais, a autonomia privada demonstraria aqui todo o seu vigor. O contrato de transferência é pois, nas situações que já descrevemos, regulamentado, ainda que parcialmente, em cláusulas contratuais gerais. Circunscritas e incompletas, não dispensam essas cláusulas o recurso aos usos bancários, importante fonte de Direito Bancário. Na verdade, é a

---

[363] Adoptamos o critério de MENEZES CORDEIRO, especialmente acomodado às especificidades do Direito Bancário, in *Manual de Direito Bancário...,* p. 333.

[364] DANIEL GUGGENHEIM, *Les Contrats de la Pratique Bancaire Suisse...,* p. 24, salienta a originalidade da regulamentação contratual entre o banco e os seus clientes, contida num conjunto de regras elaboradas pelo banco – as condições gerais – e nos usos bancários.

[365] ENZO ROPPO, *O Contrato...,* p. 142.

150 *A Transferência Bancária*

prática que em muitos casos, como aqui, se encarrega de moldar o conteúdo dos contratos bancários.

Feita a análise das fontes disponíveis, encontramos, definindo o tipo e assumindo-se como "alma" da relação obrigacional,[366] o *dever principal do banco* de dar execução à ordem de transferência de acordo com as instruções do cliente e dentro do prazo acordado (ou, na falta deste, com a maior prontidão possível),[367] desde que para a mesma exista a necessária provisão.[368] Como *sucedâneos* desse dever principal,[369] surgem o dever de reembolso do montante debitado ao ordenante quando a transferência não tenha sido executada e o dever de dar cumprimento à ordens de revogação válidas e eficazes.

Acessoriamente, tem o banco o dever de notificar o seu cliente da execução das transferências ordenadas.[370] [371]

Por seu turno, o *banco* tem o *direito* de lançar a débito na conta do ordenante o montante transferido. E tem direito a uma remuneração pelo serviço prestado.

Correspectivamente, tem o *ordenante direito* a dispor dos fundos por meio de transferência nos termos exactos que constam da ordem de transferência que dirigiu ao banco.[372] E tem, como principais *deveres*, o de ter a conta devidamente provisionada e de pagar ao banco a remuneração devida pelo serviço prestado.

Para além destes elementos caracterizadores do tipo contratual, é possível encontrar, em cláusulas contratuais gerais, algumas cláusulas especificamente dirigidas a regular as transferências electrónicas ordenadas com utilização de cartões de débito. Aí, prevêem-se regras relativas, desde logo, aos mecanismos de autenticação da ordem de transferência. Estabelecem-se critérios de repartição e limitação de responsabilidade em caso de erro, utilização fraudulenta ou falha do sistema. Prevêem-se regras

---

[366] ALMEIDA COSTA, *Direito das Obrigações...*, p. 63.

[367] KÜMPEL, *Bank- und Kapitalmarktrecht...*, p. 213.

[368] Para além da obrigação do banco receber por conta do seu cliente transferências que lhe sejam dirigidas, quando este assuma o papel de beneficiário, e sobre a qual nos debruçaremos quando nos referirmos à relação entre o banco e o beneficiário de uma transferência bancária em concreto.

[369] Cf. PAULO CÂMARA, *Transferência Bancária Internacional...*, pp. 27 ss.. Sobre os deveres sucedâneos, cf. ALMEIDA COSTA, *Direito das Obrigações...*, p. 63.

[370] KÜMPEL, *Bank- und Kapitalmarktrecht...*, p. 213.

[371] Assim como das transferências realizadas a seu favor.

[372] E de receber transferências através do banco seu mandatário.

As Relações Jurídico-Bancárias

sobre a movimentação da conta anexa ao cartão e de outras contas, quando aquela não esteja devidamente provisionada. É normalmente estabelecida a irrevogabilidade da ordem de transferência. E prevê-se a disponibilização ao cliente de um extracto de conta do qual constem as transferências ordenadas.

Na determinação do conteúdo contratual, não nos podemos esquecer dos *deveres acessórios* de *protecção*,[373] de *esclarecimento* e de *lealdade*,[374] concretizadores da boa fé e que no domínio bancário recebem uma intensificação peculiar e conferem uma coloração especial ao todo que é a relação bancária duradoura e complexa entre o banco e cada um dos seus clientes.

3.2.3. Natureza jurídica

Não existindo em Portugal nenhuma lei que se dedique à regulamentação directa do contrato de transferência, coloca-se a questão de saber qual o enquadramento legal a dar-lhe. A sua recondução a um esquema contratual típico torna-se indispensável para a resolução das muitas questões não previstas nas fontes derivadas da autonomia privada, por recurso a normas supletivas, e para a sindicância de algumas dessas previsões, por confronto com as normas imperativas.[375] Para isso, há que averiguar da natureza jurídica do contrato de transferência.

Para a determinação da natureza jurídica de um contrato há que atender ao seu conteúdo[376] e à função económico-social que lhe é atribuída. Através da análise desses elementos proceder-se-á à sua *qualificação*,[377]

---

[373] Cf., em especial, KÜMPEL, *Bank- und Kapitalmarktrecht...*, p. 213.

[374] Sobre a complexidade intra-obrigacional e o papel dos deveres acessórios, MENEZES CORDEIRO, *Da Boa Fé no Direito Civil...*, pp. 586 ss..

[375] Cf. MARIA HELENA BRITO, *O Contrato de Concessão Comercial...*, p. 184.

[376] RODOLFO SACCO, *Autonomia contrattuale e tipi*, RTDPC, Ano XX (1966), p. 802.

[377] Cf. ENZO ROPPO, *O Contrato...*, p. 133: "A operação lógica, através da qual o intérprete – perante um contrato determinado, concreto – individualiza a que tipo pertence, designa-se por *qualificação*."; OLIVEIRA ASCENSÃO / MENEZES CORDEIRO, *Cessão de Exploração de Estabelecimento Comercial, Arrendamento e Nulidade Formal*, ROA, Ano 47 (1987), Dezembro, pp. 858-860: "Qualificar é atribuir a uma matéria a regular pelo direito a nominação própria de um conceito, envolvendo com isso a aplicação das regras jurídicas correspondentes."; BAPTISTA MACHADO, *Lições de Direito Internacional Privado*, 4.ª ed., Almedina, Coimbra, 1990, pp. 111-112: "O problema da *qualificação* em

ou seja, à sua recondução[378] a um tipo[379] cujo regime supletivo poderá vir a ser aplicado.[380] O que nem sempre se afigura fácil.[381]

---

sentido estrito é o problema da subsumibilidade de um *quid* concreto a um conceito utilizado por uma norma. *Qualificar* um certo *quid* é determiná-lo como subsumível a um conceito, por aplicação desse mesmo conceito: é verificar ou constatar em certo *dado* as notas ou características que formam a compreensão de certo conceito."; ISABEL MAGALHÃES COLLAÇO, *Da Qualificação em Direito Internacional Privado*, Lisboa, 1964, define qualificação como "aquela operação que se traduz em subsumir um *quid* concreto nos conceitos..."; ORLANDO DE CARVALHO, *Negócio Jurídico Indirecto*, BFD, Supl. X, 1952, p. 131: "Subsumir é averiguar se uma dada relação concreta pode enquadrar-se na relação abstracta preordenada pelo legislador."; MIREILLE BACACHE-GIBEILI, *La Relativité des Conventions et les Groupes de Contrats*, L.G.D.J., Paris, 1996, p. 115: "Qualifier un contrat, consiste à l'integrer dans une catégorie juridique préexistante afin de déterminer son régime.". Bastante "poética" é a consideração de OLIVIER CAYLA, *La qualification ou la vérité du droit*, Droits – RFTJ, 18, pp. 3-4: "le signe auquel on reconnaît immanquablement le juriste réside avant tout dans sa façon de discourir sur le monde, en assurant sa *traduction* dans le grille conceptuelle des catégories juridiques, en recomposant le tableau de la "nature naturelle" pour peindre celui d'une "nature juridique", c'est à dire en mettant le monde en droit à la manière du compositeur que le met en musique. Or, c'est précisement cette activité d'apparence descriptive et éminemment juridique à la fois dans lequelle consiste la "qualification".

[378] PEDRO PAIS DE VASCONCELOS, *Contratos Atípicos*, Almedina, Coimbra, 1995, p. 161: "A recondução de um contrato a um tipo contratual implica a sua qualificação como contrato desse tipo.". O Autor distingue entre a "doutrina dos elementos do contrato" e "doutrina tipológica", que adopta, e segundo a qual a qualificação não constitui um processo de subsunção a um conceito, mas de correspondência do contrato a um tipo. A qualificação é, assim, "um juízo predicativo que tem como objecto um contrato concretamente celebrado e que tem como conteúdo a correspondência de um contrato a um ou mais tipos, bem como o grau e o modo de ser dessa correspondência". Também ENZO ROPPO, *I "nuovi contratti" fra autonomia privata e interventi del legislatori. Note minime*, RCDP, Ano X (1992), n.º 1, Março, pp. 9-10, distingue do "método conceptual" o "método tipológico", concluindo que, neste, se trata de determinar se a realidade, que se deve qualificar, corresponde, na sua globalidade, a um tipo legal.

[379] ORLANDO DE CARVALHO, *Negócio Jurídico Indirecto...*, p. 15: "cada negócio designado na lei, é, precisamente por isso, dotado de certas notas essenciais que o estruturam e suportam como um todo harmónico, como um todo orgânico, notas que o individualizam em face dos outros negócios e constituem um complexo e a que se chama o *tipo negocial*". MENEZES CORDEIRO refere (*Do Contrato de Franquia ("franchising")*: *Autonomia Privada versus Tipicidade Negocial*, ROA, Ano 48 (1988), Abril, p. 66): "O tipo contratual é um modelo regulativo eminentemente supletivo. (...) ...o tipo possibilita um melhor conhecimento da realidade e uma sua interpretação mais profunda." E acrescenta (*Tratado de Direito Civil...*, p. 415): "O tipo negocial (...) exprime, no mais

As Relações Jurídico-Bancárias 153

Trata-se, pois, de saber se o contrato de transferência, com o conteúdo e a função económico-social que lhe assinalámos, será subsumível a um tipo legal. O que de imediato nos coloca face a um problema particular de Direito Bancário: o da sua articulação com o Direito Civil e o Direito Comercial. Na falta de regulamentação legal que especificamente se lhes dirija, a doutrina e a jurisprudência têm tentado enquadrar os contratos bancários nos mecanismos clássicos próprios daqueles dois ramos de Direito. O que, obviamente, não é desprovido de sentido. Os contratos bancários são actos de comércio, nos termos do art. 2.º do CCom.. São, desde logo, actos subjectivamente comerciais, pois são praticados por um comerciante – o banco – no exercício da sua actividade comercial.[382] Alguns são também objectivamente comerciais.[383] [384] Tal qualificação permite a aplicação aos contratos bancários dos arts. 96.º e ss. CCom.. Aí, determina o art. 3.º a aplicação subsidiária, às questões sobre direitos e obrigações comerciais, do Direito Civil.[385]

---

alto grau, o equilíbrio que o Direito positivo entendeu promover como mais justo.". Cf. também CARNELUTTI, *Formazione Progressiva del Contratto*, RDComm, Vol. XIV (1916), Parte II, pp. 308-319: "il contenuto minimo del contratto vien precisamente determinato dalla legge, tipo per tipo...".

[380] PEDRO PAIS DE VASCONCELOS, *Contratos Atípicos...*, p. 160: "A qualificação de um certo contrato como deste ou daquele tipo tem consequências determinantes no que respeita à vigência da disciplina que constitui o modelo regulativo do tipo."; JEAN NÉRET, *Le Sous-contrat*, L.G.D.J., Paris, 1979, p. 11: "Les juristes aiment à cataloguer les institutions qu'ils étudient. (...) Cette préoccupation n'a pas simplement pour but une satisfaction d'ordre intellectuel. A la catégorie, en effet, correspondra un régime juridique déterminé.".

[381] MENEZES CORDEIRO, *Direito das Obrigações*, 1.º Vol...., p. 533: "*a problemática contratual redunda, muitas vezes, em identificar, através das declarações de vontade*, nem sempre claras, qual o *tipo contratual* efectivamente estipulado".

[382] Nos termos do art. 99.º do CCom., aos actos mistos – isto é, comerciais em relação a uma das partes e não comerciais relativamente à outra – aplica-se o regime dos actos comerciais.

[383] MENEZES CORDEIRO, *Manual de Direito Bancário...*, p. 418.

[384] Sobre os critérios objectivo e subjectivo de determinação da comercialidade dos actos, cf., em especial, FERRER CORREIA, *Lições de Direito Comercial...*, pp. 37 ss.; FERNANDO OLAVO, *Direito Comercial*, Vol. I, 2.ª ed., 1974, pp. 63 ss.; LOBO XAVIER, *Direito Comercial...*, pp. 30 ss., OLIVEIRA ASCENSÃO, *Direito Comercial*, Vol. I...., pp. 57 ss. e MENEZES CORDEIRO, *Manual de Direito Comercial*, I Volume, Almedina, Coimbra, 2001, pp. 149 ss..

[385] Sobre a relação entre o Direiro Comercial e o Direito Civil, cf., entre outros, FERRER CORREIA, *Lições de Direito Comercial...*, pp. 27 ss.; LOBO XAVIER,

Na falta de regulamento legal ou contratual para determinado contrato bancário, deverá pois recorrer-se ao Direito Comercial e, subsidiariamente, ao Direito Civil. O desafio que se coloca ao estudioso do Direito Bancário, a este propósito, é determinar, caso a caso, se é possível recorrer sem mácula aos modelos contratuais previstos na lei civil e comercial para regulamentar os contratos bancários. Mais do que determinar se é possível, impõe-se perguntar se será conveniente, ou seja, se através das soluções apontadas pelo regime jurídico aplicável às figuras jurídicas tradicionais daqueles ramos de Direito se conseguirá acautelar os interesses subjacentes a uma situação jurídica bancária, tendo em atenção as particularidades dos intervenientes e o ambiente juscientífico que envolve essas situações. O mesmo é dizer: reconhecendo as especificidades do domínio bancário, coloca-se a questão de saber se o apelo sem mais aos modelos de Direito Civil e Comercial as permite ter em conta, por forma a alcançar o equilíbrio que aqui requer uma atenção especial. A verdade é que o Direito Bancário tem bastantes particularidades, sendo por vezes bastante difícil a sua acomodação nas figuras conhecidas. E a verdade também é que, uma vez inseridas dentro de um sistema particular, determinadas regras gerais ganham um sentido próprio, moldado pelas regras e princípios específicos desse sistema.[386]

A qualificação em Direito Bancário é, efectivamente, uma questão complexa. A subsunção a um determinado tipo legal comercial ou civil, ela própria difícil, não poderá fazer esquecer as particularidades dos mecanismos bancários. Nem poderá perder de vista o carácter eminentemente supletivo das normas a cuja aplicação conduzirá.

O estudo do contrato de transferência, como contrato bancário, requer sobre tudo isto uma reflexão. Antes de mais, cumpre averiguar se existe, na instrumentalização tradicional, algum esquema contratual ao qual seja possível reconduzi-lo. Só depois disso, e em outra sede, procuraremos determinar até que ponto serão as normas legais aplicáveis adequadas a resolver os problemas que na prática se levantam, e em que

---

Direito Comercial..., pp. 10 ss.; FERNANDO OLAVO, *Direito Comercial...*, p. 12; OLIVEIRA ASCENSÃO, *Direito Comercial,* Vol. I..., pp. 30 ss.; CARLOS DA MOTA PINTO, *Teoria Geral do Direito Civil...*, pp. 34 ss., CASTRO MENDES, *Introdução ao Estudo do Direito,* edição revista pelo Prof. Miguel Teixeira de Sousa, Pedro Ferreira – Artes Gráficas, Lisboa, 1994, p. 201 e MENEZES CORDEIRO, *Manual de Direito Comercial...*, p. 19 ss..

[386] MENEZES CORDEIRO, *Direito bancário privado...*, pp. 19-21.

As Relações Jurídico-Bancárias   155

medida necessitarão de uma adaptação que tenha em conta as particularidades do mecanismo a que se procura dar execução, por um lado, e o especial ambiente em que este se desenvolve, por outro.

Da análise dos elementos essenciais e da função do contrato de transferência podemos concluir que se trata, este, do contrato mediante o qual o banco se obriga perante o seu cliente, contra remuneração, a colocar fundos à disposição de um terceiro beneficiário, de acordo com as instruções dadas pelo cliente e desde que a sua conta esteja devidamente provisionada.[387] Temos, aqui, uma clara actividade de colaboração remunerada, no âmbito da qual o banco leva a cabo determinados actos tendentes a satisfazer um interesse do cliente e que se desenvolve dentro dos limites traçados pelas instruções que aquele lhe deu.

Trata-se, parece podermos concluir, de um contrato de prestação de serviços, devendo, dentro deste tipo amplo,[388] ser entendido como um *mandato*, "*o protótipo dos contratos de prestação de serviços*".[389] É esse, inequivocamente, o entendimento dominante.[390]

---

[387] E de por sua conta receber ordens de transferência e fundos que lhe sejam dirigidos.

[388] MENEZES CORDEIRO, *Manual de Direito do Trabalho*, Almedina, Coimbra, 1991, pp. 520 ss., analisa a prestação de serviços como um tipo contratual que se divide em três subtipos: o mandato, o depósito e a empreitada. PEDRO PAIS DE VASCONCELOS, *Contratos Atípicos...*, p. 163, refere que os contratos de prestação de serviços estão tratados no CCiv., não como um tipo contratual, mas como uma classe de contratos, em que se incluem, entre outros, o mandato, o depósito e a empreitada, apesar de admitir que na prática contratual surgem muitas vezes referidos como um tipo contratual.

[389] JANUÁRIO DA COSTA GOMES, *Contrato de Mandato*, in *Direito das Obrigações*, 3.º Vol., (org. Menezes Cordeiro), 2.ª ed. revista e ampliada, AAFDL, Lisboa, 1991, p. 315.

[390] Cf. Ac. da Relação de Lisboa de 26 de Fevereiro de 1987, CJ, Ano XII (1987), Tomo I, pp. 147-150: "é de *mandato* um *contrato* em que um cliente de um Banco pede a transferência de quantia em moeda estrangeira para outro Banco..." (os *itálicos* são nossos). Cf. também MENEZES CORDEIRO, *Manual de Direito Bancário...*, p. 546; PAULO CÂMARA, *Transferência Bancária Internacional...*, pp. 39 ss.; KÜMPEL, *Bank- und Kapitalmarktrecht...*, p. 206; CLAUSSEN, *Bank- und Börsenrecht...*, p. 205; SCHWINTOWSKI / SCHÄFER, *Bankrecht...*, pp. 224-225; DANIEL GUGGENHEIM, *Les Contrats de la Pratique Bancaire Suisse...*, pp. 256-257; BERKVENS / VAN ESCH, *Netherlands...*, p. 242. Em *Inglaterra*, a figura em causa é a "*agency*" – JANICE LAMBERT, *Banking: The Legal Environment*, Routledge, London, New York, 1993, p. 142: "An instruction which a customer gives to the bank to transfer a sum of money (electronically or otherwise) to the payee invokes an agency relationship."; LAIDLAW / GRAHAM, *Law Relating to Banking Services*, 2.ª ed., The Chartered Institute of Bankers, London, 1992, p. 181. Sobre as especiais

156   *A Transferência Bancária*

O contrato de mandato[391] é, nos termos do art. 1157.º CCiv., um acordo por virtude do qual uma pessoa – o mandatário – se obriga para com outra – o mandante – a realizar por sua conta um ou mais actos jurídicos.[392] Trata-se o contrato de transferência de um mandato porque, através da sua celebração, o banco se obriga perante o seu cliente a praticar, por conta deste, determinados *actos jurídicos*, designadamente pagamentos. É uma actuação *"por conta"*,[393] ou seja, *no interesse de outrem*[394] – o banco age no interesse do ordenante, praticando actos que, visando a satisfação de interesses que não são seus, são *actos alheios*.[395] Actos que o cliente/ /mandante não pode praticar ele próprio, por lhe estar vedada a realização de operações de pagamento. O que faz do contrato de transferência uma clara expressão do fenómeno da *cooperação jurídica*.[396]

---

características da "agency" nas relações bancárias, cf. CLIVE HAMBLIN, *Banking Law...*, pp. 21 ss. e REEDAY, *The Law Relating to Banking,* 5.ª ed., Butterworths, London, 1985, pp. 56 ss.. Utilizando e explicitando o termo *"mandate"*, ROSS CRANSTON, *Principles of Banking Law...*, pp. 149 ss. e 251.

[391] A palavra *mandato* vem do latim *manum datum* – na Roma antiga o mandatário dava um aperto de mão ao mandante, em sinal de aceitação e promessa de fidelidade no cumprimento da incumbência. Cf. CUNHA GONÇALVES, *Dos Contratos em Especial*, Edições Ática, Lisboa, 1953, p. 49.

[392] É a prática de actos jurídicos que essencialmente permite a distinção do mandato dos restantes contratos de prestação de serviços – INOCÊNCIO GALVÃO TELLES, *Contratos Civis*, RFDUL, Vol. IX (1953), p. 210.

[393] Curiosamente, a expressão parece ter origem nas *contas* abertas pelos comerciantes que agiam para outros, e onde eram creditados ou debitados os saldos positivos ou negativos – cf. JANUÁRIO DA COSTA GOMES, *Em Tema de Revogação do Mandato Civil*, Almedina, Coimbra, 1989, p. 92.

[394] GIUSEPPE BAVETTA, *Mandato (dir. priv.)*, ED, XXV, p. 321: "l'alienità dell'interesse rispetto al soggetto agente finisce con il costituirse il momento fondamentale del mandato".

[395] O interesse do mandante manifesta-se através das instruções que o mesmo dirige ao mandatário e que serão executadas através do cumprimento do acto gestório – neste caso, a inscrição a crédito na conta de um terceiro beneficiário ou do respectivo banco.

[396] Cf. JANUÁRIO DA COSTA GOMES, *Contrato de Mandato...*, p. 273. Cf. ainda GIUSEPPE BAVETTA, *Mandato...*, pp. 321-322, que refere o facto de o mandato ter a sua génese na cooperação – quando uma pessoa não quer ou não pode curar dos seus próprios interesses, utiliza para tal fim a actividade de outra, à qual confia a prática de um ou mais actos jurídicos por sua conta. Também CAMPOBASSO, *Diritto Commerciale*, 3..., p. 72, refere que o mandato é um contrato de cooperação jurídica externa, ao qual tipicamente se recorre quando um sujeito não pode ou não quer cuidar pessoalmente dos seus próprios interesses. Cf. ainda, a este propósito, URÍA, *Derecho Mercantil...*, p. 737.

É um *mandato especial*, uma vez que é conferido para a prática de um ou mais actos singulares determinados[397] [398] – no caso, para a realização de pagamentos.[399] Trata-se, além disso, de um *mandato sem representação*[400] (arts. 1180.º ss. CCiv.), dado que o mandatário age *nomine proprio*. Há pois a realização de um acto jurídico alheio por conta e no interesse de outrem, mas em nome próprio,[401] ou seja, sem *contemplatio domini*.[402] É ainda um *mandato comercial*, contrato pelo qual, nos termos do art. 231.º CCom., alguém – neste caso um banco – se encarrega de praticar um ou mais actos de comércio por conta de outrem.[403] [404] A trans-

---

[397] AULETTA / SALANITRO, *Diritto Commerciale...*, p. 419; CAMPOBASSO, *Diritto Commerciale...*, p. 72.

[398] O facto de poder ser dirigido à prática dos mais variados actos, desde que jurídicos, confere ao mandato um campo de aplicação potencial vastíssimo e uma configuração concreta detentora de tantas virtualidades quantos os actos jurídicos possíveis de imaginar e conceber – é o *"contrat aux milles visages"*, nas palavras de FRANÇOIS DUTILLEUL / / PHILIPPE DELEBECQUE, *Contrats civils et comerciaux,* 2.ª ed., Dalloz, Paris, 1993, p. 463.

[399] Em *Itália*, autonomiza-se a figura do *"mandato di pagamento"*, mandato que tem por objecto o cumprimento de uma prestação a favor de um terceiro, normalmente o pagamento a um credor do mandante. Quando desacompanhado de representação, enquadra-se no âmbito da *"delegazione"* – GERARDO SANTINI, *Mandato di Pagamento,* NssDI, Vol. X, p. 172. Note-se que, como salienta CAMPOBASSO, *Il Bancogiro...*, p. 664, esta figura apenas explica a relação entre o ordenante e o seu banco, e não a transferência na sua totalidade.

[400] Sobre a distinção entre mandato e representação, cf. PESSOA JORGE, *Mandato sem Representação,* Almedina, Coimbra, 2001 (reimp.) e INOCÊNCIO GALVÃO TELLES, *Contratos Civis...*, pp. 210 ss.. Cf. ainda SEQUEIRA RIBEIRO, *Acerca da Forma no Contrato de Mandato,* RFDUL, Vol. XXXVIII, 1997, n.º 2, p. 381, a defender que o verdadeiro contrato de mandato é o mandato sem representação, uma vez que, quando existe representação, temos um mandato mais uma procuração. No mesmo sentido, JANUÁRIO DA COSTA GOMES, *Em Tema de Revogação do Mandato Civil...*, p. 114.

[401] Como objectivo típico fundamental do contrato de mandato sem representação, aponta PESSOA JORGE, *Mandato sem Representação...*, p. 158, a *"realização de um acto ou negócio jurídico por interposta pessoa"*.

[402] FRANCESCO DOMINEDÒ, *Mandato (Diritto Civile),* NssDI, Vol. X, p. 112.

[403] FERNANDO OLAVO, *Direito Comercial...*, pp. 108-109, classifica o mandato comercial como um acto comercial por conexão (por contraposição aos actos comerciais absolutos), dado o mandato não ter, por si próprio, natureza mercantil, atribuindo-lhe a lei tal natureza nos casos em que se destina à prática de actos de comércio, pela especial conexão com esses actos.

[404] O mandato comercial é um sub-tipo do mandato civil, sendo os seus elementos essenciais os elementos essenciais do mandato civil, acrescidos da específica natureza

ferência bancária é, sem margem para dúvidas, um acto de comércio, quer, desde logo, do ponto de vista subjectivo, enquanto acto praticado por um comerciante – o banco (arts. 2.º, 2.ª parte e 13.º, n.º 2 CCom.) –, quer objectivo, pois, apesar de carecer de base legal expressa, se encontra determinada pelas cláusulas contratuais gerais e pelos usos como "operação de banco" (arts. 2.º 1.ª parte e 362.º CCom.). Sendo um mandato comercial sem representação, trata-se de um contrato de *comissão*,[405] em cumprimento do qual o comissário pratica actos jurídicos do comércio por conta do comitente mas em nome próprio, desprovido de poderes de representação (art. 266.º do CCom.).

O contrato de transferência é, pois, um contrato de comissão em que o banco/comissário, agindo *no interesse* e *por conta* do ordenante/comitente, mas *em nome próprio,* desenvolve toda uma actividade destinada a cumprir a ordem/instrução que aquele lhe dirigiu, e que consiste na colocação de fundos à disposição de um terceiro/beneficiário. É um mandato, ou uma comissão, *para*[406] efectuar um pagamento através do crédito de determinado montante na conta de um terceiro (o próprio beneficiário ou o seu banco) nos termos exactos das *instruções* dirigidas especificamente ao banco para cada transferência. É assim possível descortinar a obrigação, por parte do mandatário, de praticar um ou mais *actos jurídicos de comércio*[407] (art. 1157.º CCiv. e 231.º CCom.) por conta do mandante mas em nome próprio.

Desta forma, e não obstante não conter a lei portuguesa os elementos definidores do contrato de transferência, este contrato, fruto da capaci-

---

da sua actividade – actos de comércio – e da presumida onerosidade – cf. JANUÁRIO DA COSTA GOMES, *Contrato de Mandato Comercial...*, pp. 503-504 e 493-494. Diz o Autor que, para além da *relação geral-especial*, existe uma certa *dependência* do regime comercial em relação ao civil.

[405] Uma modalidade do contrato de mandato – JANUÁRIO DA COSTA GOMES, *Contrato de Mandato...*, p. 309.

[406] "... na causa do mandato há um elemento variável, um *espaço em branco*, integrado, caso a caso, pela finalidade económico-social que o mandatário deve realizar; o mandato não se concebe sem *complemento directo:* ou é *para...*" – PESSOA JORGE, *Mandato...*, 1961, p. 159.

[407] A obrigação da prática de actos jurídicos não significa que o mandatário não possa praticar todos os actos materiais necessários à efectivação daqueles actos jurídicos, dos quais são acessórios – cf. JANUÁRIO DA COSTA GOMES, *Contrato de Mandato Comercial...*, p. 495. No caso do contrato de transferência, do que se trata é de efectuar um pagamento – acto jurídico –, através da execução de determinados actos materiais – as inscrições contabilísticas.

As Relações Jurídico-Bancárias 159

dade de autodeterminação dos indivíduos e moldado pela prática, corresponde ao tipo legal mandato, ou comissão, embora com eventuais especificidades decorrentes da sua especial natureza bancária. Esta sua qualificação como contrato de comissão terá importantes consequências quanto ao regime supletivo a aplicar – em tudo o que não estiver regulado pelas partes aplicar-se-á o regime próprio da comissão mercantil e, subsidiariamente, do mandato civil.

3.2.4. Classificação

O contrato de transferência é um *contrato bancário*. Determinar o que isso significa remete-nos para a clássica disputa entre o critério objectivo e o critério subjectivo na atribuição do predicativo "bancário" a um contrato. Esgrimem-se argumentos no sentido da concessão do papel principal ao *sujeito* ou à *actividade*.

Para os defensores do critério *subjectivo,* é a intervenção de um banco que permite qualificar um contrato como bancário.[408] São bancários os contratos nos quais intervém uma entidade bancária. Levada ao extremo,

---

[408] Em *Itália*, onde a questão é debatida com especial vigor, cf., entre outros, GUSTAVO MINERVINI, *Impresa Bancaria e Contratti Bancari,* BBTC, Ano XXIX (1966), Parte II, pp. 261-269 e *Banca, attività bancaria, contratti bancari,* BBTC, Ano XXV (1962), Parte I, pp. 313-325 ("... è irrelevante distinguere tra contratti di credito e no; poichè per gli uni e per gli altri si esige l'estremo soggettivo della partecipazione di una banca" – p. 322); PRATIS, *Banca...,* p. 239 ("Ciò che caratterizza le operazioni di banca è il fatto della partecipazione ad esso, in qualità di soggetto, dell'imprenditore bancario."); AULETTA / SALANITRO, *Diritto Commerciale...,* pp. 475-476; GASTONE COTTINO, *Diritto Commerciale...,* p. 57; MOLLE, *I Contratti Bancari...,* pp. 2-4, sobretudo nota 9 ("La *reductio ad unum,* pertanto, delle operazioni bancarie, o se meglio vuol dirsi dei contratti bancari implica (...) il riferimento dei contratti stessi alla banca che li pone in essere, nell'esercizio della sua attivitè di impresa." – p. 3). Em *Espanha*, cf., por ex., GARRIGUES, *Contratos Bancarios...,* p. 13, que considera que só os bancos podem realizar operações bancárias, sendo a existência de contratos bancários técnica e juridicamente impossível sem a existência de um banco. Apesar de algumas operações praticadas pelos bancos também o serem por quem não o é, a nota distintiva, inerente a qualquer acto de comércio, é a da sua profissionalidade. Daí que só quando praticadas por um banco, no exercício da sua profissão e como fonte constante de lucro, podem tais operações ser qualificadas como operações bancárias. Cf. ainda, do mesmo Autor, *La operación bancaria y el contrato bancario,* Revista de Derecho Mercantil, n.º 65, Julho-Setembro, 1957, p. 254 ("...para que pueda calificarse un contrato como bancario en sentido proprio tiene que participar en él una empresa bancaria...").

160 A Transferência Bancária

esta teoria permitiria qualificar como bancários contratos que não o deveriam ser, como o arrendamento do local onde está instalado o banco, o contrato de trabalho com os seus funcionários, etc.. Além disso, dizem os opositores desta tese que facilmente ela entra num círculo vicioso, uma vez que para qualificar um contrato bancário se torna necessário, previamente, determinar em que é que consiste um banco do ponto de vista jurídico, o que remete para o conceito de actividade bancária.

Para os defensores do critério *objectivo,* um contrato é qualificado como bancário quando inserido no desenvolvimento de uma actividade tipicamente bancária, ou seja, quando consista numa intermediação creditícia.[409] Seria, aqui, a actividade de intermediação no crédito a qualificar a banca, e não o contrário. É possível no entanto destacar a existência de contratos de crédito não celebrados por entidades bancárias e que nem por isso se configuram como bancários. Por outro lado, e este é um argumento estreitamente ligado com o nosso tema, há contratos bancários que não implicam qualquer actividade de intermediação creditícia, como é o caso dos serviços prestados pelos bancos aos seus clientes, nomeadamente serviços de pagamento, e que não devem deixar de ser qualificados como bancários. Há pois contratos de crédito que não são contratos bancários e contratos bancários que não são contratos de crédito.[410]

Da sensibilidade às críticas apontadas às duas posições extremas e da consciência das suas insuficiências nascem teses que conjugam ambas as vertentes. Assim, diz FERRI[411] que contrato bancário não é aquele que é celebrado por um banco e só porque é celebrado por um banco, mas sim aquele que tecnicamente não é concebível se não inserido numa série de contratos do mesmo género funcionalmente ligados que se realizam ape-

---

[409] Cf. MESSINEO, *Caratteri giuridici...*, pp. 321-346 ("*non* la banca qualifica il contratto bancario; bensì il contratto bancario qualifica la banca; la quale, dunque, è il *posterius*, non il *prius.*" – p. 345) e *Ancora sul concetto di contratto bancario*, BBTC, Ano XXV (1962), Parte I, pp. 481-486; D'ANTONIO, *Evoluzione dell'oggetto e qualificazione dell'attività bancaria*, RDComm, Ano LXXXV (1987), Parte I, pp. 155-163; LA ROSA, *Ambito di applicabilitá della disciplina dei contratti bancari e disciplina del negozio misto*, BBTC, Ano XXIV (1961), Parte II, pp. 330-336 e LIBONATI, *Contratto Bancario e Attività Bancaria*, Giuffrè, Milano, 1965. FOLCO começou por adoptar um critério objectivo (cf. *Sul concetto di diritto bancario*, BBTC, Ano V (1938), Parte I, pp. 61-72), que abandonou depois do novo código, tendo passado a considerar essencial a presença da banca (cf. *Il Sistema...*, pp. 342-343).

[410] LUIGI LORDI, *Classificazione...*, pp. 5 ss..

[411] FERRI, *Manuale di Diritto Commerciale...*, p. 866.

As Relações Jurídico-Bancárias 161

nas na empresa bancária. Analisando as normas do Código Civil italiano, concluem SPINELLI / GENTILE[412] que, mais do que contratos objectiva ou subjectivamente bancários, pode concluir-se que o legislador previu apenas normas tipicamente bancárias que, seja qual for a sua colocação, não são aplicáveis senão em presença da intervenção de um banco no contrato. RIVES-LANGE / CONTAMINE-RAYNAUD,[413] por seu turno, consideram que o Direito Bancário não escolheu entre o sistema objectivo e o sistema subjectivo – ele é, ao mesmo tempo, o direito das operações de banca e o direito dos profissionais do comércio bancário.

O desatar do nó górdio exige o recurso à lei. Fala, o art. 363.º CCom., em "operações de banco". O que nos leva a supor que os contratos bancários têm como pressuposto fundamental a sua celebração por um banco. O termo "banco" deve ser devidamente interpretado à luz da actual lei bancária. Sabemos que o "monopólio dos bancos" cedeu face à nova noção de "instituição de crédito". Pois bem, diz o art. 2.º do RGIC que são instituições de crédito "as empresas cuja actividade consiste em receber do público depósitos ou outros fundos reembolsáveis, a fim de os aplicarem por conta própria mediante a concessão de crédito". Se num primeiro momento encontrámos o elemento subjectivo como qualificativo do contrato bancário, temos agora, na definição de empresa bancária, um elemento objectivo – são instituições de crédito as que desenvolvem uma actividade de intermediação creditícia.

Chegados a este ponto, estamos em condições de tirar uma primeira conclusão: tendo em conta, num primeiro momento, apenas aquela actividade nuclear, só podem ser considerados como bancários os contratos celebrados por "bancos" que se traduzam no desenvolvimento da sua actividade creditícia, pois a mesma é pressuposta na qualificação da empresa como bancária, ficando de fora, quer os contratos celebrados pelos bancos fora da sua actividade típica, quer os contratos de crédito celebrados sem a intervenção de um banco. Exige-se uma "correspondência biunívoca entre o sujeito – o banco – que exercita a actividade e o objecto da própria actividade",[414] de forma a que apenas os duplamente qualificados como contratos de crédito celebrados por instituições de crédito possam ser apelidados de bancários.

---

[412] SPINELLI / GENTILE, *Diritto Bancario...*, pp. 9 ss..

[413] RIVES-LANGE / CONTAMINE-RAYNAUD, *Droit Bancaire...*, p. 1.

[414] MARIA AMBROSIO, *Le Operazioni Bancarie in Generale*, in *Direito Bancário*, Actas do Congresso Comemorativo do 150.º aniversário do Banco de Portugal, Supl. da RFDUL, 1997, p. 39.

162 A Transferência Bancária

Tal não parece, contudo, suficiente. Não avançar excluiria todos aqueles contratos que, celebrados por bancos, não são contratos de crédito, apesar de se incluírem na sua actividade. A actividade bancária inclui hoje muito mais do que a simples recepção de fundos e posterior concessão de crédito. O art. 4.º de RGIC apresenta um rol extenso de todas as actividades que (entre outras análogas que a lei não proíba) podem ser exercidas por instituições de crédito.[415] Também no desenvolvimento destas actividades pode o banco celebrar contratos que são contratos bancários.

Parece podermos concluir que são contratos bancários todos aqueles que são celebrados por um "banco" ao abrigo da autorização que lhe é concedida pela lei bancária. Concordamos assim com PAULA CAMANHO quando define contrato bancário como "o acordo de vontades entre um banco e uma pessoa (singular ou colectiva), que permite àquele a realização da actividade de intermediação creditícia (...) ou é ancilar do desenvolvimento dessa actividade".[416]

Como denominador comum a todas as modalidades de contrato bancário, surge, essencial e omnipresente, o *dinheiro*. O que leva alguns autores a, minorando a tradicional disputa, colocarem o acento tónico da qualificação de um contrato como bancário na circulação de dinheiro que o mesmo propicia.[417]

---

[415] Ao lado das instituições de crédito surgem as sociedades financeiras, enumeradas no art. 6.º do RGIC e cuja actividade compreende as operações permitidas pelas normas legais e regulamentares que a regem (art. 7.º).

[416] PAULA PONCES CAMANHO, *Do Contrato...*, p. 59.

[417] MARIA AMBROSIO, *Le Operazioni...*, p. 37, refere que comummente e em termos genéricos se entende por operações bancárias aquelas actividades da banca que se concretizam na aquisição e concessão de disponibilidades temporárias de moeda segundo um "generalíssimo e elementar esquema: dinheiro-tempo-dinheiro". FRANCESCO ALCARO, *"Soggetto" e "Contratto" nell' Attività Bancaria – contributo allo studio dei contratti bancari*, Giuffrè, Milano, 1981, pp. 18 ss., considera estéril a querela entre os critérios objectivo e subjectivo, considerando que ambos se podem interpenetrar à volta da noção de dinheiro, específico objecto que permite distinguir os contratos bancários dos outros contratos; essencial é a actividade tendente à circulação do bem dinheiro, própria da banca. PINTO COELHO, *Operações de banco...*, p. 1, refere: "...estas operações estão naturalmente em íntima ligação com a função económica própria dos bancos. E como estes são os intermediários na circulação do dinheiro, as operações que vamos examinar são naturalmente aquelas em que se desenvolve essa mediação. (...) Os bancos são especialmente os intermediários nas operações que têm por objecto a mercadoria-dinheiro.". VAZQUES IRUZUBIETA, *Operaciones Bancarias...*, p. 30, enfatiza que o dinheiro está

As Relações Jurídico-Bancárias 163

De tudo isto cumpre concluir: o contrato de transferência é, efectivamente, um contrato bancário, pois celebrado por um "banco" no âmbito da actividade que lhe é permitida pela lei bancária (veja-se o art. 4.º, n.º 1, al. c) do RGIC) e cujo escopo não é mais do que fazer circular o dinheiro.[418]

Há várias classificações possíveis para os contratos bancários.

Pode distinguir-se entre operações *activas, passivas* ou *neutras,* também chamadas *de gestão* ou *de mediação*.[419] Os dois primeiros tipos correspondem, no seu conjunto, àquelas que são consideradas as operações típicas da actividade bancária: as operações de crédito.[420] Esta classificação toma em consideração a posição credora, devedora ou patrimonialmente neutra do banco. Assim, são *activos* aqueles contratos em que o banco concede crédito, *passivos* aqueles em que ele recebe do público disponibilidades monetárias e *neutros* os que não envolvem qualquer concessão de crédito, consistindo antes na prestação de serviços pelo banco aos seus clientes. Por contraposição aos contratos activos e aos contratos passivos, o contrato de transferência bancária é pois um contrato *neutro*, por através dele o banco, ao invés de receber ou conceder crédito, se limitar a prestar um serviço de pagamento.[421]

---

presente em toda a operação bancária, activa, passiva ou neutra, considerando mesmo que o dinheiro é a razão de ser do banqueiro.

[418] MARIA AMBROSIO, *Le Operazioni Bancarie...*, p. 37, refere a transferência bancária de fundos como um exemplo de operação bancária que, tendo como factor intermédio o espaço, se inicia e termina com o dinheiro.

[419] Cf. GARRIGUES, *La operación bancaria...*, pp. 252-253; LIBONATI, *Contratto Bancario...*, pp. 64 ss.; AULETTA / SALANITRO, *Diritto Commerciale...*, p. 476; FERRI, *Manuale di Diritto Commerciale...*, pp. 867 ss.; ZUNZUNEGUI, *Derecho del Mercado Financiero...*, pp. 342 ss. (que chama às operações que não são activas nem passivas operações *conexas,* consistindo na prestação de serviços); URÍA, *Derecho Mercantil...*, pp. 858 ss. e BROSETA PONT, *Manual de Derecho Mercantil...*, pp. 459-460.

[420] Definidas por ISIDORO LA LUMIA, *Materia bancaria e diritto bancario,* RDComm, Vol. XIX (1921), Parte I, p. 121, como qualquer operação de troca em que se efectua uma prestação presente mediante a promessa de uma contraprestação futura.

[421] Trata-se, a prestação de serviços de pagamento, entre os quais a execução de transferências, dos mais importantes serviços prestados hoje em dia pelos bancos. Cf., a este propósito, PERRY, *Law and Practice Relating to Banking,* 4.ª ed., Methuen & Co., London, 1983, p. 46: "Three essentials of a banker´s business are to collect cheques for his customer, to receive money for his customer and to repay it when his custumer calls for it.".

164 *A Transferência Bancária*

Há quem distinga entre operações bancárias[422] *fundamentais, essenciais* ou *típicas* e operações bancárias *acessórias*.[423] De acordo com esta classificação, são *fundamentais* aquelas operações através das quais se realiza a função típica dos bancos (de intermediação de crédito), sejam elas *passivas*, como é o caso dos depósitos bancários, ou *activas*, quando o banco concede crédito. São *acessórias* as que, não implicando qualquer intermediação no crédito, são meramente conexas com aquelas, consistentes nomeadamente na prestação de serviços. Segundo esta classificação, o contrato de transferência é um contrato *acessório*.

De acordo com um terceiro critério,[424] o contrato de transferência apresenta-se como um *contrato bancário simples,* ao lado dos contratos bancários de crédito e dos contratos bancários de garantia.

Trata-se, como a generalidade dos contratos bancários, de um contrato *oneroso*. Pela execução de uma transferência bancária o banco cobra uma comissão ao seu cliente, exigindo portanto, como contrapartida, "um correlativo *sacrifício patrimonial*",[425] suficiente para conferir ao contrato de transferência bancário a característica da onerosidade. De resto, é esta a regra para os contratos de mandato comercial (art. 232.º CCom.).

Do contrato de transferência bancária emergem recíprocas obrigações para as partes, como tivemos oportunidade de verificar. O banco tem a obrigação de executar a transferência de acordo com as instruções do cliente e usando para tal da diligência devida; ao cliente cabe dotar o banco da necessária provisão e pagar-lhe a respectiva remuneração. Trata-se, pois, de um contrato *sinalagmático*.

Quanto à formação, vimos tratar-se de um contrato *não-formal* ou *consensual*, uma vez que não está sujeito a nenhuma forma específica, valendo, quanto a ele, o princípio do consensualismo. Sendo essa a regra

---

[422] Sabemos a diferença entre contrato e operação. Mantemos o termo "operação" por ser esse o utilizado pelos autores a que nos referimos, devendo contudo ser salientado que os mesmos o utilizam como sinónimo de contrato.

[423] Cf. ISIDORO LA LUMIA, *Materia bancaria...*, pp. 130 ss.; LUIGI LORDI, *Classificazione...*, pp. 8 ss., PRATIS, *Banca...*, p. 240 (que prefere chamar a estas últimas operações *colaterais*); LUIGI LORDI, *Classificazione...*, pp. 8 ss.; MOLLE, *I Contratti Bancari...*, p. 29; MOLLE / DESIDERIO, *Manuale di Diritto Bancario...*, p. 125 e CAMPOBASSO, *Diritto Commerciale...*, p. 105.

[424] Que devemos a MENEZES CORDEIRO – vd. *Direito Bancário Privado...*, p. 25 e *Direito Bancário – Relatório,* Almedina, Coimbra, 1997, pp.167-170.

[425] INOCÊNCIO GALVÃO TELLES, *Manual dos Contratos...*, p. 402.

As Relações Jurídico-Bancárias 165

quanto aos contratos de mandato,[426] ela assume sem dúvida uma especial acuidade no domínio bancário. Além disso, o contrato de transferência apresenta-se muitas vezes, como tivemos oportunidade de salientar, como um *contrato de adesão*.

3.3. A ordem de transferência

A ordem de transferência é a instrução incondicional dada pelo ordenante ao seu banco para que este execute uma transferência bancária de crédito, ou seja, para que coloque fundos à disposição de um terceiro beneficiário através da respectiva instituição bancária, creditando a conta do beneficiário ou do respectivo banco.[427]

Não é raro encontrar a ordem identificada com a própria transferência.[428] Por outro lado, é muito vulgar a afirmação de que a ordem de transferência é um mandato conferido pelo ordenante ao seu banco.[429] Apesar

---

[426] JANUÁRIO DA COSTA GOMES, *Contrato de Mandato...*, p. 288 e *Contrato de Mandato Comercial...*, p. 515; FRANCESCO DOMINEDÒ, *Mandato (Diritto Civile...* , p. 117; URÍA, *Derecho Mercantil...*, p. 739; SEQUEIRA RIBEIRO, *Acerca da Forma...*, p. 379.

[427] A Directiva 97/5/CE define *ordem de transferência transfronteiras* como "uma instrução incondicional, independentemente da sua forma, dada directamente por um ordenante a uma instituição, de execução de uma transferência transfronteiras" (al. g) do art. 2.º). A Directiva 98/26/CE define *ordem de transferência* (na parte referente à transferência de numerário) como "uma instrução de um participante para colocar um certo montante pecuniário à disposição de um destinatário, através do lançamento nas contas de uma instituição de crédito, de um banco central ou de um agente de liquidação, ou uma instrução que resulte na assunção ou execução de uma obrigação de pagamento tal como definida pelas regras do sistema..." (al. i) do art. 2.º). Por seu lado, o art. 4A do UCC define *ordem de pagamento* como "uma instrução de um ordenante a um banco receptor, transmitida oralmente, electronicamente ou por escrito, para pagar, ou fazer outro banco pagar, um montante fixo ou determinável de dinheiro a um beneficiário" (UCC §4A-103(a)(1)).

[428] FERNÁNDEZ-ARMESTO / CARLOS BERTRÁN, *El Derecho del Mercado Financiero...*, p. 258: "la transferencia consiste en una instrucción...".

[429] ZUNZUNEGUI, *Derecho del Mercado Financiero...*, p. 387: "La transferencia es un procedimiento escriturario que se inicia con el mandato que dirige el cliente a su banquero denominado "orden de transferencia"; ALFARO ÁGUILA-REAL, *Transferencia Bancaria...*, pp. 6620: "la orden de transferencia constituye un "encargo" (...) o un "mandato"..."; RIVES-LANGE / CONTAMINE-RAYNAUD, *Droit Bancaire...*, p. 283: "L'ordre de virement est un mandat donné par le client à son banquier..."; BLANCHE SOUSI-ROUBI, *Banque et bourse...*, p. 172: "Ordre de virement: 1º ordre donné par un client à son banquier

166 *A Transferência Bancária*

da frequente utilização da expressão mandato neste sentido, deve realçar--se a sua impropriedade – por mandato deve entender-se o negócio jurídico e não apenas um dos seus elementos, como é a ordem que o mandante, em execução daquele contrato, dirige ao mandatário.[430]

Não se deve confundir a ordem, nem com a transferência, nem com o contrato celebrado entre o ordenante e o seu banco. Apesar de integrada num complexo de actos destinados a produzir um determinado efeito – a execução deste específico meio de pagamento que é a transferência bancária –, a ordem é um acto autónomo, possuidor de um regime próprio, gerador de efeitos específicos e envolvido por uma problemática muito particular. Ela confere o primeiro impulso a uma engrenagem da qual é apenas uma – ainda que decisiva – peça.

3.3.1. *Capacidade e legitimidade*

Para a ordem de transferência valem as regras gerais relativas à *capacidade*, entendida aqui como capacidade para dispor dos fundos a transferir.[431] Consequentemente, os titulares de uma conta que sejam desprovidos de capacidade negocial plena necessitam da intervenção do seu representante legal para disporem dos fundos através da emissão de uma ordem de transferência.[432] O banco deve assegurar-se, no momento da abertura da conta e da celebração do contrato de transferência, da capacidade do ordenante para dispor dos fundos. Mas já o não deve – ou não pode – fazer quanto à capacidade para celebrar o contrato subjacente, dada a abstracção da transferência relativamente à relação fundamental e o dever de não ingerência do banco.

---

de débiter un compte et d'en créditer un autre du même montant. On parle également de mandat de virement."; ALFRED JAUFFRET, *Droit Commercial...*, p. 632: "Ordre de virement – C'est le mandat donné par une personne à son banquier..."; MICHEL CABRILLAC, *Le chèque...*, p. 201: "L'ordre de virement est un mandat..."; VASSEUR, *Les aspects juridiques...*, p. 583: "L'ordre de virement est un mandat.".

[430] VÁZQUEZ PENA, *La Transferencia Bancaria...*, p. 198, faz notar que o termo *mandato* admite uma interpretação dupla, podendo significar, tanto o contrato na sua globalidade, como a simples ordem dirigida ao mandatário. GARRIGUES, *Contratos Bancarios...*, p. 553, explicita que, quando qualifica as instruções dadas pelo ordenante ao seu cliente como *ordem* ou *mandato*, emprega este último termo em sentido vulgar e não em sentido técnico.

[431] MICHEL CABRILLAC, *Le chèque...*, p. 204.

[432] SIEGFRIED KÜMPEL, *Bank und Kapitalmarktrecht...*, p. 208.

As Relações Jurídico-Bancárias 167

Questão diferente é a da *legitimidade*[433] para emitir uma ordem de transferência. Dado que a transferência de um montante em dinheiro a partir de uma conta pressupõe a sua restituição ao cliente enquanto depositante, terão que ser observadas as regras aplicáveis a cada modalidade de depósito para se determinar se, numa situação concreta, o ordenante tem ou não legitimidade para movimentar os fundos depositados através da emissão de uma ordem de transferência. Diferente é, quanto ao grau de disponibilidade do depositante, um *depósito à ordem* (no qual o saldo está permanentemente ao seu dispor) de um *depósito a prazo* ou *com pré-aviso*. Quanto à titularidade, os depósitos podem ser *singulares* ou *plurais*.[434] Não se deve confundir, contudo, a titularidade de um depósito com o poder de disposição do mesmo. O titular de um depósito é a pessoa ou pessoas em cujo nome o contrato é celebrado. Ser titular de um depósito não implica uma posição jurídica activa determinada, porque não supõe, nem o poder de dispor do dinheiro depositado ou de dar ordens sobre o montante depositado, nem a propriedade de tal montante.[435] A titularidade designa uma posição formal que em si não comporta direitos de disposição determinados.[436] Mais importante na prática é determinar quem pode dispor dos fundos depositados. Um titular não tem necessariamente poder de disposição – é o que sucede nos depósitos com vários titulares em que só um ou alguns pode(m) dispor dos fundos. Nem poder de disposição plena – é o ocorre nos depósitos conjuntos, em que a movimentação dos fundos depende da actuação conjunta de todos os seus titulares. Por outro lado, para poder dispor dos fundos não é forçoso ser-se titular – pense-se nas "assinaturas autorizadas", em que se faculta a não titulares essa disposição. Poder de disposição e titularidade não estão pois necessariamente

---

[433] Referimo-nos a *legitimidade* como a posição do sujeito perante uma situação concreta, não referente à titularidade de uma situação jurídica, mas antes à susceptibilidade de actuar em relação a ela – cf. OLIVEIRA ASCENSÃO, *Teoria Geral do Direito Civil*, Vol. I..., p. 140.

[434] Sobre as várias modalidades de depósito, cf. PINTO COELHO, *Operações de banco...*, pp. 77 ss.; PAULA PONCES CAMANHO, *Do Contrato...*, pp. 124 ss. e ANTUNES VARELA, *Depósito bancário – Depósito a prazo em regime de solidariedade – Levantamento antecipado por um contitular,* RB, n.º 21, Janeiro-Março, 1992, pp. 49 ss..

[435] VALPUESTA GASTAMINZA, *Depósitos de dinero, in Derecho del Mercado Financiero, II – Operaciones Bancarias de Activo y Pasivo,* Vol. 1, (dir. Alberto Alonso Ureba / J. Martínez-Simancas y Sánchez), Madrid, 1994, p. 226.

[436] Quanto à possível não coincidência entre a titularidade do depósito e a propriedade das quantias nela existentes, cf. PAULA PONCES CAMANHO, *Do Contrato...*, pp. 134 ss., n. 395.

168 · A Transferência Bancária

unidos, e em si são conceitos independentes. Apenas o primeiro influi sobre a legitimidade para emitir uma ordem de transferência, devendo ser verificado casuisticamente.

3.3.2. *Forma*

Impera, relativamente à ordem de transferência, o princípio da liberdade de forma.[437] Esta pode ser emitida através de qualquer forma idónea a exteriorizar a vontade do ordenante. A forma imprimida à ordem varia naturalmente de acordo com a técnica utilizada e depende do acordado com a instituição bancária. Tratando-se de uma transferência ordenada ao balcão, é normalmente facultado ao cliente um impresso próprio. Pode ainda ser utilizado qualquer meio de correspondência, incluindo fax. Se o banco dispuser de serviço telefónico de atendimento de clientes (o chamado "banco directo") a que o cliente tenha aderido, a ordem é dada oralmente. Tratando-se de transferências ordenadas com utilização de um cartão de débito, em caixas automáticas ou em estabelecimentos comerciais, a ordem é emitida através da conjugação dos dados contidos na banda magnética do mesmo e da digitalização da informação necessária. Em sistemas de "home banking", a ordem é concretizada através dos dados introduzidos no computador.

Um problema que se coloca a este propósito é o da articulação entre a liberdade de forma, por um lado, e a necessidade de verificação da autenticidade da ordem e a sua prova, por outro. Quando utilizadas caixas automáticas ou sistemas de ponto de venda, as cláusulas contratuais gerais exigem procedimentos que assegurem a autenticidade da ordem. Por outro lado, a operação realizada fica registada nos computadores centrais do sistema, sendo emitido de imediato um talão que é disponibilizado ao cliente. Está ainda previsto, em regra, que o titular do cartão receberá um extracto escrito do qual constem todas as transferências efectuadas. Nos outros casos, o banco normalmente exige, para prova, a forma escrita ou a confirmação por escrito de ordens dadas oralmente.

---

[437] Cf. MICHEL VASSEUR, *Droit et Économie Bancaires – Les Opérations de Banque*, Vol. IV..., p. 1532; CONCETTO COSTA, *Bancogiro "internazionale"*..., p. 354; GAVALDA / STOUFFLET, *Droit bancaire*..., p. 114; MICHEL CABRILLAC, *Le chèque*..., p. 201; VAN RYN / HEENEN, *Principles de Droit Commercial*..., p. 321 e MENEZES CORDEIRO, *Manual de Direito Bancário*..., p. 543.

3.3.3. Natureza jurídica

Salientámos já que a ordem não se confunde com o mandato enquanto contrato. A relação de mandato, preexistente ou não, é diferente da própria ordem, que não perde em autonomia. Analisemos a sua natureza jurídica.

A resposta para a questão da natureza jurídica da ordem de transferência não pode ser única, dependendo da prévia vinculação do banco à sua execução e dos contornos contratuais a que essa vinculação diz respeito.[438]

3.3.3.1. *Na ausência de vinculação prévia do banco*

Sabemos que há casos em que um cliente, não tendo qualquer relação prévia com um determinado banco, se dirige a ele solicitando-lhe que realize uma transferência bancária. Aceitando-o, o banco abre uma "conta de passagem" em nome do ordenante, executa a transferência e fecha-a. O banco tem total liberdade para decidir se entra ou não em relação com o cliente, seja uma relação com vocação de permanência, celebrando um contrato de abertura de conta,[439] seja uma relação esporádica, como a destinada à execução de uma única transferência bancária. Trata-se, nada mais, do que o exercício da sua autonomia privada, omnipresente no Direito Bancário privado.

Não tendo o cliente uma conta aberta no banco, este é pois totalmente livre de executar ou não a ordem de transferência. O mesmo é dizer, de celebrar ou não um contrato de transferência. A "ordem", formalizada normalmente através do preenchimento de um formulário que o próprio banco disponibiliza nos seus balcões, assume-se, nestes casos, como uma *proposta* dirigida à celebração de um contrato de transferência. Como proposta, a ordem consubstancia um verdadeiro *negócio jurídico unilateral*, dado que, por um lado, o seu autor goza de liberdade de celebração e de estipulação (o conteúdo da proposta é livre) e, por outro, ela produz desde logo efeitos decorrentes de uma

---

[438] Cf. Campobasso, *Il Bancogiro...*, p. 663; Gerardo Santini, *Mandato di Pagamento...*, p. 172; Motos Guirao, *Sobre si el Ingresso...*, p. 268 e Folco, *Les paiments...*, pp. 54-56.

[439] Relativamente à liberdade do banco para celebrar um contrato de abertura de conta, cf., entre outros, Menezes Cordeiro, *Manual de Direito Bancário...*, pp. 503-505 e Paula Ponces Camanho, *Do Contrato...*, pp. 109 ss..

170   A Transferência Bancária

única vontade, independente da sua eventual execução e dispensando-se, para que por si exista e seja eficaz,[440] qualquer anuência da outra parte.[441]

Estando o banco disposto a celebrar o contrato de transferência, a sua *aceitação,* a partir da qual se deve considerar o contrato como celebrado, exprime-se normalmente pela *execução* da ordem de transferência, o que consubstancia uma *aceitação tácita não receptícia*. Nos termos do art. 234.º CCiv., "quando a proposta, a própria natureza ou circunstâncias do negócio ou dos usos tornem dispensável uma declaração de aceitação, tem-se o contrato por concluído logo que a conduta da outra parte mostre a intenção de aceitar a proposta.". Consistindo essa conduta, no caso de uma transferência bancária, na execução da própria transferência, a aceitação assume-se como uma *"aceitação contratual não receptícia por actos de execução"*.[442]

Trata-se de uma *declaração de aceitação tácita*, admitida e equiparada às declarações expressas pelo art. 217.º CCiv.. Declaração tácita que se expressa objectivamente através de um *comportamento concludente*.[443] Para além de tácita, é uma aceitação *não receptícia*,[444] uma vez que não necessita de ser levada ao conhecimento do proponente para se tornar efi-

---

[440] Porque faz surgir na outra parte o direito potestativo à aceitação.

[441] Cf. MENEZES CORDEIRO, *Teoria Geral do Direito Civil*, 1º Vol., pp. 505 e 626 ss. e *Tratado de Direito Civil...*, p. 305. Cf. também FERREIRA DE ALMEIDA, *Texto e Enunciado...*, pp. 787 ss..

[442] Cf. PAULO MOTA PINTO, *Declaração Tácita...*, pp. 568 ss.. Cf. também HEINRICH HÖRSTER, *Sobre a formação do contrato segundo os arts. 217.º e 218.º, 224.º a 226.º e 228.º a 235.º do Código Civil,* RDE, Ano IX (1983), n.ºs 1-2, Janeiro/Dezembro, pp. 151--152; PIERRE GODÉ, *Volonté...,* pp. 38 ss. e GIORGIO GIAMPICCOLO, *La dichiarazione recettizia,* Milano, 1959, *passim.*

[443] FERREIRA DE ALMEIDA, *Texto e Enunciado...*, pp. 793-794.

[444] Não se deve confundir a distinção entre aceitação "receptícia" e "não receptícia", no sentido do art. 234.º CCiv., com declaração "receptícia" ou "não receptícia" ou, se preferirmos, "recipienda" ou "não recipienda", de acordo com o art. 224.º CCiv. (cf., sobre estas diferentes designações, MENEZES CORDEIRO, *Tratado de Direito Civil...*, p. 289, n. 549). Qualquer aceitação tem, por natureza, um destinatário determinado, sendo nesse sentido uma declaração "receptícia" ou "recipienda" (cf. PAULO MOTA PINTO, *Declaração Tácita...*, p. 575). A aceitação é "não receptícia" no sentido de que não necessita de ser levada ao conhecimento desse destinatário para produzir efeitos. Cf. também VAZ SERRA, *Perfeição da Declaração Negocial de Vontade – Eficácia da Emissão da Declaração – Requisitos Especiais da Conclusão do Contrato,* BMJ, n.º 103, Fevereiro, 1961, pp. 5 e 102 ss..

As Relações Jurídico-Bancárias   171

caz, bastando, para que o contrato se tenha por concluído, que "a conduta da outra parte mostre a intenção de aceitar a proposta". Ou seja, a aceitação é eficaz e o contrato tem-se por concluído logo que tenha início a execução. O que está essencialmente em causa é a questão do momento da eficácia da declaração – o contrato deve ter-se por concluído antes da aceitação ser levada ao conhecimento do proponente, nomeadamente através de actos de cumprimento ou execução do contrato.[445] Ou seja, a conclusão do contrato é antecipada ao momento do início da execução.[446] A justificação para este regime está, desde logo, na satisfação de exigências de rapidez e simplicidade na execução do contrato.[447] Tratando-se aqui de um caso de aceitação através de actos de execução, visa-se, nomeadamente, satisfazer o interesse do proponente na execução célere da sua "ordem", que se afirma com bastante premência na execução de transferências bancárias.[448]

3.3.3.2. *Nos casos de vinculação prévia do banco*

A partir do momento em que o banco celebrou, implicitamente nalguns casos, mediante cláusulas contratuais gerais noutros, um contrato de transferência, ele está obrigado, dentro de determinados limites (nomeadamente, existindo provisão e tendo o cliente fornecido as informações consideradas necessárias para o efeito), a executar as ordens de pagamento que lhe sejam dirigidas.

Existindo uma relação prévia entre banco e cliente, há que distinguir entre a ordem *em si mesma* considerada e enquanto *inserida na relação prévia* de transferência (regulada pelas regras do mandato) entre o banco e o seu cliente.[449]

---

[445] Cf., sobre as "simples execuções ou actuações de vontade", MANUEL DE ANDRADE, *Teoria Geral da Relação Jurídica*, Vol. II – *Facto Jurídico, em especial Negócio Jurídico*, Almedina, Coimbra, 1987 (7.ª reimp.), pp. 123 ss..

[446] PAULO MOTA PINTO, *Declaração Tácita...*, p. 578; FERREIRA DE ALMEIDA, *Texto e Enunciado...*, p. 794.

[447] PAOLO MENTI, *Atti di esecuzione e di appropriazione nella conclusione del contratto*, RDCiv, Ano XXVI (1980), Parte I, pp. 535 ss..

[448] A satisfação de interesses do próprio aceitante/executante, nomeadamente no que se refere à transferência do risco, normalmente associada também ao regime das aceitações não receptícias, tem pouco cabimento neste domínio.

[449] Operando semelhante distinção relativamente à ordem de bolsa, AMADEU FERREIRA, *Ordem de Bolsa*, ROA, Ano 52 (1992), Julho, p. 500.

No que diz respeito à ordem enquanto elemento inserido na relação prévia entre o banco e o seu cliente, e independentemente de se autonomizar o contrato de transferência ou de se reconduzir a transferência ao serviço de caixa, a vinculação do banco a executar a ordem de transferência[450] faz dela uma *"ordem verdadeira e própria"*,[451] uma *"ordem em sentido técnico"* ou *"em sentido próprio"*,[452] um *comando* que vincula o seu destinatário à prática de um acto.[453]

Do ponto de vista do direito do *mandato*, trata-se de uma *instrução*,[454] que reveste aqui uma "importância típica".[455] É o acto necessário à *actualização, especificação* ou *concretização*[456] do conteúdo do mandato previamente conferido ao banco,[457] o acto que define, para a execução de uma transferência em concreto, o conteúdo e os limites da obrigação do banco, previamente assumida ao abrigo do contrato de transferência mas necessitada de concretização. É uma *declaração unilateral de vontade* que visa concretizar um direito potestativo e que encontra, no outro pólo, uma sujeição[458]

---

[450] A propósito das ordens de pagamento em geral, FERREIRA DE ALMEIDA, *Texto e Enunciado...,* p. 451, considera que as ordens só fazem a sua aparição no campo da autonomia negocial como actos complementares ou de desenvolvimento de situações de subordinação funcional, criadas por autovinculação.

[451] FERRI, *Bancogiro...,* p. 32 (o Autor compara a ordem de transferência à ordem contida num cheque, com a diferença que, ao contrário daquela, não está incorporada num título).

[452] CAMPOBASSO, *Il Bancogiro...,* pp. 662-663; MARTUCCELLI, *Obbligazioni...,* p. 138.

[453] FERREIRA DE ALMEIDA, *Texto e Enunciado...,* p. 468.

[454] Cf., entre outros, CANARIS, *Bankvertragsrecht...,* p. 207; SCHWINTOWSKI / / SCHÄFER, *Bankrecht...,* p. 247; SIEGFRIED KÜMPEL, *Bank und Kapitalmarktrecht...,* pp. 207 ss.; DANIEL GUGGENHEIM, *Les Contrats...,* p. 257; MARTIN HESS, *Switzerland...,* p. 313; ZUNZUNEGUI, *Derecho del Mercado Financiero...,* p. 369; VÁZQUEZ PENA, *La Transferencia Bancaria...,* p. 207.

[455] JANUÁRIO DA COSTA GOMES, *Contrato de Mandato...,* p. 344.

[456] As instruções que o mandante dá ao mandatário são *instruções especificativas*, isto é, "instruções verdadeiras e próprias, vinculativas para o mandatário na medida em que se limitam a especificar a prestação a seu cargo", desempenhando assim "um papel integrativo do conteúdo do contrato" – JANUÁRIO DA COSTA GOMES, *Em Tema de...,* p. 91, n. 279.

[457] KÜMPEL, *Bank und Kapitalmarktrecht...,* p. 207; DANIEL GUGGENHEIM, *Les Contrats...,* p. 257; LUCIO CERENZA, *Italy, in Payment Systems of the World...,* p. 187.

[458] "Está numa sujeição a pessoa que possa ver a sua posição alterada por outrem, unilateralmente." – MENEZES CORDEIRO, *Tratado de Direito Civil...,* p. 143.

As Relações Jurídico-Bancárias 173

do banco a dar-lhe execução.[459] Neste aspecto, a ordem não dispõe de uma verdadeira autonomia relativamente ao negócio jurídico a que se reporta,[460] embora, enquanto declaração de vontade, esteja sujeita a procedimentos de sindicância autónomos, respeitantes à sua autenticidade e à legitimidade do seu autor. Como acto *acessório* do contrato de transferência, sofre as vicissitudes deste.[461]

Em si mesma considerada, a ordem de transferência assume uma dimensão que parece ultrapassar a de mero acto acessório e concretizador de uma relação prévia entre o cliente e o banco e que obriga este à sua execução. A ordem de transferência não só baliza como verdadeiramente *justifica*[462] a actuação concreta do banco. Isto é, não só especifica, para uma transferência em concreto, a obrigação do banco, como lhe confere *poder* para agir por sua conta.[463]

A situação é em tudo paralela à de um mandato representativo: aqui, deve não só distinguir-se o *mandato* da *procuração*,[464] aquele contrato este negócio jurídico unilateral atributivo de poderes de representação, como se deve distinguir esta procuração das *instruções* concretas dadas pelo mandante. Estas não respeitam aos poderes em si, mas obrigam o mandatário a agir em conformidade com elas. Aquela confere um poder, estas impõem um dever.[465]

---

[459] VITTORIO SALANDRA, *Ordine di bancogiro e conto corrente bancario,* FI, Vol. LIV (1929), Parte I, p. 485; SEQUEIRA MARTÍN, *La Transferencia Bancaria...,* p. 2545; FOLCO, *Il Sistem...,* p. 502; SANTINI, *Giroconto...,* pp. 862; MOLLE, *Conto corrente bancario...,* p. 421.

[460] Cf. FERREIRA DE ALMEIDA, *Texto e Enunciado...,* p. 451, que qualifica a ordem de pagamento ligada a um contrato de depósito bancário como *acto jurídico não- -negocial.*

[461] CANARIS, *Bankvertragsrecht...,* p. 209.

[462] Cf., quanto à ordem de bolsa, PAULA COSTA E SILVA, *Compra, Venda e Troca de Valores Mobiliários,* in *Direito dos Valores Mobiliários,* Lex, Lisboa, 1997, p. 248.

[463] Cf., ainda a propósito da ordem de bolsa, FERREIRA DE ALMEIDA, *As Transacções de Conta Alheia no Âmbito da Intermediação no Mercado de Valores Mobiliários,* in *Direito dos Valores Mobiliários,* Lex, Lisboa, 1997, p. 296.

[464] Cf. PESSOA JORGE, *Mandato...,* pp. 381 ss..

[465] Também INOCÊNCIO GALVÃO TELLES, *Manual...,* pp. 314 ss., a propósito do mandato em geral, refere que a fonte de onde nascem os poderes atribuídos ao mandatário é um *negócio jurídico unilateral* do mandante. Este acto unilateral, que possui autonomia, também se denomina, na linguagem legal e usual, *mandato.* E salienta que é importante evitar a confusão, discriminando o *contrato como mandato* e o *mandato como negócio*

174   *A Transferência Bancária*

Tratando-se, o contrato de transferência, de um contrato de comissão, ou seja, de um mandato comercial sem representação, deve distinguir-se a ordem enquanto *instrução*, especificadora do conteúdo geral daquele contrato e concretizadora da obrigação do banco em executá-la, da ordem enquanto atribuidora de um poder deste agir por conta do seu cliente ou, melhor dizendo, como *autorização*.[466] Essa autorização verdadeiramente legitima[467] a actuação do banco ordenante, permitindo-lhe executar a transferência e, consequentemente, debitar o montante correspondente na conta do ordenante.

A distinção pode não ser discipienda – dada autorização ao banco, através da ordem de transferência e dentro dos limites por esta fixados, para agir por conta do cliente, uma eventual caducidade do contrato de transferência, fazendo cessar a obrigação daquele em executá-la, legitima-o a fazê-lo e, consequentemente, a debitar a conta do ordenante no montante

---

jurídico unilateral. Só o segundo atribui poderes ao mandatário. Encontra-se isolado ou aderente a uma relação contratual, como a derivada de mandato no primeiro sentido da expressão. Mas, ainda em tal hipótese, o mandato, enquanto acordo que obriga alguém a agir por conta de outrem, e o mandato como declaração unilateral em que este dá àquele poderes, permanecem distintos – actos jurídicos com regimes diferentes e porventura sortes diferentes. Citando VON TUHR, distingue também o Autor a *procuração* das simples *instruções* – estas não respeitam aos poderes em si, mas aos actos jurídicos em que se fundam.

[466] PESSOA JORGE, *Mandato...*, pp. 381 ss., salienta que também no mandato sem representação é possível distinguir entre o mandato como *contrato* e o mandato como *acto unilateral*. Este, que no mandato representativo é constituído pela procuração, no mandato sem representação assume-se como *autorização*, que o Autor define como "acto unilateral pelo qual alguém permite ou dá poder a outrem para desenvolver determinada actividade" e qualifica como negócio jurídico unilateral. O Autor distingue *autorização* de *proposta de mandato* – esta é dirigida à aceitação do destinatário, enquanto aquela é dirigida apenas ao seu *conhecimento*. O que não significa que, pretendendo o *dominus* a vinculação do autorizado, a autorização não se possa integrar numa proposta de mandato. Quanto à distinção entre mandato e procuração, cf. também PIRES DE LIMA / / ANTUNES VARELA, *Código Civil Anotado*, Vol. II, 3.ª ed., Coimbra Editora, Coimbra, 1986, p. 244.

[467] A propósito do mandato sem representação para alienar, coloca-se a questão de saber se estará o mandatário legitimado a realizar a venda por conta (mas não em nome) do mandante. Esta questão faz salientar a necessidade da *autorização*. Porque ela existe, são os autores unânimes na consideração de que o mandatário tem essa legitimidade – cf., por ex., JANUÁRIO DA COSTA GOMES, *Em Tema de...*, pp. 122-123 e PIRES DE LIMA / / ANTUNES VARELA, *Código Civil Anotado*, Vol. II..., p. 749.

As Relações Jurídico-Bancárias   175

transferido (desde que, obviamente, a ordem em si seja autêntica e válida).[468]

De tudo isto é possível concluir que se trata, a ordem de transferência dada pelo cliente, de um *negócio jurídico unilateral* que, simultaneamente, concretiza uma obrigação previamente assumida pelo banco, colocando-o numa situação de sujeição e nesse sentido significando o exercício de um direito potestativo, e atribui a esse banco autorização para agir por conta do cliente ordenante. Sempre mantém esse cliente, relativamente à ordem, liberdade de celebração e de estipulação dentro de certos limites, produzindo aquela efeitos com a declaração que consubstancia, independentemente de execução.[469] [470]

A ordem de transferência é um negócio jurídico unilateral *abstracto* uma vez que, como já sabemos, "omite a causa da transmissão, adequando-se a qualquer negócio jurídico causal subjacente que justifique a transmissão".[471]

3.3.4. *Execução da ordem de transferência e seus efeitos*

O banco do ordenante executa a ordem que este lhe dirigiu inscrevendo a crédito a conta do beneficiário, se este for também seu cliente, ou transmitindo essa ordem ao banco do beneficiário e creditando a conta deste banco no montante correspondente, se a transferência for externa.

---

[468] Parece ser este o entendimento de CANARIS, *Bankvertragsrecht...*, pp. 207-209, quando confere à ordem de transferência (*"Überweisungsauftrag"*) uma dupla natureza: enquanto *"Weisung"*, instrução no sentido dos §§ 675 e 665 BGB (mandato) e enquanto *"Anweisung"*, autorização no sentido do § 783 BGB (delegação).

[469] MENEZES CORDEIRO, *Teoria Geral do Direito Civil*, 1.º Vol., p. 505.

[470] Nesse sentido, AMADEU FERREIRA, *Sistemas de Pagamentos...*, p. 49. Cf. ainda, a propósito das ordens de bolsa, MENEZES CORDEIRO, *Transmissão em bolsa de acções depositadas*, in *Banca, Bolsa e Crédito – Estudos de Direito Comercial e de Direito da Economia*, I Vol., Almedina, Coimbra, 1990, p. 155; FERREIRA DE ALMEIDA, *As Transacções...*, p. 296 e AMADEU FERREIRA, *Ordem de Bolsa...*, p. 502, todos configurando aquelas como negócios jurídicos unilaterais (a situação não é, porém, exactamente igual à que nos prende a atenção, porque os intermediários financeiros estão legalmente obrigados a contratar).

[471] FERREIRA DE ALMEIDA, *Desmaterialização...*, pp. 33-34, n. 20. Cf. também AMADEU FERREIRA, *Sistemas de Pagamentos...*, p. 49 e VÁZQUEZ PENA, *La Transferencia Bancaria...*, p. 201.

176 A Transferência Bancária

Essa inscrição a crédito, no que respeita às relações entre o banco e o seu cliente ordenante de uma transferência em concreto, traduz-se assim no cumprimento da sua obrigação para com ele, assumindo-se com um *acto devido*, simples acto jurídico.[472]

Para que o montante em causa possa ser transferido a um terceiro, torna-se necessário que o banco o restitua ao cliente na sua qualidade de credor decorrente do contrato de depósito bancário entre ambos celebrado.[473] Fá-lo *debitando a conta* nesse montante, o que provoca a diminuição do saldo, como decorrência da conta corrente acordada. Esse débito, se feito antes da inscrição a crédito na conta do beneficiário ou da respectiva instituição bancária, é apresentado também, de acordo com as regras do mandato, como o fornecimento pelo cliente ao seu banco dos meios necessários para execução do mandato (al. a) do art. 1167.º CCiv. e do art. 243.º CCom.). Se feito depois, representa o reembolso ao mandatário/banco das "despesas" feitas em execução desse mandato (al. c) do art. 1167.º CCiv.).[474] [475]

O banco só é obrigado a executar a transferência se a conta do cliente estiver devidamente provisionada (art. 243.º, 1.º par., CCom.). Não o estando, pode recusar-se a dar seguimento à ordem. Mas também a pode executar, uma vez que, não estando obrigado, está autorizado a fazê-lo.

---

[472] Cf. Inocêncio Galvão Telles, *Direito das Obrigações...*, p. 220; Almeida Costa, *Direito das Obrigações...*, p. 888; Calvão da Silva, *Cumprimento...*, p. 105.

[473] Kümpel, *Bank und Kapitalmarktrecht...*, p. 208.

[474] Cf. Claussen, *Bank- und Börsenrecht...*, p. 127, com referência aos §§ 669 (adiantamento do necessário à execução do mandato) e 670 (reembolso de despesas com a execução do mandato) BGB.

[475] Trata-se, aqui, de exemplos de como o regime do mandato, ainda que útil, não é totalmente adequado a reflectir a realidade jurídica envolvente de uma transferência bancária.

SECÇÃO II
A Relação entre Beneficiário e Banco

1. PRESSUPOSTOS DA EXECUÇÃO DE UMA TRANSFERÊNCIA BANCÁRIA DE CRÉDITO

Razões expositivas levaram-nos a separar a análise da relação entre o ordenante e o seu banco, por um lado, e entre o beneficiário e o banco deste, por outro. De um ponto de vista cronológico, centramos agora a nossa atenção no momento posterior ao da emissão de uma ordem de transferência, pois só nesse momento nos é possível identificar *o* beneficiário e *o* seu banco *naquela* transferência. O nosso objectivo principal, neste ponto do *iter* transmissivo, é descrever as etapas por que passam os fundos objecto da transferência até atingir o seu destino: a conta *daquele* beneficiário. E mais do isso, até, determinar quais os efeitos que essa "chegada" de fundos tem na relação entre esse beneficiário e o seu banco. A análise do *durante* e do *depois* da execução da transferência só é possível, porém, se, como acto lógico prévio, nos debruçarmos sobre o *antes*. Foi isso que fizemos quando estudámos a relação entre o ordenante *da* transferência e o seu banco. A diferença é que, aí, a ordem expositiva acompanhou a ordem cronológica.

Vimos que pressuposto da execução de uma transferência era a abertura de uma conta, a celebração de um contrato de conta corrente, o estabelecimento de uma relação de provisão e de uma relação de transferência. Pois bem, quando falamos *do* beneficiário de uma transferência *em concreto*, não nos referimos senão ao cliente do banco que com ele celebrou o contrato de abertura de conta e, na sequência e ao abrigo desta, um contrato de conta corrente, um contrato de depósito bancário e um contrato de transferência. Simplesmente, quando reportado *a esta transferência* de que nos ocupamos, ele ocupa o papel de beneficiário.

Tudo isto é evidente, e serve apenas para recordar o que ficou dito a propósito da relação entre um banco e um cliente, em geral e num momento lógica ou cronologicamente anterior ao da execução de uma transferência em concreto.

Qualquer cliente que abre uma conta num banco "anexa" a esta, numa coligação plena de colorações próprias, uma conta corrente e um depósito bancário. No que diz respeito à prestação de serviços de pagamento, a *summa divisio* mantém-se. Aqueles para quem a execução de uma transferência ordenada pelo cliente mais não é do que o cumprimento de uma obrigação assumida ao abrigo do serviço de caixa geral, reconduzem igualmente a esse serviço de caixa a obrigação que o banco tem de receber, por conta do cliente, pagamentos ordenados por terceiros. Do mesmo mandato geral fazem decorrer a obrigação de executar e receber ordens de transferência. Por outro lado, aqueles que individualizam um contrato de transferência, do qual decorre a obrigação de o banco executar ordens de transferência, desse mesmo contrato fazem derivar a obrigação de por conta do cliente o mesmo banco receber pagamentos.

Em coerência com que o que defendemos, manifestamos agora o nosso entendimento de que também a obrigação do banco de receber disponibilidades monetárias por conta do cliente, aceitando ordens de transferência, se reconduz ao *contrato de transferência* que já analisámos. A tudo o que sobre ele dissemos acrescentaríamos agora: por virtude do contrato de transferência implicitamente celebrado aquando da abertura de conta e que se rege supletivamente pelas regras do mandato, o banco obriga-se perante o seu cliente a executar ordens de transferência (dentro dos limites enunciados), quando este assuma a posição de *ordenante*, e a aceitá-las por sua conta, quando o mesmo represente o papel de *beneficiário*.

É assim que, nesse papel de beneficiário, o cliente está munido dos instrumentos jurídicos necessários a receber uma determinada quantia de disponibilidades monetárias por inscrição na sua conta. Sem uma conta num banco, sem o mecanismo da conta corrente e sem a prévia celebração de um contrato de transferência (encarado agora parcialmente e numa perspectiva que diríamos "passiva"), tal transmissão de moeda escritural não seria possível e os seus efeitos não equivaleriam aos de uma entrega física de numerário.

Essa transmissão é impulsionada pela ordem dirigida pelo ordenante ao seu banco para que coloque à disposição de um beneficiário uma determinada soma em dinheiro. O banco aceita a ordem se considerar que para tal estão reunidas as necessárias condições, agindo, ao abrigo do contrato de transferência, como mandatário do ordenante para efectuar pagamentos a terceiros.

O *banco do beneficiário* entra em cena a partir do exacto momento em que, por virtude do contrato de transferência celebrado com aquele, aceita por sua conta a ordem de pagamento que lhe é dirigida, quer directamente pelo ordenante (se a transferência for interna), quer através da respectiva instituição ou de um intermediário (se a transferência for externa, directa ou indirecta). O montante recebido, por débito directo na conta do ordenante ou por crédito na conta do banco do beneficiário, será por este inscrito a crédito na conta do cliente, cumprindo-se nesse momento a função da transferência bancária de crédito como meio de pagamento.

2. A execução da transferência bancária de crédito e os seus efeitos

O procedimento sumariamente descrito é tornado possível por virtude de um complexo de relações contratuais de carácter distinto, ainda que coligadas, que unem o beneficiário ao seu banco. Considerando que só uma compreensão cabal do significado jurídico de cada uma das etapas dessa sequência nos permitirá desbravar caminho na compreensão da transferência bancária no seu todo, procederemos à decomposição lógica do procedimento em todos os seus actos, tentando em relação a cada um descortinar a origem e descobrir os efeitos.

1) O banco do beneficiário recebe e aceita a ordem de transferência

Ao receber e aceitar uma ordem de transferência bancária, qualquer banco desempenha um duplo papel:[476] é mandatário e depositário do ordenante, tratando-se de uma transferência interna, ou mandatário do respectivo banco ou de um banco intermediário, se a transferência for externa (directa ou indirecta) e, simultaneamente, é *mandatário* do seu cliente, *beneficiário* daquela transferência, por virtude do contrato que com ele celebrou e no qual se obrigou a, por sua conta, aceitar ordens de transferência e receber o respectivo montante.

2) O montante transferido é inscrito na conta do banco do beneficiário

Se a transferência for externa, o banco do beneficiário, na sequência da aceitação de uma ordem de transferência, verá a sua própria conta

---

[476] Cf. KÜMPEL, *Bank und Kapitalmarktrecht...*, p. 243.

creditada no montante a transferir. Essa conta pode estar aberta junto do próprio banco que lhe dirigiu a ordem ou de uma câmara de compensação e é através dela que o banco *recebe* o montante da transferência *por conta* do seu cliente. Sendo a transferência patrimonialmente neutra para o banco do beneficiário, o momento em que ele recebe o pagamento por conta do seu cliente é também o da atribuição patrimonial a favor deste, objectivo final do mecanismo de transmissão de moeda escritural que é a transferência.

3) O banco inscreve a crédito a conta do beneficiário

Recebido o montante da transferência por conta do beneficiário, o banco deve disponibilizá-lo a este, não por entrega física de numerário mas mediante a respectiva inscrição em conta, o que faz como decorrência do *contrato de abertura de conta* celebrado entre ambos.[477] Com as devidas adaptações, trata-se da restituição pelo banco do adquirido em função do mandato, nos termos do art. 1161.º al. e) CCiv..

Se o montante transferido tiver sido recebido pelo banco do beneficiário, por conta deste, através do SICOI, no âmbito do subsistema TEIs, determina o ponto 28.º da Instrução do Banco de Portugal n.º 125/96 que a disponibilização ao beneficiário do valor das operações deve ser efectuado até ao dia útil subsequente ao da liquidação financeira, em relação ao 1.º fecho (19h),[478] e no próprio dia da liquidação financeira, para as transferências integradas no 2.º fecho (11h 15m). O não cumprimento deste prazo poderá fazer a instituição incorrer na prática de um ilícito contra-ordenacional, punível nos termos da al. i) do art. 210.º do RGIC.

O facto de o montante já estar inscrito a crédito na conta do beneficiário não significa que este possa imediatamente movimentá-lo. Pode suceder que, alterando embora o *saldo contabilístico,* o montante transferido não conste ainda do *saldo disponível*, apesar de ter ingressado na esfera patrimonial daquele e ter sido convertido em crédito. Se esse facto não causa ao beneficiário qualquer prejuízo patrimonial directo, uma vez que os juros que o banco depositário lhe deve vencem-se desde a inscrição a crédito por ser essa a *data-valor*, pode contudo prejudicá-lo o facto de não poder contar com o dinheiro para cumprir as suas obrigações.

---

[477] KÜMPEL, *Bank und Kapitalmarktrecht...*, p. 216.

[478] De acordo com o ponto 1 da parte II no Anexo àquele Regulamento.

4) *O montante inscrito em conta perde a individualidade, fundindo--se no saldo anterior e dando origem a um novo saldo*

Por vontade das partes manifestada aquando da celebração do *contrato de conta corrente*, o crédito inscrito em conta faz desencadear um mecanismo de compensação automática que produz a imediata variação do saldo disponível.

5) *Por virtude do ingresso na conta do beneficiário, o montante transferido passa a constituir um crédito do banco face ao beneficiário*

Por virtude do *contrato de depósito bancário*, o montante transferido, propriedade do beneficiário, transforma-se, no exacto momento da inscrição em conta, num crédito daquele face ao banco, fundido num novo saldo permanentemente disponível.

Com a inscrição a crédito, o beneficiário, ao mesmo tempo (numa simultaneidade cronológica mas em momentos lógico-operativos diferentes) que é restituído na soma recebida pelo seu banco *ex mandato*, torna-se credor *ex recepto* do mesmo montante. Montante que o banco, por virtude do contrato de depósito bancário, se obriga a ter permanentemente ao seu dispor e a devolvê-lo a solicitação.

Pode assim dizer-se que a inscrição a crédito tem, simultaneamente, um efeito declarativo do quanto já recebido em execução do mandato e um efeito constitutivo do crédito surgido a favor do beneficiário por virtude do contrato de depósito previamente celebrado. Independentemente de notificação ou aceitação,[479] a inscrição a crédito é necessária e suficiente para fazer surgir o crédito do beneficiário face ao seu banco.[480]

A compreensão da eficácia constitutiva da inscrição a crédito é basilar no entendimento das críticas que formulámos às teorias que analisam na transferência bancária interna um contrato unitário de transmissão de créditos pelo qual, de uma forma ou outra, o crédito que o ordenante tem face ao seu banco se transmite ao beneficiário.

---

[479] FERRI, *Bancogiro...*, p. 33; MOLLE, *I Contratti Bancari...*, p. 535.

[480] Cf. DANIEL GUGGENHEIM, *Les Contrats...*, p. 259; ZUNZUNEGUI, *Derecho del Mercado Financiero...*, pp. 369-370; CAMPOBASSO, *Il Bancogiro...*, p. 644; SANTINI, *Giro-conto...* , pp. 862; MARIO PORZIO, *Il conto corrente bancario...*, p. 75; VASSEUR, *Droit et Économie Bancaires...*, Vol. IV, p. 1544 e ELLINGER / LOMNICKA, *Modern Banking Law...*, p. 165.

182 — *A Transferência Bancária*

Numa transferência interna (a única que tais teorias poderiam tentar explicar, por pressuporem uma relação trilateral) intercedem duas relações bancárias distintas: a que une o ordenante e o banco, por um lado, e a que liga este mesmo banco a outro cliente, beneficiário daquela transferência, por outro. O ordenante dispõe de um crédito face ao seu banco derivado do contrato de depósito bancário que com ele celebrou. Esse crédito, representado sob a forma de saldo de uma conta bancária, está permanentemente disponível. Pretendendo utilizar todo ou parte desse montante para efectuar um pagamento, o ordenante, ao mesmo tempo que solicita ao banco a sua restituição (isto é, a disponibilização do montante do crédito), dirige-lhe, ao abrigo do contrato de transferência, uma ordem para que o credite na conta de um terceiro. O banco aceita a ordem, o que, reunindo ele as duas qualidades de banco do ordenante e banco do beneficiário, faz cumprindo aquilo a que se obrigou face ao primeiro (executar ordens de transferência a favor terceiros) e face ao segundo (receber por sua conta ordens de pagamento).[481] Ao *debitar a conta do ordenante*, simultaneamente restitui a este parte do crédito e executa a ordem de transferência.[482] Nesse mesmo momento, recebe o montante por conta do seu outro cliente – o beneficiário. Ao *creditar a conta do beneficiário*, ele procede, simultaneamente mas em momentos logicamente diferentes, à restituição do que já recebera em execução do mandato (e nesse sentido a inscrição a crédito tem uma eficácia meramente declarativa) e à transformação do que era propriedade do seu cliente em crédito (e, agora, a inscrição a crédito tem uma eficácia constitutiva desse crédito).

O crédito do cliente face ao seu banco adquire pois existência e autonomia com a inscrição em conta, não resultando de qualquer acto de transmissão. É um acto constitutivo de uma obrigação – do banco face ao seu cliente, por virtude do contrato de depósito bancário – e não translativo. O acto de inscrição a crédito "declara" e concretiza um pagamento já recebido por conta do beneficiário[483] e transforma-o em crédito por vir-

---

[481] A situação é, nesta etapa do *iter* transmissivo, paralela à recepção e transmissão de uma ordem de bolsa por um mesmo banco. A esse propósito, refere AMADEU FERREIRA, *Ordem de Bolsa...*, p. 478, que "A recepção da ordem de bolsa tem autonomia face aos momentos em que é dada ou executada, mesmo quando o receptor e o executor da ordem são a mesma entidade.".

[482] Cf. MARTUCCELLI, *Obbligazioni Pecuniarie...*, p. 150.

[483] E, neste sentido, pode falar-se de um verdadeiro "direito à inscrição a crédito" por parte do beneficiário – MARTUCCELLI, *Obbligazioni Pecuniarie...*, p. 149.

As Relações Jurídico-Bancárias
183

tude de uma relação de depósito previamente estabelecida.[484] E simultaneamente aumenta a sua disponibilidade na conta, isto é, aumenta o saldo disponível, como decorrência da conta corrente.[485] Saldo disponível que, como tal, desempenha o papel de *moeda escritural*.

Não se produz, com a inscrição a crédito, qualquer novação subjectiva, uma vez que o crédito resultante da transferência nasce *ex novo* por virtude do contrato de depósito E não há nenhuma novação objectiva por alteração do título do crédito porque os créditos resultantes da recepção de uma transferência estão sujeitos à mesma disciplina normativa e têm o mesmo título constitutivo dos créditos representativos de pagamentos por caixa, todos destinados, por vontade das partes, a alimentar e reconstituir a disponibilidade inicial. Esta disponibilidade e as sucessivas entradas de dinheiro, por iniciativa do cliente ou de terceiros, são expressão de uma autónoma relação de crédito,[486] totalmente independente da relação que une o banco ao ordenante da transferência, o que permite negar a existência de um contrato trilateral de transmissão de créditos.

O que sucede é que o banco, recebido certo montante por conta do beneficiário, ao invés de o entregar fisicamente, fá-lo inscrever a crédito na sua conta, fundindo-o com o saldo anterior e nesse mesmo momento tornando aquilo que era um elemento do património do seu cliente num crédito deste permanentemente ao seu dispor.[487]

É pois o conjunto das obrigações assumidas pelo banco do beneficiário face a este que permite que os fundos se tornem para ele disponíveis, *independentemente dos vínculos que, aquém dessas relações, o unem ao ordenante, ao respectivo banco ou a uma instituição intermediária*: obrigação *ex contrato de transferência* de aceitar ordens de pagamento por sua conta e receber os correspondentes fundos; obrigação *ex contrato de abertura de conta* de os inscrever em conta ao invés de os entregar fisicamente; obrigação *ex contrato de conta corrente* de os integrar, fundindo-os, no saldo da conta; obrigação *ex contrato de depósito bancário* de, convertidos em crédito, manter os fundos permanentemente disponíveis para serem utilizados como meio de troca. É a síntese dessas obrigações que

---

[484] A inscrição a crédito assume-se, assim, como um "acto devido", por força da relação que, prévia a uma transferência em concreto, une e unirá banco e cliente. Cf. GERARDO SANTINI, *L'ordine...*, p. 128 e MARTUCCELLI, *Obbligazioni Pecuniarie...*, p. 141.

[485] Cf. FERRI, *Bancogiro...*, p. 33.

[486] Cf. CAMPOBASSO, *Il Bancogiro...*, pp. 683 ss..

[487] Cf. SEQUEIRA MARTÍN, *La Transferencia Bancaria...*, p. 2554.

184 A Transferência Bancária

permitirá que, a final, a transferência produza efeitos equivalentes aos de uma entrega de numerário.

6) O banco avisa o beneficiário do crédito que foi inscrito na sua conta por virtude da transferência

A principal obrigação do banco, enquanto mandatário, é efectuar, com a prontidão possível, a inscrição a crédito na conta do beneficiário de acordo com as instruções que lhe foram transmitidas. Acessoriamente, deve avisar o beneficiário dessa inscrição, em cumprimento do disposto no art. 240.º CCom. (nos termos do qual o mandatário deve, sem demora, avisar o mandante da execução do mandato).[488]

7) Aceitação ou recusa da transferência

A aceitação ou recusa da transferência por parte do beneficiário da mesma tem, desde logo, efeitos internos na relação entre o beneficiário e o seu banco. Trata-se da ratificação, num caso, da não aceitação, no outro, do pagamento recebido pelo banco enquanto mandatário.[489] Diz o art. 1163.º CCiv. que, comunicada a execução do mandato, o silêncio do mandante por tempo superior àquele em que, segundo os usos ou, na falta deles, de acordo com a natureza do assunto, teria de se pronunciar, vale como aprovação da conduta do mandatário. Mais rigoroso ainda é o art. 240.º CCom., de acordo com o qual se presume que, não tendo o mandante respondido imediatamente depois de receber o aviso da execução do mandato, se presume ratificar o mesmo o negócio.[490]

---

[488] Trata-se, no domínio especificamente bancário, do cumprimento do dever de informação do banco, que na sua dimensão bastante ampla inclui também o dever do banco de informar o cliente dos movimentos efectuados na sua conta, a crédito ou a débito. Cf. ALFARO ÁGUILA-REAL, *Contrato Bancario...*, p. 1560.

[489] Cf. MICHEL JEANTIN, *Droit commercial...*, pp. 101-102.

[490] Cf. JANUÁRIO DA COSTA GOMES, *Contrato de Mandato...*, pp. 350-351: "Se o mandante não se pronunciar, o seu silêncio vale como *aprovação da conduta* (...). É que a comunicação da execução ou não execução, para além de visar dar conta ao mandante da gestão, tem também o objectivo de obter deste a *aprovação* da mesma, compreendendo-se, assim, que alguns silêncios tenham o valor de uma declaração de aprovação (art. 218.º código civil)."

3. O CARÁCTER ABSTRACTO DO DIREITO DE CRÉDITO DO BENEFICIÁRIO

Enquanto meio de pagamento, a transferência bancária é abstracta, alheando-se, na sua execução, das relações de valuta e de provisão.

Dessa abstracção aproveita o beneficiário – o crédito que por força da transferência adquire face ao seu banco é, também ele, abstracto,[491] permanecendo imune às vicissitudes ocorridas ao nível da relação subjacente entre o próprio beneficiário e o ordenante, por um lado, e da relação de provisão entre este e a respectiva instituição bancária, por outro.[492] O banco do ordenante não pode, a essa "abstracta pretensão ao pagamento",[493] opor os vícios decorrentes da relação de cobertura, da qual o beneficiário se mantém totalmente alheio, como não invalida o paga-

---

[491] Cf. GARRIGUES, *Contratos Bancarios...*, p. 564 e RIPERT / ROBLOT, *Traité de Droit Commercial...*, p. 410.

[492] A este propósito, fala CAMPOBASSO, *Il Bancogiro...*, pp. 645-646, numa "immunità (ampiezza e limite) del credito del beneficiario nei confronti della banca rispetto alle eccezioni desumibili dai sottostanti rapporti di provvista (ordinante-banca) e di valuta (ordinante-beneficiario)". Cf. ainda LUCIO CERENZA, *Italy...*, p. 188: "The beneficiary's credit *vis a vis* his own bank, in so far as the assignment is abstract, does not depend on the underlying relationships (for the orderer / bank relation: *provvista* (the service relationship) and for the orderer / beneficiary relation: *valuta* (the payment relationship)).", MICHEL CABRILLAC, *Le chèque...*, p. 216: "Puisque le bénéficiaire reçoit des fonds sous forme d'inscription en compte s'il les avait déposés lui-même, el acquiert sur ces fonds un droit propre, indépendant des rapports juridiques antérieurs. Il ne peut donc être exposé aux exceptions qui pouvaient être opposées à telle ou telle personne participant au virement." e MICHEL JEANTIN, *Droit commercial...*, p. 101: "Le bénéficiaire est alors protégé contre tout recours grâce à la règle de l'inopposabilité des exceptions.". A isto chama ALFARO ÁGUILA-REAL, *Transferencia Bancaria...*, p. 6622, "*externalidade causal*".

[493] Cf. KÜMPEL, *Bank und Kapitalmarktrecht...*, p. 228.

mento a falta ou irregularidade da causa fundamental. Esta abstracção é necessária à segurança do tráfego de pagamentos e ao eficaz funcionamento da transferência como mecanismo que em concreto se destina a efectuar uma célere e segura transmissão de moeda escritural.[494]

---

[494] Nesse sentido, KÜMPEL, *Bank und Kapitalmarktrecht...*, p. 228, que considera que só a imunidade a excepções que a inscrição a crédito na conta corrente proporciona ao titular da conta enquanto beneficiário da transferência torna possível o cumprimento da função da transferência como meio de pagamento escritural. Cf. ainda DANIEL GUGGENHEIM, *Les Contrats...*, pp. 260-261, que salienta o facto de as ordens de pagamento não poderem cumprir a sua função económica se não se admitir o seu carácter abstracto, considerando que o carácter abstracto do pagamento bancário e da inscrição a crédito provêm da própria natureza da função que cumprem, e MARTIN HESS, *Switzerland...*, p. 312, considerando igualmente que a função da transferência bancária de crédito como meio de pagamento é reforçada pela exclusão de quaisquer objecções decorrentes da relação entre o ordenante e o seu banco e entre aquele e o beneficiário.

4. RESTRIÇÕES AO DIREITO DE CRÉDITO DO BENEFICIÁRIO

A inoponibilidade das excepções das relações de provisão e valuta ao crédito do beneficiário não significa que o banco que procede à inscrição não possa impor restrições à sua pretensão ao pagamento. Isso é possível, nomeadamente, quando a conta a creditar tenha um saldo devedor.[495] Sabemos que, por força do mecanismo de conta corrente, os créditos inscritos numa conta perdem a sua individualidade ao fundirem-se com o saldo anterior, dando lugar a um saldo novo. Se esse saldo for positivo, a inscrição a crédito faz aumentar a disponibilidade do cliente. Se, excepcionalmente, for negativo (porque o cliente fez levantamentos excessivos, porque o banco pagou um cheque sem provisão ou executou uma transferência sem que a conta estivesse devidamente provisionada, etc.), a inscrição a crédito faz diminuir ou elimina esse saldo devedor. Nesse caso, como é óbvio, o titular da conta, beneficiário de uma transferência, não pode dispor, ao menos totalmente, do montante transferido. Porque esse montante serviu para compensar o saldo devedor da sua conta. Não se trata, aqui, de compensação em sentido técnico, isto é, de compensação como modo de extinção das obrigações, mas de um efeito típico do mecanismo de conta corrente que as partes quiseram ver funcionar.[496]

Suscita-se contudo a questão de saber até que ponto pode o banco, operando uma verdadeira compensação, restringir o direito de dispor dos fundos que para o beneficiário deveria advir da recepção de uma transferência.

Muitas vezes as cláusulas contratuais gerais reconhecem ao banco o direito de compensar, com o saldo favorável ao cliente, quaisquer outros créditos que sobre ele detenha. Resultado do acordo das partes (e por isso denominada *voluntária* ou *convencional*), tal compensação não levanta problemas. Fazendo a ponte para a transferência bancária, o que pode

---

[495] Cf. KÜMPEL, *Bank und Kapitalmarktrecht...*, pp. 229-230.

[496] Cf. SPINELLI / GENTILE, *Diritto Bancario...*, p. 311; MOLLE, *I Contratti Bancari...*, pp. 537-538 e SALVATORE MACCARONE, *Osservazione...*, p. 618.

significar a existência de cláusulas desse tipo é que o montante inscrito na conta do beneficiário pode ser utilizado pelo banco, imediatamente a seguir à sua conversão em crédito *ex recepto* do cliente, para compensar créditos que o próprio banco tenha face a este.

Não existindo tais cláusulas, a questão está em saber se poderá o banco operar unilateralmente tal compensação (configurando-se então como uma compensação *legal*).

Se o banco tiver créditos sobre o seu cliente que não sejam automaticamente debitados numa conta a tal afecta, poderá compensar esse crédito com o saldo positivo de uma conta à ordem (crédito do seu cliente) caso se encontrem preenchidos os requisitos do art. 847.º CCiv., ou seja, se os créditos forem recíprocos (o que se verifica), se o objecto das prestações for fungível (como é o caso), se o crédito principal for existente e válido (o que acontece, pois decorre do contrato de depósito) e se o crédito do compensante for exigível e exequível.

Mais difícil se torna determinar se é possível que um banco compense, unilateralmente, um saldo negativo de uma conta (crédito do banco) com o saldo positivo de outra (crédito do cliente), ou seja, se pode deslocar fundos entre duas contas sem autorização do cliente. Na prática a questão resume-se a saber se, tendo o cliente agido a descoberto, quer levantando dinheiro quer emitindo ordens de transferência, ou tendo o seu banco pago um cheque sem provisão, poderá este compensar o crédito daí resultante com o saldo de outra conta. Saldo que pode resultar, num dado momento, de um montante creditado na conta em execução de uma transferência. Se a compensação for admitida, tal poderá constituir uma restrição imposta pelo banco ao direito de dispor dos fundos transferidos.

Antes de mais, cumpre esclarecer que a compensação só pode operar, por sua própria natureza e de acordo com o art. 847.º CCiv., se existir um crédito por parte do banco. O que significa que não poderá aquele, no acto de pagamento de um cheque ou de execução de uma ordem de transferência, fazê-lo por recurso a uma conta diferente da indicada pelo cliente. O que violaria o *princípio da independência das contas*, considerado entre nós como válido enquanto não for celebrada uma *convenção de unidade de conta*,[497] [498] e contrariaria o dever do

---

[497] NOGUEIRA SERENS, *Natureza jurídica e função do cheque*, RB, n.º 18, Abril--Junho, 1991, pp. 105-106.

[498] Em *Itália*, o art. 1853 do CCiv. estabelece que, salvo estipulação em contrário, havendo *mais do que uma relação* (estranha à conta) ou *mais do que uma conta* entre um

banco, enquanto mandatário, de agir segundo as instruções do seu cliente.

Uma vez pago o cheque ou executada a transferência, pergunta-se se poderá o banco compensar o crédito daí resultante com o saldo credor de outra conta, nomeadamente aquela onde o montante a transferir deve ser creditado.[499] Nada parece obstar, nestes casos, a que o banco opere a compensação, desde que verificados os referidos requisitos do art. 847.º CCiv.. O que sucede, já o sabemos, quando os créditos são recíprocos, o objecto da prestação é fungível, o crédito do compensante (banco) é válido, exigível[500] e exequível e o crédito principal (saldo positivo da

---

cliente e um banco, os saldos activos e passivos compensam-se mutuamente. Considera a doutrina dominante que em ambos os casos o banco não pode operar a compensação pela simples anotação em conta, devendo comunicar tal vontade ao cliente para que este esteja prevenido na diminuição da sua disponibilidade. A comunicação do banco tem natureza receptícia, pelo que os efeitos da compensação se produzem a partir do momento em que o cliente a recebe. Cf. SPINELLI / GENTILE, *Diritto Bancario...*, pp. 312--313 e MOLLE, *I Contratti Bancari...*, p. 539. Em *Inglaterra,* quando um cliente tem mais do que uma conta no mesmo banco, este pode, com algumas limitações, "combiná--las", mesmo sem avisar o cliente – trata-se da chamada *"combination of accounts"*. Cf. LAIDLAW / ROBERTS, *Law...*, pp. 32 ss.; ELLINGER / LOMNICKA, *Modern Banking Law...*, pp. 179 ss.; AAVV, *Encyclopaedia of Banking Law* (dir. Cresswell, Blair, Hill, Wood), Vol. I, Butterwoods, London, 1997, pp. C (622) ss. e ROSS CRANSTON, *Principles...*, pp. 176-177. Em *França,* pelo contrário, vigora o princípio da separação ou independência de contas – as várias contas abertas pela mesma pessoa junto de uma instituição de crédito são independentes umas das outras, e os créditos e débitos de cada uma delas não se compensam. Não obstante as particularidades do depósito bancário, a doutrina aplica o art. 1293 do CCiv., que proíbe que à solicitação de restituição de um depósito seja oposta compensação, considerando assim que o banco não pode opor-se à restituição de uma soma depositada com base em compensação. Pode contudo convencionar-se a união entre as contas de modo a permitir ao banco operar a compensação entre elas, ou seja, de modo a que o saldo credor de um conta compense o saldo devedor de outra (*"convention de compensation"* ou *"accord de compensation"*). Cf. RIVES-LANGE / CONTAMINE-RAYNAUD, *Droit Bancaire...*, pp. 189 ss. e 271 ss.; THIERRY BONNEAU, *Droit bancaire,* 2.ª ed., Montchrestien, Paris, 1996, p. 236 e GAVALDA / STOUFFLET, *Droit bancaire...*, pp. 166 ss..

[499] Aquele comportamento traduz-se numa concessão de crédito ao cliente (através de *facta concludentia*), não por decorrência um contrato anterior, mas por *facilidade de caixa,* pela admissão momentânea de um *descoberto em conta.*

[500] Salvo se, como bem refere PAULA PONCES CAMANHO, *Do Contrato...*, p. 235, n. 726, tiver sido convencionado um prazo para o cliente repor o montante em dívida, caso em que a compensação apenas poderá operar depois de decorrido o prazo.

190 *A Transferência Bancária*

outra conta) existir e for válido.[501] A compensação torna-se efectiva, nos termos do n.º 1 do art. 848.º CCiv., mediante declaração à outra parte, considerando-se os créditos extintos desde o momento em que se tornaram compensáveis (art. 854.º CCiv.).

No que respeita ao montante objecto de uma transferência bancária, o mesmo converte-se em crédito desde a sua inscrição em conta e, nesse preciso instante, torna-se compensável, bastando, para que a compensação opere, que o banco o comunique ao cliente. O que na prática significa que o banco pode creditar esse montante e, imediatamente, debitá-lo, fazendo depois a declaração de compensação, cujos efeitos retroagem ao momento da inscrição a crédito. Tal constitui sem dúvida uma restrição do direito que assistiria ao beneficiário de dispor dos fundos objecto de uma transferência bancária, restrição que, decorrente da relação complexa que mantém com o seu banco, pode justificar uma recusa daquele a que determinada obrigação subjacente seja extinta por meio de transferência.

---

[501] Para um maior desenvolvimento da questão, nomeadamente quanto às particularidades dos depósitos conjuntos e solidários, cf. PAULA PONCES CAMANHO, *Do Contrato...*, pp. 235 ss..

SECÇÃO III
As Relações Interbancárias

1. RAZÃO DE ORDEM

A casuística da transferência bancária de crédito comporta variações decorrentes do número de intervenientes. Desde logo, uma transferência pode realizar-se entre contas, do mesmo titular ou de titulares diferentes, situadas no mesmo banco, caso em que apenas esse intervirá na sua execução – trata-se de uma transferência *interna*. Muitas vezes, porém, a transferência é *externa*, realizando-se entre contas sediadas em bancos diferentes e tornando-se necessário o estabelecimento de relações interbancárias para a sua execução. Ainda aqui, é possível distinguir entre as situações nas quais se estabelece uma relação *directa* entre o banco do ordenante e o banco do beneficiário e aquelas em que, por não existir tal relação, se opta pelo recurso a um ou mais bancos intermediários – e temos então uma transferência externa *indirecta*. A utilização de *correspondentes* ocorre sobretudo nas transferências internacionais, mas também pode derivar do facto de o banco do ordenante pretender executar uma transferência através de uma câmara de compensação da qual é apenas participante indirecto, socorrendo-se para isso de um banco intermediário.

O que nos propomos, neste momento, é analisar que tipo de relações se estabelecem entre os vários bancos intervenientes na execução de uma transferência bancária de crédito externa, directa e indirecta.

2. A RELAÇÃO DE CONTA

Não havendo coincidência entre o banco do ordenante e o banco do beneficiário, aquele necessita forçosamente da colaboração deste para que a execução completa da transferência bancária seja cumprida. Essa colaboração pode revestir diversas feições.

Antes de mais, as instituições em causa podem estar, entre si, numa *relação de conta*, significando isso que mantêm entre si abertas contas correntes (acompanhadas em regra de depósitos) nas quais inscrevem e compensam os débitos e créditos recíprocos derivados, desde logo, dos serviços que se prestam mutuamente.

No que respeita a esses serviços, o acordo quanto a eles deriva da própria conta corrente – denominada *conta de correspondência* –, para uns, constitui um autónomo contrato de transferência, específico para este tipo de pagamentos, para outros. A posição assumida pelos autores quanto a esse acordo é a mesma que cada um defende relativamente à própria origem da relação de transferência que une o ordenante ao seu banco. Os autores que, nessa sede, consideram a transferência incluída no serviço de caixa inerente à conta corrente entendem que os bancos, por virtude da existência de contas correntes recíprocas, se obrigam a prestar entre si serviços de pagamento (nomeadamente a execução de ordens de transferência) regulados pelas regras do mandato. Os que configuram a existência, entre o ordenante e o seu banco, de um contrato de transfe-rência autónomo e duradouro, reproduzem na relação interbancária os ter-mos exactos desse contrato, à mesma aplicando, também, o regime do mandato.

Não obstante a diferença de posições, é possível sintetizar: existindo uma relação de conta que funciona também como relação de provisão, os bancos obrigam-se a prestar serviços mútuos aos quais os autores aplicam em consenso as regras do mandato.

Se entre o banco do ordenante e o banco do beneficiário não existe uma relação de conta, ainda assim a colaboração é possível. Basta que para tal o primeiro dirija ao segundo uma ordem que este aceite, e a cuja execução se seguirá um processo de liquidação interbancária. Se tal for considerado necessário, poderá o banco do ordenante recorrer a um banco intermediário que mantenha relações de conta com ambas as instituições. Para facilitar as transacções entre os bancos, foram criados sistemas de transmissão de mensagens e câmaras de compensação que permitem que aqueles compensem as suas transações mútuas sem recurso a contas recíprocas ou à intermediação de correspondentes. Neste caso, a conta que cada banco mantém com a central de compensação fornece a cobertura necessária à transacção.[502] Em tudo o resto, a interposição de sistemas de transmissão de mensagens e/ou de compensação não altera a essência das relações que se desenvolvem entre os bancos.

Com prévia vinculação ou não e com a intermediação ou não de uma câmara de compensação, o certo é que, quando um banco dirige a outro uma ordem para que este credite a conta do seu cliente, se desenvolve entre eles uma relação regida pelas regras do mandato.

---

[502] DANIEL GUGGENHEIM, *Les Contrats...*, pp. 261 ss..

3. A NATUREZA JURÍDICA DAS RELAÇÕES INTERBANCÁRIAS

3.1. Colocação do problema e soluções no Direito comparado

O problema que ora nos ocupa é o da natureza da relação entre o contrato de transferência que une o ordenante ao seu banco e o contrato que para dar execução à transferência este celebra com o banco do beneficiário (tratando-se de uma transferência directa) ou com um banco intermediário (se a transferência for externa). A questão é extremamente complexa e muito importante no estabelecimento do regime de responsabilidade entre os vários intervenientes na execução de uma transferência bancária.

Sabendo já nós que intervêm, numa transferência externa directa, duas relações sucessivas regidas pelas regras do mandato, a questão resume-se a determinar qual a posição relativa de cada um desses vínculos contratuais para depois, face ao respectivo regime, averiguar da existência (ou não) de algum tipo de ligação entre o ordenante e as instituições com as quais o seu banco contratou. Isso permitir-nos-á determinar, por fim, da admissibilidade e da conveniência de uma acção directa do ordenante face a esses bancos, com os quais não tem um vínculo contratual directo, e da possibilidade de, alternativa ou concorrentemente, ser feita recair a responsabilidade perante o ordenante exclusivamente sobre o respectivo banco.

A resolução desta questão será importantíssima para o estudo articulado de alguns dos mais pertinentes problemas que na prática se podem colocar em tema de transferências bancárias. Dada a dificuldade de uma questão que está longe de ser líquida, optámos por, nesta sede, proceder a uma recolha dos dados que se jogam em vários ordenamentos onde de uma forma ou outra foi abordada a questão. O nosso objectivo principal é demonstrar que, em qualquer um desses ordenamentos, o consenso é difícil face à incapacidade do quadro jurídico clássico para encarar alguns dos desafios colocados por ramos novos de Direito e para lidar com a com-

196 A Transferência Bancária

plexidade dos mecanismos moldados pela prática.[503] Analisaremos então o nosso próprio ordenamento jurídico, recorrendo aos institutos jurídicos que podem neste âmbito prestar algum contributo.

Partimos para esse estudo com a intuição de que dificilmente no nosso espaço jurídico existe um quadro capaz de pacificamente integrar a complexidade das relações que ao longo de uma transferência bancária se estabelecem. Confortados com a ideia de que nem sempre o Direito pode ser mais, num dado momento e mediante um determinado facto, do que o Direito "possível", move-nos a vontade de, contribuindo para a análise dos problemas em jogo, espicaçar esse Direito para um constante movimento de actualização e adesão à realidade.[504]

Abordemos, então, as maneiras possíveis de articular os laços jurídicos sucessivos que unem os vários bancos intervenientes numa transferência bancária externa.

De afastar parece ser desde logo a configuração de tal articulação como uma *cessão de posição contratual,* neste caso da posição de mandatário. Na cessão de posição contratual, uma das partes num contrato transmite a um terceiro a sua posição contratual, isto é, o complexo de direitos e deveres que para ele resultam do contrato, tornando-se assim totalmente estranho a este. Constitui, essa cessão, uma substituição completa de um contraente por outro, passando este a integrar a relação jurídica nos mesmo termos do substituído.[505] No caso de um mandato, o mandatário desliga-se totalmente da relação que mantinha com o mandante, cedendo a sua posição nessa relação a um terceiro. Tratando-se de uma

---

[503] Sendo certo que esta questão ganha uma acuidade particular no domínio internacional, a falta de harmonização internacional aguda a necessidade do conhecimento de alguns dos aspectos que a nível do Direito financeiro internacional mais podem afectar as posições jurídicas dos intervenientes. Cf. a este propósito, PHILIP WOOD, *Comparative Financial Law: a Classification of the World's Jurisdictions,* in *Making Commercial Law – Essays in Honour of Roy Goode* (dir. Ross Cranston), Clarendon Press, Oxford, 1997, pp. 31-89, referindo-se a uma "sheer urgency of being able to transact business in an atmosphere of knowledge rather than ignorance, so that transactions are not set aside or liabilities incurred by legal ambush, legal surprise, legal incomprehension".

[504] MENEZES CORDEIRO, *Introdução à edição portuguesa...,* p. XXIV: "O Direito é um modo de resolver casos concretos. Assim sendo, ele sempre teve uma particular aptidão para aderir à realidade: mesmo quando desamparado pela reflexão dos juristas, o Direito foi, ao longo da História, procurando as soluções possíveis.".

[505] Cf., por todos, CARLOS ALBERTO DA MOTA PINTO, *Cessão da Posição Contratual,* Almedina, Coimbra, 1982 (que fala no "subingresso negocial dum terceiro na posição de parte contratual do cedente" – p. 72).

As Relações Jurídico-Bancárias

197

transferência, a existência de uma cessão de posição contratual significaria que o banco do ordenante cederia a sua posição de mandatário ao banco que se lhe segue na cadeia, desligando-se da obrigação que assumiu perante o seu cliente. Pelo cumprimento de tal obrigação passariam a responder o banco do beneficiário ou o banco intermediário, consoante o caso.

De tudo o que ficou dito quanto à relação que entre o banco e o seu cliente se desenvolve desde a abertura de conta, quanto à relação de provisão e quanto ao conteúdo do contrato de transferência, facilmente se conclui que em momento algum as partes pretenderam fazer substituir, naquela relação, o banco do ordenante por qualquer outro banco. Nunca o ordenante pretendeu entrar em relação de mandato com um banco com o qual não tem uma relação geral geradora de especiais deveres de lealdade e protecção nem uma específica relação de provisão pressuposta da transferência. É assim de repudiar a qualificação dessa ligação como uma cessão de posição contratual na medida em que o banco do ordenante não é substituído no cumprimento do programa contratual a que se vinculou perante o seu cliente. Apesar do contrato celebrado com outro banco, ele mantém-se obrigado a executar a transferência.

Liminarmente afastada esta possibilidade, a questão tem sido polarizada pela doutrina, dividida entre os que configuram a relação inter-bancária como uma *substituição no mandato* e aqueles para os quais o segundo vínculo, estabelecido entre o banco do ordenante e o banco do beneficiário, consubstancia um *mandato totalmente independente* do primeiro. A diferença entre as duas posições reside na diferente concepção acerca do objecto do mandato conferido pelo ordenante ao seu banco: para os primeiros, aquele obriga-se a proceder à inscrição a crédito na conta do beneficiário; para os segundos, obriga-se somente a colocar os fundos à disposição daquele através do respectivo banco, seu mandatário.

Em *França*, a doutrina é praticamente unânime na consideração de que estamos perante um *mandato substitutório* de carácter necessário ou tacitamente autorizado, pelo qual o mandatário executa a ordem colocando outro sujeito no seu lugar.[506]

---

[506] Cf. MARIE-DANIELLE SCHODERMEIER, *Les Droits de L'Émetteur d'un Virement International Manqué par la Faute d'une Banque Intermédiaire*, RDBB, n.º 43, 1994, pp. 103 ss.; PHILIPPE PÉTEL, *Le Contrat de Mandat*, Dalloz, Paris, 1994, pp. 69 ss. (quanto ao submandato em geral, mas dando como exemplo a utilização de um banco intermediário numa transferência bancária internacional); MICHEL CABRILLAC, *Le chèque et le virement,*

Fala-se em substituição no mandato sempre que o mandatário confia a um terceiro a sua missão ou parte dela, conferindo ele próprio mandato a quem o substitui. Este novo contrato que se enxerta no anterior é considerado uma variedade de *subcontrato*.[507] Não havendo na doutrina francesa espaço para a discussão acerca da distinção entre substituição e submandato, esta figura é simplesmente reconduzida àquela.[508] [509]

De acordo com o art. 1994 do CCiv. francês, o mandatário responde pelos actos do substituto quando não tiver recebido poderes para se fazer substituir ou quando, tendo-os recebido, não tiver sido designado pelo mandante um substituto e o primeiro tiver recorrido a alguém notoriamente incapaz ou insolvente. Considera-se que a autorização para a substituição foi implicitamente dada nos casos em que o mandatário não está em condições de executar ele próprio a sua missão devido a uma impossibilidade material ou jurídica conhecida do mandante. O que sucede na execução de uma transferência bancária externa. Assim, se não tiver havido autorização, em nada se altera a relação do mandatário para com o mandante, tudo se passando como se fosse aquele a realizar pessoalmente os actos devidos. Havendo autorização, diz PÉTEL[510] que o art. 1994 derroga, a favor do mandatário, as principais regras do subcontrato – este não responde em regra pelos actos do mandatário substituto, mas apenas nos casos em que, tendo-o escolhido, era o mesmo notoriamente incapaz ou insolvente.

5ª ed., Litec, Paris, 1980, p. 220; MICHEL JEANTIN, *Droit commercial...*, p. 100; FRANÇOIS GRUA, *Contrats Bancaires...*, p. 163 e DEVÈZE / PÉTEL, *Droit Commercial...*, p. 249. Na Bélgica, onde a doutrina é maioritariamente no mesmo sentido, cf. DIEGO DEVOS, *Les Virements Transfrontaliers...*, pp. 8 ss.; EDDY WYMEERSCH, *Aspects juridiques de certains nouveux moyens de paiment*, RB/BF, 1/1995 (Ano 59), pp. 17 ss. e SABINE SZULANSKI, *The Role and Liability of Banks in Belgium,* in *Banker's Liability: Risks and Remedies* (ed. Dennis Campbell / Rudolf Meroni), Kluwer, Deventer, Boston, 1993, p. 85.

[507] PHILIPPE PÉTEL, *Le Contrat de Mandat...* , pp. 69-71.

[508] FRANÇOIS DUTILLEUL / PHILIPPE DELEBECQUE, *Contrats civils...*, p. 471, sob o título *"Sous-mandataire"*, começam por dizer que o mandatário é livre de se fazer substituir na execução da sua missão. JEAN NÉRET, *Le Sous-contrat...*, pp. 44 ss., diz que o subcontrato realiza uma substituição no seio de um contrato de prestação de serviços, substituição que o Autor qualifica como imperfeita na medida em que não produz o desaparecimento do substituído da relação obrigacional principal.

[509] Enquanto categoria jurídica autónoma, o subcontrato é relativamente recente em França, no dizer de GENEVIÈVE VINEY, *Sous-contrat et Responsabilité Civile,* in *Contratos: Actualidade e Evolução*, UCP, Porto, 1997, p. 257.

[510] PHILIPPE PÉTEL, *Le Contrat de Mandat...*, pp. 71 ss..

As Relações Jurídico-Bancárias 199

Apesar de não existir qualquer vínculo contratual entre o mandante original e o mandatário substituto, a al. 2 do art. 1994 estabelece entre eles um laço jurídico ao permitir ao mandante agir directamente contra aquele. Esta acção directa existe "em todos os casos", ou seja, com ou sem autorização para a substituição.[511]

Em *Espanha*, a doutrina divide-se entre aqueles que vêem na relação interbancária uma substituição de mandato necessária ou implicitamente autorizada e os que, analisando no mandato dirigido pelo ordenante ao seu banco um *"mandato a mandatare"*, admitem a existência de duas relações totalmente independentes.

A distinção entre substituição no mandato e submandato e as eventuais diferenças de regime, nomeadamente no que respeita à admissibilidade da acção directa, não são claras na doutrina.[512] Relativamente à transferência, fala-se quase sempre em *mandato substitutório*,[513] cujo regime se encontra nos arts. 1721 e 1722 do CCiv. espanhol e 261 e 262 do CCom.. Nos termos do art. 1721, o mandatário pode ser substituído se o mandante não o tiver proibido, respondendo pela gestão daquele quando não lhe tiver sido dada essa faculdade ou quando, tendo-lhe sido permitida a substituição mas não tendo sido designado substituto, era notoriamente incapaz ou insolvente o por ele escolhido. O art. 1722 confere ao

---

[511] MAURICE COZIAN, *L'Action Directe*, L.G.D.J., Paris, 1969, p. 44, manifesta a opinião de que a jurisprudência encontrou na al. 2 do art. 1994 um meio cómodo de fundar soluções desejáveis mas dificilmente justificáveis no plano jurídico. Ele considera porém que a interpretação da disposição não deixa de ser delicada, desde logo quanto ao alcance do termo "substituição".

[512] ANA LÓPEZ FRÍAS, *Los Contratos Conexos...*, p. 50, inclui na *substituição em sentido amplo* prevista no art. 1721 três situações: a *cessão ou transmissão do mandato*, em virtude da qual o substituto assume completamente a posição jurídica do mandatário original, desaparecendo este da relação jurídica que o unia ao mandante; o *submandato*, ou seja, a criação de um segundo vínculo contratual cujo conteúdo é igual ao do primeiro mandato, com o qual coexiste, criação essa que deixa intacta a posição do mandatário no primeiro contrato; e a utilização pelo mandatário de *auxiliares*, dependentes dele. Segundo a Autora, apenas no segundo caso faz sentido falar em acção directa. No primeiro, o substituto assume a posição de mandatário face ao mandante, entrando portanto em relação directa com ele, pelo que não é necessário recorrer à noção de acção directa. No terceiro, não há uma verdadeira substituição, mantendo o mandatário a sua total responsabilidade. Apenas existe acção pessoal e directa do mandante contra o submandatário, apesar de não existir qualquer vínculo contratual entre eles.

[513] Cf., por ex., GARRIGUES, *Contratos Bancarios...*, pp. 574-575; ZUNZUNEGUI, *Derecho del Mercado Financiero...*, p. 390.

200 A Transferência Bancária

mandante a possibilidade de, naqueles dois casos, accionar directamente o substituto.[514]

ALFARO ÁGUILA-REAL[515] considera que o banco do ordenante não responde pelos actos do banco do beneficiário porque ele lhe foi indicado pelo seu cliente e, debruçando-se sobre a relação entre o banco do ordenante e um eventual banco correspondente, considera que a mesma configura um *submandato* e não uma substituição, ao qual não se aplicam os arts. 1721 CCiv. – que limita a responsabilidade do mandatário – e 261 e 262 CCom. Em todo o caso, o ordenante pode agir directamente contra o submandatário, nos termos do art. 1722.

O art. 261 do CCom., que regula a *substituição na comissão,* é mais restrito, ao proibir a substituição do comissário sem prévio consentimento do comitente. Quando autorizada, aquela substituição implica que o substituto realiza o encargo *por conta do comitente.* Quanto à responsabilidade do comissário, ela depende do facto de a escolha do substituto ter sido feita por ele próprio – caso em que se manterá responsável – ou pelo comitente – caso em que se desonerará dessa responsabilidade. SÁNCHEZ CALERO[516] defende que a substituição na comissão não coincide exactamente com a *subcomissão* – neste caso, o comissário celebra um novo contrato de comissão com um terceiro que assume a posição de subcomissário. O comissário original mantém em relação ao comitente a mesma posição, pois o contrato original não é afectado. Apesar de, face ao art. 261, esta figura da subcomissão poder levantar algumas dúvidas, ela tem sido admitida em algumas sentenças do Tribunal Supremo. A falta de uma distinção geral entre substituição e submandato ou subcomissão dificulta contudo a qualificação e a determinação do regime aplicável à relação interbancária na execução de uma transferência bancária.

---

[514] ANA LÓPEZ FRÍAS, *Los Contratos Conexos...,* p. 51, defende que tal acção directa não deveria, à semelhança do que acontece nos sistemas italiano e francês, limitar-se aos casos mencionados no art. 1722. Considera ela que se existe acção directa contra o submandatário nos casos em que tenha havido uma actuação negligente do mandatário, que por isso é responsável face ao mandante, com maior razão se deverá conceder acção directa quando não se possa apreciar a responsabilidade do mandatário. De outro modo, o mandante ficaria desprotegido face à conduta negligente ou mesmo dolosa do submandatário.

[515] ALFARO ÁGUILA-REAL, *Transferencia Bancaria...,* p. 6621.

[516] FERNANDO SÁNCHEZ CALERO, *Instituciones de Derecho Mercantil, II – Títulos y Valores, Contratos Mercantiles, Derecho Concursal y Maritimo,* 18.ª ed., Editorial Revista de Derecho Privado, Madrid, 1995, p. 168.

As Relações Jurídico-Bancárias   201

Há autores que defendem que não existe, nessa relação, uma substituição no mandato, mas um *mandato totalmente diferente* dado pelo banco do ordenante à instituição do beneficiário. A relação entre o ordenante e o seu banco constituiria um *mandato para mandatar*, a outro banco, a inscrição a crédito na conta do beneficiário. A relação interbancária reproduziria, exactamente, a relação entre o ordenante e o seu banco, o que significa que este assumiria ele próprio a posição de mandante na relação com o banco do beneficiário.[517] De acordo com esta construção, se o banco do beneficiário aceitar o mandato, o banco do ordenante fica liberto da sua responsabilidade perante o seu cliente ao transmitir a ordem àquele, salvo a existência de um pacto de garantia. O banco do beneficiário, por seu turno, apenas responde perante a entidade bancária do ordenante e nunca face a este, que fica à margem de todos os possíveis efeitos que possam derivar da relação existente entre as duas instituições.[518]

Alguns sectores da doutrina espanhola têm defendido contudo a necessidade do estabelecimento de um regime específico de responsabilidade solidária, aplicável, no mercado financeiro, aos profissionais intervenientes neste tipo de operações.[519]

Também em *Itália* a doutrina se divide entre os que consideram tratar-se, a relação interbancária, de uma substituição no mandato, e os que vêm nela um mandato totalmente independente.

Os primeiros socorrem-se do regime da substituição previsto no art. 1717 do CCiv. italiano: se a substituição foi autorizada ou era necessária pela natureza do encargo, o mandatário apenas responde por culpa na escolha do substituto e pelas instruções que lhe transmitiu; se a substituição não foi autorizada nem era necessária, o mandatário responde sempre pelos actos do seu substituto, uma vez que, tendo assumido uma obrigação de *fare*, esta se mantém por cumprir em caso de falha imputável a um substituto.[520]

---

[517] Cf. SEQUEIRA MARTIN, *La Transferencia Bancaria de Credito...*, p. 2559 e VÁZQUEZ PENA, *La Transferencia Bancaria de Crédito...*, pp. 290 ss..

[518] Cf. VÁZQUEZ PENA, *La Transferencia Bancaria de Crédito...*, p. 294.

[519] ZUNZUNEGUI, *Derecho del Mercado Financiero...*, pp. 387 e 390; SEQUEIRA MARTIN, *La Transferencia Bancaria de Credito...*, p. 2559 e VÁZQUEZ PENA, *La Transferencia Bancaria de Crédito...*, p. 299.

[520] SPINELLI / GENTILE, *Diritto Bancario...*, pp. 313 ss.; FRANCESCO DOMINEDÒ, *Mandato...*, p. 126 e GUSTAVO MINERVINI, *Sostituzione nell' Esecuzione del Mandato e Submandato*, BBTC, Ano XIV (1951), Parte I, p. 374.

202 *A Transferência Bancária*

De acordo com os princípios gerais, o mandante não deveria poder dispor de *acção directa* contra o mandatário substituto, mas apenas agir contra ele *ex juribus* do mandatário. No entanto, para obviar aos inconvenientes que para o mandante daí adviriam, o art. 1717 dispõe que, em todos os casos – seja ou não autorizada ou necessária a substituição –, o mandante pode agir directamente contra o substituto.

Trata-se agora de saber se uma hipótese de submandato caberá no âmbito de aplicação do art. 1717. A concluir-se pela positiva, então o mandante terá acção directa contra o submandatário. Caso contrário, não. A questão levanta-se dada a falta de consagração expressa da figura do sub-contrato[521] e a doutrina e a jurisprudência italianas dividem-se. Para DOMINEDÒ,[522] pressuposto da acção directa é que se refira a um substituto, ou seja, a alguém que realize actos jurídicos por conta do mandante. Já não é assim no caso em que a pessoa que substitui o mandatário está fora da relação jurídica entre o mandante e o mandatário original, cumprindo no interesse deste os mesmos actos jurídicos a que ele está obrigado face ao primeiro. Neste caso, ele não é um substituto no mandato, mas um submandatário. Ao submandato não se aplica o regime da substituição, não dispondo o mandante de acção directa contra o submandatário. É da mesma opinião MINERVINI, que qualifica a substituição como um contrato de mandato a favor de terceiro.[523] Há porém quem sustente que também no submandato se admite acção directa. É o caso de CAMPOBASSO.[524] A jurisprudência tem sustentado a aplicabilidade do art. 1717 a todas as hipóteses em que o mandato seja executado no todo ou em parte por um terceiro, negando porém que a legitimidade passiva na acção directa do mandante se estenda aos substitutos dos substitutos.[525] É dessa opinião também parte da doutrina.[526]

---

[521] PIETRO RESCIGNO, *Note sulla atipicità contrattuale (a proposito di integrazione dei mercati e nuovi contratti di impresa)*, CI, Ano 6 (1990), n.º 1, p. 55: "per il subcontratto resta la lacuna legislativa".

[522] FRANCESCO DOMINEDÒ, *Mandato...*, pp. 126-127.

[523] GUSTAVO MINERVINI, *Sostituzione...*, p. 380 e *Mandato, Sub-mandato e Sostituzione del Mandatario nella Prassi bancaria e nella Giurisprudenza*, RDCiv, Ano XXII (1976), Parte I, p. 479.

[524] CAMPOBASSO, *Diritto Commerciale...*, p. 79, n. 2.

[525] MICHELE GRAZIADEI, *Mandato*, RDCiv, Ano XXXI (1985), Parte II, p. 253.

[526] MARIO BACCIGALUPI, *Appunti per una teoria del subcontratto*, RDComm, Vol. XLI (1943), Parte I, pp. 196 ss..

No ordenamento jurídico italiano existe uma disposição que regula o mandato nos casos em que o mandatário é um banco. Dispõe o art. 1856 que "o banco responde segundo as regras do mandato pela execução dos encargos recebidos do titular da conta ou de outro cliente" (1.º par.) e que "se o encargo deve ser executado numa praça onde não existam filiais do banco, este pode encarregar da execução um outro banco ou um seu correspondente" (2.º par.). Alguns autores entendem tratar-se aqui de uma hipótese típica de substituição no mandato, com as consequências previstas no art. 1717.º.[527] Outros defendem constituir um submandato no qual não seria admitida acção directa.[528] Há ainda os que defendem que, tratando-se de um submandato no art. 1856, tal não significa que não seja admitida acção directa.[529] No seio da jurisprudência tem sido defendida a natureza geral da acção directa em matéria de subcontrato. No entanto, também aí reina ainda grande incerteza.[530]

De tudo isto podemos concluir que a doutrina e a jurisprudência italiana estão longe de encontrar consenso quanto à interpretação, quer do art. 1717, quer do art. 1856. Partindo do princípio de que, na substituição do mandato, o substituto age por conta do mandante e que, no submandato, o submandatário age por conta do mandatário original, há quem considere que o art. 1717, que permite a acção directa, também se aplica ao submandato, enquanto outros o negam. Por outro lado, há quem considere que no 1856 está reflectida uma situação de substituição no mandato, o que implica a possibilidade de acção directa, enquanto outros vêm aí um

---

[527] MOLLE, *Conto corrente bancario...*, pp. 70 ss. e VINCENZO BUONOCORE, *Sull'art 1856 cpv. c.c.: sostituzione nel mandato o submandato?*, BBTC, Ano XXIII (1960), Parte II, p. 490.

[528] MINERVINI, in *Sostituzione...*, p. 381, começou por defender tratar-se, no art. 1856, de um submandato, agindo o substituto por conta do mandatário original e não uma substituição no mandato, caso em que não seria conferida ao mandante acção directa contra o substituto. Mais tarde, in *Mandato, Sub-mandato e Sostituzione del Mandatario...*, p. 481, considerou que o banco poderia optar entre fazer-se substituir no sentido dos arts. 1856 e 1717 (caso em que o substituto agiria por conta do mandante e este, nas situações em que o mandatário original não fosse responsável, teria contra o substituto acção directa) ou servir-se de um submandatário (caso em que o substituto agiria por sua conta e não do mandante). Esta última hipótese estaria fora do âmbito daquelas duas disposições, pelo que o mandatário inicial manteria perante o seu mandante toda a responsabilidade pela execução do mandato.

[529] MICHELI, *apud* VINCENZO BUONOCORE, *Sull'art 1856...*, p. 490.

[530] VINCENZO BUONOCORE, *Sull'art 1856...*, p. 500.

204   *A Transferência Bancária*

submandato. Nesse caso, depende da interpretação do art. 1717 entenderem se ainda assim é admitida, ou não, tal acção.

Não falta contudo quem defenda que o ordenante, ao emitir uma ordem de transferência, atribui ao seu banco um *"mandato a delegare"*, para que este encarregue outro de proceder à inscrição a crédito, naquilo que constituiria uma relação totalmente independente da anterior.[531]

Na *Suíça*, defende GUGGENHEIM[532] que o ordenante mandata o seu banco para que por sua vez mandate o banco do beneficiário no sentido de creditar na conta deste determinado montante. A relação entre o banco do ordenante e o banco do beneficiário é idêntica ao contrato entre o ordenante e o seu banco – também aqui se trata de uma relação de mandato decorrente da celebração de um contrato de transferência, independente do primeiro.

Na *Alemanha*,[533] a relação interbancária também não é qualificada como de substituição, intervindo cada banco em seu próprio nome no âmbito de uma sequência de contratos independentes a que alguns autores chamam "cadeia de transferência" (*"Girokette"*),[534] tudo se passando como se, em cada etapa, uma nova transferência fosse executada.

Como consequência da autonomia dos sucessivos laços contratuais da cadeia, não se admite em princípio a acção directa do ordenante contra o banco do beneficiário ou contra um banco intermediário, dado não existir entre eles qualquer relação contratual. O eventual reembolso que deva ter lugar desenrolar-se-á entre bancos unidos entre si por vínculos contratuais directos. No entanto, o ordenante também não pode responsabilizar o seu banco pelos erros cometidos pelo banco do beneficiário ou por um banco intermediário, porque aquele cumpre a sua obrigação ao transmitir correcta e atempadamente a ordem ao banco que se lhe segue na cadeia – a sua obrigação é de meios e não de resultado, não se responsabilizando ele pela conclusão da transferência.[535]

O ordenante não tem pois, em princípio, a possibilidade de obter, dentro do quadro da responsabilidade contratual, uma indemnização pelos

---

[531] Cf. CAMPOBASSO, *Il Bancogiro...*, p. 863 e SANTINI, *Giroconto...*, p. 863.

[532] DANIEL GUGGENHEIM, *Les Contrats...*, pp. 261 ss..

[533] MARIE-DANIELLE SCHODERMEIER, *Les Droits de L'Émetteur...*, pp. 103 ss., faz uma análise comparativa dos sistemas francês e alemão quanto à responsabilidade de um banco intermediário numa transferência internacional.

[534] KÜMPEL, *Bank und Kapitalmarktrecht...*, p. 205.

[535] CANARIS, *Bankvertragsrecht...*, pp. 205 e 251-252 e KÜMPEL, *Bank und Kapitalmarktrecht...*, p. 206.

As Relações Jurídico-Bancárias 205

prejuízos que lhe foram causados por falha de um banco intermediário ou do banco do beneficiário. Por outro lado, não tem direito a uma indemnização por responsabilidade delitual, porque os danos causados não estão cobertos por este tipo de responsabilidade.[536] Por fim, não se pode basear num enriquecimento sem causa do banco intermediário porque uma tal acção pressupõe a existência de uma relação de execução,[537] que não é reconhecida a não ser entre o ordenante e o beneficiário.

Perante esta situação extremamente desfavorável ao ordenante, várias teorias têm sido propostas, visando oferecer um fundamento jurídico a uma *acção directa* do ordenante contra o banco intermediário.

Uma delas é tão conhecida como controversa: trata-se da teoria do "contrato de rede" (*"Netzvertrag"*)[538] ou da "rede de transferências" (*"Gironetz"*).[539] [540] De acordo com a mesma, todos os participantes numa operação de transferência seriam membros de uma rede e contratualmente ligados uns aos outros por um contrato de rede. O ordenante estaria assim em relação contratual com o banco intermediário ou com o banco do beneficiário. Como resultado, poderia dar instruções àqueles bancos, revogar directamente a ordem e dispor de uma acção directa contra eles para se ressarcir de danos por eles causados. Esta teoria é rejeitada pela maioria da doutrina, que entende estar a mesma em contradição com as regras de formação do contrato do BGB: o simples facto de fazer parte de

---

[536] Sobre a responsabilidade delitual no Direito alemão, cf. FRÉDÉRIQUE FERRAND, *Droit Privé Allemand...* , pp. 365 ss..

[537] Cf. WITZ, *Droit Privé Allemand, 1. Actes juridiques, droits subjectifs*, Litec, Paris, 1992, pp. 124 ss. e MENEZES LEITÃO, *O Enriquecimento Sem Causa*, CTF (176), Lisboa, 1996, pp. 360 ss..

[538] WERNHARD MÖSCHEL, *Dogmatishe Strukturen des bargeldlosen Zahlungsverkehrs*, AcP, 186, 1986, pp. 211 ss..

[539] CLAUSSEN, *Bank- und Börsenrecht...*, p. 125. Manifestando-se contra esta construção, CANARIS, *Bankvertragsrecht...*, p. 205.

[540] JAN HELLNER, *Linked Contracts*, in *Making Commercial Law – Essays in Honour of Roy Goode* (dir. Ross Cranston), Clarendon Press, Oxford, 1997, pp. 171 ss., referindo-se a uniões de contratos, faz uma distinção plena de interesse na análise das diferentes doutrinas de que ora nos ocupamos. Distingue ele entre duas maneiras possíveis de encarar a relação entre terceiros numa união de contratos: chama *"chain system"* ao sistema no qual se considera que uma parte nessa união apenas pode manter relações contratuais com a sua contraparte directa, e com mais nenhum membro da "cadeia"; chama *"contract net"* ao sistema no qual se considera que todas as partes numa união contratual estão em recíprocas relações entre si. O exemplo que ele dá é, precisamente, o *"Vertragsnetz"* de Möschel.

206   *A Transferência Bancária*

uma cadeia não é suficiente para caracterizar a existência de um consentimento do ordenante em relação a todos os bancos que intervêm na operação.

A merecer mais atenção por parte da doutrina e da jurisprudência surge a teoria do contrato com efeitos de protecção de terceiros (*"Vertrag mit Schutzwirkung für Dritte"*),[541] segundo a qual o devedor tem a obrigação de proteger os interesses de certos terceiros que estão no *âmbito de protecção* do contrato e que o podem demandar para reparação de um prejuízo sofrido. O recurso a esta noção tem permitido a admissão, por parte de alguns tribunais (nunca o BGH) da existência de uma verdadeira acção directa (*"unmittelbarer Schadenersatzanspruch"*) do emitente da transferência contra o banco intermediário responsável pelo dano, a qual pressupõe que o ordenante considera que o banco intermediário faltou com as suas obrigações de protecção e que esta falta lhe causou prejuízos. Reconhecem-se contudo dificuldades de aplicação quando a falta provenha de um terceiro ou quarto banco intermediário, parecendo difícil que o contrato possa estender os seus efeitos assim tão longe.[542]

O ordenante não tem, pois, segundo o direito positivo, muitas possibilidades de ver uma acção directa contra um banco intermediário proceder, sendo bastante controverso o seu reconhecimento doutrinal. Resta saber se poderá, esse ordenante, agir directamente contra o seu banco. Devendo o banco do ordenante fazer tudo o que estiver ao seu alcance para que a instrução dada pelo cliente seja correctamente executada, ele desonera-se dessa responsabilidade quando, no seio de uma transferência, transmite correctamente a ordem de pagamento ao banco intermediário e lhe paga o respectivo montante. A partir daí, ele fica afastado da operação, não estando o seguimento desta na sua "esfera de controlo". Como resultado, este banco não responde perante o seu cliente pelas faltas do banco do beneficiário.[543]

---

[541] Criado a coberto do contrato a favor de um terceiro (*"Vertrag zugunsten Dritter"*) mas que constitui um tipo autónomo. Cf. FRÉDÉRIQUE FERRAND, *Droit Privé Allemand...*, pp. 311 ss. e, a propósito da responsabilidade civil do produtor, CALVÃO DA SILVA, *Responsabilidade Civil do Produtor,* Almedina, Coimbra, 1990, pp. 302 ss.. Sobre a eficácia de protecção do contrato em favor de terceiros no Direito alemão, HANS-JOACHIM MUSIELAK, *A Inserção de Terceiros...*, pp. 283-296. Sobre a problemática em geral, CARNEIRO DA FRADA, *Contrato e Deveres de Protecção,* Separata do Suplemento ao Boletim da Faculdade de Direito da Universidade de Coimbra, Vol. XXXVIII, Coimbra, 1994.

[542] Cf. MARIE-DANIELLE SCHODERMEIER, *Les Droits de L'Émetteur...*, p. 105.

[543] Idem.

As Relações Jurídico-Bancárias 207

Apesar disso, um sector da doutrina tem-se esforçado por justificar uma *responsabilidade directa do banco do ordenante* perante este aquando de uma falta cometida por um banco intermediário, através sobretudo da consideração deste como um representante ou alguém de que o banco do ordenante se serve para cumprir a sua obrigação, em aplicação do § 278 BGB. Mas esta solução foi energicamente rejeitada, tanto pelo BGH como pela outra parte da doutrina.[544]

Tem-se tentado garantir, além disso, uma indemnização ao ordenante pelo seu próprio banco na sequência de uma falha de um banco intermediário. Tratar-se-ia da "reparação de danos de outrem" (*"Drittschadensliquidation"*),[545] instituto que permite que, nalguns casos, um sujeito aja em reparação dos danos sofridos por outro como se se tratasse do seu próprio prejuízo. O ordenante que sofreu um dano provocado por um banco intermediário não agiria ele mesmo – o seu banco liquidaria o prejuízo por ele, numa acção proposta contra o banco intermediário. Esta acção pressupõe que o responsável pelos danos esteja em relação contratual com o titular da acção, e que entre este e o terceiro prejudicado exista uma relação jurídica que implique que o dano não poderia ter sido sofrido a não ser por este terceiro. A acção supõe ainda que possa haver lugar à reparação de prejuízos, não estando aberta aos casos em que se pretende apenas o reembolso da transferência. No entanto, também esta solução não encontra unanimidade na doutrina.

Em *Inglaterra*, em caso algum se admite a acção directa do ordenante perante qualquer banco que não o seu. Não havendo uma relação contratual entre o ordenante e o banco do beneficiário ou um banco intermediário, a doutrina do *"privity of contract"*[546] não permite que aquele accione qualquer um deles directamente. O banco do ordenante é respon-

---

[544] Cf, por ex., HADDING/HÄUSER, *Rechtfragen des Giroverhältnisses, ZHR*, 145 (1981), pp. 146 ss..

[545] A propósito da responsabilidade civil do produtor, cf. CALVÃO DA SILVA, *Responsabilidade Civil do Produtor...*, pp. 310 ss.

[546] Sobre a *"privity rule"*, cf. GOODE, *Commercial Law,* Penguin Books, 1982, pp. 107 ss. ("It is a basic principle of English contract law that a contract cannot effectively confer rights or impose duties on those who are not parties to it.") e DOBSOM / / SCHMITTHOF, *Charlesworth's Business Law,* 5ª ed., ELBS, Londres, 1991, pp. 192 ss. ("In common law there must be privity of contract between the parties. Consequently a contract cannot impose liabilities upon one who is not party to the contract.").

sável perante o seu cliente pelas acções do banco com quem contratou, o que constitui uma hipótese de "*vicarious liability*".[547]

É possível, assim, dividir em dois blocos fundamentais as posições acerca das relações interbancárias.

De um lado, temos os autores para os quais o banco do ordenante se obrigou, perante este, a inscrever a crédito a conta do beneficiário, para o que se faz substituir pelo banco do beneficiário. Não o tendo escolhido, não responde pelos seus actos perante o ordenante, que o poderá accionar directamente. Sendo necessário o recurso a um ou mais bancos intermediários, a construção torna-se mais forçada – o banco do beneficiário seria um substituto do substituto do banco do ordenante e a acção directa é dificultada.

Do outro lado estão aqueles para os quais o banco do ordenante apenas se obriga a colocar os fundos à disposição do banco do beneficiário e a ordenar-lhe que credite a conta do seu cliente no montante correspondente. O banco do ordenante não responde perante o seu cliente pelos actos do banco do beneficiário e o ordenante não tem qualquer possibilidade de agir contra este dada a falta de vínculo contratual entre eles. Cada banco intermediário celebraria um contrato de mandato totalmente independente do anterior, o que praticamente inviabiliza qualquer responsabilidade perante o ordenante.

Uma posição especial é assumida em Inglaterra, onde se coloca a responsabilidade pela execução de toda a transferência sobre o banco do ordenante, o que protege ao máximo o cliente mas é extremamente penosa para a respectiva instituição, que se vê obrigada a suportar o risco de falhas ou mesmo da falência de um banco que não teve oportunidade de escolher.

Nenhuma destas posições nos parece desinteressada – na falta de um quadro legislativo específico, procurou-se a solução tendo em conta o seu efeito no regime da responsabilidade. Cada uma protege (ou desprotege) o ordenante de uma transferência em graus diferentes, em proporção

---

[547] Cf. ELLINGER / LOMNICKA, *Modern Banking Law*..., p. 449 ("At common law the transferring bank is vicariously liable for the negligence or default of its correspondent.") e p. 451 ("As the correspondent is engaged by the transferring bank, there is no privity of contract between the correspondent and the payor.") e LAIDLAW / GRAHAM, *Law Relating to Banking Services*..., p. 191 ("The common law doctrine of privity of contract therefore bars any contractual claim by the payer against the payee bank... (...) The paying bank is responsible to the payer, its customer, for the actions of its independent contractor, the payee bank.").

As Relações Jurídico-Bancárias   209

directa à responsabilidade que faz recair sobre o respectivo banco. Qualquer uma parece pouco satisfatória, porque nenhuma é equilibrada e todas desvalorizam o papel do banco do beneficiário na execução da transferência.

3.2. Apreciação

Antes de avançarmos na análise da instrumentalização jurídica de que dispomos, cumpre-nos fazer uma breve resenha do que concluímos até aqui e algumas considerações preliminares, inspiradas pelo estudo comparado que empreendemos.

Concluímos ser a transferência bancária uma operação económica cuja função é a realização de uma atribuição patrimonial através da transmissão de disponibilidades monetárias entre duas contas bancárias. Concluímos que o que dela pretendem quem dela se serve é obter, de uma forma célere e segura, os mesmos efeitos de uma entrega física de numerário, o que é possível na medida em que o saldo de um conta, incrementado com a entrada do montante transferido, está permanentemente disponível para servir como meio de troca.

Analisado o teor das relações jurídicas que intercedem numa *transferência bancária interna*, sabemos que esse efeito se obtém pelo jogo de duas relações jurídicas distintas que o banco mantém com cada um dos seus clientes, respectivamente ordenante e beneficiário de uma transferência em concreto. À inscrição a débito na conta do primeiro seguir-se-á a inscrição a crédito, pelo mesmo montante, na conta do segundo, e por efeito desse duplo jogo é possível obter o efeito exacto que as partes pretendem – a atribuição patrimonial e a disponibilização da soma monetária na conta do beneficiário sob a forma de saldo.

Pois bem, quando o ordenante e o beneficiário não têm conta no mesmo banco, a situação torna-se bastante diferente, não pelo simples facto de que se torna necessária uma nova relação jurídica – a relação interbancária – mas porque o resultado pretendido pelas partes passa a depender, não da acção de uma, mas de duas entidades bancárias. O que se pretende salientar com esta constatação é que o resultado pretendido pelas partes vai depender mais da relação que cada um deles mantém com a respectiva instituição bancária do que da relação que entre elas se estabelece. Sabemos já que o efeito final que se pretende obter – a inscrição a crédito na conta do beneficiário – só é alcançável através do concurso de um conjunto de efeitos jurídicos dependentes de um complexo de contratos celebrados entre o beneficiário e o seu banco. Sem isso, uma transferência bancária de crédito não pode funcionar como meio de pagamento.

Tudo isto para frisar que nunca a realização de uma transferência bancária completa poderá depender e ser exigida unicamente do banco do ordenante quando este não seja também o banco do beneficiário. Ou seja, que há um momento no *iter* transmissivo em que a conclusão final da transferência deixará de depender do banco do ordenante para passar a ser da responsabilidade do banco do beneficiário.

Esta conclusão minimiza, quanto a nós, a importância da determinação da natureza jurídica da relação entre os dois bancos numa *transferência externa directa*. A verdade é que não se pode perder de vista a operação económica no seu conjunto e o resultado pretendido pelas partes. Este resultado jamais será atingido sem o concurso de um banco que se impõe no procedimento por estar em relação de conta com o beneficiário. É a inelutabilidade dessa intervenção, por um lado, e o teor das relações entre cada um dos bancos e o respectivo cliente, por outro, que torna peculiar a forma de articular as relações jurídicas que se desenvolvem numa transferência bancária interna directa e que *dificilmente encontra reflexo em qualquer figura jurídica tradicional.*

O cerne da questão neste tipo de transferências deve ser deslocado da relação interbancária para as relações que, nos extremos da cadeia de transferência, intercedem entre os bancos e os respectivos clientes. Tendo em vista o resultado final pretendido pelas partes, a análise deve centrar-se mais na partilha de responsabilidades entre essas duas instituições do que no grau de responsabilidade do banco do ordenante, perante o seu cliente, pelos actos do banco do beneficiário.

No que respeita às *transferências externas indirectas,* a situação é parcialmente diferente. Mantendo-se tudo o que foi dito quanto às relações posicionadas nos extremos da cadeia, o que sucede agora é que intervêm na cadeia de transferência um ou mais bancos que não mantêm qualquer relação com os clientes. A relação interbancária é aí "pura", no sentido de que não é alterada pela interferência dos especiais vínculos que unem os bancos aos seus clientes.

Feita esta reflexão preliminar tentaremos, tal como foi feito nos ordenamentos aos quais dedicámos alguma atenção, buscar aos quadros jurídicos existentes tudo o que deles possamos obter para a clarificação desta questão. Prevenidos já, contudo, para a diferença substancial entre os laços que unem o banco do ordenante e o banco do beneficiário, por um lado, e qualquer um deles com um eventual banco intermediário, por outro.

As Relações Jurídico-Bancárias

Vimos que, afastada *in limine* a hipótese da cessão de posição contratual, a doutrina se tem dividido entre os que analisam a relação interbancária como uma hipótese de substituição no mandato e os que vêm nela uma mera sequência de mandatos totalmente independentes.

Na *substituição propriamente dita*, o mandatário original, sem se desvincular embora da relação que o une ao mandante, celebra um novo contrato de mandato *por conta* (ou seja, no interesse) *do mandante*. O banco do ordenante encarrega o banco do beneficiário de cumprir por conta do seu cliente uma parte do seu próprio mandato. A missão é compartilhada, estabelecendo-se uma relação entre mandante e substituto que, não obstante não ser directa, é suficientemente forte para que alguns ordenamentos jurídicos admitam com grande amplitude uma acção directa daquele contra este.

Parece-nos difícil admitir que ocorra, numa transferência externa, uma verdadeira substituição, quer no que respeita à relação do banco do ordenante com o banco do beneficiário, quer no respeitante à relação daquele com um intermediário. Nem o banco do beneficiário nem um eventual banco intermediário (cuja identificação em regra o ordenante desconhece) agem por conta do ordenante, mas *por conta* do banco deste, com o qual mantêm, em regra, uma relação de conta. A específica relação desenvolvida entre o banco e um cliente não se mostra passível de "substituição", ainda que esta seja circunscrita e não implique a deserção do mandatário substituído do âmbito contratual.

A relação de transferência entre o ordenante e o seu banco tem pressupostos importantes, que incluem uma relação de provisão envolvida, com a própria relação de transferência, por linhas tecidas em matizes várias e com texturas muito particulares. Sabemos também que o banco do beneficiário foi "imposto" ao banco do ordenante por força de uma outra relação de perfil idêntico à primeira, e também por isso repleta de colorações próprias. O que emerge nesta relação interbancária esconde, em cada um dos seus extremos, relações bancárias complexas sem as quais a execução da transferência não seria possível.[548]

Além disso, não parece defensável que o mandato conferido pelo cliente ao seu banco consista na inscrição a crédito na conta do benefi-

---

[548] Já SIMONT / BRUYNELL, *Les opérations de banque*, RB/BF, 6/1987 (Ano 51), p. 44, aderindo embora à tese da substituição, reconhecem que na prática a qualificação da relação entre os dois bancos como uma substituição de mandato sofre de um certo carácter artificial, e que uma análise puramente institucional e técnica corresponderia melhor ao "sentimento dos bancos" e aos desenvolvimentos electrónicos em curso.

ciário. O resultado final dessa transferência – a inscrição a crédito na conta do beneficiário do montante transferido e a sua disponibilização a este sob a forma de saldo – depende (nesta etapa, exclusivamente) da relação prévia (de conta, de conta corrente e de depósito) que esse beneficiário mantém com o seu banco. Relação cujo conteúdo e cujos efeitos escapam naturalmente ao controlo do banco do ordenante. Não se lhe pode pedir, parece-nos, que realize ele mesmo esse resultado final querido pelas partes, pois isso significaria estar a imiscuir-se numa relação da qual não é parte.[549] Ele nunca poderá ser responsável por essa inscrição a crédito. Tudo o que se lhe pode pedir – ou mandatar – é que coloque os fundos à disposição do beneficiário através da respectiva instituição bancária, sua mandatária, autorizada por aquele a receber pagamentos por sua conta. O que ele deverá fazer creditando os fundos na conta dessa instituição e ordenando-lhe que os credite na conta de um seu determinado cliente – o beneficiário daquela transferência em concreto. A execução do seu mandato acaba necessariamente aí. Trata-se, afinal, de efectuar um pagamento, não directamente ao credor, mas a um terceiro por este autorizado a recebê-lo, nos termos da al. a) do art. 770.º CCiv..[550]

O que o banco do ordenante faz, ao dirigir ao banco do beneficiário uma ordem para que credite a conta deste, é cumprir a obrigação a que está adstrito perante o seu cliente. O mandato que ele confere ao banco do beneficiário é o cumprimento do *resultado* a que se obrigou perante o seu cliente – colocar os fundos à disposição do beneficiário –, mas não é mais do um *meio* para que o resultado final pretendido pelas partes seja alcan-

---

[549] Concordamos totalmente com VÁZQUEZ PENA, *La Transferencia Bancaria...*, p. 297, quando diz que a entidade bancária do ordenante não coloca outra instituição no que seria o seu dever de creditar a conta do beneficiário, pela simples razão de que o banco do ordenante nunca, sob qualquer hipótese, poderia levar a cabo esse crédito na conta daquele por estar esta aberta em outra entidade. Defende o Autor que, tendo o contrato de conta corrente sido celebrado com um banco diferente do que originou a transferência, o princípio da relatividade dos contratos impede que este realize actos jurídicos que interfiram numa relação contratual da qual é alheio.

[550] PIRES DE LIMA / ANTUNES VARELA, *Código Civil Anotado*, Vol. II..., p. 16, referem que em todos os casos previstos neste artigo a prestação feita a terceiro libera o devedor como se fosse feita ao próprio credor. No que respeita à al. a), esclarecem que a estipulação ou o consentimento do credor não importam necessariamente representação, podendo tratar-se do consentimento para um terceiro receber *em nome próprio*. E dão como exemplo o encargo conferido a um banco para que pague uma mensalidade a um terceiro.

As Relações Jurídico-Bancárias   213

çado.[551] Daqui em diante, a efectivação desse resultado está a cargo do banco do beneficiário, que a isso se vê obrigado na sua condição de duplo mandatário: do seu cliente para aceitar ordens que lhe sejam dirigidas e receber por sua conta os respectivos montantes, do banco do ordenante para creditar os fundos na conta daquele.[552]

Parece-nos, pois, estarmos perante dois mandatos independentes, cuja articulação se encontra funcionalizada à execução da transferência bancária mediante a inscrição a crédito na conta do beneficiário. Só este entendimento permite ter em conta a especificidade das relações bancárias pressupostas na execução de uma transferência externa directa, a qual não é possível sem o concurso de dois distintos complexos negociais totalmente independentes, ainda que momentânea e funcionalmente unidos, complementando-se (e não substituindo-se!) para a obtenção do resultado final. Na relação interbancária, o que sucede, simplesmente, é a realização de um pagamento, por parte do banco do ordenante, ao mandatário do beneficiário, previamente autorizado por este a recebê-lo. Surgindo-nos esta como a acepção que melhor se ajusta à particular estrutura da transferência e às especialidades das relações envolvidas, a mesmo conduz a um regime de responsabilidade que se nos afigura, também, ser o que melhor corresponde aos interesses em jogo: o banco do ordenante responde perante este pela execução do seu mandato (pela inscrição a crédito na conta do banco do beneficiário e a emissão de uma ordem a este), o banco do beneficiário perante o seu cliente pela efectiva disponibilização dos fundos.

---

[551] O que nos leva a contestar que se qualifique a obrigação do banco do ordenante como uma obrigação de *meios*. Ela é sempre uma obrigação de *resultados* – o resultado, aqui, é a colocação de fundos à disposição do beneficiário através do respectivo banco, não deixando de o ser pelo facto de tal resultado ser um meio para a obtenção do resultado final querido pelas partes (a inscrição a crédito). Cf., a este propósito, MENEZES CORDEIRO, *Direito das Obrigações*, 1.º Vol...., pp. 358-359.

[552] Parece-nos que a figura da "delegação de pagamento", não consagrada legislativamente entre nós, poderia ter aqui aplicação, designadamente nos casos em que o banco do ordenante e o banco do beneficiário não têm entre si uma relação prévia que os obrigue a prestarem-se mutuamente serviços de pagamento. Neste caso, bastaria que o banco do ordenante dirigisse ao banco do beneficiário uma ordem – acto delegatório – para que este receba o pagamento por conta do seu cliente (creditando-lhe os fundos, para o que pode ser necessária uma conta de passagem), a que ele está obrigado, não por virtude de uma relação prévia interbancária, mas da sua relação com o cliente. O mesmo se diga relativamente a ordens transmitidas entre membros de uma mesma câmara de compensação, em que não é necessária a existência de uma conta recíproca nem de uma obrigação mútua de prestação de serviços.

Algo diferente se nos afigura contudo o mandato conferido pelo banco do ordenante a um *banco intermediário*. Não nos parece que possam ser reproduzidas, quanto à relação entre o banco do ordenante e um banco intermediário, as considerações tecidas quanto à relação entre aquele e o banco do beneficiário. A situação é aqui a muitos níveis diferente.

Sendo a ordem dirigida ao banco do ordenante pelo seu cliente no sentido de que este coloque fundos à disposição do beneficiário através da respectiva instituição bancária (o que esta faz creditando os fundos na conta deste e dirigindo-lhe uma ordem para que os inscreva na conta do seu cliente), foi esse o resultado a que o mesmo banco se obrigou.

A colaboração a que recorre para esse cumprimento não consubstancia contudo uma substituição propriamente dita, uma vez que o banco intermediário não age por conta do ordenante (o qual normalmente nem chega a ter conhecimento da sua intervenção), mas por conta do banco daquele, ao abrigo de uma relação de "correspondência" previamente existente entre ambos e pela qual as duas instituições se obrigaram a prestar serviços recíprocos. Trata-se de dois mandatos juridicamente independentes, destinando-se o segundo a servir a execução do primeiro.

Assumindo-se embora como contratos estruturalmente autónomos, cremos descobrir na união entre os dois contratos de mandato um laço coligatório. A ordem que o banco do ordenante dirige ao seu correspondente é igual à que foi emitida pelo seu próprio cliente (o que não sucede na relação com o banco do beneficiário), reproduzindo exactamente o conteúdo daquela. Ambas se dirigem ao crédito na conta do banco do beneficiário e à emissão de uma instrução a este, e das duas consta o montante a transferir, a identificação do beneficiário e do respectivo banco e o número da conta daquele. Da mesma constará também, necessariamente, a identificação do ordenante – tal torna-se necessário para que o beneficiário seja informado da proveniência dos fundos, para todos os efeitos relevantes decorrentes da relação subjacente.

É possível assim constatar que, celebrando embora um contrato juridicamente autónomo, o banco do ordenante o faz por referência ao primeiro, ao abrigo dos poderes que dele lhe advêm, com reprodução do respectivo conteúdo e, mesmo tratando-se de um mandato sem representação, revelando a identidade do ordenante. Parece pois difícil negar a emergência de um fenómeno coligatório. Os contratos, autónomos juridicamente, estão inelutavelmente unidos por um laço funcional, pois o segundo não existe senão para dar execução ao primeiro, que por sua vez tem como fim o cumprimento de uma missão específica – a colocação de fundos à disposição do beneficiário através da respectiva instituição. O que

As Relações Jurídico-Bancárias 215

nos leva a concluir que o contrato celebrado entre o banco do ordenante e o banco intermediário, quando concatenado com o primeiro contrato de transferência, se aproxima, de alguma forma, da figura do *subcontrato*.

O subcontrato é um negócio jurídico bilateral celebrado ao abrigo da posição jurídica que para um dos contratantes advém do contrato-base. A celebração de um segundo contrato permite-lhe que, sem se desvincular do primeiro, convencione com outro sujeito o exercício de direitos ou a realização de prestações que para ele decorrem do contrato prévio.

Ao contrário do que sucede na cessão da posição contratual, no subcontrato o subcontraente não se desliga da relação contratual inicial,[553] celebrando antes um novo contrato à sombra dos poderes que adquiriu da relação jurídica anterior e passando a desempenhar papéis de conteúdo oposto em cada um dos contratos de que é parte. Não há uma modificação subjectiva, antes uma sobreposição entre dois contratos autónomos decorrente da existência de um contraente comum.[554]

A subcontratação determina a existência simultânea de dois contratos estruturalmente independentes, ainda que envolvidos numa relação de filiação,[555] dependência, subordinação ou hierarquia. A configuração de tal relação é marcada pelo facto de o subcontrato ver a sua existência condicionada à celebração de um contrato anterior,[556] e estar de certa forma modelado pelo figurino desse contrato principal: ele está limitado

---

[553] É aqui que reside a principal diferença entre *subcontrato* e *cessão da posição contratual* – cf. ALMEIDA COSTA, *Direito das Obrigações...*, p. 742; INOCÊNCIO GALVÃO TELLES, *Manual dos Contratos em Geral...*, p. 378 ("Na cessão de contrato *transferem-se* direitos e obrigações, no subcontrato *constituem-se* direitos e obrigações.") e GENEVIÈVE VINEY, *Sous-contrat...*, pp. 265-266.

[554] O que leva MARIO BACCIGALUPI, *Appunti per una teoria del subcontratto...*, p. 194, a afirmar que "La rappresentazione grafica del fenomeno non è data da un cerchio più ampio che comprende uno minore, onde cacellatto il primo rimane il secondo, nè da una connessione orizzontale a catena, di due cerchi interferenti là dove vi è un soggetto e un oggetto comuni, ma da un piano sovrapposto all'altro o meglio, data l'indefinita possibilità di subcontattare, da una serie di piani poggianti l'uno sull'altro.". PEDRO ROMANO MARTINEZ, *O Subcontrato*, Almedina, Coimbra, 1989, p. 88, refere-se a uma "sobreposição de sujeitos".

[555] MESSINEO, *Contratto derivato – sub-contratto, ED, X*, p. 80, chama por isso ao contrato principal ou contrato base *contrato-pai* e ao subcontrato *contrato-filho*, ilustrando essa denominação com a consideração de que o contrato-pai é apto a gerar um outro contrato (filho) semelhante a si.

[556] ANA LÓPEZ FRÍAS, *Los Contratos Conexos...*, p. 208: "para nacer a la vida jurídica, el subcontrato necesita la existencia de un contrato principal y autónomo del que tomar su natureza y su objeto".

216   *A Transferência Bancária*

pela extensão daquele (recorde-se o velho brocado *"nemo plus iuris ad alium transferre potest quam ipse habet"*), apresentando ambos um conteúdo semelhante e uma causa similar.[557] A sua natureza é idêntica, correspondendo os dois ao mesmo tipo negocial[558] (significando isto que "o subcontrato propriamente dito é aquele cujo conteúdo, senão totalmente idêntico, coincide com o do contrato base quanto aos elementos normativos injuntivos e voluntários necessários"[559]), pelo que a qualificação do primeiro é necessariamente acto prévio ao enquadramento jurídico do segundo. Da identidade de natureza decorre que o regime do contrato principal se aplica ao subcontrato. Em suma, embora autónomos, o "contrato--pai" condiciona o "contrato-filho" na sua existência e na sua essência. No entanto, cumpre afincá-lo inequivocamente, os dois mantêm a sua autonomia jurídica. Os direitos e obrigações de cada uma das partes, em cada um dos contratos, mantêm-se com independência recíproca.

Tecido com estas linhas o subcontrato, apresenta-se o *submandato* como um contrato de mandato em que o mandatário, sem se desligar da relação que o liga ao *dominus* e ao abrigo dos poderes que da mesma lhe advêm, celebra com um terceiro, em seu próprio nome e por sua conta, um novo contrato. O mandatário original transmitirá ao submandatário as instruções que do mandante recebeu, assumindo ele próprio, neste segundo contrato, a posição de mandante.

Ao contrário do que sucede na substituição propriamente dita, o submandatário age por conta do mandatário inicial e não por conta do *dominus*.[560] Pode dizer-se que, no submandato, há uma reprodução, quanto ao primeiro mandatário, da posição do mandante no contrato principal, passando ele a assumir posições jurídicas opostas relativamente aos dois negócios em que é parte. Surge "como que um segundo mandato enxertado no

---

[557] Cf. RAMÓN LÓPEZ VILAS, *Concepto y natureza del subcontrato,* RDP, T. XLVI--II, Janeiro-Dezembro, 1964, p. 617 e JEAN NÉRET, *Le Sous-contrat...*, pp. 103 ss..

[558] ANA LÓPEZ FRÍAS, *Los Contratos Conexos...*, pp. 205 ss..

[559] PEDRO ROMANO MARTINEZ, *O Subcontrato...*, p. 98.

[560] Cf. PEDRO ROMANO MARTINEZ, *O Subcontrato...*, p. 34 e VINCENZO BUONOCORE, *Sull'art 1856...*, p. 490, segundo o qual, no submandato, o mandatário do mandatário agem por conta deste e não do *dominus*. Também FRANCESCO DOMINEDÒ, *Mandato...*, pp. 126-127, explicita que por *substituto* se deve entender aquele sujeito que cumpre actos jurídicos por conta do mandante e no âmbito da relação intercorrente entre o mandante e o mandatário, o que não acontece se ele cumpre, fora da relação entre mandante e mandatário e no interesse deste, os mesmos actos jurídicos que este estava obrigado a cumprir face ao seu mandante – neste caso não é um substituto, mas um submandatário.

primeiro",[561] assim se obtendo uma cooperação entre sujeitos não vinculados contratualmente na realização dos actos jurídicos desejados. As duas relações de mandato, apesar de assim unidas pela prossecução de um fim único, são contudo, devemos repetir, independentes[562], mantendo os respectivos intervenientes intactos os seus direitos e deveres em cada uma delas.

A relação entre o banco do ordenante e o banco intermediário poderia assim ser qualificada como uma relação de submandato. Essa a pista que prosseguiremos. A subsunção de tal relação interbancária a uma figura que, além de demasiado generalista, não se apresenta ela própria com contornos bem definidos não é porém de todo confortável, exigindo o limar de algumas arestas e uma certa flexibilidade.

Assim enquadrada a relação que intercede entre os dois contratos de mandato, cabe-nos deixar algumas palavras sobre a admissibilidade da subcontratação. Antes de mais, deixemos claro que ela é uma filha da autonomia privada. A faculdade de subcontratar não é mais do que um exercício de criação[563] desempenhado ao abrigo do poder de autodeterminação dos sujeitos de Direito.[564] Daí que se possa afirmar que, sempre que em abstracto um contrato comporte uma subcontratação, se admite um "poder de subcontratar".[565] Mais não é ele afinal do que uma variante da simples liberdade, como todas circunscrita, de celebrar negócios jurídicos. E esse poder de subcontratar existe sem dúvida em todos os mandatos que não sejam *intuitus personae*, constituindo em concreto um *modus* de obtenção do resultado a que o mandante se obrigou.[566]

Devidamente emoldurada a subcontratação pela autonomia privada, veremos o que a lei tem a este propósito para nos dizer quanto ao regime do submandato. Pois bem, a verdade é que não existe, no ordena-

---

[561] PEDRO ROMANO MARTINEZ, *O Subcontrato*..., pp. 79 ss..

[562] Cf. FRANCO CARRESI, *Sostituzione e Submandato*..., p. 1088.

[563] MARIO BACCIGALUPI, *Appunti per una teoria*..., p. 194, considera ser de criação a relação genética entre a situação contratual e a situação subcontratual e, a propósito, diz que o Direito não faz sua a lei do mundo físico "nada se cria, nada se destrói"...

[564] "...num mundo em que o indivíduo é como que criador do Direito..." – ORLANDO DE CARVALHO, *A Teoria Geral da Relação Jurídica – seu sentido e limites*, Centelha, Coimbra, 1981, p. 30.

[565] PEDRO ROMANO MARTINEZ, *O Subcontrato*..., p. 113.

[566] FRANCO CARRESI, *Sostituzione e Submandato*..., p. 1091, diz que o mandatário pode em qualquer caso e em qualquer momento nominar um ou mais submandatários no cumprimento da sua obrigação, o que decorre da própria natureza do mandato, no qual, ao contrário da *"locazione d'opera"*, o que se visa é o resultado prático.

218 *A Transferência Bancária*

mento jurídico português, qualquer disposição legal que expressamente mencione o submandato, ao contrário do que sucede que a sublocação, a subempreitada, o subdepósito, o subcomodato ou a subenfeiteuse (art. 1496.º CCiv.). O que soma às anteriores uma nova angústia.

A doutrina tem considerado que o submandato está abrangido pela figura lata da substituição no mandato, prevista no art. 1165.º CCiv. por remissão para o art. 264.º.[567] E a verdade é que, funcionalmente, há sempre no submandato uma substituição na execução da prestação devida.[568]

Há pois que recorrer ao art. 264.º (que vale para o mandato sem representação como para o mandato com representação) para averiguar em que termos pode a lei acomodar este fenómeno. Diz-nos o n.º 1 (que passamos a adaptar ao mandato) que só pode haver substituição se o mandante o permitir ou se a faculdade de substituição resultar do conteúdo da procuração (o mesmo é dizer, quando tal seja necessário para o bom desempenho do encargo[569]) ou da relação jurídica que a determina (ou seja, quando o mandato não tenha sido celebrado *intuitus personae*[570]). Nos termos do n.º 2, a substituição autorizada não implica, salvo

---

[567] PIRES DE LIMA / ANTUNES VARELA, *Código Civil Anotado*, Vol. II..., p. 722, consideram que, apesar de a palavra "substituição" só se adaptar, em rigor, a um fenómeno de cessão, ela tem neste artigo um sentido geral, abarcando igualmente a figura do submandato. JANUÁRIO DA COSTA GOMES, *Contrato de Mandato...*, pp. 335 ss., considera que a substituição no mandato, para efeito da aplicação destas disposições, abarca três situações: a *cessão de mandato*, na qual o mandatário cede a sua posição no contrato; o *submandato*, em que é constituída com um terceiro uma nova relação de mandato dependente da primeira; e a celebração de um *novo mandato*, em nome do mandante, com subsistência do anterior. Apesar de ser da opinião de que, em rigor, a designação de "substituição" apenas se ajusta à primeira daquelas situações (certamente porque só aí se dá a extinção da primeira relação de mandato, sendo que nas outras duas ela subsiste), o Autor considera a todas elas aplicável o disposto nas duas referidas disposições legais. Também PEDRO ROMANO MARTINEZ, *O Subcontrato...*, p. 33, remete o regime do submandato para os artigos 264.º e 1165.º CCiv.. Analisando questão paralela a propósito dos negócios jurídicos de cobertura nas transacções de conta alheia no mercado de valores mobiliários, cf. FERREIRA DE ALMEIDA, *As Transacções de Conta Alheia...*, p. 301, que, referindo-se ao art. 264.º diz: "seja qual for a sua natureza jurídica (submandato ou categoria ampla que admite várias situações jurídicas para as partes envolvidas)...".

[568] PEDRO ROMANO MARTINEZ, *O Subcontrato...*, p. 187.

[569] PEDRO ROMANO MARTINEZ, *O Subcontrato...*, p. 33.

[570] Parece poder entender-se que a relação entre o banco e os seus clientes não

disposição em contrário, exclusão da posição do primeiro mandatário, subsistindo em paralelo os dois contratos. O n.º 3 estabelece o regime de responsabilidade no caso de substituição autorizada ou necessária: o mandatário só é responsável para com o mandante se tiver agido com culpa na escolha do substituto (*culpa in eligendo*) ou nas instruções que lhe deu (*culpa in instruendo*). Tem entendido a doutrina que responde igualmente por *culpa in vigilando*.

Temos, assim, um quadro de hipóteses (submandato autorizado ou necessário e com designação, por parte do mandante, do submandatário; submandato autorizado ou necessário mas sem designação, por parte do mandante, do submandatário; submandato não autorizado e não necessário) que procuraremos concatenar com a modalidade de transferência bancária que ora nos ocupa – *externa indirecta*.

Na ordem de transferência, o ordenante indica, de forma expressa ou por meio de código (nomeadamente por indicação do NIB do beneficiário), o banco onde está sediada a conta a ser creditada. O que levou os autores que vêem, na relação entre o banco do ordenante e do beneficiário, uma substituição no mandato ou um submandato, a considerar aquela ou este implicitamente autorizados porque feitos com designação do substituto / submandatário. O que nos parece forçado e artificial. Quando muito, diríamos que tal substituição ou submandato seriam necessários à execução do mandato. O mesmo, julgamos, deverá ser entendido nas situações em que, não havendo uma relação de correspondência entre o banco do ordenante e o banco do beneficiário, aquele se vê obrigado a recorrer a um banco intermediário – tal recurso deve ser considerado como *necessário* à execução do mandato. E aqui com mais ajuste, uma vez que com toda a probabilidade o ordenante desconhece se terá ou não o seu banco que recorrer a um intermediário.

A não necessidade, num caso concreto, do recurso a um banco intermediário não invalida o subcontrato, celebrado como é à sombra da autonomia privada, sendo contudo de todo ineficaz quanto ao primeiro contratante.[571] Tal hipótese parece contudo pouco realista no caso da execução de uma transferência bancária, dados os interesses em jogo.

é *intuitus personae*, ao menos ao ponto de inviabilizar, como regra, a celebração de contratos de submandato por parte do banco/mandatário.

[571] Nesse sentido, PEDRO ROMANO MARTINEZ, *O Subcontrato...*, p. 114. Contra, JEAN NÉRET, *Le Sous-contrat...*, pp. 101-102.

Necessária a intervenção de um banco intermediário e sendo este eleito, dentro do universo dos seus correspondentes, pelo banco do ordenante, a este poderá (considerando que as hipóteses de culpa *in vigilando* não têm cabimento neste domínio) ser-lhe imputada *culpa in eligendo* no caso de erro ou falência daquele, devendo por tal responder face ao seu cliente. Situados como estamos no domínio bancário, há que entender devidamente o que poderá consubstanciar uma "má escolha". Partindo do princípio de que o banco do ordenante apenas poderá recorrer a instituições devidamente autorizadas a executar transferências bancárias, a escolha não deverá ser conduzida por critérios que avaliem a forma como a instituição em causa cumpre as ordens de transferência que lhe são dirigidas, pois a aptidão para tal pressupõe-se na licença concedida pelas autoridades de supervisão e no constante acompanhamento daquela actividade feito por estas. Tal "maldade" na escolha apenas poderá ser imputada à instituição do ordenante quando, sabendo este que um determinado banco se encontra em situação difícil, com dificuldade em cumprir os requisitos de liquidez e solvabilidade exigíveis, ainda assim o eleja para executar uma transferência, correndo o risco desta ser interrompida pelo início de um processo de cessação nos pagamentos. O que, convenhamos, não é uma situação de ocorrência provável.

Mais verosímeis e de mais frequente ocorrência, restam as hipóteses em que o banco do ordenante tenha transmitido incorrectamente, ao seu correspondente, as instruções contidas na ordem de transferência, caso em que responderá por culpa *in instruendo*.

As dificuldades começam quando procuramos determinar as consequências de uma falta imputável ao banco intermediário que não se reconduza a qualquer tipo de culpa da instituição do ordenante. A questão resume-se basicamente a saber se, nesse caso, poderá o ordenante agir directamente contra ele para obter o ressarcimento dos danos que lhe tenham sido causados, se pode agir contra o seu próprio banco ou se ficará de todo desprotegido.

Sabemos já que, em Inglaterra, a *"privity rule"* veda qualquer tipo de contacto entre sujeitos não unidos entre si por vínculos contratuais directos. A possibilidade de accionar em todos os casos o próprio banco afasta a alternativa e resolve o problema. Também deixámos testemunho de como, na Alemanha, uma como outra solução foram defendidas e criticadas.

Centremos a nossa atenção na possibilidade que, em outros ordenamentos jurídicos, é dada a um contratante de agir directamente contra um subcontratante, com o qual não tem um vínculo directo e averiguemos se, nesses casos, alguma porta foi deixada aberta à admissibilidade de o mesmo agir em exclusivo contra o seu co-contratante directo.

Entende-se por *acção directa* a acção proposta por um sujeito para conseguir de um terceiro, com o qual não está vinculado juridicamente, o que poderia obter do próprio devedor, por sua vez credor desse terceiro, colocando dessa forma em contacto sujeitos que não contrataram directamente entre si.[572] [573] Trata-se da propositura directa de uma acção que normalmente envolveria um duplo recurso: uma acção principal contra o co-contratante e uma acção de regresso deste último contra aquele que em última instância deveria suportar as consequências da condenação.[574] É, em suma, uma "forma de agir contra o devedor do devedor",[575] distinguindo-se da acção sub-rogatória (arts. 606.º ss. CCiv.) pelo facto de nesta o credor exercer o seu direito em nome do seu devedor, enquanto naquela o faz em nome próprio.

Tratando-se de uma acção entre sujeitos que não têm a uni-los um vínculo contratual directo, a sua admissibilidade contraria o *princípio da eficácia relativa dos contratos*, consagrado, entre nós, no n.º 2 do art. 406.º CCiv., para uns verdadeira decorrência do princípio da autonomia contratual,[576] para outros devendo ele mesmo ser relativizado.[577]

Contrariando esse princípio, tem-se admitido a acção directa do mandante contra o submandatário[578] quando aquele tenha autorizado a substituição (ainda que tacitamente).

---

[572] Cf. MAURICE COZIAN, *L'Action Directe...*, *passim*; ROGER DALCQ, *Les actions directes*, in *Les Effets du Contrat à l' Égard des Tiers – Comparaisons Franco-Belges* (dir. Marcel Fontaine / Jacques Ghestin), L.G.D.J., Paris, 1992, pp. 303-334; FRANCESCO BENATTI, *Appunti in Tema di Azioni Diretta*, RTDPC, Ano XVIII (1964), p. 624 e ANA LÓPEZ FRÍAS, *Los Contratos Conexos...*, p. 45.

[573] Não se deve confundir, obviamente, esta "acção directa" com a acção directa prevista no art. 336.º CCiv..

[574] Cf. MARC PITTIE, *Le principe de l'effet relatif des contrats à la lumière des législations récentes en matière d'obligations conventionnelles*, ADL, 3-4/1997, p. 329.

[575] PEDRO ROMANO MARTINEZ, *O Subcontrato...*, p. 161.

[576] MARC PITTIE, *Le principe de l'effet...*, p. 326, por ex., refere que todos os sujeitos de direito são livres de contratar ou de não contratar, sendo que a convenção celebrada entre duas pessoas não produzirá efeitos na esfera jurídica de um terceiro que ao abrigo dessa liberdade não tenha manifestado o seu consentimento perante ambas.

[577] Cf. MENEZES CORDEIRO, *Direito das Obrigações*, 1.º Vol...., pp. 251 ss..

[578] Cf. PEDRO ROMANO MARTINEZ, *O Subcontrato...*, pp. 161 ss.. Cf. ainda MAURICE COZIAN, *L'Action Directe...*, *passim* e JEAN NÉRET, *Le Sous-contrat...*, p. 279.

Em ordenamentos jurídicos como o nosso, em que a acção directa não está consagrada na lei quanto ao submandato, e em ordens jurídicas estrangeiras onde se questiona a sua generalização, discute-se a base da admissibilidade da mesma. A análise de todos os fundamentos possíveis para uma acção a que falta consagração geral levar-nos-ia para dimensões não comportáveis neste momento, pelo que não faremos mais do que, em traços largos, deixar uma ideia sobre a problemática em causa.

Apesar de ter ganho bastantes adeptos, sobretudo no seio da jurisprudência francesa, foi afastada a corrente que fundamentava a acção directa numa responsabilidade delitual, considerada apta a proteger os "terceiros" contra os danos sofridos por uma inexecução contratual.[579] As bases frágeis de uma construção que de uma violação contratual fazia derivar uma responsabilidade extracontratual, por um lado, a preferência pelo regime da responsabilidade contratual,[580] por outro, estiveram na origem do seu abandono.

Entre os que consideram não consubstanciar a acção directa mais do que uma excepção ao princípio geral da relatividade dos contratos e os que condenam essa mesma relatividade, ganha peso a doutrina que, face à especial conexão entre os contratos pertencentes a um mesmo *"grupo de contratos"*, entende não serem, os contratantes extremos, *"terceiros"* entre si para efeitos da aplicação daquele princípio.[581]

---

[579] Cf. GENEVIÈVE VINEY, *Sous-contrat et Responsabilité Civile...*, pp. 271-272. Para uma análise aprofundada da construção da acção directa assente na responsabilidade delitual e dos seus inconvenientes, cf. MIREILLE BACACHE-GIBEILI, *La Relativité des Conventions...*, pp. 17 ss..

[580] Numa sintética abordagem das diferenças entre os dois regimes de responsabilidade, PEDRO MÚRIAS, *A responsabilidade por actos de auxiliares e o entendimento dualista da responsabilidade civil*, RFDUL, 1996, N.º 1, pp. 180 ss.. Também analisando as diferenças e concluindo que o regime da responsabilidade contratual se apresenta mais favorável ao lesado, ALMEIDA COSTA, *Direito das Obrigações...*, pp 470 ss.. A propósito da responsabilidade civil do produtor e da erosão do princípio da relatividade dos contratos como forma de ultrapassar as "desvantagens" da via da responsabilidade delitual, CALVÃO DA SILVA, *Responsabilidade Civil do Produtor...*, pp. 285 ss..

[581] Dentro da problemática geral dos efeitos do contrato em relação a terceiros, e analisando com pormenor a noção de "parte" e de "terceiro" para aqueles efeitos, cf. GHESTIN, *Les effets du contrat a l'egard des tiers – Introduction*, in *Les Effets du Contrat à l'Égard des Tiers – Comparaisons Franco-Belges* (dir. Marcel Fontaine / Jacques Ghestin), L.G.D.J., Paris, 1992, pp. 18 ss. e ISABELLE CORBISIER, *Les differents tiers au contrat*, in *Les Effets du Contrat à l'Égard des Tiers – Comparaisons Franco-Belges* (dir. Marcel Fontaine / Jacques Ghestin), L.G.D.J., Paris, 1992, pp. 100-131.

As Relações Jurídico-Bancárias

A jurisprudência francesa, designadamente, tem estendido a quase todas as situações de "grupos de contratos" a admissibilidade da acção directa, por considerar que configuram, situações susceptíveis de, por sua natureza, afectarem o princípio do efeito relativo dos contratos.[582] Inegável é que a proliferação de relações contratuais cada vez mais complexas contende com a aplicação das rígidas regras jurídicas clássicas, particularmente com o princípio da relatividade dos contratos, cujos contornos têm sido alvo de interrogações crescentes. Dentro dos "grupos de contratos", assumem particular importância aqueles que têm natureza linear, as chamadas "cadeias de contratos", onde as inexecuções dificilmente são isentas de repercussões imediatas. Tal é o caso de um grupo formado por um contrato principal e um subcontrato.[583]

Não é difícil encontrar autores para os quais o princípio da relatividade dos contratos deve ser moldado às exigências da contratualidade moderna e à especial ligação entre as partes dentro desses "grupos de contratos".[584] NÉRET[585] considera inadequada a aplicação do princípio da relatividade dos contratos no domínio do subcontrato, entendendo que as partes extremas não são nem terceiros nem partes. Na opinião de GENEVIÈVE VINEY[586], deverá reconhecer-se que entre o contrato principal e o subcontrato existe uma ligação específica que impede o tratamento do credor e do subcontratante como "terceiros" para efeitos da aplicação do princípio da relatividade da obrigação contratual. Também ANA LÓPEZ FRÍAS[587] "salva" o princípio da relatividade dos contratos através da consideração da especial imbricação entre o contrato principal e o subcontrato e da negação da qualificação como "estranhos" do primeiro contraente e do subcontraente.

A justiça material no caso concreto inerente a tais considerações assume-se como um argumento de peso,[588] não faltando quem a apresente

---

[582] MARC PITTIE, *Le principe de l'effet relatif des contrats...*, p. 330.

[583] MIREILLE BACACHE-GIBEILI, *La Relativité des Conventions...*, p. 124.

[584] CHRISTIAN LARROUMET, *L'effet relatif des contrats et la négation de l'existence d'une action en responsabilité nécessairement contractuelle dans les ensembles contractuels,* J-Cl, 1991, I, 3531, p. 315: "La lecture rigide et traditionnelle de l'article 1165 du Code civil nie le concept d'ensemble contractuel, lequel correspond à une réalité économique qui méritait d'être juridiquement structurée.".

[585] JEAN NÉRET, *Le Sous-contrat...*, pp. 226 ss..

[586] GENEVIÈVE VINEY, *Sous-contrat et Responsabilité Civile...*, p. 281.

[587] ANA LÓPEZ FRÍAS, *Los Contratos Conexos...*, p. 231.

[588] PEDRO ROMANO MARTINEZ, *O Subcontrato...*, p. 162: "No subcontrato, o fundamento da acção directa encontra-se, por um lado, na íntima conexão existente entre os

224 *A Transferência Bancária*

como um "mecanismo corrector",[589] necessário onde as regras de Direito mostram as falhas do sistema.

Parece assim que a doutrina manifesta uma propensão forte para, através do dito "entorse" ao princípio da relatividade dos contratos, admitir a acção directa do um mandante contra o submandatário.[590]

Os esforços doutrinais parecem contudo inglórios quando se faz a transposição para o tema da transferência bancária. A considerar-se extensível tal admissão às relações envolvidas na execução daquela, nem sempre a mesma se afigurará a solução desejável para o ordenante, dado o pesado ónus que para ele constitui este tipo de processos, nomeadamente quando o âmbito é internacional. O problema é comum ao exercício de uma acção directa em qualquer situação de subcomissão.[591] Não comportando, esta, poder de representação, os dois extremos da cadeia negocial em geral não se conhecem, o que pode dificultar tal acção. Por outro lado, as partes preferem em regra agir, ao invés de contra um terceiro, contra o seu co-contratante imediato, sobretudo quando este é um profissional munido de especiais conhecimentos e capacidade de negociar e agir judicialmente. Estas considerações valem, parece evidente, para a transferência bancária. A acção directa entre o ordenante e o banco intermediário (ou o banco do beneficiário, para quem assim o entenda), que tanto a doutrina se esforçou por justificar, não parece ser de molde a suscitar um grande entusiasmo por parte dos clientes dos bancos. A única situação em que a mesma se pode revestir de alguma utilidade é a da inexecução do encargo pelo subcontratante acompanhada da insolvência do comissário principal. Aí sim, poderá o ordenante ter interesse em apresentar-se como o verdadeiro proprietário dos fundos em trânsito e principal comissário. Para

---

dois contratos e, por outro, numa regra de justiça material.". CALVÃO DA SILVA, *Responsabilidade Civil do Produtor...*, pp. 319 e 323, refere, a outro propósito, os vários fundamentos possíveis para o "entorse ao princípio da relatividade das convenções" que constitui a admissibilidade de uma acção directa, e conclui que o mesmo "encontra justificação no seu próprio interesse prático, compensador ou superador da falta, insuficiência ou inexactidão de fundamento teórico".

[589] CHRISTOPHE JAMIN, *Breves réflexions sur un mecanisme correcteur: l'action directe en droit français*, in *Les Effets du Contrat à l' Égard des Tiers – Comparaisons Franco-Belges* (dir. Marcel Fontaine / Jacques Ghestin), L.G.D.J., Paris, 1992, pp. 263-302.

[590] Contra uma "action directe sans texte", MAURICE COZIAN, *L'Action Directe...*, pp. 65 ss..

[591] MAURICE COZIAN, *L'Action Directe...*, pp. 49 ss..

isso, terá que "levantar o véu da comissão" e apresentar-se como o beneficiário dela.

Rodeada de dificuldades a acção directa, o grande benefício para o ordenante consistiria em ser-lhe admitida a possibilidade de, em qualquer caso, *agir em exclusivo contra o seu próprio banco* para ressarcimento dos danos que uma deficiente execução da transferência bancária lhe tenha causado. Independentemente de quem tenha sido o erro.

Da análise comparada que empreendemos facilmente se conclui que é esta uma solução que está longe de reunir consenso, com a honrosa excepção inglesa e a sua *"vicarious liability"*.

A responsabilidade do banco do ordenante perante este face a qualquer tipo de ocorrência, tributada por muitos como desejável,[592] já alimentou muitas discussões, sobretudo quando estão em causa transferências bancárias internacionais. Para além da querela doutrinária dominada por tentativas, esforçadas e criticadas, de manejo de institutos tradicionais pouco vocacionados para as especificidades que aqui se afirmam, os interesses económicos em jogo chocam, e a tudo isto não são alheias as legítimas preocupações com a salvaguarda do sistema financeiro que as autoridades de supervisão têm demonstrado.

De momento, movem-nos meros intuitos de análise estritamente jurídica. O que de novo nos remete para a ordem jurídica portuguesa e para a definição do exacto alcance do art. 264.º CCiv. Sobretudo, interessa-nos determinar até que ponto o estatuído nessa disposição legal deixa espaço para a intervenção de uma eventual responsabilidade do banco do ordenante, perante este, pelos actos de um submandatário.

A propósito do art. 800.º CCiv., PIRES DE LIMA / ANTUNES VARELA[593] consideram que, uma vez *substituído* o devedor (neste caso, o mandatário), cessa a sua responsabilidade pela conduta do novo devedor. Os autores não esclarecem, nessa sede, o que consideram englobado na noção de "substituição", mas nela incluíram, aquando da análise do art. 264.º, o submandato.

PESSOA JORGE,[594] determinando o âmbito do art. 800.º, começa por delimitar o conceito de "substituto": trata-se de "todo aquele que efectua

---

[592] Cf., entre outros, ZUNZUNEGUI, *Derecho del Mercado Financiero...*, pp. 387 e 390; SEQUEIRA MARTIN, *La Transferencia Bancaria...*, p. 2559; VÁZQUEZ PENA, *La Transferencia Bancaria...*, p. 299 e MARTINE DELIERNEUX, *Les Instruments du Paiment International...*, p. 998.

[593] PIRES DE LIMA / ANTUNES VARELA, *Código Civil Anotado*, Vol. II..., p. 58.

[594] PESSOA JORGE, *Ensaio sobre os Pressupostos da Responsabilidade Civil*, Almedina, Coimbra, 1995 (reimp.), pp. 139 ss..

226 *A Transferência Bancária*

o pagamento em vez do devedor, seja qual for a posição jurídica perante este: procurador, mandatário, subcontraente...". Analisa então, entre outros, os casos em que foi concedida ao devedor a faculdade de se fazer substituir, dando como exemplo o art. 264.º. Nesses casos, defende, o devedor apenas é responsável se teve culpa *in eligendo, in instruendo* ou *in vigilando*, podendo por isso invocar, para afastar a sua responsabilidade, o incumprimento do substituto se este incumprimento não tiver decorrido de nenhuma daquelas culpas.[595]

Em qualquer destas análises, porém, não é mencionado expressamente o submandato, pelo que não é inequívoca a sua inclusão em tais considerações. Em todo o caso, o teor das mesmas é sem dúvida coerente face ao regime estabelecido no art. 264.º. O que aumenta a dúvida que deste cedo nos assaltou sobre a conveniência de sob o tecto daquela disposição incluir o submandato. A sua autonomia face ao mandato principal induz-nos a questionar se o preço a pagar pelo esforço de a ele se estender a eficácia de uma acção directa que nem se encontra, para a própria substituição, entre nós consagrada, não será demasiado alto quando confrontado com as interrogações acerca da limitação ou não da responsabilidade do mandatário principal.

A considerações do mesmo tipo terá sido sensível JANUÁRIO GOMES[596] quando entendeu dever desaplicar, ao submandato, o disposto no n.º 3 do art. 264.º, que limita a responsabilidade do mandatário original aos casos em que haja culpa na escolha do substituto ou na transmissão das instruções. Alicerça o Autor a sua opinião na afirmação de que no submandato o mandatário sempre é, por natureza, responsável face ao mandante pela execução do seu encargo ainda que, para isso, se tenha socorrido de outrem.[597]

Com ele parece concordar PEDRO ROMANO MARTÍNEZ.[598] Entende o Autor que a celebração de um subcontrato pelo mandatário implica um agravamento da sua responsabilidade uma vez que, para além de respon-

---

[595] Também assim parece entender PHILIPPE PÉTEL, *Le Contrat de Mandat...*, p. 72, que considera que o art. 1994.º do *Code Civil* derroga, a favor do mandatário, os princípios que regem o subcontrato, não respondendo o mandatário inicial pelos actos do mandatário substituto a não ser nas hipóteses aí referidas.

[596] JANUÁRIO DA COSTA GOMES, *Contrato de Mandato...*, p. 339.

[597] A aplicação daquela disposição legal só faz sentido, na opinião do autor, nos casos em que o mandatário inicial cede a sua posição contratual ou, mantendo embora a qualidade de gestor, compartilha a gestão com outrem pela constituição de um novo mandato.

[598] PEDRO ROMANO MARTINEZ, *O Subcontrato...*, pp. 137 ss. e 152 ss..

sável pelo incumprimento do contrato base, nos termos gerais, torna-se igualmente responsável por facto de outrem. Desde logo, nos casos de culpa *in eligendo, in instruendo* ou *in vigilando*.[599] Mas também nos casos em que, não havendo culpa da sua parte, ele responde objectivamente pelo incumprimento imputável a terceiro a quem encarregou de executar a prestação devida, ao abrigo do art. 800.º CCiv.. Nos casos em que o incumprimento do contrato também seja imputável ao submandatário, o mandatário que tenha ressarcido o mandante pelos danos por este sofridos tem direito de regresso contra aquele.[601]

Na doutrina estrangeira, os autores que se debruçam especialmente sobre a figura do subcontrato parecem perfilhar esta opinião – sempre o mandatário original (o banco do ordenante) responde perante o mandante (ordenante) pelos actos do submandatário, podendo, em caso de culpa deste, fazer contra ele valer direito de regresso.[601]

Ainda que praticamente sem base legal, a doutrina e a jurisprudência francesas têm recorrido à ideia de "*responsabilité contractuelle du fai d'autri*", nomeadamente no âmbito da utilização, por bancos, de correspondentes na realização de operações de que estavam encarregues. A responsabilidade do devedor principal por facto do subdevedor é inteiramente dominada pelo objectivo de manter o respeito estrito e pontual da obrigação contratual, procurando-se evitar que o devedor escape à sua responsabilidade através do recurso a um terceiro. GENEVIÈVE VINEY[602]

---

[599] Nesse sentido também, JEAN NÉRET, *Le Sous-contrat...*, pp. 209 ss.. Parece-nos contudo que, aqui, do que se trata verdadeiramente é de responsabilidade por um facto próprio, e não por um facto de outrem. No mesmo sentido, GENEVIÈVE VINEY, *Sous--contrat et Responsabilité Civile...*, p. 267.

[600] PEDRO ROMANO MARTINEZ, *O Subcontrato...*, p. 153, refere não se tratar, contudo, de um direito de regresso em sentido próprio, pois a obrigação de indemnizar do submandatário em relação ao mandatário é autónoma relativamente à obrigação que este tem de indemnizar o primeiro.

[601] Cf. ANA LÓPEZ FRÍAS, *Los Contratos Conexos...*, p. 229; CHRISTIAN LARROUMET, *L'effet relatif des contrats...*, p. 315 ("l'attribution d'une action contractuelle au créancier extrême contre le débiteur extrême ne le prive pas de son action contre son débiteur immédiat."); FRANCO CARRESI, *Sostituzione e Submandato*, FI, Vol. LXIII, 1938, Parte I, pp. 1090-1091 ("...è da escludere la sostituzione nella suddivisione degli incarichi fra le varie banche e quindi si deve affermare la responsabilità diretta e non defettibile della banca prima mandataria. (...) Il submandante (...) risponde sempre verso il mandante del'opera del proprio submandatario"); MESSINEO, *Contratto derivato – sub-contratto...*, p. 84 e GENEVIÈVE VINEY, *Groupes de contrats...*, pp. 339.

[602] GENEVIÈVE VINEY, *Sous-contrat et Responsabilité Civile...*, pp. 260 ss..

228 *A Transferência Bancária*

faz questão de frisar que, no âmbito de uma subcontratação, o credor da obrigação principal nunca é prejudicado pela existência de um subcontrato por conservar intacto o seu dever de agir em responsabilidade contra o seu próprio co-contratante, podendo além disso (em caso designadamente de insolvência deste) agir directamente contra o subcontratante. COZIAN[603] considera que, em todo o caso, podendo embora exercer uma acção directa, o mandante mantém, mesmo quando autorizou a substituição, a faculdade de pedir contas ao seu mandatário, mesmo por factos dos submandatários.

A doutrina italiana, pressionada pelas exigências da contratação moderna, tem-se esforçado por justificar, nestes casos, uma *responsabilidade por facto de terceiro*, com diferentes argumentos: representação, responsabilidade objectiva, garantia do substituído, assunção de responsabilidade pela prestação de outro. Para MARIO BACCIGALUPI[604] a questão é absorvida pelo tema geral da responsabilidade do devedor pela prestação realizada por um terceiro. Considerando que a essência do art. 1228 do CCiv. (que, à semelhança do nosso art. 800.º, estabelece a responsabilidade por auxiliares) reside, não em um alargamento da responsabilidade do devedor, mas na necessidade de evitar uma limitação de responsabilidade "injustificada e absurda", estende a sua aplicação aos casos de submandato. De outra forma, considera, a admissão da exoneração de responsabilidade por facto de terceiro equivaleria a liberar o devedor da prestação e a criar uma cessão de débito. O devedor deve responder pela prestação realizada por um terceiro como se tivesse sido realizada por ele próprio. Se tal for o caso, poderá depois haver lugar a uma acção de regresso do intermediário face ao terceiro.

A análise que fizemos resume-se aos quadros clássicos do Direito Civil e afastou-se muito do que é claro e inequívoco. A sensação é a de que o desvio foi muito grande, quer dos caminhos seguros quer da nossa meta final. Se a problemática é de *per si* complexa, a sua transposição para o domínio bancário ameaça alheá-la da realidade. Mais ainda quando, dentro desse específico domínio, o tema é a transferência bancária.

Estamos convictos contudo de que, independentemente da qualificação que se dê à relação interbancária, a obrigação que no âmbito do contrato de transferência assume o banco do ordenante é a de colocar fundos à disposição do beneficiário mediante o seu crédito na conta do respectivo

---

[603] MAURICE COZIAN, *L'Action Directe...*, p. 46.
[604] MARIO BACCIGALUPI, *Appunti per una teoria del subcontratto...*, pp. 198-199.

As Relações Jurídico-Bancárias

banco – seu mandatário – e a emissão de uma ordem[605] a este para que o credite na conta daquele. A relação que intercede entre estes dois bancos é uma relação *sui generis* e de certa forma paradoxal: os dois contratos são inquestionavelmente autónomos mas unidos por um forte laço funcional – a sua união foi, num momento e num contexto específico, inelutável, pois só a existência de relações prévias com contornos bastantes particulares pôde permitir que, da sua acção conjunta, o objectivo querido pelos clientes bancários fosse possível; da sua extinção sairão incólumes as relações específicas bancárias que alimentaram cada um deles, tornando-o possível.

No que diz respeito à relação entre o banco do ordenante e um banco intermediário, parece-nos estar a mesma bastante próxima do que é em regra entendido por um subcontrato. Que pode, nalguns casos e dada a especial ligação entre aquele e o contrato principal, justificar a admissibilidade de uma acção directa do ordenante contra o banco intermediário. Mas que, quanto a nós, não deve permitir ao banco do ordenante eximir-se da obrigação que assumiu face a este. Dados os interesses em jogo, deverá o banco do ordenante responder, face a este, pelos actos por aquele praticados. Será essa, como veremos, a solução adoptada na Directiva 97/5/CE, exemplar na adaptação dos instrumentos jurídicos tradicionais de vários ordenamentos jurídicos às especificidades dos intervenientes e do resultado económico que os mesmos pretendem obter. Em Portugal, tal regra foi consagrada no artigo 11.º do Decreto-Lei n.º 41/2000, de 17 de Março.

Uma hábil conjugação dos interesses em jogo e uma atenção especial aos problemas de solvabilidade que a consagração de uma tal responsabilidade – objectiva? por facto de outrem? – pode acarretar, impuseram, naquele domínio, limites.

Não procurando ir mais longe, parece-nos de todo o modo claro e de importante relevo que o vínculo que une o contrato de transferência celebrado entre o ordenante e o seu banco, o contrato que intercede entre este e o banco do beneficiário e eventuais contratos intermédios assume uma clara feição coligatória que nos leva a qualificá-la com uma *união* ou *coligação de contratos*.

De acordo com a clássica classificação utilizada por ENNECCERUS-LEHMANN, a união entre um *contrato* e um *subcontrato* é uma *união interna* ou *com dependência*, no caso dependência *unilateral* (uma vez que ambos os

---

[605] *Iussum* delegatório?

contratos prosseguem uma finalidade comum e dado que o subcontrato se encontra numa situação de "subordinação" relativamente ao contrato entre o ordenante e o banco). Utilizando os critérios propostos por MENEZES CORDEIRO,[606] é ela uma união *processual* (pois ambos os contratos prosseguem o mesmo fim), *homogénea* (uma vez que os contratos são do mesmo tipo), *hierárquica* (dado que o contrato interbancário encontra no primeiro contrato de transferência a sua fonte de legitimidade) e, por fim, *vertical* ou *em cadeia*.

No seu conjunto, todas as relações – ordenante/banco; banco do ordenante/banco intermediário; banco intermediário/banco do beneficiário; beneficiário/banco – formam uma *cadeia de contratos,* a que chamaríamos *cadeia de transferência*.[607]

Trata-se de um *"grupo de contratos de estrutura linear"*[608] porque articulados em cadeia com vista à prossecução de determinado fim. E um *"grupo homogéneo"*[609], porque composto de contratos de natureza idêntica.

Suscita o nosso interesse, sobretudo, a união entre os contratos em vista da realização de um resultado económico determinado, que se projectará para além da estrutura e da função de cada negócio singularmente considerado. Chamemos-lhe *funcional*.[610] Trata-se de uma articulação específica em vista de um objectivo momentaneamente comum – a realização de uma operação económica unitária.[611]

---

[606] MENEZES CORDEIRO, *Manual de Direito Bancário...*, pp. 412 ss..

[607] Cf. KÜMPEL, *Bank- und Kapitalmarktrecht...*, p. 205 e MARTIN HESS, *Switzerland...*, p. 313. PETER ELLINGER, *Electronic funds transfer...*, p. 34, chama-lhe "string of contracts".

[608] PAUL-HENRY DELVAUX, *Les groupes de contrats et la responsabilité contractuelle du fait d'autrui,* in *Les Effets du Contrat à l' Égard des Tiers – Comparaisons Franco-Belges* (dir. Marcel Fontaine / Jacques Ghestin), L.G.D.J., Paris, 1992, pp. 361 ss..

[609] MIREILLE BACACHE-GIBEILI, *La Relativité des Conventions...*, pp. 123 ss..

[610] Cf., por ex., NICOLA GASPERONI, *Collegamento e Connessione...*, pp. 378 ss., que qualifica o subcontrato como *"contratto derivato"*, que inclui entre os *"negozi necessariamente connessi"*, que por sua vez constitui uma modalidade de *"collegamento funzionale"*. Considerando que o verdadeiro *"collegamento"* é apenas o funcional, e qualificando o resultado unitário perseguido como "função complexa", cf. CARLO DI NANNI, *Collegamento negoziale...*, pp. 279-343.

[611] Cf., sobre a relação entre as noções de contrato, união contratual e operação económica, ENRICO GABRIELLI, *Il contratto e le sue classificazioni,* RDCiv, Ano XLIII (1997), Parte I, pp. 705-728.

4. CONCLUSÃO

A investigação sobre a índole das relações interbancárias desenvolvidas para execução de uma transferência bancária permite facilmente concluir pela inadequação da instrumentalização jurídica tradicional para integrar pacífica e adequadamente as particularidades da sua estrutura e da ambiência em que é realizada.

As construções erigidas em torno deste tema estão assentes em posições de princípio sobre a forma pela qual se entende dever a responsabilidade ser repartida. O que confirma a necessidade de regimes *ad hoc* assentes numa cabal compreensão dos complexos negociais envolvidos e na consideração adequada dos variadíssimos interesses em jogo.

Torna-se imprescindível, sobretudo, jogar com os dados lançados antes da execução de uma transferência bancária em concreto, não devendo a atenção sobre os contornos das colaborações momentâneas entre instituições bancárias fazer esquecer o contexto mais amplo em que as mesmas surgem. A inevitabilidade da cooperação e o teor de cada uma das relações bancárias momentaneamente posicionadas nos extremos de uma cadeia de transferência obriga a repensar o regime de responsabilidade consagrado à sombra de institutos jurídicos conhecidos e a clamar por uma sua mais equilibrada repartição. Não poderá deixar de ser tido em conta o anteriormente assumido, perante os respectivos clientes, por cada uma das instituições.

No que respeita às relações com os bancos intermediários, a aproximação à figura do subcontrato não nos conforta. Ela própria rodeada de incertezas, também a determinação do seu regime não deixa de ser tributária, reconhecêmo-lo, das soluções tidas por desejadas.[612] As decisões tenderão a ser essencialmente políticas, baseadas, como não poderia deixar de ser, numa consideração especial dos interesses particulares, institucionais e sectoriais envolvidos.

---

[612] A verdade é que "O *primado da teleologia* e a *ponderação das consequências da decisão* constituem elementos importantes do dinamismo civil." – MENEZES CORDEIRO, *Tratado de Direito Civil...,* p. 82.

CAPÍTULO III

A RELAÇÃO SUBJACENTE

1. RAZÃO DE ORDEM

Sabemos que a *relação subjacente* – também denominada *relação fundamental* ou *relação de valuta* – é alheia à transferência enquanto operação bancária. Esta, vimo-lo, é uma operação abstracta, neutra relativamente à relação fundamental que a montante une ordenante e beneficiário, não prejudicando a execução daquela a falta ou invalidade dessa relação. No entanto, constituindo a *causa* última da transferência,[613] ela assume um papel que lhe deve ser reconhecido e ao qual atribuiremos algum destaque. A verdade é que *"abordar soluções jurídicas requer proceder em consonância com a função que na realidade do tráfego se requer das figuras, e em definitivo a finalidade que delas se pretende no jogo das transacções económicas"*.[614] Uma elaboração jurídica completa da transferência bancária de crédito não deve pois perder de vista a relação subjacente na qual encontra, em última instância, justificação causal.

---

[613] KÜMPEL, *Bank- und Kapitalmarktrecht...*, p. 229.
[614] SEQUEIRA MARTÍN, *La Transferencia Bancaria...*, p. 2541.

2. O PROBLEMA DA EFICÁCIA LIBERATÓRIA DA TRANSFERÊNCIA BANCÁRIA DE CRÉDITO

A análise da transferência bancária de crédito permitiu concluir que os sujeitos que a utilizam o fazem atribuindo-lhe a função de servir como meio de pagamento. Meio de pagamento que, em sentido amplo, corresponde a qualquer atribuição patrimonial, independentemente da sua causa em concreto.

Em sentido amplo significa *pagamento* qualquer transferência de fundos e, nesse sentido, serve a transferência bancária de crédito, em qualquer caso, para realizar um pagamento. Dizer isto nestes termos não implica qualquer intromissão na relação de valuta intercorrente, aquém da transferência, entre ordenante e beneficiário. Esse pagamento assim entendido pode ter como causa o cumprimento de uma obrigação, a concessão de um empréstimo, a efectivação de uma troca ou a concretização de uma doação. Já implicará uma intromissão, porém, o questionar da transferência enquanto veículo de execução de um pagamento *stricto sensu*. Significando este o cumprimento de uma obrigação, já não será indiferente, na colocação dos problemas, a causa da transferência – essa será, na presente abordagem, tal cumprimento. Analisemos, pois, as questões que especificamente se colocam quando, no caso concreto, serve a transferência bancária para realizar um pagamento enquanto cumprimento de uma obrigação subjacente.

O termo *pagamento* é utilizado muitas vezes na linguagem jurídica como sinónimo de *cumprimento*.[615] [616] No entanto, e tal como é usual na

---

[615] VAN OMMESLAGHE, *Le Paiment...*, p. 11: "en droit, il est certain que toute éxecution d'une obligation quelle que soit la nature, constitue un paiment"; BLANCHE SOUSI-ROUBI, *Banque et bourse...*, p. 175: "Paiment: exécution par le débiteur de la prestation due. Dans un sens plus courant, exécution de son obligation de verser une somme d'argent au créancier.". MICHELE GIORGIANNI, *Pagamento (Diritto Civile)*, NssDI, XII, p. 32, referindo-se à extinção das obrigações em geral, observa o uso promíscuo" dos termos

238   *A Transferência Bancária*

linguagem corrente, ele deve ser reservado para o cumprimento de obrigações pecuniárias.[617] Cumprimento é a realização voluntária da prestação devida[618] e, no caso das *obrigações pecuniárias*, essa prestação consiste na "entrega" de uma determinada quantia em dinheiro, isto é, de moeda.[619] O cumprimento de uma obrigação pecuniária, ou seja, o pagamento, tem por efeitos típicos a extinção da obrigação,[620] a satisfação do interesse do credor e a liberação ou desoneração do devedor.[621]

"pagamento" e "cumprimento" e manifesta preferência pelo primeiro. É o sentido mais amplo de pagamento (enquanto cumprimento) o utilizado nas obras de PASCUAL ESTEVILL (*El Pago*, Bosch, Barcelona, 1986) e de NICOLE CATALA (*La Nature Juridique du Paiment*, L.G.D.J., Paris, 1961) e no artigo de CARMELO SCUTO (*Sulla natura giuridica del pagamento*, RDComm, Vol. XIII (1915), Parte I, pp. 353-373).

[616] "Pagar" tem a sua origem em *pacare*, tendo no Direito Romano *pacatus* o significado de "satisfeito no seu crédito" – ELIO LONGO, *Pagamento (Diritto Romano)*, NssDI, XII, p. 317.

[617] Cf. INOCÊNCIO GALVÃO TELLES, *Direito das Obrigações...*, p. 220; ALMEIDA COSTA, *Direito das Obrigações...*, p. 890 e VAZ SERRA, *Do cumprimento como modo de extinção das obrigações*, BMJ n.º 34, Janeiro, 1953, p. 5 ("É mais correcto dizer que as obrigações se extinguem pelo cumprimento do que dizer que se extinguem pelo *pagamento*, uma vez que esta expressão se aplica preferentemente apenas ao cumprimento de obrigações pecuniárias.").

[618] Artigo 762.º n.º 1, CCiv. – "O devedor cumpre a obrigação quando realiza a prestação a que está vinculado". Cf. ANTUNES VARELA, *Das Obrigações em Geral...*, p. 7; INOCÊNCIO GALVÃO TELLES, *Direito das Obrigações...*, p. 219; CALVÃO DA SILVA, *Cumprimento e Sanção Pecuniária Compulsória...*, pp. 61 ss.; MENEZES CORDEIRO, *Direito das Obrigações*, II Vol...., p. 183 e CUNHA DE SÁ, *Direito ao cumprimento e direito a cumprir*, RDES, n.ºs 2-3-4, Abril-Dezembro, 1973, p. 149.

[619] GILBERT PARLEANI, *L'Objet du Paiment*, RDULB, Vol. 8, 1993-2, p. 79.

[620] Para YVES CHAPUT, *Les techniques modernes des transactions financières...*, p. 390, deve entender-se por *pagamento*, mais do que uma forma de extinção de obrigações, a execução voluntária de uma obrigação pelo devedor. E isto porque, com o pagamento, a obrigação é executada tal como foi originada, o que afasta o pagamento das outras formas de extinção das obrigações, com as quais a obrigação desaparece sem que tenha sido executada. Cf. também VAN OMMESLAGHE, *Le Paiment...*, p. 10. O que obviamente não significa que o pagamento não seja um meio de extinção das obrigações – é-o, efectivamente, entre outros. Pode mesmo considerar-se o meio normal de extinção das obrigações – cf. VAZ SERRA, *Do cumprimento...*, p. 5 e BERNARD GLANSDORFF, *Les Parties au Paiment*, Revue de Droit de L'ULB, Vol. 8, 1993-2, p. 61. Ou até o "modo mais fisiológico de extinção da obrigação" – MICHELE GIORGIANNI, *Pagamento...*, p. 321.

[621] BOUTELET-BLOCAILLE, *Droit du Crédit*, 2.ª ed., Masson, Paris, Milan, Barcelone, 1995, p. 61: "Le paiment est à la fois *l'exécution* de l'obligation et un mode d'*extinction* de la dette du débiteur."; NICOLE CATALA, *La Nature Juridique du Paiment...*, p. 11: "Le pay-

Tendo as obrigações pecuniárias como objecto a prestação de uma quantia em dinheiro, a sua extinção deve-se ao *poder liberatório* da moeda, ou seja, à "faculdade reconhecida à moeda com curso legal de provocar, pelo cumprimento, a extinção das obrigações que exprima, pelo seu valor nominal ou facial".[622] A capacidade liberatória é aliás o elemento mais significativo na consideração jurídica da moeda.[623]

Pois bem, tendo nós concluído que a transferência bancária de crédito mais não é do que um mecanismo *sui generis* de transmissão de moeda escritural, a pergunta que imediatamente nos ocorre é a seguinte: terá ela efeitos liberatórios como se de uma entrega física de numerário se tratasse? A questão é saber se, e porquê, poderá uma inscrição numa conta bancária, que faz nascer um crédito do titular dessa conta face ao seu banco, produzir o efeito extintivo da obrigação subjacente do ordenante face ao beneficiário, ou seja, assumir uma função liberatória autónoma.[624] Ou seja, se, porquê e em que condições é o dinheiro bancário apto a extinguir obrigações pecuniárias.

A verdade é que a interposição, entre o devedor e o credor, de uma instituição bancária e a utilização por esta de técnicas contabilísticas próprias produz uma dupla alteração, subjectiva e objectiva, na prestação devida: não se paga directamente ao credor mas ao seu banco, não se entrega numerário mas procede-se a uma inscrição a crédito numa conta bancária, que implica de imediato a fusão do montante transferido no respectivo saldo.[625]

Analisámos com alguma profundidade o mecanismo da transferência e concluímos que com ele se transmitia moeda. Moeda que, consubstanciada num saldo bancário e alicerçada sobre a confiança de que pode a qualquer momento ser "materializada" em numerário, é generalizadamente aceite como meio de troca e cumpre todas as funções económicas da moeda.

Não se trata, contudo, de *moeda legal,* isto é, de moeda à qual a lei atribui poder liberatório e irrefutabilidade.[626] MANUEL DE AN-

---

ment de la dette satisfait le créancier, libère le débiteur, dissolvant le lien de droit qui subordonnait l'un à l'autre.".

[622] Cf. MENEZES CORDEIRO, *Manual de Direito Bancário...*, p. 550. Cf. ainda BLANCHE SOUSI-ROUBI, *Banque et bourse...*, p. 175.

[623] Cf. INZITARI, *La Moneta...*, p. 7.

[624] Cf. SEQUEIRA MARTÍN, *La Transferencia Bancaria...*, pp. 2543 e 2552 ss..

[625] Cf. VÁZQUEZ PENA, *La Transferencia Bancaria...*, p. 144.

[626] A esse propósito, diz MANN, *The Legal Aspect of Money...*, pp. 5-6: "Bank accounts (...) are debts, not money". O Autor reconhece, contudo, que o "dinheiro

DRADE[627] distingue entre *dinheiro em sentido estrito*, também denominado *dinheiro estadual* ou *legal*, no qual inclui "aquelas coisas que são legalmente reconhecidas como meio de pagamento de dívidas, não podendo o credor recusá-las", e *dinheiro em sentido amplo* ou *dinheiro corrente, usual* ou *comercial*, que compreende "todas as coisas que nos usos correntes são admitidas e funcionam como dinheiro, mesmo quando não legalmente reconhecidas para esse efeito".

A moeda objecto de uma transferência bancária de crédito é sem dúvida moeda *corrente, usual* ou *comercial*, ou se preferirmos *moeda em sentido económico*, porque usualmente admitida como tal e assim cumprindo as funções económicos da moeda, mas em poucos casos desempenhará o papel de moeda *legal*,[628] porque não provida por lei[629] de eficácia liberatória e irrefutabilidade.[630] Não obstante a assimilação funcional da moeda bancária no conceito de dinheiro, a verdade é que a ausência daquelas duas características fundamentais a tornam dependente

---

bancário" funciona em regra como dinheiro, sem significar que, do ponto de vista jurídico, o seja necessária e invariavelmente. Também GOODE, *Payment Obligations in Commercial and Financial Transactions,* Sweet & Maxwell, London, 1983, pp. 1-2, distingue claramente entre a definição económica e a definição jurídica de dinheiro, considerando a primeira mais ampla. Aquela, e não esta, inclui depósitos bancários, os quais não são considerados pelo Autor como moeda do ponto de vista jurídico, mas simples "claims to money".

[627] MANUEL DE ANDRADE, *Obrigações Pecuniárias,* RLJ, Ano 77.º (1944), n.ºs 2771 ss., p. 49.

[628] Casos há em que a lei atribui à moeda objecto de transferências bancárias eficácia liberatória. Efectivamente, vários diplomas introduziram a transferência bancária como meio de pagamento legal. O n.º 1 al. b) do Decreto-Lei n.º 275-A/93, de 9 de Agosto, permite que os pagamentos à Tesouraria do Estado sejam feitos através de transferências bancárias. Esse diploma é regulamentado pelo Regulamento do Documento de Cobrança, anexo à Portaria n.º 1411/95, de 24 de Novembro (alterado pela Portaria n.º 79/97, de 3 de Fevereiro), que estabelece, no n.º 4 do art. 3.º, os requisitos a que deve obedecer o pagamento por transferência electrónica de fundos. A Portaria n.º 1087/97, de 30 de Outubro, permite que as custas judiciais sejam pagas em terminais de pagamento automático e em caixas multibanco.

[629] TULLIO ASCARELLI, *La Moneta...*, p. 48: "Per l'economista sarà moneta ciò che risponde ad una determinata funzione; per il giurista ciò che è tale secondo una determinata norma.".

[630] MARTUCCELLI, *Obbligazioni Pecuniarie e Pagamento Virtuale...*, p. 78, diz que são dois os pontos nodais nos quais se centra a discussão sobre a oportunidade de uma equiparação, no plano jurídico, entre moeda legal e meios de pagamento "alternativos": os efeitos do pagamento e a legitimidade para refutá-lo por parte do credor.

A Relação Subjacente 241

de acordo entre as partes, fazendo dela mera moeda "convencional".[631] A irrefutabilidade da moeda é algo que lhe é extrínseco, que lhe não é natural, dependendo a atribuição de tal característica da intervenção do legislador. A moeda não deixa de o ser pelo facto de o seu poder liberatório depender de acordo das partes. Simplesmente, *não é moeda legal* – esta é apenas a legalmente não refutável.

Face a esta limitação, pergunta-se em que condições poderá uma transferência bancária de crédito servir como meio eficaz e válido de extinção de obrigações pecuniárias. Nos termos do art. 550.º CCiv., o cumprimento das obrigações pecuniárias faz-se em moeda que tenha *curso legal*[632] no País à data em que for efectuado, salvo estipulação em contrário.[633]

Apresentando-se a moeda escritural como moeda convencional, por não ter curso legal, a transferência bancária, enquanto meio de transmissão de moeda escritural, tem somente *eficácia liberatória convencional*,[634] sendo como tal imprescindível um acordo entre as partes tendente a atribuir-lhe tal eficácia. Poder-se-ia a tal acordo entre devedor e credor, tendente a conferir poder liberatório à transferência bancária de crédito, chamar, como alguém já o fez, *"pacto de transferência"*,[635] na falta do qual pode o beneficiário recusar o montante transferido.[636]

---

[631] Na qualificação de GAETANO STAMMATI, *Moneta...*, p. 754.

[632] Trata-se, o *curso legal*, da "obrigação imposta por lei de receber um instrumento monetário determinado em pagamento de uma certa quantidade de unidades monetárias ou a possibilidade de recusar um pagamento em qualquer outra unidade monetária" – ANNE-MARIE MOULIN, *Le Droit Monétaire...*, pp. 88 ss.. O *princípio do curso legal* significa que "o cumprimento das obrigações pecuniárias se deve realizar apenas com espécies monetárias a que o Estado reconheça função liberatória genérica, cuja aceitação é obrigatória para os particulares" – MENEZES LEITÃO, *Direito das Obrigações...*, p. 140.

Note-se que o *curso legal* de uma moeda não significa que ela tenha *poder liberatório pleno*, ou seja, que pela sua entrega em pagamento se desonerem sempre os devedores. Se tal moeda apenas for obrigatoriamente aceite em pagamento até determinado limite, ela tem curso legal mas apenas tem eficácia liberatória até esse limite – cf. SOARES MARTINEZ, *Economia Política...*, p. 533.

[633] Como bem faz notar MANUEL DE ANDRADE, *Obrigações Pecuniárias...*, p. 51, vale neste domínio, como em todo o Direito das Obrigações, o princípio da autonomia da vontade. DI MAJO, *Obbligazioni pecuniarie...*, p. 555, considera que uma vontade contrária ao disposto no art. 1277 do CCiv. italiano constitui um verdadeiro limite ao princípio aí firmado.

[634] CONCEIÇÃO NUNES, *Recepção de depósitos...*, p. 55.

[635] ALFARO ÁGUILA-REAL, *Transferencia Bancaria...*, p. 6620.

[636] Cf. CLAUSSEN, *Bank- und Börsenrecht...*, p. 130; KÜMPEL, *Bank- und Kapital-*

242 A Transferência Bancária

Ao que nos é dado saber, de entre os ordenamentos jurídicos que nos são mais próximos, apenas na Holanda a transferência bancária tem eficácia liberatória plena.[637] Em todos os outros é exigido o consentimento do credor para que se produza essa eficácia. É isso que sucede, nomeadamente, em Espanha,[638] em Itália,[639] em França,[640] na Bélgica,[641] na Suíça,[642] na Alemanha[643] e em Inglaterra.[644]

---

marktrecht..., pp. 193 ss.; SCHWINTOWSKI / SCHÄFER – *Bankrecht...*, p. 224 e JUGLART / IPPOLITO, *Traité de Droit Commercial...*, p. 561

[637] BERKVENS / VAN ESCH, *Netherlands...*, p. 242.

[638] Em *Espanha,* o art. 1170.º CCiv. exige que o cumprimento das obrigações pecuniárias seja feito mediante a entrega de moeda com curso legal, não podendo, de acordo com o art. 1166.º, o devedor obrigar o credor a receber outra coisa diferente. Assim, a transferência só pode, enquanto meio de pagamento, liberar o ordenante da sua obrigação para com o beneficiário se este tiver consentido nessa forma de pagamento, aceitando que, em lugar da entrega física de numerário, esse pagamento seja feito mediante a inscrição a crédito da sua conta. Cf. LOJENDIO OSBORNE, *Spain...*, p. 291; SEQUEIRA MARTÍN, *La Transferencia Bancaria...*, p. 2554. Defendendo a necessidade de consentimento mas por considerarem haver lugar a novação subjectiva, BOIX SERRANO, *Curso de Derecho Bancario...*, p. 192 e GARRIGUES, *Contratos Bancarios...*, p. 566.

[639] Em *Itália,* de acordo com os arts. 1218.º e 1277.º CCiv., as obrigações pecuniárias extinguem-se com moeda com curso legal, estando a extinção com meio diferente subordinada à aceitação por parte do credor. Cf., por ex., MICHELE GIORGIANNI, *Pagamento...*, p. 322; ETTORE GIANNANTONIO, *Trasferimenti elettronici dei fondi...*, p. 60; FERRI, *Bancogiro...*, p. 33 e CARLO FOLCO, *Il Sistema del Diritto della Banca...*, pp. 501--503. Contra, considerando que o credor tem que aceitar pagamentos através de transferência electrónica de fundos, PIETRO NUVOLONE, *La Trasmissione Elettronica dei Fondi e la Tutela dell' Utente,* DII, Ano I, n.º 2, Maio-Agosto, 1985, pp. 599-600.

[640] Cf. JUGLART / IPPOLITO, *Traité de Droit Commercial...*, p. 560; BOUTELET--BLOCAILLE, *Droit du Crédit...*, pp. 62 ss.; DEVÈZE / PÉTEL, *Droit Commercial...*, p. 252; MICHEL CABRILLAC, *Le chèque et le virement...*, p. 223 e CATALA, *La Nature Juridique du Paiment...*, p. 144.

[641] Cf. VAN RYN / HEENEN, *Principles de Droit Commercial...*, p. 324; SIMONT / / BRUYNEEL, *Les opérations de banque...*, p. 43 e VAN OMMESLAGHE, *Le Paiment...*, p. 25.

[642] Cf. MARTIN HESS, *Switzerland...*, p. 308.

[643] Cf. KÜMPEL, *Bank- und Kapitalmarktrecht...*, pp. 193-194 e CLAUSSEN, *Bank- und Börsenrecht...*, pp. 129-130.

[644] É considerado como universalmente aceite e firmemente reconhecido em *Inglaterra* que o pagamento deve ser feito através de moeda legal, não ficando de outra forma desonerado o devedor. Cf. MANN, *The Legal Aspect of Money...*, pp. 75 ss.; ROSS CRANSTON, *Principles of Banking Law...*, pp. 260 ss. e LAIDLAW / ROBERTS, *Law Relating to Banking Services...*, pp. 177-178.

A Relação Subjacente 243

Esta realidade aparentemente incontestável vem contudo a ser refutada por Vázquez Pena[645] que, começando por analisar aquela a que ele chama "tesis formal o legalista"[646] (baseada no art. 1170 do CCiv. espanhol, e segundo a qual o dinheiro bancário não é dinheiro com curso legal, pelo que carece de eficácia liberatória autónoma no âmbito do pagamento de dívidas pecuniárias), à mesma vem contrapor a sua "tesis aperturista". Considera ele que no art. 1170 (no qual são enumerados vários "documentos mercantiles" dotados de poder liberatório), pensado à sombra de uma realidade social – a de 1889 – em que dificilmente teriam cabimento os modernos meios de pagamento, existe uma lacuna legal. Integrando-a por meio do costume – "hoje em dia generalizou-se a convicção da eficácia solutória das transferências bancárias" – e dos princípios gerais do Direito – sobretudo o princípio da boa fé –, conclui que, respeitando ainda tal disposição legal, é possível entender que a transferência pode ter eficácia liberatória sem necessidade de consentimento do credor, admitindo contudo, nalguns casos, a recusa por parte deste.

Menos fácil parece ser ultrapassar a necessidade de consentimento do credor face ao nosso ordenamento jurídico, cujo teor não deixa espaço para aplicações analógicas. Além disso, os contornos técnicos e a especial envolvência jurídica deste meio de pagamento justificam alguma cautela. É preciso não esquecer que a execução de uma transferência exige como inevitável a intervenção de entidades bancárias com as quais os clientes mantêm uma relação marcada por traços bastante particulares. A inscrição a crédito do montante transferido produz de imediato efeitos que, decorrentes de contratos previamente celebrados – contrato de conta corrente, contrato de depósito bancário –, não deixam incólume a relação banco--cliente. O resultado de uma inscrição em conta pode, no caso concreto, não ser desejado pelo credor, tendo este legitimidade para a recusar. É o que acontece quando a conta a ser creditada apresenta um saldo devedor, ou quando é objecto de um penhor, ou ainda quando o banco está em

---

[645] Vázquez Pena, La Transferencia Bancaria..., pp. 259 ss..

[646] A propósito do cheque, também Antonella Donzella, L'assegno come mezzo di pagamento, NGCC, N.º 5, Setembro-Outubro, 1993, p. 408, defende o distanciamento da solução tradicional, segundo a qual é necessário o consenso do credor para que o cumprimento de uma obrigação pecuniária se faça por meio de cheque. Segundo a opinião da Autora esta solução é excessivamente formalista por não ter em conta a realidade social actual, na qual o cheque é universalmente aceite como meio de pagamento.

condições de compensar o saldo resultante da entrada da quantia transferida com o saldo devedor de outra conta ou com qualquer outro crédito de que disponha face ao cliente. Nestes casos, o titular da conta poderá não estar em condições de dispor do montante em causa se ele for creditado na sua conta, pelo que é compreensível e legítimo que prefira a entrega de numerário.[647] Além disso, dados os mecanismos técnicos geralmente utilizados, uma transferência bancária não é isenta de riscos. Independentemente da questão de saber a quem compete em cada caso suportá-los, o credor pode preferir não ter que o saber, optando por um meio de pagamento que, implicando uma simples *traditio*, gera de imediato e sem insegurança o efeito extintivo pretendido. A falta de certeza e definitividade de que o pagamento por este meio realizado se reveste nalgumas situações também pode constituir motivo de resistência à utilização do mecanismo da transferência bancária.

Para a ultrapassagem do anacronismo no confronto com a dinâmica da vida económica e social hodierna poderá contribuir uma acção conjugada das técnicas de telepagamento e de uma intervenção legislativa regulamentadora da transferência bancária que, tendo em conta a envolvência técnica e a integração jurídica, vertical e horizontal, desta, faça dela um meio de pagamento dotado de um maior grau de certeza e definitividade. Não sendo inconcebível, de um ponto de vista substantivo, a atribuição legal de eficácia liberatória à moeda escritural (até porque a *ratio* do art. 550.º parece estar mais na protecção da moeda estadual desprovida de *bonus intrinseca* e não convertível do que no afastamento de meios de pagamento diferentes da *traditio* de notas e moedas[648]), a mesma deverá, a ocorrer, ser rodeada de precauções que tenham em conta as especificidades do operar bancário.

Assumido (ainda) como necessário o consentimento do beneficiário para que o pagamento por transferência produza efeito liberatório, coloca-se agora a questão de saber em que condições se deve considerar dado esse consentimento e pergunta-se até que ponto se poderá, por via dessa consideração, flexibilizar a rigidez legal.

Antes de mais, tal acordo pode ser manifestado *expressamente,* quer de forma individualizada relativamente a um negócio em concreto, quer de

---

[647] Cf. KÜMPEL, *Bank- und Kapitalmarktrecht...*, pp. 193-194; CLAUSSEN, *Bank- und Börsenrecht...*, pp. 129-130; ALFARO ÁGUILA-REAL, *Transferencia Bancaria...*, p. 6623; e LAIDLAW / GRAHAM, *Law Relating to Banking Services...*, p. 179.

[648] Cf. INZITARI, *La Moneta...*, p. 59, a propósito do art. 1277 do *Codice Civile*.

A *Relação Subjacente* 245

uma forma genérica e para futuro, nomeadamente no âmbito de um contrato-quadro.[649] Neste caso não poderá o credor recusar a inscrição em conta, com a salvaguarda óbvia dos casos em que o pagamento não cumpra todos os demais requisitos legais (se o pagamento for parcial, tardio ou realizado numa moeda diferente da acordada).

Esse consentimento também pode ser dado *tacitamente*. Diz-nos o n.º 1 do art. 217.º CCiv. que é tácita aquela declaração que "se deduz de factos que, com toda a probabilidade, a revelam". Existe uma declaração tácita quando do seu conteúdo, formado por factos dirigidos a determinado fim, se permite com toda a probabilidade inferir uma vontade funcional ou negocial, por entre tais factos e tal vontade existir um nexo de presunção juridicamente lógico-dedutivo.[650] A vontade é manifestada de uma forma indirecta.[651] Salvo quando a lei especialmente exija uma declaração expressa, a declaração tácita é sempre admitida e eficaz.[652] A dificuldade está em determinar quando é que se pode considerar tacitamente feita uma declaração. Não se tratando a declaração tácita de uma ficção mas de uma verdadeira declaração, é necessário que exista uma verdadeira vontade ainda que indirectamente exteriorizada.[653]

A constatação da existência de tal declaração deverá naturalmente ser casuística e feita por via interpretativa. No entanto, tentaremos esboçar alguns critérios aproximativos tendo em conta as situações normalmente referidas a este propósito.

A simples abertura de uma conta num banco não deverá em princípio ser entendida como uma manifestação de consentimento tácito ao recebimento de pagamentos através dessa conta.[654] Como consequência do princípio da relatividade dos contratos, os efeitos decorrentes da abertura

---

[649] Cf. SEQUEIRA MARTÍN, *La Transferencia Bancaria...*, p. 2554.

[650] Cf. VAZ SERRA, *Declarações Expressas e Declarações Tácitas – O Silêncio*, BMJ, n.º 86, Maio, 1959, pp. 233-238; CASTRO MENDES, *Teoria Geral do Direito Civil*, II Vol., AAFDL, Lisboa, 1995, pp. 74 ss. e CARLOS DA MOTA PINTO, *Teoria Geral do Direito Civil*, 3.ª ed., Coimbra Editora, Coimbra, 1990, p. 425.

[651] HEINRICH HÖRSTER, *Sobre a formação do contrato...*, p. 129.

[652] Cf. OLIVEIRA ASCENSÃO, *Teoria Geral do Direito Civil*, Vol. III..., p. 170. Consagra o art. 217.º, no dizer de PAULO MOTA PINTO, *Declaração Tácita e Comportamento Concludente...*, p. 456, o *princípio da liberdade declarativa* e a *equivalência* entre declaração expressa e declaração tácita.

[653] MENEZES CORDEIRO, *Teoria Geral do Direito Civil*, 1.º Vol...., pp. 578-579.

[654] Nesse sentido, VÁZQUEZ PENA, *La Transferencia Bancaria...*, p. 272 e SEQUEIRA MARTÍN, *La Transferencia Bancaria...*, p. 2555.

246 *A Transferência Bancária*

de uma conta só se devem produzir na esfera jurídica das partes, não se podendo, da sua celebração, tirar consequências quanto à forma de extinção de obrigações que são alheias a esse núcleo contratual.

Já a divulgação do número da conta em correspondência comercial, em facturas, preçários ou catálogos poderá, tendencialmente, indiciar esse consentimento.[655] Há porém quem considere que tal divulgação, por um comerciante, tem apenas o sentido de mostrar a possibilidade de, nos contratos de que venha a fazer parte, as obrigações virem a ser extintas por meio de transferência bancária, sem que fique dado esse consentimento para cada relação em concreto.[656] Em todo o caso, deverá recorrer-se, no caso concreto, aos critérios de interpretação da vontade das partes, devidamente filtrados pelo princípio da boa fé.

Também a utilização habitual, entre devedor e credor, desta forma de pagamento tem sido considerada pela doutrina como um possível indicador de consentimento.[657] As linhas ténues que separam aquilo que é "declaração tácita" e o mero "silêncio" fazem-nos neste ponto vacilar. A distinção entre as situações em que ainda estamos perante uma verdadeira declaração e as de total ausência de vontade exteriorizada (ainda que juridicamente relevante) leva-nos a restringir tal índice de consentimento aos casos em que os prévios pagamentos por transferência estejam incluídos com a inscrição a crédito actual naquilo a que chamaríamos uma mesma "situação negocial". Uma situação de proximidade tal que nos permita inferir da aceitação de uma transferência um acordo a transferências

---

[655] Nesse sentido, KÜMPEL, *Bank- und Kapitalmarktrecht...*, pp. 193-194; CLAUSSEN, *Bank- und Börsenrecht...*, pp. 129-130; MARTIN HESS, *Switzerland...*, p. 308; INZITARI, *La Moneta...*, p. 61 e GARRIGUES, *Contratos Bancarios...*, p. 566.

[656] SEQUEIRA MARTÍN, *La Transferencia Bancaria...*, p. 2555.

[657] Cf. KÜMPEL, *Bank- und Kapitalmarktrecht...*, pp. 193-194; CLAUSSEN, *Bank- und Börsenrecht...*, pp. 129-130; MARINO PERASSI, *I Trasferimenti Elettronici di Fondi...*, p. 179; VÁZQUEZ PENA, *La Transferencia Bancaria...*, p. 276; ALFARO ÁGUILA-REAL, *Transferencia Bancaria...*, p. 6623 (que considera suficiente a existência de dados no contrato ou *usos específicos entre as partes* ou do *sector* que justifiquem a existência de uma autorização tácita); SEQUEIRA MARTÍN, *La Transferencia Bancaria...*, p. 2555 (que admite a possibilidade de assim ser entendido no caso de relações continuadas entre ordenante e beneficiário, mas recusa que esse efeito possa ser atribuído a um uso normativo ou costume com carácter de fonte, apesar de essa ser uma prática habitual entre comerciantes, sobretudo no tráfego internacional); GARRIGUES, *Contratos Bancarios...*, p. 566 (o Autor considera aqui a existência de um uso interpretativo da vontade das partes); VAN RYN / / HEENEN, *Principles de Droit Commercial...*, p. 324 e VAN OMMESLAGHE, *Le Paiment...*, p. 26, n. 51.

A Relação Subjacente 247

posteriores. Em todos os outros casos apenas se poderá justificar, sob condições que analisaremos adiante, a atribuição, ao silêncio guardado pelo credor, dos efeitos próprios de uma declaração.

Nas situações em que se admita a existência de um consentimento tácito deverá haver uma oposição expressa ao pagamento através de transferência bancária, para que se exclua o seu poder liberatório.[658]

A questão de saber se, obtido o acordo prévio do credor a que a obrigação subjacente seja extinta através de transferência bancária, estamos perante um *verdadeiro cumprimento* ou apenas perante uma hipótese de *dação em cumprimento* tem pouco interesse prático, uma vez que o regime de ambas as figuras é o mesmo, e também o mesmo o seu efeito – a extinção da obrigação.[659]

Apesar disso, não queremos deixar de sobre ela fazer aqui uma breve reflexão.

Trata-se, a dação em cumprimento (*datio in solutum*), de uma causa de extinção das obrigação diferente do cumprimento, sistematicamente colocada no nosso CCiv. ao lado da consignação em depósito, da compensação, da novação, da remissão e da confusão e por ela entende-se a realização de uma prestação diversa da devida.[660] [661]

Estipula expressamente o art. 837.º CCiv. que a prestação de coisa diversa da que for devida só exonera o devedor mediante o consentimen-

---

[658] Uma vez que "a declaração tácita cede perante a expressa", isto é, mediante *protestatio facto contraria* – CASTRO MENDES, *Teoria Geral do Direito Civil*, II Vol..., p. 83.

[659] Cf. MENEZES CORDEIRO, *Direito das Obrigações*, 2.º Vol.... p. 213. Cf. também DÉNISE LÉOTY, *La nature juridique de la dation en paiment – La dation en paiment, paiment pathologique?*, RTDCiv, T. LXXIII, 1975, p. 41: "en tant que *mode d'extinction*, la dation en paiment et le paiment ont une *nature homogène"*.

[660] Cf. MENEZES CORDEIRO, *Direito das Obrigações*, 2.º Vol...., pp. 209 ss.; ALMEIDA COSTA, *Direito das Obrigações*..., pp. 978 ss.; ANTUNES VARELA, *Das Obrigações em Geral*, Vol. II, 5.ª ed., Almedina, Coimbra, 1992, pp. 168 ss. e VAZ SERRA, *Dação em função do cumprimento e dação em cumprimento*, Sep. do BMJ n.º 39, Novembro, 1953, pp. 25-57.

[661] Da dação em cumprimento deve distinguir-se a dação em função do cumprimento, *datio pro solvendo*, prevista no art. 840.º CCiv.. Ao contrário da dação em cumprimento, que tem em vista a extinção imediata da obrigação, a dação em função do cumprimento apenas visa facilitar o seu cumprimento, através do fornecimento ao credor dos meios necessários para que este obtenha a satisfação futura do seu crédito. Por todos, cf. PIRES DE LIMA / ANTUNES VARELA, *Código Civil Anotado*, II Vol...., p. 124. Isto acontece frequentemente no caso do pagamento feito através de cheque com cláusula "salvo boa cobrança".

248 *A Transferência Bancária*

to do credor (*aliud pro alio invito creditori solvi non potest*). O estabelecido nesta disposição legal decorre do princípio da *pontualidade* (previsto
no art. 406.º CCiv.): "o cumprimento deve coincidir *ponto por ponto, em
toda a linha*, com a prestação a que o devedor se encontra adstrito".[662]
O primeiro corolário deste princípio é o de que o devedor não se pode
desonerar mediante prestação diversa da que é devida sem consentimento
do credor, dada a falta de *beneficium dationis in solutum*.[663]

A necessidade de consentimento do credor ao pagamento por transferência decorre, como vimos, do art. 550.º CCiv, ou seja, do facto de não
estarmos perante moeda com curso legal, a única moeda tida por irrefutável no cumprimento de obrigações pecuniárias na falta de estipulação em
contrário. Uma vez dado esse consentimento, o devedor realiza a prestação
devida, efectuando, a nosso ver, um *verdadeiro cumprimento*.[664] O devedor cumpre a obrigação a que se encontrava adstrito, o que parece afastar
a hipótese de se tratar de uma dação em cumprimento. Não parece ser con-

---

[662] ANTUNES VARELA, *Das Obrigações em Geral*, Vol. II...., pp. 14-15. Sobre o
princípio da *pontualidade*, cf. ainda INOCÊNCIO GALVÃO TELLES, *Direito das Obrigações...*, pp. 222 ss.; FERRER CORREIA, *Lições de Direito Comercial...*, pp. 437-438 e
ALMEIDA COSTA, *Direito das Obrigações...*, pp. 891 ss..

[663] Trata-se daquilo a que MENEZES CORDEIRO, *Direito das Obrigações,* II Vol....,
p. 187, chama *princípio da correspondência*, de acordo com o qual "o comportamento
deve reproduzir, qualitativamente, o figurino abstracto de comportamento humano dado
pelo binómio direito à prestação – dever de prestar.".

[664] A este propósito, e dadas as diferentes concepções sobre a natureza jurídica da
transferência, a doutrina italiana divide-se. Parte da doutrina considera que o pagamento
através de transferência aceite pelo credor equivale a pagamento com moeda legal (dado
tratar-se de *datio in solutum*). Mas exige-se que, nos termos do art. 1188.º (segundo o qual
o pagamento feito a quem não estava legitimado a recebê-lo libera o devedor se o credor
o ratificar e o aproveitar), haja uma aceitação do pagamento pelo beneficiário através do
seu banco, bastando para isso que ele ratifique ou aproveite o montante transferido – é esta
a posição assumida, nomeadamente, por CONCETTO COSTA, *Bancogiro "internazionale"...*, pp. 367-368, CAMPOBASSO, *Il Bancogiro...*, p. 646 e FRANCESCO CAR-
BONETTI, *Moneta...*, p. 21. A outra parte da doutrina considera que a transferência não
autorizada constitui uma novação subjectiva e aplica a disciplina mais rígida do art. 1268.º,
segundo o qual é necessário o consentimento expresso do credor para a substituição da
pessoa do devedor. Tal entendimento é por vezes temperado pela consideração de que, no
caso da transferência, também serão de aceitar formas de consentimento implícito. Em
todo o caso, exige-se igualmente a ratificação pelo beneficiário da aceitação do pagamento
por parte do seu banco. Entre outros, esta posição é defendida por MARINO PERASSI,
I Trasferimenti Elettronici di Fondi..., p. 179 e SPINELLI / GENTILE, *Diritto Bancario...*,
p. 418.

A Relação Subjacente

tudo essa a opinião dominante, embora a questão não seja colocada, e menos ainda resolvida, com suficiente clareza na doutrina.[665]

Na ausência de consentimento prévio o credor não está obrigado, salvo nos casos especialmente previstos na lei, a receber o pagamento através de transferência bancária. Pode recusar a transferência sem que se constitua com isso em mora *accipiens*.[666] Nesse caso, a inscrição a crédito na sua conta apenas produzirá efeitos internos na sua relação com o seu banco, mas não produzirá o efeito externo de funcionar como pagamento.[667]

Pode ainda aqui admitir-se que a transferência venha a produzir efeito liberatório mediante uma aceitação expressa posterior ou um mero *comportamento posterior* demonstrativo da vontade de aceitar aquela modalidade de pagamento.[668] É o caso, por exemplo, da utilização do montante transferido.[669] [670] Esse consentimento significará simultaneamente a ratificação dos actos praticados pelo banco do beneficiário enquanto seu mandatário, que se traduziram na aceitação dos fundos por conta do beneficiário.[671] O efeito extintivo da transferência deverá retroagir ao momento em que se reputa normalmente como liberado o devedor.[672]

Aceite, expressa ou tacitamente, a inscrição a crédito, mais uma vez se pergunta: efectivar-se-á, mediante a transferência, um verdadeiro pagamento, ou estaremos ao invés mediante uma simples hipótese de dação em

---

[665] Defendendo expressamente tratar-se de uma dação em cumprimento, BOUTELET--BLOCAILLE, *Droit du Crédit...*, p. 63.

[666] Cf. KÜMPEL, *Bank- und Kapitalmarktrecht...*, pp. 193-194; FERRI, *Bancogiro...*, p. 33 e ZUNZUNEGUI, *Derecho del Mercado Financiero...*, p. 372.

[667] Cf. VÁZQUEZ PENA, *La Transferencia Bancaria...*, p. 269.

[668] Trata-se aqui de determinar a existência de um *comportamento concludente,* ou seja, de uma "conduta a partir da qual se pode efectuar uma ilação" e que deve ser visto como o elemento objectivo da *declaração tácita* – PAULO MOTA PINTO, *Declaração Tácita e Comportamento Concludente...*, pp. 746-747. Cf. ainda GIORGIO GIAMPICCOLO – *Note sul comportamento concludente...*, p. 782.

[669] Cf. MOLLE, *Conto corrente bancario...*, p. 422 e MARINO PERASSI, *I Trasferimenti Elettronici di Fondi...*, p. 179.

[670] Parece-nos contudo que a infungibilidade do dinheiro impede que se afirme que foi utilizado o montante transferido em todas as situações em que o saldo anterior à inscrição a crédito era superior àquele montante.

[671] Cf. GARRIGUES, *Contratos Bancarios...*, p. 571.

[672] Cf. MICHEL CABRILLAC, *Le chèque et le virement...*, p. 223; DEVÈZE / PÉTEL, *Droit Commercial...*, p. 252; SEQUEIRA MARTÍN, *La Transferencia Bancaria...*, p. 2555; VÁZQUEZ PENA, *La Transferencia Bancaria de Crédito...*, p. 269 e GARRIGUES, *Contratos Bancarios...*, p. 571.

cumprimento? O obstáculo que ora se levanta diz directamente respeito ao conceito de "prestação diversa da devida". Se nos casos de concordância prévia à recepção da transferência não nos pareceu difícil sustentar que a prestação efectuada por essa via era a "devida" porque a acordada, somos forçados a anuir que, numa situação de aceitação posterior, a fronteira entre "identidade" e "diversidade" da prestação é difusa, o que dificulta a qualificação.

Poderíamos dizer, com CARBONETTI, que se trata de dação em cumprimento não porque a moeda bancária não seja moeda, mas porque é um moeda diferente da devida.[673]

O estudo da evolução da moeda e o desbravar das diferenças que ao longo dela se foram evidenciando entre a *moeda* enquanto unidade ideal, os seus *suportes* e os *instrumentos da sua circulação* conduzem-nos contudo a um entendimento mais flexível sobre o objecto das obrigações pecuniárias. Este foi-se desligando da conotação físico-corpórea que o envolvia para se assumir, não já como *res* – como determinada quantidade de moedas metálicas ou notas de banco – mas enquanto unidade ideal, numericamente representada sob a forma de uma soma de dinheiro e posta a circular como disponibilidade monetária. Entre uma peça de metal, um pedaço de papel ou uma conta bancária, a diferença é de suporte. Suporte das unidades monetárias objecto de uma obrigação pecuniária. Parece-nos que, na resolução da questão que nos ocupa, esta deverá ser a pedra de toque na cisão entre o que é "idêntico" e o que é "diverso".

O objecto da obrigação pecuniária é, não propriamente uma certa quantidade de peças de metal ou de notas de papel, mas uma determinada soma em dinheiro, uma certa quantidade de unidades monetárias.[674] E, nesse aspecto, a prestação cumprida com uma transferência bancária é a prestação devida mesmo quando não tenha sido previamente acordada, concretizando a mesma um *verdadeiro pagamento*.[675] Pagamento en-

---

[673] FRANCESCO CARBONETTI, *Moneta...*, p. 21.

[674] A este propósito, refere INZITARI, *La Moneta...*, pp. 10-11, que não é por acaso que a doutrina mais recente fala do débito pecuniário como débito de uma soma de dinheiro. Com tal expressão, diz, tende-se a sublinhar o conteúdo substancialmente abstracto da prestação objecto do débito pecuniário: *não dação de um quid relevante de per si no plano dos valores, mas sim atribuição*, através dos mais diversos meios de pagamento (notas de banco, moedas, transferências bancárias) da *titularidade de uma determinada quantidade de unidades monetárias (soma de dinheiro)*.

[675] ANTUNES VARELA, *Das Obrigações em Geral*, Vol. II, 5ª ed., Almedina, Coimbra, 1992, p. 172, n. 1, defende que no caso de pagamento feito a favor da conta bancária

A Relação Subjacente   251

quanto extinção de obrigações que têm como objecto uma determinada soma de dinheiro, entendida enquanto "valor monetário".[676]

Nada mais nos moveu, no analisar desta questão, que meros devaneios teóricos. Com consentimento prévio ou com consentimento posterior, considerar o pagamento por via de transferência bancária como verdadeiro pagamento ou como dação em pagamento é, já o frisámos, inócuo, dado que não chega a haver alteração da obrigação ou da prestação porque *"na dação, tudo isso é tragado na voragem dos seus efeitos extintivos".*[677]

Importante é, face ao condicionalismo imposto pelo art. 550.º CCiv., determinar se se pode considerar no caso concreto dado pelo credor o consentimento à satisfação do seu crédito através de transferência bancária.

Para efeitos desse consentimento posterior, coloca-se o problema da interpretação do *silêncio* do beneficiário perante o conhecimento de que determinado montante foi creditado na sua conta. A questão reside em saber até que ponto se poderá concluir, do silêncio do beneficiário depois de ter tido conhecimento desse crédito, que ele consentiu na sua eficácia liberatória. Trata-se, esta sim, de uma questão muito pertinente, dada a sua incidência prática e os problemas que levanta. Recebida uma transferência bancária não previamente autorizada como meio de pagamento e mediante o silêncio do credor, a quem pertencerão os fundos em caso de morte de uma das partes? Deverão ou não tais fundos integrar a massa falida em caso de falência de qualquer uma delas? Deverá ou não ser considerado exercido um eventual direito de preferência?

---

indicada pelo credor se trata de um verdadeiro cumprimento, embora reconheça que a opinião dominante seja a que considera esses casos como hipóteses de dação em cumprimento. Também SANTINI, *L'ordine di accreditamento...*, p. 126, entende que as inscrições em geral em contas bancárias constituem verdadeiro e próprio pagamento. ZUNZUNEGUI, *Derecho del Mercado Financiero...*, pp. 371-372, considera que o ingresso em conta por transferência constitui um meio de pagamento liberatório sempre que o beneficiário não recuse a recepção do dinheiro. No mesmo sentido, considerando como verdadeiro pagamento o que é realizado por meio de transferência bancária, VON CAEMMERER, *Girozahlung...*, p. 446-448.

[676] Cf. MARTUCCELLI, *Obbligazioni Pecuniarie e Pagamento Virtuale...*, p. 91 ("...sia la moneta legale che gli strumenti di pagamento ad essa alternativi costituiscono modalità diverse utilizzate per il trasferimento dello *stesso* "valore monetario": è sempre quest'ultimo l'oggetto del pagamento") e DI MAJO, *Obbligazioni pecuniarie...*, p. 551 ("...deve collocarsi "la svolta" nella ricostruzione della figura concettuale del debito di danaro, passando quest'ultimo da una considerazione in termini di numero di pezzi monetari prestandi a quella di una unità di misura non più pertinente al mondo fisico.").

[677] MENEZES CORDEIRO, *Direito das Obrigações,* 2.º Vol...., p. 213.

252 — A Transferência Bancária

A análise dos efeitos do silêncio mediante uma transferência bancária leva alguns autores a considerar que o mesmo não deve ser equiparado a consentimento, não devendo aquela produzir efeitos solutórios.[678] Outros defendem, pelo contrário, que o silêncio equivale a aceitação do pagamento.[679]

O Tribunal Supremo espanhol, considerando que o silêncio vale como declaração quando uma determinada relação entre duas pessoas implica o dever de falar, tem defendido a necessidade de uma oposição expressa, oportuna e justificada do creditado para afastar os efeitos solutórios da inscrição em conta corrente. No caso da transferência, tal valor atribuído ao silêncio encontraria um forte apoio no uso corrente e normal no comércio de adoptar a transferência como meio de pagamento, sobretudo quando este é o meio normalmente utilizado pelas partes em causa.[680] [681]

Sabemos que "em Direito, a intenção não pode manter-se no foro íntimo",[682] não devendo o silêncio surgir como "meio idóneo para desencadear os mecanismos da autonomia privada".[683] O que nos levaria a supor que, para ser considerado dado o acordo posterior de um credor à satisfação do seu crédito por via de transferência bancária, isto é, para se ter como aceite o "pacto de transferência", deveria aquele por qualquer forma exteriorizar a sua vontade nesse sentido. Ainda que através de *facta concludentia*. No ordenamento jurídico português, rege a este propósito o art. 218.º CCiv., segundo o qual "o silêncio vale como declaração negocial, quando esse valor lhe seja atribuído por lei, uso ou convenção". Em certas circunstâncias, portanto, o silêncio – "silêncio circunstanciado"[684] e "silêncio qualificado"[685] – produzirá os efeitos de uma declaração, sendo-

---

[678] É o caso, por ex., de SEQUEIRA MARTÍN, *La Transferencia Bancaria...*, p. 255.

[679] Como sejam HERNÁNDEZ GIL e TRAMONTANO/VERRILLI, *apud* VÁZQUEZ PENA, *La Transferencia Bancaria...*, p. 270, n. 293 e MICHEL JEANTIN, *Droit commercial...*, p. 101.

[680] *Apud* MOTOS GUIRAO, *Sobre si el Ingreso en la Cuenta Corriente...*, pp. 281 ss., que analisa e critica a jurisprudência do Supremo Tribunal espanhol, e GARRIGUES, *Contratos Bancarios.ç...*, pp. 575 ss..

[681] Seguindo a mesma opinião, ZUNZUNEGUI, *Derecho del Mercado Financiero...*, p. 372 e BROSETA PONT, *Manual de Derecho Mercantil...*, p. 480.

[682] OLIVEIRA ASCENSÃO, *Teoria Geral do Direito Civil*, Vol. III..., p. 161.

[683] MENEZES CORDEIRO, *Teoria Geral do Direito Civil*, 1º Vol...., p. 580.

[684] VAZ SERRA, *Declarações Expressas e Declarações Tácitas...*, p. 239.

[685] PAULO MOTA PINTO, *Declaração Tácita e Comportamento Concludente...*, p. 651.

A Relação Subjacente 253

-lhe aplicável o regime desta.[686] Afastada está, no domínio de que nos ocupamos, a atribuição por via legal de valor ao silêncio. E parece-nos que, por via convencional, tal atribuição será rara.[687]

Em que casos se deverá considerar então como aceite a extinção de uma obrigação pecuniária por transferência bancária quando, na ausência de acordo prévio, o beneficiário se mantém em silêncio?

É difícil dar uma resposta geral para esta questão, tudo devendo depender das circunstâncias do caso concreto, dos usos da praça em questão e mesma da índole das relações entre credor e devedor, tudo devidamente filtrado pelo princípio da boa fé nas relações contratuais. Tais elementos deverão permitir inferir se no caso concreto existe da parte do credor um dever de recusar expressamente a transferência, caso em que, se não o fizer, tal deverá equivaler a consentimento.

Parece-nos de afastar liminarmente a ideia de que a simples abertura de uma conta corrente faz impender sobre um credor um "ónus de falar", por forma a que o seu silêncio, face a um pagamento por via de inscrição a crédito nessa conta, possa valer como aceitação (*qui tacet consentire videtur ubi loqui potuit ac debuit)*.[688]

Não é propriamente de "deveres de falar"[689] que se trata aqui, mas da consideração especial dos usos e do princípio da boa fé. Os usos mencionados no art. 218.º não devem ser considerados como direito consuetudinário mas apenas como uma "prática habitualmente observada".[690] Relevam neste sentido os usos *gerais* do comércio, os usos *par-*

---

[686] Trata-se de uma mera "transposição de regimes", uma vez que o silêncio não é uma declaração de vontade – ele é antes dotado de autonomia ontológica – MENEZES CORDEIRO, *Teoria Geral do Direito Civil*, 1º Vol...., pp. 580-581. O silêncio é *"por definição*, a ausência de manifestação, a negação de qualquer declaração de vontade", é "um facto *negativo" –* CABRAL DE MONCADA, *Lições de Direito Civil...,* p. 564.

[687] A existir tal convenção anterior entre as partes, pode considerar-se estarmos perante uma verdadeira declaração expressa – CARLOS DA MOTA PINTO, *Teoria Geral do Direito Civil...,* p. 426, n. 3.

[688] É essa a opinião de VÁZQUEZ PENA, *La Transferencia Bancaria...,* p. 270.

[689] "Não havendo lei, uso ou convenção que atribuam ao silêncio valor declarativo, ele *nunca* vale como declaração, sendo irrelevante se a pessoa devia ou não falar." – HEINRICH HÖRSTER, *Sobre a formação do contrato...,* p. 130.

[690] Sobre a diferença entre o *uso,* mera prática social, e o *costume,* ao qual é essencial a convicção da sua obrigatoriedade, cf. OLIVEIRA ASCENSÃO, *O Direito...,* p. 268.

ticulares de determinada actividade económica ou profissão ou de certa área geográfica, e ainda os que se formem *inter partes*.[691]

Tratando-se de comerciantes que operam num sector onde é prática habitual o cumprimento de obrigações por via de transferências bancárias, o silêncio poderá valer como aceitação, consubstanciando uma prática de má fé a sua recusa posterior não efectivada num prazo razoável. Com mais firmeza afirmaríamos que terá o valor de aceitação o silêncio guardado pelo credor relativamente a uma transferência recebida de uma contraparte com a qual ele tem mantido, como prática habitual, a utilização de tal meio de pagamento.

Concordamos com GARRIGUES[692] quando defende que, para que o silêncio deva ser equiparado ao consentimento, será necessário ter presentes as circunstâncias do caso concreto, e só quando essas circunstâncias demonstrem a má fé do credor se pode impor como sanção a aceitação da transferência. Haverá, em suma, que ponderar os interesses em jogo e encontrar um equilíbrio entre o interesse do credor em não aceitar mais transferências do que aquelas em que consentiu e o interesse do devedor em utilizar um procedimento cómodo e seguro de pagamento.

Questão diferente é a da aprovação, pelo silêncio, da conduta do banco ao aceitar por conta do beneficiário determinado montante. Tratar-se-á nesse caso de uma relação meramente bancária, desenvolvida num plano bastante diferente daquele que ora nos ocupa. Em todo o caso, existem áreas de confluência em que os efeitos próprios de cada relação se entrosam. Um exemplo disso será a consideração de que, a equiparar-se num caso concreto o silêncio a aceitação, o seu efeito deverá retroagir ao mesmo momento em que, tendo o consentimento sido dado previamente à execução da transferência, esta liberaria o devedor. Momento cuja determinação não prescinde de uma indagação sobre o teor das várias relações jurídico-bancárias aí presentes.

É também a constatação da existência de fios condutores entre a relação subjacente e as relações bancárias desenvolvidas, não só entre bancos e clientes, mas das próprias instituições bancárias entre si, aliada à consciência da complexidade técnica que envolve determinados tipos de

---

[691] Por todos, PAULO MOTA PINTO, *Declaração Tácita e Comportamento Concludente...*, p. 660.

[692] GARRIGUES, *Contratos Bancarios...*, p. 571. No mesmo sentido, LOJENDIO OSBORNE, *Spain...*, p. 291.

A Relação Subjacente 255

transferência, que nos torna especialmente cautelosos na admissão de critérios gerais atributivos de valor ao silêncio neste domínio, embora concordemos que a prática cada vez mais corrente da utilização da transferência bancária como meio de pagamento exige uma intervenção especialmente firme dos critérios de boa fé na análise da recusa de uma transferência bancária em concreto. O princípio da refutabilidade da moeda, seja ou não numa situação de silêncio, deve ser mitigado pela aplicação de critérios de boa fé, sobretudo dada a afirmação crescente de uma verdadeira "eficácia liberatória usual" da transferência bancária.

3. O LUGAR E O MOMENTO DO PAGAMENTO

Uma vez aceite, dentro dos limites traçados por aplicação dos critérios que deixámos esboçados e sempre com dependência do concreto, a eficácia liberatória da transferência bancária, isto é, a sua aptidão para extinguir obrigações pecuniárias subjacentes, surge-nos como inevitável o questionar do lugar e do momento em que o pagamento assim efectivado se deverá dar por concluído. Consistem ambos em elementos basilares da consideração jurídica do pagamento, cuja indagação não deixará de produzir importantes consequências, não só na relação jurídica fundamental, mas inclusivamente na relação que une cada uma das partes dessa relação aos respectivos bancos (com especial enfoque de eventuais deveres de indemnização por parte destes).

A determinação do *lugar* da extinção da obrigação subjacente é importante, nomeadamente, para a determinação do tribunal competente e da lei aplicável aos litígios eventualmente emergentes da relação subjacente. É obviamente fundamental também para a averiguação do cumprimento pelo devedor dos termos do regulamento contratual.

A opinião unânime dos autores é a de que esse lugar é o do *destino dos fundos*,[693] ou seja, o local onde está domiciliado o banco do beneficiário,[694] seja este ou não também o banco do ordenante.

Menos líquida é a solução para a questão do *momento* do cumprimento. A determinação do momento em que a obrigação subjacente se extingue, liberando o devedor, é essencial para a determinação da existên-

---

[693] MENEZES CORDEIRO, *Manual de Direito Bancário...*, pp. 544-545.

[694] Cf. SPINELLI / GENTILE, *Diritto Bancario...*, p. 418; JUGLART / IPPOLITO, *Traité de Droit Commercial...*, pp. 559 ss.; GAVALDA / STOUFFLET, *Droit bancaire...*, p. 115; RIPERT / ROBLOT, *Traité de Droit Commercial...*, pp. 410-411; MICHEL CABRILLAC, *Le chèque et le virement...*, p. 221; SIMONT / BRUYNEEL, *Les opérations de banque...*, pp. 44 ss. e VÁZQUEZ PENA, *La Transferencia Bancaria...*, p. 289.

258 A Transferência Bancária

cia (ou não) de *mora debitoris*. Releva também para efeitos do exercício de direitos de preferência, resolução de contratos ou vencimento de prestações periódicas. Importa para todos os efeitos decorrentes da falência ou da morte de uma das partes e é indispensável ao estabelecimento da taxa de câmbio a aplicar a obrigações cumpridas em moeda estrangeira.

Naturalmente, a determinação desse momento depende do estipulado pelas partes. Estas são livres, ao abrigo da sua autonomia privada, de acordarem no momento exacto em que o pagamento através de transferência bancária se tem por realizado. No entanto, na maioria dos casos não o fazem. Ainda que o consentimento ao pagamento por transferência seja prévio e expresso, raramente é feito acompanhar da determinação do instante a partir do qual o devedor se poderá considerar desonerado. Daí a pertinência da questão.

Referem-se muitas vezes os autores, nos seus estudos, ao momento da "conclusão da transferência". O sentido da expressão não é unívoco e raramente é clarificado, o que dificulta o trabalho de síntese. Por vezes é feito coincidir com o momento da conclusão da transferência bancária como operação económica, outras vezes com a conclusão da transferência entre os bancos, outras ainda com o momento da extinção da relação subjacente.

No entanto, aqueles momentos, ainda que possam coincidir, não têm o mesmo significado nem produzem os mesmos efeitos.[695] [696] O que nos força a rejeitar que se possa falar, sem mais, no "momento da conclusão da transferência". Muitas distinções há a fazer, e as teorias sobre cada um

---

[695] ROSS CRANSTON, *Principles of Banking Law...*, pp. 257 ss., distingue vários momentos: o da *extinção da obrigação de pagamento subjacente,* que diz respeito à relação entre o ordenante e o beneficiário e ao momento em que o devedor fica liberado, e que se levanta a propósito de qualquer sistema de pagamento; o da *revogação* da ordem de pagamento, respeitante ao momento até ao qual o ordenante pode retirar essa ordem; o da *disponibilidade dos fundos,* que diz respeito ao momento a partir do qual o beneficiário pode dispor dos fundos; e o *do momento em que o pagamento está completo*, que se relaciona com as relações dos bancos *inter se*. Nenhum destes momentos coincide necessariamente, embora alguns (*v.g.* a revogação) não possam ocorrer mais tarde do que outros (*v.g.* disponibilidade dos fundos).

[696] No art. 4A do UCC distingue-se a *data de pagamento*, aquela em que o montante transferido é pago ao beneficiário pelo seu banco (UCC § 4A-401), da *data de execução*, aquela em que o banco receptor emite uma ordem de pagamento em execução da ordem do ordenante (UCC § 4A-301(b)), e ainda da data em que *se extingue a obrigação subjacente*, que corresponde ao momento em que o banco do beneficiário aceita a ordem por conta deste (UCC §§ 4A-406(a)).

A Relação Subjacente   259

daqueles diferentes momentos são quase tantas quantas as etapas de uma transferência, e estas tantas mais quanto mais complexa ela se afigura.[697]

Quanto a nós, retomaremos a divisão estrutural do nosso trabalho: torna-se necessário destrinçar entre a transferência bancária enquanto operação económica, as relações jurídico-bancárias que se desenvolvem para lhe dar execução e a relação subjacente. Cada uma delas tem os seus momentos próprios, que não coincidem necessariamente.

A análise da função da transferência bancária permitiu-nos concluir que o que dela os seus utentes reclamam é que realize uma atribuição patrimonial, isto é, uma deslocação de fundos entre dois patrimónios. No desempenho dessa função, a transferência funciona como um meio de pagamento. Concluímos também que, na medida em que o saldo bancário, por estar permanentemente disponível, funciona como moeda (escritural), pode a transferência, enquanto operação económico-contabilística, ser encarada como um mecanismo de transmissão de moeda escritural.

Pois bem, nesse sentido, enquanto mecanismo através do qual, por um duplo jogo escritural a débito e a crédito em duas contas bancárias, se opera a transmissão de *moeda*, a transferência só se conclui com a inscrição a crédito na conta do beneficiário. Só a partir desse momento o saldo bancário, modificado com a transferência e disponibilizado ao titular da conta, pode funcionar como moeda. Parece então incontornável a conclusão de que a transferência bancária de crédito, enquanto mecanismo económico-contabilístico, apenas se pode dar por concluída, porque cumprida a sua função, quando *os fundos são creditados na conta do beneficiário e este deles pode dispor.*[698] [699]

Isto não significa, contudo, que seja esse necessariamente também o momento em que o devedor se deva considerar exonerado. Se o meio de pagamento utilizado fosse a entrega directa de numerário ao credor, o devedor liberar-se-ia no momento da *traditio*, isto é, da "transferência

---

[697] Dando exemplos das variadíssimas opiniões possíveis, SALVATORE MACCARONE, *Trasferimenti Elettronici di Fondi...*, p. 616 e AMORY / THUNIS, *Authentification de l'Origine...*, p. 718.

[698] Cf. KÜMPEL, *Bank- und Kapitalmarktrecht...*, p. 193. Cf. também MOTOS GUIRAO, *Sobre si el Ingresso en la Cuenta Corriente Bancaria...*, p. 260, que afirma a necessidade de distinguir entre o mecanismo técnico da transferência e a sua projecção jurídica e defende que a transferência, enquanto operação contabilística, se perfecciona com a sua execução, a qual ocorre com a inscrição a crédito na conta do beneficiário.

[699] Esse momento corresponde, no UCC, à "data de pagamento" que, como vimos, não coincide com a data de extinção da relação subjacente.

260   *A Transferência Bancária*

material do controlo possessório"[700] das notas ou moedas. O que faria coincidir o momento do efectivo "pagamento", enquanto cumprimento de obrigações pecuniárias, com o controlo da moeda pelo credor. No entanto, as duas situações não deixam de ser diferentes: na transferência bancária a transmissão da moeda é desmaterializada e realizada através de instituições bancárias, o que significa que entre o credor e a "moeda" há vários tipos de "*barreiras*": uma *objectiva* ou *material*, composto pelo suporte dessa moeda, a conta bancária (o que não sucede com o numerário, em que as unidades monetárias estão corporizadas); uma *subjectiva*, formada por todas as instituições bancárias intervenientes; e uma estritamente *jurídica*, resultado das específicas relações jurídicas necessariamente intercedentes entre os bancos e os respectivos clientes. O que pode dificultar a justaposição entre o momento da desoneração do devedor, isto é, o pagamento *stricto sensu*, e a conclusão da transferência enquanto operação.

Independentemente das consequências, joguemos somente com os dados recolhidos até aqui. Sabemos que a transferência é um meio de atribuição patrimonial. Sabemos que, no contexto de uma transferência em concreto, o banco do beneficiário é mandatário deste, configurando-se como um terceiro autorizado pelo credor a receber pagamentos por sua conta, nos termos do art. 770.º al. a) CCiv.. Sabemos também que a transferência é para os bancos, meros mediadores no processo de pagamento, patrimonialmente neutra, nunca chegando os fundos transferidos a engrossar o seu património. Pois bem, tudo isto conjugado, e parece-nos podermos concluir que o pagamento se deve considerar concluído, a obrigação subjacente extinta e o devedor desonerado a partir do momento em que, através dos respectivos mandatários, *os fundos transitam entre o património do devedor e o património do credor.*

Resta-nos perguntar: e quando transitam, por intermédio dos respectivos mandatários, os fundos do património do devedor para o do credor? Tal dependerá da modalidade de transferência em causa.

Numa transferência *interna*, os fundos nunca "saem" do interior do mesmo banco. Tudo o que este tem que fazer é debitar a conta do ordenante e creditar, no mesmo montante, a conta do beneficiário. Esses momentos – o da *inscrição a débito na conta do ordenante* e da *inscrição a crédito na conta do beneficiário* – devem coincidir (cronologicamente, embora de um ponto de vista lógico-operativo o débito deva preceder o crédito), não sendo difícil concluir que será esse o momento da *conclusão*

---

[700] Menezes Cordeiro, *A Posse...*, p. 107.

da transferência[701] e da *extinção da obrigação subjacente*.[702] A simples emissão da ordem de transferência pelo ordenante não confere ao beneficiário um direito aos fundos, não sendo a mesma suficiente para operar a atribuição patrimonial.[703]

Na prática, porém, nem sempre existe aquela coincidência, ocorrendo um período de tempo durante o qual o banco já debitou a conta do ordenante e ainda não creditou a conta do beneficiário. Várias questões se podem levantar: a quem pertence a soma de dinheiro transferida durante esse período? Decretada a falência de um dos intervenientes durante esse lapso de tempo (que, diz-nos a prática, pode durar mais do que um dia), dever-se-á incluir na massa falida aquele montante? Enquanto não inscrita na conta do beneficiário, poderá o ordenante revogar a ordem? A quem pertencem os rendimentos desse capital?[704]

Neste caso, deverá considerar-se que a relação subjacente se extingue, liberando o devedor, a partir da *inscrição a crédito na conta do beneficiário*.[705]

Temos, então, o momento da extinção da obrigação subjacente a coincidir com o crédito na conta do beneficiário, a partir do qual deveria o beneficiário poder efectivamente *dispor dos fundos* – o que não ocorre se

---

[701] Nesse sentido, RIPERT / ROBLOT, *Traité de Droit Commercial...*, p. 410.

[702] Nesse sentido, PENNINGTON / HUDSON / MANN, *Commercial Banking Law...*, pp. 292 ss..

[703] Cf. MICHEL CABRILLAC, *Le chèque et le virement...*, p. 206; VASSEUR, *Le paiment électronique...*, 3206, 14 e CHRIS REED, *Electronic Finance Law,* Woodhead-Faulkner, New York, London, Toronto, Sydney, Tokyo, Singapore, 1991, p. 28.

[704] Os usos atribuem tais rendimento ao banqueiro, constituindo uma remuneração a somar às comissões cobradas de que aquele deve auferir moderadamente, sob pena de violação da boa fé – MENEZES CORDEIRO, *Manual de Direito Bancário...*, p. 545.

[705] Nesse sentido, CLAUSSEN, *Bank- und Börsenrecht...*, p. 128; RIVES-LANGE / / CONTAMINE-RAYNAUD, *Droit Bancaire...*, p. 274-275; DEVÈZE / PÉTEL, *Droit Commercial...*, pp. 247-248; GAVALDA / STOUFFLET, *Droit bancaire...*, p. 115; JUGLART / IPPOLITO, *Traité de Droit Commercial...*, p. 559; MICHEL JEANTIN, *Droit commercial...*, p. 101; ALFRED JAUFFRET, *Droit Commercial...*, p. 633; MICHEL CABRILLAC, *Le chèque et le virement...*, p. 221; SIMONT / BRUYNEEL, *Les opérations de banque...*, pp. 44 ss.; SEQUEIRA MARTÍN, *La Transferencia Bancaria...*, p. 2554; VÁZQUEZ PENA, *La Transferencia Bancaria de Crédito...*, pp. 286-287; LUCIO CERENZA, *Italy...*, p. 200; SANTINI, *Giroconto...*, p. 862; MOLLE, *I Contratti Bancari...*, pp. 510 ss.; FERRI, *Manuale di Diritto Commerciale...*, p. 951 e SPINELLI / GENTILE, *Diritto Bancario...*, p. 311. Em sentido contrário, defendendo que se deve ter a obrigação subjacente como extinta a partir do momento do débito na conta do ordenante, VAN RYN / HEENEN, *Principles de Droit Commercial...*, p. 328.

262 A Transferência Bancária

estes alimentarem apenas, naquele momento, o saldo contabilístico, e não ainda o saldo disponível.

Tratando-se de uma transferência *externa*, a extinção da obrigação subjacente deve coincidir com a *conclusão da transferência entre os bancos*, na sua qualidade de *mandatários* dos respectivos clientes.[706] [707] Isso acontece quando o banco do ordenante coloca os fundos à disposição do beneficiário através da respectiva instituição bancária, o que tendencialmente corresponde ao momento no qual o montante sai da conta do banco do ordenante e é *creditado na conta do banco do beneficiário*.[708] [709] [710]

---

[706] Cf. Lucio Cerenza, *Italy...*, p. 200 e Chris Reed, *Electronic Finance Law...*, p. 30.

[707] De acordo com o UCC e na falta de estipulação em contrário (a liberdade contratual é um pilar fundamental do art. 4A – cf. UCC § 4A-501), a obrigação subjacente extingue-se quando o banco do beneficiário aceita a ordem por sua conta – UCC § 4A-406(a). Considera-se que ele aceita a ordem (UCC § 4A-209 (b)) no primeiro dos seguintes momentos: (1) quando (i) paga ao beneficiário, ou (ii) notifica o beneficiário da recepção da ordem ou do crédito em conta; (2) recebe o montante total constante na ordem do ordenante; (3) se inicia o próximo "funds-transfer business day" e se verificam as condições aí indicadas. A aceitação não pode ocorrer antes da recepção da ordem (c). Esta regra foi criada porque se considerou que identificar um momento específico no qual o devedor se desonera é importante para conferir certeza à relação entre devedor/ordenante e credor/beneficiário. Referem a este propósito Patrikis / Baxter / Bhala, *Wire Transfers...*, p. 123, que "The originator does not want a payment obligation "hanging over its head" for an indeterminate period of time.".

[708] Nesse sentido, Vázquez Pena, *La Transferencia Bancaria...*, p. 287.

[709] Os autores ingleses fazem recuar esse momento àquele em que o banco do beneficiário tomou a *decisão incondicional* de *aceitar* a ordem de transferência que lhe foi dirigida pelo banco do ordenante. Cf. Ross Cranston, *Principles of Banking Law...*, p. 259 ("the key point is the unconditional decision to credit"); Anthony Beaves, *United Kingdom, in Payment Systems of the World* (ed. Robert C. Effros), Oceana Publications, New York, London, Rome, 1996, p. 366; Anu Arora, *Electronic Money and the Law...*, p. 102; Chris Reed, *Electronic Finance Law...*, p. 30 e Pennington / Hudson / Mann, *Commercial Banking Law...*, p. 292. Dizem estes autores que o pagamento é considerado feito a partir do momento em que o banco do beneficiário aceita a intenção do banco do ordenante em pagar, o que ocorre apenas depois de acordado o montante líquido a ser pago, e não quando a conta é creditada. De outra forma, haveria um momento em que o montante não pertenceria nem ao ordenante nem ao beneficiário. Além disso, se o pagamento só fosse considerado feito no momento do crédito pelo banco do beneficiário na conta deste, se por qualquer razão não ocorresse esta inscrição a crédito, o ordenante teria que pagar outra vez. Ele não poderia pedir uma indemnização ao seu banco porque

A Relação Subjacente

Sendo a operação de transferência, para os bancos, patrimonialmente neutra, os fundos em trânsito nunca devem ingressar na sua propriedade. Daí que, ao serem registados na conta do seu banco (mandatário para os receber), os fundos entram no património do beneficiário, antes mesmo da inscrição a crédito na conta deste. Torna-se por outro lado difícil admitir que o ordenante apenas se desonere com a realização de um acto (a inscrição a crédito na conta do beneficário) realizado ao abrigo de uma relação prévia que este mantém com o respectivo banco, que se pode atrasar na execução dessa inscrição ou (com razão ou sem ela) nunca chegar a efectivá-la.[711]

Se o banco do ordenante e o banco do beneficiário realizarem a transferência através da conta corrente que mantêm reciprocamente, a conclusão da transferência coincide com o momento em que os fundos são debitados na conta do primeiro e creditados na conta do segundo.

Nos casos em que a transferência entre eles é realizada por intermédio de uma câmara de compensação, pode tornar-se mais difícil determinar o momento em que se dá a conclusão da transferência entre os bancos. A transferência tem-se por concluída a partir do momento em que se dá a

---

este tinha cumprido o seu mandato, e não podia fazê-lo em relação ao banco do beneficiário porque não tinha uma relação contratual com ele.

[710] A maioria dos autores não distingue entre as transferências internas e externas, o que não nos permite afirmar com absoluta certeza que também em relação a estas consideram que o devedor só se desonera com a inscrição a crédito na conta do beneficiário. Cremos, contudo, que quem defende, a nível das relações interbancárias, a existência de um fenómeno de substituição, terá aquela opinião. Dizem-no expressamente GAVALDA / / STOUFFLET, *Droit bancaire...*, p. 115; MICHEL CABRILLAC, *Le chèque et le virement...*, p. 222 e JUGLART / IPPOLITO, *Traité de Droit Commercial...*, p. 559. E também KÜMPEL, *Bank- und Kapitalmarktrecht...*, p. 204 e CLAUSSEN, *Bank- und Börsenrecht...*, pp. 128 e 130, que defendem dever o "risco de transporte", ou seja, o risco de que a transferência não chegue ao credor, recair sobre o devedor (ao abrigo do § 270 BGB). Note-se porém que, considerando estes autores que o banco do ordenante só responde perante este até ao momento do crédito na conta do banco do beneficiário, a solução adoptada relativamente à relação subjacente deixa-o desprotegido quando a não execução é devida ao banco do beneficiário, com o qual não tem qualquer contacto negocial. CLAUSSEN parece temperar este entendimento no caso de atrasos na execução da transferência, admitindo que o risco do mesmo poderá recair sobre o beneficiário.

[711] É muito elucidativo o comentário oficial (1) ao UCC § 4A-406 (que determina o momento da extinção da relação subjacente): o pagamento do devedor ao credor é realizado quando é assegurada a obrigação do banco do beneficiário em pagar-lhe – *apud* E. PATRIKIS / T. BAXTER / R. BHALA, *Wire Transfers...*, pp. 124-125.

compensação entre os bancos.[712] Para determinar esse momento, terá que se recorrer às regras da respectiva câmara de compensação. Tendencialmente, consideramos que tal acontece a partir do momento em que a conta do banco do beneficiário aberta junto da central de compensação é creditada.

Como vimos, o facto de o ordenante fazer uma atribuição patrimonial a favor do beneficiário não significa que se tenha extinto a sua obrigação para com ele, uma vez que, para isso, é necessário o *consentimento* do credor. Se esse consentimento tiver sido dado, os dois momentos coincidem. Uma *aceitação posterior* desse pagamento faz, em princípio, os dois momentos coincidirem retroactivamente.[713]

No entanto, deparamo-nos aqui com uma dificuldade: o consentimento é muitas vezes dado pelo *silêncio* do beneficiário ao ter conhecimento da inscrição a crédito. Ora, esse conhecimento deve resultar de um aviso do banco do beneficiário de que efectivamente foi inscrita determinada quantia a crédito por transferência realizada por um certo ordenante. O que significa que, na atribuição de significado ao silêncio como forma de consentimento que permitirá a liberação do devedor, há que ter em conta o tempo que o banco do beneficiário demora a proceder a esse aviso, o que, como mandatário, deve fazer com a maior diligência possível. Mais uma vez se confirma que, em tema de "silêncio", se torna importante uma vigorosa intervenção de critérios de boa fé.

---

[712] Cf. VAN RYN / HEENEN, *Principles de Droit Commercial...*, pp. 328-329; RIVES-LANGE / MONIQUE CONTAMINE-RAYNAUD, *Droit Bancaire...*, p. 274-275 e JUGLART / / IPPOLITO, *Traité de Droit Commercial...*, p. 561.

[713] Cf. MICHEL CABRILLAC, *Le chèque et le virement...*, p. 223; DEVÈZE / PÉTEL, *Droit Commercial...*, p. 252; SEQUEIRA MARTÍN, *La Transferencia Bancaria...*, p. 2555; VÁZQUEZ PENA, *La Transferencia Bancaria...*, p. 269 e GARRIGUES, *Contratos Bancarios...*, p. 571.

4. CONCLUSÃO E REFLEXÃO SOBRE A TRANSFERÊNCIA BANCÁRIA ENQUANTO MEIO DE PAGAMENTO STRICTO SENSU E DO SALDO BANCÁRIO COMO MOEDA

Foi já repetidamente frisado que as relações bancárias que se desenvolvem para a execução de uma transferência bancária são neutras relativamente à sua causa, ou seja, são alheias da relação fundamental onde se encontra a sua justificação causal. No entanto, sendo essas relações instrumentais da realização da transferência, e sendo esta utilizada como meio de pagamento, não nos podemos distrair sem mais desta sua função geral e, nem mesmo, daquela causa última. Sobretudo nos casos que acabámos de analisar – aqueles em que a transferência é utilizada para extinguir uma obrigação pecuniária.

Assim, as opções que se tomem sobre a índole de cada uma dessas relações bancárias e sobre a articulação de cada um dos nichos negociais ao longo da execução de uma transferência bancária terão repercussões óbvias sobre a realização do meio de pagamento e, mais concretamente, sobre a exoneração que através dela obtém o devedor.

Nenhuma dificuldade, e nenhuma diferença essencial relativamente à entrega física de numerário, é encontrada nas transferências internas. A transferência enquanto mecanismo contabilístico conclui-se e, simultaneamente, o devedor desonera-se, no momento da inscrição a crédito na conta do beneficiário. Não tão simples são, contudo, as transferências externas. Vejamos quais as consequências da articulação entre as várias construções acerca das relações interbancárias e as concepções sobre o momento da extinção da relação subjacente. Ao nível do regime da responsabilidade, por um lado, e ao nível do entendimento da transferência enquanto meio de pagamento *stricto sensu* e do saldo bancário como moeda, por outro.

Há quem entenda que, estando o banco do ordenante obrigado perante este a inscrever a crédito a conta do beneficiário, ele se faz substituir pelo banco do beneficiário, o qual cumpriria assim uma parte daquela que é a sua própria missão. Não se responsabilizando aquele perante o ordenante pela actuação do seu substituto, por não o ter escolhido, restaria a este o exercício de uma acção directa contra o banco do beneficiário para se ressarcir dos danos que uma eventual não conclusão ou execução defeituosa da transferência lhe tivesse causado. Os defensores desta teoria sustentam também que o ordenante só se desonera da sua obrigação no momento da inscrição a crédito na conta do beneficiário, e podem fazê-lo porque colocam o banco do beneficiário, executor desse acto final, a agir por sua conta. Não se desonerando, ou liberando-se tardiamente, por um acto desse banco, deveria accioná-lo directamente.

Esta teoria tem a indesmentível vantagem de fazer coincidir o momento da conclusão da transferência, enquanto operação, com a extinção da relação subjacente. No entanto, defendêmo-lo já, parece-nos esta uma construção que, além de artificial, não tem em conta a forma como cada uma das relações bancárias extremas contribuem (numa momentânea unidade mas suportada, cada uma delas, em vínculos autónomos previamente estabelecidos) para que a transferência seja possível. Além do mais, não podemos deixar de repudiar o resultado a que chega, obrigando o ordenante, em caso de problemas na execução da transferência, a agir contra um banco com o qual não tem qualquer tipo de relação contratual, por este o ter prejudicado em virtude da prática de actos exclusivamente relacionados com a sua relação com o beneficiário, seu cliente.

Consideramos ser mais consentâneo com a realidade técnica e jurídica subjacente a uma transferência encarar de outra forma a articulação entre as relações bancárias. Não é o banco do beneficiário, quanto a nós, um mero substituto do banco do ordenante, mas um verdadeiro co-autor da execução da transferência, responsável por esta porque a isso se comprometeu quando celebrou um contrato de transferência com o seu cliente. A transferência é realizada pela acção conjunta e responsável de duas entidades bancárias que a isso se obrigaram perante os respectivos clientes, e cada uma deve responder nos termos dessa relação prévia. A relação interbancária é circunstancial e os seus sujeitos são mutuamente impostos, pouco significando mais afinal do que um momento de colaboração, o "passar do testemunho" na realização do resultado final. Não nos parece conveniente ignorar sem mais os termos das relações bancárias pressupostas, as duas, da execução da transferência e as obrigações que ao abrigo delas os bancos assumiram. Assim, em nosso entender, o banco do ordenante desonera-se perante este, porque cumprida a sua missão, a partir do momento em que credita os fundos na conta do banco do beneficiário e lhe ordena que os credite em determinada conta.

A Relação Subjacente 267

Ao fazê-lo, efectua, por conta do seu cliente, um pagamento ao beneficiário através do respectivo mandatário, autorizado por aquele a receber pagamentos por sua conta. Nesse momento os fundos ficam afectos ao património do credor, realizando-se a atribuição patrimonial e desonerando-se o devedor da relação subjacente, ordenante da transferência.[714] *Num mesmo instante, desonera-se a instituição do ordenante perante o seu cliente e libera-se o devedor da relação subjacente face ao respectivo credor.* Para além de ser esta a conclusão a que chegámos através da análise separada das relações interbancárias, das relações entre cada banco e o seu cliente e da relação subjacente, parece-nos ser a melhor forma de articular os efeitos autónomos de todas elas. Não só porque se respeitam as funções e o particularismo de cada uma, mas porque se obtém, ao nível da repartição de responsabilidades, um resultado que nos parece ser o mais equilibrado tendo em atenção a índole daquelas relações. Prejudicado o devedor da relação subjacente por um erro ou um atraso do seu banco no crédito dos fundos na conta do banco do beneficiário, a este deverá pedir o ressarcimento dos danos. Prejudicado o beneficiário por um atraso, ou uma não efectivação, da inscrição a crédito dos fundos recebidos pelo seu banco, a este se deverá dirigir, com base na relação prévia existente entre ambos.[715] Afasta-se qualquer possibilidade de um acto do banco do beneficiário, praticado no âmbito da sua relação com o respectivo cliente, causar prejuízos ao devedor/ordenante, desonera-se este do risco de falência daquela instituição e exclui-se qualquer responsabilidade do banco do ordenante pelos actos do banco do beneficiário.

Não podemos pois deixar de discordar também daqueles que, defendendo embora a autonomia dos laços contratuais entre cada banco e o respectivo cliente e de cada um deles com a relação interbancária, entendem que o devedor só se desonera com a inscrição a crédito na conta do beneficiário, porque tal significaria fazer recair sobre o devedor/ordenante

---

[714] Recordemos que o pagamento feito a um terceiro autorizado pelo credor a recebê-lo desonera o devedor tal como se tivesse sido feito ao próprio credor – PIRES DE LIMA / / ANTUNES VARELA, *Código Civil Anotado*, Vol. II..., p. 16.

[715] O consentimento dado pelo beneficiário a que, ao invés de por entrega física, a moeda chegue ao seu "domínio" por meio da conta que tem aberta junto de uma instituição bancária por si eleita significa simultaneamente que aceita o risco inerente a essa escolha, tal como aceitou o risco de nessa instituição depositar dinheiro – cf. ROSS CRANSTON, *Principles of Banking Law...*, p. 260.

268 *A Transferência Bancária*

o risco por erros, atrasos, falência e mesmo má conduta[716] do banco do beneficiário.

Entendemos, pois, deverem *coincidir* o momento da *conclusão da transferência entre os bancos*, a *desoneração do banco do ordenante* perante este e a *extinção da relação subjacente* com a *inscrição a crédito na conta do banco do beneficiário* e a recepção por este da ordem emitida por aquele outro banco.

Ora, isto significa que, numa transferência externa, não vão coincidir o momento em que o devedor se considera desonerado e aquele em que o credor tem efectivamente os fundos ao seu dispôr. Esta consequência parece-nos inelutável face à necessária interposição, entre ordenante e beneficiário, de duas entidades bancárias. Ao contrário do que aconteceria com uma entrega de numerário, o devedor não se desonera imediatamente, mas apenas quando o seu banco credita a conta do banco do beneficiário e lhe dirige a correspondente ordem. Por sua vez, o credor não obtém imediatamente a disponibilidade do saldo-moeda, mas apenas quando o seu banco inscreve o respectivo montante na sua conta e o torna disponível. Esta refracção é tornada inevitável pela própria inevitabilidade da mediação bancária.

O que nos obriga a reflectir sobre a afirmação, praticamente unânime e por nós vincada, de que *o saldo de uma conta bancária é moeda escritural* e que a *transferência bancária* é, enquanto mecanismo de transmissão dessa moeda escritural, um *meio de pagamento* equiparável, nos seus efeitos, a uma movimentação física de numerário.

Quando a transferência é *interna*, confluindo no mesmo banco as qualidades de mandatário do ordenante para executar ordens de pagamento e do beneficiário para as receber e executar, o efeito solutório é praticamente equivalente ao de um movimento físico de dinheiro. Difícil a revogação da ordem (a mesma apenas deverá poder ocorrer entre a sua emissão e a respectiva execução através do crédito na conta do beneficiário), a única diferença a separar o pagamento com numerário e o pagamento "virtual" será a *necessidade de consentimento* do credor para que tenha eficácia liberatória.

Numa transferência *externa*, a interposição de uma outra instituição bancária introduz um *hiato* entre o momento da desoneração do devedor e

---

[716] Tal seria o caso, por exemplo, de o banco do beneficiário, embora não o devendo, reter os fundos recebidos, não os inscrevendo a crédito na conta do seu cliente, a título de compensação por créditos sobre ele.

A Relação Subjacente   269

aquele a partir do qual o credor pode utilizar o montante como moeda. Tal hiato pode ser eliminado se considerarmos que o devedor apenas se desonera com a inscrição a crédito na conta do beneficiário. Mas também sabemos que isso significa colocar sobre ele o risco de uma não execução, um atraso ou mesmo a falência do banco do beneficiário. Não nos parece que se deva sacrificar uma justa repartição do risco e da responsabilidade, que deverá resultar de uma análise atenta do complexo das relações jurídicas que a transferência pressupõe e origina, à (compreensível) tentação de aproximar tanto quanto possível a transferência a um pagamento por entrega de numerário. Tal poderá ser obtido por outras vias.

Mas não é só tal diferença temporal entre a extinção da obrigação e a disponibilidade dos fundos que afasta a transferência do pagamento por *traditio* – sê-lo-á também a possibilidade de *revogação* da ordem (em termos que a seu tempo adiantaremos), a retirar o carácter de certeza e definitividade ao pagamento.[717]

Concluímos que o saldo bancário, porque permanentemente disponível e generalizadamente aceite como meio de troca, poderia ser equiparado a *moeda* por cumprir todas as suas funções económicas. No entanto, deparámos com um obstáculo à sua consideração jurídica como moeda: a sua *refutabilidade* por falta de curso legal, e a mera *eficácia liberatória convencional* do seu veículo de transmissão. A necessidade de consentimento do credor impede que a consideremos como moeda em sentido jurídico, apesar do seu uso corrente e da sua aceitação generalizada.

Por outro lado, analisámos a transferência bancária como um mecanismo de transmissão dessa moeda escritural e concluímos que, uma vez dado o consentimento do credor, a mesma funciona como meio de pagamento *stricto sensu*, isto é, como meio de extinção de obrigações subjacentes. Contudo, concluímos também que os seus efeitos não são totalmente equiparáveis aos de um pagamento através de movimentação física de dinheiro, porque entre a desoneração do devedor e a disponibilização dos fundos ao credor decorre, ainda que na prática apenas nas

---

[717] Referindo-se à revogação, diz SILVIO MARTUCCELLI, *Obbligazioni Pecuniarie e Pagamento Virtuale...*, p. 147, que a resolução de tal problema pode influenciar notavelmente o resultado da questão da parificação jurídica entre pagamento com numerário e pagamento com moeda escritural. VASSEUR, *Le paiment électronique. Aspects juridiques*, J-Cl, La Semaine Juridique – Doctrine, 1985, 3206, 12, observa que a "décalage" entre o momento em que a operação se torna irreversível e aquele, anterior, no qual a mesma se iniciou, tem o grave inconveniente de fragilizar a operação.

270 *A Transferência Bancária*

transferências externas, um *lapso de tempo* que, além de por si mesmo obstar à produção imediata dos efeitos desejados pelas partes, deixa espaço para a *revogação* da ordem, uma e outra situações geradoras de uma incerteza indesejável em matéria de pagamento. Enquanto o pagamento por transferência for um pagamento diferido, um obstáculo permanecerá na sua total equiparação a um pagamento com moeda legal. A verdade é que a expectativa do credor-beneficiário não deixa de ser precária face à possibilidade de revogação, à vulnerabilidade às restrições impostas pelo seu banco, aos atrasos imputáveis a este, à diferença temporal entre o momento da desoneração do devedor e a efectiva disponibilização dos fundos (tendo em conta o momento da transferência entre os bancos e a diferença entre saldo contabilístico e saldo disponível).

Qualquer um destes factores decorre do próprio mecanismo que é utilizado como meio de pagamento e das especificidades das relações que o mesmo pressupõe (as relações bancárias entre as instituições intervenientes e os seus clientes, de cujos efeitos a transferência necessita mas dos quais é simultaneamente "vítima") e origina (as relações interbancárias).[718] Uma eficaz articulação dessas relações, cooperantes mas autónomas, sob uma momentânea unidade, poderia contribuir para eliminar tais factores de perturbação a uma plena realização da vontade das partes – a utilização de um meio de pagamento *seguro*. O que só a lei poderá fazer. E que só poderá fazer coordenando todos os pressupostos e todos os efeitos de todas as relações jurídicas, incluindo a relação subjacente. Por um lado, fixando os termos da irrefutabilidade da moeda bancária (atributo externo à moeda e atribuível por lei) para que, dentro dos limites traçados, os agentes económicos possam agir com segurança. Por outro, restringindo a possibilidade de revogação, por forma a conferir à transferência o necessário carácter de definitividade. Por fim, impondo a cada uma das instituições intervenientes prazos de execução para que, através da sua soma, possam os clientes antever o momento da disponibilidade dos fundos ao beneficiário, tornando certos os efeitos do pagamento, minimizando a importância do hiato referido e fazendo recair sobre cada banco a responsabilidade que lhe cabe na execução da transferência face ao respectivo cliente.

---

[718] Lucio Cerenza, *Italy...*, pp. 178-179, refere, a propósito, que duas características principais deste meio de pagamento impedem que as autoridades concedam aos depósitos bancários o estatuto de moeda legal: a necessidade de cooperação de sujeitos alheios à relação subjacente e a necessidade de consentimento do credor.

A Relação Subjacente 271

Isto feito, e poderemos então dizer que "*os conceitos jurídicos tradicionais de moeda e pagamento vacilam*".[719]

A aproximação à vontade das partes tenderá a ser feita também por via do constante desenvolvimento da informática e das telecomunicações, permanentemente ao serviço do sistema financeiro e, com particular incidência, dos sistemas de pagamento. Sem prejuízo de uma posterior análise, em sede de regime, dos problemas específicos que as transferências electrónicas suscitam, não podemos deixar, desde já, de fazer uma breve reflexão sobre os reflexos que algumas modalidades de execução desse tipo de transferências poderão ter sobre o entendimento da transferência bancária como um meio de pagamento. Referimo-nos às transferências bancárias de crédito executadas "em tempo real".

Os sistemas de pagamento electrónicos podem operar "on line" ou "off line".[720] Nos sistemas "*off line*", depois da emissão da ordem de transferência por via electrónica ocorrerá um posterior movimento contabilístico, porventura automatizado mas em todo o caso distinto, para efectuar os créditos e os débitos. Os dados são armazenados para tratamento posterior. Nos sistemas "*on line*", toda a actividade é imediatamente desenvolvida de forma electrónica através dos suportes informáticos ao dispor dos bancos, pelo que entre a ordem de transferência e a sua execução não intercede um relevante período de tempo – diz-se então que a transferência é executada "*em tempo real*". Neste tipo de transferências, os efeitos jurídicos e económicos da operação são contextuais[721] à sua execução[722] e o pagamento é praticamente "instantâneo".[723] Desaparece o hiato que vimos existir, nalguns casos, entre a desoneração do devedor e a execução da transferência bancária como operação económica, coincidente este com a colocação dos fundos na efectiva disponibilidade do

---

[719] SILVIO MARTUCCELLI, *Obbligazioni Pecuniarie e Pagamento Virtuale...*, p. 70.

[720] Cf. ALFREDO TIDU, *Clausola di esecuzione in "tempo reale" e pagamenti elettronici interbancari,* in *Il Contratto,* Vol. II – *Iniziativa economica e contratto,* CEDAM, Padova, 1992, pp. 341-378; MASSIMO DONADI, *Problemi giuridici del trasferimento elettronico...*, pp. 562 ss.; ETTORE GIANNANTONIO, *Trasferimenti elettronici dei fondi...*, pp. 7 ss.; SILVIO MARTUCCELLI, *Obbligazioni Pecuniarie e Pagamento Virtuale...*, pp. 10 ss. e ANU ARORA, *Electronic Money and the Law...*, p. 5.

[721] "Contextuais" porque há sempre um desfasamento temporal, por mínimo que seja, entre a emissão da ordem e a sua execução.

[722] SALVATORE MACCARONE, *Trasferimenti Elettronici di Fondi...*, p. 615.

[723] MASSIMO DONADI, *Problemi giuridici del trasferimento elettronico...*, p. 563.

272 A Transferência Bancária

beneficiário. O que elimina qualquer possibilidade de revogação da ordem.[724] O pagamento deixa de ser diferido e passa a ser imediato.

É inegável que as transferências executadas "on line" produzem todos os efeitos de uma *traditio* de numerário, com a única diferença de que a soma de dinheiro fica disponível com a inscrição numa conta bancária. A parificação entre moeda legal e moeda escritural é quase total, faltando apenas a atribuição de curso legal. Há quem fale já numa nova "mutação genética" da moeda.[725] Menos radicalmente, diríamos que a mutação não é nos "cromossomas" da moeda, nem mesmo no seu suporte – ainda a conta – mas no meio de pagamento, no veículo de transmissão da moeda. Aí parece-nos haver, efectivamente, uma mutação importante.

Mutação, em primeiro lugar, *estrutural*, porque a transferência electrónica, quando executada "on line", prescinde, nessa fase executiva, da intervenção de qualquer instituição bancária. O papel desta é prévio, traduzindo-se na colocação ao dispor dos clientes do equipamento necessário para a realização de transferência e, evidentemente, do suporte da moeda transferida. No entanto, os actos de execução são praticados pelo ordenante. A ordem emitida por este produz, por si só, o desencadear do mecanismo da transferência,[726] prescindindo, para sua execução, de qualquer outra intervenção humana.[727] A operação começa e (quase)

---

[724] Cf. Simont / Bruyneel, *Les opérations de banque...*, p. 45; Alberto Giampieri, *Operazioni Telematiche ed Irrevocabilità dell'Ordine di Pagamento*, DII, Anno VII, n.º 1, Janeiro-Abril, 1991, p. 114; Vasseur, *Le paiment électronique. Aspects juridiques*, Juris-Classeur Périodique, La Semaine Juridique – Doctrine, Ano 1985, 3206, 10 e Silvio Martuccelli, *Obbligazioni Pecuniarie e Pagamento Virtuale...*, pp. 180-181.

[725] Silvio Martuccelli, *Obbligazioni Pecuniarie e Pagamento Virtuale...*, p. 117: "Ciò che preme maggiormente di accertare è (...) se cioè il pagamento "reale", attraverso la dazione di *tangibili* pezzi monetari, possa essere sostituito *senza scarti* da un pagamento "virtuale", mediante il trasferimento di *impalpabile* disponibilità monetarie; e se la moneta *elettronica* o *digitale*, ennesimo simulacro della moneta vera e propria, abbia in sé I cromosomi per una ennesina "mutazione genetica", che parti a considerarla moneta "senza aggettivi", moneta *tout court*. Moneta. E basta.".

[726] Saliente-se que tal não altera o número de etapas logicamente necessárias para que uma transferência se cumpra – emissão da ordem, recepção pelo banco do ordenante, transmissão ao banco do beneficiário, recepção por este, inscrições a débito e a crédito nas várias contas. Simplesmente, tudo é feito em instantes.

[727] Cf. Alberto Giampieri, *Operazioni Telematiche ed Irrevocabilità...*, p. 103 e Silvio Martuccelli, *Obbligazioni Pecuniarie e Pagamento Virtuale...*, p. 179 ("...l'ordine di pagamento mette in moto un procedimento inarrestabile, che si conclude, pressoché istantaneamente, con l'accreditamento").

A Relação Subjacente   273

acaba com a digitação da ordem. E isso é feito pelo cliente/devedor. O papel antes central e activo do banco passa a ser marginal e passivo, de dinâmico passa a estático, reduzindo-se a sua actuação à predisposição da base material, informática e contabilística necessária à operação.[728] Pode falar-se mesmo de uma "desinstitucionalização" a provocar uma importante ruptura ao nível deste meio de pagamento.[729]

A mutação é também *funcional* – mais do que nunca, a transferência equivale, nos seus efeitos, a uma entrega física de numerário, cumprindo de forma exemplar a função que os agentes económicos dela reclamam. Estas diferenças justificam a afirmação de uma mutação genética do meio de pagamento. Não é por acaso que a transferência electrónica em tempo real é colocada já entre a "quarta geração" dos meios de pagamento.[730]

Com isto o meio de pagamento ganha em definitividade e certeza, e com isso ganham também os seus utilizadores. A aproximação entre a segura e definitiva entrega de numerário é cada vez maior. Tudo se passa como se o devedor tirasse notas e moedas do seu cofre e as colocasse no cofre do credor. A diferença é que tudo isso é feito virtualmente. O pagamento é virtual, a dação é electrónica, a *traditio*, de abstractas disponibilidades monetárias que circulam, quase, à velocidade da luz, é *ficta*. Paradoxalmente, a última etapa da desmaterialização dos meios de transmissão de moeda aproximou-os, como nunca, da tradição real.

A certeza, a segurança, a rapidez, a definitividade, afirmadas agora sem hesitações, tudo contribuirá para que a transferência bancária electrónica conquiste em pleno o estatuto de meio de pagamento universalmente aceite. Legalmente irrefutável ou não, com ou sem curso legal, a moeda que faz circular é, cada vez mais, moeda generalizadamente aceite.[731] E, cada vez menos, socialmente refutável.

---

[728] ALFREDO TIDU, *Clausola di esecuzione in "tempo reale"*..., p. 377.

[729] JOSÉ ANTÓNIO VELOSO, *A desinstitucionalização dos pagamentos cashless*..., pp. 12 ss., que afirma que "o que verdadeiramente constitui uma ruptura é o *controle directo do fluxo de pagamentos, da origem até ao destino, pelos titulares das contas*" (p. 16).

[730] ALFREDO TIDU, *Clausola di esecuzione in "tempo reale"*..., p. 345.

[731] MORI, *apud* SILVIO MARTUCCELLI, *Obbligazioni Pecuniarie e Pagamento Virtuale*..., p. 199, n. 63, refere não se tratar, tal aceitabilidade, do familiar instituto jurídico do curso legal, mas de algo mais complexo, que deriva de um comportamento substancialmente acrítico da colectividade, para cuja construção concorrem, para além de factores económicos e políticos, também múltiplos condicionantes de natureza psicológica e sociológica.

CAPÍTULO IV

A TRANSFERÊNCIA BANCÁRIA INTERNACIONAL

1. RAZÃO DE ORDEM

O carácter internacional de uma transferência bancária suscita problemas próprios,[732] resultantes em especial da conjugação de uma estrutura em cadeia, muitas vezes envolvendo várias instituições bancárias, com a intromissão de ordenamentos jurídicos tributários de soluções diferentes para cada vínculo contratual. A falta de harmonização material e conflitual dificulta, por vezes de uma forma extrema, o cumprimento da função da transferência bancária, enquanto meio de pagamento que se pretende eficaz, célere e seguro, e a satisfação cabal dos interesses em jogo. A execução de um mecanismo unitário através da intervenção cruzada de diferentes ordens jurídicas e a resolução dos incidentes que durante a mesma podem ocorrer só se torna em muitas situações possível se um mesmo conjunto normativo se aplicar a toda a operação, o que, na falta de armonização material, apenas se poderá atingir através de uma correcta análise de índole conflitual.

---

[732] Permitimo-nos remeter para a nossa *A transferência bancária internacional – regime dos incidentes,* ROA, Ano 58 (1998), Janeiro, pp. 235-316.

2. CARACTERIZAÇÃO DE UMA TRANSFERÊNCIA BANCÁRIA INTERNACIONAL TÍPICA

Analisados os vários critérios possíveis na determinação do carácter internacional de uma transferência bancária de crédito, concluímos que o que menos dificuldades suscita é aquele que considera necessária e suficiente a intervenção, dentro de uma cadeia de transferência, de um banco receptor e um banco emissor situados em estados diferentes.

Situados, um banco emissor e um banco receptor de uma cadeia de transferência, em países diferentes, acontece muitas vezes que eles não estão em "relação de conta". Sabemos que, nas transferências internas, o cenário mais comum é o de *"contas cruzadas"*, no qual as instituições mantêm contas recíprocas que permitem a troca de serviços de pagamento e a compensação dos créditos recíprocos daí resultantes. A uma ordem de transferência dada por um cliente ao seu banco seguir-se-á o débito na sua conta e o crédito na conta do banco do beneficiário, que se encarregará de colocar os fundos à disposição deste. Sendo ambos os bancos intervenientes numa transferência participantes num sistema de compensação multilateral, a execução daquela resulta muito facilitada.

A nível internacional, contudo, é muito comum os bancos não terem contas recíprocas e não participarem num mesmo sistema de compensação, tornando-se então necessária a intervenção de um ou mais bancos intermediários, com contas recíprocas sucessivas.[733] O cenário é então de *"contas comuns"*. O banco intermediário é correspondente do banco que o antecede na cadeia, pelo que este sistema, o mais vulgar a nível internacional, é também denominado *"sistema do banco correspondente"*.[734]

---

[733] Concetto Costa, *Bancogiro...*, p. 357.

[734] Cf. Comunicação da Comissão de 24 de Outubro de 1990 – COM (90) 447 final, p. 12 e Documento de Trabalho da Comissão SEC (92) 621 final, de 1 de Junho, p. 8.

3. REGULAMENTAÇÃO MATERIAL

3.1. A Lei-tipo da CNUDCI

A *Lei-tipo sobre Transferências Internacionais de Crédito* foi adoptada pela CNUDCI (*Comission des Nations-Unies pour le Droit Commercial International* – Comissão das Nações Unidas para o Direito Comercial Internacional)[735] em 15 de Maio de 1992,[736] com o objectivo de harmonizar a regulamentação material das transferências bancárias internacionais.[737] Como Lei-tipo, é um instrumento jurídico de regulamentação material não vinculativo, dependendo a sua vigência da respectiva adopção por cada estado como lei nacional, integral ou parcialmente e com ou sem alterações.[738] Ainda nenhum Estado a adoptou na sua totali-

---

[735] Ou UNCITRAL (*United Nations Commission on International Trade Law*).

[736] Publicada no *Yearbook of the United Nations Commission on Internacional Trade Law, 1992, Vol. XXIII*, pp. 413-417.

[737] Em 1987 tinha sido publicado o *Guia Jurídico da CNUDCI sobre Transferências Electrónicas de Fundos* que, enquanto mero guia jurídico, não foi considerado como tendo suficiente força para alcançar o almejado objectivo da harmonização internacional daquele tipo de transferências.

[738] Uma vez que o objectivo da CNUDCI era conseguir a harmonização internacional da regulamentação aplicável às transferências bancárias internacionais, poder-se-ia pensar que teria sido mais adequada a celebração de uma convenção internacional, e não a elaboração de uma Lei-tipo sem carácter vinculativo. A adopção deste modelo regulativo terá sido devida à maior abertura dos estados em adaptar a sua própria legislação a um modelo que foi fruto de uma mediação e compromisso em sede internacional, ao invés da adesão a uma convenção, que não deixa margem de adaptação – LUCIO CERENZA, *La Legge-Tipo sui Trasferimenti Internazionali di Fondi Predisposta dall´UNCITRAL*, QRGCL, n.º 29, Setembro, 1993, p. 161. E isso é especialmente sentido num âmbito que suscita tantas polémicas como o das transferências bancárias internacionais. O resultado desta atitude de mediação não deixará, contudo, de se reflectir nas soluções consagradas, podendo verificar-se que em muitos casos essas soluções de compromisso não são as mais adequadas e resultam em contradições recíprocas.

282 *A Transferência Bancária*

dade. O facto de não se prever que isso venha a acontecer, por um lado, e de ter sido aprovada uma directiva destinada à regulamentação material de parte das transferências bancárias intracomunitárias, por outro, retira praticamente todo o interesse prático às soluções consagradas na Lei-tipo. A sua análise não deixa contudo de ser importante – as razões do seu fracasso constituem uma lição, e veremos que a elas não foi indiferente o resultado final que com a referida directiva se alcançou. É pois nessa perspectiva que analisaremos, ainda que não exaustiva e pormenorizadamente, algumas das suas disposições.

3.1.1. *Âmbito de aplicação*[739]

A Lei-tipo aplica-se a todas as transferências bancárias de crédito com carácter internacional, electrónicas ou com suporte em papel.

De fora ficam, desde logo, as transferências de débito. A alínea a) do art. 2 é clara no sentido de que a transferência se inicia por uma ordem de pagamento dada pelo cliente de um banco com o objectivo de colocar fundos è disposição de um terceiro. A iniciativa cabe ao "devedor" e não ao "credor", pelo que a transferência é *de crédito*.

No que respeita ao instrumento utilizado para a transferência dos fundos, a Lei-tipo é neutra – tanto se aplica a *transferências-papel* como a *transferências electrónicas*. As razões para esta neutralidade parecem estar, desde logo, no carácter internacional da Lei-tipo e no seu escopo de harmonização.[740] Sendo o grau de evolução tecnológica bastante variável de país para país, e sendo ainda praticamente inexistente em várias zonas do mundo a utilização de transferências electrónicas, pensou-se que quanto mais neutra fosse a Lei-tipo no que respeita ao instrumento utilizado mais atingível seria o seu desígnio de harmonização. Terá tido igualmente peso a dificuldade em elaborar uma distinção rigorosa entre transferências-papel e transferências electrónicas, tendo-se mostrado inoperativos os critérios fundados sobre o seu montante ou sobre a velocidade da sua transmissão, ou mesmo sobre a técnica utilizada, por vezes

---

[739] Sobre as várias opções tomados a este propósito, cf. o relatório do grupo de trabalho das Nações Unidas A/CN.9/297, de 20.11.87.

[740] Cf. LOJENDIO OSBORNE, *La ley modelo de UNCITRAL sobre transferencias internacionales de crédito*, RDM, n.º 207, Janeiro-Março, 1993, p. 101; VASSEUR, *Les Principaux...*, p. 162, e ainda LUCIO CERENZA, *La Legge-Tipo sui Trasferimenti Internazionali....*, p. 162.

mista.[741] Apesar desta declarada neutralidade, tornou-se claro durante os trabalhos preparatórios que a Lei-tipo se destina essencialmente a regular transferências electrónicas, do que por vezes resulta a deficiente adaptação de certas disposições às transferências-papel (como é o caso do art. 12, relativo à revogação da ordem de transferência).

No que respeita ao seu âmbito de aplicação espacial, a Lei-tipo pretende regular exclusivamente *transferências bancárias internacionais*, ou seja, aquelas em que o banco emitente e o banco receptor se situam em estados diferentes,[742] ainda que o ordenante e o beneficiário se situem no mesmo Estado ou tenham a mesma nacionalidade[743] (art. 1 n.º 1) Esta opção deveu-se, por um lado, à consideração de que as transferências nacionais e internacionais não levantam o mesmo tipo de problemas, nomeadamente no que respeita aos riscos envolvidos e, por outro lado, por ser mais fácil a adesão dos estados a uma lei que não se aplica a transferências meramente domésticas.[744]

Quanto ao âmbito de aplicação pessoal, apesar de todas as transacções estarem incluídas, a Lei-tipo é clara quando esclarece (nota 2) que não tem como objectivo a protecção do consumidor. A intenção parece ter sido a de deixar para as legislações nacionais a efectivação desta protecção.[745] A razão para a sua não exclusão *in limine* pode ter estado na

---

[741] ERIC BERGSTEN, *The Work of the United Nations Commission on International Trade Law in Electronic Funds Transfers*, in *Current Legal Issues Affecting Central Banks,* Vol. I, IME, Robert C. Effros, 1992, pp. 454-455, considera mesmo impossível restringir as regras às transferências electrónicas, uma vez que, entre os bancos e os seus clientes, e mesmo entre bancos, algumas ordens de pagamento serão sempre em papel.

[742] O n.º 3 do art. 1 determina que as agências e dependências distintas de um banco, situadas em estados diferentes, são considerados bancos distintos, o que alarga o conceito de internacionalidade.

[743] Criticando o facto de a Lei-tipo não se aplicar aos casos em que o ordenante e o beneficiário se encontram em estados diferentes mas utilizam bancos estabelecidos no mesmo estado, cf. PATRIKIS / BHALA, *The Law of Electronic Payments and the Rationalization of the Payments System in the United States*, Quaderni di ricerca giuridica della Consulenza Legale – Banca D´Italia, n.º 29, 1993., p. 218.

[744] A/CN.9/329, de 22.12.89, p. 4.

[745] LOJENDIO OSBORNE, *La ley modelo de UNCITRAL...*, p. 102, levanta a este propósito a questão da possibilidade de existência de colisões entre as disposições da Lei-tipo e as disposições nacionais que se apliquem a um mesmo segmento de uma transferência, concluindo que estas últimas, enquanto normas imperativas que em geral são, acabarão sempre por prevalecer na regulamentação desse segmento (sendo que aos outros se continuará a aplicar a Lei-tipo).

284 A Transferência Bancária

dificuldade inerente à classificação de uma transferência como "de consumidores" (tendo inclusive sido considerado preferível utilizar termos como "utente" ou "cliente"), tendo no entanto ficado em aberto a hipótese de os estados virem a excluir as relações com os consumidores do seu âmbito de aplicação.

A Lei-tipo foi largamente influenciada pelo *artigo 4A do UCC*.[746] Apesar disso, apresenta algumas diferenças, desde logo ao nível do âmbito de aplicação. Por um lado, a Lei-tipo apenas se aplica a transferências internacionais, enquanto que o artigo 4A se aplica tanto a transferências nacionais, realizadas nos Estados Unidos, como internacionais, quando a sua competência resultar da aplicação das regras de conflitos.[747] Por outro lado, o artigo 4A, apesar de se aplicar a todos os tipos de transferências, seja qual for o tipo de instrumento usado, exclui desde logo quase todas as transferências ordenadas por consumidores,[748] uma vez que estas são reguladas pelo EFTA.[749] Além disso, as suas regras são orientadas essencialmente para a regulamentação de transferências de crédito de montantes elevados, processadas electronicamente e a alta velocidade.[750]

Têm em comum a estrutura,[751] a terminologia, a concepção sobre a natureza jurídica da transferência bancária e muitas das soluções consagradas. O facto, porém, de o artigo 4A se dirigir essencialmente a transferências electrónicas de grande montante, realizados a grande velocidade e não ordenadas por consumidores justifica a adopção de certas medidas que podem não ser perfeitamente adaptáveis a transferências com suporte em papel, de pequeno montante e/ou celebrados por particulares ou pequenas empresas, as quais cabem também no âmbito da Lei-tipo.[752]

---

[746] Sobre a influência do artigo 4 A nos trabalhos da UNCITRAL, cf. VASSEUR, *Les Principaux...*, pp. 158-160, *La Loi-Type de la CNUDCI...*, p. 196 e *Les Transferts Internationaux...*, pp. 168 ss.. Analisando as principais diferenças e semelhanças, ROBERT EFFROS, *Introduction...*, pp. xxxiii-xxxvii.

[747] UCC § 4A-507.

[748] Apenas se incluem no âmbito de aplicação do artigo 4A as transferências ordenadas por consumidores com uso dos sistemas CHIPS, FEDWIRE, ou SWIFT, excluindo-se as transferências que resultem da utilização de terminais de pontos de venda.

[749] UCC § 4A-108.

[750] A/CN.9/346, de 15.5.91, p. 6.

[751] Apresentando a mesma extensão e complexidade "à americana" – cf. VASSEUR, *Les Transferts Internationaux...*, p. 166.

[752] Como é o caso do art. 12, referente à revogação da ordem de pagamento.

3.1.2. Concepção acerca da transferência bancária

A transferência bancária é definida, na alínea a) do art. 2.º como *"uma série de operações,* começando pela ordem de pagamento do ordenante, efectuadas com o objectivo de colocar fundos à disposição de um beneficiário".[753]

Esta definição de transferência é praticamente igual à utilizada no UCC[754] e reflecte claramente a adopção de uma concepção segmentarizada da transferência, ou seja, uma concepção "à americana". A transferência é encarada como uma série de operações bilaterais sucessivas e não como uma operação unitária.

Como consequência desta concepção, a cada segmento da transferência – ou melhor, a cada transferência – poderá ser aplicada uma lei diferente,[755] o que significa desde logo que a Lei-tipo apenas se aplicará a todos os segmentos de uma mesma transferência bancária internacional se todos os estados intervenientes a tiverem adoptado como lei nacional. Isso levanta inúmeras dificuldades.

Um primeiro problema que se coloca está relacionado com o próprio âmbito de aplicação espacial da Lei-tipo. A questão é saber até que ponto essa lei cobrirá aspectos domésticos de uma transferência bancária.[756] Dada a concepção adoptada, segundo a qual a transferência é uma série de operações bilaterais sucessivas às quais será aplicável uma lei diferente das que regulam os outros segmentos, podem colocar-se duas hipóteses. Por um lado, pode considerar-se que, uma vez que se procede à segmentarização da transferência, a análise da internacionalidade

---

[753] A mesma disposição engloba neste termo todas as ordens de pagamento emitidas pelo banco do ordenante ou por qualquer banco intermediário para dar seguimento à ordem de pagamento do ordenante, e considera que faz parte de uma transferência distinta uma ordem de pagamento emitida com o objectivo de efectuar o pagamento de uma tal ordem.

[754] UCC § 4A-104 (a).

[755] VASSEUR, *La Loi-Type de la CNUDCI...*, p. 197; *Les Principaux...*, pp. 161-162 e 165 e *Les Transferts Internationaux...*, pp. 183-184; PATRIKIS / BHALA, *The Law of Electronic Payments...*, p. 218; PATRIKIS / BAXTER / BHALA, *Wire Transfers...*, p. 13: "Each segment of the funds transfer must be distinguished, because different laws may apply to different segments.".

[756] "...it was noted that an interbank funds transfer consisted of individual segments and that some of the segments may be between parts in the same State and some between parties in different States." – A/CN.9/317, de 25.8.88, p. 4.

286 A Transferência Bancária

deverá ser feita segmento a segmento, apenas se podendo aplicar a Lei-
-tipo aos segmentos internacionais, segundo o critério adoptado. Os segmentos puramente domésticos deveriam, segundo a opinião de alguns dos
participantes nos trabalhos da Comissão, ser deixados à competência das
leis nacionais. Pode também considerar-se porém que, apesar da adopção
de uma concepção segmentarizada da transferência da qual resulta que a
cada segmento será aplicável uma lei diferente, bastará que dentro da
cadeia da transferência um dos segmentos preencha os requisitos de internacionalidade para que toda a cadeia seja considerada internacional para
efeitos de intervenção da Lei-tipo, absorvendo nessa internacionalidade
mesmo os segmentos que segundo aquele seriam nacionais.[757] Não
obstante a segmentarização da transferência, este entendimento pode ter
sentido dada a diversidade de problemas que aqui se colocam: uma coisa
é qualificar uma cadeia de transferência como internacional (qualificação
na qual se incluirão todos os seus segmentos) para efeitos de eventual
aplicação da Lei-tipo, outra é determinar a lei aplicável a cada segmento
segundo as normas de conflito, das quais poderá, uma vez preenchido o
requisito da internacionalidade, resultar a aplicação daquela lei.[758]

Ligada a esta questão, e precisamente porque a Lei-tipo apenas se
aplica a transferências internacionais, está a questão dos conflitos de leis,
regulada no art. Y incluído na nota 1.[759] Esta nota estatui que, na falta de
escolha pelas partes,[760] os direitos e obrigações decorrentes de uma ordem
de pagamento são reguladas pela lei do estado do banco receptor.[761]

---

[757] É esse o entendimento de VASSEUR, *La Loi-Type de la CNUDCI...*, p. 164 e *Les Transferts Internationaux...*, pp. 196 ss..

[758] O problema já não se colocaria se tivesse sido celebrada uma convenção internacional.

[759] A inclusão de uma disposição sobre conflitos de leis dividiu os representantes nos trabalhos preparatórios da Lei-tipo. Contra a sua inclusão, foi nomeadamente referido que nenhuma regra de conflitos seria apropriada a aplicar-se simultaneamente a transferências electrónicas e com suporte em papel e que, por outro lado, os estados parte em convenções de índole conflitual (como é o caso da Convenção de Roma) não a adoptariam – A/CN.9/341, de 13.8.90, pp. 7 e 8 e A/CN.9/346, de 15.5.91, p. 95. Numa solução de compromisso, foi decidido eliminá-la e fazê-la substituir por uma nota ao art. 1, submetida à consideração dos estados que desejem adoptá-la. O seu sentido não é porém claro, uma vez que a própria Lei-tipo, na sua totalidade, está sujeita à apreciação dos estados, que a podem adoptar ou não, com ou sem modificações.

[760] Deverá a escolha ser feita por todos os intervenientes na transferência? A ser assim, parece ser uma decisão bastante difícil de tomar.

[761] À semelhança da lei americana – UCC § 4A-507.

Assim, se a transferência for internacional segundo o critério adoptado, aplicar-se-á a cada segmento a lei do respectivo banco receptor. Esta será a Lei-tipo se o estado em que se situa esse banco receptor a tiver adoptado. O que significa que a Lei-tipo apenas se aplicará na sua totalidade à transferência se todos os bancos receptores intervenientes tiverem feito dela sua lei.[762]

A inserção de uma regra de conflitos deste teor numa regulamentação de carácter material é porém de criticar. De facto, como poderá o direito conflitual recorrer a ela se ele próprio ainda não indicou a Lei-tipo como competente para regular a situação em causa? O que temos aqui, afinal, é uma lei de direito material a adoptar uma regra de conflitos que determinará (ou não) a sua própria aplicação.[763]

Durante os trabalhos preparatórios da Lei-tipo,[764] considerou-se não ser aconselhável aplicar a sua regulamentação a alguns segmentos e uma qualquer lei nacional a outros. No entanto, não se resolveu o problema paralelo resultante da aplicação de leis diferentes aos vários segmentos internacionais, a qual pode resultar da conjugação da concepção segmentarizada da operação com o carácter não vinculativo da Lei-tipo. Como veremos, a aplicação da Lei-tipo a apenas alguns segmentos de uma transferência em concreto impedirá que algumas das suas soluções alcancem os seus efeitos. A este propósito, a Conferência de Haia[765] fez notar que a análise da transferência como uma série de operações segmentadas pode impedir a aplicação de algumas disposições da Lei-tipo, nomeadamente as relativas à revogação (art. 12) e à obrigação de reembolso (art. 14), uma vez que tanto uma como outra pressupõem, para serem eficazes, que cada um dos países implicados tenha adoptado aquela lei. Se isso não acontecer, o regime estabelecido não funciona.

O próprio grupo de trabalho que participou na elaboração da Lei-tipo reconheceu que a principal dificuldade com que se deparava consistia na dicotomia entre, por um lado, os pontos de vista do ordenante e do

---

[762] O próprio grupo de trabalho que participou na elaboração da Lei-tipo reconheceu que a aplicação da Lei-tipo à transferência inteira apenas pode ser obtida através da sua adopção pelos vários estados envolvidos – A/CN.9/341, de 13.8.90, p. 8.

[763] MICHEL PELICHET, *Note on the problem of the law applicable...*, pp. 17-19, salienta a "ambiguidade" da disposição e considera a adopção de uma regra de conflitos por uma lei substantiva uma técnica "verdadeiramente insatisfatória", aliás totalmente estranha aos sistemas de "civil law" (embora utilizada no art. 4A – cf. UCC § 4A-507).

[764] A/CN.9/329, de 22.12.89, p. 3.

[765] MICHEL PELICHET, *Note on the problem of the law applicable...*, pp. 9 ss..

288 A Transferência Bancária

beneficiário, para os quais a transferência deveria ser regulada como um todo para que os seus direitos fossem devidamente salvaguardados e, por outro, dos bancos intervenientes, para os quais a transferência é efectuada através de uma série de ordens de pagamento individuais que dão lugar a direitos e obrigações para cada banco emissor e receptor, sendo cada relação bilateral uma transacção bancária diferente. Dessa forma, a lei aplicável a cada relação pode ser diferente das que regulam as outras relações, o que não garante a consistência dos direitos e obrigações das diversas partes.[766]

3.1.3. *Regime*

3.1.3.1. *Principais deveres dos intervenientes*

A Lei-tipo fixa-se em cada uma das operações ou segmentos que compõem a transferência. Em todas elas há um emitente e um receptor de uma ordem de pagamento. Se se tratar do primeiro segmento, o *emitente* será o iniciador da transferência. Nos seguintes, será um banco intermediário. O *receptor* será um banco intermediário ou, se se tratar do último segmento, o banco do beneficiário.

De uma forma geral e sintética podemos dizer que a obrigação fundamental do *banco emitente* (arts. 5 e 6) consiste em pagar ao banco receptor a quantidade correspondente à ordem de pagamento, obrigação que nasce quando o banco receptor aceita a ordem, e que terá de se cumprir quando começar o período de execução; a obrigação fundamental do *banco receptor* que não o banco do beneficiário (arts. 7 e 8) é a de emitir uma nova ordem de pagamento concordante com a recebida; e a obrigação fundamental do *banco do beneficiário* (arts. 9 e 10) é a de colocar os fundos à disposição deste. Os bancos receptores, incluindo o banco do beneficiário, são ainda obrigados a realizar uma série de notificações quando haja contradições ou faltem dados necessários na ordem de pagamento recebida (arts. 8 e 10).

---

[766] A/CN.9/346, de 15.5.91, pp. 95 e 96.

3.1.3.2. *Momento da conclusão da transferência e posição sobre a relação subjacente*

De acordo com o art. 19, a transferência conclui-se logo que o banco do beneficiário *aceite* executar a ordem de pagamento a favor daquele, antes mesmo do efectivo uso dos fundos (normalmente por crédito na sua conta).

Isto significa que, por um lado, o efectivo uso dos fundos é considerado como não tendo uma importância considerável, afectando apenas as relações entre o ordenante e o beneficiário e que, por outro, o último segmento (entre o beneficiário e o seu banco) não é incorporado pela Lei-tipo na operação de transferência, sendo-lhe aplicável a lei nacional que regula a relação entre ambos. A própria Lei-tipo esclarece que a conclusão da transferência não afecta de qualquer outra forma a relação entre o beneficiário e o seu banco. A razão de ser desta solução pode estar no entendimento de que, uma vez que na maioria dos casos é o beneficiário que escolhe o seu próprio banco, não seria justo onerar o ordenante com as consequências de uma eventual insolvência daquele. Além disso, ela está de acordo com a concepção americana segundo a qual a legislação sobre transferências electrónicas não se deve ocupar da relação entre o ordenante e o beneficiário.

Foi introduzida uma nota ao art. 19, aplicável aos casos em que a transferência tenha por objectivo o cumprimento de uma obrigação do ordenante para com o beneficiário e estatuindo que esta se deve considerar cumprida quando o banco do beneficiário *aceitar* a ordem de transferência. O que pouco adianta, uma vez que se não assegura a efectiva colocação dos fundos à disposição do beneficiário.

Em forma de crítica, podemos dizer que esta solução está em contradição com o dito objectivo da transferência, que é o de colocar os fundos à disposição do beneficiário, nos termos do art. 2 a). Ela está, além disso, totalmente em desacordo com a concepção europeia segundo a qual a transferência é uma forma de transmissão de moeda escritural e a sua conclusão só se dá quando os fundos são efectivamente colocados à disposição do beneficiário.

Apesar de distintas, não deixam de estar profundamente ligadas a questão da conclusão da transferência bancária enquanto operação e a da extinção da relação subjacente, onde encontra aquela a sua causa última. De uma maneira ou de outra, o objectivo final da articulação das relações jurídicas subjacentes a uma transferência não pode deixar de ser a colocação dos fundos à disposição do beneficiário. Não parece pois correcto

290   *A Transferência Bancária*

estabelecer como regra que a transferência de crédito (no seu conjunto) se conclui com a sua aceitação pelo banco do beneficiário, sem preocupações com a efectiva colocação dos fundos ao dispor deste. Independentemente do momento em que se considere concluída a transferência, a regulamentação não deverá deixar de assegurar que o objectivo final das partes seja alcançado.[767]

A discussão acerca da manutenção ou não desta disposição foi bastante acesa, tendo-se dividido os diversos participantes nos trabalhos da Comissão. De um lado, os que consideravam que o momento da aceitação da ordem de pagamento era precoce para que se produzissem efeitos solutários. Do outro, os que entendiam ser esse o momento apropriado, uma vez que colocava o risco de falência do banco do beneficiário sobre aquele que normalmente o elege, ou seja, o próprio beneficiário.[768]

3.1.3.3. *Transferência de um montante errado*

No que respeita aos incidentes que podem ocorrer durante a execução de uma transferência bancária, começaremos pelos casos mais simples, de mais fácil resolução e cujo regime não levanta dificuldades – as hipóteses de pagamentos insuficientes e excessivos em relação à ordem de pagamento recebida. A esse respeito, o art. 15, referente a transferências de montante inferior ao indicado na ordem, obriga o banco que a aceitou e executou a emitir uma nova ordem que cubra a diferença. Para o caso de transferências de montante excessivo, estabelece o art. 16 a obrigatoriedade de restituição do montante recebido em excesso.

---

[767] Resulta da remissão feita pelo art. 19 para o art. 9, que estabelece as condições nas quais o banco do beneficiário é considerado como tendo aceite a ordem de pagamento (quando debita a conta do ordenante, por ex.), que pode acontecer com frequência o beneficiário não ter conhecimento de que o seu banco se tornou credor do montante da transferência, o que introduz elementos de incerteza intolerável no âmbito da relação subjacente. Cf. LOJENDIO OSBORNE, *La ley modelo de UNCITRAL...,* pp. 112 ss.. Apesar de também no art. 4A do UCC se considerar concluída a transferência com a aceitação da ordem pelo banco do beneficiário, as condições em que essa aceitação se dá por efectivada são de muito mais fácil conhecimento para o cliente (notificação ou pagamento ao beneficiário, nomeadamente) – UCC § 4A – 209(b).

[768] Por razões de compromisso, foi acordado que este parágrafo passaria a constituir uma nota de rodapé, a ser incluída pelos estados que a desejassem adoptar. A inserção de uma nota de rodapé numa lei que não tem de todo carácter vinculativo parece, contudo, desprovida de sentido – PATRIKIS / BHALA, *The Law of Electronic Payments...,* p. 253.

3.1.3.4. *Não conclusão da transferência*

O n.º 1 do art. 14 (directamente inspirado no artigo 4A UCC[769]) estabelece que, se a transferência não se concluir, o banco do ordenante é obrigado a restituir-lhe o montante que dele tenha recebido, acrescido de juros. A mesma *obrigação de reembolso* com juros impende sobre cada interveniente na transferência que tenha feito pagamentos à parte seguinte.

A garantia de reembolso reflecte o objectivo principal da transferência de fundos – a realização de um pagamento do ordenante ao beneficiário, tipicamente para cumprimento de uma obrigação contratual subjacente. Sem a protecção da obrigação de reembolso, um ordenante que tenha pago pela sua ordem de pagamento mas cuja transferência não se concluiu arrisca-se a receber uma queixa do beneficiário pelo não cumprimento da obrigação subjacente e a, ao mesmo tempo, perder o montante pago.[770]

Trata-se, no fundo, de proteger quem confiou o seu dinheiro ao sistema financeiro, e de fazê-lo de um modo absoluto – o ordenante tem sempre direito ao reembolso do montante que entregou ao seu banco para que este proceda à transferência, seja qual for a razão da não-conclusão dessa. O motivo para a não execução da transferência é para este efeito irrelevante – o dinheiro pode ter sido transferido para outra conta, o banco do beneficiário pode não ter aceite a ordem por ter sido instruído pelo beneficiário nesse sentido, ou pode simplesmente ter ocorrido um motivo de força maior.

O ordenante pode assim fazer valer os seus direitos no seu próprio país, sem suportar o ónus de sucessivas e custosas acções a correr no estrangeiro, ficando a cargo do sistema bancário, munido da informação necessária para o efeito, a análise do que correu mal e em que momento isso ocorreu.[771]

É controversa a natureza jurídica da obrigação de reembolso. A Lei-tipo parece encará-la como uma questão, não de responsabilidade, mas de garantia. O banco do ordenante é garante absoluto perante este da conclusão da transferência, devendo em alternativa devolver-lhe o montante em causa acrescido de juros. Há quem considere que estamos perante um caso de responsabilidade objectiva, pelo risco, uma vez que é totalmente

---

[769] UCC § 4A-402. Trata-se da chamada *"money-back guarantee"*.
[770] Cf. PATRIKIS / BHALA, *The Law of Electronic Payments...*, p. 217.
[771] Cf. ERIC BERGSTEN, *The Work of the United Nations...*, p. 459.

292 A Transferência Bancária

independente de culpa.[772] O que parece certo é que a obrigação de reembolso não actua em função de nenhum princípio indemnizatório.[773] Por um lado, o pagamento dos juros não visa a compensação de qualquer prejuízo, justificando-se antes pelo eventual benefício que o banco retirou do facto de ter os fundos à sua disposição mais do que o tempo necessário à execução da transferência.[774] Por outro, nenhum banco será responsável por qualquer prejuízo causado pela não-conclusão da transferência, quer ao ordenante quer ao beneficiário. Do que parece tratar-se é de colocar o risco da transferência[775] exclusivamente sobre o banco do ordenante, no qual se incluem os casos de força maior.[776]

O pesado regime de responsabilidade com que é onerado o banco do ordenante é agravado pelo disposto no n.º 3, que estatui que, em caso de falência de um banco intermediário, um banco receptor apenas se pode eximir à obrigação de reembolso se provar que recebeu ordens para o utilizar, sendo para isso necessário provar que não recebe sistematicamente essas ordens em casos similares. Impõe-se pois uma prova negativa, extremamente difícil, que na prática coloca o risco de falência ou insolvência de um banco intermediário sobre o banco que o precede na cadeia da transferência – o banco do ordenante ou outro. Se o banco receptor que não o banco do ordenante conseguir fazer esta prova e se desonerar assim da obrigação de reembolso, o risco recai sobre o banco do ordenante (uma vez que para este mantém-se sempre, em relação ao ordenante, a obrigação de reembolso).

Acrescente-se que, nos termos do n.º 2, esta regra não pode em princípio ser modificada por convenção das partes (ou seja, o ordenante e o seu banco não podem convencionalmente pôr a cargo do primeiro o risco da transferência), o que constitui uma derrogação ao princípio da autonomia das partes consagrado no art. 4. Essa convenção apenas é permitida nos casos em que "o banco do ordenante, numa manifestação de prudên-

---

[772] Nesse sentido, cf. DIEGO DEVOS, *Les Virements Transfrontaliers...*, p. 8, e também SALVATORE MACCARONE, *Gli Indirizzi Comunitari in Materia di Sistema e Mezzi di Pagamento*, Quaderni di ricerca giuridica della Consulenza Legale – Banca D'Italia, n.º 29, 1993., p. 208.

[773] PAULO CÂMARA, *A Transferência Bancária Internacional...*, p. 28.

[774] VASSEUR, *Les Principaux...*, p. 176.

[775] Colocando a questão em termos de risco, cf. LOJENDIO OSBORNE, *La ley modelo de UNCITRAL...*, pp. 108-109.

[776] Sem prejuízo da possibilidade de este tentar obter, por parte dos bancos que o seguiram na cadeia de transferência, o montante que foi obrigado a entregar ao ordenante.

A Transferência Bancária Internacional 293

cia, não teria aceite uma ordem de transferência, em virtude de um risco importante decorrente da transferência". Esta ressalva é muito pouco clara, desde logo pela vaguidão dos termos usados – "manifestação de prudência", "risco importante" – e, por outro lado, porque não é claro o que se tem que provar.

Estamos pois perante um sistema extremamente pesado para os bancos, sobretudo para o banco do ordenante, sobre o qual incide na prática o risco de toda a transferência, o que parece ter sido, de certa forma, a contrapartida para o facto de não se ter consagrado a responsabilidade dos bancos por danos indirectos causados pela não-conclusão da transferência.[777] [778] À semelhança, aliás, do que acontece no âmbito do artigo 4A UCC.[779]

Para além de ter sido o resultado de um compromisso prático, este regime pretende assegurar a segurança do tráfico e a confiança no sistema, essenciais para uma aceitação generalizada da transferência bancária como alternativa aos tradicionais sistemas de pagamento (sobretudo o cheque).

No entanto, a ser levado a cabo, este sistema levaria a um aumento extraordinário das comissões devidas pela transferência por forma a cobrir eventuais perdas para os bancos, o que, se por um lado pode tornar insustentável para muitos o recurso a esta forma de pagamento, por outro é prejudicial para os próprios bancos, sobretudo os mais pequenos, que podem ter que recorrer a correspondentes no estrangeiro por não fazerem parte de uma estrutura de dimensão internacional.[780] A isto acrescem eventuais problemas relacionados com o controlo dos riscos e com a solvabilidade das instituições.

---

[777] Cf. LOJENDIO OSBORNE, *La ley modelo de UNCITRAL...*, p. 112.

[778] Parece ter sido deixada em aberto, provavelmente não de forma deliberada, a possibilidade de os bancos diminuírem a sua responsabilidade: apesar de o art. 14/2 proibir modificações contratuais relacionadas com o pagamento de juros, não podendo portanto o banco do ordenante excluir de todo esse pagamento, o art. 2/m autoriza acordos em contrário no que respeita ao cálculo dos juros, parecendo então que o banco pode limitar a sua responsabilidade através da diminuição convencional da taxa de juro. Cf., a este propósito, VASSEUR, *Les Principaux...*, p. 176.

[779] PATRIKIS / BAXTER / BHALA, *Wire Transfers...*, p. 60.

[780] A este propósito, os representantes alemães propuseram a introdução de um duplo regime: o ordenante não beneficiaria daquela garantia e suportaria comissões mais reduzidas ou teria aquela garantia e suportaria comissões mais elevadas. Esta solução não foi contudo adoptada, impedindo-se assim a introdução de uma certa flexibilização do regime.

294   *A Transferência Bancária*

Por tudo isto, o regime de responsabilidade (de garantia?) foi fortemente criticado pelos banqueiros europeus,[781] cujos ordenamentos possuem regimes (baseados no direito do mandato) bastantes diferentes, e que de modo nenhum aceitam sujeitar-se a tão grande risco. Sabemos as dificuldades inerentes à responsabilização do banco do ordenante, à luz dos regimes jurídicos europeus...

3.1.3.5. *Transferência concluída com atraso*

O art. 17 aplica-se àqueles casos em que a transferência se concluiu, ou seja, em que o banco do beneficiário aceitou a ordem de transferência, mas em que tal ocorreu com atraso.

Nos termos do n.º 1, um banco receptor que não cumprir as obrigações que para ele decorrem do art. 8 n.º 2 (pagamento num certo prazo, por remissão para o art. 11) responde perante o beneficiário, pagando juros sobre o montante da ordem de pagamento pela duração do atraso que lhe seja imputável (podendo, de acordo com o n.º 2, pagar ao banco receptor seguinte ou directamente ao beneficiário). O n.º 3 esclarece que, se o ordenante tiver pago ao beneficiário os juros devidos por atraso na execução da transferência, pode recuperá-los se o beneficiário não os tiver recebido nos termos dos n.ºs 1 e 2. Da mesma forma, qualquer banco que não seja obrigado ao pagamento de juros e os tiver pago tem direito a recuperá-los junto do seu banco receptor ou do banco obrigado.[782]

A ideia central deste regime consiste em fazer responsável quem ocasionou a demora (e não o banco do ordenante, que se veria forçado a seguir a cadeia de transferências até descobrir a causa do atraso) e, sobretudo, em fazê-lo responder perante o beneficiário e não perante o ordenante.[783]

---

[781] Bastante ilustrativa a este propósito é a observação de VASSEUR, *Les Principaux...*, p. 171: "It is this article of the model law which makes European bankers grind their teeth.".

[782] O n.º 6 estabelece que, se o banco do beneficiário não cumprir as obrigações que para ele decorrem dos n.º 1 e 5 do art. 10, ou seja, colocar os fundos à sua disposição de acordo com a ordem de pagamento que tiver aceite e fazer as comunicações previstas, responde perante ele nos termos da lei que regular a relação entre ambos. Este artigo está em conformidade com a ideia da conclusão da transferência no momento em que o banco do beneficiário aceita a ordem de pagamento, e confirma o entendimento de que a sua relação com o beneficiário fica fora do âmbito da Lei-tipo.

[783] Nos termos do n.º 7, estas disposições podem ser modificadas por convenção tendo em vista agravar ou limitar a responsabilidade de um banco perante outro banco. Já não o podem ser, contudo, no sentido de a limitar perante um ordenante ou um beneficiário

A Transferência Bancária Internacional

O primeiro problema que este regime suscita é o da consagração de uma responsabilidade entre o banco incumpridor e o beneficiário que não procede de nenhuma vinculação contratual. O facto de o beneficiário ter uma relação contratual apenas com o seu banco e não com os bancos intermediários nem com o banco do ordenante levanta, já o sabemos, grandes dificuldades nos países europeus. Em alguns ordenamentos é autorizada a acção directa do ordenante contra o banco intermediário responsável, com base no regime da substituição no mandato, mas em caso algum é admitida uma acção movida pelo beneficiário contra um banco com o qual não tenha qualquer vínculo contratual.

Mas não é só o estabelecimento de responsabilidade directa do banco faltoso para com o beneficiário que é criticável. É-o também a não consagração da responsabilidade desse banco culposo para com o ordenante por virtude dos danos que o atraso na conclusão da transferência lhe provoca. Responsabilidade que, como vimos, grande parte dos sistemas jurídicos europeus se preocupou em salvaguardar, através da mencionada acção directa.

Essa responsabilidade perante o ordenante não só não está consagrada como é, inclusivamente, proibida. De facto, consagra o art. 18 a chamada "exclusividade das medidas indemnizatórias", o que significa que fica excluída, por um lado, a responsabilidade do banco do ordenante pelos prejuízos, directos ou indirectos, que o atraso na execução de uma transferência possam ter causado ao ordenante[784] e, por outro, qualquer tipo de responsabilidade do banco do beneficiário para com este.[785] [786]

---

que não seja um banco. Em particular, o banco não pode limitar a sua responsabilidade por meio de convenção que fixe a taxa de juro. Trata-se de mais uma derrogação ao princípio da autonomia da vontade consagrado no artigo 4 e que, apesar do disposto na nota 1, é claramente motivada por preocupações com o consumidor. Não está contudo de acordo com a concepção segundo a qual as relações entre o beneficiário e o seu banco ficam fora do âmbito da Lei-tipo. Note-se que se teve a preocupação de excluir a possibilidade, deixada em aberta pelo art. 2 m), de a responsabilidade ser limitada por via da limitação da taxa de juro, que vimos ser possível no caso do reembolso.

[784] Como faz notar Eric Bergsten, *The Work of the United Nations Commission on International Trade Law...*, p. 460, do ponto de vista dos clientes é inaceitável que eles utilizem os bancos para conduzir os seus negócios sem que estes sejam responsáveis pelos prejuízos causados por falhas do sistema; do ponto de vista dos bancos, a ameaça de terem que responder por danos indirectos é assustadora, uma vez que é impossível estimar o montante desses danos e calcular o correspondente prémio de seguro.

[785] O facto de não se consagrar qualquer tipo de responsabilidade do banco do beneficiário para com este está em conformidade com a concepção segundo a qual a relação

O art. 17 é directamente inspirado no artigo 4A e assenta na ideia de que para numerosas operações executadas a grande velocidade e em que as comissões são baixas, a responsabilidade do banco deve ser limitada, tanto no seu âmbito (prejuízos reclamáveis) como nos juros pelos quais o banco é responsável,[787] o que pode não fazer muito sentido face ao âmbito muito mais amplo da Lei-tipo. Além disso, a solução é fruto de uma concessão àqueles que consideram excessiva a garantia de reembolso que prestam os bancos de acordo com o art. 14. Parece, de facto, haver um compromisso entre, por um lado, a consagração de uma responsabilidade independente de culpa e, por outro, a não actuação da obrigação de reembolso em função de um princípio indemnizatório (uma vez que, como já foi referido, não se estabelece uma indemnização em função do prejuízo sofrido). O resultado é o estabelecimento de um regime de responsabilidade muito pouco adequado e bastante desequilibrado.

3.1.3.6. *Revogação da ordem de transferência*

De acordo com o n.º 1 do art. 11, um banco receptor deve executar uma ordem de pagamento no dia útil em que a recebeu. Não o fazendo, fica obrigado a executá-la no dia útil seguinte.

O art. 12 estabelece, como princípio, o da irrevogabilidade da ordem de transferência. Essa ordem apenas pode ser revogada se não tiver sido estipulado o contrário e quando:

– a ordem de revogação tenha sido recebida por um banco receptor que não o banco do beneficiário numa altura e em condições que

---

entre ambos fica fora do âmbito da Lei-tipo, sendo a transferência concluída aquando da aceitação da ordem de pagamento pelo banco do beneficiário. Esta ideia é, como vimos, reforçada pelo disposto nos artigos 10/1 e 16/6. No entanto, o próprio art. 18 entra em contradição com essa ideia, ao proibir o recurso a qualquer outra medida indemnizatória que resulte da aplicação da lei que regula a relação entre o beneficiário e o seu banco. Estando a transferência teoricamente concluída quando este aceita a ordem de transferência, a consagração ou não de uma responsabilidade deste para com o seu cliente deveria ser da exclusiva competência daquela lei, não devendo ser estabelecida qualquer restrição quanto a isso.

[786] O n.º 2 estabelece excepções a esta exclusividade, permitindo o accionamento de outras consequências do incumprimento quando este se tiver devido a dolo ou negligência grave – caso em que se recorrerá à lei nacional aplicável para determinação dessa consequências, nomeadamente quanto aos prejuízos a ser compensados.

[787] VASSEUR, *Les Principaux...*, pp. 160 e 181.

A Transferência Bancária Internacional 297

lhe permitam atendê-la antes do momento efectivo de execução ou do começo do dia em que, de acordo com o art. 11, devesse ter sido executada;
– tenha sido recebida pelo banco do beneficiário numa altura e em condições que lhe permitam atendê-la antes do momento em que a transferência esteja concluída (ou seja, em que tenha sido aceite, segundo o art. 19) ou do começo do dia em que os fundos devam ser colocados à disposição do beneficiário, se este momento for posterior (momento esse que, nos termos do n.º 1 do art. 10, é determinado pela lei que regula a relação entre o beneficiário e o seu banco).

Este regime de revogação exige uma articulação entre as acções das várias instituições intervenientes que só é possível se os respectivos estados tiverem adoptado a Lei-tipo. Além disso, sendo o momento de colocação dos fundos à disposição do beneficiário determinada pela lei que regula a relação deste com o seu banco, não é possível saber, de acordo com a Lei-tipo, até quando é possível a revogação da ordem. Por fim, este regime apenas é exequível relativamente a transferências com suporte em papel, e não já quando o processamento é electrónico.[788]

3.1.4. *Apreciação crítica*

As soluções adoptadas na Lei-tipo no que respeita ao regime dos incidentes são particularmente adequadas para mostrar as razões do fracasso daquela e para fornecer pistas para avanços futuros.

Em primeiro lugar, é possível constatar que, no que respeita aos incidentes que possam ocorrer durante a execução de uma transferência, as suas soluções (consagradas nos arts. 14, 17 e 18) formam um um "pacote" que, fruto de alguns compromissos, apresenta vários desequilíbrios. Por um lado, o regime da não-conclusão da transferência apresenta-se como extremamente pesado para o banco do ordenante, tornando-o garante absoluto da conclusão da transferência e obrigando-o à devolução do montante respectivo acrescido de juros quando, por qualquer razão, essa conclusão não é possível. Por outro, o regime de responsabilização dos bancos por atraso é bastante leve, excluindo, quer o ressarcimento de pre-

---

[788] VASSEUR, *Les Principaux...*, p. 169.

juízos causados ao ordenante, quer a compensação de qualquer tipo de danos indirectos, a ele ou ao beneficiário. Este regime conjugado é insatisfatório, quer para os bancos, quer para os respectivos clientes. Como bem observa VASSEUR,[789] não faz sentido que a execução com atraso dê lugar a alguma indemnização, ainda que limitada, enquanto que para a não-execução isso não é previsto de todo. A principal razão para este desequilíbrio parece estar no facto de as várias soluções consagradas resultarem de difíceis compromissos, de concessões recíprocas entre os representantes, não só dos vários estados (cuja concepção teórica e implantação prática das transferências bancárias varia bastante) mas dos diversos sectores intervenientes.

Outro problema do regime dos incidentes é a conjugação das suas soluções com o âmbito de aplicação da Lei-tipo. Esta, já o sabemos, pretende aplicar-se a transferências de qualquer montante, mas estabelece soluções impraticáveis para transferências de elevadas quantias de dinheiro – o regime de reembolso de somas monetárias que ultrapassem determinados limites coloca em risco a solvabilidade dos bancos, obrigando estes, ou a negar a realização da transferência, ou a cobrar comissões proibitivas que permitam a cobertura do risco. Por outro lado, pretende aplicar-se tanto a transferências-papel como a transferências electrónicas, mas estabelece um regime de responsabilidade por atraso cujo âmbito limitado se explica em grande parte pelo reduzido controlo de autenticidade que as transferências electrónicas permitem. Por fim, não exclui as transferências ordenadas por consumidores, mas estabelece regimes de responsabilidade que os deixam demasiado desprotegidos. O erro parece ter estado em grande medida no facto de se ter pretendido conjugar um amplo campo de aplicação com soluções directamente inspiradas no artigo 4A do UCC, cujo âmbito é em vários aspectos diferente.

A concepção adoptada sobre a transferência bancária também é de criticar. Tanto os regimes de solução dos incidentes como de revogação da ordem de transferência só são eficazmente aplicáveis se todos os ordenamentos jurídicos das instituições intervenientes numa transferência bancária bancária internacional tiverem adoptado a Lei-tipo como lei nacional. O que significa que há uma contradição de princípio entre a concepção de transferência tributada pela Lei-tipo e a sua própria natureza de instrumento de regulamentação não vinculativo. Tal bastaria, por si, para deitar por terra os seus desígnios de harmonização material internacional.

---

[789] VASSEUR, *Les Principaux...*, p. 180.

A *Transferência Bancária Internacional* 299

Outra razão para o fracasso da Lei-tipo foi o facto de, independentemente da justeza ou não do regime dos incidentes, este contrariar em muitos aspectos o regime jurídico que, em grande parte dos países europeus, é aplicado a esta matéria. Apesar da inexistência de regulamentações específicas para as transferências bancárias, quer nacionais quer internacionais, os estados nunca aceitarão uma lei incompatível com aspectos essenciais dos seus quadros jurídicos, nomeadamente aqueles considerados aplicáveis à matéria.

3.2. A Directiva 97/5/CE, de 27 de Janeiro de 1997

3.2.1. *Objectivos e âmbito de aplicação*

Foi em 1990 que a Comissão Europeia[790] pela primeira vez demonstrou a sua preocupação com os sistemas de pagamento intracomunitários. Eliminadas as restrições legislativas ao movimento de capitais, assume-se nessa altura como prioriária a supressão das restantes barreiras ao desenvolvimento eficaz do sistema financeiro. Estabelecido o Mercado Único na sequência do Acto Único Europeu (AUE) e perspectivada a União Económica e Monetária (UEM),[791] tornava-se absolutamente crucial a implantação de serviços de pagamento entre os Estados-membros mais eficazes do que os desenvolvidos até então. Identificados os principais obstáculos técnicos e jurídicos a tal eficácia e determinadas as características que os sistemas de pagamentos transfronteiras deveriam revestir, foi lançada a primeira pedra na edificação de um verdadeiro mercado interno de pagamentos.

Em 1992 a Comissão elaborou um Documento de Trabalho intitulado *"Facilitar os Pagamentos Transfronteiras: Eliminar as Barreiras"*,[792] no qual é confirmada a convicção de que só seria possível aproveitar plenamente os benefícios do Mercado Único e da UEM se as empresas e os indivíduos pudessem transferir dinheiro dentro da Comunidade de uma forma tão rápida, fiável e barata como se verificava no

---

[790] Comunicação da Comissão de 24 de Outubro de 1990 – COM (90) 447 final, intitulada *"Realização de Pagamentos no Mercado Interno"*.

[791] Cf. Gonçalo Gentil Anastácio, *A viabilidade do euro*, RFDUL, Vol. XXXIX, 1998, n.º 1, pp. 67 ss..

[792] SEC (92) 621 final, de 1 de Junho.

300   A Transferência Bancária

interior da maioria dos Estados-membros. Nesse sentido, propôs-se a Comissão o objectivo de assegurar que os sistemas de pagamento da então CEE estivessem aptos, no final de 1996, a enfrentar os desafios da moeda única.[793] Para isso, considerou imprescindível, dadas as grandes divergências existentes relativamente a questões muito importantes, a harmonização das disposições jurídicas relativas às transferências transfronteiriças a realizar dentro da comunidade, entendendo dever para isso inspirar-se nos trabalhos desenvolvidos no seio da CNUDCI,[794] tendo contudo em conta os aspectos relevantes relativos à protecção dos consumidores.[795] Não é por isso de admirar que se tenha conferido uma importância fundamental à protecção do utilizador, nomeadamente no que respeita à transparência da informação e ao estabelecimento de eficazes procedimentos de recurso. Uma atenção especial mereceram, ainda nessa perspectiva, questões como a dos prazos de execução e da dupla facturação de encargos.

Na sequência destes dois documentos basilares, foi apresentada pela Comissão, em 1994, uma Comunicação intitulada *"Transferências de Fundos na União Europeia: Transparência, Eficácia e Estabilidade"*,[796] onde mais uma vez se salientou o importante papel dos sistemas de pagamento na preparação da fase de transição para a moeda única, e que foi acompanhada de uma proposta de Directiva do Parlamento e do Conselho relativa às transferências bancárias transfronteiras[797] e da respectiva exposição de motivos.

O conteúdo desta proposta era em muitos aspectos semelhante ao da Lei-tipo da CNUDCI, incluindo a definição da transferência como uma série de operações, a consagração da obrigação de reembolso, o tipo e âmbito de responsabilidade e o momento de conclusão da transferência.[798]

---

[793] Cf. ALAIN BRARD, *Le passage à l'euro des moyens de paiement*, Banque, N.º 580, Abril, 1997, pp. 57-59.

[794] Como refere a propósito SALVATORE MACCARONE, *Gli Indirizzi Comunitari in Materia di Sistema e Mezzi di Pagamento...*, p. 208, esta compreensível intenção encontrou uma viva oposição por parte do mundo bancário comunitário, extremamente crítico em relação ao trabalho da UNCITRAL.

[795] SEC (92) 621 final, p. 16.

[796] COM (94) 436 final, de 18.11.94.

[797] 94/C 360/11 de 18.11, JO n.º C 360 de 17.12.94.

[798] O objectivo dos dois documentos é contudo diferente, como notou LÖTTE BOJER, *International Credit Transfers: the Proposed EC Directive Compared with the UNCITRAL Model Law*, JIBL, Vol. 10, n.º 6, 1995, p. 228. A Lei-tipo visa regular as trans-

A Transferência Bancária Internacional   301

Essas semelhanças foram-se esbatendo ao longo do processo de decisão,[799] e quando a Directiva 97/5/CE relativa às transferências transfronteiras[800] foi aprovada, em 27 de Janeiro de 1997, a diferença de soluções era já grande.[801] Esta Directiva visa tão só oferecer um enquadramento geral[802] para a regulamentação das transferências transfronteiras, estabelecendo as obrigações dos bancos consideradas imprescindíveis à protecção dos consumidores e deixando a cargo das legislações nacionais desenvolvimentos maiores tidos por necessários pelos respectivos ordenamentos.

Nos termos do art. 1.º, a Directiva aplica-se a *transferências transfronteiras* (ou seja, aquelas em que as instituições nas quais estão as contas a ser debitadas e creditadas se situam em Estados-membros diferentes – alínea f) do art. 2.º[803]) efectuadas nas divisas dos Estados-membros e em ecus,[804] de *montante inferior a 50.000 ecus,* desde que executadas por instituições de crédito, instituições financeiras ou qualquer pessoa que na

---

ferências bancárias internacionais em todos os aspectos, com vista à sua harmonização, enquanto a proposta de directiva visa preencher uma lacuna tendo em vista suportar o Mercado Interno.

[799] A proposta de Directiva foi sujeita a um primeiro parecer do Comité Económico e Social (CES) – 94/C 388/08, JO n.º C 388, de 31.12.94 – , a que se seguiu a apresentação pela Comissão, em 07.06.95, de uma proposta alterada – 95/C 199/07, JO n.º C 119, de 03.08.95. Depois da Comunicação n.º 95/C 251/03, JO n.º C 251, de 27/09/95, foi aprovado pelo Parlamento Europeu (PE) o Texto A4-0089/95, JO n.º C 151, de 19.06.95. Seguiram-se dois novos pareceres do CES – 95/C 236/01, de 11.09.95 e 95/C 301/01, JO n.º C 301, de 13.11.95, a Posição Comum adoptada pelo Conselho n.º 32/95, de 04.12, JO n.º C 353, de 30.12.95, e o Texto aprovado pelo PE A4-0033/96, JO n.º C 96, de 01.04.96. Finalmente, foi aprovado pelo PE o Texto A4-0004/97, JO n.º C 33, de 03.02.97.

[800] JO n.º L 43 de 14.2.97.

[801] Sobre as diferenças entre a Lei-tipo e a proposta de Directiva de 1994, cf. LÖTTE BOJER, *International Credit Transfers...*.

[802] Considerou o CES, no seu parecer 94/C 388/08, *supra* referido, que uma directiva que preceituasse até ao pormenor obrigações a cumprir nos pagamentos transfronteiras poderia levar a que muitas instituições de crédito, especialmente as mais pequenas, passassem a recusar ordens de transferência transfronteiras, o que traria aos consumidores mais inconvenientes do que vantagens e resultaria num sistema europeu de pagamentos com lacunas.

[803] Independentemente, pois, da nacionalidade ou domicílio do ordenante e do beneficiário

[804] O Regulamento CE n.º 1103/97, relativo a certas disposições respeitantes à introdução do euro, estabelece, no art. 2.º, a taxa de conversão do ecu em euro em 1:1.

302 *A Transferência Bancária*

sua actividade execute transferências transfronteiras, e não ordenadas por estas.

A sua vocação, declarada no ponto (2) do preâmbulo e implícita no limite monetário imposto, é a de se aplicar a transferências ordenadas por particulares e pequenas e médias empresas. Além disso, é clara a sua preocupação de protecção do *consumidor,* que foi, como vimos, manifestada desde logo no documento que encetou os trabalhos da Comissão e que é sobretudo visível nos requisitos de informação aos clientes e nos mecanismos de responsabilidade estabelecidos.

Deve referir-se a este propósito que a proposta de Directiva inicial não continha qualquer limite monetário ao seu âmbito de aplicação. Esse limite surgiu na sequência de um parecer do Comité Económico e Social (CES),[805] no qual este fazia notar que as transferências de valor elevado e as de pequeno montante são tratadas por canais completamente diferentes e apresentam técnicas, finalidades e intervenientes distintos. Por isso mesmo, as empresas que tramitam as transferências de valor elevado nunca foram (ao contrário dos consumidores, dos comerciantes e das pequenas e médias empresas) chamadas a intervir nos trabalhos da Comissão, não parecendo que alguma vez tenham encontrado dificuldades ou pedido disposições legislativas nesta matéria. Acrescentou que as garantias consideradas apropriadas a pagamentos de valor limitado não podem ser automaticamente estendidas a pagamentos de valor superior, podendo acarretar graves riscos para as instituições envolvidas. Face a estas considerações, propôs que a Directiva não se aplicasse a transferências de montante elevado.

3.2.2. *A transposição da Directiva para o ordenamento jurídico português*

Em Portugal, a Directiva 97/5/CE foi transposta através do Decreto-Lei n.º 41/2000, de 17 de Março (de ora em diante denominado "Decreto-Lei"). O Decreto-Lei tem, porém, um âmbito de aplicação mais alargado do que o da Directiva, não regulando apenas transferências transfronteiras (aquelas "em que a instituição do ordenante e a do beneficiário se situam em Estados diferentes, dentro do Espaço Económico Europeu – art. 2.º, al. b)), mas também transferências internas (aquelas "em que a instituição do ordenante e a do beneficiário se situam em território nacional – art. 2.º, al. c)).

---

[805] CES – 95/C 236/01, de 11.09.95, pp. 3-4.

A Transferência Bancária Internacional 303

O preâmbulo do Decreto-Lei, traduzindo o espírito da Directiva, declara que o seu objectivo é "assegurar que os particulares e as empresas, nomeadamente as pequenas e médias empresas, possam efectuar transferências de forma expedita, fiável e pouco onerosa".

Ficando de certa forma aquém do que dele se poderia esperar, o Decreto-Lei não fez mais do transpor as regras consagradas na Directiva, não tendo o legislador português aproveitado a oportunidade para regular certos aspectos que a Directiva propositadamente deixou à regulação nacional. A única inovação consistitu, como referido, no seu âmbito de aplicação, o que teve como única consequência a consagração de prazos de execução diferentes para transferências internas e transfronteiras (art. 5.º, n.º 2).

Refira-se ainda que, para dar cumprimento ao disposto na Directiva, o art. 15.º do Decreto-Lei admite espressamente a possibilidade de recurso à arbitragem para interpretação e aplicação do diploma.

3.2.3. *Concepção acerca da transferência bancária*

Do teor da alínea f) do art. 2.º ("Transferência transfronteiras", uma operação efectuada por iniciativa de um ordenante através de uma instituição, ou de uma sucursal (...), destinada a colocar uma quantia de dinheiro à disposição de um beneficiário numa instituição, ou numa sua sucursal...") é possível concluir que a transferência é entendida como *uma operação unitária* e não como uma série de operações.[806] É adoptada, pois, uma concepção globalizante da transferência bancária enquanto operação económica, também chamada com propriedade "concepção europeia". É a que mais se adequa à concepção da transferência como meio de pagamento.

As transferências bancárias objecto da Directiva são unicamente, como resulta da mesma disposição, *transferências de crédito*, isto é, aquelas cuja iniciativa cabe ao "devedor" e nas quais a informação e os fundos fluem no mesmo sentido.

Em Portugal, a definição de "transferência", constante da al. a) do art. 2.º do Decreto-Lei, é praticamente igual à definição constante da Directiva. A única diferença consiste no facto de se ter suprimido qualquer

---

[806] Note-se a diferença entre a noção da directiva, que define transferência como "uma operação", e a definição de transferência constante da alínea k) do art. 2.º da proposta 94/C 360/11, como "série de operações".

304 *A Transferência Bancária*

referência a sucursal, pelo facto de a definição do Decreto-Lei abarcar igualmente transferências internas. Foi também devido à amplitude do conceito que foi necessário, nas alíneas b) e c), respectivamente, definir "transferência transfronteiras" e "transferência interna".

3.2.4. Regime

3.2.4.1. *Informações a prestar aos clientes*

Concretizando um objectivo tido por prioritário pela Comissão, estabelecem-se regras tendentes a, através da prestação de um conjunto de informações aos clientes, garantir a transparência das condições aplicáveis às transferências transfronteiras.[807] [808]

O art. 3.º estabelece quais as informações prévias, relativas àquelas condições, que devem ser prestadas pelas instituições aos seus clientes, efectivos e potenciais. Essas informações dizem respeito aos prazos necessários para que, uma vez recebida uma ordem, os fundos sejam creditados na conta da instituição do beneficiário e para que, recebidos esses fundos, os mesmos sejam creditados na conta do beneficiário; às comissões e despesas a pagar pelo cliente; à data-valor aplicada pela instituição; à taxa de câmbio de referência utilizada; e aos procedimentos de reclamação e recurso disponíveis. Posteriormente à execução ou à recepção de uma transferência, deverá a instituição, nos termos do art. 4.º, informar o cliente da identificação da transferência, do seu montante inicial e das despesas e comissões a seu cargo, assim como da data-valor aplicada.

Estas disposições foram transpostas para o ordenamento jurídico português através dos artigos 3.º (obrigações prévias) e 4.º (obrigações posteriores) do Decreto-Lei, tendo o preâmbulo do diploma esclarecido que com as obrigações de informação se pretende assegurar "a transparência na execução das transferências visando a tutela dos intereses dos consumidores".

---

[807] Tendo em conta o art. 3.ºB do Tratado que institui a Comunidade Europeia e a Recomendação 90/109/CEE da Comissão, de 14 de Fevereiro de 1990, publicada no JO n.º L 67, de 15.03.1990, relativa à transparência das condições bancárias aplicáveis às transacções financeiras transfronteiras.

[808] O mesmo tipo de obrigações está plasmado no *Regulation E* do Federal Reserve – 12 CFR § 205.7 (1991).

3.2.4.2. *Principais deveres dos intervenientes*

Nos termos do art. 5.º, deve a *instituição do ordenante*, desde que entra em relação com ele quanto a uma transferência concreta, comprometer-se quanto ao *prazo* de execução e às comissões e despesas a ela inerentes, sendo, por força do n.º 1 do art. 6.º, obrigada a efectuar a transferência no prazo acordado ou, na falta de estipulação, até ao final do quinto dia bancário útil subsequente à data de aceitação da ordem. Essa transferência deverá ser feita pelo seu montante integral, excepto se o ordenante tiver especificado que as *despesas* deverão ser suportadas pelo beneficiário (art. 7.º, n.º 1).

O Decreto-Lei transpôs estas disposições através dos artigos 3.º, n.º 2 (compromisso da instituição), 5.º, n.º 3 (prazo de execução das transferências transfronteiras) e 9.º (despesas relativas à transferência). No n.º 2 do art. 5.º foi estabelecido o prazo de execução das transferências internas, que é de um dia útil[809].

Quanto à *instituição do beneficiário*, diz o n.º 2 do art. 6.º que esta deverá colocar os fundos à disposição daquele no prazo acordado com este ou, na falta de tal acordo, até ao final do dia bancário útil seguinte ao dia em que os fundos tiverem sido creditados na conta daquela instituição.[810] Esse crédito deverá corresponder ao montante integral da transferência, com excepção dos casos em que as despesas devam ser pagas pelo beneficiário (art. 7.º n.º 1).

Estas disposições foram transpostas pelos artigos 5.º, n.º 4 e 9.º do Decreto-Lei.

Caso haja lugar à intervenção de uma *instituição intermediária*, também esta deverá, com a ressalva já mencionada, efectuar a transferência pelo seu montante integral.

Esta disposição visa resolver o chamado *"problema da dupla facturação de encargos"*, que se verifica sempre que uma transferência ban-

---

[809] A alínea h) do art. 2.º define "dia útil" como "período do dia em que a instituição se encontra aberta ao público em horário normal de funcionamento".

[810] No Documento de Trabalho SEC (92) 621 final, de 1 de Junho, p. 6, a Comissão fez notar que, nos pagamentos internos na maioria dos Estados-membros, raramente decorrem mais de três dias úteis entre o momento em que o ordenante é debitado e aquele em que o beneficiário é creditado. No entanto, o prazo de execução de um pagamento transfronteiras é frequentemente muito mais dilatado. Dado o facto de a maioria das transferências envolverem em geral dois bancos e raramente mais de três, considerou-se que o prazo máximo de execução deveria ser compreendido entre quatro e seis dias úteis.

306 *A Transferência Bancária*

cária em relação à qual o ordenante tenha dado instruções precisas de que pagaria todos os encargos associados (de modo a que o beneficiário receba a totalidade do montante) é objecto de outras deduções imputadas ao beneficiário durante o respectivo processamento.[811] O que pode, obviamente, causar grandes problemas no âmbito da relação subjacente.

Para obstar à referida dupla facturação de encargos dispõe o art. 7.º que, no caso de a transferência não ter sido executada pelo seu montante integral e de se não tratar de uma dedução de despesas autorizada pelo ordenante, a instituição deste é obrigada a transferir o montante em falta para o beneficiário ou, a pedido do ordenante, a creditar a este esse montante. Também a instituição intermediária que tiver procedido à dedução não autorizada é obrigada a transferir o montante deduzido para a instituição do ordenante ou, a solicitação desta, para o beneficiário. No caso de ter sido a instituição do beneficiário a proceder a essa dedução, será ela a responsável pela sua restituição. Esta disposição foi transposta através do art. 10.º do Decreto-Lei (despesas ilicitamente debitadas).

3.2.4.3. *Momento da conclusão da transferência e posição sobre a relação subjacente*

Resulta do art. 8.º que a transferência ordenada se tem por executada a partir do momento em que os fundos forem *creditados na conta da instituição do beneficiário*. De facto, esta disposição, que consagra a obrigação de reembolso imposta às instituições em caso de não execução das transferências, determina expressamente que isso ocorre se os fundos não tiverem sido creditados na conta da instituição do beneficiário.

O que significa, desde logo, que o banco do ordenante executa a ordem que lhe foi dirigida, cessando a sua missão e desonerando-se

---

[811] Cf. Documento de Trabalho da Comissão SEC (92) 621 final, de 1 de Junho, p. 5 e exposição de motivos que acompanha a proposta de Directiva da Comissão (COM (94) 436 final, de 18.11.94, p. 24), onde esta refere que os bancos se defrontam, neste aspecto, com a dificuldade de desconhecerem em muitos casos as práticas de todos os bancos intervenientes na execução de uma transferência bancária. Também aí é referido que deverão as instituições observar a prática bancária internacional que consiste em consignar no formulário de uma transferência bancária as instruções dos clientes quanto aos encargos: utiliza-se a expressão "BEN" quando todos os encargos relativos à transferência devam ser deduzidos do montante a pagar pelo beneficiário; "SHA" quando o ordenante deseja repartir os encargos da transferência; e "OUR" quando compete ao ordenante pagar todos os encargos.

A Transferência Bancária Internacional 307

perante o ordenante, quando tiver procedido àquele crédito. Nem antes, com a mera aceitação da ordem pelo banco do beneficiário, nem depois, com o crédito na conta do beneficiário. Isso mesmo resulta, também, da definição de "ordem de transferência transfronteiras" (al. g) do art. 2.º): "uma instrução incondicional, independente da sua forma, dada directamente por um ordenante a uma instituição, de execução de uma transferência transfronteiras", ou seja, de uma "operação efectuada por iniciativa de um ordenante através de uma instituição, ou de uma sucursal (...), destinada a colocar uma quantia de dinheiro à disposição de um beneficiário numa instituição..." (al. f) da mesma disposição).

Quer isto dizer que o banco do ordenante não assume a responsabilidade pela inscrição a crédito na conta do beneficiário o que, havíamos já defendido, parece ser a única forma de ser tido devidamente em conta o teor das relações bancárias pressupostas numa transferência.

Esse momento não coincide necessariamente com aquele a partir do qual o beneficiário pode dispor dos fundos, que dependerá do crédito na sua conta efectuado pela sua própria instituição.[812] O qual deverá ocorrer, como vimos, no prazo acordado entre eles ou, supletivamente, no dia útil seguinte ao do crédito na conta daquela instituição.

A articulação destes dois momentos feita na Directiva e o estabelecimento de prazos para os dois significa que, por um lado, a relação entre o beneficiário e o seu banco ainda se encontra abrangida pela "operação" de transferência aí regulada e que, por outro, apesar da neutralidade funcional da transferência, se considera que o seu objectivo final – a colocação de fundos à disposição do beneficiário (seja qual for a sua causa) – deve ser cumprido – no prazo supletivo total de seis dias úteis.

A Directiva não se pronuncia (ao menos, expressamente) sobre o momento da extinção da relação subjacente. Tudo leva a crer, contudo, dado o regime global estabelecido, que se entende dever ser esse o momento da execução da transferência pelo banco do ordenante, isto é, o momento do crédito na conta da instituição do beneficiário.[813]

---

[812] EUROPEAN COMISSION, XV/100/99 – Minutes of the Meeting on 27 October 1998 with National Government Experts on the Transition of directives 97/5/EC and 98/26/EC, p. 9 – o Presidente do grupo de trabalho fez questão de frisar que a transferência se conclui quando o montante chega ao banco do beneficiário e não necessariamente à conta do beneficiário junto desse banco.

[813] VÁZQUEZ PENA, *La Transferencia Bancaria...*, p. 287, n. 353, afirma categoricamente que é essa a solução consagrada na Directiva.

3.2.4.4. *Não execução da transferência*

O art. 8.º regula os casos em que a transferência não foi executada, ou seja, em que os fundos não foram creditados na conta da instituição do beneficiário no prazo devido (acordado ou supletivo), estabelecendo uma *obrigação de reembolso* por parte da instituição do ordenante em relação a este e das instituições intermediárias em relação à instituição que lhes dirigiu as instruções.

A obrigação de reembolso configurada na Directiva apresenta várias diferenças em relação àquela que resulta da Lei-tipo.[814]

Desde logo, essa obrigação inclui, não só o montante da transferência acrescido de juros, mas também as despesas pagas pelo ordenante. Por outro lado, a responsabilidade está limitada ao montante de 12.500 euros, limite com o qual se pretendeu evitar problemas de solvabilidade das instituições[815] e de "risco sistémico".[816]

Uma importante inovação diz respeito à introdução de um regime especial para o caso de a não-conclusão se ter devido a um erro ou omissão nas instruções recebidas por uma instituição intermediária, prevendo-se que nesse caso a mesma não é obrigada a efectuar o reembolso, embora se deva esforçar por fazê-lo. Além disso, estabelece-se que, se a transferência não se tiver realizado por não execução de uma instituição intermediária escolhida pela instituição do beneficiário, é sobre esta que incide a obrigação de reembolso ao ordenante.[817]

---

[814] A redacção inicial desta disposição foi claramente inspirada na Lei-tipo e sujeita a fortes críticas por parte do CES (95/C 236/01, de 11.09.95, pp. 5-6), que fez notar que as obrigações decorrentes daquele diploma são contrárias à legislação em matéria de mandato existente em todos os Estados-membros. Reconhecendo contudo que não se pode impor ao ordenante que efectue um inquérito junto dos bancos estrangeiros para descobrir o responsável, propôs o estabelecimento da obrigação do seu banco de zelar pelos seus interesses. Ainda sobre esta matéria, criticou uma disposição que permitia aos Estados-membros derrogarem a obrigação de reembolso em caso de força maior ou quando o pagamento superasse 10.000 ecus, propondo que essa derrogação ficasse imperativamente estabelecida e que a ela fosse acrescentado o caso de culpa do ordenante.

[815] Cf. ponto (11) do Preâmbulo.

[816] SEC (92) 621 final, de 1 de Junho, p. 12: "Uma das principais preocupações manifestadas pelos bancos centrais em relação aos sistemas de pagamento é o risco de incumprimento por parte de um membro das suas obrigações poder originar a impossibilidade por parte de outros membros de cumprirem as suas obrigações ("risco sistémico").".

[817] Tal acontecerá, por ex., quando um sistema de pagamentos nacional comporte um mecanismo de participação directa limitado a um certo número de instituições. Se o

A Transferência Bancária Internacional 309

Se a transferência não se tiver realizado devido a erro ou omissão das instruções dadas pelo ordenante ou por não execução de uma instituição intermediária escolhida expressamente por este, não há obrigação de reembolso, embora a instituição do ordenante e outras intervenientes se devam esforçar por reembolsar. Se o montante for recuperado pela instituição do ordenante, este é obrigado a reembolsá-lo, não havendo contudo lugar ao pagamento de juros e de despesas e podendo ser deduzidas as despesas decorrentes desse reembolso. No que respeita à escolha, pelo ordenante, da instituição intermediária, o seu banco tem que provar que houve uma instrução expressa nesse sentido. O que é sem dúvida menos oneroso do que o regime estabelecido na Lei-tipo, segundo o qual ele teria que provar que não recebe sistematicamente ordens nesse sentido.

É de salientar um outro aspecto importante. Refere o 3.º parágrafo do n.º 1 do art. 8.º que o pedido de reembolso dos fundos não pode ser feito pelo ordenante antes do termo do prazo de execução da transferência. O que significa, ainda que isso não tenha ficado expressamente referido, que dentro do período acordado ou supletivo para execução da transferência a ordem não pode ser revogada.[818] Ultrapassado esse período sem que a transferência tenha sido executada, pode o ordenante pedir o reembolso do montante, devendo o mesmo ser efectuado no prazo de catorze dias bancários úteis. No entanto, o 2.º parágrafo da referida disposição determina que não haverá lugar a esse reembolso se, entretanto, os fundos tiverem sido creditados na conta da instituição do beneficiário. Esta ressalva é a resposta a pareceres do CES,[819] nos quais este manifestava o seu entendimento de que, em obediência a critérios de equidade, se deveria deixar ao beneficiário a faculdade, em caso de atraso na execução da transferência (ou seja, quando os fundos são creditados na conta da sua instituição depois do prazo fixado), de

---

banco do beneficiário for apenas participante indirecto no sistema de pagamento através do qual receberá o montante da transferência, esse montante deverá necessariamente passar pela conta do participante directo que o representa nesse sistema, portanto escolhido por ele como intermediário na transferência em causa.

[818] A este propósito, o CES, em parecer (95/C 236/01, de 11.09.95, p. 6), referiu-se ao princípio da irrevogabilidade da ordem de pagamento como um "pilar fundamental de todos os sistemas".

[819] CES 95/C 236/01, p. 6 e 95/C 301/01, p. 2.

310 A Transferência Bancária

escolher entre recebê-los ou renunciar a eles. Além disso, é consentânea com a ideia de que uma ordem só pode ser revogada enquanto não for executada, dentro ou fora do prazo devido.

Nos termos do art. 9.º, as instituições intervenientes na transferência poderão eximir-se da sua obrigação de reembolso se puderem invocar razões de força maior.[820]

É expressamente ressalvado (art. 8.º, n.º 1) que a garantia de reembolso não prejudica "qualquer outra reclamação que possa ser apresentada", nos termos previstos pela lei nacional aplicável (ponto (12) do preâmbulo[821]). Refere-se desde logo, essa outra reclamação, aos danos indirectos que a não execução de uma transferência possa ter causado, quer ao ordenante quer, eventualmente, ao beneficiário.

Do regime exposto quanto à não execução da transferência é possível extrair algumas conclusões e fazer notar uma significativa diferença de filosofias subjacentes aos dois diplomas analisados, fruto não só do seu diferente escopo mas também de um longo trabalho de maturação desenvolvido no seio da União Europeia.

Impõe-se à instituição do ordenante uma verdadeira *obrigação de resultado*[822] no que se refere à execução da transferência tal como definida, e estabelece-se aquilo que se pode considerar um regime de *responsabilidade independente de culpa*[823] – a instituição do ordenante responde

---

[820] "...nomeadamente, circunstâncias alheias à sua vontade, anormais e imprevisíveis, cujas consequências não tenham podido ser evitadas apesar de todos os esforços desenvolvidos, pertinentes em relação a estas disposições." Tudo isto sem prejuízo da eventual invocação do disposto na Directiva 91/308/CEE do Conselho, de 10 de Junho de 1991, relativa à prevenção da utilização do sistema financeiro para efeitos de branqueamento de capitais.

[821] "...o art. 8.º não interfere com as disposições gerais de direito nacional que estipulam que uma instituição é responsável perante o ordenante se uma transferência transfronteiras não tiver sido executada devido a erro dessa mesma instituição."

[822] Nesse sentido, DIEGO DEVOS, *Les Virements Transfrontaliers...*, p. 23.

[823] É esse o termo expressamente usado pelo CES no seu parecer. DIEGO DEVOS, *Les Virements Transfrontaliers...*, p. 24, considera que se trata de um novo caso de responsabilidade objectiva, uma vez que a instituição do ordenante não se pode desonerar da sua responsabilidade invocando ausência de culpa. Também JOSÉ ANTÓNIO VELOSO, *Regulamentação dos Sistemas de Pagamentos...*, pp, 152-153, n. 17, analisa o tipo de responsabilidade em causa. Considerando que não se trata de responsabilidade objectiva, uma vez que há uma cláusula de exoneração de responsabilidade que pressupõe um critério subjectivo de incumprimento, e que os termos americano "vicarious liability" e europeu

A Transferência Bancária Internacional

em primeira linha perante este, com ressalva dos casos de culpa do próprio ordenante (seja directa, por erro ou omissão nas suas instruções, seja indirecta, por falha imputável a uma instituição intermediária por ele expressamente escolhida) ou de força maior, e tendo depois aquele direito de regresso em relação à instituição intermediária, por ele escolhida, à qual se deveu a não execução da transferência. Consegue-se, assim, não só uma imputação da responsabilidade em função da culpa (na relação entre o ordenante e o seu banco ou mesmo na totalidade das relações, se tivermos em conta o referido direito de regresso), como um equilíbrio na repartição do risco entre o cliente (que suportará as consequências de razões de força maior) e a sua instituição (sobre quem recairão os efeitos da eventual falência[824] de um banco intermediário ou da ocorrência de qualquer outro evento que inviabilize o direito de regresso).[825]

Essa responsabilidade opera em função de um princípio indemnizatório, uma vez que não é independente de culpa e não exclui a cobertura de danos indirectos, e é limitada a um *plafond*, correspondendo a uma preocupação legítima de salvaguarda da solvabilidade das instituições.

Considera com justeza, a este propósito, JOSÉ ANTÓNIO VELOSO que o estabelecimento de um regime de responsabilização do banco do ordenante pelo bom resultado de uma ordem de transferência, significando que o banco que contacta com o consumidor ("e portanto tem a posição de *front agent* do sistema bancário") assume a responsabilidade pelo que se passará durante o fluxo de pagamentos do sistema, constitui "uma transformação qualitativa de enorme alcance no Direito bancário europeu".[826]

"responsabilidade pelo facto de outrém" são pouco expressivos, acaba por concluir que "não há provavelmente nos quadros comuns do Direito civil construção pré-fabricada para o regime...", pelo que "o único remédio é ditar por lei regimes *ad hoc* que nada têm a ver com os quadros comuns do Direito civil".

824 A COMISSÃO EUROPEIA referiu expressamente que a noção de "força maior" não inclui a insolvência de um banco intermediário, o que justifica com a necessidade de proteger os clientes, que não podem avaliar ou controlar esse risco e que não são responsáveis pela escolha daquele banco – COM (94) 436 final, de 18.11.94, p. 22.

825 XAVIER THUNIS, *Recent Trends Affecting the Banks' Liability...*, p. 309, já notara que, consoante o sistema se vai tornando tecnicamente mais complexo, o regime de responsabilidade também se vai desenvolvendo, e deve assentar, não tanto no estabelecimento de culpas, mas antes na partilha de riscos.

826 JOSÉ ANTÓNIO VELOSO, *Regulamentação dos Sistemas de Pagamentos...*, pp. 152-153.

312   *A Transferência Bancária*

O art. 8.º da Directiva foi transposto em Portugal através dos artigos 11.º, 12.º e 13.º do Decreto-Lei, que consagram a aquilo a que é chamada "garantia de reembolso".

3.2.4.5. *Atraso na execução da transferência*

O art. 6.º regula os casos de atraso na conclusão da transferência (por referência aos prazos aí indicados), fazendo recair sobre a *instituição do ordenante* a responsabilidade perante este, mediante o pagamento de *juros de mora*, com ressalva de o atraso se ter devido a facto do próprio ordenante. Se o atraso for imputável a uma instituição intermediária, esta é obrigada a indemnizar a instituição do ordenante.

No que respeita à *instituição do beneficiário*, ela é obrigada a indemnizar o seu cliente através do pagamento de juros se não colocar os fundos à sua disposição no prazo acordado ou no prazo supletivo, salvo se provar que o atraso é imputável ao seu cliente.

Estas disposições não prejudicam quaisquer outros direitos dos clientes e das instituições que tenham participado na transferência (decorrentes da legislação nacional aplicável) e são ressalvadas em casos de força maior (art. 9.º).

Estabelece-se assim um regime de responsabilidade por atraso a favor, não só do ordenante, mas também do beneficiário, regime que assenta sobre os mesmos princípios que vimos actuarem no caso da obrigação de reembolso. De facto, também aqui a instituição do ordenante responde em primeira linha perante este, podendo em seguida exercer direito de regresso face à instituição em falta. A responsabilidade é estabelecida em função da culpa de cada um, recaindo o risco de força maior sobre o ordenante e/ou o beneficiário.

Na exposição de motivos que acompanhou a primeira proposta de Directiva,[827] a Comissão faz salientar que esta se destina "a proteger os "clientes", quer estes sejam ordenantes, quer beneficiários, ou mesmo ambos, consoante o caso" e que "tem como principal objecto velar para que cada instituição na "cadeia" de pagamentos seja responsável perante a parte que lhe forneceu as respectivas instruções". E explica a razão de ser do regime relativo a deduções indevidas de despesas e a atrasos:[828] o cliente não tem quaisquer direitos em relação às instituições intermediárias utilizadas na realização da transferência, desconhecendo mesmo, em

---

[827] COM (94) 436 final, de 18.11.94, p. 21.
[828] COM (94) 436 final, de 18.11.94, p. 25.

A Transferência Bancária Internacional

regra, a sua identidade; é normalmente a instituição do ordenante que selecciona as instituições através das quais a transferência é executada (ou pelo menos a primeira), pelo que se encontra numa melhor posição para exercer pressões concorrenciais no mercado mediante a selecção de instituições intermediárias fiáveis.

3.2.5. *Apreciação crítica*

Em jeito de síntese, a Directiva estabelece um regime de execução de uma transferência bancária transfronteiras que obedece aos seguintes princípios:

- as instituições do ordenante e do beneficiário devem executar a transferência – ou seja, colocar os fundos à disposição do beneficiário – no prazo acordado ou, supletivamente, no prazo total de seis dias úteis;
- salvo indicação em contrário do ordenante, a transferência deve ser realizada pelo seu montante integral;
- as instituições do ordenante e do beneficiário respondem face aos respectivos clientes pelo atraso na execução da transferência ou pela não transferência do montante integral, salvo se tal se ficar a dever a culpa destes;
- a instituição do ordenante é responsável perante ele pela execução da transferência – ou seja, pelo crédito dos fundos na conta da instituição do beneficiário –, devendo reembolsá-lo do montante não transferido acrescido de juros e de despesas (com um limite monetário), salvo culpa do próprio ordenante ou de instituição por este escolhida e em casos de força maior;
- cada instituição responde perante os seus clientes pelos intermediários que tiver escolhido para intervir na transferência, dispondo de direito de regresso face a eles;
- o ordenante só pode revogar a ordem de transferência depois de decorrido o prazo acordado para a sua execução e enquanto o montante não tiver sido creditado na conta da instituição do beneficiário.

Do regime apresentado podemos concluir pelo estabelecimento de soluções bastante mais equilibradas do que as que foram consagradas na Lei-tipo. A articulação entre as várias relações jurídicas respeita o princípio da relatividade do contrato e tem em conta o anteriormente assumido entre cada instituição e o respectivo cliente. Nomeadamente, não faz impender o risco de incorrecta actuação ou falência do banco do beneficiário, nem sobre o ordenante, nem sobre o respectivo banco.

Por outro lado, consagra-se um regime de equilibrada distribuição do risco e um sistema de responsabilidade dependente de culpa.

A evidente preocupação com o consumidor resultou num regime extremanente favorável para os clientes, que não têm que se preocupar em accionar os bancos intermediários intervenientes na transferência, bastando-lhes dirigirem-se às suas próprias instituições, que responderão em primeira linha perante eles e depois, no interior do sistema, accionarão os verdadeiros responsáveis. O que significa que o cliente bancário está "perante o sistema bancário como perante uma *black box* com cujos mecanismos e acidentes internos não tem que se preocupar".[829]

A tudo isto não será estranho, por um lado, o menor âmbito de aplicação da Directiva, o qual por natureza é susceptível de gerar menos conflitos. Por outro, a própria natureza do instrumento utilizado – directiva, com carácter vinculativo – obriga a um maior esforço para se atingir o consenso (verdadeiro consenso e não meras soluções de compromisso), não só entre os vários Estados-membros como entre os representantes das partes intervenientes. A Directiva resulta efectivamente de um equilíbrio adequado entre os interesses do sector bancário e dos clientes, o que é particularmente nítido ao nível da repartição da responsabilidade e do risco decorrente da execução de uma transferência bancária. Para isso terão contribuído igualmente as lições extraídas da pouca aceitação de que a Lei-tipo foi alvo.

O seu alcance é contudo limitado.

Por um lado, quanto ao seu âmbito de aplicação, uma vez que apenas regula as transferências transfronteiras, não incluindo, nem as transferências realizadas de e para fora na União Europeia, nem as transferências meramente internas.

Por outro, quanto à natureza das transferências abrangidas – apenas transferências de "pequenos" montantes, o que bem se compreende dadas as preocupações com a salvaguarda da solvabilidade das instituições intervenientes e a protecção do próprio sistema financeiro.

Por fim, quanto ao próprio conteúdo. Foi deliberadamente remetida para os direitos nacionais a resolução de determinadas questões, algumas

---

[829] José António Veloso, *Regulamentação dos Sistemas de Pagamentos...*, p. 154.

por remissão expressa – o caso do ressarcimento de danos indirectos –, outras por omissão (questões que, como vimos, não foram desenvolvidas, no ordenamento jurídico português, aquando da transposição). O carácter lacunoso da Directiva deixa intacta a importância da questão da determinação da lei aplicável às transferências bancárias internacionais, a qual se revelará essencial para a resolução, não só de todos os litígios emergentes de transferências internacionais não abrangidas pela Directiva, mas também de todas as questões referentes a transferências que, embora incluídas no seu escopo, não são por ela reguladas e, como tal, deverão sê-lo pelo ordenamento jurídico do Estado-membro considerado competente.

4. LEI APLICÁVEL ÀS TRANSFERÊNCIAS BANCÁRIAS INTER-NACIONAIS

4.1. Apresentação da questão

A questão da lei aplicável às transferências bancárias internacionais é muito importante dada a falta de harmonização internacional, material e conflitual. Para cada transferência em concreto é necessário determinar a lei aplicável, de acordo com o direito conflitual do foro.[830]

A abordagem desta questão comporta dois aspectos distintos, embora interligados: por um lado, a questão da determinação da lei mais adequada para regular o litígio; por outro lado, a questão do âmbito de aplicação dessa lei. A solução para esta última questão passa em grande medida pela concepção que se tiver sobre a natureza da transferência bancária, nomeadamente sobre se esta constitui uma única operação ou, pelo contrário, uma série de operações bilaterais sucessivas – no primeiro caso, a lei que for considerada aplicável regulará toda a transferência; no segundo caso, para cada segmento será determinada a lei a aplicar, que poderá ser distinta das que regulam os restantes segmentos.

É esta última questão que essencialmente nos interessa. Pressuposto da necessidade de determinação da lei aplicável está, como é óbvio, a existência de um litígio, o que significa que um qualquer incidente ocorreu durante a execução de uma transferência bancária. Mais importante do que tentar descobrir um critério adequado de determinação da lei competente, importa determinar qual o âmbito de aplicação dessa lei – aplicar-se-á ela apenas a um dos segmentos da transferência bancária, deixando os outros segmentos a cargo de uma outra lei, ou regulará ela a operação de transferência como um todo? Da resposta a esta questão resultará uma mais ou menos eficaz resolução do litígio em concreto.

---

[830] MARTINE DELIERNEUX, *Les Instruments du Paiement International....*, p. 998, faz notar que os tribunais preferem muitas vezes ignorar o problema, aplicando sem qualquer justificação real a sua própria lei.

318 *A Transferência Bancária*

Parece lógico de imediato que só uma solução de regulação de toda a operação por uma mesma lei conseguirá garantir segurança a previsibilidade acerca dessa lei, uma vez que a multiplicidade de sistemas jurídicos envolvidos pode tornar muito difícil para o ordenante saber à partida a que regime deverá obedecer a transferência.

Por outro lado, só assim será possível assegurar a realização dos objectivos que as normas sobre as consequências dos incidentes pretendem alcançar. O mecanismo do reembolso a cargo do banco do ordenante só funciona se o regime aplicável o for a toda a transferência, assim como só é possível garantir que as consequências que se pretende atribuir a um atraso ou a uma execução deficiente serão eficazes se um mesmo regime de responsabilidade for aplicável a toda a operação. Tal é conseguido no âmbito da Directiva precisamente porque aí todos os ordenamentos jurídicos envolvidos aplicam as mesmas regras a uma operação tida por unitária. É aliás essa concepção globalizante que permite o estabelecimento das referidas regras. O mesmo já não se passa com a Lei-tipo. Adoptando uma concepção segmentarizante da transferência, os mecanismos por ela estabelecidos apenas resultarão se todos os estados envolvidos a tiverem adoptado.[831] [832] O que significa que a estrutura dos regimes de reembolso e de

---

[831] Imagine-se uma cadeia de transferência em que o ordenante O dirige uma ordem de pagamento ao seu banco, BO, para que seja colocado o montante X à disposição do beneficiário B, por crédito na conta que este possui no banco BB, para o que foi utilizado como intermediário o banco BI. A transferência foi concluída com atraso por culpa de BB. Em virtude desse atraso, O foi obrigado ao pagamento de uma cláusula penal contratualmente acordada com B, além de ter sofrido prejuízos decorrentes de uma variação cambial entretanto ocorrida. B, por sua vez, viu-se impossibilitado de realizar um negócio bastante vantajoso pelo facto de não dispor a tempo do numerário necessário. Além disso, suponhamos que o país do foro adopta uma concepção segmentarizada da transferência, e que: o estado onde se situa BO adoptou a Lei-tipo; o país onde se situa BI é a França; BB situa-se em Inglaterra. O que é que acontecerá?

1.º – O acciona BO; à relação entre ambos é aplicável a Lei-tipo segundo a qual, nos termos dos artigos 17 e 18, BO não tem qualquer responsabilidade para com O;

2.º – O acciona BI, em relação ao qual tem acção directa segundo a legislação francesa, mas que não tem qualquer responsabilidade, nem directa nem indirecta;

3.º – Por fim, O tenta accionar BB, o verdadeiro culpado. No entanto, dada a doutrina do "privity of contract", não lhe é admitida acção directa contra BB.

Conclusão: O vê-se impossibilitado de receber qualquer compensação, dada a falta de coordenação entre os vários sistemas jurídicos envolvidos, o que nos permite concluir pela inadmissibilidade de uma segmentarização da transferência cuja consequência seja a aplicação de leis diferentes aos vários segmentos de uma transferência.

[832] Analisando o problema de saber à luz de que lei deverá considerar-se ou não

responsabilidade estabelecidos na Lei-tipo são incompatíveis com a sua própria natureza de lei modelo, não vinculativa, acrescida da concepção segmentarizada da transferência que adopta.[834]

A verdade é que é através da articulação dos vários vínculos jurídicos que é possível realizar aquilo que afinal é o seu fim comum: a execução da operação económica que é a transferência bancária. Separar esses vínculos em segmentos sujeitos a ordenamentos jurídicos distintos é negar a sua unidade funcional e desmembrar a operação económico-social unitária à qual conferem cobertura jurídica. O problema é comum a todas as operações financeiras complexas[834] e às uniões contratuais em

---

admitida acção directa do mandante contra o substituto do mandatário, exemplar das dificuldades que coloca a segmentarização da operação, TULLIO TREVES, *Sulla legge regolatrice dell'azione diretta del mandante nei confronti del sostituto nel mandato*, RDIPP, 1968, pp. 848-853.

[833] Daí que a Conferência de Haia conclua que a garantia de reembolso seria perfeitamente justificável no âmbito de uma convenção internacional, sobretudo se todas as partes envolvidas na transferência fossem parte nessa convenção. Cf. MICHEL PELICHET, *Note on the problem of the law applicable...*, p. 13.

[834] A questão coloca-se, nomeadamente, quanto aos créditos documentários. ERIC CAPRIOLI, *La Loi Applicable aux Contrats de Crédits Documentaires, Approche de Droit Comparé*, RDAI / IBLJ, n.º 7, 1991, p. 910, levanta a questão e considera que a solução óptima consiste em aplicar uma única lei a toda a operação, alertando também para o facto de a cadeia de contratos que constitui o crédito documentário perturbar a solução clássica de aplicar a lei do banco. O problema coloca-se igualmente a propósito das garantias bancárias, como o demonstram MARIA HELENA BRITO, *Os Contratos Bancários e a Convenção de Roma de 19 de Junho de 1980 Sobre a Lei Aplicável às Obrigações Contratuais*, RB, n.º 28, Outubro-Dezembro, 1993, pp. 111-112 e MICHEL PELICHET, *Garanties Bancaires et Conflits de Lois*, RDAI / IBLJ, n.º 3, 1990, pp. 345-346, chamando este a atenção para a necessidade de se ter em conta a situação económico-social da relação contratual para a qual foi dada a garantia e a coesão de toda a transacção, sendo que a aplicação de diferentes leis a situações socio-económicas que inegavelmente formam um todo é fonte de muitos problemas. Já depois da apresentação do presente trabalho foi publicada a obra de MARIA HELENA BRITO – *A Representação nos Contratos Internacionais – Um contributo para o estudo do princípio da coerência do direito internacional* privado, Almedina, Coimbra, 1999. No âmbito do estudo dos instrumentos que concretizam o princípio da coerência em direito internacional privado, nomeadamente da análise do *princípio do direito único* (que traduz a conveniência de aplicar uma única ordem jurídica a cada situação da vida privada internacional), a Autora apresenta a questão de "saber se há situações típicas de ligação entre contratos – desde logo, as situações em que exista uma relação de acessoriedade que indiciem a existência de uma conexão mais estreita e que justifiquem a possibilidade de determinar o direito competente a um dos contratos a partir da averiguação do direito aplicável a outro contrato". Neste contexto, refere que

geral[835] – a complexidade da realidade económico-social exige uma adequada resposta jurídica, que só pode resultar de uma igualmente complexa e incindível coligação negocial.

Foi também esta a conclusão a que chegou a Conferência de Haia[836] ao debruçar-se sobre o problema da lei aplicável às transferências internacionais. Os seus estudos concluíram que a única solução razoável consiste em aplicar uma única lei a todos os segmentos de uma transferência. Esta solução é sobretudo necessária no âmbito das transferências electrónicas que, dada a quase instantaneidade da sua execução material, dificilmente pode ser dividida em operações bilaterais diferentes. Mesmo no caso das transferências com suporte em papel, porém, a solução da aplicação de uma e mesma lei é necessária se se deseja evitar complicados conflitos de leis quando surgirem litígios, em particular resultantes da revogação de uma ordem ou da não-execução ou execução incorrecta de uma transferência.[837]

Assente isto, resta saber se será possível eleger uma lei como a mais adequada a regular, no seu todo, uma transferência bancária internacional. Encontrar uma única lei aplicável a toda a transferência não é tarefa fácil,

---

"... no domínio dos contratos de estrutura complexa celebrados por instituições financeiras (...), em que se inserem múltiplas relações autónomas do ponto de vista estrutural e jurídico, é de um modo geral conveniente evitar a dispersão do direito aplicável, tendo em conta a unidade económico-financeira da operação quando considerada no seu conjunto", considerando que "a adopção da conexão acessória pode constituir um expediente adequado para conseguir a aplicação de uma lei única a certas operações integradas neste grupo" (cf. pp. 624 ss., sobretudo 645 ss. e, especialmente quanto às citações, pp. 671--672).

[835] A questão levanta-se sempre que, numa união negocial, os contratos estão, segundo a aplicação das regras conflituais do foro, sujeitos à regulamentação de ordenamentos jurídicos diferentes, e coloca-se com especial acuidade nas relações contrato-base / subcontrato, dado o laço de subordinação aí existente. Os autores são unânimes na consideração da conveniência de sujeitar ambos os contratos à mesma lei – cf., por ex., GIUSEPPE CASSONI, I contratti collegati nel diritto internazionale privato, RDIPP, 1979, pp. 23-42; UGO DRAETTA, Il Subcontratto Internazionale, RDIPP, 1984, pp. 641-666 e DINO RINOLDI, Contratti Collegati e Sub-contratto Internazionale, GVCI, n.º 14, 1987, pp. 735-741.

[836] MICHEL PELICHET, Note on the problem of the law applicable..., pp. 19 ss..

[837] Referindo-se à garantia de reembolso, conclui que "...such a a guarantee can only be effective if all banks concerned by a credit transfer are subject to the same legal regime. In other words, the guarantee of reimbursement can only be justified if one single law is applied to the whole of the credit transfer." – MICHEL PELICHET, Note on the problem of the law applicable..., p. 13.

A *Transferência Bancária Internacional* 321

não tendo a própria Conferência de Haia corrido o risco de sugerir soluções a este nível.[838]

4.2. Lei aplicável aos contratos bancários em geral

A questão da lei aplicável à transferência bancária internacional tem elementos em comum com o problema da lei aplicável aos contratos bancários internacionais em geral. Será pois por aí que iniciaremos a nossa análise.

A este propósito, pode dizer-se que o contrato bancário internacional é tradicionalmente considerado pela doutrina como sendo regulado pela lei do lugar onde se situa o estabelecimento bancário contratante, a chamada lei do banco (*lex bancae*),[839] por se considerar que é este o elemento de conexão mais adequado. E isto por várias razões:[840] porque os elementos de conexão clássicos[841] não se adaptam às especificidades da matéria bancária (ex: art 42.º/2 CCiv. – lei do lugar da celebração); porque muitas normas de aplicação necessária e imediata do país do banco reclamam para si um domínio de aplicação espacial; porque daí resultam menos conflitos de leis quando o banco é intermediário entre várias partes intervenientes; porque, enfim, assim se garante maior uniformização quanto à lei aplicável na contratação em massa.

É também a esse resultado que nos conduzirá a análise da *Convenção de Roma de 1980 Sobre a Lei Aplicável às Relações Contratuais* que,

---

[838] Para além da dificuldade objectiva, faz notar a Conferência de Haia que não será fácil que as partes, em particular os bancos, aceitem submeter a transacção internacional completa a uma mesma lei, a não ser que a lei escolhida seja a do seu próprio país, facto que trará dificuldades face à multiplicidade de intervenientes situados em diferentes países – cf. MICHEL PELICHET, *Note on the problem of the law applicable...*, p. 25.

[839] A lei do banco é considerada por ERIC CAPRIOLI, *La Loi Applicable aux Contrats de Crédits Documentaires...*, pp. 910 e 913, como o "centro de gravidade dos contratos bancários internacionais", sendo a sua competência como que "necessária" nas operações bancárias internacionais.

[840] Cf. PIERRE FREYMOND, *Questions de Droit Bancaire International*, RC, 1970, III, T. 131, pp. 8 ss. e PAULO CÂMARA, *Transferência Bancária Internacional...*, p. 45.

[841] Sobre os elementos de conexão clássicos, cf. ISABEL MAGALHÃES COLLAÇO, *Direito Internacional Privado*, Vol. II, Apontamentos das Lições proferidas ao 5.º Ano Jurídico de 1958/1959, AAFDL Lisboa, 1966, pp. 207 ss..

322   A Transferência Bancária

enquanto instrumento comunitário de resolução de conflitos de leis em matéria de contratos internacionais, é a fonte a utilizar para a determinação da lei aplicável às transferências bancárias internacionais, quando a questão se colocar perante um tribunal de um dos Estados-membros.

Importa pois analisar com mais pormenor a Convenção de Roma[842] e tentar descortinar o que dela se pode extrair quanto à lei aplicável aos contratos bancários em geral[843] e quanto às transferências bancárias em especial.

O art. 3.º estabelece como regra a aplicabilidade da lei escolhida expressa ou implicitamente pelas partes, reconhecendo assim amplo campo de aplicação ao princípio da liberdade de escolha. Não é porém

---

[842] Sobre a Convenção de Roma em geral, cf. FERRER CORREIA, *Algumas Considerações acerca da Convenção de Roma sobre a Lei Aplicável às Obrigações Contratuais*, RLJ, Ano 122.º (1990), N.ºs 3787-3789; PAUL LAGARDE, *Le nouveau droit international privé des contrats après l'entrée en vigueur de la Convention de Rome du 19 juin 1980*, RCDIP, T. 80, n.º 2, Abril-Junho, 1991, pp. 287-340; HÉLÈNE GAUDEMENT--TALLON, – *Le nouveau droit international privé européen des contrats (Commentaire de la convention C.E.E. nº 80/934 sur la loi applicable aux obligations contratuelles, ouverte à la signature à Rome le 19 juin 1980)*, RTDE, n.º 2, 1981, pp. 215-285; JACQUES FOYER, *Entrée en viguer de la Convention de Rome du 19 juin 1980 sur la loi applicable aux obligations contractuelles*, JDI, n.º 3, 1991, pp. 601-631; HENRY LESGUILLONS, *Loi Applicable aux Obligations Contractuelles: Entrée en Viguer de la Convention de Rome du 19 Juin 1980*, RDAI / IBLJ, n.º 2, 1991, pp. 267-283; DI MARCO, *Convention CEE sur la Loi Applicable aux Obligations Contractuelles*, RMC, n.º 248, 1981, pp. 319-325 e ANDREA BONOMI, *Il nuovo diritto internazionale privato dei contratti: La Convenzione di Roma del 19 giugno 1980 è entrata in vigore*, BBTC, Ano LV (1992), Parte I, pp. 36-107.

[843] Quanto à lei aplicável aos contratos bancários, cf. DI BROZOLO, *Operazioni bancarie internazionali e conflitti di leggi*, Giuffrè, Milano, 1984; MARIA HELENA BRITO, *Os Contratos Bancários e a Convenção de Roma...*; ALBUQUERQUE CALHEIROS, *O Sector Bancário e a CEE*, AAFDL, Lisboa, 1993, pp. 255 ss.; VASSEUR, *Des aspects juridiques de l'Europe financière et, plus particulièrement, bancaire*, RDAI / IBLJ, n.º 2, 1991, pp. 192 ss.; PIERRE FREYMOND, *Questions de Droit Bancaire International...*; DI RATTALMA, *I Contratti Bancari Internazionali alla Luce della Convenzione di Roma*, in *La Convenzione di Roma sul Diritto Applicabile ai Contratti Internazionale*, Giuffrè, Milano, 1993, pp. 73 ss.; FRANCO BONELLI, *La Convenzione di Roma del 19 giugno 1980 e la legge applibabile alle operazioni bancarie*, DCDSI, Ano XXI (1982), n.º 4, Outubro-Dezembro, pp. 627-639; BLANCHE SOUSI-ROUBI, *La loi applicable aux contrats bancaires transfrontaliers après la 2e Directive de Coordination Bancaire*, DBB, n.º 20, Julho-Agosto, 1990, pp. 155-158 e PAULO CÂMARA, *Transferência Bancária Internacional...*, pp. 44 ss..

A Transferência Bancária Internacional

muito frequente que tal escolha ocorra, sobretudo quando estamos no âmbito de relações entre os bancos e os seus clientes e essencialmente quando os montantes envolvidos não são muito elevados. Quando isso ocorre, resulta na maioria dos casos da inserção, de entre as cláusulas contratuais gerais utilizadas pelos bancos, de uma cláusula (*pactum de lege utenda*) que determina como aplicável a lei do local onde se situa a sede do banco.[844] [845] As relações interbancárias, por seu lado, assentam em grande medida numa base de confiança, sendo muito rara a celebração entre os bancos de contratos formais e sobretudo a previsão da lei aplicável a casos de litígio, cuja existência preferem não admitir. O campo onde a escolha da lei aplicável parece ter mais significado será então o de contratos não standarizados celebrados com um número limitado de clientes, envolvendo operações complexas e montantes elevados.[846]

Na falta de escolha, determina o n.º 1 do art. 4.º que se aplicará a lei com a qual o contrato apresente a *conexão mais estreita*, ou seja, o ordenamento jurídico com o qual o contrato tem maior proximidade. O n.º 2 concretiza este critério supletivo, introduzindo uma presunção – a de que a lei com a conexão mais estreita com o contrato é a lei do país onde a parte que efectua a *prestação característica* tem a sua residência habitual, administração central ou estabelecimento principal. O n.º 5, primeira frase, do mesmo artigo, determina que tal presunção não se aplica se a prestação característica não puder ser determinada, o que significa o regresso ao princípio geral, ou seja, o da conexão mais estreita. Considera-se assim que a cláusula da conexão mais estreita não constitui uma cláusula de excepção mas um verdadeiro princípio geral, funcionando a presunção da prestação característica como uma mera "directriz interpretativa", a funcionar apenas em caso de dúvida sobre a determinação da conexão mais estreita.[847]

---

[844] Referindo que há casos em que o banco prefere que seja aplicável uma lei diferente da *lex causae*, cf. DI RATTALMA, *I Contratti Bancari Internazionali...*, p. 74, que exemplifica com o fideicomisso, em que se prefere a lei do local da sede do garante, por ser aí que normalmente se encontram os bens objecto da garantia.

[845] Há porém autores que consideram não haver uma verdadeira escolha tácita, dado o silêncio dos clientes que acompanha a sua simples adesão a um contrato-tipo apresentado pelo banco – cf. PIERRE FREYMOND, *Questions de Droit Bancaire International....*, pp. 10--11. Sobre o assunto, cf. ainda DI BROZOLO, *Operazioni bancarie internazional...*, pp. 100 ss..

[846] Cf. DI BROZOLO, *Operazioni bancarie internazional...*, pp. 92-93.

[847] Cf., nesse sentido, LIMA PINHEIRO, *Joint Venture – Contrato de Empreendimento Comum em Direito Internacional Privado*, Edições Cosmos, Lisboa, 1998, pp. 852-855, que afirma, por isso, que "*o art. 4.º é no seu conjunto dominado pela cláusula geral da*

A *prestação característica*[848] é aquela que dá a configuração ao tipo contratual em causa, por traduzir a função económica e social do contrato. O primeiro passo a dar para a determinação da prestação característica é enquadrar o contrato em causa num determinado tipo ou categoria contratual. Feito esse enquadramento, torna-se necessário proceder a uma hierarquização das prestações que caracterizam esse tipo contratual, de modo a seleccionar aquela que se pode considerar a "prestação característica", por ser ela que realiza a função económico-social do tipo.

Tratando-se de um contrato oneroso, a prestação característica é geralmente considerada a prestação não monetária ou, quando isso não seja claro, a prestação contra pagamento ou retribuição. Quando uma das prestações integra a actividade profissional de uma das partes, considera--se prestação característica a chamada prestação profissional.

No âmbito dos contratos bancários, a função económica e social do contrato é geralmente considerada como sendo a prestação fornecida pelo banco,[849] o que leva à aplicação da lei onde se encontra estabelecido o banco que intervém na operação, isto é, a lei do banco. É esta também, como vimos, a solução geralmente adoptada pela doutrina.

São ainda de salientar dois outros artigos da Convenção de Roma com interesse na matéria.

Referimo-nos, em primeiro lugar, ao art. 5.º, aplicável aos contratos celebrados por consumidores que tenham por objecto o fornecimento de bens móveis corpóreos,[850] e que destina à protecção da considerada "parte

---

conexão mais estreita" (p. 852). Também MARIA HELENA BRITO – *A Representação...*, p. 669, considera que o n.º 5 vem reforçar o disposto no n.º 1, atribuindo ao critério da conexão mais estreita a função de princípio geral.

[848] Sobre a prestação característica, cf. EUGÉNIA GALVÃO TELES, *A Prestação Característica: um Novo Conceito Para Determinar a Lei Subsidiariamente Aplicável aos Contratos Internacionais. O Artigo 4.º da Convenção de Roma Sobre a Lei Aplicável às Obrigações Contratuais*, O Direito, Ano 127.º (1995), pp.71-183 e CARRILLO POZO, *El Contrato Internacional: La Prestación Característica*, Publicaciones del Real Colegio de España, Bologna, 1994.

[849] Nem sempre, porém – veja-se o caso de um cliente que vende títulos a um banco, em que a prestação característica é a do cliente, devendo como tal aplicar-se a lei da sua residência – cf. DI RATTALMA, *I Contratti Bancari Internazionali....*, p. 81.

[850] Há que ter aqui em atenção os artigos 13, 14 e 15 da Convenção de Bruxelas, que foram incluídos na Convenção de Roma e que, regulando os contratos celebrados com consumidores, dão prioridade aos tribunais do país onde o consumidor tem a sua residência. Sobre as referidas disposições, cf. TEIXEIRA DE SOUSA / MOURA VICENTE, *Comentário à Convenção de Bruxelas*, Lex, Lisboa, 1994, pp. 107-111.

A *Transferência Bancária Internacional* 325

mais fraca".[851] Nos termos do n.º 2, se o ordenante for um consumidor, a escolha da lei pelas partes não pode privar aquele dos direitos que lhe são assegurados pela lei do país da sua residência habitual (o que implica a necessidade de uma comparação concreta). Na falta de escolha, a lei aplicável será a lei da residência habitual do consumidor, nos termos do n.º 3. No entanto, em ambos os casos é necessário que se verifique uma das três condições enunciadas no n.º 2, sendo que a terceira condição não se aplica desde logo aos contratos bancários, uma vez que se refere a venda de mercadorias.

O outro artigo com relevância é o art. 7.º, cuja epígrafe é "disposições imperativas".[852] São, estas, normas de aplicação necessária e imediata,[853] isto é, normas que, dado o seu conteúdo, finalidade e posição que ocupam no ordenamento jurídico, reclamam a sua aplicação a determinadas situações com as quais têm uma especial ligação, independentemente do funcionamento das regras de conflito. São normas de direito material às quais o legislador confere um âmbito de aplicação interno e internacional. Esta norma permite que o juiz faça aplicar, em vez da lei a que conduziriam as outras regras desta convenção, as normas de aplicação necessária e imediata de outro país com o qual a situação apresente uma conexão estreita (trata-se de "dar efeito" a disposições imperativas de outro país), e obriga-o a essa aplicação no caso de essa norma pertencer ao país do foro.

No âmbito dos contratos bancários acontece muitas vezes a lei do banco e a lei imperativa coincidirem. Apesar disso, pode acontecer que colidam, caso em que o juiz terá que aplicar a lei imperativa, ou poderá fazê-lo, consoante estejamos perante uma norma de aplicação necessária e imediata do país do foro ou de outro.[854] Com relevância neste domínio

---

[851] Cf. MOURA RAMOS, *Contratos internacionais e protecção da parte mais fraca no sistema jurídico português,* in *Contratos: Actualidade e Evolução,* UCP, Porto, 1997, pp. 330-357 e PIERRE MAYER, *La Protection de la Partie Faible en Droit International Privé,* in *La Protection de la Partie Faible dans les Rapports Contractuels (Comparaisons Franco-Belges),* L.G.D.J., Paris, 1996, pp. 515-552.

[852] Cf. JACQUES BIANCARELLI, *L 'Intérêt Général et le Droit Applicable aux Contrats Financiers,* LRB, n.º 533, Dezembro, 1992, pp. 1090-1099.

[853] Sobre as normas de aplicação necessária e imediata, cf., por todos, MARQUES DOS SANTOS, *As Normas de Aplicação Imediata no Direito Internacional Privado – Esboço de uma Teoria Geral,* 2 vols., Almedina, Coimbra, 1991, sobretudo o Vol. II. Sobre a sua influência na determinação da lei aplicável às operações bancárias, cf. DI BROZOLO, *Operazioni bancarie internazionale...,* pp. 246 ss..

[854] Salvo, neste último caso, se o país do foro tiver feito reserva a este artigo, nos termos da alínea a) do n.º 1 do art. 22.º, como foi o caso de Portugal.

326 *A Transferência Bancária*

são, entre outras, as disposições imperativas sobre o controlo de movimentos de capitais e as que estabelecem um certo número de normas prudenciais a cumprir pelas instituições de crédito.

4.3. Lei aplicável às transferências bancárias

A primeira conclusão que podemos tirar ao tentar determinar a lei aplicável às transferência bancárias é que se torna difícil acomodar o critério geral encontrado.

De facto, o critério que acabámos de enunciar para os contratos bancários em geral, segundo o qual a lei normalmente aplicável aos contratos bancários internacionais é a *lex bancae*, encontra dificuldades em dois importantes domínios da contratação bancária:[855]

– nas *relações interbancárias*, nos casos em que dois bancos agem como tais e não como clientes[856] e em que as suas prestações recíprocas são substancialmente idênticas, dada a impossibilidade de determinar a prestação característica (como é o caso de um contrato de *swap* entre bancos);[857]
– nas *relações bancárias complexas*, uma vez que a intervenção de vários sujeitos e de vários feixes negociais torna muito difícil determinar uma prestação característica.[858]

---

[855] Cf. MARIA HELENA BRITO, *Os Contratos Bancários e a Convenção de Roma...*, pp. 104 ss.; DI RATTALMA, *I Contratti Bancari Internazionale...*, pp. 80 ss. e DI BROZOLO, *Operazioni bancarie internazional...*, pp. 169 ss..

[856] Nos casos de mútuo de um banco a outro, de abertura de uma linha de crédito a favor de outro banco ou da administração de títulos por conta de outro banco, por exemplo, a qualidade de um dos bancos é assimilada à de um cliente, pelo que a questão da determinação da lei aplicável não apresenta especificidades.

[857] Nestes casos, porém, a escolha da lei aplicável é mais frequente, pelo que o problema não assume tanta relevância.

[858] Também EUGÉNIA GALVÃO TELES, *A Prestação Característica...*, p. 145, faz notar a "dificuldade de aplicar a regra da prestação característica a contratos que correspondem a operações jurídico-económicas mais complexas", avançando que "em geral, quanto mais sofisticada a operação contratual em causa, mais difícil se torna identificar uma das prestações como característica.". Cf. ainda CARRILLO POZO, *El Contrato Internacional...*, pp. 186 ss., que considera o caso dos contratos complexos (entre os quais alguns contratos bancários) como uma "patologia do índice presuntivo". A propósito dos créditos documentários, e depois de referir que a lei tradicionalmente aplicável aos contratos

A *Transferência Bancária Internacional* 327

É este último o caso das transferências bancárias internacionais, parecendo muito difícil identificar uma prestação característica susceptível de indicar como competente uma única lei (o que nos dispensaria de fazer aplicar, a cada uma das operações bancárias simples em que a transferência se pode decompor, uma lei diferente).[859]

A solução poderá estar em, ao abrigo do art. 4.º n.º 1, regressar ao critério geral e procurar a *conexão mais estreita*.[860] O recurso à conexão mais estreita flexibiliza a norma de conflitos, conferindo ao juiz uma maior margem de apreciação,[861] o que permite uma melhor adequação, ao caso concreto, da lei considerada aplicável. Como faz notar CARRILLO POZO,[862] as duas metodologias exigem atitudes intelectuais muito distintas, que podem conduzir a resultados diferentes. De facto, enquanto que a referência à "conexão mais estreita" se apresenta como uma metodologia flexível que deixa espaço à criação jurídica do intérprete, a "prestação característica" apela para a ideia de um certo automatismo, de uma rigidez, reclamando um processo de subsunção num tipo e de aplicação mecânica a esse tipo da lei correspondente, com ausência de espaço para a interpretação e investigação.

PÉLICHET[863] que advoga a aplicação de uma só lei no caso de garantias bancárias em que intervenham vários bancos, diz que essa aplicação pode decorrer do n.º 5 do art. 4.º, que remete de novo para o critério da conexão mais estreita, e isto dada a existência de um "centro de gravidade", uma função económico-social de todas as relações contratuais, e que será a base de aplicação de uma só lei.

---

bancários é a lei do banco, ERIC CAPRIOLI, *La Loi Applicable aux Contrats de Crédits Documentaires...*, p. 911, conclui que a cadeia de contratos que constitui o mecanismo do crédito documentário perturba a solução clássica.

[859] É esta porém a solução defendida por PAULO CÂMARA, *Transferência Bancária Internacional...*, p. 51, que considera a prestação característica como sendo a do banco do beneficiário, por ser esta a prestação que satisfaz o interesse do ordenante-devedor, que é a colocação de fundos à disposição do beneficiário, desempenhando assim a função económica da transferência bancária.

[860] O princípio da conexão mais estreita é considerada por FERRER CORREIA, *Algumas Considerações acerca da Convenção de Roma...*, p. 366, juntamente com o princípio da autonomia da vontade, "uma das pedras angulares do sistema".

[861] "As normas de conflitos são então substituídas pelo princípio geral da maior proximidade ou da conexão mais estreita, remetendo-se a determinação da lei aplicável para o juiz." – EUGÉNIA GALVÃO TELES, *A Prestação Característica...*, p. 89.

[862] CARRILLO POZO, *El Contrato Internacional...*, p. 48.

[863] MICHEL PÉLICHET, *Garanties Bancaires et Conflits de Lois....*, p. 347.

328   *A Transferência Bancária*

Adoptado o critério da conexão mais estreita, a opção é essencialmente entre a lei do banco do ordenante e a lei do banco do beneficiário, uma vez que, por um lado, deverá ser aplicável a lei de um banco e não a de um cliente, e, por outro, a lei de um banco intermediário é pouco relevante. Resta saber qual dos dois está numa conexão mais estreita com a transferência.

Afigura-se bastante difícil enunciar uma regra geral. Tendencialmente, parece-nos ser o banco do ordenante que está mais estreitamente conexionado com a transferência. Porque a ele foi dirigida em primeira mão a ordem de transferência. Porque ele se obrigou perante o seu cliente a executá-la, independentemente de para isso ter ou não que recorrer a bancos intermediários. Porque com estes está ele em relação, só ele estando muitas vezes em condições de determinar as razões das falhas. Porque o banco do beneficiário pode nunca chegar a ter conhecimento da ordem de transferência ou a receber os fundos correspondentes. A análise é porém superficial e o critério meramente tendencial.

De qualquer forma, será sempre ao juiz que caberá, face às circunstâncias do caso e fazendo uso da relativa liberdade de apreciação que o critério elástico do art. 4.º lhe permite, determinar qual a lei que apresenta a conexão mais estreita com a transferência em causa.[864] Refira-se que a conexão mais estreita não é necessariamente estabelecida por um elemento de conexão determinado no caso concreto, podendo resultar de uma avaliação do conjunto das circunstâncias do caso "atendendo não só ao significado que, por si, cada um dos laços existentes pode assumir, mas também à *combinação destes laços*"[865].

Uma vez determinada a lei mais adequada para regular *aquela* transferência, resta averiguar da possível aplicabilidade dos arts. 5.º e 7.º.

No que respeita ao art. 5.º, cumpre apenas dizer que, excluída desde logo a terceira circunstância do n.º 2, também parece inaplicável a primeira, uma vez que esta pressupõe um forte apelo por parte do banco no sentido de o cliente contratar, o que não acontece nas transferências e

---

[864] E não se afasta a possibilidade de o julgador fazer uma adaptação das normas materiais tidas por aplicáveis à situação concreta, nomeadamente à espécie de transferência bancária em causa, às circunstâncias que rodearam a sua execução e ao incidente concreto que ocorreu. Sobre a possibilidade e necessidade de se proceder à adaptação das normas materiais aplicáveis, cf. ISABEL MAGALHÃES COLLAÇO, *Direito Internacional Privado...*, pp. 435 ss..

[865] LIMA PINHEIRO, *Joint Venture...*, p. 849.

torna bastante restrita a possibilidade de aplicação da disposição neste domínio.

Quanto à questão das normas de aplicação necessária e imediata, no caso das transferências bancárias internacionais podem ter relevância normas sobre o controlo dos movimentos de capitais, que estabeleçam limites à sua importação e/ou exportação ou relativas a branqueamento. Não é de excluir ainda que normas prudenciais de determinado Estado se pretendam aplicar a casos em que o risco que incorre o banco do ordenante possa colocar em causa a sua solvabilidade. Por outro lado, é geralmente aceite que a lei do lugar da aceitação regula, como disposição imperativa, a moeda de pagamento, ou seja, a moeda na qual o devedor está autorizado a pagar. Da mesma forma, o pagamento estará necessariamente sujeito a controlos de câmbio no país em que o pagamento se efectuar. Tudo isto são matérias em que se pode justificar uma derrogação à aplicação da lei normalmente competente segundo os critérios indicados.[866]

Seja qual for a lei considerada aplicável depois do funcionamento de todos estes mecanismos, devemos voltar a frisar que ela não poderá deixar de se aplicar a toda a transferência. Não só pela estreita ligação económica e funcional entre os seus vários segmentos, como também pelas consequências indesejáveis que, a nível do regime dos incidentes, a aplicação simultânea a uma só transferência de vários sistemas jurídicos pode provocar. É muito importante que o objectivo da transferência seja alcançado e que os incidentes sejam remediados, o que pressupõe uma homogeneidade de regulamentação durante todo o processamento da transferência.

---

[866] Sobre a interessante questão de como articular o princípio da livre circulação de serviços com as regras conflituais, cf. DI BROZOLO, *L'influence sur les conflits de lois des principes de droit communautaire en matière de liberté de circulation*, RCDIP, n.º 3, Julho-Setembro, 1993, T.82, pp. 401-424. Especificamente quanto à prestação de serviços financeiros, JAN WOUTERS, *Conflict of Laws and the Single Market for Financial Services*, trabalho não publicado, distribuído no "Cours de Formation Approfondie en Droit Bancaire et Financier de l'Union Europeenne", org. pelo Institut Universitaire International Luxembourg, pela Association Europeenne pour le Droit Bancaire et Financier e pela AEDBF-EVBFR Belgique, Bruxelles, Novembro, 1997 e VAN GERVEN / WOUTERS, *Free Movement of Financial Services and the European Contracts Convention*, in *E.C. Financial Market Regulation and Company Law* (ed. Mads Andenas / Stephen Kenyon-Slade), Sweet & Maxwell, London, 1993, pp. 43-79.

5. CONCLUSÃO

A análise das dificuldades de dogmatização da figura da transferência bancária de crédito face às insuficiências dos quadros jurídicos tradicionais para lidar com as suas especificidades, a tomada de consciência dos problemas que a sua execução pode colocar na prática e a especial incidência daquelas dificuldades teóricas e destes problemas práticos ao nível das transferências internacionais agudizam a necessidade de uma regulamentação material tanto quanto possível harmonizada. A verdade é que às especificidades do domínio bancário e à particular estrutura da transferência, sobretudo quando é mais complexa, se vêm juntar os problemas sempre presentes quando qualquer figura é atravessada por diversos ordenamentos jurídicos.

Num sector onde a tendência é para a não regulamentação, a exigência de uma Directiva que minimize os efeitos da articulação, numa mesma figura, de regras jurídicas diferentes e elas próprias inseguras e pouco adaptadas à especialidade daquela, confirmam que um mínimo de harmonização é necessário. E que essa harmonização deve ser especialmente hábil na conjugação das soluções tidas como as mais adequadas em cada uma das ordens jurídicas envolvidas.

O restrito âmbito de aplicação da Directiva 97/5/CE, tanto material quanto espacial, deixa um lastro de problemas por resolver no que às transferências bancárias internacionais diz respeito. Na impossibilidade ou mesmo inconveniência de uma harmonização material que vá mais longe, assume particular importância a harmonização conflitual. Seria bastante conveniente assegurar maior segurança jurídica aos intervenientes em transferências bancárias internacionais através da uniformização das soluções conflituais neste domínio. E cumpre insistir: independentemente da lei que seja considerada a mais adequada à regulação de uma transferência bancária internacional, ela deverá regê-la na sua globalidade e não apenas um dos segmentos. Só assim se garante a previsibilidade na aplicação do direito e a eficácia das medidas adoptadas para resolução dos incidentes que vierem a surgir.

CAPÍTULO V

ALGUNS PROBLEMAS DE REGIME

1. RAZÃO DE ORDEM

Estudadas as etapas necessárias e analisados os instrumentos jurídicos requeridos para a execução de uma transferência bancária de crédito, debruçar-nos-emos agora sobre a *patologia* da mesma. Pretende-se sobretudo chamar a atenção para as vicissitudes que com mais frequência perturbam a execução normal de uma transferência bancária.

A aprovação do Decreto-Lei n.º 41/2000, de 17 de Março, veio permitir dar solução a alguns dos problemas suscitados aquando da execução de uma transferência bancária. A ele recorreremos, pois, sempre que possível. Quando o respectivo teor não nos fornecer respostas, procuraremos obtê-las junto das restantes fontes disponíveis.

Concluímos que a veste jurídica da transferência é composta por uma sucessão encadeada de contratos, e sabemos que a primeira fonte da regulamentação contratual é o estipulado pelas partes ao abrigo da sua autonomia privada, dentro dos limites da lei. Essa estipulação é quase sempre, no domínio bancário, plasmada em cláusulas contratuais gerais. Muitas vezes, porém, a vontade das partes não encontra testemunho formal, manifestando-se tacitamente e em remissão para os usos. Em tudo o que não estiver previsto, expressa ou tacitamente, caberá um papel integrador ao complexo de normas legais, regulamentares e usuais que no caso tenham aplicação.

O contrato de transferência não merece, ao menos de momento, acolhimento legislativo. A transferência no seu conjunto encontra já, como vimos, consagração, ainda que limitada. Em tudo o que ficar de fora dessa consagração caberá um papel importante às disposições legais supletivas que regulam o contrato de mandato mercantil, com as especialidades da comissão e, subsidiariamente, as regras relativas ao mandato civil. Além disso, dever-se-á apelar, quando necessário, às regras e princípios gerais do Direito Comercial e, em via subsidiária, do Direito Civil.

Tendo presentes as limitações da fonte legal de que dispomos, vamos avançando com algumas soluções, com as quais procuraremos, antes de mais, testar até que ponto é o quadro supletivo adequado a regular a transferência bancária, tendo em conta as especificidades do Direito Bancário, por um lado, e as particularidades da estrutura global da transferência, por outro. Partimos contudo com a convicção, cimentada ao longo do caminho que já percorremos, de que uma regulamentação completa especificamente direccionada à particular estrutura da transferência bancária e ao modo *sui generis* como, para sua execução, as relações bancárias se vêm forçadas a coexistir, se ajustaria com muito mais conforto aos contornos dos problemas.

Essas soluções, por outro lado, terão como pressupostas as tomadas de posição que fomos assumindo acerca da estrutura da transferência no seu conjunto e de cada um dos seus segmentos. Nomeadamente, terão como base a consideração da natureza que considerámos ser a de cada relação bancária e a forma como, a partir daí, entendemos dever ser repartida a responsabilidade pela execução de uma transferência bancária. Ao mesmo tempo, num processo que não poderá deixar de ser dialéctico, procuraremos ir demonstrando a razão de ser de tais tomadas de posição. Partindo, sempre que possível, da instrumentalização jurídica ao nosso dispor, não deixaremos de tentar, nalgumas situações, fazer uma "fuga para a frente", levantando o véu de algumas soluções que considerariamos desejáveis.

2. REVOGAÇÃO DA ORDEM DE TRANSFERÊNCIA

A revogação é a *"livre destruição dos efeitos de um acto jurídico querido pelo seu próprio autor"*.[867] Não nos referindo à revogação do contrato[868] mas à revogação da ordem de transferência, instrução concretizadora do conteúdo daquele e autorização dada ao banco para agir por conta do cliente e que, como tal, consubstancia um negócio jurídico unilateral, a revogação é *unilateral* e *discricionária*, não exigindo qualquer fundamentação. Uma revogação válida e eficaz faz cessar, não só a obrigação do banco em agir, mas a autorização para o fazer, pelo que este não poderá executar a ordem de transferência. Tendo-a executada, não pode debitar a conta do ordenante e, se já o tiver feito, terá que devolver o montante debitado.

Determinar em que condições e até que momento pode o ordenante revogar a ordem de transferência nem sempre se afigura tarefa fácil. Antes de mais, a faculdade do ordenante revogar a ordem depende, como não poderia deixar de ser, do estipulado pelas partes. E estas podem convencionar a sua irrevogabilidade. É o que normalmente sucede no que respeita às transferências ordenadas com utilização de cartões de débito, cujas cláusulas contratuais gerais estabelecem, regra geral, a *irrevogabilidade* da ordem de transferência. Em obediência, aliás, ao disposto na *Recomendação da Comissão de 17 de Novembro de 1988 (88/590/CEE), relativa aos sistemas de pagamento e, em especial, às relações entre o titular e o emissor dos cartões,* que, na al. d) do ponto 4.1., recomenda que as condições contratuais coloquem o titular na obrigação de não revogar uma instrução que tenha dado através do respectivo cartão. O que bem se compreende dadas as especificidades técnicas destas transferências, operadas a grande velocidade e, muitas vezes, em tempo real. Nos pagamentos através de sistemas de pontos de venda ocorre com muita frequência a

---

[867] INOCÊNCIO GALVÃO TELLES, *Manual dos Contratos em Geral...*, p. 350.

[868] A que se referem, relativamente ao mandato, os arts. 1170.º ss. CCiv. e 245.º CCom..

conta do comerciante ser creditada antes de a conta do cliente ser debitada, o que invalida desde logo qualquer possibilidade de revogação da ordem.

Quando nada tenha sido estabelecido, deve entender-se que a ordem de transferência só pode ser revogada *enquanto não for executada*.[869] [870] O que, na nossa opinião, deverá coincidir com o momento em que o ordenante perde a disponibilidade dos fundos e, consequentemente, nasce o direito do beneficiário sobre os mesmos,[871] ou seja, o momento em que se concretiza a *atribuição patrimonial*. O que se coaduna com a regra segundo a qual a faculdade de revogação cessa quando o negócio jurídico (bilateral ou unilateral) que se pretende aniquilar já criou uma situação de benefício para um terceiro.[872]

Manifestámos a seu tempo a opinião de que, nas transferências *internas*, o banco executa a ordem quando credita a conta do beneficiário e que, nas transferências *externas*, essa execução ocorre quando o banco do ordenante coloca os fundos à disposição do beneficiário através do seu mandatário (isto é, da respectiva instituição bancária), o que faz creditando a conta deste e ordenando-lhe que inscreva a crédito a mesma quantia na conta do seu cliente. A partir desse momento, tudo se passará no âmbito do anteriormente contratado entre o beneficiário e o banco seu mandatário, o que evidentemente escapa ao controlo do ordenante e do seu próprio banco. Também desde esse momento (e não nos devemos esquecer que a transferência é para os bancos patrimonialmente neutra) deve ter-se por realizada a atribuição patrimonial a favor do beneficiário, uma vez que os fundos ficam afectos ao seu património por terem sido rece-

---

[869] Nesse sentido, ANU ARORA, *Electronic Money and the Law...*, p. 106; VÁZQUEZ PENA, *La Transferencia Bancaria...*, p. 224; LUCIO CERENZA, *Italy...*, p. 189; BERKVENS / / VAN ESCH, *Netherlands...*, p. 247; FERRI, *Manuale di Diritto Commerciale...*, p. 907 e CONCETTO COSTA, *Bancogiro...*, p. 363.

[870] É isso também que resulta do regime da revogação estabelecido no UCC § 4A-211. De acordo com o Comentário Oficial 3 (*apud* PATRIKIS / BHALA / FOIS, *An Overview of United States Funds Transfer Law...*, p. 11), a ordem pode ser revogada enquanto não for executada, o que significa que o pode ser, quando o banco do ordenante é o mesmo do banco do beneficiário, antes de o beneficiário ser pago e, quando não há aquela coincidência, quando o banco do beneficiário aceita a ordem.

[871] Nesse sentido também, VASSEUR, *Les aspects juridiques des nouveaux moyens de paiment...*, p. 584; ZUNZUNEGUI, *Derecho del Mercado Financiero...*, p. 388 e VÁZQUEZ PENA, *La Transferencia Bancaria...*, p. 223.

[872] INOCÊNCIO GALVÃO TELLES, *Manual dos Contratos em Geral...*, p. 351 e JANUÁRIO DA COSTA GOMES, *Em Tema de Revogação do Mandato Civi...*, pp. 150 ss..

Alguns Problemas do Regime 339

bidos por um mandatário devidamente autorizado para o fazer. Simultaneamente, fica o banco do ordenante desonerado perante este, por ter procedido à execução da ordem, e fica o devedor/ordenante liberado perante o seu credor, pois o pagamento foi realizado a um terceiro – o banco do beneficiário – autorizado a recebê-lo.

Pois bem, em coerência com esse entendimento temos para nós que, nas transferências *internas*, o ordenante apenas pode revogar a ordem enquanto o banco não *creditar a conta do beneficiário*.[873]

Nas transferências *externas*, o momento até ao qual a ordem pode ser revogada coincide com aquele no qual se dá a conclusão da transferência entre os bancos,[874] [875] isto é, a transmissão da ordem[876] e a liquidação

---

[873] Nesse sentido, CLAUSSEN, *Bank- und Börsenrecht...*, p. 127; FERRI, *Manuale di Diritto Commerciale...*, p. 907; SANTINI, *Giroconto...*, pp. 862; CONCETTO COSTA, *Bancogiro "internazionale"...*, p. 363; LUCIO CERENZA, *Italy...*, p. 200; SEQUEIRA MARTÍN, *La Transferencia Bancaria...*, p. 2546; VÁZQUEZ PENA, *La Transferencia Bancaria de Crédito...*, pp. 223-224 (por considerarem, estes, que é esse o momento em que se dá a atribuição patrimonial); DEVÈZE / PÉTEL, *Droit Commercial...*, p. 245 (apesar de acharem que é a partir do débito na conta do ordenante que o beneficiário adquire o direito sobre os fundos) e JUGLART / IPPOLITO, *Traité de Droit Commercial...*, pp. 560-561. Contra, entendendo que a ordem só pode ser revogada até ao momento do *débito* na conta do ordenante, VAN RYN / HEENEN, *Principles de Droit Commercial...*, p. 328; FRANÇOISE DEKEUWER-DÉFOSSEZ – *Droit Bancaire...*, p. 58; GARRIGUES, *Contratos Bancarios...*, p. 561 e BOIX SERRANO, *Curso de Derecho Bancario...*, pp. 191-192. Não deixa de ser curioso constatar que muitos dos autores que consideram que o ordenante apenas se desonera com a inscrição a crédito na conta do beneficiário, por ser este o momento em que esse beneficiário pode dispor dos fundos, entendem que, apesar disso, aquele mesmo ordenante apenas pode revogar a ordem até ao momento do *débito* na sua conta, porque nesse momento perde a disponibilidade dos fundos. Cf., por ex., MICHEL JEANTIN, *Droit commercial...*, p. 100; MICHEL CABRILLAC, *Le chèque et le virement...*, pp. 222-223 e THIERRY BONNEAU, *Droit bancaire...*, p. 266 (vd. n. 31). Isto significa que, em determinado momento, pode suceder que o ordenante ainda se não tenha desonerado da obrigação subjacente mas já não possa dispor dos fundos revogando a ordem, o que nos parece pouco aceitável.

[874] Cf. CHRIS REED, *Electronic Finance Law...*, p. 26 e LUCIO CERENZA, *Italy...*, p. 200.

[875] Mais uma vez se torna difícil saber se os autores que consideram que a ordem pode ser revogada até à inscrição a crédito na conta do beneficiário, tratando-se de uma transferência interna, têm a mesma opinião relativamente às transferências externas. Quando não fazem qualquer distinção, supomos que assim o entendem, o que é facilitado pela construção "substitutória" a que normalmente aderem.

[876] ALFARO ÁGUILA-REAL, *Transferencia Bancaria...*, p. 6621, faz coincidir o momento a partir do qual a ordem já não pode ser revogada com a transmissão da ordem

340   *A Transferência Bancária*

interbancária,[877] seja através das suas contas recíprocas, com o crédito na conta do banco do beneficiário,[878] seja através de uma câmara de compensação da qual ambos sejam membros.[879] Neste caso, é muitas vezes a própria câmara que determina aquele momento.

Se a transferência externa for *indirecta*, e considerando que o banco intermediário age por conta do banco do ordenante, a ordem poderá ser revogada até ao momento em que aquele execute a ordem que este lhe dirige, o que sucede exactamente no momento em que entre esse intermediário e o banco do beneficiário se dá o fluxo das informações constantes da ordem e dos fundos a transferir – ou seja, também o da compensação entre ambos.[880] Não estando o ordenante em contacto com o banco intermediário (cuja identidade e, até, intervenção, pode desconhecer), a contra-ordem deve ser dirigida ao seu próprio banco, que por sua vez deverá enviá-la ao banco seu mandatário,[881] não sendo eficazes as ordens de revogação dirigidas a outros bancos (intermediários ou do beneficiário) com os quais o ordenante não tem qualquer relação contratual. Tal como está obrigado (enquanto mandatário que deve cumprir as instruções que lhe são dirigidas) a suspender a execução de uma ordem revogada, está também o banco do ordenante adstrito a transmitir a ordem de revogação

---

ao banco do beneficiário. No mesmo sentido, VÁZQUEZ PENA, *La Transferencia Bancaria...*, p. 300.

[877] VAN RYN / HEENEN, *Principles de Droit Commercial...*, pp. 328-329.

[878] JUGLART / IPPOLITO, *Traité de Droit Commercial...*, p. 561 e MICHEL CABRILLAC, *Le chèque et le virement...*, p. 222 (salientando este Autor contudo que a transferência apenas se completa com a inscrição a crédito na conta do beneficiário). Cf. também KÜMPEL, *Bank- und Kapitalmarktrecht...*, pp. 198 ss. e CLAUSSEN, *Bank- und Börsenrecht...*, p. 127 (note-se, porém, que estes autores consideram que o devedor só se desonera no momento em que é feito o crédito na conta do beneficiário e que, além disso, o seu banco cessa a sua responsabilidade quando credita a conta do banco daquele, o que significa que, durante um certo lapso de tempo, o ordenante ainda não está desonerado mas, por um lado, a responsabilidade do seu banco já cessou e, por outro, já não pode revogar a ordem).

[879] RIVES-LANGE / CONTAMINE-RAYNAUD, *Droit Bancaire...*, p. 274-275; JUGLART / / IPPOLITO, *Traité de Droit Commercial...*, p. 561; GAVALDA / STOUFFLET, *Droit bancaire...*, p. 115. LAIDLAW / GRAHAM, *Law Relating to Banking Services...*, p. 183, referem que o ordenante pode revogar a sua ordem em qualquer altura até que o banco do beneficiário fique obrigado a pagar ao seu cliente.

[880] MICHEL CABRILLAC, *Le chèque et le virement...*, p. 222.

[881] CLAUSSEN, *Bank- und Börsenrecht...*, pp. 127-128; DANIEL GUGGENHEIM, *Les Contrats de la Pratique Bancaire Suisse...*, p. 262.

Alguns Problemas do Regime 341

ao banco intermediário. Este percurso que a ordem de revogação deve percorrer pode impedir, contudo, que a mesma produza os efeitos desejados em tempo útil.

Vimos que a Directiva 97/5/CE, ainda que não o estabeleça expressamente, apenas permite a revogação da ordem de transferência depois de decorrido o prazo para a sua execução sem que esta tenha ocorrido e, ainda assim, apenas enquanto tal execução não ocorra, ou seja, enquanto a conta da instituição do beneficiário não seja creditado. Esta regra, constante do 3.º parágrafo do n.º 1 do art. 8.º, foi transposta através do n.º 3 do art. 11.º do Decreto-Lei n.º 41/2000, de 17 de Março.

Assume-se assim uma posição de princípio contrária à revogabilidade da ordem, com o que se pretende, provavelmente, conferir à transferência um carácter tanto quanto possível de definitividade e de certeza para o respectivo beneficiário. Além disso, impedindo que uma transferência seja revogada depois da sua execução, respeita os princípios tidos por certos em matéria de revogação e, na nossa opinião, confirma que o crédito na conta do banco do beneficiário marca o momento da atribuição patrimonial entre devedor e credor.

Também o regime da revogação demonstra que, apesar de as relações bancárias tendentes à execução de uma transferência serem independentes face à relação subjacente, a sua causa última, que aqui pode ser encontrada, influi necessariamente no regime dessas relações, tornando-se necessária uma abordagem conjunta que teste o resultado a que se chegou através da análise de cada segmento.

O estudo segmentarizado das relações presentes na execução de uma transferência permite-nos tirar uma conclusão global que nos parece coerente: se a transferência for externa, *a atribuição patrimonial realiza-se, o banco do ordenante desonera-se, o devedor libera-se* e *a ordem de transferência deixa de poder ser revogada* a partir do momento em que se dá *a conclusão da transferência entre os bancos*, ou seja, quando é efectuada pelo banco do ordenante (directamente ou através de intermediários) *a transmissão da ordem e dos fundos ao banco do beneficiário*. O que, simultaneamente, se nos afigura ser a única forma de respeitar o teor das relações que cada banco mantinha já com o respectivo cliente, e de os responsabilizar por quanto aí assumido.

Regressando ao tema específico da revogação, deve referir-se que a tendência cada vez maior para a execução das transferências bancárias de crédito em tempo real tende a minimizar o problema. Com a evolução das técnicas electrónicas de pagamento, passam a ser cada vez mais raras as possibilidades reais de revogação de uma ordem de transfe-

342 *A Transferência Bancária*

rência,[882] que ficarão limitadas às transferências realizadas com suporte em papel. Tendo a questão ficado parcialmente regulamentada com a transposição da Directiva 97/5/CE,[883] a discussão do problema tenderá a centrar-se residualmente em torno das transferências internacionais não regulamentadas naquela.[884] Aí, a dificuldade consiste em encontrar um equilíbrio entre a tutela da vontade do ordenante/consumidor no caso concreto e a necessidade de garantir a utilidade e segurança da transferência como meio de pagamento.[885]

---

[882] É a conclusão a que chegam também SIMONT / BRUYNEEL, *Les opérations de banque...*, p. 45; CONCETTO COSTA, *Bancogiro...*, pp. 363-364; ALBERTO GIAMPIERI, *Operazioni Telematiche ed Irrevocabilità...*, p. 114 e VASSEUR, *Le paiment électronique...*, 3206, 10.

[883] Refira-se que a Directiva 98/26/CE, de 19 de Maio de 1998, relativa ao carácter definitivo da liquidação nos sistemas de pagamentos e de liquidação de valores mobiliários, estabelece a proibição de reforma da compensação para os sistemas de compensação multilateral (art. 3.º) e a irrevogabilidade das ordens de transferência para os sistemas de transferência por montantes brutos (art. 5.º).

[884] Onde, como vimos, suscita algumas questões interessantes, atinentes nomeadamente à concepção – segmentarizante ou globalizante – da transferência enquanto operação económica.

[885] ALBERTO GIAMPIERI, *Operazioni Telematiche ed Irrevocabilità...*, p. 104.

3. INCIDENTES

3.1. Tipos de incidentes e dificuldades na sua resolução

A transferência bancária é uma operação complexa, para cuja execução é por vezes necessário o concurso de vários intervenientes e o recurso a técnicas sofisticadas. A probabilidade de ocorrerem incidentes[886] durante a sua execução aumenta no mesmo sentido da sua crescente complexidade, nomeadamente com o acréscimo do número de intervenientes. Por outro lado, se a evolução tecnológica ajuda a evitar erros humanos, a utilização da técnica é, ela própria, geradora de alguns problemas.[887]

Antes de prosseguirmos na análise desses problemas, uma palavra é devida relativamente à incidência prática dos vários incidentes e à sua

---

[886] Cf., quanto a estes, XAVIER THUNIS, *Recent Trends Affecting the Banks' Liability....*, p. 299; XAVIER FAVRE-BULLE, *Le Droit Communautaire du Paiment Électronique*, Schulthess Polygraphischer Verlag, Zürich, 1992, pp. 18 ss.; THUNIS / SCHAUSS, *Aspects Juridiques des Transferts Électroniques de Fonds*, in *Electronic Funds Transfer and Consumer Protection / Transfert Électronique de Fonds et Protection du Consommateur*, Story Scientia, Bruxelles (ed. Bourgoignie, Th. / Goyens, M.), 1990, pp. 17-18; AMORY / / THUNIS, *Authentification de l'Origine et du Contenu des Transactions sans Papier et Questions de Responsabilité en Droit Continental*, BBTC, Ano L (1987), Parte I., p. 702; MICHAEL ROWE, *Automating International Trade Payments – Legal and Regulatory Issues*, JIBL, Vol. 2, n.º 4, 1987, pp. 235-236 e MARTINE DELIERNEUX, *Les Instruments du Paiement International...*, p. 1008. Cf. também ELEZ-VILLARROEL, *Practicas Incorrectas y Condiciones Abusivas en las Operaciones Bancarias*, Instituto Superior de tecnicas y praticas Bancarias, Madrid, 1994, que identifica alguns dos problemas que se colocam na prática ao nível das transferências (pp. 113 ss.) e apresenta resumos de várias decisões favoráveis ao cliente relativas a reclamações apresentadas no Serviço de Reclamações do Banco de Espanha (pp. 249 ss.).

[887] MARIE-DANIELLE SCHODERMEIER, *Les Droits de L'Émetteur d'un Virement International...*, pp. 101-102, diz, a propósito, que a modernização engendrou novos riscos, uma vez que acrescenta aos erros humanos os da máquina, e que a rapidez de execução torna difícil, ou mesmo impossível, qualquer correcção em tempo útil.

344   *A Transferência Bancária*

degeneração em litígios judiciais. Em regra, qualquer tipo de problema que surja nas relações interbancárias será tendencialmente resolvido de forma amigável, sem que chegue às barras dos tribunais.[888] Aí, pode dizer-se que as questões serão "mais académicas do que reais".[889]

As dificuldades já se colocarão com mais acuidade nas relações entre as instituições de crédito prestadoras de serviços de pagamento e os utentes desses serviços. A especial fragilidade da grande maioria dos clientes bancários face à contraparte institucional justifica o equacionar de determinadas questões, tanto mais pertinentes quanto a utilização de meios (sobretudo) electrónicos de transferência de fundos se tem inflacionado exponencialmente.[890] A probabilidade de ocorrência de incidentes neste domínio poderia ser drasticamente reduzido se alguns aspectos mais "críticos" do relacionamento entre os bancos e os seus clientes estivessem regulados por lei. Mais do que na resolução de conflitos efectivos, o seu papel preventivo seria fundamental.

A mais grave vicissitude que pode atingir uma transferência bancária de crédito é a sua *não conclusão*. Referimo-nos àqueles casos em que não se dá por cumprida a função da transferência por o montante transferido não chegar ao seu destino, isto é, à conta do beneficiário. Quer porque o banco do ordenante não executou a ordem, quer porque o banco do beneficiário não a aceitou, quer ainda porque o montante em causa foi transferido para uma conta errada ou o verdadeiro beneficiário, por qualquer motivo, se recusou a recebê-lo.

O primeiro problema a resolver, nessa eventualidade, é o do *reembolso* ao ordenante do montante que porventura já lhe tenha sido debitado para execução da transferência. Levanta-se depois a questão do ressarcimento dos *danos* que essa não execução tenha provocado ao ordenante, ao fazê-lo incorrer em mora, ao provocar a perda de um direito de preferência ou o vencimento de prestações periódicas, ao impossibilitá-lo de celebrar um negócio especialmente vantajoso.

Executada embora uma transferência, podem os fundos ter sido creditados *com atraso*. O problema respeitante à determinação do atraso

---

[888] AMORY / THUNIS, *Authentification de l'Origine...*, p. 719.

[889] JOÃO NABAIS, *Transferências Electrónicas de Fundos...*, p. 74.

[890] JOSÉ ANTÓNIO VELOSO, *Electronic Banking...*, pp. 12 ss., parte da distinção entre o que chama *EFT ("electronic funds transfer")* institucional e *EFT de consumidor* para observar que os problemas de prova, de erro, de fraude, de adesão contratual, de distribuição do risco, etc., se colocam com especial incidência nesta última modalidade de transferência, a que também chama *EFT de massa*.

quando nenhum prazo resulte do acordado entre as partes foi resolvido com a aprovação do Decreto-Lei n.º 41/2000, de 17 de Março, quanto às transferências incluídas no seu âmbito de aplicação. Assim, quanto às transferências internas de montante inferior a 50.000 euros, e na ausência de estipulação em contrário[891], as quantias em dinheiro devem ser creditadas na conta da instituição do beneficiário dentro do prazo de dia útil (art. 5.º, n.º 2). Quanto às transferências intracomunitárias de valor inferior a 50.000 euros, esse prazo é de cinco dias úteis (art. 5.º, n.º 3). Em ambos, estipula o n.º 4 que a instituião do beneficiário deve creditar ou entregar as quantias em dinheiro ao beneficiário no prazo máximo de um dia útil a contar daquele em que recebeu a ordem de transferência (sendo a data-valor, o mais tardar, a do momento do crédito).

O problema da determinação do atraso mantém-se, contudo, para as transferências não incluídas no âmbito de aplicação material daquele diploma.

Mais uma vez, deveremos recorrer às regras gerais para tentar resolver o problema. Qualquer instituição interveniente numa transferência bancária deverá, na sua qualidade de mandatário e, sobretudo (tratando-se do banco do ordenante ou do beneficiário), dada a especial relação que o une ao seu cliente, usando da *diligência* que lhe é imposta e cumprindo os deveres de confiança e protecção que lhe são exigidos, executar as ordens dentro de um período de tempo que, tendo em conta os *usos bancários* e a *técnica* utilizada, deva ser considerado razoável. Em todo o caso, deverá fazê-lo com a prontidão possível.[892]

---

[891] Por vezes o prazo para a realização da transferência encontra-se, com maior ou menor precisão, estipulado. As cláusulas contratuais relativas aos cartões de crédito prevêem em regra que a conta a movimentar através do cartão será debitada ou creditada no momento em que é dada a ordem de transferência, desde que haja comunicação entre o terminal e o computador central do banco. É por vezes fixado um prazo dentro qual tais inscrições deverão ocorrer caso tal comunicação se não verifique. A Recomendação da Comissão 88/590/CEE, no seu ponto 3.4., determina que as condições contratuais devem especificar se as operações de débito serão efectuadas de imediato ou, em caso negativo, o período de tempo em que estas serão realizadas.

[892] Cf. RIVES-LANGE / MONIQUE CONTAMINE-RAYNAUD, *Droit Bancaire...*, p. 285; GAVALDA / STOUFFLET, *Droit bancaire...*, p. 109; MICHEL JEANTIN, *Droit commercial...*, p. 99; DEVÈZE / PÉTEL, *Droit Commercial...*, pp. 248-249; FRANÇOISE DEKEUWER-DÉFOSSEZ, *Droit Bancaire...*, p. 58; ALFRED JAUFFRET, *Droit Commercial...*, p. 621; FRANÇOIS GRUA, *Contrats Bancaires...*, p. 161; JUGLART / IPPOLITO, *Traité de Droit Commercial...*, p. 559; VAN RYN / HEENEN, *Principles de Droit Commercial...*, p. 328; SPINELLI / GENTILE, *Diritto Bancario...*, p. 309; ZUNZUNEGUI, *Derecho del Mercado Financiero...*, p. 388;

Por outro lado, o banco deverá *informar* o cliente do período de tempo dentro do qual a transferência deverá estar concluída. Tal pode não ser fácil ou mesmo possível, uma vez que, já o sabemos, o banco do ordenante não pode controlar todo o processo de execução de uma transferência. Quando muito, poderá indicar o prazo previsível necessário para que, tendo em conta o número de intervenientes, o âmbito espacial da transferência e a técnica utilizada, os fundos sejam creditados na conta do banco do beneficiário. A dificuldade deriva muitas vezes do desconhecimento das práticas e, tratando-se de uma transferência internacional, da existência de legislação que impenda sobre os outros bancos, nomeadamente sobre a instituição do beneficiário.

A verdade é que a falta de conhecimento do tempo que pode demorar a execução de uma transferência introduz um elemento de incerteza na relação subjacente e constitui um entrave sério à utilização deste meio de pagamento, *maxime* onde ele é mais necessário – no comércio internacional. Uma intervenção legislativa tanto quanto possível harmonizada a impor prazos (ao menos supletivos) a cada um dos bancos intervenientes numa transferência permitiria, não só tornar relativamente previsível o tempo de execução de uma transferência, mas também localizar mais facilmente, na cadeia de transferência, o responsável pelo atraso no cumprimento final da transferência. É isso que a Directiva 97/5/CE, e, consequentemente, o Decreto-Lei que a transpõe, conseguem, dentro dos respectivos âmbitos (restritos) de aplicação.

Verificado um atraso, dois tipos de *danos* podem ser causados ao ordenante e/ou ao beneficiário: *directos*, relativos à perda de rendimentos durante o período do atraso, e *indirectos*, decorrentes, para o ordenante, do pagamento de juros de mora, do montante previsto a título de cláusula penal, etc., e, para o beneficiário, da impossibilidade de utilizar os fundos para um determinado fim específico. Para ambos, tal atraso pode provocar perdas decorrentes de variações câmbiais.[893]

Por fim, pode ocorrer a *transferência de um montante errado*, excessivo ou deficitário em relação ao montante constante da ordem de transferência. No que respeita à transferência de um montante *inferior* ao

---

VÁZQUEZ PENA, *La Transferencia Bancaria...*, p. 235 e ANU ARORA, *Electronic Money and the Law...*, p. 92.

[893] Sobre os vários danos que a incorrecta execução de uma transferência bancária pode causar, cf. THUNIS / SCHAUSS, *Aspects Juridiques des Transferts Électroniques...*, p. 18.

Alguns Problemas do Regime 347

devido, as consequências variam consoante o beneficiário tenha ou não recusado a transferência. No primeiro caso, a situação é paralela à da não execução da transferência; na segunda, verifica-se mora relativamente ao montante em falta. Quanto à transferência de um montante *excessivo*, a mesma afecta sobretudo o ordenante, privado como fica, durante um período de tempo mais ou menos longo, de determinada quantia em dinheiro, podendo inclusivamente ver-se, sem o querer, a agir a descoberto. Uma questão especialmente grave decorre de eventuais dificuldades sentidas pelo banco do ordenante em reaver o montante creditado em excesso, sobretudo se, no âmbito da relação subjacente, o mesmo era devido ao credor/beneficiário.

A resolução de qualquer destes problemas depara com *obstáculos* vários decorrentes, desde logo, do posicionamento em cadeia das várias relações jurídicas necessárias para a execução da transferência e agravados pela particularidade das técnicas, cada vez mais sofisticadas, utilizadas para essa execução. A colocação ao serviço do sistema financeiro, sobretudo dos meios de pagamento, de técnicas avançadíssimas no domínio da informática e das telecomunicações apresenta como reverso da sua inegável utilidade o surgimento de problemas novos a interferir com a tradicional dogmatização e resolução das questões.

Naturalmente, a resolução de qualquer problema em concreto depende, em primeiro lugar, *da localização da culpa*. E se essa localização é simples nas transferências internas, tratando-se de uma transferência externa tal pode complicar-se, sobretudo se a transferência externa for indirecta, e, mais ainda, se for internacional. As dificuldades aumentam com o acréscimo do número de intervenientes, com o alargamento do âmbito da transferência e com a velocidade crescente da sua execução.

Também a problemática da imputação de *responsabilidade na falta de vínculo contratual*, já abordada, e a determinação do *âmbito da responsabilidade* se apresentam como dificuldades inegáveis. Estabelecer que tipo de prejuízos está coberto por ela, tendo em conta nomeadamente a distinção entre *danos directos*, efeitos imediatos do incumprimento, e *danos indirectos*, consequência mediata ou remota do dano directo,[894] não é

---

[894] Sobre as noções de *dano directo* e *dano indirecto*, cf. ANTUNES VARELA *Das Obrigações em Geral*, Vol. I..., pp. 595-596 e ALMEIDA COSTA, *Direito das Obrigações...*, p. 519. A questão poderá ainda colocar-se em termos de *danos emergentes*, que consistem numa diminuição efectiva no património (por ex., o pagamento de uma cláusula penal pelo ordenante ao beneficiário) e *lucros cessantes*, que resultam da não concretização de uma

348   *A Transferência Bancária*

tarefa fácil, e mostra-se agravada na formulação dos juízos de causalidade adequada e no cálculo da indemnização devida.[895] [896]

3.2. Análise dos incidentes, tendo em conta a origem do erro

Debruçar-nos-emos, antes de mais, sobre aqueles casos em que o incidente ocorrido se deveu a culpa imputável a um dos intervenientes da transferência, instituição bancária ou cliente. Todos os casos que de alguma forma excedam essa imputação, nomeadamente a ocorrência de falhas no equipamento informático ou no sistema de transmissão de mensagens, assim como a ocorrência de fraudes, serão abordados a propósito

---

vantagem que de outra forma seria alcançada (por ex., a perda da possibilidade de realizar um negócio ou mesmo o resultado da resolução de um negócio altamente vantajoso). Quanto a estas noções cf., para além dos autores já citados, MENEZES CORDEIRO, *Direito das Obrigações*, 2.º Vol...., pp. 295-296 e PESSOA JORGE, *Ensaio sobre os Pressupostos da Responsabilidade Civil...*, pp. 377-378.

[895] Cf. ALMEIDA COSTA, *Direito das Obrigações...*, pp. 671 ss..

[896] Este problema foi muito debatido no famoso caso *Evra Corporation v. Swiss Bank Corporation*. Uma empresa norte-americana, no âmbito de um contrato de fornecimento celebrado com uma empresa brasileira, concluiu com uma terceira empresa um acordo de fretamento de um navio pelo período de dois anos. Ficou estabelecido que o pagamento mensal do frete seria feito, até ao dia 26, por transferência bancária para a conta do dono do navio, sem o qual o acordo seria resolvido. Por razões que nunca chegaram a ficar esclarecidas mas a que não terá sido alheia a necessidade de recurso a bancos intermediários e a ocorrência de falhas técnicas no equipamento de um deles, a transferência mensal não se chegou a realizar. O dono do navio, insatisfeito com os termos deste contrato dado o recente aumento brusco das rendas de aluguer de navios, recusou-se a receber um pagamento tardio e resolveu de imediato o contrato. Às dificuldades de localização da culpa e de imputação de responsabilidades somou-se a questão da determinação do montante dos danos a ressarcir. A resolução do contrato obrigara à celebração de um novo contrato, cujas rendas eram o dobro das anteriores. Em primeira instância, o Swiss Bank (intermediário) foi condenado, por negligência, ao pagamento dos custos de arbitragem e do montante correspondente às rendas em excesso. O tribunal de recurso considerou contudo que, se por um lado o Continental Bank (banco do ordenante), consciente dos danos que poderia causar um atraso na transferência, não poderia ser considerado responsável pelos actos do Swiss Bank, por outro este, apesar de negligente, não deveria responder pelos danos indirectos uma vez que não tinha sido informado das circunstâncias envolvidas na transferência. Este caso é paradigmático na demonstração das dificuldades que podem rodear a incorrecta execução de uma transferência e, mais ainda, das incertezas na sua resolução, geradoras, como aqui ocorreu, de uma grande desprotecção do ordenante. Sobre este caso cf., por ex., MARTINE DELIERNEUX, *Les Instruments du Paiement International....*, pp. 991 ss..

Alguns Problemas do Regime 349

da análise dos problemas específicos das transferências electrónicas, pois aí encontram o seu especial campo de incidência.

3.2.1. Erro imputável ao banco do ordenante

Celebrado um contrato de transferência, fica o banco obrigado a, de acordo com as condições estipuladas e dentro do limite dos fundos disponibilizáveis, executar, usando da devida diligência e de acordo com as instruções recebidas, as ordens de transferência que lhe são dirigidas. Não o fazendo, por isso será responsável face ao seu cliente, *ordenante* de uma concreta transferência bancária.

Para além das suas obrigações específicas, sobre qualquer *mandatário* impende um dever geral de *diligência* no cumprimento da missão que lhe é confiada.[897] Cabem-lhe, além disso, especiais deveres de *lealdade*[898] e *cooperação* que, não resultando literalmente da regulamentação do mandato, se retiram do conteúdo do princípio geral da boa fé.[899]

---

[897] PHILIPPE PÉTEL, *Le Contrat de Mandat...*, pp. 52-53, considera que esse dever de diligência se traduz basicamente num dever de eficácia técnica, de celeridade e de atenção, em qualquer circunstância, aos interesses do mandante. JANUÁRIO DA COSTA GOMES, *Contrato de Mandato...*, pp. 344-345, destaca a necessidade de uma actuação avisada, diligente e correcta do mandatário, a qual varia com o tipo de mandato e as circunstâncias em que é executado. Cf. ainda, sobre o dever de diligência a cargo de qualquer mandatário, FRANCESCO DOMINEDÒ, *Mandato...*, p. 125 e DUTILLEUL / DELEBECQUE, *Contrats civils et comerciaux...*, p. 478. Sobre o dever de diligência do banco enquanto mandatário, ELLINGER / LOMNICKA, *Modern Banking Law...*, p. 447; CLIVE HAMBLIN, *Banking Law...*, p. 31; MARK HAPGOOD, *Paget's Law of Banking*, 3.ª ed., Butterworths, London, Edimbrug, 1989, p. 163; PAUL RABY, *Law Relating to Banking Services*, 2.ª ed., Pitman, London, 1992, p. 67 e ZUNZUNEGUI, *Derecho del Mercado Financiero...*, p. 227.

[898] BROSETA PONT, *Manual de Derecho Mercantil...*, p. 429, diz, a propósito da comissão, que a execução do comissário deve ser leal e diligente, sob pena de responsabilidade pelos prejuízos causados. DUTILLEUL / DELEBECQUE, *Contrats civils et comerciaux...*, pp. 478-479, salientam que a obrigação de lealdade do mandatário, justamente posta em relevo pela doutrina, corresponde ao próprio espírito do mandato.

[899] JANUÁRIO DA COSTA GOMES, *Contrato de Mandato...*, p. 363, considera que essas obrigações de lealdade e cooperação resultam do art. 762.º n.º 2 CCiv. e têm "inteiro fundamento na natureza do contrato de mandato como negócio típico de *cooperação* entre duas pessoas, assente numa relação de *confiança*". Sobre os deveres acessórios (integrantes da complexidade intra-obrigacional, em geral) de protecção, esclarecimento e lealdade, cf. MENEZES CORDEIRO, *Da Boa Fé no Direito Civil...*, pp. 603 ss..

350 A Transferência Bancária

Esses deveres de diligência, cooperação e lealdade assumem um significado especial no domínio das relações bancárias, não só devido à qualidade de *profissional* especialmente qualificado que é a do banco,[900] mas sobretudo dada a *relação bancária geral* que o une a cada um dos seus clientes desde a abertura da conta.[901] Esses, portanto, elementos omnipresentes na avaliação da actuação do banco do ordenante na execução de uma ordem de transferência.

a) Não execução da transferência ordenada

Estando o banco do ordenante obrigado, por virtude do assumido no contrato de transferência, a (nas transferências internas) creditar a conta do beneficiário ou a (nas externas) creditar os fundos na conta do banco do beneficiário e ordenar-lhe que os inscreva a crédito na conta do cliente (transmitindo-lhe para isso as informações contidas na ordem que ele próprio recebeu), pode a não execução final da transferência ter-se devido a um erro nessa sua actuação. Recordemos que é obrigação do banco do ordenante, enquanto mandatário, praticar os actos compreendidos no mandato, segundo as instruções do mandante (art. 1161.º al. a) CCiv.), devendo o seu não cumprimento fazê-lo incorrer em responsabilidade contratual.

Não se tendo concluído a transferência por qualquer razão imputável ao banco do ordenante, é este desde logo obrigado a *reembolsar* o seu cliente no montante debitado na sua conta.[902] O teor do art. 1161.º al. e) CCiv., ao obrigar o mandatário a entregar ao mandante o que recebeu em execução ou no exercício do mandato caso não o tenha despendido normalmente no seu cumprimento, podendo embora não parecer o mais

---

[900] Segundo FRANCESCO DOMINEDÒ, *Mandato...*, p. 125, mais do que diligência verdadeira e própria, exige-se do mandatário um cumprimento que responda a critérios de perícia profissional. Diz ALFARO ÁGUILA-REAL, *Transferencia Bancaria...*, p. 6620, que ao executar a transferência deve o banco usar da diligência de um "banqueiro honrado" e de um "profissional especializado".

[901] Cf., por ex., CONCETTO COSTA, *Bancogiro...*, p. 354 ("la banca deve eseguire con la diligenza del mandatario, e, quindi, con una diligenza particolarmente qualificata, l'incarico ricevuto") e ANU ARORA, *Electronic Money and the Law...*, p. 92 ("The paying bank's duty to carry out the payment mandate with skill and care is accepted as normal in current banking practice.").

[902] Cf. ZUNZUNEGUI, *Derecho del Mercado Financiero...*, p. 388 e VÁZQUEZ PENA, *La Transferencia Bancaria...*, pp. 242.

Alguns Problemas do Regime 351

adequado a reflectir a situação decorrente da execução de uma transferência bancária, pode ainda assim ser "aproveitado" para a confirmação de uma regra óbvia.

O art. 241.º CCom. determina que o mandatário é obrigado a pagar *juros* relativos às quantias pertencentes ao mandante a contar do dia em que, conforme a ordem, as devia ter entregue ou expedido. Para além desses juros, que revestem uma natureza eminentemente moratória,[903] deverá ainda o banco, como é evidente, devolver ao ordenante a *comissão* já cobrada por um serviço que não chegou a ser cumprido.

Tudo isto, sabêmo-lo, foi consagrado na Directiva e é-o, agora, no diploma que a transpôs para o ordenamento jurídico português, cujo art. 11.º estabelece a obrigação do banco do ordenante creditar a este, até um determinado limite, o montante da transferência quando esta não tenha sido executada, acrescido de um juro[904] e do montante das despesas pagas pelo ordenante. O art. 8.º da Directiva ressalva expressamente qualquer outra reclamação que possa ser aplicada, remetendo para os ordenamentos jurídicos nacionais a resolução da questão, desde logo, dos chamados *danos indirectos* causados ao ordenante pela não execução da transferên-

---

[903] Não é contudo afastado que possam comportar também uma vertente compensatória. Esta disposição tem a sua correspondente, para o mandato civil, no art. 1164.º CCiv.. Analisando tal disposição, considera JANUÁRIO DA COSTA GOMES, *Contrato de Mandato Comercial...*, p. 519, que é necessário distinguir duas situações: a que respeita à obrigação de pagar ao mandante as quantias que lhe deviam ser entregues ou remetidas, caso em que os juros revestem natureza *moratória*; e a que decorre do facto de o mandatário não aplicar as quantias, quando o devia fazer, caso em que têm natureza *compensatória* (sem que o mandatário possa contudo invocar que o mandante sofreu um prejuízo inferior). A estes juros acrescerá uma indemnização autónoma por violação do mandato. Do cotejo da disposição civilista com a constante da lei comercial, conclui o Autor que, no mandato comercial, apenas serão devidos juros se o mandatário tiver empregue a quantia *em negócio próprio*. Sendo o regime do mandato civil mais favorável aos interesses do comércio do que o regime do mandato comercial, o Autor defende que aquele se deve sobrepor a este. Em todo o caso, será sempre de aplicar, cumulativamente, o regime de responsabilidade do art. 238.º CCom.. Não são da mesma opinião PIRES DE LIMA / ANTUNES VARELA, *Código Civil Anotado*, Vol. II..., p. 720, que consideram que as duas disposições coincidem fundamentalmente, e que os juros são caracteristicamente *moratórios*. No mesmo sentido destes autores, ABÍLIO NETO, *Código Comercial...*, p. 124.

[904] O qual é calculado sobre o montante da transferência transfronteiras, mediante a aplicação da taxa de juro de referência para o período compreendido entre a data da ordem da transferência e a data do crédito.

352 A Transferência Bancária

cia. No entanto, o legislador português entendeu não se dever pronunciar sobre os mesmos, pelo que a questão se mantém em aberto.

Relativamente a todas as transferências não incluídas no âmbito de aplicação do Decreto-Lei n.º 41/2000, de 17 de Março, deveremos, mais uma vez, ir buscar as soluções às regras gerais consideradas aplicáveis à transferência bancária, nomeadamente às disposições relativas ao mandato.

O regime do mandato comercial é muito claro ao determinar (art. 238.º CCom.) que o mandatário que não cumprir o mandato em conformidade com as instruções recebidas (e, na falta ou insuficiência delas, com os usos do comércio) responde por perdas e danos, sendo contudo verdade que a sua determinação se pode afigurar, em face do circunstancialismo que rodeia a execução de uma transferência bancária, bastante complexa.

Ainda no respeitante à relação entre o banco e o ordenante, é de realçar que poderá haver situações nas quais a *inexecução* da ordem de transferência se deve considerar *justificável* e mesmo *desejável*. Pode o banco do ordenante suspeitar da existência de qualquer erro ou engano na instrução do cliente (porque, por ex., tratando-se de uma transferência interna, não coincide o número da conta com a identificação do beneficiário, ou porque o montante indicado na ordem de transferência excede desmesuradamente o saldo da conta). Por outro lado, pode ter razões para crer que o ordenante, se tivesse conhecimento de determinada situação, não emitiria, ou revogaria, a ordem de transferência (porque a instituição do beneficiário está na eminência de falir ou o próprio beneficiário entrou ou vai entrar em situação de falência). No que respeita ao regime do mandato, dispõe o art. 1162.º CCiv. que o mandatário pode deixar de executar o mandato ou afastar-se das instruções recebidas quando seja razoável supor que o mandante aprovaria a sua conduta, se conhecesse certas circunstâncias.[905] Essa *faculdade*[906] transforma-se em *dever* no caso

---

[905] Diz a este propósito JANUÁRIO DA COSTA GOMES, *Contrato de Mandato...*, p. 347, que nestes casos a actuação do mandatário deverá depender dum "*próprio juízo do presumível comportamento do mandante*: quando seja *razoável* supor que o mandante ordenaria a não execução do mandato ou modificaria as instruções (...), então o mandatário deve suspender a execução do mandato ou afastar-se das instruções recebidas...". Também PHILIPPE PÉTEL, *Le Contrat de Mandat...*, p. 51, refere que não se deve concluir que qualquer falta de execução das instruções faz incorrer o mandatário em responsabilidade, uma vez que este dispõe sempre de uma "faculdade de adaptação" que lhe permite não seguir as instruções nos casos em que uma obediência cega às mesmas seja prejudicial aos interesses do mandante. Cf. também, sobre a faculdade de "desvio" do mandatário às instruções dadas pelo mandante, FRANCESCO DOMINEDÒ, *Mandato...*, p. 125.

[906] PIRES DE LIMA / ANTUNES VARELA, *Código Civil Anotado*, Vol. II..., p. 718,

Alguns Problemas do Regime 353

do mandato mercantil, o que bem se compreende dados os especiais deveres de cuidado que impendem sobre um mandatário profissional. Nesse sentido, estipula o art. 239.º CCom. que o mandatário é obrigado a participar ao mandante todos os factos que possam levá-lo a modificar ou revogar o mandato. Diríamos que, no quadro de uma relação banco-cliente, este dever sofre uma qualificação,[907] buscada à coloração própria da relação bancária geral. Não devendo o banco responder, nestas situações, pela não execução da transferência, poderá ainda ser responsabilizado pela sua execução em violação dos intensificados deveres de diligência e informação que sobre ele impendem.[908]

O banco também não deverá responder em casos de inexecução por razões de *força maior*,[909] nos termos gerais.[910] Isso mesmo determina, para as transferências por si reguladas, o Decreto-Lei n.º 41/2000, de 17 de Março, no art. 14.º. Considera-se nessa sede incluídas no conceito de "força maior" as circunstâncias alheias à vontade da instituição do ordenante, anormais ou imprevisíveis, cujas consequências não tenham podido evitar apesar de todos os esforços desenvolvidos. Não é considerado motivo de força maior qualquer procedimento de insolvência ou falência, segundo o qual, através de uma medida colectiva de reestrutu-

---

consideram que, apesar de a lei conferir ao mandatário uma mera faculdade, este, na medida em que deve agir com a diligência de um bom pai de família, tem uma verdadeira obrigação de não executar o mandato ou de se afastar das instruções recebidas se houver razões suficientemente fortes para se convencer de que seriam essas as novas indicações do mandante.

[907] GARRIGUES, *Contratos Bancarios...*, p. 561, refere que, devendo o banco cumprir as ordens do seu cliente no mais breve prazo possível, ele está nalgumas situações obrigado a chamar a atenção daquele sobre as consequências que pode ter o cumprimento da ordem.

[908] Cf. ANU ARORA, *Electronic Money and the Law...*, pp. 92-93.

[909] Entendida como "todo o acontecimento natural ou acção humana que, embora previsível ou até prevenido, não pôde ser evitado, nem em si mesmo nem nas suas consequências" – ALMEIDA COSTA, *Direito das Obrigações...*, p. 962. O art. 9.º da Directiva 97/5/CE inclui entre as razões de força maior, nomeadamente, "circunstâncias alheias à sua vontade, anormais e imprevisíveis, cujas consequências não tenham podido ser evitadas apesar de todos os esforços desenvolvidos, pertinentes em relação a estas disposições". Da noção de "força maior" deve excluir-se a falência de um banco intermediário, conforme opinião da Comissão Europeia já referida.

[910] Considerando que a falência de um banco intermediário e a falha no sistema de transmissão de mensagens não constituem causas de força maior, AMORY / THUNIS, *Authentification de l'Origine...*, p. 706.

354 *A Transferência Bancária*

ração ou liquidação da entidade que dela é objecto, se limite, suspenda ou faça cessar o cumprimento de obrigações.

Satisfeito o inquestionável direito do ordenante de obter o reembolso do montante que lhe tenha sido creditado sem que o seu desígnio tenha sido alcançado, poderá o banco ficar em mãos com um rol de problemas por resolver, nos casos em que o correspondente montante já não se encontre na sua posse e independentemente da razão para isso. A responsabilidade assumida pelo banco do ordenante pode resultar num elevado prejuízo para este quando, por qualquer razão (nomeadamente falência de um banco intermediário), *não consegue obter ele próprio o reembolso do montante.* Estando em causa uma soma muito elevada, pode o banco ver-se colocado numa situação particularmente difícil, o que levou a que por diversas vezes tenham as autoridades de supervisão manifestado a sua preocupação com os problemas de *solvabilidade* que o estabelecimento de graus de responsabilização muito elevados pode causar, sobretudo às instituições mais pequenas.

Este problema pode ser atacado em várias frentes. Por um lado, no âmbito das relações entre o banco e os seus clientes, pode tornar-se necessário limitar o montante a ser reembolsado ao cliente nos casos (e só nesses!) em que o banco não tenha conseguido obter ele próprio esse reembolso. O Decreto-Lei n.º 21/2000, de 17 de Março, limita o montante a reembolsar a 12.500 euros. Apesar de não o dizer (ou, ao menos, não o fazer indubitavelmente), parece-nos evidente que, se o banco do ordenante tiver recuperado o montante total da transferência, o deverá reembolsar. Deve ter-se em conta que o referido Decreto-Lei apenas se aplica a transferências cujo montante não ultrapasse os 50.000 euros. Para transferências de montantes mais elevados, o regime da obrigação de reembolso não pode ser o mesmo. Por um lado, o estabelecimento de limites tão baixos de reembolso só se coadunam obviamente com montantes de transferências também (relativamente) baixos. Por outro, o estabelecimento de limites superiores pode colocar a instituição em dificuldades sérias. Se tivermos em conta que o fenómeno da concentração bancária é, hoje em dia, cada vez mais vulgar, e que as dificuldades sentidas por um membro do grupo facilmente se propagarão a outros,[911] fazendo desencadear "efeitos de dominó" imparáveis, podemos ficar com uma ideia mínima das preocupações que as transferências de montante elevado causam aos supervisores.

---

[911] Cf. o nosso estudo *Os grupos bancários no Regime Geral das Instituições de Crédito e Sociedades Financeiras,* ROA, Ano 57, Dezembro 1997, pp. 1043-1097.

b) Transferência executada por engano

Pode suceder que o banco do ordenante tenha executado uma transferência por engano. Ou porque, sem querer, executou uma ordem sem que a conta do ordenante estivesse devidamente provisionada, ou por ter realizado uma transferência não coincidente com a ordem emitida e mesmo na ausência desta.

Se o banco do ordenante tiver *executado a ordem sem que para tal haja provisão* e o tiver feito por engano, sem em momento algum ter pretendido conceder crédito ao seu cliente, pode obviamente exigir-lhe o pagamento do montante correspondente uma vez que, não estando embora obrigado em tais condições a realizar a transferência, estava autorizado a fazê-lo.

As cláusulas contratuais gerais relativas aos cartões de crédito estabelecem normalmente o direito do banco debitar a conta de depósito à ordem indicada para esse efeito pelo cliente pelo montante transferido, bem como pelas comissões devidas, obrigando-se o titular a manter a conta devidamente provisionada para permitir tais débitos. No caso de transferências ordenadas para as quais não haja saldo suficiente, o banco fica autorizado a debitar o montante em dívida em qualquer outra conta de depósito de que o cliente seja titular ou co-titular solidário, assim como a proceder à compensação com outros créditos daquele sobre o banco. Caso tal não seja possível, haverá lugar ao pagamento de juros de mora.

Podendo agir contra o seu cliente no sentido de que este provisione a conta, o banco do ordenante nunca pode, porém, obter o reembolso do montante já inscrito na conta do beneficiário, dada a abstracção do crédito do beneficiário relativamente à relação entre o ordenante e o seu banco e a sua imunidade quanto às vicissitudes que aí possam ocorrer.[912]

Esta solução decorre da natureza de meio de pagamento abstracto atribuída à transferência bancária e da consideração das especiais linhas que tecem as relações entre os bancos e os seus clientes. À mesma conclusão chegaríamos, porém, se analisássemos a situação em termos pura-

---

[912] Nesse sentido também, VÁZQUEZ PENA, *La Transferencia Bancaria...*, p. 249; SEQUEIRA MARTÍN, *La Transferencia Bancaria...*, p. 2548; MICHEL JEANTIN, *Droit commercial...*, p. 101; DEVÈZE / PÉTEL, *Droit Commercial...*, pp. 252-253; GAVALDA / STOUFFLET, *Droit bancaire...*, p. 114; MICHEL CABRILLAC, *Le chèque et le virement...*, p. 224; JUGLART / IPPOLITO, *Traité de Droit Commercial...*, p. 561; GARRIGUES, *Contratos Bancarios...*, p. 563 e VAN RYN / HEENEN, *Principles de Droit Commercial...*, p. 331.

356 *A Transferência Bancária*

mente civilísticos, "esquecendo" a natureza abstracta da transferência enquanto meio de pagamento e recorrendo às regras do enriquecimento sem causa. Se o ordenante era devedor do beneficiário e com a transferência se consegue liberar da sua obrigação, o banco não pode agir contra o beneficiário com base em enriquecimento deste. A prestação do devedor/ordenante ao credor/beneficiário tem causa jurídica. Onde há enriquecimento sem causa é na relação entre o ordenante e o seu banco, dado que aquele, liberando-se, enriqueceu à custa do património do banco, sendo que na relação entre ambos falta causa (porque não há provisão).[913]

---

[913] Nesse sentido, CLAUSSEN, *Bank- und Börsenrecht...*, p. 129. A doutrina dominante na Alemanha, recorrendo ao conceito de "prestação" (que define como "o incremento consciente e finalisticamente orientado de um património alheio") considera que, neste caso, o pagamento feito pelo banco ao beneficiário não pode ser considerado como uma prestação nessa relação, uma vez que o banco não prossegue em relação a esse beneficiário um fim de prestação próprio. Apesar da deslocação patrimonial entre o banco e o beneficiário, exclui-se a acção daquele contra este, uma vez que o fim dessa deslocação se encontra na relação entre ordenante e beneficiário. O banco só pode pedir a restituição ao ordenante (seu parceiro contratual na vertente aqui relevante), em virtude do enriquecimento deste através da liberação da sua dívida. Esta solução foi pela primeira vez adoptada pela jurisprudência em 1904 no caso *"Postanweisung"* (RG 12/1/1904 – RGZ 60 (1905), pp. 24-29), em que o tribunal rejeitou a pretensão dos Correios de agir contra o credor de um seu empregado, que despachou um vale de correio sem ter depositado o dinheiro correspondente. Este caso é analisado por SCHWINTOWSKI / SCHÄFER, *Bankrecht...*, pp. 288-290, a propósito da transferência bancária em que falta provisão, chamando os autores a atenção para a natureza abstracta da inscrição a crédito na conta do beneficiário. E é também analisado por MENEZES LEITÃO, *O Enriquecimento Sem Causa...*, pp. 566 ss., a propósito do enriquecimento sem causa nas relações trilaterais, sobretudo na delegação. Não podemos, a este propósito, deixar de realçar a "ponte" entre a delegação e a ordem de transferência que é feita pelo Autor. Este utiliza a expressão "delegação" para traduzir o termo alemão *"Anweisung"*, mas chama a atenção para o facto de, para efeitos de enriquecimento sem causa, este termo não se identificar nem com o sentido muito amplo com que surge nos §§ 447 II e 645 I 1 BGB (instrução) nem com o correspondente conceito técnico do § 783 BGB (delegação para pagamento), sendo antes utilizado num sentido amplo como *instrução para realizar uma prestação a terceiro*, numa relação trilateral, podendo abranger desde hipóteses de simples instruções verbais para realizar uma prestação a outrem a negócios típicos do direito bancário, como o cheque ou a ordem de transferência bancária (pp. 563-564 n. 21). KÜMPEL, *Bank- und Kapitalmarktrecht...*, pp. 240-241, chama a atenção para as dificuldades na adaptação do conceito de "prestação" utilizado pela doutrina dominante na Alemanha às relações triangulares, e faz notar que o maior número de casos práticos se encontra no domínio dos pagamentos escriturais. Também VIEIRA GOMES, *O Conceito de Enriquecimento, o Enriquecimento Forçado e os Vários Paradigmas do Enriquecimento sem Causa*, UCP, Porto, 1998, p. 692, parafraseando

Alguns Problemas do Regime 357

Outro tipo de problemas, mais graves, ocorre quando o banco, por qualquer razão, incumprindo a ordem do seu cliente ou mesmo na ausência desta, tiver *indevidamente debitado a sua conta e creditado a conta de um terceiro.* Devem distinguir-se as situações em que esse terceiro é absolutamente estranho ao ordenante daquelas em que ele é efectivamente credor deste.

No que respeita à primeira situação, e afastando para já as situações de fraude, o mais vulgar é que tenha havido, por parte do banco, um *erro na identificação da conta*,[914] tendo aquele creditado a conta errada (numa transferência interna) ou transmitido incorrectamente a informação, a ela relativa, ao banco do beneficiário ou a um banco intermediário (nas transferência externas directas e indirectas), em resultado do qual o montante transferido nunca chegou a ser creditado na conta do beneficiário. Pode também ter acontecido que o banco tenha realizado uma transferência, debitando para isso a conta de um seu cliente, *sem ter recebido qualquer ordem* deste.

Sendo a soma creditada indevida, a primeira questão que se coloca é a de saber se poderá o banco debitar (unilateralmente, por sua iniciativa) esse montante indevidamente creditado, quando o terceiro cuja conta foi creditado seja seu cliente. Trata-se do chamado *"estorno"*. Alguns autores entendem que, seja o banco do ordenante ou não, também, o banco do titular da conta que foi creditada, ele não poderá, unilateralmente, proceder a um débito no mesmo montante.[915] Outros entendem, pelo contrário, que o banco pode rectificar o erro mediante o correspondente débito.[916] Na

---

SCHLECHTRIEM, diz que as relações triangulares são o "verdadeiro pesadelo" do enriquecimento sem causa, dando como exemplo a ordem ou delegação de pagamento.

[914] De acordo com o art. 4A do UCC, quando há um erro na identificação do beneficiário, isso significa que não há beneficiário, logo não se configura qualquer aceitação por parte do banco do beneficiário e qualquer emissor na cadeia de transferência tem direito a reaver o dinheiro – UCC § 4A-207 e Comentário Oficial 1, *apud* PATRIKIS / / BHALA / FOIS, *An Overview of United States Funds Transfer Law...*, p. 26.

[915] É essa a opinião, entre outros, de SANTINI, *Giroconto...*, pp. 862 e AMORY / / THUNIS, *Authentification de l'Origine...*, p. 712.

[916] É o caso de GARRIGUES, *Contratos Bancarios...*, p. 562; VÁZQUEZ PENA, *La Transferencia Bancaria de Crédito...*, p. 246, n. 200; VAN RYN / HEENEN, *Principles de Droit Commercial...*, p. 330 e DANIEL GUGGENHEIM, *Les Contrats de la Pratique Bancaire Suisse...*, pp. 265 ss. (este Autor entende que o banco poderá obter esse estorno invocando erro ou dolo, mesmo perante um beneficiário de boa fé, o qual deve permitir o estorno porque, ao abrir uma conta corrente, implicitamente autoriza o débito de montantes indevidamente creditados).

358 A Transferência Bancária

prática os bancos procedem sem hesitar a esse estorno quando tenham indevidamente creditada a conta de um cliente.

À primeira vista, pode parecer que tal estorno é indevido, dado o carácter abstracto do crédito do beneficiário. No entanto, uma análise atenta da relação entre o beneficiário de uma transferência e o seu banco permite concluir que aquele estorno nada tem de extraordinário. Na realidade, o banco está obrigado a inscrever a crédito na conta dos seus clientes os montantes que tenha recebido enquanto seu mandatário, assim os "restituindo". Pois bem, a verdade é que, não existindo uma ordem do ordenante, o banco não recebe nenhum pagamento por conta do beneficiário. O montante que ele credita na conta do seu cliente é dinheiro que lhe pertence a ele, banco, não havendo qualquer razão para que não o possa reaver. Não se chega a configurar, nestes casos, uma "situação de transferência".

Na Alemanha, as cláusulas contratuais gerais dos bancos (AGB/B)[917] contêm uma "cláusula de estorno" que prevê que os créditos indevidamente inscritos em contas à ordem podem ser anulados através do correspondente débito antes do fecho de contas (envio do extracto) mais próximo, desde que haja a possibilidade do banco reivindicar o reembolso do respectivo cliente. Exige-se, pois, a existência de um direito do banco a reaver o montante creditado de acordo com as regras do enriquecimento sem causa.[918]

A questão complica-se quando a transferência é externa, pois nesse caso o banco do beneficiário recebe efectivamente por conta daquele uma ordem de pagamento emitida pelo banco do ordenante. A falta de mandato deste é uma questão alheia à relação entre o beneficiário e o respectivo banco, não parecendo que, neste caso, esta instituição possa proceder ao estorno.[919] O banco do beneficiário não sabe, nem tem que saber, o que se passa na relação entre o ordenante e o seu banco e, afinal, é esse o sentido da afirmação de que o crédito do beneficiário é abstracto.[920] O facto de no

---

[917] Nr. 8 AGB/B (93).

[918] KÜMPEL, *Bank- und Kapitalmarktrecht...*, pp. 249 ss. e SCHWINTOWSKI / / SCHÄFER, *Bankrecht...*, pp. 297 ss..

[919] Imagine-se as situações que isso poderia provocar: o banco do ordenante, por ex., executa uma ordem sem se aperceber que a conta do ordenante não está provisionada para o efeito; sabemos que, nesse caso, ele não pode estornar a conta do beneficiário, ainda que seja este também seu cliente; no entanto, tratando-se de uma transferência externa, ele solicita ao banco do beneficiário que o faça, alegando não ter recebido qualquer ordem por parte do devedor, e assim facilmente obtendo um efeito que lhe estava vedado.

[920] Nesse sentido, CONCETTO COSTA, *Bancogiro...*, pp. 365-366. Considerando que a questão pode ser de responsabilidade entre os dois bancos, se o banco do beneficiário

Alguns Problemas do Regime   359

caso concreto não ter havido nenhuma ordem dirigida ao banco do ordenante não muda a configuração da situação, pois existe uma ordem dada por este ao banco do beneficiário. Não podemos negar contudo que a prática bancária não se coaduna com o rigor dos princípios, sobretudo no interior de grupos...

Se o banco não tiver êxito no estorno, nas transferências internas, e o titular da conta creditada se recusar a devolver o correspondente montante, nas transferências externas, tem o mesmo o direito de obter o reembolso da quantia indevidamente creditada através de uma *acção de enriquecimento sem causa* contra o titular da conta indevidamente creditada, nos termos gerais.[921] [922] Não há qualquer prestação do ordenante ao beneficiário por um terceiro autorizado a realizá-la, tudo se passando exclusivamente entre o banco e o beneficiário, e podendo aquele exigir deste a restituição efectuada com fundamento na *condictio indebiti*, ao abrigo do n.º 1 do art. 476.º CCiv..[923]

---

que recebeu um pagamento a duplicar tiver agido negligentemente, RICHARD ROUTIER, *La responsabilité du banquier*, L.G.D.J., Paris, 1997, p. 62.

[921] Cf. VÁZQUEZ PENA, *La Transferencia Bancaria de Crédito...*, p. 242; SEQUEIRA MARTÍN, *La Transferencia Bancaria...*, p. 2548;GAVALDA / STOUFFLET, *Droit bancaire...*, p. 114; JUGLART / IPPOLITO, *Traité de Droit Commercial...*, p. 562 e DEVÈZE / PÉTEL, *Droit Commercial...*, p. 253.

[922] MENEZES LEITÃO, *O Enriquecimento Sem Causa...*, pp. 582-583, analisa a questão de falta absoluta de qualquer "delegação" (no sentido indicado) e dá como exemplo (n. 72) um caso julgado na Alemanha (*Ent.* BGH 31/5/1976 – BGHZ 66 (1977), pp. 372-378), em que B deu uma ordem ao Banco A para que creditasse a conta de C, tendo aquele feito o crédito na conta de D, e no qual se admitiu a acção de enriquecimento sem causa de A contra D, uma vez que B não efectuara essa ordem e, portanto, não se poderia considerar existente uma prestação sua por intermédio de A. O mesmo Autor refere (p. 582) que a jurisprudência alemã tem apresentado um critério baseado na possibilidade de imputar ou não ao delegante (ordenante) a delegação (ordem), excluindo a acção de enriquecimento contra ele quando a ordem não lhe possa ser imputada, o que acontecerá nos casos de falsificação da ordem de transferência, de emissão de uma ordem por um incapaz ou por um representante sem poderes, de pagamentos excessivos em relação à ordem quando o beneficiário disso deva ter conhecimento e de revogação conhecida por esse beneficiário (vd. ns. 66 a 70, com indicação das correspondentes decisões jurisprudenciais). Cf. também KÜMPEL, *Bank- und Kapitalmarktrecht...*, pp. 246 ss., que conclui que o princípio segundo o qual, para a definição de "prestador" para efeitos de enriquecimento sem causa é determinante o ponto de vista do terceiro cuja conta é creditada, requer excepções de acordo com a justiça de cada caso concreto.

[923] KÜMPEL, *Bank- und Kapitalmarktrecht...*, p. 240, comenta a este propósito que a intermediação numa operação de transferência só é patrimonialmente neutra para o

360 A Transferência Bancária

As dificuldades aumentam quando *o beneficiário é efectivamente credor do montante transferido*. Tal pode ocorrer, nomeadamente, quando o banco não atendeu a uma ordem de revogação válida e eficaz, quando executou a ordem duas vezes ou quando creditou um montante excessivo em relação ao efectivamente ordenando.

Há quem defenda que, nesses casos, sendo a quantia efectivamente devida pelo ordenante, o banco deste não poderá obter, por via de enriquecimento sem causa, o montante creditado.[924] Entendem outros autores que o banco do ordenante actua na convicção de que está a cumprir um mandato que na realidade não existe, o que significa que o pagamento não tem por causa uma vontade do devedor, mas uma vontade – errónea – do mandatário, sendo o titular da conta pago, não pelo devedor mas pelo banco, com dinheiro pertencente a este, e assim se justificando o enriquecimento sem causa.[925]

Torna-se necessário ponderar devidamente os vários interesses em presença – se por um lado o ordenante não legitimou o seu banco a efectuar aquele pagamento, a verdade é que a quantia era efectivamente devida ao beneficiário, e aquele se libera da dívida para com este. Há que proteger, por um lado, a confiança do credor/beneficiário que recebe uma prestação devida e, por outro, o direito do banco obter o reembolso do montante pago.

Esta situação parece caber no art. 478.º CCiv., uma vez que existe efectivamente uma dívida do titular da conta creditada face ao beneficiário, que se extinguiu com a transferência. A exoneração do ordenante/devedor face ao beneficiário/credor provocou um enriquecimento daquele às custas do património do banco, o que justifica uma acção de enriquecimento deste contra aquele. Por outro lado, tutela-se a confiança do credor/beneficiário, ressalvando-se os casos em que o mesmo tem conhecimento do erro, nos quais o banco deverá exigir-lhe a restituição do montante creditado em excesso.[926] Caberão nesta ressalva as situações em que é feita uma dupla inscrição a crédito ou é creditado um montante excessivo em relação à conta, tendo o beneficiário conhecimento de que

---

banco quando este pode debitar a conta do seu cliente a título de despesas tidas com o exercício do mandato, podendo ver-se obrigado, nos outros casos, a recorrer a uma acção de enriquecimento sem causa.

[924] SEQUEIRA MARTÍN, *La Transferencia Bancaria...*, p. 2548.

[925] VÁZQUEZ PENA, *La Transferencia Bancaria...*, pp. 245-246.

[926] É esta a opinião de MENEZES LEITÃO, *O Enriquecimento Sem Causa...*, a propósito das transferências (pp. 582-583) e a propósito do cheque (p. 585).

Alguns Problemas do Regime 361

houve erro.[927] O mesmo se passa quando uma ordem permanente (relativa a prestações periódicas) tenha sido revogada pelo ordenante e, apesar disso, o banco tenha continuado a creditar a conta do beneficiário, que tem conhecimento do erro. Em qualquer caso, há sempre que atender ao limite do enriquecimento, nos termos do art. 479.º n.º 2 CCiv..

A abstracção da transferência e o desejável desconhecimento por parte do banco da sua causa leva-nos a levantar algumas dúvidas acerca da sua "convicção de que está obrigado a cumprir uma obrigação alheia", para efeitos de aplicação do art. 478.º CCiv.. Do que não restam dúvidas é que estamos perante mais um grupo de situações em que se torna difícil articular a relação subjacente com as relações bancárias desenvolvidas com vista a executar uma transferência bancária enquanto meio de pagamento abstracto, e integrar as particularidades desse meio de pagamento nos cânones tradicionais.

c) Transferência de um montante errado

Pode ter havido, por parte do banco do ordenante, um erro no montante creditado, no caso das transferências internas, ou na transmissão das informações relativas a esse montante, nas transferência externas. No que respeita à transferência de um *montante excessivo*, remetemos para as soluções encontradas a propósito da execução indevida de uma transferência. Se, pelo contrário, o banco do ordenante tiver creditado ao beneficiário um *montante inferior* ao ordenado, deverá, antes de mais, proceder no mais breve espaço de tempo possível ao crédito do remanescente, em cumprimento do seu mandato. Se tiver debitado a totalidade do montante, deverá igualmente proceder ao pagamento dos juros correspondentes ao

---

[927] MENEZES LEITÃO, *O Enriquecimento Sem Causa...*, p. 579, n. 61, apresenta um caso, julgado na Alemanha (*Ent.* BGH 25/9/1986 – NJW 1987, pp. 185-187), em que o montante creditado excedia largamente (dez vezes mais) o montante constante da ordem, e em que o beneficiário, apercebendo-se do erro, levantou o dinheiro. O tribunal admitiu a acção de enriquecimento do banco contra o beneficiário com fundamento no princípio da boa fé. CANARIS, comentando esta decisão, considerou admissível a acção do banco contra o beneficiário independentemente de este poder ou não considerar estar perante uma prestação do devedor, uma vez que a realização não é imputável a este (utilizando portanto o critério da imputação do pagamento), adiantando que o beneficiário estava devidamente protegido pela regra do limite do enriquecimento (§ 818 III BGB, correspondente ao n.º 2 do art. 479.º CCiv.). Cf. também, com indicação de diversa jurisprudência, SCHWINTOWSKI / SCHÄFER, *Bankrecht...*, pp. 291 ss..

362   *A Transferência Bancária*

montante não creditado. Se por virtude desse crédito deficitário tiverem sido causados prejuízos ao ordenante pelo facto de estar a ser efectuado um *pagamento parcial*, o banco deverá ressarci-lo desses *danos*, nos termos do art. 238.º CCom..

d) Transferência executada com atraso

Como vimos, nas transferências incluídas no âmbito de aplicação do Decreto-Lei n.º 41/2000, de 17 de Março, a instituição do ordenante dispõe de um e cinco dias úteis, consoante se trate de transferências internas ou intracomunitárias, para creditar o montante em causa na conta da instituição do beneficiário.

Nos casos em que não está vinculado a executar uma ordem de transferência dentro de um prazo determinado, deve o banco do ordenante fazê-lo com prontidão, em cumprimento do especial dever de diligência que sobre ele impende.[928]

Estabelece o n.º 1 do referido diploma que se a transferência não for efectuada dentro do prazo estabelecido, a instituição do ordenante deve indemnizá-lo. Essa indemnização consiste, sem prejuízo de qualquer outra, no pagamento de juros, à taxa legal, sobre o montante da transferência, calculados entre o termo do prazo para efectuar a transferência e a data em que as quantias em dinheiro são creditadas na conta da instituição do beneficiário (n.º 2 da mesma disposição).

Relativamente às transferências não incluídas no âmbito de aplicação do Decreto-Lei, um atraso na realização da transferência constituirá o banco do ordenante na obrigação de pagamento de *juros*, nos termos do art. 264.º CCom., e de uma indemnização pelos *prejuízos* causados, ao abrigo do art. 238.º CCom..[929] Os motivos que desoneram o banco de responsabilidade no caso de não execução também o liberarão de responsabilidade por atraso.

---

[928] GAVALDA / STOUFFLET, *Droit bancaire...*, p. 114.

[929] De acordo com o art. 4A do UCC, se a transferência foi executada com atraso relativamente ao prazo indicado pelo banco do ordenante, este é responsável, não só perante o cliente, mas também perante o beneficiário, devendo ressarci-los dos "*incidental damages*" (incluindo honorários de advogados), mas não de "*consequencial damages*" – UCC § 4A-305. O regime é semelhante para as execuções incorrectas – UCC § 4A-302.

Alguns Problemas do Regime 363

3.2.2. Erro imputável ao ordenante

A ocorrência de qualquer incidente no decurso da transferência pode ter-se devido a um *erro* ou a uma *omissão* nas *instruções* dadas ao seu banco pelo ordenante. É o que acontece, designadamente, quando o ordenante indica um número de conta errado ou um montante diferente do que efectivamente pretende transferir.[930] Nesse casos será o banco exonerado de qualquer responsabilidade, uma vez que, enquanto mandatário, cumpre a sua obrigação ao executar, correcta e atempadamente, as instruções que o mandante lhe transmitiu (cf. art. 1161.º CCiv.).

O n.º 4 do art. 11.º do Decreto-Lei n.º 41/2000, de 17 de Março, pressupondo essa desresponsabilização, faz apesar disso impender sobre a instituição do ordenante o dever de se esforçar, "na medida do possível", por reembolsar o montante da transferência. Caso ocorra essa recuperação, a instituição é, nos termos do n.º 5 da mesma disposição, obrigada a creditá-la ao ordenante, não sendo contudo obrigada a reembolsar as despesas efectuadas e os juros vencidos. Pode, além disso, deduzir as despesas provocadas pela recuperação, na medida em que sejam especificadas. Todo este regime se aplica aos casos em que o erro provenha de um banco intermediário esolhido pelo ordenante.

As cláusulas contratuais gerais relativas a cartões de crédito esclarecem, regra geral, que a transferência ocorre sob exclusiva responsabilidade do ordenante, o qual se deverá certificar de que digita correctamente os elementos de identificação da conta para onde deseja transferir os fundos.

No entanto, deverá entender-se que, podendo o erro ser detectado pelo banco sem que este o faça, deverá o mesmo incorrer em responsabilidade. A articulação entre o dever do ordenante transmitir os dados correctos[931] e o do banco de detectar anomalias geram bastantes dificuldades (sobretudo quando alguma culpa possa ser imputável também ao banco do beneficiário[932]) susceptíveis de ser resolvidas apenas no caso concreto.

---

[930] ELLINGER / LOMNICKA, *Modern Banking Law...*, p. 111.

[931] VASQUEZ PENA, *La Transferencia Bancaria...*, p. 239; SEQUEIRA MARTÍN, *La Transferencia Bancaria...*, p. 2547.

[932] LAIDLAW / GRAHAM, *Law Relating to Banking Services...*, p. 190.

364   *A Transferência Bancária*

Também um *atraso* na execução da transferência poderá ser, nalgumas circunstâncias, imputável ao ordenante. Tal será o caso de, não obstante dirigida ao banco uma ordem de transferência, o ordenante não dispôr dos fundos necessários para a sua execução. Não existindo entre o cliente e o banco um contrato de crédito que obrigue este a executar transferências em caso de falta de provisão e não estando o mesmo disposto a fazê-lo, só quando a conta estiver devidamente provisionada será executada a transferência. Por essa execução tardia imputável a falta de provisão não deverá naturalmente responder o banco. Efectivamente, é obrigação do mandante, se outra coisa não tiver sido convencionada fornecer ao mandatário os meios necessários à execução do mandato (art. 243.º CCom.), não sendo obrigatório o desempenho do mandato que exija provisão de fundos, embora haja sido aceite, enquanto o mandante não puser à disposição do mandatário a totalidade da importância em causa (§§ 1 e 2).[933] Se o saldo for insuficiente para a execução da ordem, o banco não deve proceder a uma transferência parcial, pois isso contrariaria as instruções recebidas.[934]

Tendo sido previamente estipulado, entre banco e cliente, a abertura de crédito em caso de emissão de ordens de transferências não acompanhada da existência de provisão, fica aquele, naturalmente, obrigado a executar a transferência (§ 3). Não havendo tal acordo prévio, o banco é em princípio livre de optar entre executar a transferência ou não. A sua liberdade de decisão nestes casos deve ser devidamente entendida à luz do princípio da boa fé e da confiança que deve reger a relação bancária complexa e duradoura que se estabeleceu entre banco e cliente desde a abertura da conta. Não havendo por princípio qualquer obrigação por parte do banco em conceder crédito, mesmo que o tenha feito antes em circunstâncias idênticas,[935] tudo deverá depender do caso concreto e dos usos bancários.[936] Se o banco tem por hábito executar transferências em casos

---

[933] JANUÁRIO DA COSTA GOMES, *Contrato de Mandato...*, p. 366: "Não seria razoável que fosse exigido ao mandatário o "adiantamento" de meios próprios para execução ou continuação de execução do mandato, quando é o mandante como verdadeiro interessado que os deve fornecer.".

[934] MICHEL CABRILLAC, *Le chèque et le virement...*, p. 206.

[935] ALMENO DE SÁ, *Responsabilidade Bancária...*, pp. 116-117.

[936] JANUÁRIO DA COSTA GOMES, *Contrato de Mandato...*, p. 367, defende que, no que ao mandato comercial diz respeito, quando de estipulação ou dos *usos* da praça resulte que o mandatário deve adiantar fundos, fica este obrigado a supri-los nos termos do par. 3.

Alguns Problemas do Regime 365

de falta de provisão ou quando, não obstante não o costumar fazer, o montante em causa é insignificante, poderá ser considerado responsável por violação do princípio da boa fé.

Assim estabelecidas as coordenadas da relação entre o ordenante e o seu banco, resta analisar as repercussões que o erro cometido por aquele pode ter nas relações, quer com o seu devedor, quer com um terceiro cuja conta tenha, por virtude desse erro, sido indevidamente creditada.

No que ao *credor do ordenante,* pretenso beneficiário da transferência, diz respeito, o ressarcimento de quaisquer danos que tenham ocorrido na sua esfera jurídica (nomeadamente no caso de o beneficiário ter sofrido prejuízos, directos ou indirectos, pelo facto de não ter podido dispor do montante devido na data acordada), deverá ocorrer no âmbito da relação subjacente entre ambos, ao abrigo das regras gerais de responsabilidade contratual.

Tendo o montante sido transferido, por indevida indicação do ordenante, para uma *conta errada,*[937] poderá, no limite, ter lugar uma acção de *enriquecimento sem causa* entre o ordenante e o titular dessa conta. Sabemos que a ordem só pode ser revogada enquanto não tiver sido executada, não existindo qualquer forma de a invalidar depois desse momento.[938] Executada a ordem, o crédito obtido pelo beneficiário é abstracto relativamente à relação subjacente, sendo o banco do ordenante e o banco do beneficiário (sejam ou não o mesmo) totalmente alheios a essa relação e não sendo admitida, em condição alguma, o "estorno" desse montante.[939]

Se o montante transferido por engano do ordenante (ou em excesso, por erro deste) era efectivamente *devido,* levanta-se a questão de saber em que circunstâncias poderá aquele obter o respectivo reembolso. Esta situa-

---

[937] Na Alemanha, de acordo com os §§ 2 e 3 nr. 11 AGB/B (93), o cliente deve evitar o desfasamento entre o nome do beneficiário e o número da conta, devendo suportar os custos derivados desse desfasamento se tiver culpa, uma vez que os bancos apenas atendem ao número da conta – CLAUSSEN, *Bank- und Börsenrecht...*, p.128. Na Áustria, onde também há cláusulas contratuais gerais bancárias uniformes, o regime é semelhante – FRIEDRICH PRUNBAUER, *Banker's Liability...*, p. 62.

[938] DANIEL GUGGENHEIM, *Les Contrats de la Pratique Bancaire Suisse...*, pp. 263 ss.; SEQUEIRA MARTÍN, *La Transferencia Bancaria de Credito...*, pp. 2547-2548.

[939] Nesse sentido, ALFRED JAUFFRET, *Droit Commercial...*, p. 632 e ZUNZUNEGUI, *Derecho del Mercado Financiero...*, p. 388.

ção pode ocorrer, nomeadamente, quando uma empresa tem os seus clientes listados por código e, enganando-se na digitação de um código, transfere determinado montante para a conta de um cliente diferente daquele para o qual o pretendia fazer. Ou quando se engana no montante a transferir. Sendo este beneficiário também seu credor, pergunta-se se terá aquele uma acção de *enriquecimento sem causa* baseada eventualmente em vício da vontade. Deve entender-se que não,[940] porque o pagamento era devido, o "enriquecimento" tem causa, e, ainda que sem *animus solvendi,* a obrigação subjacente dá-se por cumprida, nos termos do art. 762.º n.º 1 CCiv..[941]

3.2.3. Erro imputável ao banco do beneficiário

Na qualidade de mandatário do seu cliente, também sobre o banco do beneficiário de uma transferência em concreto impendem, para além dos deveres de diligência, lealdade e cooperação decorrentes do regime geral do mandato e qualificados pelo seu carácter profissional, intensificados deveres decorrentes da relação bancária geral.

O banco do beneficiário desonera-se naturalmente de qualquer responsabilidade no caso de ter executado em tempo as instruções que lhe foram transmitidas pelo ordenante, pela instituição deste ou por um banco intermediário.

A execução da transferência pode ter sido tardia ou nunca chegar a ocorrer, porque o banco do beneficiário creditou a conta errada ou nunca pretendeu inscrever o montante devido na conta do seu cliente (por ter entendido compensar com esse montante um crédito face ao cliente, por ex.). Pode ter sido creditado um montante inferior ao ordenado. Em qual-

---

[940] MICHELE GIORGIANNI, *Pagamento...*, p. 324 e VÁZQUEZ PENA, *La Transferencia Bancaria de Crédito...*, pp. 240.

[941] Recorde-se que o cumprimento "é *acto devido* (actividade não livre, mas vinculada), válido mesmo sem *animus solvendi,* pelo que se actua ou realiza a prestação devida ao credor, tornando actual e realidade o que antes estava em potência" – CALVÃO DA SILVA, *Cumprimento e Sanção Pecuniária Compulsória...*, p. 105. Cf. também MENEZES LEITÃO, *O Enriquecimento Sem Causa...*, p. 633, que refere: "a realização da prestação implica a transposição para o plano ontológico dos factos (ser ou *sein*) do conteúdo deontológico da vinculação (dever ser ou *sollen*), identificando-se com o cumprimento e importando assim a extinção da obrigação".

Alguns Problemas do Regime 367

quer destes casos, deve o banco do beneficiário ressarcir o seu cliente dos danos que essa actuação lhe tenha causado, tendo em conta o conteúdo geral da relação bancária entre eles existente e o teor dos diversos contratos singulares ao abrigo dela celebrados.

Também neste domínio o Decreto-Lei n.º 41/2000, de 17 de Março, nos fornece regras aplicáveis às transferências incluídas no respectivo âmbito de aplicação. Assim, determina o n.º 1 do art. 8.º que a instituição do beneficiário deve indemnizá-lo se não cumprir o prazo (estipulado ou legalmente consagrado) para colocar a quantia em causa à sua disposição. A indemnização consiste, sem prejuízo de qualquer outra, no pagamento de juros, à taxa legal, sobre o montante da transferência, calculado entre o termo do prazo e a data em que as quantias em dinheiro são creditadas na conta do beneficiário, ou por outra forma colocados à sua disposição.

Para quem entende que o ordenante, na sua qualidade de devedor, apenas se desonera com o crédito do montante transferido na conta do beneficiário, coloca-se a questão de saber em que termos pode o mesmo agir contra o banco do beneficiário quando, por culpa deste, a quantia em dívida tenha chegado tardiamente ou nunca tenha sido colocado à disposição do credor. Os autores que vêem na relação entre o banco do ordenante e o banco do beneficiário um fenómeno de substituição atribuem ao ordenante o direito de agir directamente contra este em caso de falha sua, o que se afigura necessário dado o reduzido âmbito de responsabilidade do seu próprio banco. Os que analisam como mandatos independentes as várias relações bancárias que se sucedem na cadeia de transferência e, simultaneamente, consideram desonerado o devedor apenas no momento da inscrição a crédito na conta do beneficiário, têm tentado, através de construções mais ou menos artificiais, não deixar o ordenante de todo desprotegido.

Todas estas dificuldades confortam-nos na assunção da opinião de que, cessando a responsabilidade do banco do ordenante perante este com o crédito na conta da instituição do beneficiário e a transmissão a este da ordem de pagamento, se extingue simultaneamente a obrigação subjacente, porque nesse momento é efectuada uma atribuição patrimonial a favor do beneficiário/credor através do respectivo mandatário. O que significa que nunca o ordenante é prejudicado por qualquer acto do banco do beneficiário, devendo este responder apenas perante o seu cliente, que o elegeu, e face ao qual tem especiais deveres decorrentes da relação bancária que os une e, especificamente, de cada um dos contratos singulares que com ele celebrou.

368 *A Transferência Bancária*

A mesma parece ser a posição adoptada na Directiva 97/5/CE e, consequentemente, no diploma que operou a sua transposição, ao esta-belecerem um regime de responsabilidade dos bancos exclusivamente face aos respectivos clientes e ao considerarem executada a transferência a partir do momento em que os fundos são creditados na conta da instituição do beneficiário (respondendo esta por qualquer atraso na disponibilização efectiva dos fundos ao seu cliente).

3.2.4. *Erro imputável a um banco intermediário*

Também aqui a solução para os problemas que em concreto se possam colocar depende da posição que se adopte acerca da forma através da qual as várias relações bancárias se articulam para execução de uma transferência bancária.

Mais uma vez, os autores que descobrem nas relações interbancárias um fenómeno substitutório reconhecem ao ordenante acção directa contra os bancos intermediários faltosos e, de novo, os que as analisam como relações totalmente independentes esgrimam argumentos no sentido de conferir uma qualquer protecção ao mesmo ordenante.

Manifestámos a nossa opinião de que a relação entre o banco do ordenante e um banco intermediário que este utilize para cumprir a sua obrigação se poderia considerar próxima da figura do submandato. A incerteza que rodeia o regime desta figura não nos deixa afirmá-lo sem qualquer dúvida, mas parece-nos que, tratando-se o intermediário de um terceiro escolhido pelo banco do ordenante para cumprir o seu mandato, deve aquele responder pelos actos deste, ainda que sem culpa, tendo depois, no âmbito da relação entre ambos, direito de regresso. Um regime de solidariedade dentro do sistema financeiro e a responsabilização do banco do ordenante perante este pelos bancos escolhidos por ele parece-nos uma solução equilibrada tendo em conta os interesses em jogo.

Foi esse também o regime acolhido na Directiva 97/5/CE e, naturalmente, no Decreto-Lei que a transpôs, que fazem impender sobre quem os escolheu a responsabilidade pelos actos (ou pela falência) dos bancos intermediários intervenientes – o banco do ordenante, o próprio ordenante ou a instituição bancária do beneficiário.[942] O referido Decreto-Lei

---

[942] A regra do art. 4A do UCC é semelhante, e constitui uma excepção à "money-

começa por determinar, no art. 7.º, que a não execução da transferência dentro do prazo imputável a uma instituição intermediária constitui esta na obrigação de indemnizar a instituição do ordenante. Parece tratar-se aqui da consagração de um direito de regresso da instituição do ordenante face à instituição intermediária por si escolhida, nascido na sequência do pagamento de uma indemnização por aquela instituição ao respectivo cliente ao abrigo do art. 6.º. Noutra perspectiva, o facto de a transferência não ter sido efectuada devido à não execução da ordem por uma instituição intermediária expressamente escolhida pelo ordenante exclui a responsabilidade da instituição do ordenante, a qual, como vimos, fica apenas constituída no dever de se esforçar por reembolsar o montante em causa, e , caso o consiga, na obrigação de o creditar ao ordenante (n.ºs 4 e 5 do art. 11.º). Por fim, estabelece o art. 13.º que as obrigações estatuídas no art. 11.º impendem sobre a instituição do beneficiário a favor deste quando a inexecução da transferência for causada por uma instituição intermediária por si escolhida.

Sabemos como a responsabilização do banco do ordenante face ao seu cliente pelas falhas dos bancos intermediários pode colocá-lo numa situação difícil, e que foi manifestando essa preocupação que o art. 8.º da Directiva fixou limites à obrigação de reembolso daquele em caso de não execução da transferência. Sabemos também que a situação se pode tornar mais difícil quando os montantes a transferir são muito elevados. A Directiva não regulamenta estes casos, e a incerteza gerada em torno da forma como resolver os problemas pode levar a um aumento extraordinário das comissões ou a uma simples recusa à execução de transferências. Parece-nos que, tendo sobretudo em conta a qualidade dos "clientes" envolvidos nesse tipo de operações, a autonomia privada será a melhor conselheira, justificando que as transferências envoltas num maior risco (dados os montantes envolvidos e a necessidade de utilização de bancos intermediários) sejam objecto de contratos individuais que regulem especificamente aspectos como os prazos de execução, as comissões a cobrar e o regime de responsabilidade.

-back gurantee": quem escolheu o banco intermediário que "falhou" não tem direito ao reembolso – UCC § 4A-402(e).

4. PROBLEMAS ESPECÍFICOS DECORRENTES DA UTILIZAÇÃO DE MEIOS INFORMÁTICOS

O Direito Bancário é, podemos afirmá-lo sem hesitar neste momento do nosso estudo, um mundo repleto de particularidades no universo da Ciência Jurídica. Nesse mundo, a transferência bancária afirma-se – também já não o duvidamos – como um continente de especificidades. Pois bem, se o carácter específico do seu núcleo e da sua ambiência fazem da transferência um fenómeno de extrema complexidade que resiste, teimosamente, à acomodação fácil nos quadros jurídicos clássicos, a técnica de que se tem vindo a revestir transforma-a num elemento cada vez mais estranho ao universo conhecido dos juristas. Às particularidades do Direito Bancário e do modo *sui generis* de se nos apresentar da transferência bancária vem-se somar, reconheçamos que inelutavelmente e sem retorno, a informática.

Não é difícil constatar que, cada vez com mais vigor, a informática e as telecomunicações – em suma, a *telemática*[943] [944] – se apresentam ao

---

[943] Amory / Thunis, *Authentification de l'Origine...*, p. 685; Thierry Bonneau, *Droit bancaire...*, pp. 18 ss..

[944] A introdução desta técnica no sector bancário inscreve-se no fenómeno mais geral da troca de dados informatizados – o chamado "EDI – *Electronic Data Interchange*" –, que consiste num diálogo entre computadores, por via de redes de telecomunicações, com vista à troca electrónica de informações tradicionalmente veiculadas por correio. Dito de outra maneira, a informação necessária à realização das operações económicas em geral e bancárias em particular deixa de circular apenas por papel para passar a fazê-lo igualmente por via das telecomunicações. A transferência de informações relacionadas com negócios comerciais através do sistema bancário, por vezes chamado *EDI financeiro*, inclui a transmissão de ordens de pagamento. Os parâmetros do EDI foram estabelecidos por um órgão das Nações Unidas, o EDIFACT (*Electronic Data Interchange for Finance, Administration, Commerce and Trade*). Sobre o *EDI*, cf. Marc Hollanders, *The Use and Exchange os Payment Instruments*, Revue de la Banque / Bank-en Financiewezen, 10/1995 (Ano 59), p. 568 e Lionel Costes, *Vers un droit du commerce international*

serviço do sistema financeiro[945] e, sobretudo, dos sistemas de pagamento[946], fazendo emergir um fenómeno novo – o do *telepagamento*.[947] O sector bancário e financeiro é, inegavelmente, um dos que mais tem sofrido o impacto das novas tecnologias e também um dos que melhor as tem aproveitado no incessante processo de busca de respostas rápidas e eficazes às exigências do mercado em geral e de cada um dos seus clientes em particular.[948] Na "era da informação", melhor do que ninguém têm os bancos conseguido manejá-la, transformando a sua matéria-prima – o dinheiro – em pouco mais do que "pura informação", apta a circular a velocidades quase inimagináveis,[949] num mundo a todo o instante feito pequeno.[950]

A transferência bancária é um paradigma – a tendência é galopante no sentido do desaparecimento das transferências com suporte em papel. Em breve deixará de fazer sentido falar em outras que não de *transferências electrónicas de fundos*,[951] consideradas como a "terceira geração"

"sans papier"?, Revue de Droit des Affaires Internationales / International Business Law, n.º 6, 1994, pp. 735-752. Sobre o *EDI* financeiro, cf. CONSEIL NATIONAL DU CRÉDIT, *Bilan et Perspectives des Moyens de Paiment en France*, 1996, pp. 97 ss..

[945] JONATHAN LASS, *Fraud, Error and System Malfunction – A Banker's Viewpoint*, in *Electronic Banking: the Legal Implications* (dir. R. M. Goode), The Institute of Bankers, London, 1985, p. 57: "It is no surprise that the information revolution and the technological revolution are having a profound impact on the international banking system.".

[946] Cf. CARLO PONTIGGIA, *I Sistema Elettronici di Pagamento*, Giuffrè, Milano, 1980.

[947] Cf. CONSEIL NATIONAL DU CRÉDIT, *Bilan et Perspectives des Moyens de Paiment en France*, 1996, p. 54, que define telepagamento como "um acto de pagamento na ocasião do qual as duas partes na operação se encontram ausentes mas relacionadas por um processo telemático ou telefónico", e JEAN-PIERRE DESCHANEL, *Droit Bancaire...*, p. 75 ("Le télépaiment se pare de variantes sémantiques dûment médiatisées (télévirement, téléachat...)...").

[948] VASSEUR, *Le paiment électronique...*, 3206, 1: "La Banque est, de l'avis général, à la pointe de la révolution informatique, qui marque les dernières années de ce siécle. Cette révolution informatique concerne spécialement les moyens de paiment.".

[949] CHRIS REED, *Electronic Finance Law...*, p. 1.

[950] TEITELMAN / DAVIS, *How the cash flows*, Institutional Investor, Agosto, 1996, p. 22: "The world's increasingly interconnected, multilatered payments systems are profoundly transforming the nature of banking – and banks.".

[951] Para uma introdução aos mecanismos do pagamento electrónico, cf., por ex., BERNELL STONE, *Electronic Payment Basics*, ER, Março, 1986, pp. 9-18 e MARC HOLLANDERS, *The Use and Exchange of Payment Instruments...*, pp. 562-573. Com explicações muito completas sobre o funcionamento técnico de todos os sistemas de

dos meios de pagamento,[952] depois da geração das notas e moedas e da dos cheques, letras e transferências-papel, ou, por comparação com esta última, a "segunda revolução" na tecnologia dos pagamentos.[953] Os *impulsos electrónicos* tenderão, passo a passo, a substituir o papel, e a *"cashless society"* é cada vez menos uma utopia.[954]

No pelotão da frente das transferências bancárias electrónicas, e desempenhando um papel fundamental no desaparecimento dos tradicionais meios de pagamentos suportados em papel, estão os *cartões de pagamento*, com os quais é possível o acesso a caixas automáticas e a sistemas de ponto de venda.[955] Já se fala, a propósito, numa "plastic revolution".[956] A utilização de meios electrónicos de pagamento democratizou-se e vulgarizou-se com a disponibilização destes cartões – com eles o cidadão comum efectua pagamentos em estabelecimentos comerciais, paga, nas caixas automáticas,[957] as suas contas de telefone, gás e electricidade, liquida impostos, adquire bilhetes de cinema e de comboio. Por outro lado, a prática cada vez mais frequente de pagamento de salários através de transferência bancária tem eliminado, designadamente, os pagamentos por cheque. Mais do que nunca, a tecnologia ao serviço da banca chega ao *consumidor*,[958] e a questão da sua protecção preocupa cada vez mais os juristas.[959] [960]

---

transferência electrónica de fundos em geral, cf. REVELL, *Banking and Electronic Fund Transfers*, OCDE, Paris, 1983 e ANU ARORA, *Electronic Money and the Law...*, *passim*.

[952] ANU ARORA, *Electronic Money and the Law...*, p. 1.

[953] MARC HOLLANDERS, *The Use and Exchange os Payment Instruments...*, p. 562.

[954] RITTER / SILBER, *Principles of Money...*, pp. 161-162: "More in keeping with the twenty-first century will be a vast nation-wide balance sheet and clearing system in which debits and credits can be rung up virtually instantaneously by electronic impulse.".

[955] VASSEUR, *Le paiment électronique...*, 3206, 2: "Le paiment électronique (...) est par excellence le paiment au moyen de cartes.".

[956] ANU ARORA, *Electronic Money and the Law...*, pp. 67 ss., com muitas indicações sobre os vários tipos de cartões de pagamento. Cf. também MARÍA GETE-ALONSO Y CALERA, *Las Tarjetas de Crédito...* e LOPES AGUIAR, *O Dinheiro de Plástico*, Rei dos Livros, Lisboa, s.d.

[957] CHRIS REED, *Electronic Finance Law...*, p. 60: "Automated teller machines (ATMs) are the most visible face of electronic banking.".

[958] JEREMY MITCHELL, *Electronic banking and the consumer*, IBR, 1986, p. 281: "The past decade has seen the extension of new banking technology from back office operations to service delivery to the consumer.".

[959] Cf. BANK FOR INTERNATIONAL SETTLEMENTS, *Implications for Central Banks...*, pp. 30-36; OCDE, *Les Transferts de Fonds Électroniques – Les Cartes de Paiment et le*

374 *A Transferência Bancária*

A utilização de meios electrónicos na execução de uma transferência bancária não altera em nada a análise da sua natureza nem o que ficou dito sobre a índole das relações jurídico-bancárias que em função dela se desenvolvem. No entanto, não deixa sem mácula a forma de encarar a problemática que envolve as transferências.[961] [962] A utilização de sofisticadíssimos meios telemáticos na execução das transferências bancárias e a consequente velocidade crescente da mesma tendem a tornar obsoletas algumas das questões que suscitámos (como a *revogação*), a dificultar outras (como a *localização das falhas e da culpa* numa cadeia de transferência) e a derrubar alguns dos obstáculos com que nos deparámos (recorde-se que a execução de uma transferência em tempo real faz dela um *meio de pagamento* totalmente em consonância com a vontade das partes). Além disso, colocam-se problemas novos,[963] de que o jurista não

---

Consommateur, OCDE, Paris, 1989; VAN DEN BERGH, / OKAWA, *Monnaie électronique...,* pp. 60-63; JEREMY MITCHELL, *Electronic banking and the consumer,* IBR..., pp. 281-284 e *Electronic Banking and the Consumer – The European Dimension,* PSI, London, 1988; PIETRO NUVOLONE, *La Trasmissione Elettronica dei Fondi,* pp. 593-604; ROBERTO D'ORAZIO, *Profili di tutela dei consumatori nel trasferimento elettronico di fondi,* DII, Anno IV, n.º 2, Maio-Agosto, 1988, pp. 375-398; BOURGOIGNIE / GOYENS (ed.), *Electronic Funds Transfer and Consumer Protection / Transfert Électronique de Fonds et Protection du Consommateur,* Story Scientia, Bruxelles, 1990 e KATHRYN HUMES, *EFT and the Consumer: An Agenda for Research,* in *Computers and Banking – Electronic Funds Transfer Systems and Public Policy* (ed. Kent W. Colton / Kenneth L. Kraemer), Plenum Press, New York, London, 1980, pp. 55-65.

[960] A tutela do consumidor é "tão antiga como o Direito" (MENEZES CORDEIRO, *Tratado de Direito Civil...,* p. 397), mas a massificação do consumo e a emergência das novas tecnologias têm-lhe conferido um vigor especial. O sector bancário é um dos que, melhor conjugando aqueles dois fenómenos, requer uma atenção redobrada.

[961] SEQUEIRA MARTÍN, *La Transferencia Bancaria...,* p. 2549; VÁZQUEZ PENA, *La Transferencia Bancaria...,* p. 333; THIERRY BONNEAU, *Droit bancaire...,* pp. 11 e 18 ss..

[962] Sobre os problemas e as vantagens das transferências electrónicas em relação às transferências com suporte em papel, cf. SAMUEL MADUEGBUNA, *The Effects of Electronic Banking Techniques on the Use of Paper-based Payment Mechanisms in International Trade,* JBL, Julho, 1994., pp. 356 ss..

[963] EYNON SMART, *Electronic banking – An Overview of the Legal Implications,* in *Electronic Banking: the Legal Implications* (dir. R. M. Goode), The Institute of Bankers, London, 1985, p. 1: "The optimist may suggest that there is nothing fundamentally new in electronic funds transfer; it is merely a variety of novel methods of transferring funds from D to C, and in banking any legal problems will be solved by analogy with existing law. (...) But optimism, based on a parcial truth, oversimplifies the matter.".

se pode alhear.[964] Não é nosso objectivo tentar resolvê-los – o estudo rami-
ficar-se-ia interminavelmente e alcançaria uma dimensão inabarcável
nesta sede. Não queremos, contudo, deixar de para a sua emergência
chamar a atenção, alertando para o facto de que os desafios colocados ao
jurista são, neste domínio, cada vez maiores.

PAULO CÂMARA[965] chama a esse propósito a atenção para o facto de
que "a utilização de meios informáticos na transferência bancária transnacional *não é neutra*, ou seja, acarreta questões jurídicas autónomas a que
a simples transferência-papel é alheia", e acrescenta que "a afirmação de
que a utilização de meios informáticos na transferência internacional não
é juridicamente inóqua começa por se demonstrar pela determinação
daquilo que se costuma denominar *risco informático*", esclarecendo que
este conceito se reconduz "à ideia de vulnerabilidade dos sistemas informáticos para ocorrência de danos não imputáveis a qualquer das partes,
ordenante ou banco".

Esse risco pode concretizar-se, por um lado, em falhas técnicas,
seja no sistema de transmissão de mensagens seja no equipamento informático utilizado pelo banco, parte do qual colocado à disposição do
público e, por outro, no acesso fraudulento aos mesmos. Para além da
garantia técnica, um acervo de formas de tutela jurídica é imprescindível na redução ao mínimo possível da ocorrência dos riscos informáticos.[966]

No que respeita à ocorrência de erros ao nível do *sistema de transmissão de mensagens*, as próprias sociedades ou associações responsáveis
contêm regras que regulam as diversas situações.[967] É o caso da SWIFT,
que estabeleceu um vasto conjunto de regras destinadas a regulamentar as
relações entre o sistema e os bancos associados. Especialmente importantes são as regras sobre responsabilidade civil, nomeadamente as que

---

[964] ERIC BERGSTEN, *The Work of the United Nations Commission on International
Trade Law*, p. 448, referindo-se em particular às transferências electrónicas, adverte para
o facto de, apesar de estas implicarem uma margem de erro menor do que as baseadas em
papel, a potencialidade de perda, se isso ocorrer, ser muito maior.

[965] PAULO CÂMARA, *Transferência Bancária Internacional...*, p. 33.

[966] XAVIER FAVRE-BULLE, *Le Droit Communautaire du Paiment Électronique...*,
p. 33, faz notar que, se cabe aos profissionais fazer certas escolhas tecnológicas para
encontrar um equilíbrio, o jurista terá por missão constatar os problemas de Direito suscitados e propor as soluções adequadas.

[967] Cf. XAVIER THUNIS, *Recent Trends Affecting the Banks' Liability...*,
pp. 411 ss..

376 A Transferência Bancária

estabelecem a responsabilidade resultante de perdas de juros por atrasos nas transferências, a qual pode ser, consoante os casos, imputável ao banco que transmite a mensagem, ao banco destinatário ou à SWIFT.[968] Os clientes dos bancos estão à margem da regulamentação, devendo ser os respectivos bancos a ressarci-los dos danos, com eventual direito de regresso relativamente ao sistema.

No que respeita às *falhas técnicas no equipamento utilizado pelos bancos* para, designadamente, a execução de transferências bancárias, a situação é quase sempre contemplada nas cláusulas contratuais gerais relativas aos cartões de débito. O banco desonera-se em regra da responsabilidade emergente de falhas no sistema que não lhe sejam imputáveis ou de cuja ocorrência tenha sido dado conhecimento ao utente. A *Recomendação da Comissão de 17 de Novembro de 1988 (88/590/CEE)* estabelece a este propósito (ponto 7.1) que o emissor do cartão será responsável perante o titular pela não execução ou execução defeituosa das operações do titular, mesmo se a operação for efectuada através de mecanismos electrónicos que não se encontram sob o seu controlo directo ou exclusivo.[969] [970]

O *acesso* ao sistema pelos seus utilizadores acarreta uma série de problemas. Desde logo, de *confidencialidade*.[971] [972] O que mais deve preocupar os técnicos e os juristas é, porém, o *acesso fraudulento*. Não se tratando de um problema novo, é sobretudo a realização da transferência,

---

[968] Sobre esses casos, cf. JOSÉ ANTÓNIO VELOSO, *Electronic Banking...*, p. 56.

[969] Sem prejuízo dos casos em que o titular não tenha cumprido as suas obrigações tendentes a garantir a segurança do cartão e a avisar de imediato a perda ou furto do cartão.

[970] O regime é semelhante no EFTA – 15 USC § 1693c.

[971] Entre nós, cf. a Lei n.º 10/91, de 29 de Abril, sobretudo o art. 33.º. Cf. ainda a *Convenção do Conselho da Europa para a Protecção das Pessoas relativamente ao Tratamento Automatizado de Dados Pessoais,* em especial o art. 12.º.

[972] Sobre a questão do tratamento de dados pessoais informatizados, cf., entre outros, MICHAEL ROWE, *Automating International Trade Payments...*, pp. 238-239; SALVATORE MACCARONE, *Gli Indirizzi Comunitari in Materia di Sistema e Mezzi di Pagamento...*, pp. 206-207; IAN WALDEN, *Data Security and Document Image Processing: Legal Security for Cross-border Electronic Banking,* JIBL, Vol. 9, n.º 12, 1994, pp. 506-518 e YVES POULLET, *TEF et protection des donnes à caractere personnel,* in *Electronic Funds Transfer and Consumer Protection / Transfert Électronique de Fonds et Protection du Consommateur* (ed. Th. Bourgoignie / M. Goyens), Story Scientia, Bruxelles, 1990, pp. 179-201.

Alguns Problemas do Regime

nomeadamente a emissão da respectiva ordem, através de meios informáticos, que propicia a fraude.[973]

A doutrina distingue entre *falsidade em s. estrito* e *falsificação*, consoante a actividade fraudulenta afecte a ordem em si mesma ou algum dos seus elementos.[974] Uma ordem é falsa quando não foi efectivamente ordenada pelo titular da conta a que se refere e está falsificada quando o seu conteúdo foi adulterado. No primeiro caso, não há qualquer ordem emitida pelo cliente do banco, pelo que este não efectua nenhum pagamento em benefício de um credor indicado por aquele; no segundo, a ordem foi dada pelo cliente e depois alterada por um terceiro.

A principal questão que se coloca é a da determinação de quem deverá suportar o prejuízo decorrente dessa atitude fraudulenta – o banco ou o cliente – , pois a verdade é que são muitas vezes vãs as tentativas de recuperar o montante creditado em resultado de uma fraude.[975] No fundo, do que se trata é de saber se terá ou não o banco o direito de debitar a conta do seu cliente no montante transferido fraudulentamente.

Em primeiro lugar, haverá que averiguar se, no caso concreto, alguma culpa poderá ser imputada, a título de negligência, a algum deles. Sobre o ordenante e o seu banco impendem deveres de diligência tendentes a obstar à ocorrência de situações deste tipo.

O banco deve *verificar a autenticidade da ordem*.[976] Tal controlo não pode muitas vezes ir além de um controlo de mera aparência e em con-

---

[973] Esta fraude pode ter as mais diversas proveniências – pode ser praticada pelo próprio cliente, por empregados do banco e, com maior frequência, por terceiros. Sobre as várias modalidades de fraude susceptíveis de afectar os sistemas de pagamentos electrónico, cf. JONATHAN LASS, *Fraud, Error and System Malfunction – A Banker's Viewpoint*, in *Electronic Banking: the Legal Implications* (dir. R. M. Goode), The Institute of Bankers, London, 1985, pp. 57-66; ROBERT PENNINGTON, *Fraud, Error and System Malfunction – A Lawyer's Viewpoint*, in *Electronic Banking: the Legal Implications* (dir. R. M. Goode), The Institute of Bankers, London, 1985, pp. 67-82 e VASSEUR, *Le paiment électronique...*, 3206, 23 ss.; ANU ARORA, *Electronic Money and the Law...*, pp. 117 ss..

[974] DEVÈZE / PÉTEL, *Droit Commercial...*, p. 254; VÁZQUEZ PENA, *La Transferencia Bancaria...*, p. 251.

[975] PATRIKIS / BHALA / FOIS, *An Overview of United States Funds Transfer Law...*, p. 22: "As often happens in the real world, the wrongdoers get away leaving a "loss"."

[976] RICHARD ROUTIER, *La responsabilité du banquier...*, p. 61; ALFRED JAUFFRET, *Droit Commercial...*, p. 632; DEVÈZE / PÉTEL, *Droit Commercial...*, p. 248; MICHEL CABRILLAC, *Le chèque et le virement...*, p. 216; JUGLART / IPPOLITO, *Traité de Droit Commercial...*, p. 556; FERNÁNDEZ-ARMESTO / BERTRÁN, *El Derecho del Mercado*

378   A Transferência Bancária

sonância com as técnicas de autenticação acordadas. Se a ordem tiver sido dado por escrito, tal controlo refere-se à verificação da assinatura. Se tiver sido dada por telefone, normalmente é precedida pela indicação de um código pessoal. Se a ordem for emitida através da utilização de caixas automáticas ou terminais de pontos de venda, a "verificação" da autenticidade da mesma resultará da conjugação de um código pessoal com os dados contidos na banda magnética do cartão.

Nada garante, contudo, que tenha sido o próprio titular do cartão a utilizá-lo, devendo caber-lhe um papel de relevo na garantia da segurança do cartão. Plasmados nas cláusulas contratuais gerais relativas a cartões de crédito, e em obediência ao disposto na *Instrução N.º 47/96, do Banco de Portugal* (ponto 8) e na *Recomendação da Comissão de 17 de Novembro de 1988 (88/590/CEE)*,[977] estão determinados deveres de diligência a cargo do cliente. O titular do cartão é obrigado a adoptar todas as medidas adequadas a garantir a segurança do cartão, de modo a não permitir a sua utilização por terceiros. Deverá ainda notificar o banco da perda, furto ou falsificação do cartão logo que de tais factos tenha conhecimento.

A responsabilidade do banco ou do cliente deverá ter em conta a culpa de cada um no cumprimento das regras de verificação da autenticidade e de segurança.[978] Não havendo culpa do cliente ou do respectivo banco, a questão passa a ser de repartição do risco.[979] A tendência da doutrina é para considerar que, sendo o banco um profissional com cuja actividade aufere determinado lucro, deverá suportar o risco da mesma.[980]

Financiero..., p. 256; VÁZQUEZ PENA, *La Transferencia Bancaria...*, pp. 251-252; ANU ARORA, *Electronic Money and the Law...*, p. 85.

[977] Sobre o *soft approach* comunitário e com uma análise comparada das soluções em matéria de repartição do risco entre o titular e o emitente do cartão, ONOFRIO TROIANO, *I Servizi Elettronici di Pagamento – Addebiti in Conto non Autorizzati: un'Analisi Comparata*, Giuffrè, Milano, 1996, pp. 91 ss..

[978] DEVÈZE / PÉTEL, *Droit Commercial...*, p. 254; MICHEL VASSEUR, *Droit et Économie Bancaires...*, p. 1539; MICHEL CABRILLAC, *Le chèque et le virement...*, pp. 225 ss.; ZUNZUNEGUI, *Derecho del Mercado Financiero...*, p. 388; SIMONT / BRUYNEEL, *Les opérations de banque...*, p. 49; MICHEL CABRILLAC, *Monétique et droit de paiment...*, p. 91.

[979] XAVIER FAVRE-BULLE, *Le Droit Communautaire du Paiment Électronique...*, p. 34.

[980] Cf. DANIEL GUGGENHEIM, *Les Contrats de la Pratique Bancaire Suisse...*, pp. 268 ss.; SEQUEIRA MARTÍN, *La Transferencia Bancaria...*, p. 2548; VASSEUR, *Le pai-*

Alguns Problemas do Regime

Existe uma forte presunção de culpa a seu favor, que se vai traduzir na consideração de que o banco deverá ser onerado com a prova da sua total e absoluta diligência ou da culpa exclusiva do cliente na produção do dano.[981]

Prevêem as cláusulas contratuais gerais relativas aos cartões (e de acordo com o estipulado nas referidas Instrução e Recomendação[982]) que o titular do cartão deixará de poder ser responsabilizado por utilizações do cartão decorrentes da sua perda, furto ou falsificação depois da sua notificação ao emitente, salvo se tais ocorrências forem devidas a dolo ou negligência grosseira da sua parte. Antes da referida notificação, a responsabilidade do titular do cartão (e desde que não lhe seja imputável algum daqueles tipos de culpa) deverá ser limitada a determinado limite. O risco transfere-se pois do cliente para o banco após a referida notificação. O que significa que o montante correspondente a qualquer pagamento efectuado com utilização do cartão a partir daquela notificação não pode ser debitado na conta do titular do cartão, devendo ser o banco a suportar esse custo caso não consiga detectar a fonte da fraude e a agir através de uma acção de enriquecimento sem causa.[983]

---

ment électronique. Aspects juridiques, Juris-Classeur Périodique, La Semaine Juridique – Doctrine, Ano 1985, 3206, 10, 38. VÁZQUEZ PENA, *La Transferencia Bancaria...,* pp. 251 ss., considera que, seja qual for o caso, o exercício da banca comporta os riscos conaturais à possibilidade de obter um benefício ilimitado, e que o facto da execução da ordem de transferência ser uma actividade remunerada torna a instituição responsável pela sua actuação sempre que não tenha agido com a devida diligência conforme com a natureza da obrigação e as circunstância das pessoas, do tempo e do lugar, diligência que eliminaria a possibilidade de lhe ser imputada culpa leve.

[981] Cf. FERNÁNDEZ-ARMESTO / BERTRÁN, *El Derecho del Mercado Financiero...,* p. 256; AMORY / THUNIS, *Authentification de l'Origine...,* p. 711 e VASSEUR, *Le paiment électronique...,* 3206, 38.

[982] A regulamentação é similar em outros países da Europa, unificada em torno desta Recomendação. Sobre o regime em Espanha, por ex., cf. MARÍA GETE-ALONSO Y CALERA, *Las Tarjetas de Crédito...,* pp. 114 ss..

[983] Cf., a propósito do enriquecimento sem causa, MENEZES LEITÃO, *O Enriqueci-mento Sem Causa...,* p. 582, referindo-se a decisões do BGH, nomeadamente referentes à falsificação de ordens de transferência (*Ent.* BGH 20/6/1990 – WM 1990, pp. 1280-1282). Cf. também SCHWINTOWSKI / SCHÄFER, *Bankrecht...,* pp. 293 ss.; KÜMPEL, *Bank- und Kapitalmarktrecht...,* p. 248 e CLAUSSEN, *Bank- und Börsenrecht...,* p. 128, este manifestando a opinião de que deve ser o banco a suportar o risco por transferências falsas ou falsificadas, porque na efectivação dessas transferências não executou instruções do seu cliente que sejam consideradas juridicamente válidas.

380 A Transferência Bancária

A prevenção da fraude deverá passar, mais do que pelos juristas, pelos técnicos, através do estabelecimento de *processos de autenticação* (ou *"de acesso"*[984]) que, procurando substituir a clássica assinatura, se afigurem mais rigorosos do que os utilizados até aqui. Sendo a autenticação tradicionalmente assegurada pela assinatura manuscrita, a telemática veio, porém, exigir técnicas adaptadas às suas características particulares, sobretudo à possibilidade de realizar operações à distância e em tempo real.[985] O desaparecimento do papel e da assinatura é a ruptura que mais angústia causa ao jurista, aquela com que tem manifestado mais dificuldade em lidar, colocando-o amiúde face a uma sensação de verdadeira "impotência técnica".[986]

Há três grandes categorias de técnicas modernas de autenticação: o código secreto, normalmente conjugado com a banda magnética de um cartão, a criptografia (que consiste em codificar um texto com a ajuda de chaves confidenciais e de processos matemáticos complexos – algoritmos – e que é utilizado no sistema SWIFT) e o reconhecimento de características físicas.[987]

O código secreto, o único processo de autenticação utilizado pelo grande público e a que já se chama "assinatura electrónica",[988] não é

---

[984] KREDITBANK, *Aspects juridiques du mouvement électronique...*, p. 4.

[985] Para as transferências bancárias reguladas pelo UCC, a assinatura foi substituída pelo chamado "procedimento de segurança", acordado entre o banco e o seu cliente para a verificação de ordens de pagamento, e que foi especialmente concebido para detectar erros e fraudes – UCC § 4A-201. Sobre esse procedimento, cf. PATRIKIS / BHALA / FOIS, *An Overview of United States Funds Transfer Law...*, p. 22.

[986] SALVATORE MACCARONE, *Trasferimenti Elettronici di Fondi...*, p. 605: "...la prima sensazione che si avverte di fronte alla "realtà elettronica" è una sensazione di "impotenza tecnica", stimolata dalla inutilizzabilità di tutti gli schemi consueti, saldamenti ancorati, (...) a realtà fisicamente percettibili e, sopratutto, alla realtà rappresentata dal documento, come cosa fisica.".

[987] AMORY / THUNIS, *Authentification de l'Origine...*, pp. 687 ss..

[988] Sobre os problemas de segurança suscitados pela chamada "assinatura electrónica", ALBERT BRESSAND, *Banque et financiers à l'ère du réseau de réseaux électroniques,* Bancatique, n.º 78, Janeiro 1992, pp. 27 ss. e ISABELLE POTTIER, *La preuve dans les transactions financières à distance,* Banque, n.º 568, Março 1996, pp. 70-72. Há já quem fale também, acerca dos processos de autenticação, da necessidade de um "notário electrónico" – WILFRED WILMS, *De la signature au "notaire électronique". La validation de la communication électronique,* in *Mélanges Jean Pardon – Études en Droit Bancaire et Financier,* Bruylant, Bruxelles, 1996, pp. 563-578.

Alguns Problemas do Regime 381

juridicamente assimilável a uma assinatura, sendo o seu valor jurídico enquanto tal nulo.[989] A verdade é que a sua digitação não prova que o cartão foi utilizado pelo respectivo titular, não permitindo que a este seja sem mais imputada a vontade de emitir uma ordem de transferência.[990] O reconhecimento dinâmico da assinatura desempenharia um papel a este nível fundamental. Seja qual for a técnica utilizada, a substituição da assinatura afirma-se como uma necessidade jurídica inexorável, e este é sem dúvida um aspecto no qual o trabalho conjunto de informáticos, electrónicos e juristas se afigurará precioso.

Mais do que garantir a segurança no acesso aos sistemas de pagamento, o problema é também de *prova*.[991] A possibilidade conjugada de ocorrência de erros técnicos e de fraude, não só por terceiros mas pelo próprio titular do cartão, exige que, em caso de litígio, se prove (ou não) a paternidade de actos juridicamente relevantes.[992]

---

[989] Vasseur, *Le paiment électronique...*, 3206, 30.

[990] Amory / Thunis, *Authentification de l'Origine...*, p. 687, salientam que a autenticação diz respeito à função probatória e tem duas funções complementares: identificar a pessoa que é o seu autor e indicar a vontade deste de se apropriar do conteúdo da mensagem ou do documento. Lucio Cerenza, *Italy...*, p. 199, chama a atenção para o facto de que o acesso ao sistema de dados é restrito a certas pessoas, através da utilização de cartões magnéticos, códigos secretos, etc., que, porque são fontes de legitimação verificados por computador, não permitem nem uma identificação positiva nem a confirmação da autorização dada por quem as utiliza.

[991] Amory / Thunis, *Authentification de l'Origine...*, p. 685, fazem notar que a telemática multiplica e reactiva os problemas de prova até aqui marginais, salientando a dificuldade de aplicar um direito de prova venerável a uma técnica em plena evolução.

[992] Cf. Massimo Donadi, *Problemi giuridici del trasferimento elettronico...*, p. 561 e Salvatore Maccarone, *Trasferimenti Elettronici di Fondi...*, p. 609; Lucio Cerenza, *Italy...*, p. 199 ("One of the typical problems that arise whenever the customer directly uses electronic means os transfer concerns the paternity of the funds transfer or, more generally, the relation of the operation to the transferor and how the funds can be charged to him."). Martin Karmel, *Procedure and Evidence: The Maintenance of Transaction Records: Proving the State of Account in EFT Transactions*, in *Electronic Banking: the Legal Implications* (dir. R. M. Goode), The Institute of Bankers, London, 1985, p. 50 e Anu Arora, *Electronic Money and the Law...*, p. 108, chamam a atenção para o facto de que o principal problema reside na prova (ou não) da genuinidade de uma transacção ATM iniciada com utilização de um PIN. Se nas transacções baseadas em papel a prova se baseia na validade da assinatura, facilmente verificável por peritagem, nas transacções sem suporte em papel e sem assinatura, a questão está em saber como pode o banco provar

382 *A Transferência Bancária*

Tendo o sistema de transferências electrónicas de fundos como efeito a substituição dos documentos escritos por dados electrónicos registados sobre bandas magnéticas ou na memória dos computadores, que o homem não pode decifrar a não ser sob a forma de documentos saídos do computado, coloca-se a questão da admissibilidade em prova desses documentos. Não deixa além disso de causar alguma incredulidade o facto de, necessitando um cliente de provar que não emitiu determinada ordem de transferência, ter que se dirigir ao banco que com ele está em litígio para que descodifique os respectivos registos.

A este propósito, a *Recomendação da Comissão de 17 de Novembro de 1988 (88/590/CEE)* determina, no ponto 6, que os emissores dos cartões de pagamento devem guardar ou mandar guardar registos internos suficientemente completos que permitam a determinação das operações e a correcção dos erros. Prevê ainda que, em caso de diferendo com o titular do cartão relativamente à realização de qualquer operação, o ónus da prova impenderá sobre o emissor, que terá de provar que a operação foi correctamente registada e introduzida nas contas e não foi afectada por falhas técnicas ou qualquer outra deficiência.

A discussão tende a deslocar-se da questão da admissibilidade ou não dos meios de prova para a da valoração sobre se o sistema desenhado pelo banco satisfaz suficientemente um equilíbrio entre a sua utilidade prática para a prestação de novos serviços e a sua segurança para evitar danos patrimoniais aos clientes.[993]

Tudo isto exige uma reflexão atenta por parte do jurista. As dúvidas residem essencialmente em saber se é possível adaptar as novas técnicas ao quadro jurídico existente, repensando os princípios e actualizando os institutos, ou se, pelo contrário, haverá que proceder a uma verdadeira "revolução" tendente a assimilar no mundo do Direito as novidades da tecnologia.[994] A dificuldade aumenta com a diversidade técnica[995] e com a sua permanente (des)actualização.[996]

---

que o PIN foi introduzido pelo titular do cartão, e como pode este provar que, não o tendo utilizado, nenhum terceiro o poderia ter feito.

[993] ALFARO ÁGUILA-REAL, *Contrato Bancario...*, p. 1558.

[994] SILVIO MARTUCCELLI, *Obbligazioni Pecuniarie e Pagamento Virtuale...*, pp. 19-20, diz que o impacto entre a novidade tecnológica e o Direito criou reacções e sentimentos contrastantes, fazendo com que uma parte dos estudiosos apelasse a uma indispensável intervenção legislativa, e a outra procurasse de todos os modos enquadrar o novo fenómeno nos esquemas tradicionais. FRANÇOIS GRUA, *Contrats Bancaires, Tomo 1 – Contrats de Services*, Economica, Paris, 1990, p. 8, observa que as técnicas modernas

Alguns Problemas do Regime   383

Dificuldade que não deixará que estimular a criatividade do jurista. No mundo dos sistemas de pagamento, a informática foi pioneira, mas o tempo do Direito chegou.[997] Cabe ao jurista enfrentar com avidez o desafio e embarcar com coragem em mais esta aventura.[998]

---

de gestão dos bancos, nomeadamente a utilização massiva de procedimentos informáticos e telemáticos, transformaram o ambiente dos actos jurídicos que constituem a trama das relações com os clientes. A máquina tende a substituir o Homem, e o problema de princípio é saber se é ao Direito das Obrigações que cabe adaptar-se aos novos dados ou se, pelo contrário, são as novas técnicas que se devem acomodar no Direito das Obrigações. AMORY / THUNIS, *Authentification de l'Origine...*, pp. 719-720, fazem notar que, face a uma evolução tecnológica galopante, o jurista, armado de conceitos veneráveis, se sente sem munições, sendo forte a tentação do apelo a uma "revolução jurídica.

[995] Bastante ilustrativa é a observação de XAVIER THUNIS, *Recent Trends Affecting the Banks` Liability...*, p. 297: "automation is a polymorphous phenomenon: magnetic tapes, diskettes, remote transmission from a terminal, cards with magnetic strips or microchips are all methods used to transfer fundos. This technical diversity makes a global approach to the phenomenon difficult since the lawyer finds himself lost in a maze of technical minitiae and loses sight of the fundamental legal questions, particularly those of prof and liability.".

[996] VASSEUR, *Le paiment électronique...*, 3206, 1.

[997] VASSEUR, *Le paiment électronique...*, 3206, 52: "Jusqu'à présent, l'informatique s'est développée en dehors de tout cadre juridique préétabli. Les informaticiens, en matière de moyens de paiment, ont été des pionniers. Mais l'automobile n'est pas attendu le Code de la route pour s'enraciner dans la civilisation du XXe siècle. Pour autant, un Droit des nouveaux moyens de paiment ne peut manquer de se former."; AMÁVEL RAPOSO, *Alguns Aspectos Jurídicos dos Pagamentos Através de Caixas Automáticas: Responsabilidade Civil e Prova*, BMJ, n.º 377, Junho, 1988, p. 27: "Assim como o automóvel para se lançar nas vias públicas não aguardou por um Código da Estrada, a informática, indiferente às novas relações que gera e aos equilíbrios de interesses que quebra, invade o quotidiano dos cidadãos.".

[998] ETTORE GIANNANTONIO, *Prospettive di Disciplina dell'Ordinamento Italiano*, Quaderni di ricerca giuridica della Consulenza Legale – Banca D'Italia, n.º 29, 1993, p. 248: "In realtà i trasferimenti elettronici di fondi non costituiscono soltanto un diverso modo di svolgere i servizi bancari, ma un nuovo modo di pagamento (...); più in generale, un nuovo modo di circolazione della ricchezza, un nuovo modo di intendere le obbligazioni e i contratti. L'inizio di una avventura giuridica che vedrà impegnati nei prossimi anni la dottrina e la giurisprudenza e, necessariamente, anche il legislatore.".

CAPÍTULO VI

REFLEXÕES FINAIS

1. A OPERAÇÃO DE TRANSFERÊNCIA

Começámos a nossa investigação com a mais simples das missões: radiografar o objecto do estudo. Para isso, "furtámo-lo" à prática bancária e analisámos o seu *humus* material, o substrato aquém do Direito que determina a transferência bancária na sua essência. Social, económica, técnica, mas ainda não jurídica. Concluímos tratar-se, essa transferência, de um mecanismo económico, de cariz estritamente bancário, através do qual é possível fazer circular riqueza mediante a transmissão de disponibilidades monetárias. Indagando da função que o mesmo desempenha na vida económico-social, concluímos que, na sua unidade, funciona como meio de pagamento.

Esse meio de pagamento é utilizado, por sujeitos que são, à luz da ciência jurídica, sujeitos de Direito, para a prossecução de inúmeros concretos fins e para a satisfação de variadíssimos tipos de interesses.

Para que esses fins se concretizem e tais interesses sejam satisfeitos através do mecanismo da transferência bancária é necessário o desencadear de um peculiar processo de cooperação jurídica. Processo que envolve, inelutavelmente, a intervenção de, pelo menos, uma instituição bancária e que, num crescendo de complexidade, pode requerer o concurso de uma ou outras mais.

Propusemo-nos, então, estudar essa instrumentalização jurídica posta ao serviço de interesses subjacentes de sujeitos de Direito. Um primeiro olhar fez tornar claro que nenhuma figura jurídica unitária, buscada aos tradicionais cânones civilísticos, se mostra capaz de oferecer uma cobertura jurídica adequada a um fenómeno que, fortemente enraizado na prática, se oferece aos olhos do Direito com contornos bem delineados e com uma função claramente definida.

Entendemos por isso dever empreender uma tarefa de decantação jurídica das várias relações que, para execução de uma transferência bancária num determinado momento desejada, o seu contributo necessitam de prestar. Concluímos que os laços que unem cada cliente a um banco, anteriores a uma transferência em concreto e destinados a perdurar mas a ela momentaneamente funcionalizados, estão repletos de uma coloração ímpar impossível de encontrar noutros domínios. A colaboração interbancária escapa agilmente a enquadramentos jurídicos pacíficos, moldada como está pelas coligações negociais em que cada interveniente participa.

E se cada uma das singulares relações jusbancárias intervenientes na execução de uma transferência são de *per si* complexas, a sua articulação resulta num fenómeno jurídico de bastante difícil apreensão. A tarefa de explicar como, através de uma momentânea colaboração, os vários agregados negociais se conjugam para a obtenção de um resultado económico unitário, não é fácil. E se, na falta de soluções legais, procuramos descobrir a forma pela qual esse resultado se deve tornar possível sem violentar os vários interesses envolvidos, as perplexidades vão surgindo e a angústia é por vezes grande. Dessas perplexidades e dessa angústia deixámos, parece-nos, um claro testemunho.

A análise desagregada das relações jurídicas que colaboram na execução da transferência dificulta de uma forma extrema qualquer tentativa de construção unitária. E alguma unidade se intui, pois tudo o que se pretendeu, ao articular, num dado momento, relações jurídicas com origens e destinos diferentes, foi que *uma* transferência bancária concreta fosse executada e um pagamento fosse realizado. Pagamento que se pretende equivalente, nos seus efeitos, a uma entrega de numerário.

Vimos qual o regime aplicável a cada um dos segmentos que, transitoriamente encadeados e cooperantes, compõem uma cadeia de transferência, e compreendemos que nem sempre com essa sua articulação se atinge um resultado satisfatório.

Referimo-nos, fundamentalmente, às transferências externas. Consideramos que a construção jurídica que analisa a cooperação interbancária como um fenómeno de substituição é artificial e não consentâneo com a realidade da prática bancária. E que, colocando sobre o ordenante o risco da actuação (ou mesmo da falência) do banco do beneficiário, além de ferir a relatividade contratual, desvirtua a função da transferência bancária, que se quer um meio de pagamento seguro e pouco custoso. O que, parece-nos inevitável, desencoraja fortemente a sua utilização. De um auxiliar, transforma-se o Direito num entrave à fluidez das relações sociais e ao desenvolvimento da vida económica.

Reconhecemos também, contudo, que uma alternativa configuração bipartida da cadeia jurídica de transferência, atenta à particular natureza das pressupostas relações bancárias extremas e, quanto a nós, resultante

Reflexões Finais

numa equilibrada repartição de responsabilidades e riscos, introduz um obstáculo (ainda, nalguns casos, insuperável) à obtenção plena do resultado pretendido pelas partes – efectuar um pagamento que, evitando os inconvenientes da entrega física de numerário, produza efeitos equivalentes em certeza e definitividade. Liberando-se o devedor mediante a colocação dos fundos devidos ao beneficiário à disposição deste mediante inscrição na conta do banco seu mandatário, surge um intervalo temporal entre aquela desoneração e o momento a partir do qual o beneficiário os pode movimentar. A conclusão da transferência, enquanto operação económica e meio de pagamento, não coincide, como deveria, com o efectivo pagamento, com o cumprimento da obrigação subjacente. Este hiato parece-nos inevitável enquanto o for também a mediação bancária. E como o seria, também, a entrega física de moeda a um mandatário do credor.

Os progressos alcançados pela informática e pelas telecomunicações tendem a eliminar essa mediação e a desinstitucionalização da transferência bancária de crédito, daí decorrente, fará dela um meio de pagamento apto a tornar-se irrefutável. A evolução das técnicas electrónicas de pagamento permitirá, também, derrubar outra barreira à afirmação da transferência como um meio de pagamento certo e definitivo – a possibilidade de revogação da ordem de transferência.

Mas não só a informática pode contribuir para conferir às relações jurídicas a unidade necessária à prossecução de um resultado único e comum. Essa unidade em função de um fim passa também, necessariamente, pela acção conformadora do jurista. Existentes, este e a sua ciência, para resolver os problemas concretos da vida e satisfazer as necessidades merecedoras de tutela, a sua intervenção tem que ser crítica e inovadora. Para servir a vida, tem que a acompanhar, para compor os vários interesses que reclamam a sua intervenção, tem que os compreender e equilibrar nas suas antinomias.

Perante a inelutabilidade da intervenção bancária, pode a lei, vimo-lo já, remover tantos obstáculos quantos os juridicamente existentes à consagração dessa unidade funcional. Limitando ou mesmo excluindo a revogabilidade da ordem de transferência, e com isso tornando-a tanto quanto possível definitiva. Consagrando prazos de execução da transferência que, impendendo sobre cada um dos bancos intervenientes, tornem previsível para os seus utilizadores o intervalo de tempo (total) necessário para a disponibilização dos fundos ao credor. Estabelecendo um regime de responsabilidade que, colocando frente a frente, exclusivamente, cada cliente face ao banco que elegeu para manter um vínculo contratual,

390   *A Transferência Bancária*

revista este meio de pagamento da segurança necessária a encorajar a sua utilização.

Tudo isto fez, dentro do seu restrito âmbito de aplicação, a Directiva 97/5/CE (e, naturalmente, o diploma que a transpôs). Já tivemos oportunidade de analisar, em pormenor, como. Conseguindo equilibrar os interesses particulares e institucionais em jogo, funcionalizou, como lhe caberia, as relações bancárias à obtenção, tão eficaz quanto o permite a complexidade das tramas jurídicas envolvidas, do resultado económico pretendido por todas as partes.

Por outro lado, a unidade funcional que aquele diploma conseguiu imprimir aos vínculos jurídicos sucessivos, preexistentes e destinados a perdurar mas momentaneamente instrumentalizados, no seu conjunto, a um fim económico comum, significa a consagração de uma figura que, intuída na sombra da teia jurídica complexa, se afirma agora, porque reconhecida, à luz do dia – a OPERAÇÃO DE TRANSFERÊNCIA.

Chamámos "operação" ao mecanismo económico através do qual, por um duplo jogo de inscrições contabilísticas em contas bancárias, se opera a transmissão de somas monetárias entre dois patrimónios. Delimitámos, então, o conceito de operação utilizado – tratava-se, tão somente, do substrato material, ou económico, a que o Direito faculta cobertura jurídica. Salientámos, contudo, que não é aquele um conceito comprometido, podendo servir, na sua polissemia e potencial riqueza, a descrição de fenómenos diversos. Especialmente apto a denominar realidades dinâmicas jurídica e materialmente complexas, tem sido utilizado com uma frequência crescente no universo jurídico bancário e financeiro.

Diz CONCEIÇÃO NUNES[1008] que a *operação*, envolvendo o recurso a técnicas jurídicas, económicas e contabilísticas, entre outras, é o *"conjunto ordenado de actos materiais e jurídicos – podendo, neste caso, consistir em um ou mais negócios jurídicos –, através dos quais se concretiza o exercício de uma determinada actividade financeira em relação a um cliente individualizado"*. As operações, realidades jurídico-económicas, típicas do Direito Bancário, que cristalizam técnicas e práticas bancárias, compreendem *actos materiais* e *jurídicos*. "Actos materiais e actos jurídicos são os elementos básicos e primordiais da actividade – verdadeiros

---

[1008] CONCEIÇÃO NUNES, *Recepção de depósitos...*, pp. 51 ss.

Reflexões Finais 391

átomos constituintes –, sendo as operações os seus corpos intermédios, autênticas células vivas e dinâmicas.".

PAULO CÂMARA[1009] analisa o conceito de operação recebido da prática no domínio do Direito Bancário (como é o caso, refere, da transferência bancária) e financeiro, recorrendo, para explicar a situação jurídica subjacente à operação, à ideia de *relações negociais complexas*. A *operação* apresenta, segundo ele, duas características fundamentais: em termos estruturais, ela compreende um *conjunto de actos jurídicos e materiais* que formam uma realidade dinâmica e unitária que supera a soma das partes; em termos teleológicos, a operação visa dar cumprimento a uma determinada função.

A propósito da operação de reporte, considera SOFIA DO NASCIMENTO RODRIGUES[1010] que é a *não exclusividade do substrato contratual*, o apelo *a relações contratuais complexas* e a *vocação exterior* (porque a essência da operação é a de prosseguir finalidades económicas, assentes em actos comunicativos) e *dinâmica* (porque o processo em que se insere tem em vista a transmissão da titularidade de valores mobiliários ou a aquisição originária desses mesmos valores) que explicam o ajustamento do conceito de *operação* ao reporte. "Existe uma área de confluência entre o contrato e a operação, fora da qual existem os actos materiais envolvidos nesta, designadamente efectuados por meios técnicos e electrónicos indispensáveis à aproximação das vontades negociais bem como ao cumprimento das obrigações decorrentes dos vínculos então gerados, ou actos negocialmente complexos.".

Por seu turno, salienta AMADEU FERREIRA,[1011] a pretexto das operações de bolsa: "O conceito de operação não se reconduz ao de negócio jurídico, antes faz apelo a uma realidade complexa que pode ser descrita como um conjunto de actos realizados num determinado mercado ou com ele conexo. Esses actos, embora possam ser individualizados, apenas ganham todo o seu significado quando encarados em *conjunto*. Por isso, encarar as operações de bolsa como meros negócios e aplicar à sua análise as técnicas e regras a eles relativas é correr o risco de não as perceber e

---

[1009] PAULO CÂMARA, *Emissão e subscrição de valores mobiliários*, in *Direito dos Valores Mobiliários*, Lex, Lisboa, 1997, p. 208.

[1010] SOFIA DO NASCIMENTO RODRIGUES, *A Operação de Reporte*, dissertação de mestrado apresentada na FDL (dactil.), Lisboa, 1998, pp. 99-100.

[1011] AMADEU FERREIRA, *Operações de futuros e opções*, in *Direito dos Valores Mobiliários*, Lex, Lisboa, 1997, p. 131, n. 62.

392 A Transferência Bancária

deparar com inúmeras perplexidades. Em suma, o conceito de operação remete-nos sempre para um mercado e obriga a considerar como essencial o *elemento processual*.".[1012]

Também para a realização de uma transferência bancária se torna necessária a acção cooperante de um conjunto de actos materiais e jurídicos que, momentaneamente predispostos e articulados, permitem a concretização de um *fim unitário*.

Constatámos, a propósito das relações interbancárias, a existência de uma *união* ou *coligação de contratos*, dispostos em *cadeia* e articulados em vista da prossecução de um fim único comum. Cada um dos contratos, elo dessa cadeia, é, por sua vez, parte de um *complexo negocial horizontal* preexistente e perdurante que, num momento determinado e em vista de uma função específica, presta um contributo resultante de uma interacção peculiar. A essa união contratual complexa e ramificada junta-se um conjunto de *actos materiais* – de natureza económica, contabilística, electrónica – também eles imprescindíveis à realização do resultado unitário que se pretende.

A articulação funcional desses actos materiais e jurídicos, horizontal e verticalmente integrados, permite a afirmação, num momento determinado, de uma *unidade orgânica* e *dinâmica* impossível de detectar na sua mera soma ou na sua síntese, e que absorve a função específica de cada um dos seus elementos. Essa unidade em torno e em vista de um fim complexo e comum encontra tradução na *operação de transferência*.

Esta *operação* é composta de elementos vários – subjectivos, materiais, jurídicos, causais – que, ainda que conjugados num contexto temporal circunscrito e unidos pela vontade de prosseguir um fim comum, nem sempre coexistem sem algumas fricções. A verdade é que a união em torno de um resultado unitário depende de uma confluência de elementos que é momentânea. Antes dela muitos desses elementos já existem, depois dela muitos perdurarão. A razão de ser de cada um deles ultrapassa a mera execução de *uma* transferência bancária concreta. Cada relação jurídica – subjacente ou bancária – é complexa. Cada um dos intervenientes – particular ou institucional – tem interesses que se afirmam muito para além do contexto de uma transferência, e qualquer um deles tende a atrair para si tanto quanto permita a sua realização em cada momento. Todas as necessidades permanentes e todos os interesses pontuais de cada um dos intervenientes numa transferência se cruzam no momento da sua execução. Vimos que

---

[1012] Todos os *itálicos* são da nossa autoria.

cada relação – subjacente ou bancária – é composta de pólos que se atraem e se repelem, num movimento constante e paradoxal de colaborações e antinomias. O credor e o devedor de uma relação subjacente satisfazem necessidades individuais e opostas através de transitórias convergências. Cliente e banco unem-se numa relação complexa, duradoura, mutuamente enriquecedora mas em simultâneo feita de equilíbrios difíceis e precários.

A execução de uma transferência bancária, por mais simples e breve que seja, é fruto de todo um complexo de elementos em difícil equilíbrio. Elementos materiais sofisticados e falíveis, elementos subjectivos em potencial conflito, elementos jurídicos complexos, elementos causais nem sempre convergentes. Conjugar tudo isto para que, num breve momento, uma transferência bancária seja executada não é tarefa fácil. E para a mesma é chamada a intervenção do jurista.

Afirma-se a necessidade do reconhecimento da autonomia da operação de transferência e da consagração de um regime atento à sua particular estrutura. A unidade orgânica e funcional em que consiste merece uma atenção especial, e o fim que prossegue exige tutela. A insegurança perante as lacunas é agravada pelas especificidades do ambiente bancário em que a transferência nasce e se desenvolve, e pela sua estrutura em cadeia. A complexidade das relações horizontais, o encadear específico das relações verticais, a intervenção inexorável da relação subjacente, tudo deve ser medido e reflectido. A intromissão da informática, as considerações prudenciais, a necessidade de tutela dos mais fracos, tudo exige uma conjugação almejada por lei.

É preciso contudo não esquecer que, num domínio tão particular como o do Direito Bancário, o equilíbrio entre a regulamentação e a autonomia privada não é fácil. Os processos de globalização do sector financeiro e de liberalização dos movimentos de capitais que se vêm afirmando desde os anos 80 foram potenciados e, simultaneamente, geraram, um vasto movimento de *desregulamentação* colocado ao serviço de uma maior elasticidade operativa, uma mais fluída circulação de capitais e uma mais forte capacidade competitiva.[1013] Num reino que sempre foi o da

---

[1013] Cf. o nosso *Os grupos bancários no Regime Geral das Instituições de Crédito e Sociedades Financeiras*, ROA, Ano 57 (1997), Dezembro, pp. 1044 ss.; JOSÉ MANUEL QUELHAS, *Sobre a Evolução Recente do Sistema Financeiro (Novos "Produtos Financeiros")*, Sep. do BCEc., Coimbra, 1996, pp. 7 ss.; PAULO SOARES DE PINHO, *Uma análise das tendências actuais da banca europeia*, RB, n.º 34, Abril-Junho, 1995, pp. 5-24;

394   *A Transferência Bancária*

vontade das partes, mais do que nunca são grandes as resistências à intromissão do legislador. O que obriga a pensar o alcance da propugnada regulamentação e a traçar fronteiras entre situações que envolvem interesses distintos e necessidades de tutela diferenciadas, tentando encontrar o ponto óptimo de equilíbrio entre a imprescindibilidade da intervenção do legislador e a conveniência de a reduzir tanto quanto possível.

Torna-se necessário fazer distinções dentro da riquíssima casuística das transferências e tomar em consideração as distintas qualidades e necessidades dos vários intervenientes.

É importante antes de mais ter em mente os variadíssimos problemas inerentes à utilização crescente e já quase monopolizadora da informática e das telecomunicações no domínio dos sistemas de pagamento. Tivemos oportunidade de abordar as dificuldades acrescidas (a fraude, os erros nos sistemas de transmissão de mensagem e no equipamento informático dos bancos, a localização das falhas e a sua imputação), as necessidades de adaptação (a verificação de autenticidade, a prova), a exigência de repensar equilíbrios (a responsabilidade dos bancos, a protecção do consumidor, a repartição do risco). Além dos problemas específicos, as transferências electrónicas de fundos pedem um olhar diferente sobre as relações interbancárias, as relações banco/cliente e a relação subjacente. A desinstitucionalização obriga a pensar de novo o papel dos bancos, a função de meio de pagamento cada vez mais ajustada à transferência, o papel de moeda que os saldos bancários começam a assumir em pleno.[1014]

Numa outra perspectiva, parece justificar-se cada vez mais uma regulamentação específica para transferências de baixo montante orde-

---

CARLOS MOITA, *Desregulamentação e desintermediação – os consórcios financeiros e a banca,* RB, n.º 4, Outubro-Dezembro, 1987, pp. 49-66; EMÍLIO RUI VILAR, *Desregulamentação, re-regulamentação e código de conduta,* RB, n.º 31, Julho-Setembro, 1994, pp. 5-14; RINO RICCI, *La Banca Moderna...,* pp. 5 ss.; BORIO / FILOSA, *The Changing Borders of Banking: Trends and Implications,* BIS, Working Paper No. 23, Basle, 1994, pp. 4 ss.; THIERRY BONNEAU, *Droit bancaire...,* pp. 12 ss..

[1014] A este propósito, diz JOSÉ ANTÓNIO VELOSO, *A desinstitucionalização dos pagamentos cashless...,* pp. 15-116: "A desinstitucionalização acarreta inevitavelmente a obsolescência de muitos aspectos das relações jurídicas de pagamentos que dependiam ou estavam associados à intervenção da banca... (...) São diferentes, embora todos já localizados no universo electrónico, os problemas que se suscitam ao legislador em transferências ainda mediadas por relações interbancárias, e os problemas que tem que encarar quando essas relações não estão presentes.".

Reflexões Finais

nadas por "consumidores". Por um lado, porque a relativa fragilidade da sua posição face à do sistema financeiro justifica uma protecção especialmente firme, pouco garantida pela frequente utilização de cláusulas contratuais gerais ou pela total ausência de esquemas contratuais. Por outro lado, porque os montantes que essas transferências envolvem permitem impor aos bancos níveis de responsabilização que de outra forma poderiam pôr em causa a sua própria solvabilidade. As transferências de grandes montantes, ordenadas por empresas ou clientes institucionais, obrigam a esquemas de responsabilidade distintos e a uma repartição de riscos que assume aqui contornos próprios. A regulamentação deste tipo de transferência deve, no nosso entender, ser deixado à negociação individual, atenta a problemas específicos como os dos prazos de execução, das comissões a cobrar e do regime de responsabilidade.

No que especificamente respeita à regulamentação das relações interbancárias, a sua necessidade não se afirma com tanta premência. Os conflitos entre bancos são normalmente resolvidos no interior do próprio sistema financeiro, sendo a auto-regulamentação sempre, neste domínio, uma boa opção.[1015]

Com ou sem regulamentação, melhor ou pior acomodada aos cânones tradicionais, parece-nos inegável que nasceu uma figura nova a exigir atenção. Perante os desafios colocados pela emergência de novos sectores da ciência jurídica e pela forte interacção desta com outros ramos do saber, mais do que nunca se exige ao Direito abertura, elasticidade e inovação. Abertura para compreender a evolução da vida económica e social e as crescentes exigências dos seus actores, elasticidade para adaptar a sua instrumentalização a essa evolução, inovação para reconhecer e consagrar fenómenos novos.

Se num primeiro momento da nossa investigação nos debruçámos sobre a envolvência técnica e jurídica da transferência bancária na sua complexidade, procurando evitar a construção simplista e artificial, o estudo analítico de cada uma das suas peças e de todos os seus elos dá-nos agora alguma segurança para seguirmos o caminho da síntese e da (pos-

---

[1015] De tal forma que JOSÉ ANTÓNIO VELOSO, *Regulamentação dos Sistemas de Pagamentos...*, pp. 170-171, considera um erro a regulação pela Directiva das relações entre os bancos, entendendo que não deveria aquela "pretender deduzir a tutela do consumidor de uma teoria das relações interbancárias – mas não pretender tão-pouco deduzir a regulamentação das relações interbancárias de uma teoria da tutela do consumidor".

sível) simplificação. Conscientes da efemeridade da convergência de todos os actos materiais e jurídicos necessários à execução de uma transferência em concreto, alertados para o precário equilíbrio que os interesses envolvidos permitem, atrevemo-nos a afirmar que, no seu conjunto momentaneamente colaborante, esses actos e esses interesses formam um unidade orgânica e dinâmica que o jurista deve reconhecer e ao qual o legislador deve, dentro do estritamente necessário, conferir tutela.

2. A PRETEXTO DA TRANSFERÊNCIA BANCÁRIA, UMA BREVÍSSIMA REFLEXÃO SOBRE O DIREITO BANCÁRIO

O estudo efectuado sobre a transferência bancária e as conclusões sobre ela tiradas justificam uma reflexão acerca da índole do próprio Direito Bancário. Num momento em que proliferam vozes que propugnam a sua autonomia como ramo de Direito, não poderíamos deixar fugir a oportunidade de, a pretexto de uma figura que de forma tão paradigmática reflecte algumas das suas mais marcantes características, juntar àquelas a nossa voz.

Assentando o Direito Bancário em dois pilares, o da organização e supervisão do sistema financeiro, de cariz eminentemente publicista, e o da relação de cada instituição bancária com os particulares, é essencialmente este, *Direito bancário material* ou *Direito dos actos bancários*[1016] que prenderá a nossa atenção por ser, o nosso estudo, de Direito Privado.

Sabemos que raras são as disposições legais que se dedicam a regulamentar os contratos e operações bancárias que a prática há muito consagrou. O art. 362.º CCom atribui-lhes carácter comercial, estipulando o artigo seguinte que às operações bancárias serão aplicáveis "as disposições especiais respectivas aos contratos que representarem, ou em que afinal se resolverem". Na falta de lei expressa, a doutrina e a jurisprudência têm tentado enquadrar os contratos bancários nos quadros do Direito Comercial e, subsidiariamente e ao abrigo do art. 3.º CCom., no Direito Civil, mormente no Direito das Obrigações.

[1016] Cf. MENEZES CORDEIRO, *Manual de Direito Bancário...*, p. 27. Cf. ainda SANDOVAL LOPEZ, *Nuevas Operaciones Bancarias y Financieras,* RdD, n.º 197, Ano LVIII (1995), Janeiro-Junho, p. 189, que define o *Direito Privado Bancário* como o conjunto de normas que regulam as relações patrimoniais entre a banca e os seus clientes, e ALFARO ÁGUILA-REAL, *Contrato Bancario...*, p. 1558, que chama *Direito contratual bancário* ao conjunto normativo que regula as relações entre o banco e os seus clientes.

No entanto, as particularidades do ambiente em que tais contratos e operações bancários nascem e se desenvolvem, as características dos sujeitos, os desvios aos quadros clássicos que a prática tributa, tudo isso dificulta um enquadramento pacífico. As normas chamadas ao Direito Comercial e ao Direito Civil para regulamentar os contratos bancários nem sempre são aptas a acautelar devidamente os interesses em jogo, não se conseguindo atingir por via delas, nalguns casos, o equilíbrio especial que se exige. Tal é assim, sobretudo, relativamente a operações mais complexas, como é o caso da transferência bancária, cuja estrutura foge habilmente ao espartilho do modelo contratual e cuja envolvência jurídica está longe de se apresentar linear e simples.

O desafio está em descobrir as especificidades do Direito Bancário e descortinar nelas um todo coerente de sentido no qual ancorar a sua autonomia enquanto sistema.

Os traços singulares do Direito Bancário vêm sendo apontados com cada vez maior convicção pela doutrina, consciente da originalidade das suas fontes, das características dos intervenientes institucionais, das necessidades específicas dos seus clientes, do modo como institutos jurídicos tradicionais, indispensáveis, necessitam contudo de se moldar e de ser repensados sob novas luzes.

O estudo do Direito Bancário não se faz, contudo, em abstracto. O Direito, para servir a vida, tem que a surpreender na sua pulsão diária, analisá-la, sobre ela reflectir e depois testar nela as suas conclusões. Entre a vida e o pensamento do jurista o processo é dialéctico. O círculo é hermenêutico.

Também por isso, o estudo da transferência bancária traz consigo algumas pré-compreensões. Intui-se o seu *modus* específico, a sua rebeldia aos quadros tradicionais. A confirmação das suas particularidades, estruturais e ambientais, contribui para a construção de um sistema autónomo e serve, em última análise, de fio condutor a outras figuras, afirmadas como bancárias porque emersas nesse sistema e deste recebendo um património comum.

A originalidade do Direito Bancário começa nas respectivas *fontes*. A escassez de produção legislativa alimenta a autonomia privada, afirmada neste domínio com grande vigor e plasmada nos usos e em contratos, gerais ou individuais.

Os *usos bancários* adquirem uma importância primordial.[1017] Ao abrigo do princípio da autonomia da vontade, têm em grande parte con-

---

[1017] Cf., entre outros, MENEZES CORDEIRO, *Manual de Direito Bancário...*, pp. 322 ss.; PIERRE DAUCHY, *L'influence du droit civil sur le droit bancaire*, RTDCDE, T. XXXIX,

Reflexões Finais 399

tribuído para o delinear do contorno de várias figuras contratuais.[1018] Enquanto práticas reiteradas, os usos operam "mercê da positividade jurídica que lhes é insuflada pela vontade das partes", juridificados pela autonomia privada, pela lei[1019] ou pela convicção da sua obrigatoriedade.[1020]

GUGGENHEIM[1021] analisa a maioria dos usos bancários, não como verdadeiro costume, mas enquanto *usos convencionais*, aplicáveis por ocasião de uma relação contratual.[1022] Estes usos tornam-se parte integrante do contrato, seja porque as partes a eles se referem expressa ou tacitamente, seja pelo simples facto de aquele fazer parte de uma actividade que é dominada por tais usos. De um modo geral, diz, pode considerar-se

---

1986, pp. 3-4 ("le droit des opérations de banque repose principalement sur les usages..."); ALFARO ÁGUILA-REAL, *Contrato Bancario...*, p. 1558 ("En cuanto a las *fuentes*, tienen especial importancia los *usos bancarios* por la ausencia de disposiciones legales."); RIVES-LANGE / CONTAMINE-RAYNAUD, *Droit Bancaire...*, p. 8 ("Les usages traduisent l'importance de la pratique dans la formation de la règle de droit bancaire. Le contenu, les effets des opérations de banque, le comportement du banquier sont souvent précisés par l'usage."); GAVALDA / STOUFFLET, *Droit du Crédit, 1 – Les institutions*, Litec, Paris, 1990, pp. 50-51("le rôle des usages profissionnels est relativement important, tant dans les rapports entre átablissements bancaires que dans les rapports entre les banques et leurs clients... (...) L'homogénéité du monde bancaire se prête à l'éclosion de nombreux usages internes et internationaux."); FRANÇOISE DEKEUWER-DÉFOSSEZ, *Droit Bancaire...*, p. 2 ("C'est (...) l'originalité de la pratique bancaire qui explique l'importance des usages au sein des sources du droit bancaire."); JUGLART / IPPOLITO, *Traité de Droit Commercial...*, p. 31 ("Les *usages et la pratique* professionnels jouent enfin un rôle dans le domaine des opérations bancaires (contrats) où la législation est peu abondante et où le droit commun est mal adapté.").

[1018] PAULA PONCES CAMANHO, *Do Contrato de Depósito Bancário...*, p. 32.

[1019] Os usos podem valer como fontes mediatas de Direito quando a lei remeta para elas, nos termos do art. 3.º n.º 1 CCiv.. A doutrina e a jurisprudência têm entendido na referência a "estatutos", no art. 407.º do CCom., uma remissão para os usos, fazendo daquela disposição uma interpretação extensiva e actualista, sindicável caso a caso.

[1020] Constituindo, neste caso, Direito consuetudinário – sobre tudo isto, MENEZES CORDEIRO, *Manual de Direito Bancário...*, pp. 323-325.

[1021] DANIEL GUGGENHEIM, *Les Contrats de la Pratique Bancaire Suisse...*, pp. 25 ss..

[1022] No mesmo sentido, CONCEIÇÃO NUNES, *Direito Bancário...*, pp. 71 ss.. O Autor analisa a relevância jurídica dos usos enquanto elementos conformadores, interpretativos e integradores de negócios jurídicos e enquanto fonte de direito. Também OLIVEIRA ASCENSÃO, *O Direito...*, pp. 267 ss., distingue, em geral, costume e usos, atribuindo a estes o papel de fonte de Direito e de elemento interpretativo e integrativo de negócios.

400 A Transferência Bancária

como uso bancário tudo o que faça parte do funcionamento normal da actividade bancária, devendo, por ex., admitir-se que existe o uso de o banco se ocupar dos pagamentos de um cliente desde que este abre uma conta bancária.[1023]

A verdade é que grande parte do regulamento contratual deve ser determinado por apelo aos usos, para os quais se entende terem as partes implicitamente remetido aquando dos seus múltiplos contactos negociais. Sabemos como essa implícita remissão é importante em sede de transferências bancárias. Quer se entenda que o banco se vincula a executar transferências ao abrigo de um geral serviço de caixa, quer se autonomize um contrato de transferência, as graduações dessa vinculação e os seus limites, as obrigações e os deveres que da mesma decorrem para o banco e para o cliente, tudo é determinada pela prática bancária. Relembremos que, sendo unânime a consideração da necessária prestação pelo banco, aos seus clientes, de um serviço de caixa mínimo, se tem entendido que no mesmo só estão incluídos os serviços que se podem considerar "normais" ao funcionamento da actividade bancária,[1024] os mais "simples" e mais "usuais",[1025] determinados pelos "usos bancários",[1026] dentro de "limites genéricos e elásticos".[1027] Recordemos também que quem entende dever destacar, de entre a amálgama de serviços genéricos, aqueles que, porque dotados de características diferenciáveis, se reconduzem a um núcleo con-

---

[1023] Também JUGLART / IPPOLITO, *Traité de Droit Commercial...*, p. 31., se lhes referem como *usos convencionais*. Sendo as convenções, em Direito Bancário, maioritariamente tácitas, *"l'usage a la valeur et la portée d'une convention tacite"*, no dizer de RIVES-LANGE / CONTAMINE-RAYNAUD, *Droit Bancaire...*, p. 8. Na mesma linha, distingue PRATIS, *Banca...*, p. 239, entre os chamados *usos normativos*, consagrados na lei, e os *usos do comércio* e assim *usos de facto*, que concorrem a disciplinar o contrato sempre que sejam expressa ou implicitamente chamados pelas partes. Também SPINELLI /GENTILE, *Diritto Bancario...*, p. 10, distinguem entre os *usos normativos* e os *usos negociais*. O mesmo faz PAVONE LA ROSA, *Gli usi bancari,* in *Le Operazione Bancarie* (org. G. Portale), Milão, 1978, Vol. I, pp. 42 ss., que adianta que os *usos negociais* ou *contratuais* também são denominados *usos de facto, cláusulas de uso, práticas gerais* e *práticas de negócios*. MOLLE, *I Contratti Bancari...*, pp. 48 ss., por seu turno, distingue entre *usos legais* e *usos negociais*.

[1024] SEQUEIRA MARTÍN, *La Transferencia Bancaria...*, p. 2544; VÁZQUEZ PENA, *La Transferencia Bancaria de Crédito,* Marcial Pons, Madrid, Barcelona, 1998, p. 105.

[1025] FRANÇOIS GRUA, *Contrats Bancaires...*, p. 59.

[1026] MOTTURA / PAVARANI / PONTIGGIA / PREDA / RUOZI / RUTIGLIANO, *Le Operazioni Bancarie...*, p. 51.

[1027] CAMPOBASSO, *Il Bancogiro...*, p. 668.

Reflexões Finais 401

tratual autónomo, preenchem o seu conteúdo, quando não expressamente consagrado, por recurso ao uso, sendo também ao abrigo da prática que o consideram celebrado no contexto de uma abertura de conta.[1028]

Os usos acabam muitas vezes por se juridificar pela sua consagração em *cláusulas contratuais gerais*, importantíssimo elemento integrador do regulamento contratual e fonte de Direito Bancário.

Quando não celebrados de uma forma tácita, poucas vezes os contratos bancários são resultado de uma negociação individual. Em regra formam-se sem essa fase de negociação própria do *iter negotii*, não representando o culminar de uma discussão prévia entre as partes destinada a conformar o seu conteúdo em obediência à vontade de ambas,[1029] mas constituindo o resultado da simples adesão, por parte do cliente, a cláusulas contratuais predeterminadas unilateralmente pelo banco e destinadas a integrar o conteúdo de todos os contratos a celebrar por este.[1030] A adesão do cliente manifesta-se na assinatura de formulários fornecidos pelo banco, aos quais nada acrescenta para além de alguns elementos de identificação e da concretização de pequenas opções reduzida em regra à aposição de cruzes.

Promovendo a contratação em massa e servindo os desígnios de simplificação e celeridade próprios da vida moderna,[1031] os contratos de

---

[1028] Variadíssimos outros aspectos do desenvolvimento da relação de transferência têm a sua base nos usos. É o caso, por ex., da atribuição ao banco dos rendimentos do capital durante o período em que os fundos já foram debitados na conta do ordenante e ainda não foram creditados na conta do beneficiário – cf. MENEZES CORDEIRO, *Manual de Direito Bancário...*, p. 545. É o caso também da confirmação por escrito das ordens dadas oralmente – cf. BALOSSINI / CAMPI, *Gli Usi di Banca, di Borsa e di Leasing*, 2.ª ed., Giuffrè, Milano, 1980, p. 30.

[1029] Cf. JEAN CEDRAS, *L'obligation de négocier*, RTDCDE, T. XXXVIII, 1985, p. 269.

[1030] Sobre as cláusulas contratuais gerais em geral, cf. PINTO MONTEIRO, *Contratos de adesão – O regime jurídico das cláusulas contratuais gerais, instituído pelo D.L. n.º 446/85, de 25 de Outubro*, ROA, Ano 46 (1986), Dezembro, pp. 733-769 e *Cláusula Penal e Indemnização*, Almedina, Coimbra, 1990, pp. 747-754; ALMEIDA COSTA / MENEZES CORDEIRO, *Cláusulas contratuais gerais – Anotação ao Decreto-Lei n.º 446/85, de 25 de Outubro*, Lisboa, 1986; CARLOS DA MOTA PINTO, *Contratos de adesão...*, pp. 119-148; MENEZES CORDEIRO, *Tratado de Direito Civil...*, pp. 349 ss.; SOUSA RIBEIRO, *Cláusulas Contratuais Gerais e o Paradigma do Contrato*, Sep. do Vol. XXXV do Supl. ao BFD,Coimbra, 1990 e *O Problema do Contrato – As Cláusulas Contratuais Gerais e o Princípio da Liberdade Contratual*, Almedina, Coimbra, 1999; e PEDROSA MACHADO, *Sobre Cláusulas Contratuais Gerais e Conceito de Risco*, Sep. da RFDUL, 1988.

[1031] ALMEIDA COSTA / MENEZES CORDEIRO, *Cláusulas contratuais gerais...*, p. 11: "as padronizações negociais favorecem o dinamismo do tráfico jurídico, conduzindo a

402 A Transferência Bancária

adesão encontram um privilegiado campo de aplicação no Direito Bancário.[1032] Para grande parte dos contratos bancários, os bancos dispõem de cláusulas gerais previamente determinadas e às quais o cliente se limita a aderir sem nada poder modificar ou aditar. Como em geral, é uma técnica com extremas vantagens práticas, traduzidas numa enorme rapidez e simplicidade contratual, num domínio onde a necessidade da eficiente fluidez dos negócios é indispensável. Por outro lado, tratando--se de um sector onde a produção legislativa é parca, as condições gerais são um importante elemento de determinação do regulamento contratual, embora ainda assim lacunoso.[1033] Como reverso da moeda, trata-se de uma técnica que arrasta consigo uma inevitável limitação à autonomia contratual muitas vezes geradora de alguns desequilíbrios. Os clientes aderem a estas cláusulas sem que, na maior parte dos casos, cheguem a delas tomar conhecimento, o que enfraquece ainda mais uma posição resultante do estabelecimento unilateral de condições tradutoras da força institucional e consequentemente contratual das grandes empresas.[1034]

---

uma racionalização ou normalização e a uma eficácia benéficas aos próprios consumidores"; PINTO MONTEIRO, *Cláusula Penal...*, p. 749: "Necessidades de *racionalização, planeamento, celeridade* e *eficácia* tornam as condições gerais do contrato um processo indispensável de negociação da empresa..."; MENEZES CORDEIRO, *Tratado de Direito Civil...*, p. 356: "A manutenção efectiva de negociações pré-contratuais em todos os contratos iria provocar um retrocesso na actividade jurídico-económica em geral. A quebra nos mais diversos sectores de actividade seriam inimagináveis, pois a rapidez e a normalização seriam postas em crise.".

[1032] Sobre as cláusulas contratuais gerais no sector bancário, cf. MENEZES CORDEIRO, *Manual de Direito Bancário...*, pp. 448 ss.; DANIEL GUGGENHEIM, *Les Contrats de la Pratique Bancaire Suisse...*, pp. 58 ss.; PRATIS, *Banca...*, pp. 238-239; FOLCO, *Il Sistema del Diritto della Banca...*, p. 344; GARRIGUES, *La operación bancaria...*, pp. 263 ss.; FEDERICO MARTORANO, *Condizioni generali di contratto e rapporti bancari*, BBTC, Ano LVII (1994), Parte II, pp. 125-136 e LUCIANO PONTIROLI, *Il declinio dell'autonomia privata nei contratti bancari: spunti per una riflessione critica*, Contratto e impresa, 1995, n.º 2, pp. 773-805.

[1033] PINTO MONTEIRO, *Contratos de adesão...*, p. 742: "a regulamentação minuciosa do contrato, segundo as "condições gerais" formuladas de antemão, apresentará vantagens do ponto de vista do complemento e adequação da disciplina legal – por vezes lacunosa ou, em todo o caso, demasiado genérica – às especificidades da realidade sectorial a que o contrato se reporta.".

[1034] PINTO MONTEIRO, *Cláusula Penal...*, p. 750; MENEZES CORDEIRO, *Manual de Direito Bancário...*, p. 453.

Não deixa de haver consenso[1035] – mantém-se o concurso de uma proposta e uma aceitação, mas aquela distingue-se das demais por ser comum a uma multiplicidade de contratos iguais, e esta por tomar a forma de uma adesão, acto livre de vontade mas que mais não é do que o consentimento a algo unilateralmente predisposto.[1036] A truncação à autonomia privada traduz-se sobretudo na "ausência concreta de discernimento ou de liberdade", uma vez que a liberdade contratual se limita, na realidade, "ao dilema da aceitação ou rejeição desses esquemas predispostos unilateralmente por entidades sem autoridade pública, mas que desempenham na vida dos particulares um papel de maior relevo".[1037] Como é o caso dos bancos. É assim limitada (unilateralmente) a liberdade de conformação do conteúdo dos contratos bancários, provocando um verdadeiro "défice de autodeterminação"[1038] do cliente aderente. Consciente disso, não deixa o legislador de conferir alguma protecção ao aderente a cláusulas contratuais gerais, de uma forma geral[1039] e relativamente a alguns tipos contratuais em especial, designadamente no domínio bancário.

Vimos que o contrato de transferência assume a forma de contrato de adesão sempre que surge associado à utilização de cartões de débito, por imperativo legal. As especificidades técnicas das transferências executadas a partir de caixas automáticas e sistemas de ponto de venda obrigam à consagração de cláusulas que acautelem a segurança do sistema e a protecção dos utentes. Tivemos oportunidade de chamar a atenção para os problemas que pode levantar a execução de transferências electrónicas "de massa", desde a verificação da autenticidade da ordem à sua prova, das falhas técnicas aos erros na emissão das instruções, e que culminam com a possibilidade de ocorrência de fraudes. Visando sobretudo evitar a desoneração dos bancos da sua responsabilidade e consagrar um regime de repartição do risco tanto quanto possível coerente com as características dos intervenientes, a intervenção legislativa nesta sede tenta alcançar um pouco do equilíbrio de forças que sempre falta no domínio bancário.

Esta consideração faz emergir uma outra marca característica do Direito Bancário: as especificidades dos seus *intervenientes*. A força insti-

---

[1035] Cf. JOANNA SCHMIDT, *La période précontratuelle en Droit français*, RIDC, Ano 42 (1990), n.º 2, Abril-Junho, p. 545

[1036] GARRIGUES, *La operación bancaria...*, p. 265.

[1037] MENEZES CORDEIRO / ALMEIDA COSTA, *Cláusulas contratuais gerais...*, pp. 9-11.

[1038] SOUSA RIBEIRO, *O Problema do Contrato... e o Princípio da Liberdade Contratual...*, p. 275.

[1039] É essa, precisamente, a função do Decreto-Lei n.º 446/85, de 25 de Outubro.

404 A Transferência Bancária

tucional e contratual dos bancos coloca os clientes, *maxime* os particulares, numa situação de desvantagem relativa que exige, nalguns casos, intervenções estaduais e comunitárias mínimas destinadas a repor equilíbrios e evitar abusos. A necessidade de (alguma) protecção do consumidor[1040] de serviços bancários faz-se sentir, fundamentalmente, nos domínios da transparência[1041] e da responsabilidade dos bancos.

No domínio das transferências bancárias, as iniciativas têm sido sobretudo comunitárias.[1042] Recordem-se as Recomendações da Comissão nesta matéria: a de 8 de Dezembro de 1987 que estabelece um Código de Conduta relativo ao Pagamento Electrónico, a de 17 de Novembro de 1988 relativa aos Sistemas de Pagamento, em especial às Relações entre o Titular e o Emissor de Cartões e a de 14 de Fevereiro de 1990 relativa à Transparência das Condições Bancárias aplicáveis às Transacções Financeiras Transfronteiras. Com havíamos já referido, a preocupação com a protecção do utente de serviços de pagamento electrónicos é grande dada a sua especial vulnerabilidade neste domínio.[1043]

Recorde-se ainda a Directiva 97/5/CE,[1044] que obriga os bancos a prestar um conjunto vastíssimo de informações relativas aos serviços de pagamento colocados à disposição dos clientes e às condições que rodeiam a execução de uma transferência bancária de crédito em concreto. Além disso, cumpre realçar um aspecto que ainda não merecera a nossa atenção:

[1040] É preciso não esquecer que também ao domínio bancário se aplica a Lei de Defesa do Consumidor (Lei n.º 24/96, de 31 de Julho). Especial destaque merece o "direito à qualidade dos bens e serviços" consagrada na al. a) do art. 3.º.

[1041] Diz ENRICO MINERVINI, *La trasparenza delle condizioni contrattuali (contratti bancari e contratti con i consumatori)*, BBTC, Ano LX (1997), Parte I, p. 94, que no decurso dos anos 80 o tema da transparência dos contratos impôs-se à atenção dos juristas e a palavra "transparência" entrou na moda. Cf. também GUIDO ALPA, *Note minime sulla transparenza dei contratti bancari e finanziari*, in *la Nuova Legge Bancaria* (Paolo Ferro-Luzzi e Gionavvi Castaldi), T. III, Giuffrè, 1996, pp. 1782-1788.

[1042] Sem esquecermos o importante papel desempenhado, nos EUA, pelo EFTA.

[1043] Diz a este propósito STOUFFLET, no prefácio a BOURGOIGNIE / GOYENS (ed.) *Electronic Funds Transfer and Consumer Protection / Transfert Électronique de Fonds et Protection du Consommateur*, Story Scientia, Bruxelles, 1990, p. 3: "Quand une personne privée, un consommateur est en cause, il est beaucoup moins aisé de régler de manière équilibrée les rapports nés de l'emploi de procédés électroniques pour la circulation de la monnaie.".

[1044] Um dos principais objectivos da Comissão Europeia foi declaradamente, e desde o início, a protecção do consumidor.

Reflexões Finais 405

o art. 10.º faz impender sobre os Estados-membros a obrigação de assegurarem a existência de procedimentos de reclamação e de recurso adequados e eficazes para a resolução de eventuais diferendos entre os bancos e os seus clientes (ordenantes e beneficiários).

A par de uma especial protecção do consumidor é possível detectar a tendência para onerar o banqueiro com uma responsabilidade intensificada, nalguns casos independente de culpa. É o que acontece no âmbito da Directiva, relativamente à responsabilidade do banco do ordenante perante este, face aos actos e à falência de um banco intermediário por si escolhido. Não nos parece, porém, que se possa falar da emergência de uma responsabilidade profissional do banqueiro[1045] afirmada em termos gerais.[1046] Uma responsabilidade intensificada do banco deve fundamentar-se nas obrigações contratualmente assumidas perante os seus clientes,[1047] especialmente qualificadas pelos deveres que impendem sobre aquele ao abrigo da relação bancária geral.[1048] É essa, não restam dúvidas,

---

[1045] Defendida sem hesitações pela doutrina francesa. Cf., por ex., CHRISTIAN GAVALDA (dir.), *Responsabilité professionnelle du Banquier: Contribution à la protection des clients de Banque*, Economica, Paris, 1978; RICHARD ROUTIER, *La responsabilité du banquier...*, pp. 7 ss.; JUGLART / IPPOLITO, *Traité de Droit Commercial...*, p. 35 e GAVALDA / STOUFFLET, *Droit bancaire...*, pp. 94 ss.. Também se pronuncia no sentido da existência de uma verdadeira responsabilidade profissional do banqueiro VEIGA DE FARIA, *Algumas questões em torno da responsabilidade civil dos bancos pela concessão ou recusa de crédito e por informações, conselhos ou recomendações*, RB, n.º 35, Julho-Setembro, 1995, pp. 47 ss..

[1046] Relativamente à responsabilidade profissional delitual em geral, diz CARNEIRO DA FRADA, *Uma "Terceira Via" no Direito da Responsabilidade Civil?*, Almedina, Coimbra, 1997, p. 83: "*O exercício de uma profissão será relevante na concretização de deveres*, não constituirá por isso um *fundamento auto-suficiente de responsabilidade* e uma *categoria dogmática autónoma.*".

[1047] Com interesse, cf. a distinção entre obrigações de meios, obrigações de resultado e obrigações de garantia feita por ALMEIDA COSTA, *Direito das Obrigações...*, p. 933.

[1048] MENEZES CORDEIRO, *Manual de Direito Bancário...*, pp. 392 ss., faz notar que uma solução de responsabilidade do tipo francês, assente na "*faute*", seria inviável no Direito português e, adiante, relembra que a responsabilidade do banqueiro não dispensa a verificação dos requisitos da responsabilidade civil. Relativamente à responsabilidade dos bancos por informações, ALMENO DE SÁ, *Responsabilidade Bancária...*, pp. 67-68, faz notar uma tendência actual no sentido de uma crescente intensificação dos deveres de informação, sobretudo por influência do pensamento da protecção do consumidor, defendendo contudo que o seu exacto alcance depende do concreto tipo de negócio bancário ou relação negocial em causa, e que não se justifica

a base de responsabilização dos bancos intervenientes numa transferência bancária de crédito – a relação bancária que os une ao cliente, em geral, cada um dos laços contratuais singulares pressupostos de uma transferência, em especial.

No que especificamente se refere à *relação contratual* entre o banco e o cliente, as especificidades do Direito Bancário afirmam-se desde logo na existência de uma relação bancária complexa e duradoura nascida com a abertura de conta e dotada de colorações bastante peculiares, sem paralelo em outros domínios do Direito e que pode ser reconduzida, ainda que com algumas cautelas, à ideia de *contrato bancário geral*.

Cada contrato bancário individual é marcado desde a nascença pela existência e matizes dessa relação bancária, tributária desde logo de uma especial disponibilidade para contratar. O conteúdo de cada um dos contratos individualmente celebrados comunga de um sentido comum, um certo destino unitário, que àquela relação geral deve ser buscado. Não obstante essa herança, a autonomia dos núcleos contratuais é inegável e constitui, de *per si*, um universo de direitos e deveres totalmente diferenciáveis. Assim o julgamos ser, também, o contrato de transferência – emerso num todo do qual bebe sentido, mas que lhe não retira autonomia e não lhe nega um particular modo de ser.

A análise do contrato de transferência permitiu-nos o contacto com algumas peculiaridades dos *contratos bancários*, fortemente enraizados na matriz civilística mas dotados de matizes originais e feitos de recortes muito próprios. Os desvios ao caminho traçado pela tradição civilística começam com a sua *gestação*. Poucas vezes são os contratos bancários verdadeiramente negociados. Frequentemente são celebrados de forma implícita, em remissão para os usos e muitas vezes – como o contrato de transferência – no contexto da abertura de conta. Quando assim não seja, são em regra concluídos com a mera adesão do cliente a um conjunto de cláusulas unilateralmente predispostas pelo banco. Este, aliás, poucas vezes manifesta uma vontade explícita e individualmente dirigida, preferindo os actos de execução às palavras. Ao silêncio, sobretudo o do cliente (ao receber extractos de conta, notificações de transferências, avisos da sua execução...) é facilmente atribuído o valor de aceitação, em obediência aos usos. A *forma* é, em suma, reduzida ao

---

a imposição geral de um dever simplesmente decorrente da qualidade profissional do banqueiro.

Reflexões Finais 407

mínimo indispensável à *prova* dos actos.[1049] Tudo isto fomos testemunhando ao longo do presente trabalho, a pretexto da transferência bancária.

Esta falta de formalismo dificulta a determinação do *regulamento contratual*. Torna-se necessário o recurso a elementos específicos[1050] – elementos normativos legais, regulamentais, mas sobretudo usuais; elementos voluntários específicos mas essencialmente gerais. Vimos como, na falta de legislação que especialmente se lhe dirija e na quase total ausência de contratação individual, a determinação do conteúdo do contrato de transferência é fundamentalmente ancorada nas cláusulas contratuais gerais (circunscritas às transferências electrónicas com utilização de cartões) e na prática bancária. Muitas vezes a "reconstituição" da vontade das partes não passa da presunção de que aceitaram, as mesmas, todos os efeitos próprios do mecanismo utilizado, ditados pelos usos.[1051]

Deslindado, com maior ou menor facilidade, o conteúdo de um concreto contrato bancário, o problema passa a ser de *qualificação*. A tentação é inevitável na aproximação imediata a um contrato clássico do Direito Civil, sobretudo ao depósito, ao mútuo e ao mandato[1052], este "*a panaceia farmacêutica do nosso Direito bancário*".[1053] A acomodação nos modelos instituídos não é fácil e muitas vezes apresenta-se pouco pacífica. A singularidade dos mecanismos técnicos bancários, renovados e aperfeiçoados em cada momento, o recurso a originais tramas negociais dificilmente reconduzíveis a um tipo único, as implicações da pertença a um ambiente contratual *sui generis*, tudo dificulta as tentativas de aproximação, implicando muitas vezes o recurso a artificiais analogias[1054] e

---

1049 GAVALDA / STOUFFLET, *Droit bancaire...*, pp. 97-98, referem que o regime liberal da prova reenvia para as condições gerais e para os usos, e que a confiança gerada entre as partes permite geralmente reduzir a forma ao mínimo. Lembram que as ordens verbais dos clientes são rapidamente executadas e o silêncio mantido pelo cliente é considerado válida aprovação das operações de que encarregou o banco.

1050 MENEZES CORDEIRO, *Manual de Direito Bancário...*, p. 333.

1051 JUGLART / IPPOLITO, *Traité de Droit Commercial...*, pp. 33-34.

1052 FERRI, *Manuale di Diritto Commerciale...*, p. 866.

1053 JOSÉ ANTÓNIO VELOSO, *Regulamentação dos Sistemas de Pagamentos*, p. 168.

1054 VAN RYN / HEENEN, *Principles de Droit Commercial...*, p. 302, constatam que a doutrina e a jurisprudência tendem a reconduzir as operações de banca às instituições de Direito Civil em vez de reconhecerem francamente a sua originalidade, do que resultam muitas vezes analogias aproximativas e superficiais, controvérsias estéreis e um divórcio entre as teorias jurídicas e a realidade.

408   *A Transferência Bancária*

indevidamente deformando os traços dos contratos civis a que se recorre.[1055]

Se a recondução do contrato de transferência ao mandato se faz com poucas máculas, a qualificação dos contratos interbancários afigura-se bastante menos confortável, parecendo-nos que sobretudo a relação entre banco do ordenante e banco do beneficiário sai já do limiar do conhecido para exigir moldes próprios, requerendo uma regulação jurídica *ad hoc* devidamente adaptada ao complexo negocial em que cada uma dessas instituições participa.

A *agremiação contratual* em torno da *conta,* verdadeiro elemento central da relação bancária[1056], autêntico "tronco comum" de actos e contratos subsequentes[1057], é outro dos marcos da originalidade bancária. Os laços entre os contratos conferem a cada um deles uma cor diferente, impossível de detectar numa actuação isolada, e as suas combinações tornam difícil individualizar origens e efeitos próprios.[1058] Sabemos como isso é verdade – a execução da mais simples das transferências só é tornada possível pela convergência momentânea, não só de contratos verticalmente unidos, mas das combinações negociais horizontais em que estes participam.

Em suma, é a ambiência tão particular do Direito Bancário que faz deste um mundo próprio no universo da ciência jurídica, a necessitar de conceitos específicos – recorde-se a ágil "operação" –, a requerer intervenções *ad hoc*, a afirmar normas específicas estabelecidas pela prática e a consolidar princípios que são só seus.

[1055] DANIEL GUGGENHEIM, *Les Contrats de la Pratique Bancaire Suisse...*, pp. 34 ss., faz notar que, ao tentarmos "encaixar" nos quadros dos contratos de depósito, mútuo e mandato os vários contratos bancários, deparamos com a sua originalidade, e conclui que as categorias do Direito Civil não são por vezes capazes de explicar todas as técnicas utilizadas. Também RIPERT / ROBLOT, *Traité de Droit Commercial...*, p. 389, constatam que os bancos utilizam os contratos de Direito Civil, mas que a técnica bancária os deformou.

[1056] ZUNZUNEGUI, *Derecho del Mercado Financiero...*, pp. 357-358, considera que a originalidade que oferecem os contratos bancários reside em grande parte na utilização da conta, verdadeiro marco em torno do qual se unificam todos os outros contratos.

[1057] MENEZES CORDEIRO, *Manual de Direito Bancário...*, p. 489.

[1058] MOLLE, *I Contratti Bancari...*, p. 39.

Reflexões Finais 409

MENEZES CORDEIRO[1059], contrariando visões mais cépticas,[1060] apresenta uma paleta de *princípios bancários* que encontra na transferência bancária um privilegiado campo de ensaio.

O contrato de transferência é, pela forma como é celebrado, um exemplo paradigmático da *simplicidade* que carimba todo o domínio bancário e que começa por encontrar concretização numa *desformalização dos actos* que, não podendo ser extrema por forma a evitar a dificultação dos encontros de vontades, descobre o seu equilíbrio numa certa forma de *reformalização,* a significar que "os actos bancários, em nome da simplicidade, acabam por seguir formas preestabelecidas de exteriorização, assentes no preenchimento de formulários, na digitação de mensagens codificadas ou de comportamentos pré-fixados".[1061] Celebrado por adesão ou por implícita remissão para os usos, o contrato de transferência é concretizado mediante a aceitação do banco, por execução, da ordem de transferência que lhe é transmitida pelo cliente através do preenchimento de formulários, da transmissão de mensagens orais precedidas da indicação de códigos pessoais ou da digitação codificada de instruções em sistemas informáticos.

A não formalização da aceitação do banco (assuma-se esta como aceitação do próprio contrato ou como consentimento concreto a uma especificadora ordem de transferência) é a clara manifestação da *unilateralidade* (aparente) de que muitas vezes se revestem os actos bancários, nem por isso desprovidos de carácter contratual. Sintomáticas, aquela desformalização (reformalizada) e esta unilateralidade, da *rapidez* que se quer cada vez mais imprimir à vida negocial, sobretudo quando de meios de pagamentos se trata.

Mais do que qualquer outra figura, representa a transferência bancária uma expressão típica do princípio da *desmaterialização.* A substituição da morosa e custosa movimentação física de numerário pela transferência de disponibilidades monetárias através de um duplo jogo escritural em contas bancárias representa o culminar de um processo de destaque da moeda de qualquer atributo corpóreo, desmaterializando-se o seu suporte e os instrumentos da sua transmissão em nome da eficácia e rapidez da circulação monetária. A eficientíssima fluidez dos circuitos de pagamento, função social do contrato de transferência, é uma das grandes

---

[1059] MENEZES CORDEIRO, *Direito Bancário – Relatório...*, pp. 176 ss. e *Manual de Direito Bancário...*, pp. 389 ss..

[1060] Cf., por ex., THIERRY BONNEAU, *Droit bancaire...*, p. 25.

[1061] MENEZES CORDEIRO, *Manual de Direito Bancário...*, p. 427.

410 A Transferência Bancária

conquistas do sistema bancário na sua feliz união com o mundo da informática[1062]

Por último, cabe referência ao princípio da *ponderação bancária* e às suas várias concretizações. O *primeiro entendimento,* referido ao "sentido codificado da declaração" ou "à imediata mensagem que dele resulte" é inegavelmente uma constante na celebração de contratos e na execução de ordens de transferência. Da *abrangência* ou não isolamento dos actos bancários é a operação de transferência um modelo exemplar, resultado como é da confluência de actos materiais e jurídicos habilmente conjugados em vista a um fim unitário comum. Ela mesma é um sintoma claro, por outro lado, da *flexibilidade* tão própria do Direito Bancário, fortemente "responsivo" e atento às inovações, permanentemente apto a evoluir na adaptação dos cânones tradicionais e na promoção de figuras totalmente novas.

Paradigma da singularidade do mundo bancário, certificadora da existência de princípios particulares, é a transferência bancária um forte argumento para todos aqueles que, concordando embora com a "originalidade" do Direito Bancário, não lhe reconhecem ainda autonomia[1063].

Contra os que vêem nas pretensões independentistas do Direito Bancário "um efeito de ilusão óptica gerada pelo amor que cada um tem ao objecto do seu estudo" e a "manifestação de uma mentalidade provinciana"[1064] e amparada pelos que negam em tal pretensão a afirmação de um

---

[1062] "A desmaterialzação tem (...) a ver com a possibilidade de representação e de comunicação das realidades atinentes à banca – e, *maxime*, do próprio dinheiro –, através de suportes automáticos e electrónicos e portanto imateriais, no sentido mais imediato do termo." – MENEZES CORDEIRO, *Manual de Direito Bancário...*, p. 432.

[1063] RIVES-LANGE / MONIQUE CONTAMINE-RAYNAUD, *Droit Bancaire...*, p. 4 ("Le droit bancaire n'est pas un droit autonome. Il est, cependant, marqué par une certaine originalité, due aux règles qu'il regroupe."). PIERRE DAUCHY, *L'influence du droit civil sur le droit bancaire,* Revue Trimestrielle de Droit Commercial et de Droit Économique,Tome XXXIX, Ano 1986, p. 32, considerando que a técnica bancária se apoia sobre mecanismos buscados ao Direito Civil, reconhece contudo que o papel particular do banco e os imperativos de rapidez e de segurança obrigam a constatar em muitas hipóteses as insuficiências dos mecanismos do Direito Civil e a sua ultrapassagem pelo Direito Bancário. SANDOVAL LOPEZ, *Nuevas Operaciones Bancarias...*, pp. 189-190, apesar de considerar que o Direito Bancário não é autónomo face ao Direito Comercial, admite que este apresenta peculiaridades. Cf. ainda, em reconhecimento das muitas particularidades do Direito Bancário, THIERRY BONNEAU, *Droit bancaire...*, pp. 9-10; FRANÇOIS GRUA, *Contrats Bancaires...*, pp. 3-4; GARRIGUES, *La operación bancaria...*, pp. 263 ss.; BOIX SERRANO, *Curso de Derecho Bancario...*, pp. 108 ss. e ZUNZUNEGUI, *Derecho del Mercado Financiero...*, p. 332.

[1064] MESSINEO, *Caratteri giuridici comuni...*, pp. 321-322.

mero "capricho académico",[1065] vai-se traçando o caminho da sua autonomia. Paulatinamente mas com cada vez maior convicção, o Direito Bancário tem conquistado espaço ao lado do Direito Civil, do Direito Comercial, do Direito Económico. Recolhendo aí muitas das suas matrizes, vai afirmando um sentido próprio, um particular modo de ser, bebido sobretudo do ambiente altamente específico em que se desenvolve e da coloração peculiar dos actos que aí marcam presença. Sentido esse que já permite a afirmação de regras e princípios especificamente bancários e que faz aumentar os defensores (alguns ainda tímidos) da sua autonomização.[1066] [1067]

[1065] VAZQUES IRUZUBIETA, *Operaciones Bancarias...*, p. 46: "No se trata de un capricho meramente académico ni que la autonomía alcance apenas el manejo de las normas especiales que regulan esta materia. Se trata de ordenar la materia misma, por demás extensa y complicada, y, lo que es más importante, agrupar sistemáticamente tal diversidad e cantidad.".

[1066] Cf. entre nós, MENEZES CORDEIRO, *Direito Bancário...*, pp. 181-182, defendendo que, não obstante a frágil coesão interna do Direito Bancário, a sua autonomia se afirma como uma necessidade que compete aos juristas conquistarem; SIMÕES PATRÍCIO, *A Operação Bancária de Depósito...*, pp. 30-31, que faz notar a "relativa autonomia de que gozam, dentro do próprio direito comercial, as operações bancárias e, por consequência, até o próprio direito bancário. É legítimo afirmar que este constitui mesmo um ramo autónomo do direito comercial..."; PAULA PONCES CAMANHO, *Do Contrato de Depósito Bancário...*, p. 35, que timidamente constata que o Direito Bancário se vai cada vez mais autonomizando do Direito Comercial; BAPTISTA MACHADO, *Introdução...*, p. 72, notando que, dentro da órbita do Direito Comercial, vai ganhando autonomia, entre outros, o Direito Bancário. Cf. também VAZQUES IRUZUBIETA, *Operaciones Bancarias...*, pp. 46 ss., que defende a autonomia do Direito Bancária por entender que razões de justiça e tratamento apropriado das diferentes situações colocadas na realidade operativa exigem a aplicação de normas adequadas que nem sempre resultam ser as de um direito clássico desconhecedor de tais realidades. GARRIGUES, *Contratos Bancarios...*, pp. 7-8, apesar de considerar que o Direito Bancário faz parte do Direito Comercial, defende que tal não impede que se reconheça uma certa autonomia doutrinal e didáctica ao direito contratual bancário, e que um tratamento autónomo do Direito Bancário justifica-se, não só pela conveniência de uma melhor sistematização da matéria, mas também, e principalmente, pela necessidade de estudar as particulares características técnicas deste Direito, que dão lugar à criação de novos tipos de relações e de negócios jurídicos, de combinações contratuais novas que exigem um tratamento jurídico diferente do tradicional, contido nos Códigos do Comércio. Em outra sede (*La operación bancaria...*, p. 264), diz GARRIGUES que já no Direito Romano é notada a necessidade de uma regulação jurídica *sui generis* para a contratação bancária mais sensível e mais enérgica do que a que é própria do Direito Civil.

[1067] Negando tal autonomia, JOSÉ MARIA PIRES, *Direito Bancário*, II Vol., p. 31, que analisa o Direito Bancário como um ramo do Direito Comercial. Considerando o Direito Bancário como um ramo do Direito Económico, CONCEIÇÃO NUNES, *Direito Bancário*,

412   *A Transferência Bancária*

A inadequação das regras do Direito Comercial e do Direito Civil para responderem a algumas das exigências específicas do sector bancário, o especial sentido que neste ambiente particular adquirem instituições clássicas, a crescente afirmação de regras e princípios específicos fortemente conformados pela prática, tudo isto vai dando corpo a uma ideia de sistema e alento à autonomização do Direito Bancário. Autonomia que se afirma necessária mas ainda hesitante, justificando cautelas[1068] e requerendo reflexão. Como qualquer nascimento, implica rupturas, como qualquer revolução, traz consigo a tentação do extremo. É por isso importante realçar sem equívocos *a importância extrema da matriz civilística*[1069] do Direito Bancário privado. Só na compreensão da importância desse berço se pode afirmar a autonomia do Direito Bancário e fundamentar uma sua gestação forte e um crescimento sustentado.[1070]

A construção de um *sistema*, enquanto *unidade ordenada*,[1071] é feito disso mesmo: de tradições e inovações, adesões e rupturas. Assente em *normas e princípios específicos* traduzidos em soluções jurídicas diferenciadas adaptadas ao teor dos problemas particulares de um sector, mas também de *normas e princípios gerais*, necessários para conferir sentidos às outras proposições ou para, em conjunto com elas, alcançar os resultados almejados.[1072]

Depende, agora, do labor criativo do jurista e da sua habilidade para, no confronto com a tradição, gerir a vontade de inovação e o desejo de ruptura, a autonomia do Direito Bancário.

Vol. 1 – *Introdução e Sistema Financeiro*, AAFDL, Lisboa, 1994, pp. 61 ss. e SARAIVA MATIAS, *Direito Bancário...*, p. 11.

[1068] Porque "o Direito Bancário tem uma coesão interna frágil", no dizer de MENEZES CORDEIRO, *Manual de Direito Bancário...*, p. 36.

[1069] PIERRE DAUCHY, *L'influence du droit civil...*, p. 12: "Aucune création ne se faisant *ex nihilo*, c'est d'abord vers le fonds commun civiliste que se tourne le banquier...".

[1070] A propósito da autonomia do Direito dos Valores Mobiliários, diz AMADEU FERREIRA, *Direito dos Valores Mobiliários...*, p. 52: "Mesmo o que é novo deve ter em conta as soluções com que entrou em ruptura. A ruptura, muitas vezes, pode ser mais aparente do que real e resultar de uma análise jurídica ainda superficial, induzida pelo efeito de encantamento que a evolução sempre provoca. Esta postura é a única que confere legitimidade para apontar rupturas efectivas, lá onde as costuras das velhas soluções rebentaram por não poderem conter as novas soluções.".

[1071] Um sistema é formado por duas características fundamentais: a *ordenação*, a significar "um estado de coisas intrínseco racionalmente apreensível, isto é fundado na realidade", e a *unidade*, impedindo a "dispersão numa multitude de singularidades desconexas", reconduzidas a princípios fundamentais – CANARIS, *Pensamento Sistemático...*, pp. 12-13.

[1072] Seguimos de muito perto MENEZES CORDEIRO, *Direito Bancário – Relatório...*, p. 161.

CONCLUSÕES

1. A fenomenologia da "transferência bancária" na sua globalidade assenta em três pilares fundamentais, cuja destrinça é fundamental a uma dogmatização clara: da transferência bancária de crédito enquanto meio de pagamento cumpre distinguir, por um lado, o complexo de relações jusbancárias articuladas em vista à sua execução e, por outro, a relação jurídica subjacente na qual encontra justificação causal.

2. A transferência bancária de crédito é um processo através do qual, por iniciativa de um ordenante, se realiza a transmissão de disponibilidades monetárias entre duas contas bancárias através de um duplo jogo de inscrições contabilísticas que fazem variar, no mesmo montante mas em sentidos inversos, os respectivos saldos, e com o qual se visa realizar uma atribuição patrimonial sem movimentação física de numerário.

3. Não obstante a denominação que lhe é atribuída, a análise dos contornos técnicos da transferência bancária de crédito e da função que na realidade económico-social dela é reclamada impedem a sua qualificação como um contrato de estrutura trilateral, por virtude do qual o crédito do ordenante sobre o seu banco seria transmitido a um terceiro e que implicaria a ingerência da instituição bancária na relação fundamental.

4. A transferência bancária de crédito não é um contrato mas uma operação económica, anterior, na sua essência, a qualquer projecção jurídica, que se configura como um mecanismo *sui generis* de transmissão de moeda escritural e se assume como um meio de pagamento funcionalmente neutro.

5. A veste jurídica da transferência bancária de crédito não é reconduzível a uma figura unitária, resultando antes de uma sequência articulada de relações jurídicas composta por um mínimo de dois vínculos contratuais – ordenante/banco e beneficiário/banco – ao qual pode acrescer uma ou mais relações interbancárias.

6. A relação bancária complexa e duradoura gerada no contexto da abertura de conta tem um conteúdo inequivocamente contratual, assente num conjunto de deveres acessórios cominados pela boa fé e numa especial vocação para a continuidade e conformado pelos usos e por tudo quanto celebrado, expressa ou tacitamente, pelas partes.

7. A abertura de uma conta, a existência de provisão e o desenvolvimento de uma relação de transferência são os pressupostos necessários para a execução de uma transferência bancária de crédito, no que ao ordenante diz respeito.

8. A relação de transferência consubstancia um universo de direitos e deveres que não encontra justificação na abertura de conta ou na conta corrente e cuja especial configuração permite afirmar a existência de um verdadeiro contrato de transferência. Uma função específica – dar execução a um meio de pagamento cujos contornos o distinguem dos demais e permitir uma fluidez desmaterializada dos circuitos monetários – e um feixe obrigacional sem paralelo justificam a sua autonomização juscientífica.

9. Ao contrato de transferência, expressa ou implicitamente celebrado, são aplicáveis supletivamente as regras do contrato de comissão e, em via subsidiária, as do mandato civil, não devendo as mesmas fazer esquecer o papel primordial dos usos bancários e as particularidades técnicas, estruturais, funcionais e ambientais da transferência bancária.

10. A ordem de transferência é um negócio jurídico unilateral abstracto que se assume, na falta de vinculação prévia do banco, como uma verdadeira proposta de mandato e se configura, nas restantes situações, simultaneamente como instrução concretizadora do mandato e como autorização ao banco para agir.

11. É a síntese dos efeitos decorrentes de um conjunto de obrigações previamente assumidas pelo banco do beneficiário que permite a execução final de um pagamento por transferência bancária e a disponibilização permanente de um saldo bancário apto a funcionar como instrumento de troca generalizadamente aceite.

12. A inscrição a crédito na conta do beneficiário é um acto constitutivo e não translativo de uma obrigação, não sendo operada por virtude dele qualquer novação subjectiva ou objectiva, nascendo antes um crédito novo cujo título é buscado a uma prévia e autónoma relação entre o beneficiário e o seu banco, totalmente independente do vínculo que possa unir esse mesmo banco ao ordenante da transferência.

13. As relações interbancárias numa cadeia de transferência são especialmente aptas a demonstrar a inadequação da instrumentalização jurídica tradicional para acomodar com conforto as particularidades da sua estrutura.

14. A execução de uma transferência bancária externa directa só é possível mediante a actuação conjunta de duas instituições bancárias que, colaborando sem se substituir, mais não fazem do que cumprir o anteriormente assumido perante cada um dos respectivos clientes. A inelutabilidade dessa cooperação, por um lado, e o teor de cada uma das relações bancárias momentaneamente posicionadas nos extremos de uma cadeia de transferência, por outro, obriga a repensar o regime de responsabilidade consagrado à sombra de um qualquer instituto jurídico clássico e a propugnar uma sua mais equilibrada repartição.

15. Assumindo-se embora, o contrato entre o ordenante e o seu banco e o contrato entre este e um banco intermediário, como juridicamente autónomos, emerge entre eles um claro fenómeno coligatório na medida em que o segundo se dirige à execução do primeiro, nele encontrando justificada a existência e dele buscando o figurino contratual. A aproximação ao subcontrato não invalida a conveniência do estabelecimento de um regime *ad hoc* assente numa especial atenção aos interesses em jogo.

16. A moeda escritural é moeda em sentido económico mas não em sentido legal, porque não dotada por lei de poder liberatório autónomo e de irrefutabilidade. O anacronismo no confronto com a dinâmica da hodierna vida económica e social pode ser mitigado pela consideração dos usos e por uma intervenção rigorosa de critérios de boa fé no momento da avaliação de uma recusa ao pagamento por transferência bancária.

17. Não há uma coincidência necessária entre os momentos de conclusão da transferência bancária enquanto meio de pagamento, a conclusão da transferência entre os bancos e a extinção da relação subjacente.

416 *A Transferência Bancária*

Uma análise conjunta dos vários tipos de relações bancárias intervenientes na execução de uma transferência bancária permite apurar que: **(i)** numa transferência bancária interna, a operação conclui-se e a obrigação subjacente extingue-se com a inscrição a crédito na conta do beneficiário; **(ii)** numa transferência bancária externa a transferência entre os bancos conclui-se e o devedor desonera-se com a inscrição a crédito na conta do banco do beneficiário.

18. O hiato entre a desoneração do devedor e a disponibilização dos fundos ao credor, a possibilidade de revogação da ordem e a eficácia liberatória meramente convencional da transferência bancária impedem uma equiparação total desta ao pagamento por *traditio*. Uma intervenção legislativa que articule eficazmente os efeitos de todas as relações jurídicas relevantes contribuirá, a par dos progressos técnicos, para a eliminação dos obstáculos ainda existentes à consagração da irrefutabilidade da moeda posta a circular por transferência bancária.

19. A execução de uma transferência bancária internacional e a resolução dos incidentes que durante a mesma possam ocorrer só se torna em muitas situações possível se um mesmo conjunto normativo se aplicar a toda a operação o que, na falta de harmonização material, apenas poderá ser alcançado através de uma correcta abordagem conflitual.

20. Fruto das lições extraídas do fracasso na Lei-tipo da CNUDCI e de uma hábil conjugação das soluções defendidas no seio dos diferentes ordenamentos jurídicos estaduais, a Directiva 97/5/CE consagra, dentro de um âmbito de aplicação circunscrito, um regime de responsabilidade e de repartição do risco especialmente adequado à relatividade contratual, ao teor das relações bancárias envolvidas e às especiais características de cada interveniente. Essa Directiva foi transposta para o ordenamento jurídico português através do Decreto-Lei n.º 41/2000, de 17 de Março, em cujo âmbito de aplicação se incluem as transferências internas.

21. Os limites materiais e espaciais à harmonização material lograda com a referida Directiva e a impossibilidade ou inconveniência de se ir mais longe deixam um lastro de problemas por resolver que agudizam a necessidade de uma harmonização conflitual. A complexidade jurídica que envolve a execução de uma transferência bancária de crédito impede o recurso à tradicional *lex bancae* e exige a intervenção do critério da conexão mais estreita. A lei aplicável deverá reger a globalidade da opera-

Conclusões 417

ção e não apenas um dos seus segmentos, sob pena de ficar ferida a previsibilidade jurídica e inviabilizada a resolução dos litígios.

22. A análise dos problemas que com mais frequência se colocam em tema de transferências bancárias põe a nu a dificuldade sentida pelos quadros jurídicos tradicionais em acomodar figuras estruturalmente complexas, desenvolvidas à luz de ambientes repletos de especificidades e onde os cruzamentos interdisciplinares são uma constante, e fortalece o apelo à intervenção inovadora do jurista.

23. A articulação funcional, na execução de uma transferência bancária, de actos materiais e jurídicos, horizontal e verticalmente integrados, permite a afirmação, num momento determinado, de uma unidade orgânica e dinâmica impossível de detectar na sua mera soma ou síntese. Essa unidade em torno de, e em vista a, um fim complexo e comum encontra tradução na "operação de transferência".

24. Reflectindo de forma paradigmática algumas das suas mais marcantes características, a transferência bancária de crédito é um campo de ensaio privilegiado para todos os que, com cada vez maior insistência, vêm propugnando a autonomia do Direito Bancário.

BIBLIOGRAFIA

AGUIAR, ADELINO LOPES – *O Dinheiro de Plástico*, Rei dos Livros, Lisboa, s.d..

ALCARO, FRANCESCO – *"Soggetto" e "Contratto" nell' Attività Bancaria – contributo allo studio dei contratti bancari*, Giuffrè, Milano, 1981.

ALFARO ÁGUILA-REAL, J. – *Contrato Bancario*, in *Enciclopedia Jurídica Básica*, Vol. I, Editorial Civitas, pp. 1558-1561;
– *Transferencia Bancaria*, in *Enciclopedia Jurídica Básica*, Vol. IV, Editorial Civitas, pp. 6619-6623.

ALMEIDA, ANTÓNIO PEREIRA DE – *Direito Comercial*, 3.º Vol. – *Títulos de Crédito*, AAFDL, Lisboa, 1988.

ALMEIDA, CARLOS FERREIRA DE – *Texto e Enunciado na Teoria do Negócio Jurídico*, Almedina, Coimbra, 1992;
– *Desmaterialização dos títulos de crédito: valores mobiliários escriturais*, RB, n.º 26, Abril-Junho, 1993, pp. 23-39;
– *As Transacções de Conta Alheia no Âmbito da Intermediação no Mercado de Valores Mobiliários*, in *Direito dos Valores Mobiliários*, Lex, Lisboa, 1997, pp. 291-309.

ALPA, GUIDO – *Note minime sulla transparenza dei contratti bancari e finanziari*, in *la Nuova Legge Bancaria* (Paolo Ferro-Luzzi e Gionavvi Castaldi), T. III, Giuffrè, 1996, pp. 1782-1788.

ALPA, GUIDO / BESSONE, MARIO / ROPPO, ENZO – *Rischio contrattuale e autonomia privata*, Jovene Editore, Napoli, 1982.

AMBROSIO, MARIA – *Le Operazioni Bancarie in Generale*, in *Direito Bancário*, Actas do Congresso Comemorativo do 150.º aniversário do Banco de Portugal, Supl. da RFDUL, 1997, pp. 35-42.

AMESTI MENDIZÁBAL, CHISTI – *El concepto de contrato de abertura de crédito y su diferenciación respecto al contrato de préstamo*, in *Comentarios a Jurisprudencia de Derecho Bancario y Cambiari*, (coord. Fernando Sánchez Calero / Juan Sánchez-Calero Guilarte), Vol. II, Centro de Documentación Bancaria y Bursátil, Madrid, 1993, pp. 11-36.

AMORY, BERNARD / THUNIS, XAVIER – *Authentification de l'Origine et du Contenu*

420 A Transferência Bancária

des Transactions sans Papier et Questions de Responsabilité en Droit Continental, BBTC, Ano L (1987), Parte I, pp. 684-720.

ANASTÁCIO, GONÇALO GENTIL – *A viabilidade do euro*, RFDUL, Vol. XXXIX, 1998, n.º 1, pp. 65-114.

ANDRADE, MANUEL A. DOMINGUES DE – *Obrigações Pecuniárias*, RLJ, Ano 77.º (1944), N.ºs 2771 ss.;
– *Teoria Geral da Relação Jurídica*, Vol. II – *Facto Jurídico, em especial Negócio Jurídico*, Almedina, Coimbra, 1987 (7.ª reimp.).
– *Teoria Geral da Relação Jurídica*, Vol. I – *Sujeitos e Objecto*, Almedina, Coimbra, 1992 (reimp.).

ANGELICI, CARLO / BELLI, FRANCO / PORZIO, MARIO / FARINA, MARILENA RISPOLI – *I Contratti delle Banche*, UTET, Turino, 1988.

ARNAUNÉ, AUG. – *La Monnaie, le Crédit et le Change* (2ª edição), Félix Alcan, Paris, 1902.

ARORA, ANU – *Truncation of Cheques and Other Instruments through EFT*, IBFL, Vol. 13, n.º 5, 1994, pp. 48-51;
– *Electronic Money and the Law*, 3.ª ed., IBC Business Publishing, Liverpool, 1997.

ASCARELLI, TULLIO – *La Moneta – Considerazioni di Diritto Privato*, CEDAM, Padova, 1928.

ASCENSÃO, JOSÉ DE OLIVEIRA – *Direito Comercial, Vol. I – Parte Geral*, Lisboa, 1987;
– *Direito Comercial, Vol. III – Títulos de Crédito*, Lisboa, 1992;
– *Teoria Geral do Direito Civil, Vol. III – Acções e Factos Jurídicos*, Lisboa, 1992;
– *Teoria Geral do Direito Civil, Vol. IV, Título V – Relações e Situações Jurídicas*, Lisboa, 1993;
– *Teoria Geral do Direito Civil, Vol. I – Introdução. As Pessoas. Os Bens*, Lisboa, 1996.
– *O Direito – Introdução e Teoria Geral (Uma Perpectiva Luso--Brasileira)*, 10.ª ed., Almedina, Coimbra, 1997.

ASCENSÃO, JOSÉ DE OLIVEIRA / CORDEIRO, ANTÓNIO MENEZES – *Cessão de Exploração de Estabelecimento Comercial, Arrendamento e Nulidade Formal*, ROA, Ano 47 (1987), Dezembro, pp. 845-927.

AULETTA, GIUSEPPE / SALANITRO, NICCOLÒ – *Diritto Commerciale*, 9.ª ed., Giuffrè, Milano, 1994.

BACACHE-GIBEILI, MIREILLE – *La Relativité des Conventions et les Groupes de Contrats*, L.G.D.J., Paris, 1996.

Bibliografia 421

BACCIGALUPI, MARIO – *Appunti per una teoria del subcontratto*, RDComm, Vol. XLI (1943), Parte I, pp. 181-200;

BALLEN, ROBERT G. / TEITELBAUM, DAVID E. / FALLON, KIERAN – *United States Electronic Payment Systems*, in *Payment Systems of the World* (ed. Robert C. Effros), Oceana Publications, New York, London, Rome, 1996, pp. 51--96.

BALOSSINI, CAJO ENRICO / CAMPI, CESARE COLTRO – *Gli Usi di Banca, di Borsa e di Leasing*, 2.ª ed., Giuffrè, Milano, 1980.

BANCO DE PORTUGAL – *Sistemas de Pagamento em Portugal*, Outubro de 1998, in "http//www.bportugal.pt.".

BANK FOR INTERNATIONAL SETTLEMENTS – *Implications for Central Banks of the Development of Electronic Money*, Payment Systems Worldwide, Inverno de 1996-97, pp. 30-36.

BANQUE DE FRANCE (Service de l'Information) – *S.W.I.F.T. – Réseau de télé-transmission interbancaire international*, Note d'information n.º 61, Março 1984;
– *S.A.G.I.T.T.A.I.R.E. – Système interbancaire de règlement en francs par télétransmission*, Note d'information n.º 63, Novembro, 1984.

BARRE, RAYMOND / TEULON, FRÉDÉRIC – *Économie politique*, T. 2, 11.ª ed., P.U.F., Paris, 1997.

BAVETTA, GIUSEPPE – *Mandato (dir. priv.)*, ED, XXV, pp. 321-381.

BAXTER, THOMAS C. JR. – *vd.* PATRIKIS, ERNEST T..

BEAVES, ANTHONY – *United Kingdom*, in *Payment Systems of the World* (ed. Robert C. Effros), Oceana Publications, New York, London, Rome, 1996, p. 344-370.

BEDUSCHI, CARLO – *A proposito di tipicità e atipicità dei contratti*, RDCiv, Ano XXXII (1986), Parte I, pp. 351-381.

BELLI, FRANCO – *I servizi bancari*, in *I Contratti delle Banche*, UTET, Turino, 1988, pp. 139-218;
– *vd.* ANGELICI, CARLO.

BENATTI, FRANCESCO – *Appunti in Tema di Azioni Diretta*, RTDPC, Ano XVIII (1964), pp. 624-651;

BERGSTEN, ERIC – *The Work of the United Nations Commission on International Trade Law in Electronic Funds Transfers*, in *Current Legal Issues Affecting Central Banks*, Vol. I, IME, Robert C. Effros, 1992, pp. 447-460.

BERKVENS, JAN M. A. / ESCH, ROB VAN – *Netherlands*, in *Payment Systems of the World* (ed. Robert C. Effros), Oceana Publications, New York, London, Rome, 1996, pp. 239-275.

BESSONE, MARIO – *vd.* ALPA, GUIDO.

BETTI, EMILIO – *Teoria Generale delle Obligazioni*, 4 vols., Giuffrè, 1954;
– *Teoria Geral do Negócio Jurídico*, tradução portuguesa de Fernando de
Miranda, T. I, 2.ª ed., Coimbra Editora, Coimbra, 1969;
– *Causa del negozio giuridico*, NssDI, III, pp. 32-40.

BEZERRA, J. MIGUEL – *vd.* VARELA, ANTUNES.

BHALA, RAJ. K. – *vd.* PATRIKIS, ERNEST T.

BIANCARELLI, JACQUES – *L'Intérêt Général et le Droit Applicable aux Contrats
Financiers*, LRB, n.º 533, Dezembro, 1992, pp. 1090-1099.

BOIX SERRANO, RAFAEL – *Curso de Derecho Bancario*, Editorial Revista de Derecho Privado, Madrid, 1986.

BOJER, LΛTTE – *International Credit Transfers: the Proposed EC Directive Compared with the UNCITRAL Model Law*, JIBL, Vol. 10, n.º 6, 1995, pp. 223-
-228.

BONELLI, FRANCO – *La Convenzione di Roma del 19 giugno 1980 e la legge
applibabile alle operazioni bancarie*, DCDSI, Ano XXI (1982), n.º 4,
Outubro-Dezembro, pp. 627-639.

BONNEAU, THIERRY – *Droit bancaire*, 2.ª ed., Montchrestien, Paris, 1996.

BONOMI, ANDREA – *Il nuovo diritto internazionale privato dei contratti: La Convenzione di Roma del 19 giugno 1980 è entrata in vigore*, BBTC, Ano LV
(1992), Parte I, pp. 36-107.

BORGES, ANTÓNIO / RODRIGUES, AZEVEDO / RODRIGUES, ROGÉRIO – *Elementos de
Contabilidade Geral*, 14.ª ed., Rei dos Livros, Lisboa, 1995.

BORIO, CLAUDIO / FILOSA, RENATO – *The Changing Borders of Banking: Trends
and Implications*, BIS, Working Paper, No. 23, Basle, 1994.

BOURGOIGNIE, TH. / GOYENS, M. (ed.) – *Electronic Funds Transfer and Consumer
Protection / Transfert Électronique de Fonds et Protection du Consommateur*, Story Scientia, Bruxelles, 1990.

BOUTELET-BLOCAILLE, M. – *Droit du Crédit*, 2.ª ed., Masson, Paris, Milan,
Barcelone, 1995.

BRAMOULLÉ, GÉRARD – *vd.* GUITTON, HENRI.

BRANCO, LUÍS MANUEL BAPTISTA – *Conta Corrente Bancária – da sua estrutura,
natureza e regime jurídico*, RB, n.º 39, Julho-Setembro, 1996, pp. 35-85.

BRARD, ALAIN – *Le passage à l'euro des moyens de paiement*, Banque, N.º 580,
Abril, 1997, pp. 57-59.

BRESSAND, ALBERT – *Banque et financiers à l'ère du réseau de réseaux électroniques*, Bancatique, n.º 78, Janeiro, 1992, pp. 24-30.

Bibliografia

BRITO, MARIA HELENA – *O Contrato de Concessão Comercial*, Almedina, Coimbra, 1990;
– *Os Contratos Bancários e a Convenção de Roma de 19 de Junho de 1980 Sobre a Lei Aplicável às Obrigações Contratuais*, RB, n.º 28, Outubro-
-Dezembro, 1993, pp. 75-124;
– *A Representação nos Contratos Internacionais – Um contributo para o estudo do princípio da coerência do direito internacional privado*, Almedina, Coimbra, 1999.

BROSETA PONT, MANUEL – *Manual de Derecho Mercantil*, 6.ª ed., Tecnos, Madrid, 1986.

BRUNEEL, DIDIER – *La Monnaie*, La Revue Banque Editeur, Paris, s.d..

BRUYNEEL, ANDRÉ – *vd.* SIMONT, LUCIEN.

BUONOCORE, VINCENZO – *Sull'art 1856 cpv. c.c.: sostituzione nel mandato o submandato?*, BBTC, Ano XXIII (1960), Parte II, pp. 486-502.

BURGARD, JEAN-JACQUES – *La Banque en France*, Presse de la Fondation Nationale des Sciences Politiques & Dalloz, Paris, 1989.

BUTLER, RICHARDS – *vd.* FOWLER, WENDY.

CABRILLAC, MICHEL – *Le chèque et le virement*, 5.ª ed., Litec, Paris, 1980;
– *Monétique et droit de paiement*, in *Aspects du Droit Privé en Fin du 20 Siècle, Etudes réunies en l'honneur de Michel de Juglart*, Montchrestien, Paris, 1986, pp. 83-94.

CALHEIROS, JOSÉ MARIA DE ALBUQUERQUE – *O Sector Bancário e a CEE*, AAFDL, Lisboa, 1993.

CALTABIANO, ALBERTO – *L'Accreditamento Bancario*, in *Le Operazione Bancarie* (org. G. Portale), Milano, 1978, pp. 725-746.

CAMANHO, PAULA PONCES – *Do Contrato de Depósito Bancário*, Almedina, Coimbra, 1998.

CÂMARA, PAULO – *Transferência Bancária Internacional*, relatório de mestrado apresentado na FDL (dactil.), Lisboa, 1993;
– *Emissão e subscrição de valores mobiliários*, in *Direito dos Valores Mobiliários*, Lex, Lisboa, 1997, pp. 201-241.

CAMPOBASSO, GIAN FRANCO – *Il Bancogiro. Profili Strutturali*, in *Le Operazione Bancarie* (org. G. Portale), Milano, 1978, pp. 631-694;
– *Diritto Commerciale, 3 – Contratti, Titoli di Credito, Procedura Concursuali*, UTET, Torino, 1992.

CAMPOS, DIOGO LEITE DE – *Contrato a Favor de Terceiro*, 2.ª ed., Almedina, Coimbra, 1991.

CAMPOS, JOÃO MOTA DE – *Direito Comunitário*, II Vol. – *O Ordenamento Jurídico Comunitário*, 4.ª ed., Fundação Calouste Gulbenkian, Lisboa, 1994.

CANARIS, CLAUS-WILHELM – *Bankvertagsrecht*, 3.ª ed., Walter de Gruyter, Berlin, New York, 1988;
– *Pensamento Sistemático e Conceito de Sistema na Ciência do Direito*, tradução portuguesa de Menezes Cordeiro, Fundação Calouste Gulbenkian, Lisboa, 1989;
– *vd.* HUECK, ALFRED.

CANO RICO, JOSÉ R. – M*anual Practico de Contratacion Mercantil*, T. II – *Contratos Bancarios y sobre Titulos-Valores*, 2.ª ed., Tecnos, 1987.

CAPRARA, UGO – *La Banca – Principi di Economia delle Aziende di Credito*, Giuffrè, Milano, 1982.

CAPRIOLI, ERIC A. – *La Loi Applicable aux Contrats de Crédits Documentaires, Approche de Droit Comparé*, RDAI / IBLJ, n.º 7, 1991, pp. 905-944.

CARBONETTI, FRANCESCO – *Moneta*, Quaderni di ricerca giuridica della Consulenza Legale della Banca d'Italia, n.º 2, Dezembro, 1985, pp. 9-29.

CARBONNIER, JEAN – *Droit Civil, 3 – Les Biens. Monnaie, immeubles, meubles*, 10.ª ed., PUF, Paris, 1980.

CARLOS BERTRÁN, LUIS DE – *vd.* FERNÁNDEZ-ARMESTO, JUAN.

CARNELUTTI, FRANCESCO – *Formazione Progressiva del Contratto*, RDComm, Vol. XIV (1916), Parte II, pp. 308-319.

CARRESI, FRANCO – *Sostituzione e Submandato*, FI, Vol. LXIII, 1938, Parte I, pp. 1087-1094;
– *Il contenuto del contratto*, RDCiv, Ano IX (1963), Parte I, pp. 365-413.

CARRILLO POZO, LUIS FRANCISCO – *El Contrato Internacional: La Prestación Característica*, Publicaciones del Real Colegio de España, Bologna, 1994.

CARVALHO, ORLANDO DE – *Negócio Jurídico Indirecto*, BFD, Supl. X, 1952, pp. 1-147;
– *A Teoria Geral da Relação Jurídica – seu sentido e limites*, Centelha, Coimbra, 1981.

CASSONI, GIUSEPPE – *I contratti collegati nel diritto internazionale privato*, RDIPP, 1979, pp. 23-42.

CATALA, NICOLE – *La Nature Juridique du Paiment*, L.G.D.J., Paris, 1961.

CAYLA, OLIVIER – *La qualification ou la vérité du droit*, Droits – RFTJ, 18, pp. 3--18.

CECCHERINI, ALDO / GENGHINI, MASSIMO – *I Contratti Bancari nel Codice Civile*, Giuffrè, Milano, 1996.

CEDRAS, JEAN – *L´obligation de négocier*, RTDCDE, T. XXXVIII, 1985, pp. 265--290.

CENTRAL HISPANO – *Manual Jurídico de las Operaciones Bancarias*, 1995.

CERENZA, LUCIO – *La Legge-Tipo sui Trasferimenti Internazionali di Fondi Predisposta dall´UNCITRAL*, QRGCL, n.º 29, Setembro, 1993, pp. 160-169; – *Italy*, in *Payment Systems of the World* (ed. Robert C. Effros), Oceana Publications, New York, London, Rome, 1996, pp. 167-214.

CHABANEIX, DENIS – *La banque directe en Europe*, Banque, n.º 586, Novembro 1997, pp. 22-24.

CHANDLER, LESTER V. – *vd*. GOLDFELD, STEPHEN.

CHAPUT, YVES – *Les techniques modernes des transactions financières et leur répercussions sur la monnaie*, RIDC, Ano 46 (1994), n.º 2, Abril-Junho, pp. 389-403.

CHILLAZ, EMMANUEL – *vd*. FERRONIÉRE, JACQUES.

CLAUSSEN, CARSTEN PETER – *Bank– und Börsenrecht / Handbuch für Lehre und Praxis*, C. H. Beck, München, 1996.

COELHO, JOSÉ GABRIEL PINTO – *Operações de Banco, I – Depósito Bancário*, Sep. da RLJ, Ano 81.º (1949), N.ºs 2875-2892.

COLLAÇO, ISABEL M. MAGALHÃES – *Da Qualificação em Direito Internacional Privado*, Lisboa, 1964; – *Direito Internacional Privado*, Vol. II, Apontamentos das Lições proferidas ao 5.º Ano Jurídico de 1958/1959, AAFDL Lisboa, 1966.

CONSEIL NATIONAL DU CRÉDIT – *Bilan et Perspectives des Moyens de Paiement en France*, 1996.

CONTAMINE-RAYNAUD, MONIQUE – *vd*. RIVES-LANGE, JEAN-LOUIS.

CORBISIER, ISABELLE – *Les différents tiers au contrat*, in *Les Effets du Contrat à l'Égard des Tiers – Comparaisons Franco-Belges* (dir. Marcel Fontaine / / Jacques Ghestin), L.G.D.J., Paris, 1992, pp. 100-131.

CORDEIRO, ANTÓNIO MENEZES – *Estudos de Direito Civil*, Vol. I, Almedina, Coimbra, 1987; – *Do Contrato de Franquia ("franchising"): Autonomia Privada versus Tipicidade Negocial*, ROA, Ano 48 (1988), Abril, pp. 63-84; – *Introdução à edição portuguesa de "Pensamento Sistemático e Conceito de Sistema na Ciência do Direito"* de Claus-Wilhelm Canaris, Fundação Calouste Gulbenkian, Lisboa, 1989; – *Concessão de crédito e responsabilidade bancária*, in *Banca, Bolsa e Crédito – Estudos de Direito Comercial e de Direito da Economia*, I Vol., Almedina, Coimbra, 1990, pp. 9-61;

426 A Transferência Bancária

– *Transmissão em bolsa de acções depositadas*, in *Banca, Bolsa e Crédito*
– *Estudos de Direito Comercial e de Direito da Economia*, I Vol., Almedina, Coimbra, 1990, pp. 151-166;
– *Manual de Direito do Trabalho*, Almedina, Coimbra, 1991;
– *Direito das Obrigações*, 3.º Vol. (coord.), 2.ª ed. revista e ampliada, AAFDL, Lisboa, 1991;
– *Da Pós-eficácia das Obrigações*, in *Estudos de Direito Civil*, Vol. I, Almedina, Coimbra, 1994, pp. 143-197;
– *Direito das Obrigações*, 1.º Vol., AAFDL, Lisboa, 1994 (reimp.);
– *Direito das Obrigações*, 2.º Vol., AAFDL, Lisboa, 1994 (reimp.);
– *Da Cessão Financeira (factoring)*, Lex, Lisboa, 1994;
– *Teoria Geral do Direito Civil*, 1.º Vol., 2.ª ed., 1994;
– *Da Boa Fé no Direito Civil*, Almedina, Coimbra, 1997 (reimp.);
– *Direito Bancário Privado*, in *Direito Bancário*, Actas do Congresso Comemorativo do 150.º aniversário do Banco de Portugal, Suplem. da RFDUL, 1997, pp. 15-33;
– *Direito Bancário – Relatório*, Almedina, Coimbra, 1997;
– *A Posse: Perspectivas Dogmáticas Actuais*, Almedina, Coimbra, 1997;
– *Tratado de Direito Civil Português*, I Parte Geral, T. I, Almedina, Coimbra, 1999;
– *Manual de Direito Bancário*, 2.ª ed., Almedina, Coimbra, 2001;
– *Manual de Direito Comercial*, I Volume, Almedina, Coimbra, 2001;
– *vd.* ASCENSÃO, JOSÉ DE OLIVEIRA;
– *vd.* COSTA, MÁRIO JÚLIO DE ALMEIDA.

CORREIA, A. FERRER – *Algumas Considerações acerca da Convenção de Roma sobre a Lei Aplicável às Obrigações Contratuais*, RLJ, Ano 122.º (1990), N.ºs 3787-3789;
– *Lições de Direito Comercial* (reimp.), Lex, Lisboa, 1994.

COSTA, CONCETTO – *Bancogiro "internazionale" e diritto italiano*, BBTC, Ano LV (1992), pp. 346-368.

COSTA, J. ALMEIDA / MELO, A. SAMPAIO E – *Dicionário da Língua Portuguesa*, 7.ª ed., Porto Editora, Porto, 1994.

COSTA, MÁRIO JÚLIO DE ALMEIDA – *Noções de Direito Civil*, Almedina, Coimbra, 1980;
– *Direito das Obrigações*, 7.ª ed., Almedina, Coimbra, 1998.

COSTA, MÁRIO JÚLIO DE ALMEIDA / CORDEIRO, ANTÓNIO MENEZES – *Cláusulas contratuais gerais – Anotação ao Decreto-Lei n.º 446/85, de 25 de Outubro*, Lisboa, 1986.

COSTES, LIONEL – *Vers un droit du commerce international "sans papier"?*, RDAI / IBLJ, n.º 6, 1994, pp. 735-752.

COTTINO, GASTONE – *Diritto Commerciale*, Vol. II, CEDAM, Padova, 1978.

COZIAN, MAURICE – *L'Action Directe*, L.G.D.J., Paris, 1969.

CRANSTON, ROSS – *Principles of Banking Law*, Clarendon Press, Oxford, 1997.

CRESSWELL, PETER (e outros) – *Encyclopaedia of Banking Law*, 4 vols., Butterwoods, London, 1997.

CUNHA, PAULO PITTA E – *Banco*, in *Pólis, Enciclopédia Verbo da Sociedade e do Estado*, Vol. 1, Verbo, Lisboa, São Paulo, 1983, pp. 522-527.

DALCQ, ROGER O. – *Les actions directes*, in *Les Effets du Contrat à l' Égard des Tiers – Comparaisons Franco-Belges* (dir. Marcel Fontaine / Jacques Ghestin), L.G.D.J., Paris, 1992, pp. 303-334.

D'ANTONIO, ALFONSO CASTIELLO – *Evoluzione dell'oggetto e qualificazione dell'attività bancaria*, RDComm, Ano LXXXV (1987), Parte I, pp. 155-163.

DAUCHY, PIERRE – *L'influence du droit civil sur le droit bancaire*, RTDCDE, T. XXXIX, 1986, pp. 1-48.

DAVIS, STEPHEN – *vd.* TEITELMAN, ROBERT.

DEKEUWER-DÉFOSSEZ, FRANÇOISE – *Droit Bancaire*, 5.ª ed., Dalloz, Paris, 1995.

DELEBECQUE, PHILIPPE – *vd.* DUTILLEUL, FRANÇOIS COLLART.

DELIERNEUX, MARTINE – *Les Instruments du Paiement International*, RDAI / / IBLJ, n.º 8, 1993, pp. 987-1024.

DELVAUX, PAUL-HENRY – *Les groupes de contrats et la responsabilité contractuelle du fait d'autrui*, in *Les Effets du Contrat à l' Égard des Tiers – Comparaisons Franco-Belges* (dir. Marcel Fontaine / Jacques Ghestin), L.G.D.J., Paris, 1992, pp. 360-379.

DESCHANEL, JEAN-PIERRE – *Droit Bancaire – L'activité bancaire*, Dalloz, Paris, 1997.

DESIDERIO, LUIGI – *vd.* MOLLE, GIACOMO.

DEVÈZE, JEAN / PÉTEL, PHILIPPE – *Droit Commercial – Instruments de Paiement et de Crédit*, Montchrestien, Paris, 1992.

DEVOS, DIEGO – *Les Virements Transfrontaliers et la Protection Juridique des Systèmes de Paiement*, trabalho não publicado, distribuído no "Cours de Formation Approfondie en Droit Bancaire et Financier de l'Union Européenne", org. pelo Institut Universitaire International Luxembourg, pela Association Européenne pour le Droit Bancaire et Financier e pela AEDBF-EVBFR Belgique, Bruxelles, Novembro de 1997.

DI BROZOLO, LUCA RADICATI – *Operazioni bancarie internazionali e conflitti di leggi*, Giuffrè, Milano, 1984;
– *L'influence sur les conflits de lois des principes de droit communautaire*

en matière de liberté de circulation, RCDIP, n.º 3, Julho-Setembro, 1993, T.82, pp. 401-424.

DI MAJO, ADOLFO – *Obbligazioni pecuniarie,* ED, XXIX, pp. 548-624.

DI MARCO, GIUSEPPE – *Convention CEE sur la Loi Applicable aux Obligations Contractuelles,* RMC, n.º 248, 1981, pp. 319-325.

DI NANNI, CARLO – *Collegamento negoziale e funzione complessa,* RDComm, Ano LXXV (1977), Parte I, pp. 279-343.

DI RATTALMA, MARCO FRIGESSI – *I Contratti Bancari Internazionali alla Luce della Convenzione di Roma,* in *La Convenzione di Roma sul Diritto Applicabile ai Contratti Internazionale,* Giuffrè, Milano, 1993, pp. 73-88.

DI SABATO, FRANCO – *Unità e Pluralità di Negozi (Contributi alla Dottrina del Collegamento Negoziale),* RDCiv, Ano V (1959), Parte I, pp. 412-438.

DOBSOM, PAUL / SCHMITTHOF CLIVE M. – *Charlesworth's Business Law,* 5.ª ed., ELBS, London, 1991.

DOMINEDÒ, FRANCESCO M. – *Mandato (Diritto Civile),* NssDI, Vol. X, pp. 108--135.

DONADI, MASSIMO – *Problemi giuridici del trasferimento elettronico dei fondi,* Contratto e impresa, 2, 1988, pp. 559-572.

DONZELLA, ANTONELLA – *L'assegno come mezzo di pagamento,* NGCC, N.º 5, Setembro-Outubro, 1993, pp. 406-417.

D'ORAZIO, ROBERTO – *Profili di tutela dei consumatori nel trasferimento elettronico di fondi,* DII, Anno IV, n.º 2, Maio-Agosto, 1988, pp. 375-398.

DRAETTA, UGO – *Il Subcontratto Internazionale,* RDIPP, 1984, pp. 641-666.

DUTILLEUL, FRANÇOIS COLLART / DELEBECQUE, PHILIPPE – *Contrats civils et commerciaux,* 2.ª ed., Dalloz, Paris, 1993.

EFFROS, ROBERT C. – *A Primer on Electronic Fund Transfers,* in *The Law of International Trade Finance* (dir. Norbert Horn), Kluwer, Deventer, Boston, 1989, pp. 161-186;
– *Introduction,* in *Payment Systems of the World* (ed. Robert C. Effros), Oceana Publications, New York, London, Rome, 1996, pp. xxv--xxxvii.

ELLINGER, E. P. / LOMNICKA, EVA – *Modern Banking Law,* 2.ª ed., Clarence Press, Oxford, 1994.

ELLINGER, PETER – *Electronic funds transfer as a deferred settlement system,* in *Electronic Banking: the Legal Implications* (dir. R. M. Goode), The Institute of Bankers, London, 1985, pp. 29-44.

Embid Irujo, José Miguel – *Cuenta corriente bancaria. El servicio de caja. La información. La responsabilidad.*, in *Derecho del Mercado Financiero*, II – *Operaciones Bancarias de Activo y Pasivo*, Vol. 1, (dir. Alberto Alonso Ureba / J. Martínez-Simancas y Sánchez), Madrid, 1994, pp. 193-207;
– *La Cuenta Corriente Bancaria*, in *Direito Bancário*, Actas do Congresso Comemorativo do 150.º aniversário do Banco de Portugal, Supl. da RFDUL, 1997, pp. 67-86.

Esch, Rob van – *vd.* Berkvens, Jan M. A..

Espina, Daniel – *Las anotaciones en cuenta – Un nuevo medio de representación de los derechos*, Civitas, Madrid, 1995.

Fallon, Kieran – *vd.* Ballen, Robert G.

Farhat, Raymond – *Le Droit Bancaire – Reglementation – Instruments*, Beyrouth, 1995.

Faria, Manuel Veiga de – *Algumas questões em torno da responsabilidade civil dos bancos pela concessão ou recusa de crédito e por informações, conselhos ou recomendações*, RB, n.º 35, Julho-Setembro, 1995, pp. 43-70.

Farina, Marilena Rispoli – *vd.* Angelici, Carlo.

Favre-Bulle, Xavier – *Le Droit Communautaire du Paiment Électronique*, Schulthess Polygraphischer Verlag, Zürich, 1992.

Fernandes, Luís A. Carvalho – *Teoria Geral do Direito Civil*, Vol. II, 2.ª ed., Lex, Lisboa, 1996.

Fernández-Armesto, Juan / Carlos Bertrán, Luis de – *El Derecho del Mercado Financiero*, Madrid, Civitas, 1992.

Ferrand, Frédérique – *Droit Privé Allemand*, Dalloz, Paris, 1997.

Ferreira, Amadeu José – *Ordem de Bolsa*, ROA, Ano 52 (1992), Julho, pp. 467-506;
– *Valores Mobiliários Escriturais – Um novo modo de representação e circulação de direitos*, Almedina, Coimbra, 1997;
– *Direito dos Valores Mobiliários*, sumários das lições dadas ao 5.º ano, no ano lectivo de 1997/98, AAFDL, Lisboa, 1997;
– *Operações de futuros e opções*, in *Direito dos Valores Mobiliários*, Lex, Lisboa, 1997, pp. 121-188;
– *Sistemas de Pagamentos e Falência – Notas sobre uma Directiva comunitária*, CadMVM, N.º 2, Primeiro Semestre de 1998, pp. 40-63.

Ferri, Giuseppe – *Manuale di Diritto Commerciale*, 5.ª ed., UTET, Torino, 1983;
– *Bancogiro*, ED, V, pp. 32-34.

Ferroniére, Jacques / Chillaz, Emmanuel – *Les opérations de banque*, 6.ª ed., Dalloz, Paris, 1980.

430 *A Transferência Bancária*

FIDLER, P. J. M. – *Practice and Law of Banking*, 10.ª ed., English Laguage Book Society/Pitman, London, 1982.

FIORENTINO, ADRIANO – *Il Conto Corrente*, Editrice Torinese, Torino, 1957.

FOIS, MICHAEL T. – *vd.* PATRIKIS, ERNEST T.

FOLCO, CARLO – *Sul concetto di diritto bancario*, BBTC, Ano V (1938), Parte I, pp. 61-72;
– *Les paiments par l'intermédiaire des banques*, RTDComm, T. VII, 1954, pp. 53-60;
– *Il Sistema del Diritto della Banca*, Giuffrè, Milano, 1959.

FOWLER, WENDY / BUTLER, RICHARDS – *Banker's Liability* in *England and Wales*, in *Banker's Liability: Risks and Remedies* (ed. Dennis Campbell / Rudolf Meroni), Kluwer, Deventer, Boston, 1993, pp. 161-181.

FOYER, JACQUES – *Entrée en viguer de la Convention de Rome du 19 juin 1980 sur la loi applicable aux obligations contratuelles*, JDI, n.º 3, 1991, pp. 601--631.

FRADA, MANUEL A. CARNEIRO DA – *Contrato e Deveres de Protecção*, Sep. do Vol. XXXVIII do Supl. ao BFD, Coimbra, 1994;
– *Uma "Terceira Via" no Direito da Responsabilidade Civil?*, Almedina, Coimbra, 1997.

FREITAS, JOSÉ LEBRE DE – *Introdução ao Processo Civil – Conceito e Princípios Gerais à Luz do Código Revisto*, Coimbra Editora, Coimbra, 1996.

FREYMOND, PIERRE – *Questions de Droit Bancaire International*, RC, 1970, III, T. 131, pp. 1-73.

GABRIELLI, ENRICO – *Il contratto e le sue classificazioni*, RDCiv, Ano XLIII (1997), Parte I, pp. 705-728.

GALGANO, FRANCESCO – *Diritto Civile e Commerciale*, Vol. II – *Le Obbligazioni e I Contratti*, T. II – *I singoli contratti. Gli atti unilaterali e I titoli di credito. I fatti illeciti e gli altri fatti fonte di obligazione. La tutela del credito*, CEDAM, Padova, 1990;
– *Dizionario Enciclopedico del Diritto* (dir.), 2 vols., CEDAM, Milano, 1996.

GALVÃO, SOFIA DE SEQUEIRA – *Contrato de Cheque*, Lex, Lisboa, 1992.

GANDOLFI, GIUSEPPE – *Sui negozi collegati*, RDComm, Ano LX (1962), Parte I, pp. 342-352.

GARCÍA-PITA Y LASTRES, JOSÉ LUIS, *Contrato de descuento y cuenta corriente bancaria*, in *Comentarios a Jurisprudencia de Derecho Bancario y Cambiari*, (coord. Fernando Sánchez Calero / Juan Sánchez-Calero Guilarte),

Vol. I, Centro de Documentación Bancaria y Bursátil, Madrid, 1993, pp. 315-352.

GARRIGUES, JOAQUIN – *La operación bancaria y el contrato bancario*, RDM, Vol. XXIV, n.º 65, Julho-Setembro, 1957, pp. 249-278;
– *Contratos Bancarios*, 2.ª ed. revista, corrigida e actualizada por Sebatián Moll, Aguirre, Madrid, 1975;
– *Curso de Derecho Mercantil*, Vol. II, 7.ª ed. revista com a colaboração de Fernando Sanchez Calero, Aguirre, Madrid, 1979.

GASPERONI, NICOLA – *Collegamento e Connessione tra Negozio*, RDComm, Ano LIII (1955), Parte I, pp. 357-387.

GATSI, JEAN – *Le Contrat-Cadre*, L.G.D.J., Paris, 1996.

GAUDEMENT-TALLON, HÉLÈNE – *Le nouveau droit international privé européen des contrats (Commentaire de la convention C.E.E. nº 80/934 sur la loi applicable aux obligations contratuelles, ouverte à la signature à Rome le 19 juin 1980)*, RTDE, n.º 2, 1981, pp. 215-285.

GAVALDA, CHRISTIAN (dir.) – *Responsabilité professionnelle du Banquier: Contribution à la protection des clients de Banque*, Economica, Paris, 1978.

GAVALDA, CHRISTIAN / STOUFFLET, JEAN – *Droit du Crédit, 1 – Les institutions*, Litec, Paris, 1990;
– *Droit bancaire – Institutions – Comptes – Opérations – Services*, 3.ª ed., Litec, Paris, 1997.

GENEVIÈVE, NICOLAS – *Les Aspects Juridiques du Télépaiment*, Bancatique, n.º 73, 1991, pp. 380-384.

GENGHINI, MASSIMO – *vd*. CECCHERINI, ALDO.

GENTILE, GIULIO – *CHIPS Transfer of Funds*, JIBL, Vol. 2, n.º 4, 1987, pp. 208--221.
– *vd*. SPINELLI, MICHELE.

GETE-ALONSO Y CALERA, MARÍA DEL CARMEN – *Las Tarjetas de Crédito*, Marcial Pons, Madrid, 1997.

GEVA, BENJAMIM – *CHIPS Transfer of Funds*, JIBL, Vol. 2, n.º 4, 1987, pp. 208--221.

– *The Law of Electronic Funds Transfers*, Matthew Bender & Co., Inc., New York, 1992.

GHESTIN, JACQUES – *Les effets du contrat a l'egard des tiers – Introdution*, in *Les Effets du Contrat à l' Égard des Tiers – Comparaisons Franco-Belges* (dir. Marcel Fontaine / Jacques Ghestin), L.G.D.J., Paris, 1992, pp. 4-39.
– *Traité de Droit Civil – La Formation du Contrat*, 3.ª ed., L.G.D.J., 1993;

GIAMPICCOLO, GIORGIO – *La dichiarazione recettizia*, Milano, 1959;

432 — A Transferência Bancária

– *Note sul comportamento concludente*, RTDPC, Ano XV (1961), pp. 778--802.

GIAMPIERI, ALBERTO – *Operazioni Telematiche ed Irrevocabilità dell'Ordine di Pagamento*, DII, Anno VII, n.º1, Janeiro-Abril, 1991, pp. 101-117.

GIANNANTONIO, ETTORE – *Trasferimenti elettronici dei fondi e autonomia privata*, Giuffrè, Milano, 1986;
– *Prospettive di Disciplina dell'Ordinamento Italiano*, Quaderni di ricerca giuridica della Consulenza Legale – Banca D'Italia, n.º 29, 1993, pp. 228--248.

GILL, MARK / SAPTE, WILDE – *Responsability and Electronic Fund Transfers*, IBFL, Vol. 13, n.º 7, 1994, pp. 4-7.

GIORGIANNI, MICHELE – *Causa (dir. priv.)*, ED, VI, pp. 547-575;
– *Pagamento (Diritto Civile)*, NssDI, XII, pp. 321-332.

GLANSDORFF, BERNARD – *Les Parties au Paiment*, Revue de Droit de L'ULB, Vol. 8, 1993-2, pp. 61-77.

GODÉ, PIERRE – *Volonté et manifestations tacites*, Paris, 1977.

GOISIS, GIANANDREA – *Lezioni di Economia Politica*, Vol. II – *Macroeconomia*, CEDAM, Padova, 1990.

GOLDFELD, STEPHEN / CHANDLER, LESTER V. – *The Economics of Money and Banking*, 9.ª ed., várias cidades, 1986.

GOMES, JÚLIO MANUEL VIEIRA – *O Conceito de Enriquecimento, o Enriquecimento Forçado e os Vários Paradigmas do Enriquecimento sem Causa*, UCP, Porto, 1998.

GOMES, MANUEL JANUÁRIO DA COSTA – *Contrato de Mandato Comercial – Questões de tipologia e regime*, in *Operações Comerciais*, Almedina, Coimbra, 1988, pp. 465-564;
– *Em Tema de Revogação do Mandato Civil*, Almedina, Coimbra, 1989;
– *Contrato de Mandato*, in *Direito das Obrigações*, 3.º Vol., (org. Menezes Cordeiro), 2.ª ed. revista e ampliada, AAFDL, Lisboa, 1991, pp. 263-405.

GONÇALVES, LUIZ DA CUNHA – *Comentário ao Código Comercial Português*, Vol. II, Lisboa, 1916;
– *Dos Contratos em Especial*, Edições Ática, Lisboa, 1953.

GOODE, R. M. – *Commercial Law*, Penguin Books, 1982;
– *Payment Obligations in Commercial and Financial Transactions*, Sweet & Maxwell, London, 1983;
– *Electronic funds transfers as an imediate payment system*, in *Electronic Banking: the Legal Implications* (dir.), The Institute of Bankers, London, 1985, pp. 15-27.

Bibliografia 433

GRAZIADEI, MICHELE – *Mandato,* RDCiv, Ano XXXI (1985), Parte II, pp. 463--477.

GRECO, PAOLO – *Le Operazioni di Banca,* CEDAM, Padova, 1931.

GRUA, FRANÇOIS – *Contrats Bancaires,* T. 1 – *Contrats de Services,* Economica, Paris, 1990;
– *Sur les ordres de paiment en général,* Recueil Dalloz Sirey, 20.º Caderno (Chronique), 1996, pp. 172-175.

GUGGENHEIM, DANIEL – *Les Contrats de la Pratique Bancaire Suisse,* 2.ª ed., Georg, Genebre, 1985.

GUIMARÃES, MARIA RAQUEL – *As Transferências Electrónicas de Fundos e os Cartões de Débito,* Almedina, Coimbra, 1999.

GUITTON, HENRI / BRAMOULLÉ, GÉRARD – *La Monnaie,* 6.ª ed., Dalloz, Paris, 1987.

GUZMÁN COSP, JORGE – *vd.* MAIRATA LAVIÑA, JAIME.

HADDING, WALTER / HÄUSER, FRANZ – *Rechtfragen des Giroverhältnisses, ZHR,* 145 (1981), pp. 138-173.

HAERTIG, OLIVIER – *Le système bancaire est-il créateur de monnaie?,* Banque, n.º 428, Maio, 1983, pp. 561-568.

HAMBLIN, CLIVE – *Banking Law,* Sweet & Maxwell, London, 1985.

HAPGOOD, MARK – *Paget's Law of Banking,* 3.ª ed., Butterworths, London, Edimbrug, 1989.

HÄUSER, FRANZ – *vd.* HADDING, WALTER.

HEENEN, JACQUES – *Les comptes de depôt à vue et les comptes courants. Une comparaison juridique,* in *Le Droit Économique et Financier en 1985 – Hommage a Robert Henrion,* Bruylant, Bruxelles, 1985, pp. 407-416;
– *vd.* VAN RYN, JEAN / HEENEN, JACQUES.

HEINRICH, GREGOR – *Building a Universal Payments Law? The UNCITRAL Model Law on International Credit Transfers,* Payment Systems Worldwide, Verão 1991, pp. 4-16.

HELLNER, JAN – *Linked Contracts,* in *Making Commercial Law – Essays in Honour of Roy Goode* (dir. Ross Cranston), Clarendon Press, Oxford, 1997, pp. 167-189.

HESS, MARTIN – *Switzerland,* in *Payment Systems of the World* (ed. Robert C. Effros), Oceana Publications, New York, London, Rome, 1996, pp. 305--342.

HOFFMAN, ROLAND – *Banker's Liability under German Law,* in *Banker's Liabi-*

lity: Risks and Remedies (ed. Dennis Campbell / Rudolf Meroni), Kluwer, Deventer, Boston, 1993, pp. 221-230.

HOLDEN, J. MILES – *The Law and Practice of Banking,* Vol. I – *Banker and Customer,* 5.ª ed., Pitman, London, 1991.

HOLLANDERS, MARC – *The Use and Exchange of Payment Instruments,* RB/BF, Ano 59, 10/1995, pp. 562-573.

HOOK, ANDREW T. – *The Clearing House Interbank Payments System (CHIPS),* in *Payment Systems of the World* (ed. Robert C. Effros), Oceana Publications, New York, London, Rome, 1996, pp. 97-125.

HÖRSTER, HEINRICH EWALD – *Sobre a formação do contrato segundo os arts. 217.º e 218.º, 224.º a 226.º e 228.º a 235.º do Código Civil,* RDE, Ano IX (1983), N.ºs 1-2, Janeiro/Dezembro, pp. 121-157.

HUDSON, A. H. – *vd.* PENNINGTON.

HUECK, ALFRED / CANARIS, CLAUS-W. – *Derecho de los Títulos-Valor* (tradução espanhola), Ariel, Barcelona, 1988.

HUMES, KATHRYN H. – *EFT and the Consumer: An Agenda for Research,* in *Computers and Banking – Electronic Funds Transfer Systems and Public Policy* (ed. Kent W. Colton / Kenneth L. Kraemer), Plenum Press, New York, London, 1980, pp. 55-65.

INGRAM, SUSAN – *Recent developments in electronic banking,* BM, Julho-Agosto, 1985, pp. 50-59.

INZITARI, BRUNO – *La Moneta,* in *Trattato di Diritto Commerciale e di Diritto Pubblico dell'Economia,* Vol. VI – *Moneta e Valuta,* CEDAM, Padova, 1983, pp. 3-67.

IPPOLITO, BENJAMIM – *vd.* JUGLART, MICHEL DE.

JAMIN, CHRISTOPHE – *Breves réflexions sur un mecanisme correcteur: l'action directe en droit français,* in *Les Effets du Contrat à l' Égard des Tiers – Comparaisons Franco-Belges* (dir. Marcel Fontaine / Jacques Ghestin), L.G.D.J., Paris, 1992, pp. 263-302.

JAUFFRET, ALFRED – *Droit Commercial,* 22.ª ed. (por Jacques Mestre), L.G.D.J., Paris, 1995.

JEANTIN, MICHEL – *Droit commercial – Instruments de paiment et de crédit. Entreprises en difficulté,* 4.ª ed., Dalloz, Paris, 1995.

JONES, DAVID – *Electronic banking and the law,* BW, Janeiro, 1987, pp. 27-29.

JORDANO, JUAN BAUTISTA – *Contratos mixtos y unión de contratos,* ADC, Janeiro-Março, 1951, pp. 321-339.

JORGE, FERNANDO PESSOA – *Ensaio sobre os Pressupostos da Responsabilidade Civil*, Almedina, Coimbra, 1995 (reimp.);
– *Mandato sem Representação*, Almedina, Coimbra, 2001 (reimp.).

JUGLART, MICHEL DE / IPPOLITO, BENJAMIM – *Traité de Droit Commercial*, T. 7 – *Banques et Bourses*, 3.ª ed. por LUCIEN M. MARTIN, Montchrestien, Paris, 1991.

JUSTO, A. SANTOS – *As Acções do Pretor (actiones praetoriae)*, Coimbra, 1994.

KARMEL, MARTIN – *Procedure and Evidence: The Maintenance of Transaction Records: Proving the State of Account in EFT Transactions*, in *Electronic Banking: the Legal Implications* (dir. R. M. Goode), The Institute of Bankers, London, 1985, pp. 45-56.

KENT, RAYMOND P. – *Money and Banking*, 4.ª ed., Holt, Rinehart and Windston, New York, 1961.

KOENIG, B. GINO – *Banker's Liability: Risks and Remedies in Switzerland*, in *Banker's Liability: Risks and Remedies* (ed. Dennis Campbell / Rudolf Meroni), Kluwer, Deventer, Boston, 1993, pp. 329-333.

KOHN, MEIR – *Money, Banking and Financial Markets*, The Dryen Press, várias cidades, 1993.

KORNPROBST, LOUIS – *Les libéralités par virement en banque*, Banque, n.ºs 31, 32 e 33 (pp. 13-15, 71-77, 133-138).

KREDIETBANK – *Aspects juridiques du mouvement électronique de fonds*, Bulletin hebdomadaire, Ano 37 (1982), n.º 37, Outubro, pp. 1-5.

KÜMPEL, SIEGFRIED – *Bank– und Kapitalmarktrecht*, Verlag, Köln, 1995.

LA LUMIA, ISIDORO – *Materia bancaria e diritto bancario*, RDComm, Vol. XIX (1921), Parte I, pp. 121-154.

LA ROSA, ANTONIO PAVONE – *Ambito di applicabilitá della disciplina dei contratti bancari e disciplina del negozio mistio*, BBTC, Ano XXIV (1961), Parte II, pp. 330-336;
– *Gli usi bancari*, in *Le Operazione Bancarie* (org. G. Portale), Milão, 1978, Vol. I, pp. 23-58.

LAGARDE, PAUL – *Le nouveau droit international privé des contrats après l'entrée en vigueur de la Convention de Rome du 19 juin 1980*, RCDIP, T. 80, n.º 2, Abril-Junho, 1991, pp. 287-340.

LAIDLAW, ANDREW – ROBERTS, GRAHAM – *Law Relating to Banking Services*, 2.ª ed., The Chartered Institute of Bankers, London, 1992.

LAMBERT, JANICE – *Banking: The Legal Environment*, Routledge, London, New York, 1993.

436 *A Transferência Bancária*

LARENZ, KARL – *Metodologia da Ciência do Direito*, 2.ª ed., tradução portuguesa da 5.ª edição alemã por José Lamego, Fundação Calouste Gulbenkian, Lisboa, 1989.

LARROUMET, CHRISTIAN – *L'effet relatif des contrats et la négation de l'existence d'une action en responsabilité nécessairement contractuelle dans les ensembles contractuels*, J-Cl, 1991, I, 3531, pp. 313-315.

LASS, JONATHAN – *Fraud, Error and System Malfunction – A Banker's Viewpoint*, in *Electronic Banking: the Legal Implications* (dir. R. M. Goode), The Institute of Bankers, London, 1985, pp. 57-66.

LASSALAS, CHRISTINE – *L'inscription en compte des valeurs: la notion de propriété scripturale*, L.G.D.J., Paris, 1997.

LEITÃO, LUIS MANUEL TELES DE MENEZES – *O Enriquecimento Sem Causa*, CTF (176), Lisboa, 1996;
– *Direito das Obrigações*, Vol. I – *Introdução. Da Constituição das Obrigações*, Almedina, Coimbra, 2000.

LELOUP, JEAN-MARIE – *vd*. SAVATIER, RENÉ.

LENER, RAFFAELE – *Dalla formazione alla forma dei contratti su valori mobiliari (prime note sul "neoformalismo" negoziale)*, BBTC, Ano LIII (1990), Parte I, pp. 777-804.

LÉOTY, DÉNISE – *La nature juridique de la dation en paiment – La dation en paiment, paiment pathologique?*, RTDCiv, T. LXXIII, 1975, pp. 12-46.

LESGUILLONS, HENRY – *Loi Applicable aux Obligations Contractuelles: Entrée en Viguer de la Convention de Rome du 19 Juin 1980*, RDAI / IBLJ, n.º 2, 1991, pp. 267-283.

LIBCHABER, RÉMY – *Recherches sur la Monnaie en Droit Privé*, L.G.D.J., Paris, 1992.

LIBONATI, BERARDINO – *Contratto Bancario e Attività Bancaria*, Giuffrè, Milano, 1965.

LIMA, COSTA – *Pagamentos e Comércio Electrónico (Internet)*, in *O Futuro dos Sistemas de Pagamentos*, Associação Portuguesa de Bancos / Banco de Portugal / SIBS, Lisboa, 1997, pp. 129-131.

LIMA, FERNANDO ANDRADE PIRES DE / VARELA, JOÃO DE MATOS ANTUNES – *Código Civil Anotado*, Vol II, 3.ª ed. revista e actualizada, Coimbra Editora, Coimbra, 1986.
– *Código Civil Anotado*, Vol. I, 4.ª ed. revista e actualizada (com a colaboração de M. Henrique Mesquita), Coimbra Editora, Coimbra, 1987.

LOBO, JOÃO – *O Contrato no Direito Civil Português: seu Sentido e Evolução*, Barbosa e Xavier Limitada, Braga, 1991.

LOJENDIO OSBORNE, IGNACIO – *La ley modelo de UNCITRAL sobre transferencias internacionales de crédito*, RDM, n.º 207, Janeiro-Março, 1993, pp. 95-114; – *Spain*, in *Payment Systems of the World* (ed. Robert C. Effros), Oceana Publications, New York, London, Rome, 1996, pp. 277-303.

LOMNIKA, EVA – *vd.* ELLINGER, E. P..

LONGO, GIOVANNI ELIO – *Pagamento (Diritto Romano)*, NssDI, XII, pp. 316-321.

LÓPEZ FRÍAS, ANA – *Los Contratos Conexos*, Bosch, Barcelona, 1994.

LÓPEZ VILAS, RAMÓN J. – *Concepto y natureza del subcontrato*, RDP, T. XLVI-II, Janeiro-Dezembro, 1964, pp. 615-641.

LORDI, LUIGI – *Classificazione delle operazioni di banca*, BBTC, Ano X (1943), Parte I, pp. 1-20.

LUCKETT, DUDLEY G. – *Money and Banking*, 3.ª ed., McGraw-Hill, várias cidades, 1984.

LUTZ, FRIEDRICH A. – *La création de monnaie par les banques*, Banque, n.º 292, Janeiro, 1971, pp. 143-151.

MACCARONE, SALVATORE – *Osservazione in Tema di Conto Corrente Bancario*, in *Le Operazione Bancarie* (org. G. Portale), Milano, 1978, pp. 605-630; – *I Trasferimenti Elettronici di Fondi nel Diritto Italiano*, DII, Ano I, n.º 2, Maio-Agosto 1985, pp. 605-624; – *Le Operazioni della Banca tra Norme e Prassi*, Studi di Diritto e Legislazione Bancaria, 7, Giuffrè, Milano, 1988; – *Gli Indirizzi Comunitari in Materia di Sistema e Mezzi di Pagamento*, Quaderni di ricerca giuridica della Consulenza Legale – Banca D'Italia, n.º 29, 1993, pp. 200-210.

MACHADO, JOÃO BAPTISTA – *Lições de Direito Internacional Privado*, 4.ª ed., Almedina, Coimbra, 1990; – *Obra Dispersa*, Vol. I, Scientia Iuridica, Braga, 1991; – *Introdução ao Direito e ao Discurso Legitimador* (6.ª reimp.), Almedina, Coimbra, 1993.

MACHADO, MIGUEL NUNO PEDROSA – *Sobre Cláusulas Contratuais Gerais e Conceito de Risco*, Sep. da RFDUL, 1988.

MADUEGBUNA, SAMUEL O. – *The Effects of Electronic Banking Techniques on the Use of Paper-based Payment Mechanisms in International Trade*, JBL, Julho, 1994, pp. 338-362.

MAGRI, GINO – *Natura giuridica del conto corrente bancario*, RDCIM, Vol. III (1905), Parte I, pp. 89-94.

MAIMERI, FABRIZIO / NIGRO, ALESSANDRO / SANTORO, VITTORIO – *Contratti Ban-*

438 A Transferência Bancária

cari, 1– *Le operazione bancarie in conto corrente*, Giuffrè, Milano, 1991.

Mairata Laviña, Jaime / Guzmán Cosp, Jorge – *Operaciones Bancarias y su Tratamiento Legal*, Hispano Europea, Barcelona, 1989.

Mann, F. A. – *The Legal Aspect of Money*, 5.ª ed., Clarendon Press, Oxford, 1992.

Mann, J. E. – *vd*. Pennington, R. R..

Marimon, Ramon / Nicolini, Juan Pablo / Teles, Pedro – *Electronic Money: The End of Inflation?*, Institute for Empirical Macroeconomics, Discussion Paper 122, Agosto de 1997.

Marques, Walter – *Moeda*, in *Pólis, Enciclopédia Verbo da Sociedade e do Estado*, Vol. 1, Verbo, Lisboa, São Paulo, 1983, pp. 379-383;
– *Moeda e Instituições Financeiras*, Publicações Dom Quixote / Instituto Superior de Gestão, Lisboa, 1991.

Martin, Lucien M. – *vd*. Juglart, Michel de

Martinez, Pedro Romano – *O Subcontrato*, Almedina, Coimbra, 1989.

Martinez, Pedro Soares – *Economia Política*, 7.ª ed., Almedina, Coimbra, 1996.

Martorano, Federico – *Condizioni generali di contratto e rapporti bancari*, BBTC, Ano LVII (1994), Parte II, pp. 125-136.

Martuccelli, Silvio – *Obbligazioni Pecuniarie e Pagamento Virtuale*, Giuffrè, Milano, 1998.

Marzona, Nicoletta – *Funzione Monetaria*, CEDAM, Milano, 1993.

Mateus, Abel – *O Futuro dos Sistemas de Pagamento em Portugal no contexto da União Económica e Monetária*, in *O Futuro dos Sistemas de Pagamentos*, Associação Portuguesa de Bancos / Banco de Portugal / SIBS, Lisboa, 1997, pp. 27-59.

Matias, Armindo Saraiva – *Direito Bancário*, Coimbra Editora, Coimbra, 1998.

Mayer, Pierre – *La Protection de la Partie Faible en Droit International Privé*, in *La Protection de la Partie Faible dans les Rapports Contractuels (Comparaisons Franco-Belges)*, L.G.D.J., Paris, 1996, pp. 515-552.

Melo, A. Sampaio e – *vd*. Costa, J. Almeida.

Mendes, João de Castro – *Introdução ao Estudo do Direito*, edição revista pelo Prof. Miguel Teixeira de Sousa, Pedro Ferreira – Artes Gráficas, Lisboa, 1994;
– *Teoria Geral do Direito Civil*, II Vol., AAFDL, Lisboa, 1995.

Menti, Paolo – *Atti di esecuzione e di appropriazione nella conclusione del contratto*, RDCiv, Ano XXVI (1980), Parte I, pp. 529-549.

MERCIER, MAGUY – *Vers des systèmes d'information orientés clients,* Banque, n.º 586, Novembro, 1997, pp. 25-27.

MESSINEO, FRANCESCO – *Caratteri giuridici comuni, concetto e classificazione dei contratti bancari,* BBTC, Ano XXIII (1960), Parte I, pp. 321-346;
– *Ancora sul concetto di contratto bancario,* BBTC, Ano XXV (1962), Parte I, pp. 481-486;
– *Contratto collegato,* ED, X, pp. 48-54;
– *Contratto derivato – sub-contratto,* ED, X, pp. 80-87;
– *Punti di vista sulla natura dell'accreditamento bancario,* BBTC, Ano XXVI (1963), Parte I, pp. 309-321.

MILLER, ROGER LEROY / VANHOOSE, DAVID D. – *Modern Money and Banking,* 3.ª ed., McGraw-Hill, várias cidades, 1993.

MINERVINI, ENRICO – *La trasparenza delle condizioni contrattuali (contratti bancari e contratti con i consumatori),* BBTC, Ano LX (1997), Parte I, pp. 94-111.

MINERVINI, GUSTAVO – *Sostituzione nell' Esecuzione del Mandato e Submandato,* BBTC, Ano XIV (1951), Parte I, pp. 372-382;
– *Impresa Bancaria e Contratti Bancari,* BBTC, Ano XXIX (1966), Parte II, pp. 261-269;
– *Mandato, Sub-mandato e Sostituzione del Mandatario nella Prassi bancaria e nella Giurisprudenza,* RDCiv, Ano XXII (1976), Parte I, pp. 471-482;
– *Banca, attività bancaria, contratti bancari,* BBTC, Ano XXV (1962), Parte I, pp. 313-325.

MINGUZZI, ITALO GIORGIO – *I contratti commerciali – Corso di diritto commerciali,* Maggioli Editore, Rimini, 1990.

MISHKIN, FREDERIC S. – *The Economics of Money, Banking and Financial Markets,* 3.ª ed., HarperCollins, New York, 1992.

MITCHELL, JEREMY – *Electronic Banking and the Consumer – The European Dimension,* PSI, London, 1988;
– *Electronic banking and the consumer,* IBR, 1986, pp. 281-284.

MOITA, CARLOS – *Desregulamentação e desintermediação – os consórcios financeiros e a banca,* RB, n.º 4, Outubro-Dezembro, 1987, pp. 49-66.

MOLL, SEBATIÁN – *vd.* GARRIGUES, JOAQUIN.

MOLLE, GIACOMO – *Per la qualificazione giuridica del deposito bancario,* BBTC, Ano XI (1948), Parte I, pp. 3-25;
– *Considerazioni sul conto corrente bancario,* BBTC, Ano XIII (1950), Parte I, pp. 97-117;
– *I Contratti Bancari,* in *Trattato di Diritto Civile e Comerciale,* (dir. Antonio Cicu e Francesco Messineo), Vol. XXXV, 4.ª ed., Giuffrè, Milano, 1981;
– *Conto corrente bancario,* NssDI, IV, pp. 414-424.

440 A Transferência Bancária

Molle, Giacomo / Desiderio, Luigi – *Manuale di Diritto Bancario e dell'Intermediazione Finanziaria*, 5.ª ed., Giuffrè, Milano, 1997.

Moncada, Luís Cabral de – *Lições de Direito Civil*, 4.ª ed., Almedina, Coimbra, 1995.

Montalenti, Paolo – *Il Contratto di Commissione*, in *Trattato di Diritto Commerciale e di Diritto Pubblico dell'Economia*, Vol. XVI – *Contratti Commerciali* (org. Gastone Cottino), pp. 633-654.

Monteiro, António Pinto – *Contratos de adesão – O regime jurídico das cláusulas contratuais gerais, instituído pelo D.L. n.º 446/85, de 25 de Outubro*, ROA, Ano 46 (1986), Dezembro, pp. 733-769;
– *Cláusula Penal e Indemnização*, Almedina, Coimbra, 1990.

Monteiro, Jorge Ferreira Sinde – *Responsabilidade por Conselhos, Recomendações ou Informações*, Almedina, Coimbra, 1989.

Monteiro, Luís Miguel – *A operação de levantamento automático de numerário*, ROA, Ano 52 (1992), Abril, pp. 123-167.

Möschel, Wernhard – *Dogmatishe Strukturen des bargeldlosen Zahlungsverkehrs*, AcP, 186, 1986, pp. 187-236.

Motos Guirao, Miguel – *Sobre si el Ingresso en la Cuenta Corriente Bancaria del Acreedor Libera al Deudor*, RDM, Vol. XXV (1958), n.º 68, Abril-Junho, pp. 245-298.

Mottura, Paulo / Pavarani, Engenio / Pontiggia, Carlo / Preda, Michele / Ruozi, Roberto / Rutigliano, Michele – *Le Operazioni Bancarie*, 3.ª ed., EGEA, Milano, 1991.

Moulin, Anne-Marie – *Le Droit Monétaire et les Paiments en Écus*, Banque de France, Bulletin Trimestriel, Dezembro, 1992, pp. 85-98.

Múrias, Pedro Ferreira – *A responsabilidade por actos de auxiliares e o entendimento dualista da responsabilidade civil*, RFDUL, 1996, n.º 1, pp. 171-217.

Musielak, Hans-Joachim – *A Inserção de Terceiros no Domínio de Protecção Contratual*, in *Contratos: Actualidade e Evolução*, UCP, Porto, 1997, pp. 283-296.

Nabais, João – *Transferências Electrónicas de Fundos: Problemas Jurídicos*, RB, n.º 2, Abril-Junho, 1987, pp. 71-85.

Néret, Jean – *Le Sous-contrat*, L.G.D.J., Paris, 1979.

Neto, Abílio – *Código Comercial, Código das Sociedades Comerciais, Legislação Complementar Anotados*, 12.ª ed., Ediforum, Lisboa, 1996.

Newman, Samuel – *Society for Worldwide Interbank Financial Telecommunica-*

tion (SWIFT), in *Payment Systems of the World* (ed. Robert C. Effros), Oceana Publications, New York, London, Rome, 1996, pp. 371-405.

NICOLAS, GENEVIÈVE – *Les aspects juridiques du télépaiment*, Bancatique, n.º 73, Julho-Agosto, 1991, pp. 380-384.

NIGRO, ALESSANDRO – *vd.* MAIMERI, FABRIZIO.

NORA, SAMPAIO E – *vd.* VARELA, ANTUNES.

NORDHAUS, WILLIAM D. – *vd.* SAMMUELSON, PAUL A..

NUNES, A. J. AVELÃS – *Economia* – Apontamentos segundo as aulas dadas ao 5.º Ano da FDUC, no ano lectivo de 1993/1994, Coimbra, 1993.

NUNES, FERNANDO CONCEIÇÃO – *As instituições de crédito: conceito e tipologia legais, classificação, actividades legalmente permitidas e exclusivos*, RB, n.º 25, Janeiro-Março, 1993, pp. 71-112;
– *Direito Bancário*, Vol. 1 – *Introdução e Sistema Financeiro*, AAFDL, Lisboa, 1994;
– *Recepção de depósitos e/ou outros fundos reembolsáveis*, in *Direito Bancário*, Actas do Congresso Comemorativo do 150.º aniversário do Banco de Portugal, Supl. da RFDUL, 1997, pp.43-65.

NUVOLONE, PIETRO – *La Trasmissione Elettronica dei Fondi e la Tutela dell' Utente*, DII, Ano I, n.º 2, Maio-Agosto, 1985, pp. 593-604.

OCDE – *Les Transferts de Fonds Électroniques – Les Cartes de Paiment et le Consommateur*, OCDE, Paris, 1989.

OKAWA, MASAO – *vd.* VAN DEN BERGH, PAUL.

OLAVO, FERNANDO – *Direito Comercial*, Vol. I, 2.ª ed., 1974.

PAPI, GIUSEPPE UGO – *Moneta*, NssDI, X, pp. 853-866.

PARLEANI, GILBERT – *L'Objet du Paiment*, RDULB, Vol. 8, 1993-2, pp. 79-100.

PASCUAL ESTEVILL, LUIS – *El Pago*, Bosch, Barcelona, 1986.

PATRÍCIO, JOSÉ SIMÕES – *A Operação Bancária de Depósito*, ELCLA Editora, Porto, 1994.

PATRIKIS, ERNEST / BAXTER, THOMAS C. JR. / BHALA, RAJ – *Wire Transfers – A guide to U.S. and International Laws Governing Funds Transfers*, Bankers Publishing Company, Probus Publishing Company, Chicago, Cambridge, 1991.

PATRIKIS, ERNEST T. / BHALA, RAJ – *The Law of Electronic Payments and the Rationalization of the Payments System in the United States*, Quaderni di ricerca giuridica della Consulenza Legale – Banca D'Italia, n.º 29, 1993, pp. 211-226.

PATRIKIS, ERNEST T. / BHALA, RAJ K. / FOIS, MICHAEL T. – *An Overview of United States Funds Transfer Law,* in *Payment Systems of the World* (ed. Robert C. Effros), Oceana Publications, New York, London, Rome, 1996, pp. 1-50.

PAVARANI, ENGENIO – *vd.* MOTTURA, PAULO.

PELICHET, MICHEL – *Garanties Bancaires et Conflits de Lois,* RDAI / IBLJ, n.º 3, 1990, pp. 335-354;
– *Note on the problem of the law applicable to international credit transfers,* Hague Conference on private international law, General affaires, Preliminary Document N.º 1, 1 de Novembro de 1991.

PENNINGTON, ROBERT – *Fraud, Error and System Malfunction – A Lawyer's Viewpoint,* in *Electronic Banking: the Legal Implications* (dir. R. M. Goode), The Institute of Bankers, London, 1985, pp. 67-82.

PENNINGTON, R. R. / HUDSON, A. H. / MANN, J. E. – *Commercial Banking Law,* MacDonald and Evans, Plymouth, 1978.

PERASSI, MARINO – *I Trasferimenti Elettronici di Fondi,* Quaderni di ricerca giuridica della Consulenza Legale – Banca D´Italia, n.º 29, 1993, pp. 173- -181.

PERRY, F. E. – *Law and Practice Relating to Banking,* 4.ª ed., Methuen & Co., London, 1983.

PÉTEL, PHILIPPE – *Le Contrat de Mandat,* Dalloz, Paris, 1994;
– *vd.* DEVÈZE, JEAN.

PINHEIRO, LUÍS DE LIMA – *Joint Venture – Contrato de Empreendimento Comum em Direito Internacional Privado,* Edições Cosmos, Lisboa, 1998.

PINHO, PAULO SOARES DE – *Uma análise das tendências actuais da banca europeia,* RB, n.º 34, Abril-Junho, 1995, pp. 5-24.

PINTO, CARLOS ALBERTO DA MOTA – *Contratos de adesão – Uma manifestação jurídica da moderna vida económica,* RDES, n.ºs 2-3-4, Abril-Dezembro, 1973, pp. 119-148;
– *Cessão da Posição Contratual* (reimp.), Almedina, Coimbra, 1982;
– *Teoria Geral do Direito Civil,* 3.ª ed., Coimbra Editora, Coimbra, 1990.

PINTO, PAULO MOTA – *Declaração Tácita e Comportamento Concludente no Negócio Jurídico,* Almedina, Coimbra, 1995.

PIRES, JOSÉ MARIA – *Direito Bancário,* 1.º Vol. – *O Sistema Bancário Português,* Rei dos Livros, Lisboa, 1994;
– *Direito Bancário,* 2.º Vol. – *As Operações Bancárias,* Rei dos Livros, Lisboa, 1994.

PIROU, GAËTAN – *Traité d'Économie Politique,* T. II – *Le Mécanisme de la Vie Économique – La Monnaie,* Recueil Sirey, Paris, 1945.

Bibliografia 443

PITTIE, MARC – *Le principe de l'effet relatif des contrats à la lumière des législations récentes en matière d'obligations conventionnelles*, ADL, 3-4/1997, pp. 325-358.

PONTIGGIA, CARLO – *I Sistema Elettronici di Pagamento*, Giuffrè, Milano, 1980.

PONTIROLI, LUCIANO – *Il declinio dell'autonomia privata nei contratti bancari: spunti per una riflessione critica*, Contratto e impresa, 1995, n.º 2, pp. 773--805.

PORZIO, MARIO – *L'apertura di credito: profili generali*, in *Le Operazione Bancarie* (org. G. Portale), Milano, 1978, Vol. II, pp. 505-522;
– *I contratti bancari in generale*, in *I Contratti delle Banche*, UTET, Turino, 1988, pp. 1-54;
– *Il conto corrente bancario, il deposito e la concessione di credito*, in *I Contratti delle Banche*, UTET, Turino, 1988, pp. 55-138;
– *vd.* ANGELICI, CARLO.

POTTIER, ISABELLE – *La preuve dans les transactions financières à distance*, Banque, n.º 568, Março, 1996, pp. 70-72.

POULLET, YVES – *TEF et protection des donnes à caractere personnel*, in *Electronic Funds Transfer and Consumer Protection / Transfert Électronique de Fonds et Protection du Consommateur* (ed. Th. Bourgoignie / M. Goyens), Story Scientia, Bruxelles, 1990, pp. 179-201.

PRATIS, CARLO MARIA – *Banca (Operazioni bancarie)*, NssDI, II, pp. 238-243.

PREDA, MICHELE – *vd.* MOTTURA, PAULO.

PRUNBAUER, FRIEDRICH – *Banker's Liability: Risks and Remedies in Austria*, in *Banker's Liability: Risks and Remedies* (ed. Dennis Campbell / Rudolf Meroni), Kluwer, Deventer, Boston, 1993, pp. 47-78.

QUELHAS, JOSÉ MANUEL GONÇALVES SANTOS – *Sobre a Evolução Recente do Sistema Financeiro (Novos "Produtos Financeiros")*, Sep. do BCEc., Coimbra, 1996.

RABY, PAUL – *Law Relating to Banking Services*, 2.ª ed., Pitman, London, 1992.

RAMOS, RUI MANUEL MOURA – *Contratos internacionais e protecção da parte mais fraca no sistema jurídico português*, in *Contratos: Actualidade e Evolução*, UCP, Porto, 1997, pp. 330-357.

RAPOSO, AMÁVEL – *Alguns Aspectos Jurídicos dos Pagamentos Através de Caixas Automáticas: Responsabilidade Civil e Prova*, BMJ, n.º 377, Junho, 1988, pp. 5-29.

RAPSON, DONALD J. – *Commercial Law*, in *Fundamentals of American Law* (ed. Alan B. Morrison), Oxford University Press, New York, 1996, pp. 365-395.

REED, CHRIS – *Electronic Finance Law,* Woodhead-Faulkner, New York, London, Toronto, Sydney, Tokyo, Singapore, 1991.

REEDAY, T. G. – *The Law Relating to Banking,* 5.ª ed., Butterworths, London, 1985.

RESCIGNO, PIETRO – *Note sulla atipicità contrattuale (a proposito di integrazione dei mercati e nuovi contratti di impresa),* CI, Ano 6 (1990), n.º 1, pp. 43--55.

REVELL, J. R. S. – *Banking and Electronic Fund Transfers,* OCDE, Paris, 1983.

RIBEIRO, ANTÓNIO SEQUEIRA – *Acerca da Forma no Contrato de Mandato,* RFDUL, Vol. XXXVIII, 1997, n.º 2, pp. 371-409.

RIBEIRO, JOAQUIM DE SOUSA – *Cláusulas Contratuais Gerais e o Paradigma do Contrato,* Sep. do Vol. XXXV do Supl. ao BFD, Coimbra, 1990;
– *O Problema do Contrato – As Cláusulas Contratuais Gerais e o Princípio da Liberdade Contratual,* Almedina, Coimbra, 1999.

RICCI, RINO – *La Banca Moderna – Aspetti Gestionali e Tratti Evolutivi,* UTET, Torino, 1988.

RINOLDI, DINO – *Contratti Collegati e Sub-contratto Internazionale,* GVCI, n.º 14, 1987, pp. 735-741.

RIPERT, GEORGES / ROBLOT, RENÉ – *Traité de Droit Commercial,* T. 2, 15.ª ed., L.G.D.J., Paris, 1996.

RITTER, LAWRENCE S. / SILBER, WILLIAM L. – *Principles of Money, Banking and Financial Markets,* 7.ª ed., BasicBooks, New York, 1991.

RIVES-LANGE, JEAN-LOUIS / CONTAMINE-RAYNAUD, MONIQUE – *Droit Bancaire,* 6.ª ed., Dalloz, Paris, 1995.

ROBERTS, GRAHAM – *vd.* LAIDLAW, ANDREW.

ROBINSON, DAVID – *The structure and characteristics of the principal electronic banking systems,* in *Electronic Banking: the Legal Implications* (dir. R. M. Goode), The Institute of Bankers, London, 1985, pp. 5-13.

ROBLES, ALFREDO – *Banca,* in *Nueva Enciclopedia Jurídica,* T. 3, Barcelona, 1951, pp. 246 ss..

ROBLES ELEZ-VILARROEL, JUAN FERNANDO – *Practicas Incorrectas y Condiciones Abusivas en las Operaciones Bancarias,* Instituto Superior de Tecnicas y Practicas Bancarias, Madrid, 1994.

ROBLOT, RENÉ – *vd.* RIPERT, GEORGES.

RODRIGUES, AZEVEDO – *vd.* BORGES, ANTÓNIO.

RODRIGUES, ROGÉRIO – *vd.* BORGES, ANTÓNIO.

RODRIGUES, SOFIA AMARAL DO NASCIMENTO – *A Operação de Reporte,* dissertação de mestrado apresentada na FDL (dactil.), Lisboa, 1998.

ROPPO, ENZO – *O Contrato,* tradução portuguesa de Ana Coimbra e M. Januário C. Gomes, Almedina, Coimbra, 1988;
– *I "nuovi contratti" fra autonomia privata e interventi del legislatori. Note minime,* RCDP, Ano X (1992), n.º 1, Março, pp. 3-21;
– *vd.* ALPA, GUIDO.

ROUTIER, RICHARD – *La responsabilité du banquier,* L.G.D.J., Paris, 1997.

ROWE, MICHAEL – *Electrons et Legislation,* Bancatique, n.º 12, 1986, pp. 46-50;
– *Automating International Trade Payments – Legal and Regulatory Issues,* JIBL, Vol. 2, n.º 4, 1987, pp. 234-240.

RUOZI, ROBERTO – *vd.* MOTTURA, PAULO.

RUTIGLIANO, MICHELE – *vd.* MOTTURA, PAULO.

SÁ, ALMENO DE – *Responsabilidade Bancária,* Coimbra Editora, Coimbra, 1998.

SÁ, F. A. CUNHA DE – *Direito ao cumprimento e direito a cumprir,* RDES, n.ºs 2--3-4, Abril-Dezembro, 1973, pp.149-259.

SACCO, RODOLFO – *Autonomia contrattuale e tipi,* RTDPC, Ano XX (1966), pp. 785-808.

SALANDRA, VITTORIO – *Ordine di bancogiro e conto corrente bancario,* FI, Vol. LIV (1929), Parte I, pp. 481-486;
– *Conti correnti bancari e contratto di conto corrente,* RDComm, Vol. XXXIX (1931), Parte I, pp. 707-737.

SALANITRO, NICCOLÒ – *Problemi in Tema di Depositi Bancari,* in *Le Operazione Bancarie* (org. G. Portale), Milano, 1978, pp. 351-381;
– *vd.* AULETTA, GIUSEPPE.

SAMMUELSON, PAUL A. / NORDHAUS, WILLIAM D. – *Economia,* 14.ª ed., McGraw-Hill, Lisboa, 1993.

SÁNCHEZ CALERO, FERNANDO – *Instituciones de Derecho Mercantil, II – Títulos y Valores, Contratos Mercantiles, Derecho Concursal y Maritimo,* 18.ª ed., Editorial Revista de Derecho Privado, Madrid, 1995.

SANCHEZ CALERO, FERNANDO – *vd.* GARRIGUES, JUAQUIN.

SÁNCHEZ-CALERO GUILARTE, JUAN – *Consideraciones en torno a algunos aspectos de la cuenta corriente bancaria,* in *Comentarios a Jurisprudencia de Derecho Bancario y Cambiari,* (coord. Fernando Sánchez Calero / Juan Sánchez-Calero Guilarte), Vol. II, Centro de Documentación Bancaria y Bursátil, Madrid, 1993, pp. 65-100.

SÁNCHEZ MIGUEL, MARIA CANDELAS, *Apertura de crédito en cuenta corriente bancaria,* in *Comentarios a Jurisprudencia de Derecho Bancario y Cambiari,* (coord. Fernando Sánchez Calero / Juan Sánchez-Calero Guilarte), Vol. I, Centro de Documentación Bancaria y Bursátil, Madrid, 1993, pp. 529-541.

SANDOVAL LOPEZ, RICARDO – *Nuevas Operaciones Bancarias y Financieras,* RdD, n.º 197, Ano LVIII (1995), Janeiro-Junho, pp. 189-205.

SANTINI, GERARDO – *L'ordine di accreditamento sul conto di un terzo,* GI, 1947, Parte I, pp. 123-128;
– *Giroconto,* NssDI, Vol. VII, pp. 861-863;
– *Mandato di Pagamento,* NssDI, Vol. X, p. 172.

SANTORO, VITTORIO – *vd.* MAIMERI, FABRIZIO.

SANTOS, ANTÓNIO MARQUES DOS – *As Normas de Aplicação Imediata no Direito Internacional Privado – Esboço de uma Teoria Geral,* 2 vols., Almedina, Coimbra, 1991.

SANTOS, VICENTE – *El Contrato Bancario – Concepto Funcional,* Instituto de Estudios Bancarios y Bursatiles, Bilbao, 1972.

SAPTE, WILDE – *vd.* GILL, MARK.

SAVATIER, JEAN – *vd.* SAVATIER, RENÉ.

SAVATIER, RENÉ / SAVATIER, JEAN / LELOUP, JEAN-MARIE – *Droit des Affaires,* 6.ª ed., Éditions Sirey, Paris, 1980.

SAYAG, ALAIN (dir.) – *Le Contrat-Cadre, 1 – Exploration comparative,* Litec, Paris, 1994.

SCHÄFER, FRANK A. – *vd.* SCHWINTOWSKI, HANS-PETER.

SCHAUSS, MARC – *vd.* THUNIS, XAVIER.

SCHMIDT, JOANNA – *La période précontratuelle en Droit français,* RIDC, Ano 42 (1990), n.º 2, Abril-Junho, pp. 545-566.

SCHMITTHOF CLIVE M. – *vd.* DOBSOM, PAUL.

SCHODERMEIER, MARIE-DANIELLE – *Les Droits de L'Émetteur d'un Virement International Manqué par la Faute d'une Banque Intermédiaire,* RDBB, n.º 43, 1994, pp. 101-109.

SCHWINTOWSKI, HANS-PETER / SCHÄFER, FRANK A. – *Bankrecht / Commercial Banking – Investment Banking,*Verlag, Köln, Berlin, Bonn, München, 1997.

SCOGNAMIGLIO, RENATO – *Collegamento negoziale,* ED, VII, pp. 375-381.

SCUTO, CARMELO – *Sulla natura giuridica del pagamento,* RDComm, Vol. XIII (1915), Parte I, pp. 353-373.

SEQUEIRA MARTÍN, ADOLFO – *La Transferencia Bancaria de Credito,* in *Estudios de Derecho Bancario y Bursatil, Homenage a Evelio Verdera y Tuellis,* T. I, La Ley, Madrid, 1994, pp. 2531-2562.

SERENS, MANUEL COUCEIRO NOGUEIRA – *Natureza jurídica e função do cheque,* RB, n.º 18, Abril-Junho, 1991, pp. 99-131.

SERRA, ADRIANO PAES DA SILVA VAZ – *Do cumprimento como modo de extinção das obrigações,* BMJ n.º 34, Janeiro, 1953, pp. 5-212;
– *Dação em função do cumprimento e dação em cumprimento,* Sep. do BMJ n.º 39, Novembro, 1953, pp. 25-57;
– *Declarações Expressas e Declarações Tácitas – O Silêncio,* BMJ, n.º 86, Maio, 1959, pp. 233-241;
– *União de contratos. Contratos mistos,* BMJ, n.º 91, Dezembro, 1959, pp. 11-144;
– *Perfeição da Declaração Negocial de Vontade – Eficácia da Emissão da Declaração – Requisitos Especiais da Conclusão do Contrato,* BMJ, n.º 103, Fevereiro, 1961, pp. 5-153.

SILBER, WILLIAM L. – *vd.* RITTER, LAWRENCE S..

SILVA, CATARINA MARTINS DA – *Os grupos bancários no Regime Geral das Instituições de Crédito e Sociedades Financeiras,* ROA, Ano 57 (1997), Dezembro, pp. 1043-1097;
– *A transferência bancária internacional – regime dos incidentes,* ROA, Ano 58 (1998), Janeiro, pp. 235-316.

SILVA, JOÃO CALVÃO DA – *Responsabilidade Civil do Produtor,* Almedina, Coimbra, 1990;
– *Cumprimento e Sanção Pecuniária Compulsória,* Sep. do Vol. XXX do Supl. ao BFD, 2.ª ed. (2.ª reimp.), Coimbra, 1997.

SILVA, PAULA COSTA E – *Compra, Venda e Troca de Valores Mobiliários,* in *Direito dos Valores Mobiliários,* Lex, Lisboa, 1997, pp. 243-266.

SIMON, PIERRE – *Du billet de banque à la monnaie électronique,* Banque, n.º 577, Janeiro, 1997, pp. 62-64.

SIMONT, LUCIEN / BRUYNEEL, ANDRÉ – *Les opérations de banque,* RB/BF, 6/1987 (Ano 51), pp. 25-58.

SMART, EYNON – *Electronic banking – An Overview of the Legal Implications,* in *Electronic Banking: the Legal Implications* (dir. R. M. Goode), The Institute of Bankers, London, 1985, pp. 1-4.

SOUSA, MIGUEL TEIXEIRA DE / VICENTE, DÁRIO MOURA – *Comentário à Convenção de Bruxelas,* Lex, Lisboa, 1994.

SOUSI-ROUBI, BLANCHE – *La loi applicable aux contrats bancaires transfrontaliers après la 2e Directive de Coordination Bancaire,* DBB, n.º 20, Julho-Agosto, 1990, pp. 155-158;
– *Banque et bourse,* 4.ª ed., Dalloz, Paris, 1997.

448 A Transferência Bancária

Spinelli, Michele / Gentile, Giulio – *Diritto Bancario*, 2.ª ed., CEDAM, Padova, 1991.

Stammati, Gaetano – *Moneta*, ED, XXVI, pp. 746-778.

Stone, Bernell K. – *Electronic Payment Basics*, ER, Março, 1986, pp. 9-18.

Stoufflet, Jean – *vd*. Gavalda, Christian.

Szulanski, Sabine – *The Role and Liability of Banks in Belgium*, in *Banker's Liability: Risks and Remedies* (ed. Dennis Campbell / Rudolf Meroni), Kluwer, Deventer, Boston, 1993, pp. 79-91.

Teitelman, Robert / Davis, Stephen – *How the cash flows*, Institutional Investor, Agosto, 1996, pp. 22-36;
– *vd*. Ballen, Robert G..

Teles, Eugénia Galvão – *A Prestação Característica: um Novo Conceito Para Determinar a Lei Subsidiariamente Aplicável aos Contratos Internacionais. O Artigo 4.º da Convenção de Roma Sobre a Lei Aplicável às Obrigações Contratuais*, O Direito, Ano 127.º (1995), pp. 71-183.

Teles, Fernando Galvão – *União de Contratos e Contratos Para-sociais*, ROA, Ano 11 (1951), n.ºs 1 e 2, pp. 37-103.

Telles, Inocêncio Galvão – *Contratos Civis*, RFDUL, Vol. IX (1953), pp. 144-221;
– *Manual dos Contratos em Geral*, 3.ª ed. (reimp.), Lex, Lisboa, 1995;
– *Direito das Obrigações*, 7.ª ed., Coimbra Editora, Coimbra, 1997.

Teulon, Frédéric – *vd*. Barre, Raymond.

Thunis, Xavier – *Recent Trends Affecting the Banks' Liability during Electronic Fund Transfer Operations*, JIBL, Vol. 6, n.º 8, 1991, pp. 297-308;
– *vd*. Amory, Bernard.

Thunis, Xavier / Schauss, Marc – *Aspects Juridiques des Transferts Électroniques de Fonds*, in *Electronic Funds Transfer and Consumer Protection / Transfert Électronique de Fonds et Protection du Consommateur*, Story Scientia, Bruxelles (ed. Bourgoignie, Th. / Goyens, M.), 1990, pp. 7-51.

Tidu, Alfredo – *Clausola di esecuzione in "tempo reale" e pagamenti elettronici interbancari*, in *Il Contratto*, Vol. II – *Iniziativa economica e contratto*, CEDAM, Padova, 1992, pp. 341-378.

Torres, Alexandre Sobral – *Organização Interbancária e Meios de Pagamento – O Caso Português*, in *O Futuro dos Sistemas de Pagamentos*, Associação Portuguesa de Bancos / Banco de Portugal / SIBS, Lisboa, 1997, pp. 71-82.

Torrinha, Francisco – *Dicionário Latino Português*, 2.ª ed., Porto, 1942.

Treves, Tullio – *Sulla legge regolatrice dell'azione diretta del mandante nei confronti del sostituto nel mandato*, RDIPP, 1968, pp. 848-853.

Troiano, Onofrio – *I Servizi Elettronici di Pagamento – Addebiti in Conto non Autorizzati: un'Analisi Comparata*, Giuffrè, Milano, 1996.

Uría, Rodrigo – *Derecho Mercantil*, 24.ª ed., Marcial Pons, Madrid, 1997.

Valpuesta Gastaminza, Eduardo María, *Depósitos de dinero*, in *Derecho del Mercado Financiero, II – Operaciones Bancarias de Activo y Pasivo*, Vol. 1, (dir. Alberto Alonso Ureba / J. Martínez-Simancas y Sánchez), Madrid, 1994, pp. 209-255.

Van den Bergh, Paul / Okawa, Masao – *Monnaie électronique: implications pour les autorités*, Banque, N.º 589, Fevereiro, 1998, pp. 60-63.

Van Gerven, W. / Wouters, Jan – *Free Movement of Financial Services and the European Contracts Convention*, in *E.C. Financial Market Regulation and Company Law* (ed. Mads Andenas / Stephen Kenyon-Slade), Sweet & Maxwell, London, 1993, pp. 43-79.

Van Ommeslaghe, Pierre – *Le Paiment: Rapport Introdutif*, RDULB, Vol. 8, 1993-2, pp. 9-59.

Van Ryn, Jean / Heenen, Jacques – *Principles de Droit Commercial*, T. 4, 2.ª ed., Bruxelles, 1988.

VanHoose, David D. – *vd.* Miller, Roger LeRoy.

Varela, João de Matos Antunes – *Das Obrigações em Geral*, Vol. I, 7.ª ed., Almedina, Coimbra, 1991;
– *Das Obrigações em Geral*, Vol. II, 5.ª ed., Almedina, Coimbra, 1992;
– *Depósito bancário – Depósito a prazo em regime de solidariedade – Levantamento antecipado por um contitular*, RB, n.º 21, Janeiro-Março, 1992, pp. 41-75;
– *vd.* Lima, Fernando Andrade Pires de.

Varela, Antunes / Bezerra, J. Miguel / Nora, Sampaio e – *Manual de Processo Civil*, 2.ª ed., Coimbra Editora, 1985.

Vasconcelos, Pedro Pais de – *Contratos Atípicos*, Almedina, Coimbra, 1995;
– *Direito Comercial – Títulos de Crédito* – Lições professadas ao 4.º ano jurídico no ano lectivo de 1988/89 (reimp.), AAFDL, Lisboa, 1997.

Vasseur, Michel – *Les aspects juridiques des nouveaux moyens de paiment*, RB/BF, 5/1982 (Ano 46), pp. 577-600;
– *Le paiment électronique. Aspects juridiques*, J-Cl, La Semaine Juridique – Doctrine, 1985, 3206;
– *Droit et Économie Bancaires – Les Opérations de Banque*, Fascículo III

450 A Transferência Bancária

– *Crédits aux particuliers. Garanties de remboursement. Ressources des banques.* Les Cours de Droit, Paris, 1988-1989;
– *Droit et Économie Bancaires – Les Opérations de Banque,* Fascículo IV – *Opérations de règlement. Services d' attraction de la clientèle. Activités de marché. L' Europe financière,* Les Cours de Droit, Paris, 1988-1989;
– *Des aspects juridiques de l'Europe financière et, plus particulièrement, bancaire,* RDAI / IBLJ, n.º 2, 1991, pp. 171-211;
– *La Loi-Type de la CNUDCI sur les Virements Internationaux,* BD, n.º 26, Novembro-Dezembro, 1992, pp. 191-198;
– *Les Principaux Articles de la Loi-Type de la CNUDCI sur les Virements Internationaux et leur Influence sur les Travaux de la Commission de Bruxelles Concernant les Paiments Transfrontaliers,* RDAI / IBLJ, n.º 2, 1993, pp. 155-210;
– *Les Transferts Internationaux de Fonds,* RC, 1993, I, T. 239, 1994, pp. 121-355.

VAZQUES IRUZUBIETA, CARLOS – *Operaciones Bancarias,* Editorial Revista de Derecho Privado, Madrid, 1985.

VÁZQUEZ PENA, MANUEL JOSÉ – *La Transferencia Bancaria de Crédito,* Marcial Pons, Madrid, Barcelona, 1998.

VEIGA, VASCO SOARES DA – *Direito Bancário,* 2.ª ed., Almedina, Coimbra, 1997.

VELOSO, JOSÉ ANTÓNIO – *Electronic Banking: uma Introdução ao EFTS,* Sep. da RSI, T. XXXVI, n.º 208-210, 1987;
– *Regulamentação dos Sistemas de Pagamentos: Aspectos Gerais,* in *O Futuro dos Sistemas de Pagamentos,* Associação Portuguesa de Bancos / Banco de Portugal / SIBS, Lisboa, 1997, pp. 137-172;
– *A desinstitucionalização dos pagamentos cashless nas redes electrónicas: questões legislativas do presente e do futuro imediato* (dactil.), resumo da intervenção no colóquio "Direito Bancário Europeu" organizado pelo Instituto de Direito Bancário, com o patrocínio do Banco de Portugal, Lisboa, 15 de Outubro de 1998.

VICENTE, DÁRIO MOURA – *vd.* SOUSA, MIGUEL TEIXEIRA DE.

VILAR, EMÍLIO RUI – *Desregulamentação, re-regulamentação e código de conduta,* RB, n.º 31, Julho-Setembro, 1994, pp. 5-14.

VINEY, GENEVIÈVE – *Groupes de contrats et responsabilité du fait d'autri,* in *Les Effets du Contrat à l' Égard des Tiers – Comparaisons Franco-Belges* (dir. Marcel Fontaine / Jacques Ghestin), L.G.D.J., Paris, 1992, pp. 335-359;
– *Sous-contrat et Responsabilité Civile,* in *Contratos: Actualidade e Evolução,* UCP, Porto, 1997, pp. 257-281.

VISENTINI, BRUNO – *Note sul conto corrente bancario,* BBTC, Ano XIII (1950), Parte I, pp. 379-391.

VITALE, VITTORIO – *Giro in conto bancario*, FI, Vol. LXII (1937), Parte I, pp. 679-685.

VON CAEMMERER, ERNST – *Girozahlung*, Juristenzeitung, 1953, p. 446-448.

WALDEN, IAN – *Data Security and Document Image Processing: Legal Security for Cross-border Electronic Banking*, JIBL, Vol. 9, n.º 12, 1994, pp. 506--518.

WARUSFEL, BERTRAND – *Aspects juridiques de la télématique bancaire*, BD n.º 8, Janeiro-Fevereiro, 1990, pp. 13-16.

WILMS, WILFRED – *De la signature au "notaire électronique"*. *La validation de la communication électronique*, in *Mélanges Jean Pardon – Études en Droit Bancaire et Financier*, Bruylant, Bruxelles, 1996, pp. 563-578.

WITT, HORST J. – *Technology and banking in the years to come*, WB, Março--Abril, 1985, pp. 12-16.

WITZ CLAUDE – *Droit Privé Allemand*, 1. *Actes juridiques, droits subjectifs*, Litec, Paris, 1992.

WOOD, PHILIP R. – *Comparative Financial Law: a Classification of the World's Jurisdictions*, in *Making Commercial Law – Essays in Honour of Roy Goode* (dir. Ross Cranston), Clarendon Press, Oxford, 1997, pp. 31-89.

WOUTERS, JAN – *Conflict of Laws and the Single Market for Financial Services*, trabalho não publicado, distribuído no "Cours de Formation Approfondie en Droit Bancaire et Financier de l'Union Europeenne", org. pelo Institut Universitaire International Luxembourg, pela Association Europeenne pour le Droit Bancaire et Financier e pela AEDBF-EVBFR Belgique, Bruxelles, Novembro, 1997;

– *vd*. VAN GERVEN, W..

WYMEERSCH, EDDY – *Aspects juridiques de certains nouveux moyens de paiment*, RB/BF, 1/1995 (Ano 59), pp. 17-39.

XAVIER, VASCO DA GAMA LOBO – *Direito Comercial*, Sumários das lições ao 3.º ano jurídico, Coimbra, 1977-78.

ZUNZUNEGUI, FERNANDO – *Derecho del Mercado Financiero*, Marcial Pons, Madrid, 1997.

ÍNDICE

SUMÁRIO 9
ABREVIATURAS E SIGLAS 13

INTRODUÇÃO 17

CAPÍTULO I
A TRANSFERÊNCIA BANCÁRIA DE CRÉDITO

1. Razão de ordem 25
2. Delimitação do objecto 27
   2.1. A transferência bancária de fundos 27
      2.1.1. Conceito e objecto 27
      2.1.2. Tipos 31
      2.1.3. Origem histórica 31
      2.1.4. Fontes 35
   2.2. A transferência bancária de crédito 37
      2.2.1. Conceito 37
      2.2.2. Meios técnicos de execução 38
         2.2.2.1. Contornos técnicos da ordem de transferência 39
         2.2.2.2. Transmissão de mensagens e compensação inter-bancária 42
      2.2.3. Tipos 47
         2.2.3.1. De acordo com o número de intervenientes 47
         2.2.3.2. De acordo com a técnica utilizada 48
         2.2.3.3. De acordo com o âmbito espacial 51
3. Função da transferência bancária de crédito 53
4. Natureza da transferência bancária de crédito 57
   4.1. A transferência como contrato 57
      4.1.1. Contrato de cessão de créditos 58
      4.1.2. Contrato a favor de terceiro 59
      4.1.3. Contrato de delegação 60
      4.1.4. Apreciação crítica 63

454   *A Transferência Bancária*

4.2. A transferência como operação..	65
4.2.1. Mecanismo de transmissão de moeda escritural.................	65
4.2.2. Operação..	82
4.2.3. Operação abstracta	88
4.2.4. Concepções acerca da estrutura.......................................	91
5. Conclusão e indicação de sequência......................................	93

CAPÍTULO II
AS RELAÇÕES JURÍDICO-BANCÁRIAS

INTRODUÇÃO	97
1. A operação económica e a veste jurídica	97
2. O fracasso das construções unitárias e a nova perspectiva desagregante	99
3. Independência recíproca da relação subjacente e das relações jurídico--bancárias..	101

SECÇÃO I
A Relação entre Ordenante e Banco

1. Génese e natureza da relação entre banco e cliente	103
1.1. Conta de passagem e abertura de conta....................................	104
1.2. Abertura de conta e conta corrente bancária	106
1.3. A conta como matriz da relação bancária...............................	109
1.4. A natureza da relação entre o banco e o cliente......................	111
1.4.1. França – o *"contrato-quadro de serviços bancários"*........	111
1.4.2. Alemanha – do *"contrato bancário geral"* à *relação bancária complexa"*	113
1.4.3. A transposição para o Direito português.......................	116
1.4.4 Posição adoptada	117
2. A relação de provisão	123
2.1. O contrato de depósito bancário	124
2.2. O contrato de abertura de crédito	127
2.3. União de contratos	129
3. A relação de transferência	133
3.1. Origem e conteúdo..	133
3.1.1. O serviço de caixa	133
3.1.2. O contrato de "giro"..	137
3.1.3. Posição adoptada	139
3.2. O contrato de transferência...	143
3.2.1. Função	143
3.2.2. Fisionomia	145
3.2.2.1. Forma e formação	145

Índice

3.2.2.2. Conteúdo	147
3.2.3. Natureza jurídica	151
3.2.4. Classificação	159
3.3. A ordem de transferência	165
3.3.1. Capacidade e legitimidade	166
3.3.2. Forma	168
3.3.3. Natureza jurídica	169
3.3.3.1. Na ausência de vinculação prévia do banco	169
3.3.3.2. Nos casos de vinculação prévia do banco	171
3.3.4. Execução da ordem de transferência e seus efeitos	175

SECÇÃO II
A Relação entre Beneficiário e Banco

1. Pressupostos da execução de uma transferência bancária de crédito	177
2. A execução da transferência bancária de crédito e os seus efeitos	179
3. O carácter abstracto do direito de crédito do beneficiário	185
4. Restrições ao direito de crédito do beneficiário	187

SECÇÃO III
As Relações Interbancárias

1. Razão de ordem	191
2. A relação de conta	193
3. A natureza jurídica das relações interbancárias	195
3.1. Colocação do problema e soluções no Direito comparado	195
3.2. Apreciação	209
4. Conclusão	231

CAPÍTULO III
A RELAÇÃO SUBJACENTE

1. Razão de ordem	235
2. O problema da eficácia liberatória da transferência bancária de crédito	237
3. O lugar e o momento do pagamento	257
4. Conclusão e reflexão sobre a transferência bancária enquanto meio de pagamento *stricto sensu* e do saldo bancário como moeda	265

CAPÍTULO IV.
A TRANSFERÊNCIA BANCÁRIA INTERNACIONAL

1. Razão de ordem	277

2. Caracterização de uma transferência bancária internacional típica.........	279
3. Regulamentação material..	281
3.1. A Lei-tipo da CNUDCI..	281
3.1.1. Âmbito de aplicação..	282
3.1.2. Concepção acerca da transferência bancária......................	285
3.1.3. Regime..	288
3.1.3.1. Principais deveres dos intervenientes	288
3.1.3.2. Momento da conclusão da transferência e posição sobre a relação subjacente.....................................	289
3.1.3.3. Transferência de um montante errado..................	290
3.1.3.4. Não conclusão da transferência...........................	291
3.1.3.5. Transferência concluída com atraso.....................	294
3.1.3.6. Revogação da ordem de transferência	296
3.1.4. Apreciação crítica...	297
3.2. A Directiva 97/5/CE, de 27 de Janeiro de 1997.............................	299
3.2.1. Objectivos e âmbito de aplicação..	299
3.2.2. A transposição da Directiva para o ordenamento jurídico português	302
3.2.3. Concepção acerca da transferência bancária......................	303
3.2.4. Regime..	304
3.2.4.1. Informações a prestar aos clientes	304
3.2.4.2. Principais deveres dos intervenientes	305
3.2.4.3. Momento da conclusão da transferência e posição sobre a relação subjacente.....................................	306
3.2.4.4. Não execução da transferência.............................	308
3.2.4.5. Atraso na execução da transferência...................	312
3.2.5. Apreciação crítica...	313
4. Lei aplicável às transferências bancárias internacionais	317
4.1. Apresentação da questão...	317
4.2. Lei aplicável aos contratos bancários em geral	321
4.3. Lei aplicável às transferência bancárias	326
5. Conclusão...	331

CAPÍTULO V
ALGUNS PROBLEMAS DE REGIME

1. Razão de ordem	335
2. Revogação da ordem de transferência...	337
3. Incidentes	343
3.1. Tipos de incidentes e dificuldades na sua resolução.....................	343
3.2. Análise dos incidentes, tendo em conta a origem do erro.............	348

Índice 457

3.2.1. Erro imputável ao banco do ordenante 349
3.2.2. Erro imputável ao ordenante 363
3.2.3. Erro imputável ao banco do beneficiário............................ 366
3.2.4. Erro imputável a um banco intermediário......................... 368
4. Problemas específicos decorrentes da utilização de meios informáticos 371

CAPÍTULO VI
REFLEXÕES FINAIS

1. A operação de transferência 387
2. A pretexto da transferência bancária, uma brevíssima reflexão sobre o
Direito Bancário.. 397

CONCLUSÕES 413

BIBLIOGRAFIA.. 419

ÍNDICE 453